U0936527

编 委 会

高校定点扶贫典型案例集

2012—2015年

教育部学校规划建设发展中心 编

云南出版集团
云南人民出版社

图书在版编目（CIP）数据

高校定点扶贫典型案例集 ：2012-2015年 / 教育部学校规划建设发展中心编．-- 昆明 ：云南人民出版社，2017.7
ISBN 978-7-222-16284-6

Ⅰ．①高… Ⅱ．①教… Ⅲ．①高等学校－扶贫－案例－中国－2012-2015 Ⅳ．①F124.7 ②G649.2

中国版本图书馆CIP数据核字（2017）第142205号

责任编辑：陈粤梅
装帧设计：杨晓东
责任校对：陈　亚
责任印制：洪中丽

高校定点扶贫典型案例集（2012—2015年）

GAOXIAO DINGDIAN FUPIN DIANXING ANLIJI (2012-2015 NIAN)

教育部学校规划建设发展中心　编

出　版　云南出版集团　云南人民出版社
发　行　云南人民出版社
社　址　昆明市环城西路609号
邮　编　650034
网　址　http://ynpph.com.cn
E-mail　ynrms@sina.com
开　本　787mm×1092mm　1/16
印　张　42
字　数　739千字
版　次　2017年7月第1版第1次印刷
印　刷　昆明富新春彩色印务有限公司
书　号　ISBN 978-7-222-16284-6
定　价　136.00元

如有图书质量及相关问题请与我社联系
审校部电话：0871-64164626　印制科电话：0871-64191534

编 者 按

消除贫困、改善民生、逐步实现共同富裕，是社会主义的本质要求。改革开放后，我国开始实施大规模扶贫开发行动，成功解决了几亿农村贫困人口的温饱问题，成为世界上减贫人口最多的国家。党的十八大以来，以习近平同志为核心的党中央把扶贫开发摆到更加突出的位置，承诺绝不让一个贫困群众掉队，确保到2020年农村贫困人口全部脱贫，共同迈入全面小康社会。4年内，已有5564万人摆脱贫困，相当于一个欧洲大国的人口总数。通过多年的实践，我们探索出了一条具有中国特色的扶贫开发道路。

在这场与贫困的大决战中，高等院校以高度的政治责任感和使命感，立足自身优势和受援地实际，通过教育扶贫、人才扶贫、智力扶贫、科技扶贫、信息扶贫、专业扶贫等多种方式，持之以恒深入推进定点扶贫，取得了显著的扶贫成效，积累了宝贵的扶贫经验。

为系统总结高校（含职业教育集团）定点扶贫的成就与经验，提炼一批高质量、可推广、有借鉴价值的定点扶贫典型案例，受教育部发展规划司委托，教育部学校规划建设发展中心于2016年启动了高校定点扶贫典型案例的征集工作。经过一年多的整理完善，汇编完成了这本《高校定点扶贫典型案例集（2012—2015年）》。本书按照“已落地、见成效，典型性、创新性，可持续、能扩展，可借鉴、易推广”的评选标准，共收录196份案例。

鉴于高校学科专业布局多元，且具有较强的资源整合能力，绝大多数为综合运用多种扶贫形式开展定点扶贫工作，为充分展示高校定点扶贫工作的成效与特色，本书未按传统的扶贫类型进行编排，而是采用上、下篇的结构。其中，上篇完整呈现了57所高校和3个职业教育集团的定点扶贫典型案例；下篇摘要展示了134所高校和2个职业教育集团的定点扶贫典型案例。同时，为使各典型案例的体例相对统一，结合呈现需要和案例实际对案例内容作了适当删减和调整。

本书在案例征集过程中得到了广大高校和职业教育集团的积极响应，在汇编成书过程中得到了北京交通大学、云南大学滇西发展研究中心的大力支持，在此一并表示感谢。

《高校定点扶贫典型案例集（2012—2015年）》编委会

2017年6月

目 录

上篇 高校定点扶贫典型案例

下篇　高校定点扶贫典型案例摘要

上篇　高校定点扶贫典型案例

突出帮扶重点　提升脱贫发展能力

——清华大学

（定点扶贫：云南省南涧县）

2013年，根据中央《关于做好新一轮中央、国家机关和有关单位定点扶贫工作的通知》和《教育部定点联系滇西边境山区工作总体方案》要求，清华大学启动定点帮扶云南省大理州南涧彝族自治县（国家级贫困县）的工作。四年多来，围绕“增强南涧县自我发展能力”，清华大学用心发挥科教优势，用力调动校内外资源，用情凝聚师生与校友力量，面向南涧扎实开展教育、医疗、产业等多个重点扶贫项目，有力推动了南涧县经济社会的发展。

一、教育帮扶提素质

清华大学充分发挥在教育资源方面的优势，构建起远程教育（送上门）、本地学习（请进来）、清华培训（走出去）等多种方式结合的立体培训体系，扎实开展教育帮扶：一是切实发挥清华大学教育扶贫办公室在南涧县建立的清华大学教育扶贫现代远程教学站的作用，开展面向干部、教师、医疗卫生等人员的远程培训；二是开设“清华讲堂”，邀请知名专家赴南涧县就时事热点、重大政策等进行专题讲解；三是争取有关资源，邀请南涧县干部、教师来清华大学接受培训。

早在2008年5月，清华大学就在南涧县职教中心建立了“清华大学教育扶贫现代远程教学站”，2013年，根据定点帮扶协议内容和当地教育需求，学校将原设于南涧县职教中心的教学站迁至县教师进修学校，免费提供相应的设备和技术支持，输送丰富的教学资源，由此开启了南涧远程教学站快速发展的新篇章。三年来，清华大学指导南涧远程教学站举办培训班48期，培训党政干部1500余人次、中小学师生1100余人次。

在请进来的培训方面，清华大学在大理州和南涧县范围内开设“清华讲堂”，邀请知名专家学者就《我们为什么要有领导力》《可持续发展战略中新能源汽车关键技术与产业简介》《基于MOOC的混合式教学实践与探索》以及党的十八大、十八届三中全会精神等做专题讲解。

通过清华的教育帮扶项目，南涧县领导进一步认识到教育的作用，主动提出选派干部到清华大学参加培训。从2013年至今，清华大学继续教育学院组织相关培训4期，共接受当地干部240人在清华大学学习。针对当地师资，开展了较大规模的赴清华大学免费培训：清华大学教育扶贫办公室每年组织南涧60名中小学教师到清华大学参加“教师教学教法研修班”，清华大学承担教学以及进修教师在清华期间的食宿费用。此外，清华大学还邀请3名南涧县小学骨干教师到清华大学附属小学进行为期3个月的驻校培训；并选派清华附小17名教师到南涧县开展了以“清华附小‘1+X课程’育人模式下学习方式的变革”为主题的支教交流互访活动。在清华大学协助下，联系引入中国发展研究基金会“山村幼儿园计划”项目，直接支持南涧县幼儿园的建设。

南涧县领导干部赴清华大学专题培训班（2013年8月）

二、医疗帮扶解民困

由于高海拔和医疗水平限制的原因，儿童先天性心脏病诊治在大理州及南涧县的问题相对突出。根据定点帮扶协议，清华大学的医疗帮扶以清华大学第一附属医院为主体，直接帮助当地患者和家庭，同时还将医疗帮扶由“输血”转变为“造血”，通过各种方式的医疗指导和邀请当地医护人员来清华大学第一附属医院进修，有效提升当地医疗水平。

2013年，清华大学第一附属医院与大理州合作启动了“大理州—清华大学第一附属医院贫困家庭先心病儿童救助行动”。截至2015年底，清华一附院先后4次在大理州开展大规模儿童先心病筛查和救治工作，共筛查先心病疑似患儿1053名、确诊479人，累计减免检查费用30余万元；安排277名患儿先后分10批来北京清华一附院接受治疗，其中手术治疗239人，累计减免治疗费用300余万元。清华一附院心脏外科专家、院长吴清玉，心脏中心外科主任李洪银等医院专家分批多次赴南涧进行医疗指导，吴清玉、李洪银还在当地指导实施了一台罕见复杂主动脉窦瘤、合并心内感染病灶清除手术。清华一附院还陆续邀请南涧县10名医护人员来清华一附院完成了为期6个月的进修（南涧来进修的医护人员在京全部费用由清华一附院承担），这些医护人员进修学习后回到当地都发挥了重要作用。

南涧县首批先心病患儿赴清华大学第一附属医院接受手术治疗并获得费用减免（2013年5月）

三、产业扶贫促发展

2015年，清华大学在做好既有帮扶项目的同时，探索提出了“农校对接”高校精准产业扶贫项目，精准帮扶南涧县经济社会发展，深化互利双赢、可持续发展的校县帮扶体系。清华大学与南涧县“农校对接”精准产业扶贫项目包含三个步骤：一、建立清华大学南涧县绿色食品基地，将南涧县绿色农产品引入清华，同时提升当地特色农产品的质量和影响力；二、依托清华大学丰富的人才优势与雄厚的科研力量，通过精准科研项目对接，深入挖掘南涧县农产品潜力，提升产品质量和附加值；三、利用清华大学相关学院的专业优势，从理念和方法辅导、市场推广、品牌营销、金融服务等多个方面助力南涧县特色农业发展。

2015年1月，清华大学调研组深入南涧县得胜工业园区，先后考察了三七科技有限公司灯盏花加工生产线、红云核桃有限公司产品展示厅、沃南特无量山乌骨鸡生产线、鑫凤凰沱茶厂、宝华镇兔街乌骨鸡养殖场、华庆茶厂樱花谷等地。双方就筹建清华大学南涧县绿色食品基地、将南涧县优质特色农产品引入清华进行座谈。

南涧县红云核桃进入清华园并设立销售专柜（2015年6月）

2015年12月17—19日，为切实做好“农校对接”工作，清华大学继续教育学院邀请台湾中卫发展中心专家免费为大理州及南涧县举办“大理州及周边地区地方经济活化示范项目人才培训班”。针对南涧县发展“六个一”即一片烟、一杯茶、一个核桃、一头牛、一只鸡、一棵药的高原特色产业，借鉴台湾“一乡一特色”的特色乡村建设成功经验，邀请台湾专家传授先进的理念、方法和案例，旨在提升当地产业品质、价值、品牌，推动地方经济发展。培训班运用头脑风暴、世界咖啡馆等开放、引导、参与式教学方法，分析区域人力元素、文化元素、地理元素、产业元素、景观元素，寻找地方发展愿景，传授地方产业特色挖掘的四大核心技法，即组织、经营、设计、营销，讨论当地特色产业发展对策。来自大理州发改委、州农业局、州政府扶贫办、州科技局等州直机关领导干部及大理州12县市领导干部和产业带头

清华大学美术学院结合“南涧跳菜”元素为南涧县高原特色生态农业“六个一”设计宣传画（2015 年 8 月）

人共 80 人参加了学习。

2015 年开始，南涧县特色农产品红云核桃与凤凰沱茶已进入清华大学超市，设置专柜进行销售，并通过清华大学校友资源将上述产品引入上海和东北市场。通过帮扶，南涧特色农产品带头企业——红云核桃有限公司 2015 年营业额明显增加，达到 2 亿元。2016 年 1 月，红云核桃有限公司成功挂牌“清华大学绿色食品基地”，清华大学还将在理念、品牌、设计等多方面助力该公司发展，力争使该公司 2016 年营业额能继续大幅提升。南涧县另一家特色农产品企业——鑫凤凰沱茶厂建设成为清华大学绿色食品基地的前期工作也正在顺利进行。此外，清华大学针对南涧当地民族特色纪念品和手工艺品等，正进一步考察调研鑫凤凰沱茶与凤凰木业等当地企业，并邀请清华大学美术学院师生帮助设计既有清华历史文化又兼具南涧县当地彝族风情的特色纪念品（如手工木艺包装纪念茶等），计划在清华大学作为学校纪念品使用和销售。

（胡仕林整理）

立足双优匹配　力促规划引领发展

——北京交通大学

（定点扶贫：内蒙古科尔沁左翼后旗）

2012 年，中央有关部门确定北京交通大学（简称北京交大）承担定点帮扶内蒙古自治区通辽市科尔沁左翼后旗（简称科左后旗）工作。四年多来，北京交大立足于自身优势特色与当地资源优势、发展需求的有效结合，把帮扶的着力点放在战略规划上，重点帮助科左后旗制定实施交通、旅游、物流三项发展规划，通过发挥规划的引领作用，有力促进了当地经济社会发展和群众脱贫致富。

一、因地制宜，探寻对口帮扶之路

科左后旗位于科尔沁沙地的边陲，除东部为辽河冲积平原外，皆是沙丘、沙地为主的地貌。蒙古族人口约占全旗总人口的 74%，从事农牧生产的人口占全旗总人口的 70% 以上。由于生态环境脆弱，资源缺乏，又受农牧区交通不畅、基础设施薄弱等因素影响，经济发展缓慢，农民收入较低。2012 年底，全旗有 115 个贫困嘎查村、5.3 万人口处于贫困线以下，贫困发生率为 16.7%，贫困面广，贫困程度深。

大学参与扶贫工作，与国家机关、企业等其他扶贫单位比较而言，在政策、项目和资金支持等方面能力明显不足，唯一的优势集中在学科专业人才方面。帮扶伊始，北京交大就认识到，作为大学，扶贫不是单纯的经济援助式的“输血补缺”，而是要利用自己的学科专业人才优势，帮助地方实现“自我造血”。

然而，实际工作中面对的突出困难在一开始就摆在了眼前。北京交大的学科优势主要集中在交通运输、经济管理、通信信号等领域，在科左后旗迫切需要的农牧专业上没有任何相关学科支持，专业对口性的偏差让北京交大在最初接到帮扶任务时感到一筹莫展。为了打开突破口，学校一面与科左后旗政府和扶贫办对接，了解当地情况，一面组织相关部处负责人和有关领域专家教授组成调研团赴科左后旗深入开展调研工作，力求找到学校优势特色与当地资源优势及实际需求的结合点。

经过多方面调查研究，学校发现：

（1）科左后旗交通区位优势明显，但交通发展较为落后，不能发挥其区位优势。科左后旗位于通辽、沈阳、长春、赤峰之间的交汇地带，交通区位条件优越。但由于当地社会经济发展较为落后、历史欠账较多，缺乏合理的综合交通规划、没有明确的交通发展战略，旗域内部交通基础设施投入严重不足、组织与管理手段落后，使得旗域内和镇域内的交通可达性较差，影响了当地经济社会的进一步发展。

（2）科左后旗旅游资源较为丰富，旅游业经过多年的发展已经初具规模，在旅游市场上有一定的知名度，但没有科学合理的发展战略指导。科左后旗有蒙、汉、回、满、朝等 19 个民族聚居，文化底蕴深厚，是清代著名的爱国将领僧格林沁的故里，也是诞生中国马王的沃土，还是如《敖包相会》等传唱大江南北的科尔沁叙事民歌的摇篮，其自然地貌集草原、沙漠、原始森林、湿地等多种为一体，有大青沟、天赐敖包山、阿拉古湿地草原、乌旦塔拉五角枫公园等景区，有“马王之乡”“民歌之乡”“旅游之乡”的美称，但目前资源开发程度普遍较低，存在缺乏明确的旅游形象定位、高端旅游产品相对匮乏、资金投入严重短缺等问题，旅游吸引力不强。

（3）科左后旗货运系统已形成一定规模，但具体物流规划尚未形成。科左后旗有黄牛、沙稻等特产，已初步形成医药、农畜牧产品加工、新型建材硅砂、装备制造、新能源、有色金属加工等六大主导产业，加之交通区位优势明显，正在发展为这些产业服务的物流运输业，物流发展特色显著。但由于缺乏对物流发展的科学指导，交通基础设施落后，极大地限制了物流业的健康发展。

针对这些情况，学校精准把“脉”、对症下药，决定依托交通运输、经济管理等优势特色学科，通过设立专项科研基金和学科带头人牵头领任务的方式，重点为科左后旗做好交通、旅游、物流发展三项规划，实现学科优势与地方资源优势的“双优”匹配。

二、双优匹配，精准对接实际需求

学校与科左后旗旗委旗政府组成了定点扶贫工作联合领导小组，确定了齐抓共管的工作格局，明确了具体工作要求和时间进度要求。2013 年，学校通过了科左后旗交通规划、旅游规划、物流规划三项规划科研立项。2015 年初，学校圆满完成了三项规划中所承担的工作，并将相关成果交与地方政府指导实际工作。

（一）合理规划交通发展，强化交通区位优势

帮助科左后旗制定交通规划任务由交通运输学院邵春福教授承担。接到任务后，邵春福教授率领团队先后 4 次赴科左后旗调研，充分了解科左后旗

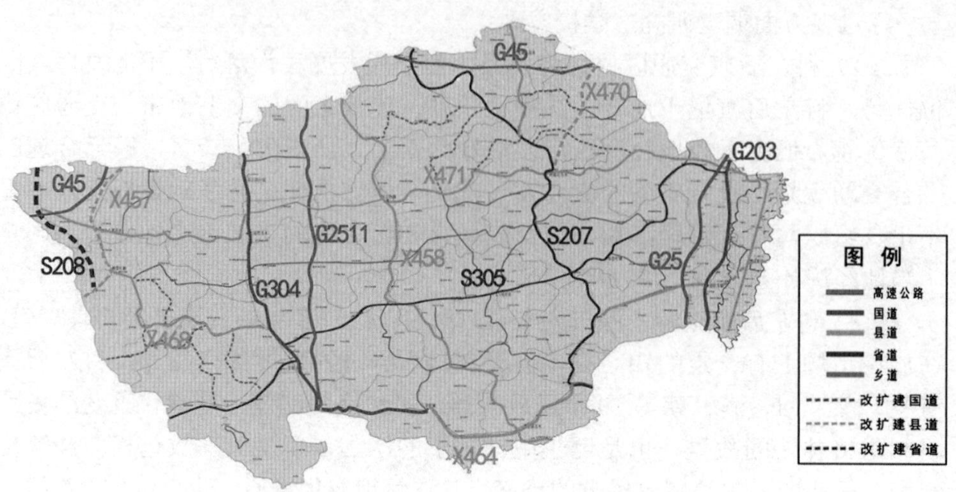

科左后旗公路网远期规划图

情况。根据调研分析，科左后旗交通发展主要问题有：（1）对外交通规划建设缺乏前瞻性，过境交通与市内交通相互干扰，路网运行效率低；（2）城市基础设施建设投入不足，城市规划与道路网规划缺乏统一性；（3）道路建设与规划脱节，断面设置不合理，道路管理及养护匮乏；（4）交叉口缺少必要的渠化设施，交通标志标线严重缺失，交通监管部门执法不到位，交通运行混乱；（5）公交基础设施较差，政府扶持力度不大，线网缺乏系统的规划，运营缺乏管理，出租车行业现状比较混乱，服务质量较低；（6）慢行交通重视力度不够；（7）公共停车设施缺乏，管理不足，停车混乱引发一系列连带问题；（8）交通管理不善，公路客运站建设滞后，村落之间通达性差，无法满足交通运输要求。

针对以上问题，邵春福教授团队运用科学方法，从城市综合交通系统出发，制定了切实科学的综合交通发展战略和各项子系统规划，具体包括：区域主干交通系统规划、中心区道路网系统规划、中心区公共交通系统规划、中心区停车与慢行系统规划、对外交通系统规划、货运系统规划和交通管理系统规划，并提出了建设时序和保障措施。

（二）科学统筹旅游规划，打造特色旅游体系

科左后旗旅游总体规划由经济管理学院殷平教授承担制定工作。殷平教授团队先后 3 次赴科左后旗调研旅游发展总体规划工作，对科左后旗旅游资源和发展现状进行了细致的调研分析，指出科左后旗虽然有较好的旅游业发展资源，但是整体旅游产业发展基础差，相关配套设施欠缺。旅游起步较晚，

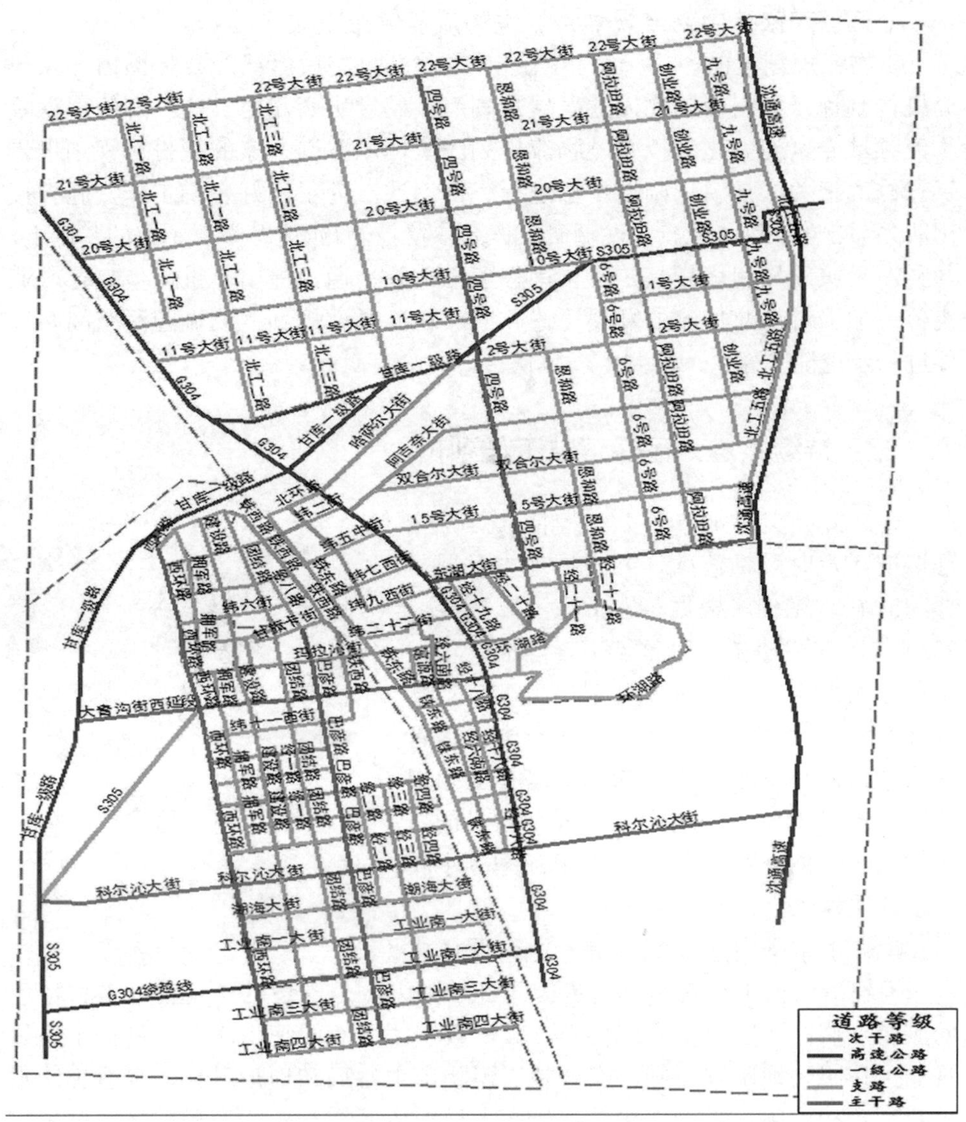

科左后旗规划路网（2030 年）

尚且处于发展的起步阶段，旅游资源虽然较为丰富，但是开发力度较弱，开发水平低端，无知名品牌，旅游产品特色不鲜明，且类型内容单一，淡旺季差异突出，旅游的配套设施和基础设施存量均有限，旅游企业发育水平仍处于较低水平，人们对于旅游产业的内在规律的认识水平亟待提高。针对这些问题，殷平教授团队从发展战略、空间布局、产品谱系、目的地体系、市场营销、保障体系以及行动计划方面为科左后旗制定了详细的旅游规划，并提出了具体的建设时序。

（三）专家指导物流规划，促进物流业健康发展

在物流规划方面，由于在帮扶结对之前，科左后旗已经委托国内一家研究机构制订《科左后旗物流业发展规划》，经过协商，由学校经济管理学院物流领域专家施先亮教授带领物流规划团队，以咨询专家的身份对规划报告进行修改把关，与规划制订单位进行咨询沟通。为了做好咨询工作，施教授团队先后2次赴科左后旗开展调研工作。在对科左后旗情况充分了解的基础上，与科左后旗领导和规划制定单位进行了细致的沟通，提出了进一步完善产业定位、加强对专业物流的发展论述、增加物流通道规划、物流园区空间布局要进一步论证等建议，得到了一致认可。

三、持续跟进，确保帮扶工作到位

规划方案交付地方后，学校持续跟踪实施情况，及时反馈修改，并根据地方发展需要随时补充完善。根据科左后旗发展需要，2014年，在原旅游规划框架下，学校又承担了科左后期闲趣山庄发展规划。2015年，学校又为科左后旗制定了《内蒙古自治区大青沟旅游区总体规划》，并为乌旦塔拉五角枫公园设计了大门。为增强三项规划项目的落实效果，还面向科左后旗广大干部举办了相关培训课程。

科左后旗旅游品牌logo设计

（一）闲趣山庄规划，提升旅游服务水平

闲趣山庄位于科左后旗境内国道304附近，是周边唯一定位为乡村特色的旅游度假区。应科左右旗要求，殷平教授团队对闲趣山庄景区进行了具体规划。按照因地制宜原则，充分利用现状山水格局和地形条件，打造集沙水景观、农林休闲、时尚文化、特色林木于一体的高端休闲度假园区。该规划将景区分为入口景观区、湿地度假区、彩林休闲区、垂钓体验区、沙漠运动区、果木采摘区和锄禾体验区七个部分，对每个景区的景观、功能等进行了具体设计，并对总体的交通、水系、植被、服务设施等进行了规划。以期通过该规划，对于带动科左后旗接待结构调整、完善旅游产品类型、提升旅游服务水平。

（二）大青沟旅游规划，引领城镇化协同发展

大青沟国家级自然保护区地处科左后旗西南部科尔沁沙漠腹地，2004年被国家“旅游景区质量等级评申委员会”评定为国家AAAA级景区，也是一处保存完好古代残遗森林植物群落与内蒙古珍贵阔叶林自然保护区。经过多年

开发，大青沟旅游景区已经发展出有30多处景观景点和20多个旅游项目。科左后旗十分重视大青沟旅游景区的发展，2015年初，再次委托学校殷平教授团队对大青沟旅游景区进行具体规划。在对大青沟景区自然人文资源、市场现状和产业现状分析的基础上，殷平教授团队提出依托森林、河流、小镇等资源，打造全新大青沟旅游区。制订了温泉风情小镇、360度水陆空大青沟、艺术家部落、森林之家和三岔河漂流5项旅游项目规划，道路游线路、餐饮住宿娱乐服务设施、旅游商品、环境保护、区域合作五项专项规划，并制订了具体的市场营销规划和安全保障规划。以期通过该规划，释放资源价值，重塑旅游产品体系，通过发展旅游引领境内城镇化和旅游产业协同发展。

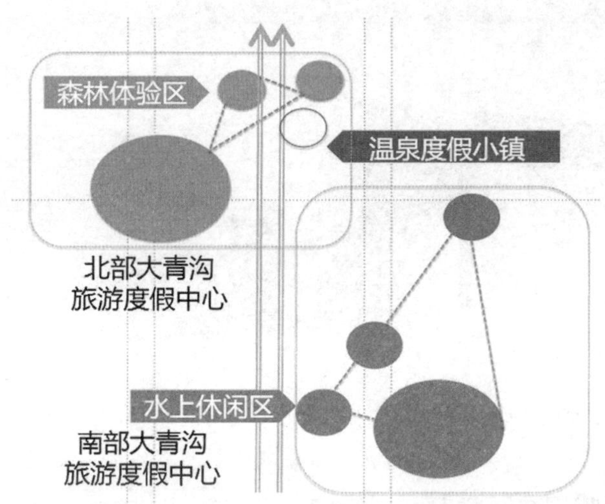

大青沟布局规划图

（三）乌旦塔拉大门设计，塑造特色目的地形象

乌旦塔拉自然保护区是内蒙古自治区级自然保护区，位于科尔沁沙漠腹地，与甘旗卡、吉尔嘎朗和常胜三镇的交界地带，保护区内植物有333种，主要以五角枫为主，动植物种类丰富，自然生态保存较好。每年金秋，该自然保护区成片的火红枫叶林颇具特色。应科左后旗方面要求，学校建筑与艺术学院蒙小英教授结合科左后旗蒙古族聚居特色和景区五角枫特点，为景区设计了大门。

（四）开展干部培训，增强规划帮扶效果

为提高科左后旗地区干部素质，丰富其知识眼界，开拓管理思维，强化交通、旅游、物流三项规划的落实效果，增强地方“自我造血”能力，2015年11月，学校组织专家教授6人专门赴科左后旗开展了为期4天的培训，培训内容涵盖了战略规划、产业发展、管理技能等方面，科左后旗全旗科级干部91人参加了此次培训。

乌旦塔拉大门设计方案

四、专业扶贫，精准脱贫效益初显

经过四年坚持不懈地努力，北京交大克服资金不足、专业不对口等诸多困难，充分发挥自身学科专业优势，结合科左后旗当地资源优势，因地制宜、突出重点、双优匹配，探索出了一条行业特色型大学参与定点扶贫的有效模式。随着三项规划在科左后旗经济社会发展中的具体实施，规划工作对社会经济发展的引导和调控作用逐渐凸显。

规划工作对社会经济发展的作用具有综合性和间接性，其产生的经济效益难以直接统计。目前，在交通规划指导下，科左后旗交通条件不断改善，区域交通优势得到强化，对区域人流、物流的吸引力逐渐增强；在旅游规划指导下，科左后旗旅游目的地形象逐渐树立，旅游服务水平和吸引力大幅提升；在物流规划指导下，新兴的物流产业快速健康发展。交通发展促进了产业的发展，产业的合理规划加速了产业繁荣，产业繁荣创造了新的就业机会，产生了大量经济效益。学校承担的闲趣山庄旅游规划项目已获评内蒙古自治区四星级旅游接待户，并获得自治区旅游规划专项资金支持；乌旦塔拉五角枫公园也被列入“通辽市十大郊野公园”。截至 2015 年末，科左后旗地区 40 个嘎查村、1.5 万人口实现稳定脱贫，为地方经济社会发展和国家扶贫攻坚任务做出了积极的贡献。

相信随着规划项目的持续推进，战略规划对科左后旗地区经济社会发展的促进作用将会进一步凸显，帮助科左右旗实现“自我造血”，助推地区社会经济腾飞，早日实现脱贫致富。

（胡仕林整理）

教育扶贫贯始终　科技人才促发展

——北京科技大学

（定点扶贫：甘肃省秦安县）

2011年11月29日，中央召开了扶贫开发工作会议，随后正式发布了《中国农村扶贫开发纲要（2011—2012年）》，确立了坚持广泛动员社会力量，把定点扶贫、东西部扶贫协作、其他社会力量参与扶贫作为推进扶贫开发的有效模式，并将动员社会各界参与扶贫作为当前和今后推进扶贫开发的重点方向。2012年11月，国务院扶贫开发领导小组办公室等八部委下发了《关于做好新一轮中央、国家机关和有关单位定点扶贫工作的通知》（国开办发〔2012〕78号），确定北京科技大学与甘肃省六盘山区秦安县为扶贫结对关系。

为更好地贯彻落实中央扶贫开发工作会议精神及相关文件的战略部署，充分发挥教育在扶贫开发中的重要作用，培养秦安县经济社会发展需要的各级各类人才，促进其从根本上摆脱贫困。在上述文件出台后，学校定点扶贫工作领导小组及办公室认真学习，深刻领会各方案及意见精神，并加强与秦安县的沟通交流，不断完善《北京科技大学对甘肃省秦安县定点扶贫工作方案》。"十二五"期间，自与秦安县确定扶贫结对关系以来，北京科技大学一直结合该县的经济、文化发展情况，依托学校教育资源，贯彻多元化、多领域、见实效、可持续、能推广的基本原则，以知识扶贫、整合社会资源和多元化人才培养为目标，汇集全校力量，不断加大扶贫工作力度，有针对性地涉及教育扶贫项目，切实协助秦安县打造人才队伍，以助其实现经济社会的发展。此外"十二五"期间，秦安县县委常委等领导也多次率团来北京科技大学开展扶贫工作交流，共同学习领会关于定点扶贫工作的精神，一起推动该项工作的更好落实。

长期以来，为使各项扶贫工作落到实处，北京科技大学不断优化人力资源配置，加强领导小组队伍建设，现已形成了以主管扶贫工作副校长为组长，包括党办、校办、研究生院、科研处、资产处等10余个部处负责人为成员的综合领导小组，并且该小组下汇集了北京科技大学行政、科研、产业一线的杰出工作人员、教授和知名学者。在领导小组办公室的统筹规划下，小组成员通过科学探讨、整合资源，不断谋求扶贫开发工作顶层设计的新突破，从而更好地推动学校发挥在人才扶贫、科技扶贫、智力扶贫、信息扶贫等方面的积极作用。

一、重实效，教育扶贫贯始终

教育是阻断贫困代际传递的根本途径，北京科技大学秉持着治贫先治愚、扶贫先扶智的理念，深刻认识到教育扶贫、扶贫工作的重大意义，所以一直把教育扶贫贯穿于各项工作，注重加快发展甘肃省六盘山区秦安县的教育事业，全方位保障该县群众受教育的权利，坚决完成“发展教育脱贫一批”的任务。

北京科技大学在《国家中长期教育改革和发展规划纲要（2010—2020年）》和《关于做好新一轮中央、国家机关和有关单位定点扶贫工作的通知》（国开办〔2012〕78号）等文件颁布后充分发挥主观能动性，积极响应，迅速行动，结合自身的特点和优势，从秦安县的实际出发，积极主动地参与到与甘肃省秦安县的定点扶贫工作，并结合秦安县的实际情况于2013年成立了“情系秦安支教实践团”，并于2013年、2014年、2015年暑假先后3次前往秦安县开展为期半个月的扶贫支教帮扶活动，以促进秦安县基础教育发展。

在“情系秦安支教实践团”暑期实践活动中，实践团成员曾多次实地考察兴国中学、秦安县一中等中学和学生家庭，从学校、老师、家长、学生等多个方面了解学生的学习和生活，并为学生补习其薄弱科目。此外，实践团成员还积极开展公益支教活动，授课范围涉及语文、数学、英语、物理、化学和生物、地理等多门学科（主要授课对象是高一和高二在校学生），授课期间北京科技大学实践团成员还为秦安县学生们展示了一些科技方面以及其他国家、地区的视频音像资料。同时，实践团成员还积极与当地学生进行座谈交流，调研分析学生们在学习中存在的主要问题，并鼓励同学们克服困难、刻苦学习、力争成才。

通过实践团的一系列活动，成员们皆加深了对于贫困地区的认识，增强了自身的社会责任感，并在一定程度上鼓励了一些实践团成员立志毕业后到贫困地区工作，继续从事扶贫事业，推动扶贫地区的发展。因此，学校决定将学生教育扶贫工作常态化、长期化，进一步加强对此方面工作的落实，且继续加强教育扶贫与学生培养工作相结合，以公益育人的方式，将学生培养为有社会责任感的人才。

二、求长效，人才扶贫立模式

历经4年的定点扶贫工作，北京科技大学依托自身六十余年教育资源的积累，以“教育服务社会”为宗旨，现已在人才扶贫方面形成了其特有的“引进来”和“走出去”相结合的理念，探索出了人才扶贫的北科大模式，并取

北京科技大学学生社会实践团在兴国中学与学生合影留念

得了显著成效。

一方面，北京科技大学严格贯彻“请进来”的理念，于 2014 年 9 月录取 1 名秦安县县级领导为北京科技大学文法学院公共管理硕士研究生。并且该生此后的学习过程中，文法学院基于其的特殊情况，针对该生调整了既有的培养方案，增设了管理学（发展中国家公共管理、可持续管理等）、财务管理（金融经济学、政府预算和财务管理）、住房和社区发展等方面的课程，以期将其培养为德才兼备、适应社会主义现代化建设需要的高层次、应用型、复合型的管理人才。目前该秦安县县级领导已顺利完成了其既定的学习计划，对其的培养计划也达到了预期成效。

另一方面，北京科技大学也注重加强“走出去”理念的落实，一直致力于选派德才兼备的学校干部、教师、优秀研究生到秦安县进行挂职扶贫锻炼，参与地方经济建设，把定点扶贫与培养锻炼干部、进行国情民情教育有机结合，推动扶贫事业的长效发展。此外，学校还选派了教授、学者对秦安县相关领导干部开展培训活动，先后开展了县域经济、依法行政、环境保护与可持续发展、公共危机管理等系列专题培训，贴近需求、内容丰富、形式多样。通过培训，对于甘肃省六盘山区秦安县发展地方特色经济、加速产业转型升级、完善民生保障等工作均有所帮助，并且有效提升了秦安县领导干部分析问题、解决问题的能力，加速了该县的建设和发展进程。

三、促升级，科技扶贫助发展

在前期的调查中，北京科技大学甘肃省六盘山区秦安县扶贫实践团发现秦安县地属陇中黄土高原西部梁峁沟壑区，山多川少，梁峁起伏，沟壑纵横，是全省十八个干旱县之一，也是全国扶贫开发工作重点县之一。村民年人均收入仅有3000元，但当地气候条件优越，土壤肥沃，果林产业发展势头良好，人力资源丰富，脱贫致富并不是无路可走。

基于上述情况，一方面，学校结合自身的特点、优势和秦安县资源特点、科技开发项目把秦安县作为科技扶贫基地，在相关科技产品和技术开发、科技成果转让等方面给予秦安县支持和优惠，为秦安县经济社会发展提供科技支撑。另一方面，北京科技大学甘肃省六盘山区秦安县扶贫实践团立足该县的贫困山村，以帮扶为目的展开了社会实践，主要任务便是给村民普及果树

北京科技大学学生社会实践团在秦安县入户调查

北京科技大学学生社会实践团深入秦安县李堡村果林实地考察

北京科技大学向秦安县捐赠 50 台电脑

种植知识，帮助村民脱贫致富。在 2013 年至 2015 年 3 年内，实践团的足迹遍布秦安县，累计举行宣讲 8 次、田间劳动 25 次、访谈 36 次。在雒川村，实践团成员深入该村的果林生产基地，了解了苹果树的生长情况，帮助当地村民给桃子摘袋、给果树除草、进行果树间的嫁接等；在李堡村，实践团成员先后发放 500 余份农业宣传单给该村村民，宣传单中详细地讲述了果树的前期种植方法和中期维护方法。在走访期间，学校实践团师生还多次深入田间地头，开展现场技术指导。3 年期间，先后共开展 8 期“创新发展”系列讲堂，内容涵盖畜牧业、种植业、环境保护等专题。在返校后，学校实践团成员还认真分析了甘肃省六盘山区秦安县的地理、水文、人口优势和该县经济发展过程中所存在的问题撰写了调查报告，为当地的经济发展提供了许多数据、理论上的支持。此外，实践团成员还依据秦安县的地理、人口、环境特征，分析当地农民的需求，在此基础上提出了一系列翔实的有利于推动当地农业可持续发展的建议，为秦安县的农业发展指明了方向，并收到了秦安县领导干部和农民的一致好评。

同时，为响应我国教育信息化工程的号召，学校一直致力于整合北京科技大学闲置的电脑、投影仪、打印机等办公、教学设备以资助秦安县，以改善当地中小学办学条件。此外，截止至 2015 年 11 月，学校已向秦安县兴国镇捐赠电脑 50 台，价值 18 万元，支援其信息化教育建设，有效改善了当地的硬件设施配置。

四、创机会，学生教育有保障

基于为秦安籍学子提供更多优质教育机会，北京科技大学始终加大对秦安籍考生的招生力度。一方面，学校进一步落实《北京科技大学、甘肃省秦安县人民政府结对帮扶工作框架协议》，努力推动将秦安县一中建设成为北京科技大学优质生源基地，为其提供经费、智力支持，重视“鸿志班”的建设工作，努力将其建设成为北京科技大学优质生源基地；另一方面，学校不断加大面向甘肃省秦安县招生专项计划实施力度，形成长效机制，招收符合培养要求的来自边远、贫困、民族地区县及县以下中学勤奋好学、成绩优良的农村学生，以期为秦安县的学生提供更多的纵向流动机会，也为该县培养更多的人才。

在秦安籍考生入校后，学校本着“关爱贫困学子成长，支撑求学路，培育新力量”的宗旨，不断加大对在校秦安籍学生的资助力度，旨在全方位关注和关心受助学生的成长，与实现脱贫要求相匹配。迄今为止，学校共资助秦安籍学生 7 人，申请国家助学贷款 94400 元，奖学金 17000 元。

五、广宣传，校园扶贫成氛围

自 2014 年 10 月 17 日被确定为我国扶贫日之后，近两年学校根据《国务院扶贫办关于印发 2014 年扶贫日活动方案》和《国务院扶贫办关于印发 2015 年扶贫日活动方案》的要求，把教育扶贫与社会主义核心价值观教育相结合，先后开展了“扶贫济困、广泛参与，携手并进、共创和谐”和“扶贫济困，携手同行”为主题的扶贫日专题宣传活动。通过宣传栏专题报道、校园媒体播报、主体讲座、校园标语等多种形式，使得全校师生在此过程中了解扶贫、参与扶贫，并且此项宣传活动在广大师生中引起了强烈反响。

2014 年扶贫日来临之际，学校开展了网上扶贫宣传教育活动、“小公益，大温暖”主题公益活动，发起“扶贫进行时”网络微活动，共计 118 个团支部参与此次网络微行动，上交新闻稿 93 篇，活动照片 124 张。在“扶贫挑战”为主题的线上扶贫传递活动中，学校自发参与捐款捐物的师生就有 178 人，捐赠书籍 255 本，衣物 200 余件。随后的 2015 年扶贫日，北京科技大学甘肃省六盘山区秦安县扶贫实践团不忘实践初心，开展“一块钱消除贫穷”为主题的线上募捐活动，得到了老师同学们的积极响应，共募捐善款 13421 元，所得善款已汇往秦安县扶贫办公室。

下一步，北京科技大学将进一步贯彻落实习近平总书记重要指示精神和李克强总理的批示，按照精准扶贫的工作要求，进一步加大资金投入、智力支持、技术服务以及信息与政策指导，不断提高扶贫实效。学校还将继续健全现有工作制度，做到分工明确、责任到人，强化组织和制度保障；进一步加强实地调查，从实际出发，制定更为切合其实际的帮扶计划和实施方案；将定点扶贫工作和培养锻炼干部、进行国情民情教育有机结合，定期开展扶贫相关活动，选派德才兼备的师生每年到定点扶贫地区开展扶贫调研。此外，在对象瞄准上，形成动态的识别和瞄准机制，以所指定的规划和签订的协议为原则，依据具体情况及时调整帮扶对象，建立有效的选择机制；在资金使用上，与秦安县加强联系，建立多元化、重点突出的投入机制，从而实现脱贫攻坚目标。

（董云云整理）

科技先行　推动产业发展

——北京化工大学

（定点扶贫：内蒙古科尔沁左翼中旗）

2012年起，根据国务院扶贫办、教育部的统一部署，北京化工大学定点帮扶内蒙古科尔沁左翼中旗（以下简称“科左中旗”）。多年来，北京化工大学从实际出发，充分利用自身的科技和人才优势，重点推进科技扶贫，为科左中旗脱贫致富做出了积极贡献。

一、背景介绍

科左中旗隶属内蒙古自治区通辽市，地处内蒙古、吉林、辽宁三省交汇处，科尔沁草原腹地。全旗总土地面积9811平方公里，耕地541亩、草牧场591亩、林地327亩。总人口53.7万人，其中蒙古族人口39.5万人，是全国县级区域蒙古族人口最多的县。也是国家扶贫开发重点县、自治区革命老区和通辽市扶贫增收重点旗。

科左中旗农作物秸秆资源丰富，其中玉米秸秆产量常年保持在350万吨左右、玉米芯产量保持在90万吨左右，其他农作物常产量保持在180万吨左右。但目前还处于还田、牲畜饲料、家庭取暖外，综合利用特别是工业化利用滞后，玉米秸秆、玉米芯生物化工、生物质能源及玉米全株利用方面需要科技和项目支撑。

北京化工大学创办于1958年，是教育部直属的全国重点大学，国家“211工程”和“‘985’优势学科创新平台”重点建设院校。北京化工大学把定点扶贫工作当作一项崇高的政治任务，以高度的责任感和使命感，关注贫困问题，关爱贫困人口，关心扶贫工作，积极动员、广泛参与，凭借自身科技和人才优势，为帮扶地区脱贫致富做出了实实在在的贡献。

二、主要举措

科学技术是高等学校帮助贫困地区在打赢贫困攻坚战中的重要武器。北京化工大学针对科左中旗实际，结合自身科技和人才优势，因地制宜，科技先行，在重点推进科技扶贫、促进产业发展方面出实招、见实效。

一是组建北京化工大学科技扶贫产业园，为科技成果与当地资源的结合打下了坚实的基础。2013 年 10 月，“北京化工大学科技扶贫产业园”在科左中旗宝龙山镇工业园区内揭牌。产业园以北京化工大学的科学技术成果转化作为支撑，实现双方的资源技术互补，作为学校科技与当地资源紧密结合的孵化器，双方共同寻找业主，力促项目早日实现进园区。

二是依托学校技术力量对现有企业进行技术升级改造。科左中旗相关企业提出技改需求，学校组织科技人员参与科左中旗现有企业的关键技术攻关。为金谷源生物提供新产品研发、为科迈化工橡胶助剂建立了研发基地、为天润蓖麻攻关新产品、为惠群肥业研发有机肥等，并与产业结构、产品结构调整、新产品研发相结合，对企业进行系统的技术改造。

三是召开高峰论坛大会，提供科技支持。2014 年 8 月，由北京化工大学主导策划并联合有关单位共同主办的“玉米生物产业与生物质资源利用技术创新高峰论坛暨科技成果转化与科技扶贫开发投融资项目推介会”在内蒙古自治区通辽市成功举办。科左中旗与柏尔曼斯气电联产、可燃垃圾等玉米秸秆、农业废弃物利用项目签订协议，协议投资总额达 54 亿元。本次论坛和项目推介会把定点扶贫工作与学校科技资源优势紧密结合，是将科技开发扶贫专项工作落在实处的又一新举措。

四是将科技成果和当地资源相结合创建新项目。北京化工大学科技成果和当地资源结合孵化出两个崭新的生命：通辽市惠群生物肥业有限责任公司的《科左中旗农业废弃物制取生物燃气与生态循环综合利用项目》和通辽元易生物燃气有限责任公司的成立。

实例一

平时看似没用的玉米秸秆和畜禽粪便，在北京化工大学的厌氧消化技术转化下变为宝贵的可再生清洁能源——沼气，而沼渣经过进一步加工就是形成了价值很高的有机肥料，真正做到了变废为宝。在此之前，这些秸秆及畜禽粪便无法处理，不仅需要人收拾，费时费力，还没地方存放，秸秆还很难腐烂，污染环境，着实令当地老百姓头疼。现在好了，令人头疼的废弃物进去，洁净的燃气和高价值的有机肥出来，不仅节省了人力，净化了环境，还为当地的老百姓创造了财富。

2013 年初学校组织专家教授前往科左中旗的惠群肥业公司考察调研，经过多方讨论与研究，正是看中了北京化工大学现有的成熟厌氧发酵技术和设备以及科左中旗得天独厚农业资源，惠群肥业开始投资建设《科左中旗农业废弃物制取生物燃气与生态循环综合利用项目》，预计总投资为 3.5 亿元，现已完成了可行性报告的编制、项目成功案例考察，项目正在进行选址及厂区的勘察设计。

项目投产后，预计年处理6.65万吨农作物秸秆，1.57万吨畜禽粪便，设计能力为日产沼气6万立方米，沼气提纯后的生物燃气用于供应宝龙山工业园区，宝龙山镇以及周边居民使用。正常生产年销售收入为1.7亿元，同时实现年利税收入2261万元，新增就业岗位280人，同时能带动周边农户发展绿色、有机蔬菜，增加农户收入，一项科学技术，不仅将秸秆和畜禽粪便变废为宝，解决了部分贫困人口就业，还带富了周边百姓，让当地人们真正体会到了科技帮扶带来的实惠和好处。

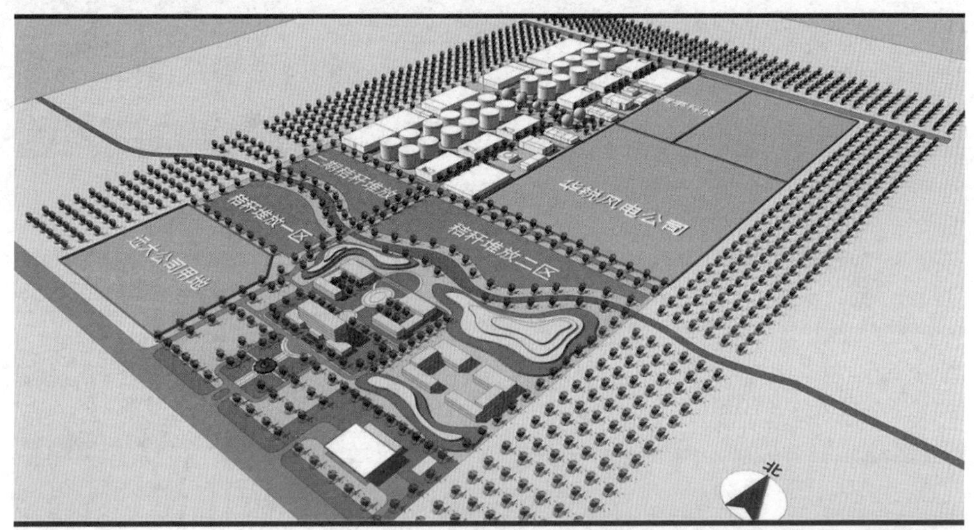

惠群肥业项目规划图

实例二

北京化工大学的厌氧消化技术，丰富的秸秆和畜禽粪便资源，为科左中旗吸引来了金凤凰。赤峰元易生物质科技有限责任公司（以下简称“赤峰元易公司”）直接投资科左中旗，创建了“通辽元易公司”，在科左中旗实现生物天然气项目的投资与筹建项目，对农业有机废弃物的综合利用按照“废弃物+清洁能源+有机肥料”三位一体的技术路线进行商业化、规模化、模块化、标准化整合。通辽元易预计投入约3亿元，以生物天然气和有机肥为切入点，实现废弃物资源综合利用、生产过程节能环保、产品市场化竞争的完整循环经济产业链，项目建成后，预计销售收入8700万元，上缴税金730万元。

赤峰元易建项目成后沙盘

赤峰元易项目建成后厌氧发酵罐

三、成效与作用

通过校地双方的共同努力，科左中旗的扶贫工作在近几年中有了明显的效果。据统计，2011 年初，科左中旗共有贫困户 3.15 万户，贫困人口 13.5 万人。经过这几年的帮扶和科左中旗党委政府的不懈努力，到 2016 年 4 月统计，全旗贫困户为 10930 户，相比 2011 年减少了 24070 户，脱贫户数比例为 67.8%；全旗贫困人口为 25933 人，相比 2011 年减少了 109067 人，脱贫人口比例为 80.8%。

四、主要经验和启示

一是学校党政领导重视定点扶贫工作。北京化工大学一开始就成立了定点扶贫工作领导小组，下设定点扶贫工作办公室，设在国内合作交流处。领导小组统一部署学校定点帮扶科左中旗的各项工作，为扶贫工作提供了组织保障。

二是实地考察调研，双方有效沟通，帮扶思路明确。在工作中，校地双方多次互访、考察调研，建立起组织协调、协商沟通机制，有效地推动帮扶工作不断深入开展。校领导多次率团赴科左中旗就帮扶工作进行深入调研，就扶贫思路和措施进行对接，就人才培养和科技成果转化事宜进行座谈，在此基础上确定了学校扶贫工作的思路和举措：全校积极履行社会责任，发挥人才智力优势，结合当地的资源和实际情况，在科技和人才等方面充分发挥学校特色和优势，为科左中旗经济社会发展做出贡献。

三是发挥双方特长。双方加强联络，充分分析各自的优势和特长，学校详细了解科左中旗的经济社会发展情况，当地资源情况，贫困人口数量、分布等情况。真正做到从自身优势出发，结合当地实际情况，以科技扶贫为抓手，重点在“授人以渔”上下功夫。充分利用学校雄厚的科技力量、丰富的人才资源，找到学校科技与当地资源的结合点，助推当地企业实现创新发展，同时协助当地引进适合学校技术和当地资源的企业为当地经济社会发展服务。

（胡仕林整理）

精准把脉高原农业发展
积极推进临沧农业物联网建设

——中国农业大学

（定点扶贫：云南省镇康县）

2012年，中央有关部门确定中国农业大学（以下简称“中国农大”）作为帮扶云南省临沧市的牵头单位，并定点扶贫镇康县。三年多来，中国农大敦本务实、开拓思路、创新举措，大力推进帮扶临沧市工作。其中，中国农大积极组织有关专家充分发挥自身专业优势，瞄准临沧高原特色农业产业，以“蚌孔智慧畜牧庄园物联网”和“临沧市咖啡种植庄园物联网”两个项目为重点，积极推进临沧市在云南省率先实施农业物联网建设，有效促进了临沧农业的信息化发展。

一、背景介绍

临沧市地处祖国的正西南，是一个农业大市，农业资源丰富、高原特色农业产业初具规模。但龙头企业规模小、实力弱、带动能力不强，急需引进现代信息技术提升农业科技水平。为此，中国农大积极组织领导和专家多次赴临沧开展调研考察，与当地有关部门和企业达成了建设“蚌孔智慧畜牧庄园物联网”和“临沧市咖啡种植庄园物联网”的意向。2013年12月14日，校领导带领16名专家、研究生抵达临沧，正式启动两个物联网建设项目。

项目启动后，学校统筹谋划，积极提供财力支持，并先后选派时任信息与电气工程学院党委副书记刘尚民、动物科技学院副教授张浩、信息与电气工程学院副教授陈英义赴镇康县挂职副县长。挂职期间，三位同志充分发挥校地合作交流沟通的桥梁作用，充分发挥自身专业优势，为推进物联网建设做出了突出贡献。

二、项目实施

在临沧市政府和市农业局、镇康县政府的大力支持下，蚌孔智慧畜牧庄园物联网建设、临沧市咖啡种植庄园物联网建设两个项目进展顺利。学校先后派出教师和研究人员30人次（其中教授5人），研究生20人次，与当地养殖人员吃住在草山上共70余天，共同讨论项目实施方案，进行实地勘察（见图2-3）。2014年3月，学校派出地理信息专业1个本科班30人的大四学生，对全县的土地和种植作物进行了系统的测量。2014年10月，对两个项目（一期）进行了验收，达到预期设计目标。

（一）“蚌孔智慧畜牧庄园物联网”建设

云南康源农业发展公司的蚌孔肉牛养殖场，是一个沿边境的高山养殖场，草场地处镇康县勐堆乡蚌孔村，草山面积8万多亩，养殖肉牛近万头，以传统放养为主，山高坡陡，管理十分困难，因以缅甸接壤，时常有肉牛走失现象。

中国农大信息与电气工程学院充分发挥电力、电子、计算机、遥感及卫星定位等专业优势，将项目设计成分期完成，其中，第一期建立肉牛个体信息智能采集和肉牛养殖阶段管理系统，第二期建立基于GPS定位的肉牛活动管理、疾病防疫管理、视频远程牛舍监控管理和基于数据挖掘的智能养殖决策管理系统。一期针对蚌孔牛庄草地广阔、地形复杂、肉牛分散放养、养殖头数多的特点，蚌孔肉牛养殖物联网系统采用物联网技术和装备、利用信息处理和数据管理技术，解决人工放养管理和个体识别困难、肉牛个体信息和饲养过程信息不精细，养殖数据获取不准确等问题，将云南临沧镇康县肉牛养殖庄园打造成具有现代化管理手段的智慧养殖庄园，实现对肉牛从进场到出栏的全过程信息化管理和肉牛养殖生产的智慧决策，达到提高肉牛养殖管理水平、节约管理成本、降低肉牛损失，合理利用草场和提供经济效益的最终目标。

“蚌孔智慧畜牧庄园物联网”系统包括“蚌孔肉牛养殖物联网系统”、“蚌孔万亩草山物联网系统”、“蚌孔光伏太阳能发电与节能物联网系统”和“基于GIS的蚌孔牧场三维可视化物联网系统”4个物联网子系统。

“蚌孔肉牛养殖物联网系统”针对蚌孔畜牧庄园草地广阔、地形复杂、肉牛分散放养、养殖规模大的特点，采用物联网技术和装备、利用信息处理和数据管理技术，解决人工放养管理和个体识别困难、肉牛个体信息和饲养过程信息不精细，养殖数据获取不准确等问题的系统。主要完成的工作有：(1)完成网络基础设施建设。基础设施包括在总场场部和1个分厂完成了网络部署，在两地分别进行了计算机服务器部署，在1个分厂实现了无线局域网络部署，可实现分厂范围内办公和牛棚的网络覆盖。在总场和分厂安装了视频监控，可对两个不同地点的草山和肉牛活动情况进行远程监控；优先对1个能繁母牛的牛棚安装了视频监控，可远程监控母牛的室内活动情况；(2)重点对1个能繁母牛的牛棚安装RFID读写系统，该系统在服务器后台软件的控制，配合每头牛的RFID耳标，可以实现每天进出牛棚的管理，对没有及时回归牛棚的母牛，能及时得知，防治了母牛的走失，也解决了放养人员每天人工对母牛回归后多次的数数，计数等问题（见图 1）；（3）配置了手持设备，开发安装了相应的软件系统。通过手持设备，可以对每头牛的疾病防治、称重以及入栏、出栏等信息进行采集，改变了过去的人工纸质记录方式；（4）开发了的养殖物联网信息系统，实现了包括出入跟踪（监控和统计日常牛棚里面的牛出入信息和异常统计）、防疫提醒（对最近的防疫计划向用户提醒并且可查看未完成计划）等日常管理工功能，个体信息查询、体重信息查询、出栏查询、诊疗查询、防疫查询、消毒历史查询以及分布统计等查询统计功能，肉牛个体信息管理、牛棚信息管理、出栏录入、防疫计划制定、消毒记录录入、疾病和药品字典维护、疾病治疗管理、人员管理和参数设定（设定出栏和入栏时间段以及对摄像头设备的管理）等后台管理功能（见图 2）。

图 1　牛棚安装 RFID 读写系统

图 2　“蚌孔肉牛养殖物联网系统”界面

“蚌孔万亩草山物联网系统”针对草山的牧草生长信息和牧场环境信息进行监控，以便获取草场的生长信息，为轮牧提供决策支持。主要完成的工作有：（1）传感器设备的部署，在 1 分场的两处典型地点分别部署了两套草山数据采集设备。每套设备包括 1 个气象信息的采集、4 个土壤墒情信息的采集和 1 个草场长势的信息采集。采集参数包括牧草高度、牧草水分、牧草含氮量以及叶绿素含量、牧草叶面积指数（LAI）和土壤电导率等以及光照、土壤温湿度、空气温湿度等，数据采集后打包经过 GPRS 系统传至物联网后台（见图 3）；（2）开发了蚌孔草山牧场信息管理决策系统，主要功能包括对各个采集数据的实时显示、图形展示、历史走势分析，并给出目前草场或环境的评价（见图 4）。

“蚌孔光伏太阳能发电与节能物联网系统”，针对草上的地理位置偏远、没有市电供给、还处在汽油发电机供电的现转，将太阳能光伏发电单元和汽

图 3　草场传感器

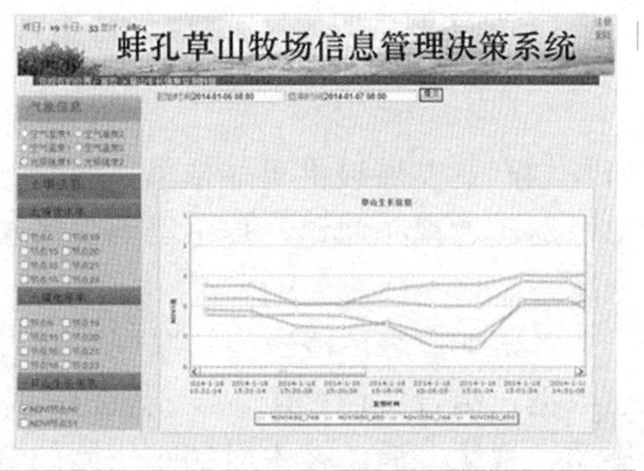

图 4　“蚌孔万亩草山物联网系统”界面

油发电机进行组合，解决供电问题。主要完成工作有：（1）在 1 个分场完成了 5kWp 光伏发电系统，安装太阳能板 24 块，形成光伏发电阵列，安装储能电池盒光储控制柜。实现了光伏发电和汽油机发电的互补（见图 5）；（2）在其他 8 个点分别安装了 600W 光伏发电系统，主要解决了各分场不同点的夜间照明问题；（3）开发光伏发电、用电远程监控系统，能远程监控整个光伏发电系统的发电量、运行状况，对异常情况实时做出反应（见图 6）。

图 5　太阳能板安装

图 6　“用电远程监控系统”界面

“基于 GIS 的蚌孔牧场三维可视化物联网系统”，利用卫星遥感数据的优势，结合 GIS 等技术手段，实现了草场的电子沙盘，能够对肉牛畜牧智慧庄园草场的客观展示和直观表达。

（二）“临沧市咖啡种植庄园物联网”建设

“临沧咖啡智慧种植庄园物联网”是学校信息与电气工程学院为临沧市农业局开发的集全市咖啡种植状况管理及咖啡庄园种植管理于一体的智慧管理平台。

临沧咖啡产业迅速发展，2013 年底种植面积已 50 余万亩，管理部门希望对咖啡在全市的地理分布、种植区（庄园）的管理有一个宏观的了解，为政府规划产业发展提供可靠依据。鉴于此，信电学院充分发挥学科优势，利用卫星遥感、视频通讯、传感器等先进技术，研制开发了咖啡种植庄园物联网系统。

“咖啡智慧种植庄园物联网”建设项目分为两个部分，一是利用卫星遥感数据，结合实地勘测，绘制临沧咖啡种植的地理分布图；二是利用现代传感器、视频、通信技术对咖啡庄园的咖啡生长与营养、咖啡园环境信息等进行实时监测，并提供智慧决策管理平台。

项目一期已完成全市的咖啡种植地理分布图，镇康红岩咖啡种植庄园的数据采集、传输等工作。二期在进一步完善的基础上，有可能将系统推广到甘蔗、核桃、坚果、茶、烟草等云南高原特色产业的管理上。

“咖啡智慧种植庄园物联网”系统，对于特色管理咖啡种植区、保证咖啡产量稳定提高、促进优质咖啡生产具有重要意义。同时，农业物联网可实时获得农业生态的各种环境参数，汇入社会共享的公用物联网，为建设资源节约、环境友好，提高经济社会可持续发展能力做出贡献。

三、项目影响

“蚌孔智慧畜牧庄园物联网”、“临沧市咖啡种植庄园物联网”建设项目的实施，大大提高了当地养、种植业的生产、管理效率及信息化水平，标志着镇康农业产业从传统农业、畜牧业向现代农业、畜牧业的过渡，为镇康农业、畜牧业科学化、规模化种植养殖提供了现代化的技术保障，同时改变了临沧市农业干部和农业科技人员的理念，增强了用现代信息技术装备农业的信心，得到省、市有关部门的高度认可，在云南乃至全国都产生较大的积极影响。

2014年年底，以“蚌孔智慧畜牧庄园物联网”建设项目（一期）为基础，将项目实施的二期目标内容（以试点展开、物流溯源、专家管理系统为主要内容），推荐到国家工信部，获得工信部“2014年物联网发展专项资金”300万元的资金支持。

2015年6月，“蚌孔智慧畜牧庄园物联网”建设项目获得国家发改委“农业物联网示范项目”立项支持。

2015年5月，在上述项目的影响和带动下，临沧市云县山水农牧集团有限公司积极与学校联系，一期投资120万，在该公司的肉牛养殖场内开展物联网系统的建设工作。

（胡仕林整理）

精准扶贫重在行动 定点扶贫贵在帮扶

——北京师范大学

（定点扶贫：云南省永德县）

一、永德县基本情况

（一）教育基本情况

全县有完全中学2所，职教中心1所，初级中学11所，九年一贯制学校2所，10个乡镇教育办公室下辖完全小学105所、教学点45个，公办幼儿园37所，民办幼儿园2所，特殊教育学校1所。现有在校生50742名，有教职员工3092人，师生比为：学前教育1∶53.5，小学1∶16.2，初中1∶15.2，普通高中1∶13.9，职业高中1∶12.5。幼儿入园（班）率63.89%；适龄儿童入学率99.58%，小学辍学率0.77%；初中毛入学率99.02%，初中辍学率2.84%；高中阶段入学率33.64%，普通高中辍学率0.91%；7—15周岁残疾儿童少年入学率95.38%。

（二）永德县一中情况

临沧市永德县第一完全中学创建于1937年8月，初名为镇康县立中学。1964年永德、镇康分县后，改名为云南省永德中学。现名为云南省永德县第一完全中学，是临沧市办学历史较为悠久的学校之一。永德县第一完全中学的办学规模随着社会的发展不断扩大，近五年规模扩大尤为迅速。目前，学校现有 66个教学班，在校生3684人。其中：高中42个班，高中学生2407人；初中24个班，初中学生1277人。现有教职工277名。校园占地242.3亩（规划占地428亩）。是临沧市办学规模较大的学校之一。

二、北师大第二附中与永德一中结为友好帮扶学校

2013年9月16日，永德县到北京师范大学商谈与北京师范大学进行合作与帮扶的相关事宜。北京师范大学非常重视，与永德县组织座谈，并就北京师范大学与永德县在城市建设规划、农副产品加工、教育管理干部与教师培训、师大附属实验中学与永德县二中教育帮扶等方面达成了一系列的初步共识。

领导互访，就是两校领导及相关管理人员每学年进行相互访问，总结经验，制定并不断完善帮扶方案。

教师互派，就是双方教师每学年开展互动式教育、教学与教研活动。北京师范大学第二附属中学每学年选派各主要学科骨干教师到永德县一中进行示范课教学以及开展教学指导工作，重点着眼于课堂教学改革，加强教学常规管理，着力提高教学质量，努力提高教师业务素质，优化教学目标、教学过程以及教学评价体系，促进永德县一中教育与教学水平能够得到全面提高。同时，永德县一中每学年选派相关学科的骨干教师到北京师范大学第二附属中学进行为期二个星期左右的跟班教育与教学活动。在此基础上，北京师范大学第二附属中学相关学科带头人、骨干教师与永德县一中的学科带头人、骨干教师进一步建立起一对一的帮扶关系，并开展不定期的教学及教研等活动。

学生互动，就是探索开展班与班“手拉手”互帮互助活动，通过适当的形式让学生之间能够进行有效的沟通和互助，以促进两校学生快乐地学习和健康成长。

教育、教学及教研成果等网络资源共享，就是北京师范大学第二附属中学就有关教育、教学改革的一些最新研究成果和信息与永德县一中共享，通过用网络资源等形式进行交流与探讨。

通过以上所签署的两校领导互访、教师互派、学生互动以及教育、教学与教研成果等资源共享的合作与帮扶协议，两校领导对即将实施的这项合作充满期待，相信经过两校的共同努力，一定能够促进永德县一中教育与教学水平的全面提升，并实现两校教育与教学工作的共融、共进、共取和共同发展的战略目标。

三、具体帮扶事例

永德县第一完全中学为了进一步落实于 2013 年 8 月与北京师范大学第二附属中学签署的有关“领导互访、教师互派、学生互动、教育与教学网络成果互享”的合作与帮扶协议，于 2013 年 11 月 18 日，永德县第一中学选派邓绍卫、周政和周榆婷等老师启程赴北京师范大学第二附属中学开始进行为期一周的学习与交流活动。

邓绍卫等来到北京师范大学第二附属中学后，得到了北京师范大学第二附属中学的热情接待和周到安排，并在工作和生活上予以了最大的方便。邓绍卫等老师在此学习和考察期间，深入班级全程观摩了本学科的不同年级、不同特色班级课程的教学活动，参加了学校教研组的教研活动和北京市西城区每周一次的教研例会，观摩了一些学科的研修公开课和专题讲座。另外，还观看了学校班会的启动仪式。课下与各相关学科的老师进行了较为深入和细致的教学交流与研讨，参观并感受了校园的教育与教学环境。其间，北京师范大学第二附属中学安排和组织了一次观看天安门升旗仪式的活动。

邓绍卫等老师对此次赴北京师范大学第二附属中学进行学习和交流，有很多震撼和意外的收获。无论是对其本人，还是对本学科今后的教学工作都有很多启示和思考，总体感觉时间较短、深入不够。希望今后能有更多的机会和时间，有更多的老师去进行学习与考察。邓绍卫等老师回来后，永德县第一中学积极组织了本学年的相关教研组、本学科的研究组以及在全校老师范围内广泛开展了学习心得与交流活动，与全校老师分享了他们的收获与感悟，以更好地促进永德县第一中学教育与教学质量的全面提高。

四、心得体会（部分教师）

（一）数学教研组，周政

学习体会

我有幸被学校派到衡水、北师大二附中学习，本次学习为期 11 天。在此期间我观摩了石家庄精英学校、北师大二附中数学老师的课堂教学、衡水一中的政治公开课，以及参加了在河北石家庄市举办的第十二届“全国高中教研组—学科组—高效课堂培训会”，让我受益匪浅。现将我对本次学习的感受和体会汇报如下：

（1）充分体现“功夫在课后”：

老师精心组织课后练习，为第二天的教学内容服务，学生根据老师的要求组织复习和预习带着问题走进课堂，在课堂上展示自己的研究成果以及解决自己弄不明白的知识。但所有的一切都是建立在本校的教学研究成果上。所以我觉得建立本校的资源库是特别重要的。

（2）课堂教学以学生为主，教师为辅的模式开展：

教师在授课时，学生会根据本节课内容提出问题，并编造与该问题有关的例题或老师通过课本例题设置问题，并改编例题来加固问题。本节课产生的所有问题都由学生解决，老师给予指导。

每节课老师的教学任务是明确的、有效的，课堂氛围是和谐的：

学生提出的问题或老师设置的问题都有很强的目的性和实效性，问题要达到的目标也很明确。这些问题都来源于不断挖掘课本中的概念、性质、例题及习题以及它们的变形与变化，从而与高考接轨。学生与老师关系融洽，教学上可以争论得面红耳赤，课后却是互相尊重，互相珍惜，互相依偎，互相支持。

（3）分层教学：

每个班又将学生分为三个层次，老师在提问或设问时都会每个层次的学生情况设置问题的难易程度，并明确不同层次的学生能达到的目标和要求，课外作业的布置也按三个层次来布置。

（4）赏识教育：

在课堂上老师从不会吝啬鼓励的话，学生回答问题或提出问题时不管学生是正确的，还是错误的。首先老师会给学生一个微笑和一句肯定的话，其次，若学生出现错误时，老师不是开始就否定，而是根据学生的思维引导学生找到错误的原因。在此过程中学生获得的知识与方法就更比老师直接纠正获得的知识与方法多得多。最后，老师还不忘再次给予学生鼓励。

总之，通过本次学习，使我感触很深。学习后我已进行了一些反思和思考。提出了我个人的几点想法与各位同仁分享，不对的地方请批评指正：

（二）物理教研组，邓富强

河北、北京学习心得体会

通过几天的外出学习，观摩了河北石家庄精英中学、衡水中学、北师大附二中老师们的示范课，他们的课让我感受颇深，受益匪浅，也让我充分领略了课堂教学的无穷艺术魅力。他们的课展现了丰富的教学经验和精湛的教学艺术。我就参加的这一次活动谈一点自己的粗浅体会和感受。

（1）激发学习兴趣，明确学习目标。

我想在今后的教学中，课堂要充分相信学生。要想办法激发学生学习兴趣，使他们明确学习目标，把激发学习兴趣与学习内容有机结合起来，从而激发学生学习的欲望。如河北石家庄精英中学的老师所讲的《力的分解》一课，老师首先利用提出问题向同学们展示了本节课的学习目标，让学生在学习这一课时有一个整体的把握，然后让学生认识到，在生活中力处处存在，为学生创设了一个生活情景，激发学生探究力产生效果的兴趣。

他们教学的共同特点之一就是对学生学习能力的信任。在课堂上充分体现了教师和学生的互为主体作用。作为新授课，积极引导学生主动学习知识，教师只作宏观的归纳和列出提纲，把课堂还给学生，学习效果很高。反思我们，经常是生怕学生不知道，在教学过程中，事无具细，面面俱到。无法突出重点，更无法调动学生的学习主动性，让其独立的思考。

注重知识更新，讲究实用。这是他们教学的第二个特点。书本上有的，让学生自己去阅读探究，去主动学习。教师的重点是讲解一些重点，难点及易混淆的知识点。比如在听《力的分解》时，老师对于基本知识只作简单的回顾，而着重讲解了力的分解既形象又生动。学生便于理解记忆，教学效果当然就高。

（2）培养学生的意志、仔细观察的习惯。

在教学中实验方案这一环节要明确要求，鼓励学生对所提供材料进行猜想与假设，从多角度鼓励学生猜想并设计实验方案，接着按小组中自己的方案进行实验，同时记录所看到的现象与数据。如北师大附二中彭老师所讲的《感应电动势》一课时，老师能用简练的语言明确要求，学生都以小组为单位积极讨论实验方案而不是急于动手实验，这一点值得我借鉴。而在我平时的课堂教学中，让学生设计方案时，往往会出现学生不是讨论实验方案而是直接进行实验，对学生的实验方案指导的不够细致，忽略了实验方案的重要性。

在他们的课堂上，学生和教师之间是相互学习、相互交流。气氛非常活跃，学生思路开阔。他们很少干涉学生的课堂表现，你可在课下的自由讨论，即使是迟到，只要不影响上课，从后门进入也是可以的。教师的定位非常好，这样便于实施教育意图。整个教育意图都融入了师生之间的学习交流中，不经意间，达到“润物无声”的效果。反思我们，经常“以老师之心，度学生之腹”，把自己的意志强迫学生接受，以达到所谓“满意”的标准和效果。

（3）巩固拓展知识，解决实际问题。

学习的目的在于应用于生活。几位老师所执教的课创造性地启发学生利用所学的知识解决生活问题，进行“再实践——再认识”。这一环节中，老师注重鼓励学生多方位的思考问题、解决问题。

（4）团队协作，精心独到的课堂设计。

教学设计是老师为达到预期教学目的，按照教学规律，对教学活动进行系统规划的过程。从几位老师的课堂教学中，以及从课后的交流中，我们能感受到教师的准备是相当充分的：不仅“备”教材，还“备”学生。两所学校都很重视集体备课。河北石家庄精英中学的导学案由一位老师执笔，拿出的初稿在集体备课时再由全体老师讨论，确定每一个考点的讲解方法，在练习设计方面针对性也很强，贴近学生实际，分层合理得当。充分发挥了集体的力量，提高了老师的课堂效率，收到了良好的教学效果。

几天的学习，我学到很多，感受很多，收获很多，名师扎实深厚的教学基本功，驾驭、调控课堂的能力，独到智慧的教学设计，富有艺术性的课堂，都给我留下了深刻的印象。我将以这次学习为契机，从各方面找不足、找差距，一点一点地进步，一点一点地学习，不断提高自己的文化底蕴和业务水平，通过努力力争使自己的授课水平实现新的跨越，迈上一个新的台阶。

（三）英语教研组，张伟斌

冀、京部分学校参观学习心得体会

北京师大二附中，全称北京师范大学附属第二中学，是北师大的一所附属中学。走进校园使我感到了一种真真切切的震撼，感触颇多。

（1）对北京师大二附中认识。

①这是一所人文校园。置身二附中，会强烈地感受到管理者精心营造的教育气息和文化氛围，处处体会到人文关怀。特别注重挖掘本校的人文教育资源，使出自本校的人才、为北京师大二附中做出突出贡献的历届校友，成为师生学习的楷模。激励现在的二中人不断进取。如学校的过道名言警句随处可见，尤其是出自学生之笔的励志警句更使人铭刻心中。我想，无论是谁置身于这种环境之中，都会被这种向上的气息所感染、所激发。生活在这样的环境，使人自律，让人自豪，令人振奋，促人奋发。

②这是一所激情校园。师生精神状态好，对工作对学习始终充满热情，办公区鸦雀无声，教研活动慷慨陈词，课堂上挥洒自如。每个人都有明确的目标和强烈的竞争意识，有不甘落后的拼劲。课间操，学生穿着朴素，没有穿皮鞋和拖鞋的，男生没留长发，女生没有戴手饰和化妆的。每班的队伍都迈着整齐划一的步伐，步调整齐的如同一个人，铿锵有力，震荡人心。那天去参观学习的老师约有一百人，大家都涌到操场上看学生跑操。当时很多老师拿着相机给他们照相，有的甚至走到他们面前，给他们拍照。可这些孩子并未受到任何影响，旁若无人，仍然全神贯注地跑操。

（2）北京师大二附中高考成绩非常好，它的秘诀在哪里？他们的精神品质到底是怎样打造出来的？这次北京之行，为我解开了这个谜。我个人理解的两个字最重要：细、实。

感悟之一 ：细——严抓细管，养成自律自省的学习和生活习惯

在二中，你看不到学生在课间追逐打闹、走东窜西，也看不到学生在路上边走边吃、随地乱扔，看不到学生的奇装异服、披金挂银，也看不到学生使用手机、MP3 等现代化的通信工具。一切都是那样的井然有序，整个校园静悄悄的，教师在认真工作，学生在埋头学习。我总共听了 8 节英语课。我们去得比较早，去时第一节课还没下。过了一会下课了，二中的学生秩序迥然，只有几个学生从教室出来。进入教室后我惊奇地发现，班里的学生都站在位上，手里拿着不同的英语书，在大声朗读。二中学生这种惜时如金的精神非常值得我们的学生学习。

感悟之二：实——实教实学，切实提高教与学的效率

真正做到“五个让”：在课堂教学中能让学生观察的要让学生观察；能让学生思考的要让学生思考；能让学生表述的要让学生表述；能让学生自己动手的要让学生自己动手；能让学生自己总结的要让学生自己推导出结论。教师不能包办代替。具有以下鲜明的特点：①重视教材、狠抓基础。②及时当堂训练、强化解题思路与方法的指导，促使学生灵活运用所学知识。③注重学生的学习习惯培养。④系统地处理错题。学生把错题都剪下来，记入错

题本。人的潜能是无尽的，只要能合理的开发，每个学生都是一座丰富的宝藏。二中的学生每天都是全力以赴的学习的。

二中在每一个教育与教学的环节中都非常注重锤炼学生的精神品质，学生们以他们卓越精神品质所演绎的一个个场景让我们感动不已。我会尽我所能把我所学到的东西带回学校，教好我的学生，传递好所了解的信息。

（琚婷婷整理）

发挥传媒大学自身优势　积极探索智力扶贫路径

——中国传媒大学

（定点扶贫：新疆艺术学院、云南省漾濞县）

多年来，中国传媒大学（简称中传）高度重视对口支援新疆艺术学院（简称新艺）和定点帮扶云南省漾濞县工作。学校以“发挥自身优势，智力扶贫为主”为工作原则，通过发动学校和社会多方力量，积极推进扶智工程，为新艺和漾濞县的建设发展孕育新力量、传递新思维，在智力扶贫的路径探索上做出了有益的尝试。

一、依托专业力量，实现精准援疆

2005 年，教育部“对口支援西部地区高等学校计划”确定中国传媒大学对口支援新疆艺术学院。十年来，经过中传和新艺的密切合作和共同努力，对口支援工作积极、持续、深入开展，取得了可喜的成效。新艺教学和科研水平显著提高，人才培养和师资队伍建设取得明显实效，办学质量和社会声誉不断提升。

（一）选派双方教师挂职锻炼、进修学习，助推地方发展

十年来，中传先后派出多批专家教授、骨干教师赴新疆艺术学院挂职锻炼。早在 2002 年，袁军教授作为中央国家机关第四批援疆干部到新艺任副院长；2005年至今，有五名教师先后赴新艺各系专业岗位援疆，并担任系部的负责人。

与此同时，中传先后接收了 13 名新艺教师到校进修学习、挂职锻炼。这些教师被分别安排在戏剧影视学院、播音主持艺术学院、电视与新闻学院、经济与管理学院、对外汉语教育学院等学院进修有关影视编导、中文、新媒体艺术和经济管理等方面的本科和研究生层次的课程。为了切实保证教学质量，学校针对每位教师的专业背景、工作内容等情况，有针对性地制定学习计划：对于有条件、有计划提高学历层次进修的教师，由人事处与教学部门协商，将教师的学业纳入在职研究生、全日制研究生等层次管理，老师可直接参加相关专业的硕士研究生系统理论学习；对于理论知识扎实，实践能力较强的特培教师，学校将教师直接纳入课题组的管理，组织他们参加课题研究，赴外参加学术会议等。通过交流与学习，新艺教师的教学水平、科研能力、

整体素质和学校的科学管理水平均有了明显提高，中传为新艺教师干部挂职、进修所作出的努力，也得到了高度评价。

（二）积极发挥学科优势，促进受援学校学科内涵提升

在支援新艺的工作中，中传以重点支持学科建设为着眼点，先后选派新闻传播学、艺术学等国家级、北京市级重点学科专业教师赴新艺挂职或任教，资深专家教授赴新艺开展学术指导，并成功举办了多场学科建设研讨会，在新疆业内引起较大反响。

作为全国获批艺术学门类一级学科授权点的高校之一，中传是全国非艺术院校中唯一拥有 5 个一级学科博士点的高校。近几年，双方在学科专业对口沟通建设、师资培养、质量工程项目建设、联合培养研究生、科研课题资源开发、大学生援疆等领域合作密切。通过共同努力，新艺的办学质量实现了跨越式发展：完成了“音乐编辑”、“新媒体艺术”等新增专业的论证报告，完成了“广播电视艺术学”、“戏剧戏曲学”等硕士专业硕士点的申报工作；美术学顺利通过了自治区重点学科的评审，成为新疆维吾尔自治区的重点学科。

（三）研究生接力支教，用爱心传递服务精神

为帮助新艺提升学科专业水平，中传依托研究生支教团这一平台，重点招募选拔广播电视编导、播音主持、广告设计等优势专业毕业生前往新艺开展定点支教服务。从 2006 年第一届支教团至今，中传已连续十年以专业接力的形式在新艺开展支教志愿服务，支教人数累计 39 人。

二、融汇智力源流，助推漾濞发展

根据教育部定点联系滇西边境地区工作安排，中传承担云南省大理州漾濞彝族自治县定点帮扶工作。近四年来，中传结合学校实际和漾濞县情，坚持以智力扶贫和人才扶贫为重点，充分发挥学校的教育、人才、智力、科技、信息及学科专业优势，服务和推动漾濞自我发展能力，帮扶工作取得初步成效。

（一）积极争取投入，着力改善基础教育办学条件

自定点帮扶漾濞以来，中传积极动员校内外力量，通过项目申请、捐资捐物等方式帮助漾濞改善基础教育办学条件。2013 年，经挂职干部与中国教育发展基金会联系，漾濞县两个山区教学点危房改造项目获得“中央专项彩票公益润雨计划项目”经费 70 万元的支持；联系广东省温州商会常务副会长张金明向漾濞县捐赠价值 20 万元的文具、办公用品，用于改善学生学习条件及县政府办公条件；联系企业为县一中初中部捐资 7 万元定做 200 套课桌凳；举行“中国传媒大学与县一中高中部手拉手”活动，向高中部的学生发放了由中传共青团系统捐献的学费 24000 元、《四大名著》精装图书 24 套和 12

个团支部写来的温馨书信 36 封。同时，挂职干部还充分利用文化教育资源，组织大量赠书活动，如中传团委向漾濞县捐赠图书 1000 余册；联系北京《人民文学》杂志社、南方日报出版社、北京团市委向漾濞县捐赠价值近 20 万元的杂志、图书等。2014 年，"圆梦班"项目落户漾濞县一中，捐资数额 120 万元，60 名贫困山区孩子获得捐助，高中阶段学费无忧；联系企业捐赠 15 万元资金为苍山西镇中学配备 40 台电脑；联系商家为漾濞一中高中部捐赠 60 套完整的床上用品；联系中信出版集团为漾濞捐赠 300 本 2014 年畅销书等。2015 年，联系中国传媒大学出版社，为漾濞县捐赠图书 349 种，价值 10 万元；协助当地政府，为顺濞镇哈腊左小学申请薄弱校舍改造项目，申请校舍建设资金补助 100 万元。

除教育外，中传还在其他方面争取各方支持和资金投入。2013 年，学校领导积极筹措，为漾濞县残疾人事业和老干部工作争取工作经费 100 万元；2014 年，经学校沟通协调、积极争取，将漾濞黑惠江流域治理工程项目由原先的 2460 万元增补为 7146.15 万元，增加近 5000 万元。2015 年，邀请首都医科大学同仁医院、中华民族团结进步协会医药卫生发展工作委员会医疗专家组一行 7 人到漾濞给 48 名疑似先心病儿童免费筛查，帮助 10 名先心病儿童到首都医科大学附属北京同仁医院进行免费手术治疗，为患儿家属节省开支 20 余万元，引起了人民网、光明日报、中央人民广播电台和中国教育电视台等媒体对先心病儿童的关注。

（二）发挥高校人才优势，积极探索智力扶贫路径

中传将文化教育资源及人才优势与受援地区人力资源建设高效对接，邀请学校老师和社会专家学者到漾濞县讲授课程、开办讲座。如邀请郎永淳等到漾濞做客"干部大讲堂"；邀请武和平为"大理州州级部门新闻发言人培训班"近 400 名学员授课；邀请王灿发教授等为全县领导干部举办题为"舆情应对与媒体公关"的讲座等。

为漾濞干部开办培训班，量身定做特色课程。如 2015 年 4 月，中传举办漾濞县干部领导力专题培训班，包括四套班子主要党政领导在内的 62 名漾濞县乡领导参加集中培训。此次培训采用"讲座 + 现场教学 + 总结研讨交流"相结合的教学模式，由中传的王志、董关鹏等名师、专家主讲"领导干部干部如何与媒体面对面"、"全媒体时代舆论引导"等专业课程，得到前来参加培训的漾濞县领导干部的高度评价。

挂职干部发挥自身专业优势，助推当地干部培训工程。2013 年，挂职干部孙靖在全县九个乡镇进行九场专题巡讲，开展乡镇基层公务员心理调适与心理建设培训，培训人次 200 余人；2014 年，挂职干部金勇围绕媒介素养、舆论引导等主题，为大理州宣传思想文化战线的领导干部授课，听课人次达

600余人；2015年，挂职干部刘东健为当地干部开展了“当代经济社会发展问题的国际经验分析”、“当代中国社会的问题”等主题的讲座十余场，培训干部逾千人次。

四年多来，由学校支持、挂职干部具体推进实施的各类翔实丰富、与时俱进的讲座、培训在漾濞当地引发热议，中传在智力扶贫、人才扶贫方面所作出的探索和努力也得到了广泛好评。

（三）发挥传媒专业优势，做好漾濞宣传推广工作

作为具有传媒特色的综合性大学，中传积极发挥自身优势，通过策划微信公众平台、开展学生采风、联系媒体进行系列报道、拍摄专题节目、组织文艺演等多种方式，大力宣传漾濞、推广漾濞，为漾濞的文化产业和经济发展贡献了力量。

学校组织戏剧影视美术设计专业学生到漾濞采风，通过文化艺术下乡的方式促进漾濞形象宣传；为漾濞设立微信公众平台“云上漾濞”，宣传推广漾濞的风土人情、人文景观，多篇原创报道被中央媒体采用并转载；先后联系央视《生活早知道》《消费主张》《走遍中国》等栏目到漾濞县拍摄专题节目；联系中国新闻网记者专题采访县高原特色农业和旅游开发工作；组织、参与省内外部分历史文化名城电视台和少数民族地区电视台艺术家走进漾濞文艺实践活动；组织“圆梦班”“核桃节”“绿镜头发现中国”等多个大型系列报道，中央电视台、新华社、光明日报、中国气象报、人民网、中新社、云南电视台等多家媒体全程参与报道，提升了漾濞县的影响力和知名度；编写“乡土教材”《家在漾濞》，记载当地风土人情，弘扬民族文化。

（胡仕林整理）

精准扶贫“7+1+N”工作模式

——对外经济贸易大学

（定点扶贫：云南省勐腊县）

2012 年 7 月，教育部指定对外经济贸易大学作为 22 所参与云南滇西边境山区扶贫专项任务的教育部直属高校之一，对外经济贸易大学在三年多的对口帮扶工作中，对照教育部定点扶贫高校工作标准，逐渐探索出 “精准扶贫的‘7+1+N’工作模式”。

一、项目实施效果及推进

“7+1+N”工作模式以充分深入的实地调研为基础和出发点，以紧密契合滇西社会经济发展和资源产业特色的扶贫项目为落脚点；“7”代表一期领导干部研修班等 7 个成熟的扶贫项目；“1”代表一名优秀挂职干部；“N”代表对口扶贫工作动态发展的长效机制，代表着无数务实创新的扶贫项目，代表着无数来自社会各界的资源后盾，代表着无数人的辛苦付出和不懈努力。

（一）一期领导干部高级研修班

滇西发展最大的瓶颈制约是人力资源问题，而对滇西发展起主导性作用的人的因素则是当地干部和各领域人才，特别是领导干部的观念和素质的提升问题。针对这一问题，对外经济贸易大学已先后为滇西举办了四期领导干部研修班，整合北京地区高校与研究机构教育资源，聘请 22 位知名专家为滇西领导干部讲授宏观经济、经济改革、全球经济趋势、国家战略、金融、贸易投资、商业模式、领导艺术与心理调适等多主题课程，并注重理论结合实践，组织滇西领导干部到知名企业进行实地调研。为适应勐腊县申请国家沿边重点开发开放试验区对国际化管理人才的渴求，对外经济贸易大学先后于为该县举办两期“领导干部高级研修班”，此项目现在已经进入每年一期的常态化阶段。

（二）一批专家智库服务

智力扶贫是高校扶贫的重点，对外经济贸易大学紧紧抓住这一关键，启动了为期两年的“新时期滇西贫困片区沿边开放战略研究”项目，对整个滇西特别是西双版纳州勐腊县的沿边开发开放方案提出针对性的咨询意见。专家教授在挂职干部的积极争取下分批前往勐腊县开展课题调研、举办专题讲座、提供专家咨询意见、向上级提交研究报告。根据2015年双方签订的《西双版纳州人民政府与对外经济贸易大学战略合作协议》，对外经济贸易大学充分发挥自身智力优势，在人才培养、智库建设以及对口支援西双版纳职业技术学院等几大领域，全面支援西双版纳州发展。应西双版纳州人民政府请求即将在西双版纳州商务局挂牌成立“中国沿边开放开发研究院西双版纳研究中心”。

此外，对外经济贸易大学引进了战略合作方——北京联合大学旅游学院与西双版纳州政府签订战略合作协议，共同帮扶西双版纳旅游产业发展。双方组成的课题组在实地考察和调研的基础上，撰写了《西双版纳州旅游产业升级建议方案》，课题组专家受邀在西双版纳州委理论中心组学习会上作了专题汇报，其中的大部分观点和建议得到了州领导的高度肯定，对西双版纳州正在全面展开的旅游业转型升级工作起到了重要的推动作用。

（三）一期英语教师研修班

基础教育是滇西扶贫的基础，而英语教育又是滇西基础教育最薄弱的环节，对外经济贸易大学发挥自身英语教育资源的优势，院联合中国扶贫开发协会启动了“对外经济贸易大学高远在线农村初中英语教师扶贫培训计划”。该项目于2014年10月获教育部“滇西边境片区精准扶贫优秀落地项目奖”。

实施教师培训计划

（四）一届研究生支教团

经团中央批准，自 2014 学年起对外经济贸易大学团委增设了研究生支教团云南勐腊分团，每年选派 4 名优秀研究生赴勐腊县开展为期一年的支教活动，支教老师被安排在高一和高二年级担任英语等急需的主课教师，并迅速适应了当地教学环境，教学效果也很快得到了当地师生的公认。目前，首批支教研究生已经结束任务，接替他们的第二批支教研究生已经到岗。

（五）一期学生英语夏令营

为了增加学生的英语学习兴趣，自 2013 年起，每年暑期，由挂职干部策划、联系有关院部选派英语志愿者赴勐腊县，开展为期两周的中学生英语夏令营活动，所派志愿者中有 2/3 是来自各国的留学生，展现出对外经济贸易大学鲜明的国际化特色。支教志愿者们全力投入，真心付出，精心设计教案和教学模式，努力营造真实、生动的全英文交流环境，以师生问答、角色表演、趣味游戏等形式，帮助学生树立积极、主动、创新的学习态度，培养自信、勇于挑战自我的心理素质，充分挖掘他们对英语学习的兴趣和潜能，使他们真正体会到学习英语的乐趣。

举办丰富多彩的英语夏令营

（六）一次捐赠活动

对外经济贸易大学积极响应“滇西边境山区教育发展基金专项基金”募捐活动，慷慨解囊，以实际行动支持滇西边境山区的扶贫工作，受到教育部定点联系滇西边境山区工作领导小组办公室的肯定与表彰。对外经济贸易大学划拨专项经费20余万元用于定点扶贫图书购置工作，对外经济贸易大学出版社创新工作方法，利用本校出版资源与其他出版社进行置换，打破了自有图书领域的限制，丰富了捐赠图书的种类，满足了滇西地区对党建、军事、历史、经济、文学、百科、儿童读物、农业等诸多领域图书的需要。

（七）一项社会公益活动

2014年，挂职干部联动教育部滇西挂职扶贫干部团、中华民族团结进步协会医药卫生发展工作委员会、首都医科大学附属北京同仁医院、对外经济贸易大学等多家单位，共同发起“滇西边境山区爱心行动·免费救治先心病儿童活动”。2014年在全县各乡镇、农场组织普查的基础上，组织北京同仁医院专家团队到勐腊县妇幼保健院完成了滇西边境山区的首次义诊筛查活动。12月20日，来自勐腊县的首批傣、汉、哈尼、彝、瑶等民族的14名患儿及家属，在勐腊县妇幼保健院医护人员的一路护送下，通过绿色通道入住北京同仁医院接受免费手术救治。2015年1月5日首批患儿集中出院，教育部滇西办及各参与单位领导到同仁医院慰问。中央电视台、北京电视台、新华社、《人民政协报》、《参考消息》、《北京晨报》等16家媒体做了新闻报道，人民网、新浪网、搜狐网等超过40家媒体转发新闻。目前全部接受救治的34名儿童已全部康复出院，整个活动为勐腊县患儿家庭节省医治费用开支约合60万元，较好地避免了先心病患儿家庭因病致贫、因病返贫问题。

该项目先后在大理州鹤庆县和漾濞县、西双版纳州勐海县等滇西其他没有类似项目支持的贫困县依次实施。截至目前，已累计有74名患儿通过该项目到京免费接受救治，为患儿家庭节省医治费用开支约合120万元以上。预计2020年，做到该项目滇西全覆盖。此外，大型公益活动——“滇西边境山区爱心行动·唇腭裂免费手术活动”也于2015年7月13日正式启动。截至目前，已累计有50多名患儿通过该项目免费接受手术，为患儿家庭节省医治费用开支约合50万元以上。

二、挂职干部真情付出

对外经济贸易大学党委一直高度重视援滇干部选派工作，先后选派优秀干部赴勐腊县接力挂任副县长。挂职干部到任后，快速适应并进入工作状态，除了按照职责分工，认真完成县政府安排的分管工作，还积极搭建对外经济贸易大学和勐腊县的沟通交流平台，充分利用各种资源，推动扶贫工作的开展，服务当地社会经济发展。挂职干部作风扎实、工作务实、成绩突出，得到当地政府的高度认可。

“十二五”期间，对外经济贸易大学领导高度重视定点扶贫工作、各部门通力配合、挂职干部全身心投入，立足于高校教育资源，逐渐摸索出一条吻合文科院校学科特色、契合地方经济、民生发展需要的精准扶贫道路，在滇西边境山区帮扶上献真心、出真力、做实事，对外经济贸易大学扶贫工作成绩突出，多次获得教育部的充分肯定。在 2013 年 11 月 5 日召开的教育部定点联系滇西边境山区扶贫交流会上，对外经济贸易大学作为 6 所典型高校之一，在会上作经验交流发言，教育部领导在讲话中对对外经济贸易大学的工作成效以及挂职干部的优秀表现进行了表扬。2014 年度、2015 年度对外经济贸易大学先后两度被教育部指定为滇西扶贫典型单位，向其他参与滇西扶贫高校介绍扶贫工作经验，并获云南省教育厅公函感谢。

三、动态发展的对口扶贫项目

除了已经成熟的 7 个扶贫项目以外，对外经济贸易大学一直在拓展扶贫工作的内涵和外延。依托学校整体资源，为滇西发展增加助力。

鉴于短期培训的局限性，对外经济贸易大学在当地干部学历教育提升上进行了新的探索。考虑到时空限制、成本效率以及当地学员受教育的可持续性问题，远程教育学院面向勐腊县基层少数民族和妇女干部、农村村组干部、致富带头人等群体，提供了100门网络课程的免费学习卡，以及100张“伴对伴”学费减免卡，为勐腊县提供 100 个半费攻读本科或大专的名额。

在教育部及对外经济贸易大学领导支持下，学校 2015 年为滇西 10 个州市干部开办了“教育部滇西扶贫在职攻读法律硕士专业学位项目”（国际经济贸易法方向）。录取分数线对少数民族干部降至全国最低，学费减免 40%，每年专家教授们亲赴滇西集中授课。目前招生录取工作已经完成，2016 年初完成注册入学。

今后，对外经济贸易大学表示会依托学校教育资源，为滇西提供更多优质的学历学位教育项目和中外联合培养项目，为滇西干部培训和人才培养多做贡献。

（琚婷婷整理）

发挥音乐学院优势　促进学科发展

——中央音乐学院

（定点扶贫：云南省大理大学）

按照教育部定点联系滇西边境山区教育扶贫工作部署，2012年，中央音乐学院被确定为定点联系滇西边境山区教育扶贫支援高校。2013年2月，进一步明确中央音乐学院对口帮扶大理学院（2015年4月29日大理学院正式更名为大理大学，以下均称大理大学）。中央音乐学院按照《教育部定点联系滇西边境山区工作总体方案》和《教育部云南省人民政府加快滇西边境山区教育改革和发展共同推进计划》精神，积极推进帮扶工作。

一、构建帮扶渠道，确定帮扶重点

1.建立组织机构

根据教育部工作要求，中央音乐学院党委高度重视定点联系滇西边境山区教育扶贫工作，成立了对口帮扶大理大学工作领导小组，由校党委书记负总责，校党委副书记具体抓，成员包括党委办公室、研究生部、艺术硕士与学位管理办公室、科研处、现代远程音乐教育学院等相关部门的负责同志，党委办公室具体负责协调该项工作。大理大学聘请中央音乐学院副书记为教育部直属高校对口帮扶大理大学学科建设工作领导组顾问组成员。

2.确定帮扶工作重点

2013年2月，根据教育部《关于征求帮助指导大理学院学科建设方案意见的函》（教发司〔2013〕22号）的要求，结合大理大学在《请求教育部支持大理学院学科专业建设发展方案》中提出的中央音乐学院对口帮助指导大理大学艺术学科专业建设方案的需求，中央音乐学院相关部门负责同志进行了认真的前期调研，并组织各系专家教授召开了专题座谈会，根据自身教学实际情况，制定了帮助指导方案并上报学校党委。经常委会研究决定：一是选准项目和突破口，把帮扶工作的立足点定在学科建设和教学实践及人才培养计划上；二是把加强教学方法，科研方法等作为帮扶工作重点，提高其自我发展能力；三是把帮扶工作常态化，两校经常开展交流，不但从师资培养上帮扶，更要在思想观念上、思路上、技术上进行帮扶，有效解决工作中出现的困难和问题。具体工作为：一是选派 2—3 名音乐专业的专家和教授每年定期到大理大学指导其学科和专业建设；二是每年接收 2—3 名大理大学教师到中央音乐学院继续教育学院进修学习，以促进大理大学教师的教学和科研能力的提高；三是根据大理大学的学科需求，每年选派 2—3 名相关专业方向的教师赴大理大学指导其专业教学，加强其专业教学建设。

3. *签订《中央音乐学院对口帮助指导大理大学艺术学学科建设框架协议书》*

2013 年 6 月以来，中央音乐学院与大理大学就《中央音乐学院对口帮助指导大理学院艺术学学科建设框架协议书》内容进行了多次沟通与商讨，并形成初稿提交党委常委会通过，两校代表于同年 11 月 5 日在大理大学签订对口帮助指导框架协议。

该协议书主要包括学科及学位点建设、师资队伍建设、科研合作、试点学院建设、教育信息化建设、协调机制等六个方面内容。具体帮扶措施有：中央音乐学院将帮助大理大学加强艺术类重点学科和学位点建设，培育其艺术类相关学科的硕士点；每年选派专家到大理大学指导教学、学科和专业建设；每年接收大理大学教师来访学或进修；对方院校教师可报考中央音乐学院少数民族高层次骨干人才硕士学位研究生考试，在同等条件下优先录取；中央音乐学院动员相关科研人员积极与乙方有研究基础的音乐学科联合申报项目；两校共同主持和完成符合滇西地区文化艺术发展的实际需要的科研项目；中央音乐学院帮助指导大理大学开展试点学院建设，帮助其扩大二级学院在教学、科研、管理等方面的自主改革；大理大学可申办甲方现代远程音乐教育学院的校外学习中心，按相关规定开设远程教育课程和网络课程。

二、加强教师培养，提高师资水平

帮扶大理大学艺术学院师资队伍建设是帮扶工作的重点。中央音乐学院通过派遣教师举办学术讲座、大理讲堂、大师班课、接收干部挂职和教师进修、人才引荐、定向培养研究生等多种形式开展具体帮扶工作。

1. *举办学术交流活动*

中央音乐学院已派遣教师 5 人赴大理大学举办了不同专业领域的学术交流活动，为大理大学师生们带去了全新的音乐教学理念和专业理论知识。

2014 年 6 月 17 日，中央音乐学院音乐学系杨民康研究员被授予大理大学客座教授。为大理大学艺术学院师生作了《论学位论文与科研课题的设计和写作》学术讲座，为大理大学师生作了《西南少数民族仪式音乐文化纵横谈》的“大理讲堂”，给全校师生开拓了视野，进一步了解音乐学学科的科研方法。

2014 年 7 月 10—15 日，中央音乐学院声歌系孙东方教授举办了声乐大师班。她讲授了声乐演唱的一些基本状态，用许多典型有趣的例子来阐述声乐

中央音乐学院杨民康研究员为大理大学艺术学院师生开讲座

中央音乐学院孙东方教授为学生授课

专业问题，在介绍自己独创的声乐基础训练方法的同时，为声乐专业的多名学生进行了现场指导。

2014 年 12 月 17 日，中央音乐学院音乐教育学院基础理论教研室主任吕峤峤举办了《中国学校音乐教育新体系》《音乐与动作》两场学术讲座。她系统介绍了中国学校音乐教育新体系，阐释了音乐律动的专业知识，分享了自己的教学方法和感受。

2015 年 3 月 13 日，中央音乐学院音乐学系主任周青青教授为大理大学师生做了题为《中国传统音乐文化概观》“大理讲堂”学术报告。另外，周青青教授还为艺术学院教师做了题为《民间音乐的研究步骤与方法》学术讲座。她围绕学术资料的积累与整理、对前人相关研究的综述和评价、研究论文的写做等方面作报告，对教师们今后开展艺术类科研工作具有重要的指导意义。

2015 年 6 月 25—26 日，中央音乐学院音乐学系和云峰教授到大理大学艺

中央音乐学院吕峤峤主任举办学术讲座

中央音乐学院周青青教授做学术报告

术学院举办了《“守土有责——地方院校乡土教材”推进的几点刍议》《多元一体——中国少数民族音乐的宏观分类与微观特征》两场学术讲座，并与艺术学院在大理大学民族艺术馆共建了“云峰书屋”。

在中央音乐学院派专家教授到大理大学举办学术讲座的同时，注重挖掘大理大学一些地方教学的优势，邀请大理大学的教师来中央音乐学院举行学术交流。中央音乐学院已邀请了大理大学艺术学院教师 6 人参与到中央音乐学院举办的学术交流活动中来，让中央音乐学院师生有机会进一步了解和熟悉云南少数民族音乐的发展状况，也给予他们具体的学术指导，帮助他们提高学术研究能力。

2014 年 11 月 6—9 日，在中央音乐学院音乐学系主办的“中国民族民间音乐周”活动中，大理大学艺术学院院长入选首届中央音乐学院“英才扶持计划”，并举办了“风花雪月——大理白族音乐文化特色”学术讲座，院长为大家展示了白族最优秀的民歌传承人的田野工作资料，并与专家学者进行了深入的讨论，促进了两校的学术交流。其专著《云龙白族吹吹腔艺术品鉴》、专辑《洱海恋歌——赵全胜创作演唱的声乐作品集》入藏中央音乐学院“学术典藏计划”。

2015 年 8 月 22—28 日，中央音乐学院定向安排大理大学艺术学院院长参加音乐教育学院在中央社会主义学院举办的“学校音乐教育新体系第十期国培”项目培训。

2015 年 10 月 23 日，中央音乐学院非物质文化遗产研究中心（音乐类）授予大理大学艺术学院“非物质文化遗产研究基地”。同时，大理大学艺术学院相关领导参加了由中央音乐学院主办的“首届非物质文化遗产全国研讨会”。院长做了题为《地方高校开展非物质文化遗产研究工作有效性思考——大理大学艺术学院非物质文化遗产传承与保护研究实践》的发言。

2. 接收干部挂职和教师进修

目前，中央音乐学院已经接收大理大学艺术学院干部挂职 1 人、教师进修 1 人。

2014 年 10 月，大理大学艺术学院一名教师来中央音乐学院音乐学系访学一年。通过专业授课，使她进一步完善和强化了自身的学术系统和研究基础，丰富了原有的教学方法；参与内蒙古呼伦贝尔鄂温克族“多点音乐民族志”的田野调查，提高了其民族音乐学的田野实践能力；通过指导其撰写学术论文，增强了科研写作能力，让她在各方面能力得到了较大提升。

2015 年 9 月，大理大学艺术学院院长到中央音乐学院音乐学系挂职主任助理，时间为一学期，主要协助负责实践教学工作，并开设音乐学采风课程。他参与了音乐学系一系列活动的策划和组织工作，在实践中得到了锻炼和提高；积极深入到教学管理部门学习调研，尽可能多地了解和掌握一手资料，供其工作参考。

3. 人才引荐和定向培养研究生

中央音乐学院在毕业生就业工作中加大向毕业生介绍大理大学的宣传力度，鼓励毕业生赴大理大学就业，现已取得初步成效。2014 年 7 月，大理大学引进中央音乐学院音乐学系博士毕业生一名，实现了音乐专业博士研究生零的突破。

为帮助大理大学进一步提高师资水平，中央音乐学院克服了重重困难，与对方积极促成了招收定向培养研究生的工作，这对于每年招生名额非常有限的中央音乐学院来说，是一项艰巨的任务。2015 年 9 月，大理大学艺术学院一教师被中央音乐学院录取为音乐学专业博士研究生。

三、开展教学实践，推进学科建设

两校本着相互协作、互惠互利、资源共享、共同发展的原则，商定共同建立中央音乐学院大理教学与实践基地，并于 2014 年 5 月 14 日在大理大学艺术学院举行了中央音乐学院大理教学与实践基地揭牌仪式暨座谈会，双方签订了合作协议。同年 10 月 16 日，中央音乐学院校领导带队大学生社会艺术实践团赴大理大学交流座谈和演出，成为基地建立以来的第一次教学实践活动，双方就深化对口帮扶工作有关问题举行了会谈。中央音乐学院大学生社会艺术实践团与大理大学艺术学院师生代表、来自云南省中小学音乐教育岗位的 2014“国培计划”脱产研修班学员进行了专业交流，并联合举办了文艺演出。 2015 年 10 月 30 日，由中央音乐学院主办、大理大学等高校协办的“依古纳西”民间音乐进高校展演项目，在大理大学古城校区进行展演，大理大学 800 多名师生观看了演出。

根据国务院学位委员会《关于开展增列硕士专业学位授权点审核工作的通知》和云南省学位委员会办公室转发国务院学位委员会办公室《关于增列硕士专业学位授权点审核工作材料报送事宜的通知》要求，大理大学准备申报音乐学硕士专业学位授予点，2013 年 12 月中央音乐学院研究同意两位教授作为兼职教师协助大理大学申硕工作。

四、强化日常交流，建立沟通机制

中央音乐学院与大理大学建立定期交流机制，两校的校领导定期进行交流沟通，共同确定年度帮扶重点。在工作层面，由中央音乐学院党办负责人与大理大学艺术学院负责人按照帮扶重点，制定具体的工作方案和实施细节，并共同督促落实。

2013 年 12 月 6 日，中央音乐学院举行了对口帮扶大理大学座谈会。双方就中央音乐学院对口帮扶大理大学艺术学学科总体规划和 2014 年年度计划等工作进行了磋商，明确了 2014 年开展的帮扶项目。党委常委会多次研究，决定运用中央音乐学院多年对口支援经验和优势学科的资源，在师资培养、学科建设等方面与大理大学开展帮扶合作。

2014 年 9 月 17 日，大理大学校领导一行 4 人来访。双方从完善规划、学科建设、科学研究、研究生培养、学生联合艺术实践与采风活动、非物质文化遗产的保护与开发等方面进行了深入沟通，以进一步推动帮扶工作。

2015 年 1 月 8 日，大理大学党委副书记一行 6 人来访，中央音乐学院党委相关领导与对方进行了座谈，双方讨论了 2013 年以来的帮扶工作，并商议 2015 年工作计划。

2015 年 5 月 8 日，中央音乐学院副书记参加“大理大学发展战略研讨会暨揭牌仪式”，与大理大学校领导进行了座谈，共同交流了帮扶工作前期取得的成果，并确定了下一步工作的重点。

附：中央音乐学院对口帮扶大理大学情况一览表

签订合作框架协议	1 项
校际领导交流互访	6 次
教学实践基地	1 个
教师培训	4 期
学术讲座、演出	12 场
干部挂职	1 人
教师进修	1 人
定向招生	1 人
人才引荐	1 人
经费保障	13.1 万元

（董云云整理）

挖掘民族文化艺术资源　助推民族工艺产业发展

——中央美术学院

（定点帮扶：云南省剑川县）

2013年4月，在教育部滇西帮扶计划和组织安排下，中央美术学院（以下简称中央美院）开始挂钩帮扶云南剑川。三年多来，中央美院坚持“关注现实、服务社会”的办学传统，发挥艺术人才荟萃、艺术资源丰富的优势，立足剑川、辐射大理，在挖掘民族文化艺术资源、推动民族工艺产业发展、助力艺术人才培养等方面不断开拓实践，并将县校合作进一步扩展到州校合作，为滇西经济社会和文化事业发展做出了积极贡献。

一、助推民族工艺产业发展

（一）中央美院在京举办“滇西奇葩——云南大理·剑川木雕艺术展”，着力推介剑川民族工艺产品

2014年3月7日至14日，中央美院和剑川县委、县政府共同在中央美院美术馆举办“滇西奇葩——云南大理·剑川木雕艺术展”。展出剑川全县征集遴选的木雕作品100余件，涉及30多个种类，以明清木雕、建筑木雕、陈设性木雕、实用性木雕和旅游小件为主。其中，3件展品受中央美院教授、中国壁画学会会长侯一民先生亲自推荐，参加了2014年第十二届全国美术作品展览，作品《秋荷》获壁画大展提名奖。

“剑川木雕”历史悠久，被国务院列入第三批国家级非物质文化遗产保护名录，并成功注册国家地理标志商标。1980年，时任中央美院院长吴作人先生参观剑川木雕艺术展后，题写了“滇西奇葩”的赞誉。“滇西奇葩”悠然绽放在中国美术教育的最高殿堂，是中央美院结合自身艺术特色与优势，对接民族工艺产业发展，落实《教育部定点联系滇西边境山区工作总体方案》的一项重要举措。本次展览共计投入资金150万元，中央美院投入80万元。据统计，展览现场销售与回订木雕产品共为剑川带来经济效益500万元。

（二）深入挖掘剑川文化艺术资源，开展旅游产品研发

2014年，由中央美术学院城市设计学院教师团队设计完成《剑川旅游产品研发设计方案》，对剑川木雕、千狮山、剑湖、白族刺绣、白族建筑等民族民间文化资源进行挖掘与开发，进一步提高剑川民族工艺行业自主创新能力和产品竞争力。

《剑川旅游产品研发设计方案》封面

二、助力民族工艺人才培养

（一）举办剑川县美术教学和工艺技术人员短期培训，推动木雕工艺人才成长

2014年11月16日至28日，中央美院举办第一期剑川县美术教学和工艺技术人员短期培训。来自剑川的20位学员，系统学习了泥塑头像、泥塑人体、传统壁画以及中国美术史等方面的理论知识与创作技法，为剑川木雕技艺的传承与发展、木雕作品艺术性与创意性的提升打下了良好基础。

剑川县举办第一期赴中央美术学院学习木雕工艺技术成果展

剑川县成果展览现场

（二）开办书画学习班，为剑川县美术事业持续发展提供人才储备

2015 年 10 月 19 日至 10 月 30 日，来自剑川县行政、文化、教育、电力、税务、银行、农业、企业、农村基层等八个行业的 21 位学员在中央美院进行了为期两周的书画培训学习，完成书法临习、中国画创作技法以及艺术市场管理等课程，在提升学员美术素养的同时，为剑川美术事业持续发展提供了人才储备。

剑川县书画学习班开学典礼

三、合作共建实践教学基地

（一）签订实践教学基地合作协议，创新县校合作模式

2014 年 4 月，中央美院与剑川县签订《关于设立中央美术学院（剑川）实践教学基地框架协议》，并对狮河木雕村、狮河木雕文化产业园区规划建设，

以及沙溪文化旅游产业发展情况进行调研。县校合作，加快了双方在人才智力和资源工艺等方面的融合，实现了互利共赢。一方面，基地共建使木雕工艺、文化保护、古城建设、旅游产品开发成为中央美院教学实践的课堂和资源，另一方面中央美院积极配合剑川县未来的发展规划，充分发挥人才和教育教学资源优势，为当地发展做出贡献。

雕塑系四工作室写生小分队在实践基地木雕厂的合影

师生参观段国梁大师的古典木雕厂

（二）茶马古道古韵拾贝——中央美院师生赴剑川开展写生采风活动

2014 年 4 月，中央美院雕塑、数码视频等专业学生到剑川进行下乡写生采风。从南诏国到大理国，剑川古城的老街成了源远流长的白族文化课堂。剑川县旅游局董增旭先生为同学们开了一讲严谨而丰富的白族文化讲座。雕塑系四工作室同学到访剑川兴艺古典木雕厂，向著名木雕大师段国梁拜师学艺。

（三）选邀教师、艺术家赴剑川开设艺术培训课程，提升学员专业技能与素养

三年来，中央美院先后选邀多名专业骨干教师、艺术家赴剑川开展艺术培训。2015 年 4 月，壁画系高级工艺美术师朱景华为剑川县职业高级中学师生作“中国传统木雕概论”专题讲座；2016 年 3 月，特邀国画艺术家金士焯到剑川为当地木雕技术人员、书画员以及各学校专业教师等进行了为期两周的艺术培训，提高学员的绘画艺术技能和专业知识素养。

壁画系高级工艺美术师朱景华讲座

（四）“艺术服务人民”——研究生支教团在剑川开展扎实的教学与实践工作

2014 年至今，中央美院连续派出三届研究生支教团，到剑川县一中、县职业高级中学进行为期一年的支教活动。同学们充分利用自身专业特长，增设美术史论、绘画课程，开展教育教学、校园活动、社会实践等工作，并帮助当地木雕产业进行图样创新和市场推广工作，把学业知识转化为推动地方文化发展的动力，受到剑川县政府、教育局以及支教学校的充分肯定。

国画艺术家金士焯讲座

（五）举办展览活动，丰富剑川校园生活，提升文化品位

2016 年 3 月 15 日，中央美院读书笔记展在剑川县职业中学举行，共展出中央美术学院第二届读书笔记写绘大赛优秀作品 86 件，并陈列了建校以来各个时期美院名师借阅书籍的借书卡 40 件，旨在鼓励剑川学生向前辈学习，将“多读书、读好书”的理念融入生活。

中央美术学院读书笔记展在剑川县职业高级中学开幕

四、联合开展学术课题研究

2014 年 10 月 16 日，中央美院与剑川县签订《关于石钟山石窟艺术价值研究合作协议》。2014 年至 2015 年底，美院造型艺术研究所、剑川县文广局等单位组成联合调查队，利用高清晰的“三维数字技术”对石钟山石窟群（国务院公布的首批全国重点文物保护单位）进行了扫描、测绘、拍摄等调查研究工作。此举对全面、深入研究展示石钟山石窟的历史、文化、旅游等综合价值，为申报世界文化遗产作准备，造福当地经济文化发展具有重要意义。

五、关注剑川学生教育成长

2015 年 10 月 29 日，中央美院向剑川贫困山区学校捐赠 6000 余册画册图书，涉及 8 个乡镇的 10 所初级中学、职业中学、民族中学，捐赠图书价值 15 万元。同时协调北京外国语学院向金华一小和羊岑中心学校捐赠 436 册图书。2016 年 3 月，再次向剑川县捐赠电子计算机 76 台、家具 16 件，价值 56 万元。此外，中央美院还关注贫困学生的成长，如燕郊校区管理处党支部对两名在民族中学就读的学生进行资助，为其支付高中三年的学费以缓解家

校第二届读书笔记写绘大赛优秀作品在剑川展出

庭压力，资助金额为每人每年3000元。

六、与大理州政府达成州校合作，滇西扶贫工作迈向新进程

2016年4月，中央美院与大理州人民政府签订了《战略合作框架协议》。合作协议围绕助推民族工艺产业发展、助力民族工艺人才培养、援建滇西应用技术大学民族工艺学院、支持剑川县建设与发展四项内容，进一步深化了中央美术学院与大理州的合作交流，推动了县校合作向州校合作模式的转变与深化，为进一步支持和帮助大理州实现经济社会和文化事业持续健康发展奠定了良好基础。

（胡仕林整理）

发挥高校专业优势　夯实地质灾害防治基础

——中国地质大学（北京）

（定点扶贫：青海省化隆县）

根据国务院扶贫开发领导小组办公室和教育部的安排，从2013年起，中国地质大学（北京）（以下简称中国地质大学）定点扶贫青海省化隆县。为提高定点扶贫工作的针对性与长效性，中国地质大学多次赴化隆县进行调研考察，与县委县政府有关负责同志座谈交流，深入乡镇、学校等单位实地走访，充分了解化隆县的实际情况和对扶贫工作的具体要求，最终协商确立了主要对接项目，基本形成了符合学校和化隆县实际的扶贫项目支持方案。具体操作如下：

一、教育扶贫

化隆县少数民族学生比例较高，教育基础薄弱，教育资源相对匮乏，教育观念与教育水平比较落后，把教育扶贫作为化隆县扶贫工作的首要任务是中国地质大学与化隆县最先达成的共识。中国地质大学把提升信息化教学

中国地质大学校领导一行赴化隆县召开调研座谈会

手段作为打开教育扶贫工作局面的突破口，以化隆县教育水平提升潜力较大12所学校作为首批扶贫建设示范学校，通过公开招标与集中采购，共投入近60万元帮助以上学校建设12间设施齐全、设备先进的多媒体教室，建设工作已于2015年8月底完成。多媒体教室分布情况见表1，建设标准见表2。

表1　多媒体教室分布情况

学校名称	建设数量	建设状态
第一小学	1间	已完成
第二小学	1间	已完成
第一中学	1间	已完成
第二中学	1间	已完成
第三中学	1间	已完成
第四中学	1间	已完成
巴燕初级中学	1间	已完成
牙什尕学校	1间	已完成
查甫九年一贯制学校	1间	已完成
雄先九年一贯制学校	1间	已完成
民族中学	1间	已完成
群科中心学校	1间	已完成

表 2 多媒体教室建设标准

设备名称	规格
中控	万讯 WISE 多媒体中控 SC780
操作台	根据需要定制，钢木结合
数字功放	万讯 WISE AF211
蓝牙无线话筒	万讯 WISE MB1000
界面麦克	万讯 WISE PZM100
音箱	万讯 WISE Spk200
教学计算机	Lenovo thinkcentre M8500t
投影机	EPSON CB-X25
屏幕	红叶 120 寸电动玻珠幕布

注：12 间多媒体教室建设标准相同

多媒体教室建设过程中，中国地质大学全程参与设计、安装、调试、验收及培训工作。多媒体教室投入使用后，所在学校通过教学公开课、教学体验课、教学观摩课等多种形式，按年级轮流使用、按课程协调使用等多条渠道让信息化教学手段惠及全体师生。化隆县现代化教育水平在师生的积极反响中已显现出大幅提升的趋势。

二、人才扶贫

为提升化隆县基层干部政策理论水平和管理服务能力，中国地质大学分别于 2014 年 10 月和 2015 年 6 月，举办了两期化隆县干部能力建设培训班，近 80 名来自县委县政府机关和下属乡镇的优秀基层干部代表参加了培训。

中国地质大学充分利用教育资源，在课程设置、师资配备、后勤服务等方面做出了周密细致的安排，确保培训工作紧张、有序、高效开展。在课程设置方面，发挥自身专业优势，立足地方发展需求，结合培训对象工作实际，围绕经济发展、公共管理、依法行政、土地政策与改革、地质灾害防治、矿产资源开发管理等专题，累计设置了 56 个学时（第一期 32 学时，第二期 24 学时）的培训课程（内容详见表 3-1 和表 3-2）。在师资配备方面，根据课程需要，遴选校内外近 10 名相关领域优秀教师进行授课，授课形式灵活多样，注重师生互动。在后勤服务方面，充分利用校园资源，在培训场地、食宿安排、课余休闲上都尽可能提供最优服务。培训结束后，中国地质大学主动征求、认真听取学员反馈意见，不断优化培训内容，两次培训受到了参训干部的广泛好评，为切实提升化隆县基层干部政策理论水平和管理服务能力起到了积极的促进作用。

表 3-1 第一期化隆县干部能力建设培训班培训内容（2014 年）

授课专题	授课形式	学时	授课人
国家土地政策与改革	主讲 + 互动	4	吴克宁 中国地质大学（北京）
如何进行有效的沟通	主讲 + 互动	4	鲁华章 中国地质大学（北京）
互联网时代突发事件的舆论引导	主讲 + 互动	4	赵云泽 中国人民大学
政务礼仪与人际交往艺术	主讲 + 互动	4	徐柯健 中国地质大学（北京）
重大突发事件的应对机制	主讲 + 互动	4	胡百精 中国人民大学
矿产资源法律制度解析	主讲 + 互动	4	王丽艳 中国地质大学（北京）
城乡社区地质灾害防治的基本知识	主讲 + 互动	4	刘传正 中国地质环境监测院
宏观经济形势分析	主讲 + 互动	4	晏波 中国地质大学（北京）

表 3-2　第二期化隆县干部能力建设培训班培训内容（2015 年）

授课专题	授课形式	学时	授课人
新时期如何做好依法行政工作	主讲 + 互动	4	孟磊 中国地质大学（北京）
政务礼仪与人际交往艺术	主讲 + 互动	4	徐柯健 中国地质大学（北京）
宏观经济形势分析	主讲 + 互动	4	晏波 中国地质大学（北京）
如何进行有效的沟通	主讲 + 互动	4	鲁华章 中国地质大学（北京）
城乡社区地质灾害防治的基本知识	主讲 + 互动	4	刘传正 中国地质环境监测院
国家土地政策与改革	主讲 + 互动	4	吴克宁 中国地质大学（北京）

三、科技扶贫

为充分发挥专业特色与优势，做好化隆县国土资源管理科技服务方面的对口支援工作，中国地质大学于 2015 年 8 月在化隆县开展了地质灾害立项调查工作。

首先，由中国地质大学专家团队和青海省环境地质勘查局的外聘专家组成 8 人调查工作组，对化隆县地质灾害重点区域、群点进行踏勘、走访，联合当地国土部门和青海省环境地质勘查局确定化隆地区典型地质灾害群点，为后期向上级部门联合申请地质灾害防治领域科技扶贫有关项目做好基础工作。

其次，在准备工作阶段，工作组与化隆县国土局、民政局、扶贫办等相关部门工作人员举行座谈会。结合已收集到的资料，了解化隆县滑坡、崩塌、泥石流和不稳定斜坡的具体发育、分布情况以及各类防灾减灾规划情况，听取当地政府与人民群众针对地质灾害问题的诉求，制定野外工作路线和计划。经与会专家和当地工作人员的共同讨论，认为化隆县地处黄土高原与青藏高原过渡地带，地形破碎，沟壑纵横，地表裸露，地形地貌特征与降水条件导致该地区地质环境脆弱，常见多发的地质灾害问题主要有滑坡、崩塌、泥石流、水土流失，边坡失稳等。野外工作重点将围绕夏琼寺不稳定斜坡群、甘都镇泥石流冲沟群等典型地质灾害群点展开。踏勘和立项工作前应当对地质灾害群点进行归类，将不稳定、威胁人数多，搬迁条件差的地质灾害群点以及夏琼寺等涉及宗教和民族问题的特殊区域或历史古迹应予高度重视并优先调查。

工作组赴化隆县召开准备工作座谈会

其三，在野外工作阶段，工作组同化隆县国土、民政等相关部门工作人员对夏琼寺不稳定斜坡、德恒隆乡卡什代村下什塘村滑坡、巴彦镇南街村不稳定斜坡、甘都镇泥石流沟群等十处典型地质灾害群点进行野外踏勘和现场调查；走访上述地质灾害群点周边的居民以及乡村地质灾害群测群防责任人，了解地质灾害近期活动情况，并对有关群众和国土部门基层工作人员给予地质灾害防治的指导建议。

最后，工作组综合分析各地质灾害点危害情况，紧迫程度以及社会意义，认为应将夏琼寺不稳定斜坡群和甘都镇泥石流沟群作为今后联合立项的工作重点。坐落在不稳定斜坡群上的夏琼寺是青海省最古老的藏传佛教寺庙，每年需要接待大量的朝拜群众和游客，在藏区人民群众心目中地位崇高，具有很高的历史文化和宗教价值，因此对夏琼寺的地质灾害治理工作迫在眉睫。位于黄河谷地的甘都镇是化隆县百万亩农田项目所在区域，其泥石流冲沟发育多，均存在淤积情况，下游还有大量群众聚居，泥石流冲沟群不仅可能对百万农田项目成果造成破坏，还可能威胁到泥石流沟附近居民的生命财产安全，因此应当作为立项重点优先考虑。其他的地质灾害群点绝大多数较为稳定或者规模小、威胁小，或者周围没有居民及各类设施，根据工作组的指导意见，做好群测群防工作即可，暂时没有立项治理意义。

中国地质大学充分发挥自身的专业特色和资源优势，结合化隆县当地的实际情况，通过教育扶贫、人才扶贫和科技扶贫三种方式，对化隆县的现代化教育水平、基层干部政策理论水平和管理服务能力的提升发挥了促进作用。同时，通过野外踏勘和现场调查，不仅为化隆县的地质灾害治理工作提出了重点治理方案，还为下阶段向上级部门联合申请地质灾害防治领域科技扶贫有关项目奠定了坚实的基础。

（蒋莹整理）

立足造血　为贫困地区精准脱贫提供智力支持

——南开大学

（定点扶贫：甘肃省庄浪县）

按照中央和教育部关于定点扶贫的相关部署和要求，南开大学自 2013 年确定对口帮扶甘肃省庄浪县以来，学校高度重视，校领导先后多次赴庄浪县调研考察，推动定点扶贫工作落实落细。学校发挥国家重点高校的智力、人才和科技优势，与甘肃省庄浪县主动对接、密切沟通，紧密围绕庄浪县发展规划，着力探索一条教育帮扶的有效路径，助力庄浪县精准扶贫、精准脱贫。其中，南开大学紧密结合“大众创业、万众创新”的时代浪潮，积极引导相关学院、挂职干部及大学生创业团队，主动服务、围绕庄浪县主导产业——苹果产业，积极探索“苹果产业 + 果农大户 + 农村电商 + 大学生创业团队”的产业帮扶发展的新模式，重点解决优质苹果的市场销售问题，为庄浪县苹果产业发展提供有力支持。

一、高位推进，按需帮扶

南开大学与庄浪县确立对口帮扶后，成立了定点扶贫工作领导小组，校

召开对口帮扶工作座谈会

党委书记薛进文担任组长，并聘请经济学院、法学院、医学院、文学院等单位的12位教授担任对口帮扶庄浪县咨询专家，为庄浪县的相关产业发展提供智力支持和咨询服务。咨询专家组尽己所能，协助庄浪县在战略规划、决策咨询、教育培训、技术支持、资源整合、文化传播等方面的工作。同时，连续三年举办庄浪县领导干部创新发展专题培训班，针对庄浪县产业发展实际，精心规划安排培训课程，组织南开大学副校长朱光磊、旅游与服务学院院长白长虹等知名专家讲授现代经济发展、旅游产业规划、城市品牌等热点实用课程。

捐赠仪式

学校多次组织学生创业团队、博士生讲师团、公益晨跑团队等深入庄浪县工厂、学校、党政机关等开展社会实践、政策宣讲、生涯规划、义务支教等活动，进一步密切了南开大学与庄浪县的合作和联系。目前由学生实践团队在庄浪县南湖镇席河小学筹资捐赠的“南开书屋”已经投入使用，学校将依托在庄浪县建立的学生社会实践基地，并吸纳校友力量，进一步推进全县“南开书屋”的建设。

二、立足优势，帮扶规划

为了做好学校帮扶庄浪县苹果产业发展、旅游规划和开发等对接工作，南开大学发挥学校经济、旅游等学科的雄厚资源和国家重要智库的优势，先后4次组织专家组赴庄浪县针对产业发展等开展调研、分析，南开大学刘秉镰教授等亲自赴庄浪县为区域经济发展提供咨询并为全县领导干部做了经济发展趋势和区域开发战略的专题报告。2016年1月，南开大学旅游与服务学院副院长李中赴庄浪县与扶贫、旅游部门负责人对接校县旅游帮扶合作，6月庄浪县委常委宣传部部长刘卓禄赴南开大学旅游与服务学院对接观山大景区规划、乡村旅游扶贫等合作。2016年暑期，旅游与服务学院杨得进老师还将带领学生团队奔赴庄浪县进一步丰富完善现有关山大景区的总体规划，并设计拍摄庄浪县旅游宣传短片，围绕全县旅游发展实施跟踪服务，提供实时的旅游行动计划、方案以及建议；通过项目包装与市场对接，利用现有旅游学院合作企业资源，如携程网等，与庄浪县建立共享平台；通过学术渠道，如将相关景区资源作为课程案例，鼓励学生以庄浪县旅游资源作为论文选题等，为当地的旅游形象和品牌进行学术营销宣传。

三、发展电商，立足造血

做好精准扶贫，助力庄浪县精准脱贫，南开大学清醒地认识到，只有帮助庄浪县培育和发展产业经济，才能从根本上带动贫困地区整体经济的发展，实现可持续的增收脱贫，而现代产业的培育和发展又离不开智力和技术的支持，这正是教育和扶贫的结合点。

南开大学根据庄浪县整体脱贫规划，提出了探索“苹果产业＋果农大户＋农村电商＋大学生创业团队”的“互联网＋扶贫产业”帮扶发展模式，重点解决优质苹果的市场销售问题。在此过程中，学校相关部门及南开大学在庄浪县的挂职干部，拟定了建立庄浪县苹果宣传网站及苹果产业综合服务平台、依托大学生创业团队建立苹果电商销售平台等工作计划，通过发挥专家咨询组的作用，为庄浪县苹果产业发展提供有力支持。同时，学校在研究分析政府相关支持政策特别是农村电商发展的基础上，为了降低果农的探索风险，在庄浪县和南湖镇的支持下，南开大学挂职干部帮助贫困村高房村在全镇率先建立起了高房村电子商务服务点，在淘宝上注册了高房村电子商务服务站，

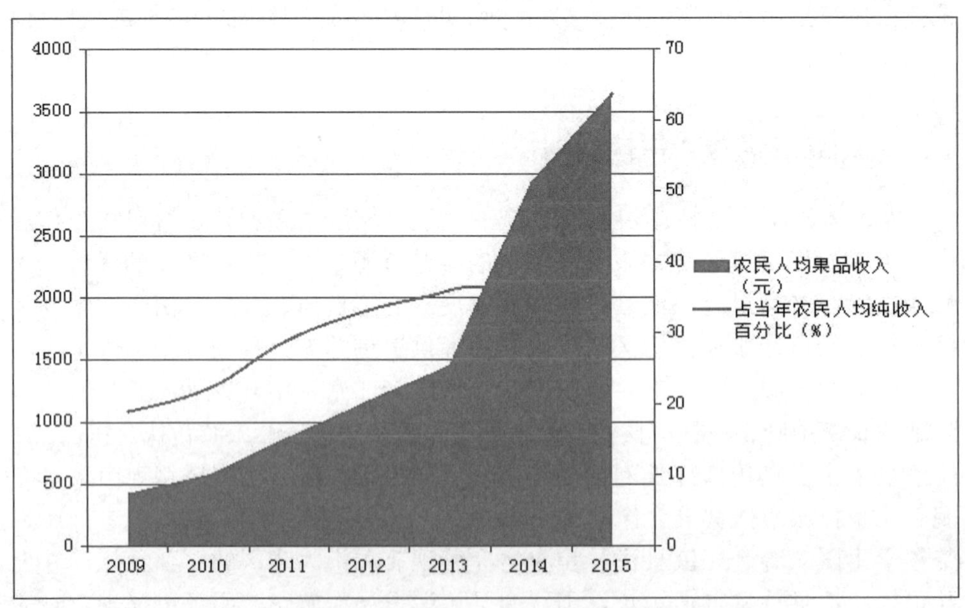

庄浪县 2009—2015 年的农民人均果品收入情况

为镇里种植的紫荆红苹果开辟网上销售渠道。同时，学校还积极对接从事水果、农产品销售的农梦成真、爱生活等南开大学学生创业团队，与之合作分析苹果品质、市场销售预期及成本测算等，目前已与南开大学学生创业团队及庄浪县林业局、茂源及泾源果业公司达成初步意向，合作打造电商销售平台，拓展苹果销售渠道。

四、广纳校友，争取资源

为更好地推进扶贫工作，南开大学还积极发挥校友的资源优势，在建立扶贫专题网站的基础上，在网站上对庄浪县的可开发资源、重点建设项目和投资环境进行介绍，通过南开大学和南开校友总会的平台，面向全球南开校友进行宣传，借助校友力量帮助庄浪县开展招商引资等工作。以各地校友会为枢纽，借助相关行业校友企业力量，帮助庄浪县搭建农产品、手工艺品等特色产品的销售渠道，通过组织团购、集体定制等方式，改进销售模式、拓宽产品销路，稳步提升庄浪县居民收入水平。以南开天津校友会、南开甘肃校友会携手共建为契机，推荐组织若干名在地方经济建设和招商引资方面具备专业知识和实操经验的南开校友，作为庄浪县经济发展促进顾问团，为庄浪县的整体经济发展与招商工作开展提供建议和咨询，帮助庄浪县政府和本地企业对接外部社会资源和市场资源。

立足现有优势，紧密结合庄浪县的整体发展战略规划，南开大学将持续推动苹果及旅游产业的培育和市场拓展，努力结合并主动对接庄浪县梯田产业强县和旅游文化名县的发展目标，整合资源，强化优势，努力在产业帮扶、发展咨询、教育扶贫、人才培养等多方面为庄浪县相关产业发展提供支持。

（蒋莹整理）

“第一书记”驻村精准扶贫 真帮实促共圆“大寨梦”

——天津大学

（定点扶贫：甘肃省宕昌县）

2012年11月，国家八大部委下发了《国家机关和有关单位定点扶贫工作的通知》，确定了中央机关、事业单位和高等院校等新一轮定点扶贫结对关系，天津大学定点支援甘肃省陇南市宕昌县。自2013年开始，天津大学专门成立定点扶贫工作领导小组，多次召开专门会议研讨扶贫方案；校领导多次率队赴宕昌县实地考察，访贫问苦，座谈协商定点扶贫工作；在城镇规划培训、劳动力输出、研究生支教及社会实践、本科招生优惠政策等方面扎实开展了一系列卓有成效的扶贫工作。

一、背景介绍

2015年8月，按照《中共中央组织部中央农村工作领导小组办公室国务院扶贫开发领导小组办公室关于做好选派机关优秀干部到村任第一书记工作的通知》的统一部署，天津大学党委高度重视，严把人选政治关、品行关、廉政关和能力关，选派科学技术发展研究院副科长宋鹏同志赴甘肃省陇南市宕昌县大寨村担任第一书记。在乡镇党委的领导和指导下，宋鹏同志紧密团结和依靠村级党组织，从派驻村实际出发，深入基层，切实为村民排忧解难，推动扶贫工作取得良好成效。

二、具体举措

1.做村党支部的“主心骨”，充分发挥“第一书记”督促指导党建的作用

宋鹏到任后，坚持把“联系群众、服务群众、凝聚群众、造福群众”作为村党支部的核心任务和基本职责，深入开展服务型党组织建设，努力把驻村党支部建设成为坚强的战斗堡垒，成为带领乡亲们脱贫致富奔小康的主心骨、领路人。一是强基提质，建强基层党组织。健全村党支部支委会，明确工作职责，坚持每月组织1次集体学习，提高党员文化素养，转变思想观念，增强服务群众的本领。把大寨村3名致富能手和文化水平较高的优秀青年列

为入党积极分子，重点培养。二是以党建带扶贫，以扶贫促党建，建立健全党建扶贫互促机制。在提高党员宗旨意识、服务意识的同时，试行“党员+农户”的党建扶贫互助帮带工作模式，根据党员实际情况，遴选10位党员结对10户贫困户，一对一互助帮带，引领和帮助贫困户走上脱贫致富之路；试行“支部+公司”的产业发展模式，村党支部控股村办企业，充分发挥党组织的政治优势、公司的市场与资源优势，实现支部与公司的优势叠加互补。

2. 做大寨村经济转型的“领路人”，汇聚社会力量助力优质资源开发利用

宋鹏深入田间地头调研，与村干部座谈交流，深入了解大寨村经济发展情况。经过思考，他认为大寨村经济发展困难、贫穷落后的主要原因在于村民受传统生产观念影响，家庭种植零散、不成规模，且缺乏技术支持和市场服务。宋鹏找准切入点和关键点，带领村民围绕农特产品加工、一村一品工程、电商扶贫等发展村级产业，繁荣村内经济，促进村民增收。

村民代表大会

村两委评议

党员大会表决事项

一是推动沙湾臊子产业化，“第一书记”被村民热情称为“臊子书记”。2015 年 11 月，宋鹏专程到甘肃省轻工研究院参观考察，与院长、总工程师、各室（中心）主任座谈，咨询沙湾臊子产业化的可行性，并请轻工院食品质量检验室检验沙湾臊子是否含有有害成分、微生物菌群是否超标等。2016 年 4 月，宋鹏再次到访甘肃省轻工研究院，请教学习沙湾臊子、宕昌土蜂蜜、沙湾红谷酒、干菜等食品的生产加工、质量检验、QS 审批、食品添加剂及食品安全国家标准等。与甘肃省中小企业公共服务平台（96871 众创空间）达成初步合作意向，即将签订合作协议共同推广沙湾臊子。通过两次考察调研，宋鹏与村干部们进一步理清了沙湾臊子的产业化思路，明确了富民产业的发展方向。

宋鹏一行到康县兴源土特产参观学习

二是电商扶贫，让大山里的特色农产品“走出去”。成立大寨村电子商务中心，深入推进电商扶贫，拓宽村民增收渠道，节省日常消费支出。自 2016 年 3 月份对外运行以来，大寨村电子商务中心累计入库商品 40000 余元，销售特色产品 32000 余元，帮助村民代购物品 12000 余元。开办“大寨白龙湾土特产”微店、网店，利用微博、微信公众号等新媒体平台宣传宕昌县特色产品。举办宕昌特色产品（天津）展示推介会，现场累计展销土蜂蜜、中药材、药膳包、花椒、燕麦珍子、山野菜等宕昌特色产品 9256 元。

宕昌特色产品（天津）展示推介会

三是科学谋划，大力发展富民产业。依托一村一品工程、电商扶贫政策，立足大寨，辐射全镇，构建点面结合、互助带动，并适合大寨村经济发展的富民产业，探索“造血”与“输血”相结合、内生动力与发展合力相结合的“大

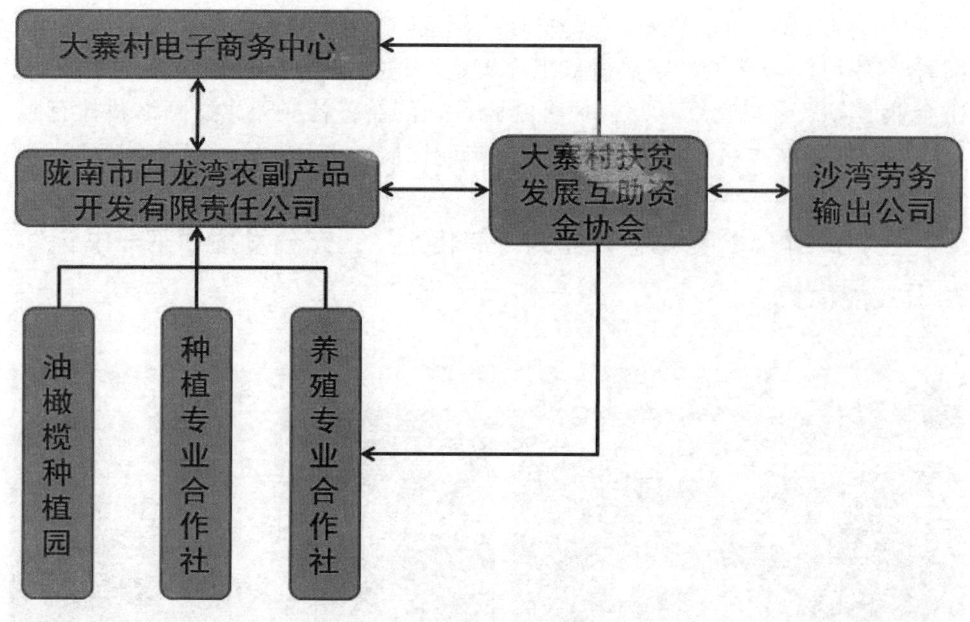

大寨村电子商务流程图

寨富民产业发展模式”：根据村民具体情况，规划每户的富民产业发展（点），加入到相应的专业合作社中，在专业合作社中，互帮互助，共同致富（造血），点上开花，增强发家致富的内生动力。注册成立村党支部控股的村办集体企业陇南白龙湾农副产品开发有限责任公司（面），采用“电商 + 公司 + 合作社 + 农户”模式，引进专业人员和专业技术（输血），以产业项目形式整合全村优势，形成合力，重点培育、开发沙湾臊子、沙湾红谷酒、宕昌土蜂蜜等产品，提高市场竞争力。截至目前，10 万元启动资金已经到账，已与 27 户贫困户对接技术、半成品入股事宜；设计“沙湾臊子、沙湾红谷酒、沙湾梅花椒、沙湾柿饼”商标；撰写“沙湾臊子、沙湾红谷酒”专利；制订“沙湾臊子、沙湾红谷酒”企业标准，建设洁净生产车间和库房；筹划成立中药材种植农民专业合作社、

宋鹏领取村办企业白龙湾农副产品开发有限公司营业执照

中华蜂养殖农民专业合作社，并与柠檬生活圈、微趣商城合作推广宕昌土蜂蜜。同时，深化“1+X 帮 1”定点扶贫工作模式，与甘肃省轻工研究院、甘肃省中小企业服务平台、北京互邦科技有限公司、创益公社（天津）网络科技有限公司等建立帮扶关系，支持大寨村富民产业发展。

三、做群众发展观念转变的“催化剂”，充分发挥“第一书记”知识技能优势

大寨讲堂之互助帮扶模式及互助资金协会建设

大寨讲堂之新形势下农村建设：大寨的未来

宋鹏鼓励村民接受新事物、新理念、新技术，转变思想观念。一是选出典型。选出 2 户致富能手作为示范户，以点带面，辐射带动周围群众加入农民专业合作社，入股村办企业，共同发展生产。二是举办“大寨讲堂”。宣传扶贫开发的政策，提高村民的文化素质并积极宣传大寨村发展规划，充分调动村民的积极性，发动群众广泛参与村内发展规划，为规划的落地实施营造良好舆论环境。三是开通微信公众号“宋头下乡记”。宣传国家“三农”、扶贫开发政策和驻村工作心得体会，推介大寨村风土人情和特色产品。截至目前，已有 12 户村民主动找到村两委，要求加入村办企业及农民专业合作社。

四、做服务群众的“贴心人”，尽心竭力为群众办实事、做好事、解难事

宋鹏坚持每天进村入户，听取意见建议，化解矛盾纠纷，与群众同吃同劳动，努力办实事、解难事。

一是建立“便民服务中心”。进一步落实中央加强农村治理的精神，以为民服务为宗旨，以村务公开为原则，以村民满意为标准，利用现有资源租用临街房屋一间，添置电脑、桌椅等办公设备，建立“便民服务中心”，为

大寨村村民提供代办、帮办、咨询服务，同时协助调解纠纷、化解矛盾。服务中心的成立完善了村级治理和服务体系，提高了村民自治水平。

大寨村便民服务中心深夜为民服务

二是建设“家园驿站”，帮扶留守儿童。宋鹏认为，将贫困地区的孩子培养出来，才是根本的扶贫之策。他积极探索家庭教育缺失背景下，村委会主导、社会组织参与、村内集中帮扶的方法，为留守儿童提供帮扶救助。发起“用爱心黄芪蜜，搭建大寨村孩子的家园驿站”网上、微信众筹活动，筹集资金用于购置家园驿站（留守儿童之家）物资，同时帮助当地蜂农销售滞销土蜂蜜，累计销售蜂蜜 270 斤，募集善款 6961 元。家园驿站共购置拼图 50 件、DIY 科技小制作 40 件、智能玩具等 15 件、图书 100 余册、儿童桌椅 6 套，于 2016 年 6 月 1 日儿童节正式对村里孩子开放。建立留守儿童档案资料台账，针对不同

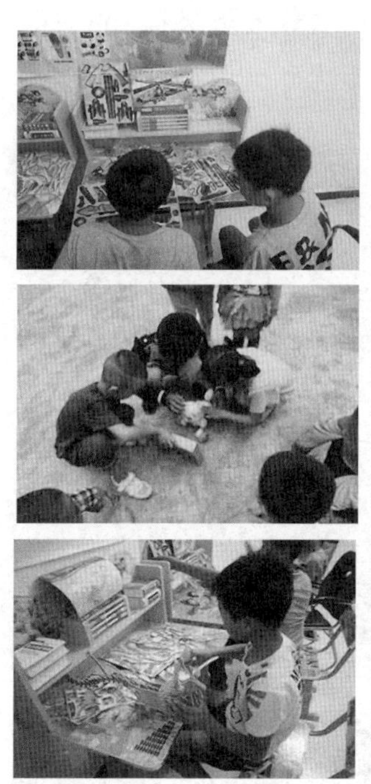

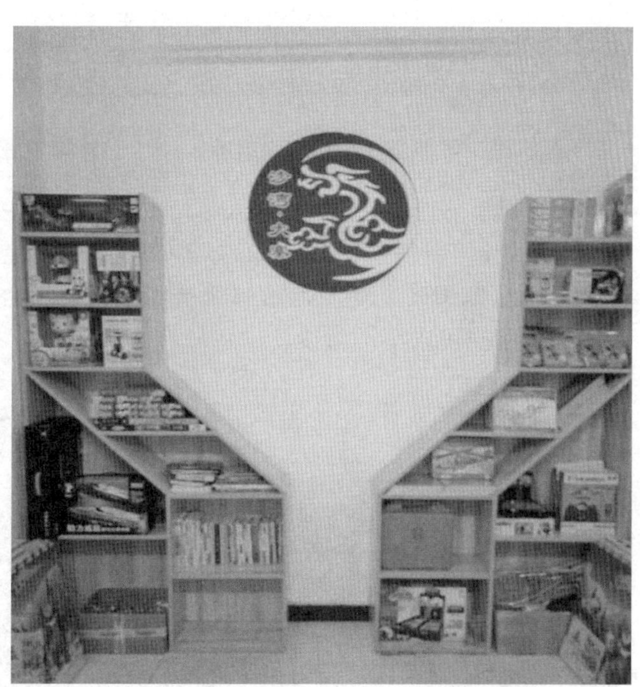

大寨村家园驿站：托起明天的太阳

类型的留守儿童采取有针对性的关爱帮扶措施；开展留守儿童心理咨询服务，帮助留守儿童树立信心；搭建亲情热线，免费为留守儿童开放，方便留守儿童与父母沟通交流；定期开展文体娱乐活动，丰富留守儿童的课余生活；定期开展科学普及活动，寓教于乐，激发他们学科学、用科学、爱科学的热情。

三是帮助百姓解决生产生活中的实际困难。关心关爱贫困户、五保户、残疾人、农村空巢老人和留守儿童。大寨村一村民家中的 12 岁女儿在 2015 年暑假时不慎摔伤，左臂肱骨粉碎性骨折，家人心急如焚地将女儿送到了沙湾镇以外的陇南市武都区人民医院救治，花光了家中积蓄并向亲戚、邻居借钱支付医疗费、养护费 2 万余元。出院后，由于属于镇外医院就医，并不熟悉农村合作医疗医保政策的一家在报销时遇到了困难，甚至一度产生了放弃的想法。宋鹏了解情况后，主动帮助该村民一家查阅当地关于农村合作医疗报销的政策，收集单据和材料，多方奔走，最终为其报销了约 9300 元的医疗费用。宋鹏说，百姓面前无小事，只有把百姓生活中的“琐事”、“小事”常挂心上，真心实意地为百姓办实事、做好事、解难事，才能当好一名基层扶贫干部。这一事迹得到当地《陇南日报》的报道。此外，宋鹏还帮助一孤儿找到爱心人士每年为其资助 6000 元学费直至完成学业；为阿坞乡一名 13 岁的白血病患者募集爱心捐款 8720 元；募集过冬衣物被褥 20 包，发放给大寨村 30 多户贫困户；发起“大寨村北洋关爱基金”，为村内五保户、孤寡贫困老人募集棉被 100 套、粮油米面 100 件，为村内儿童募集防寒衣 150 件、爱心书包文具 150 套。

五、做校地之间的“联络人”，将学校的优质资源“精准”注入贫困地区

宋鹏先后到县教育局、电商办等政府部门和企业、学校、贫困村等二十余个单位实地调研、交流，了解帮扶需求，反馈给学校，将学校的学科优势与当地的帮扶需求精准对接。

发放募捐衣物

一是依托学校建筑、药学学科优势，助力当地城镇规划建设和药材资源开发利用。宋鹏了解到，因G212高铁线和渭武高速经过大寨村，需要征收一部分土地，拆迁上百户人家，县里准备在大寨村旁边划拨500亩土地建设沙湾镇小城镇。于是他积极联系学校建筑学院的专家教授，免费为沙湾镇做小城镇规划设计工作，并为大寨村做新农村建设规划。宕昌县的中药材种类达692种，有“千年药乡”美誉。宋鹏积极协调学校药学院两位教授前往大寨村指导宕昌职业中等专科学校中药材加工专业、食品检验室规划建设工作，并对接中药材精深加工项目及科技合作。

二是依托学校教育资源优势，保证教育扶贫精准到位。宋鹏了解到，大寨村全村文化程度较低，中专、高中及以上文化程度人数不到总人口数的2%，五年来，仅5名学生考上大专，无人考上本科。宋鹏深刻认识到贫困的根源在教育，希望能够借助天津大学的教育资源优势，帮助大寨村的孩子们提高文化素质。于是他积极和学校团委、工会、附属小学、附属幼儿园等部门沟通，争取教育支持。目前已经遴选1名符合条件的宕昌县第一中学学生参加天津大学自主招生；选派10名宕昌县第一中学学生参加全国高校青少年科学营天津大学分营，并通过“用爱心助力寒门学子圆梦京津”公益众筹项目为10名学生募集往返路费；协调、推动沙湾镇大寨九年制学校微机室、科技活动室、亲园驿站、现代远程教学点建设项目。从宕昌县选派优秀中小学及幼儿园教师到天津跟班学习，提升当地教师水平。

宋鹏发起“用爱心助力寒门学子圆梦京津”公益众筹项目

一切为民者，则民向往之。干事创业，关键在人。“第一书记”是派驻到最基层工作的人，肩负着党组织的重托和百姓的期望，只有把百姓的健康幸福、安危冷暖等“琐事”、“小事”常挂心上，以“天下大事必做于细”的态度，真心实意地为百姓办实事、做好事、解难事，才能当好基层党组织的“主心骨”、经济转型的“领路人”、群众观念转变的“催化剂”、服务群众的“贴心人”，真正发挥“第一书记”的作用，让广大群众真正受益。

（董云云整理）

妙手仁心无私帮扶 推进健康扶贫工程

——天津中医药大学

（定点扶贫：西藏昌都市、新疆和田地区）

“十二五”期间，天津中医药大学第二附属医院积极参与各项扶贫工作，充分发挥自身优势通过医疗帮扶、科技扶贫、人才培养、产业帮扶等第四个方面发力帮扶地区的脱贫致富事业。

一、医疗帮扶——发挥中医特色优势，增进受援地区人民健康福祉

2012年邹澍宣作为第六批援藏干部赴西藏昌都地区人民医院挂职副院长。在藏期间，他用精湛的医术打开局面，寻医问药的患者从门可罗雀到门庭若市，许多牧民长途跋涉慕名而来。他克服严重的高原反应，每天加班加点，不管患者是否挂上号都坚持为他们诊治。在西藏这个以西医、藏医为主的地区，掀起了一股“中医热”——挂号告急、药房告急，甚至连处方纸都告急！藏族同事经常如数家珍地说起他“破纪录”的事情。他积极联系落实天津市援建项目资金36.8万元，两批设备共计300余万元。促成天津眼科医院与昌

邹澍宣同志为当地藏族群众诊疗

都地区人民医院建立友好医院。针对当地的常见病、多发病，援藏期间他拟定了 12 个协定处方，培养当地青年医师。他还利用休息时间为昌都国家安全局百余名公安干警义诊查体，举办专题讲座，昌都国安局致表扬信到我院。邹澍宣同志被天津市委组织部评为天津市优秀援藏干部。

杜斌同志于 2015 年 3 月赴昌都地区人民医院中医科开展对口支援工作，他在出诊同时兼顾医院的会诊工作，中西医结合治疗各科患者的中医适应症。昌都人民医院当时尚未开展针灸治疗技术，没有相关治疗工具，医院领导大力支持，专门邮寄一批针灸针和拔火罐等中医诊疗工具。由于昌都地区地处高海拔区域，而且藏族群众喜好饮酒食辛辣，当地常见病种多为失眠、消化道疾病、中风、月经不调、面部色斑等，中医优势对症下药，受到患者高度评价。

援藏期间，杜斌同志多次参加医疗组下乡义诊、突发灾情的应急演练及巡回医疗活动，力所能及地缓解偏远地区的就医难问题。多次义诊经历也让他体会到，中医治疗手段对仪器硬件的要求低，医疗费用低，治疗效果好，在偏远藏区具有广阔的推广使用前景。

张成军同志于 2012 年 8 月赴和田地区传染病医院对口支援，他承担业务查房，开设中医专家门诊，为当地医务人员宣讲新冠状病毒的防治、H7N9 禽流感治疗等知识，获得当地群众的好评。一位患艾滋病的维吾尔族患者，由于常年服用抗艾滋病毒西药，出现皮疹、周身瘙痒、胃肠不适食欲不好、体重明显下降等症状，几乎丧失了劳动能力，张主任针对病情进行辩证分析制定了合理的方药，经过半年多的中西医结合治疗效果明显，病情稳定。同时

杜斌同志参加下乡义诊

他发挥中医特色治疗各种病症如月经不调、不孕不育、黄褐斑、失眠不寐、脂肪肝等。张成军同志被天津市委组织部评为天津市优秀援疆干部。

王琳珏同志充分发挥自己中西医结合治疗四肢创伤的特长，2015 年 8 月底入疆，至2015年底的4个月内指导、协助受援科室各类四肢创伤手术60余台。工作中，他注重结合当地科室专科特长，积极指导、传授新技术应用，如：“后外侧入路治疗踝部复杂骨折”、“自体骨移植治疗股骨创伤骨折并骨缺损”、“MIPPO 技术治疗四肢创伤”等，并带领该科室医生成功完成了“双侧 PILON 骨折联合后外侧入路切开复位内固定术”、“股骨干粉碎性骨折并骨缺损取自体骨移植切开复位内固定”等复杂手术，受到患者与当地医院的认可，为当地患者的骨折治疗贡献了自己的力量。

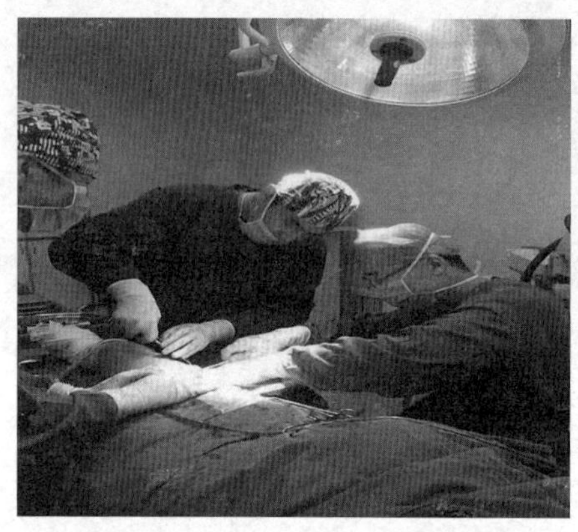

王琳珏同志进行手术治疗

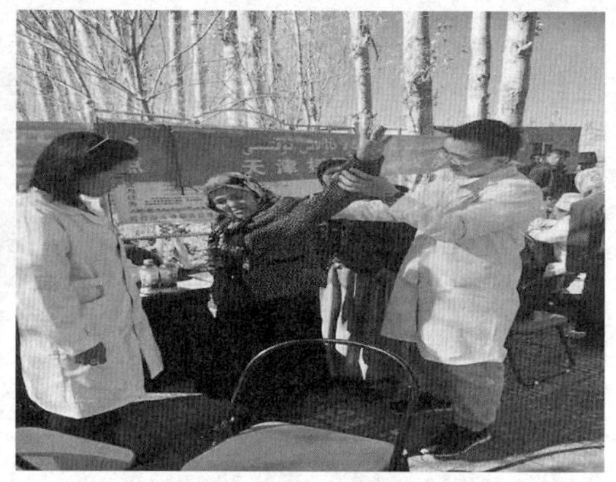

王琳珏同志为和田东三县群众进行义诊

在受援地开展工作两个月后，王琳珏同志参加了为期 9 天的天津援疆医生和田地区东三县巡回义诊活动。和田地区东部策勒、于田、民丰三县自然条件相对较差，社会经济基础非常薄弱，医疗卫生条件水平较低，是结核、肝炎、梅毒等传染病的高发低区，巡回医疗队克服路途遥远、道路建设落后等重重困难，在各地县乡充分发挥专业特长，为当地群众诊治常见病、多发病，在各县、乡积极开展送医、送药活动，累计义诊骨关节炎、类风湿性关节炎、颈腰椎病等患者近 120 余人次，并在各县医院开展教学查房，指导当地医师临床治疗 15 人次。此次下乡巡回义诊活动，他用自己的实际行动切实推进了边疆的医疗卫生事业，也为边疆的当地百姓的健康做出了贡献。

刘恩顺于 2014 年 11 月开始在新疆乌鲁木齐药监局进行了为期 12 个月的挂职锻炼，在完成药监局本职工作的同时，他发挥传统中医“简、便、廉、验”的实用特点和整体调节的理论优势，分别到乌鲁木齐市水磨沟区委、区政府，伊犁州伊宁县委、县政府，鲁木齐市高新区天津南路社区，以“上攻治未病，远离亚健康”为主题开展了多次大规模的健康咨询讲座，参加人数达1000余人。承受着较大工作压力的行政干部和有着健康指导需求的社区群众对讲座内容产生了强烈的共鸣。同时，经领导、同事和朋友的介绍，开展了个体化健康辅导 50 余人次，诊治各类疾病患者 200 余人次。

刘恩顺同志为当地百姓义诊

援甘医师们克服困难，适应寒冷干燥的气候，帮助受援医院改善和强化管理，提高医疗服务能力和水平，满足群众就近看病就医需求。在援甘医师的不懈努力下，永靖县人民医院、武威市第二人民医院的心血管内科、消化科、脑病科、肾病科、呼吸科、骨科、外科等专科水平都有了进一步提高，年门诊量、住院人次数、手术量均有较大增长。

援疆医师们同样积极参与当地义诊活动，受援地区周围乡村交通不便，经济落后，缺医少药。他们不顾路途遥远，山路颠簸，气候寒冷及晕车等困难，经常参加下乡义诊，给山区人民带去党和政府关怀和良好的医疗资源，送医送药上门，改善当地缺医少药的状况。他们为群众宣传卫生保健常识、孕期保健知识、临床常见病、多发病的防治、中医食疗对慢性疾病的辅助治疗作用等知识；发放预防艾滋病、梅毒宣传材料，为基层群众普及医学常识，提高公众医学常识。

二、科技扶贫——发挥科研优势，科技创新驱动当地医疗发展

援藏干部王琳珏同志援疆期间充分发挥科研优势，积极推动受援单位、科室学科科研发展。在完成好本职工作的同时充分做好两地单位联络人的角色，主动牵线搭建平台，组织双方人员相互沟通、交流，带领援建单位、科室积极参与1项国家级课题，将和田地区人民医院被设立为国家中医药管理局中医药标准化项目－中医治未病实践指南－慢性腰痛易发人群（项目编号SATCM-2015-BZ274）的第五家合作单位，项目已获国家中管局批准，由和田地区人民医院科教科负责课题管理，课题相关工作已经进一步开展。

第二附属医院的医师们在援助期间通过开展临床诊疗、教学培训、专题讲座、手术示教、适宜技术推广、义诊、重点专科、重点学科建设等援助活动，全方位提升受援医院医教研水平。如检验科李绍红医师为医院安装WHONET系统及卫生部全国细菌耐药检测网的终端系统，使医院有关细菌耐药的数据如期正常准时上报卫生部及甘肃省临检中心；内科急诊高万鹏医师给科室人员传授新知识、新技术，并规范急诊危重病人诊治及抢救流程。利用多媒体技术讲解心肺复苏最新进展、气管插管、急诊科的特色和模式、急诊抗生素的规范化使用等。对科室人员进行监护仪、除颤仪等进行规范化使用的培训。指导急诊科年轻医师2名，讲解内科急诊常见疾病诊疗常规，以及疾病之间的鉴别诊断要点，帮助科室医生撰写论文2篇；心血管科朱林平医师协助受援医院消化科撰写“中医药干预治疗幽门螺旋杆菌相关性胃炎的临床研究”的科研课题，获得武威市科委科研项目立项。

三、人才扶贫——发挥“传、帮、带、教”作用，变“输血”为“造血”

杜斌同志自进入昌都地区人民医院以来，教授当地青年医生临床知识和针灸治疗方法。目前，他带教的青年医生已经可以独立完成偏瘫的针刺医疗。

王琳珏同志自从进入和田地区人民医院骨一科任职以来，充分发挥援疆干部“传、帮、带、教”的作用，与新同事积极开展业务交流，倡导提高学习气氛，带头讲课、讲座，实施每周一次的科室业务交流、学习，并为科室举办了《骨折内固定的基本原则》、《跟骨骨折的治疗》、《平行钛板技术治疗肱骨远端骨折》、《距骨骨折的治疗》等方面的专题讲座，与科主任进一步完善术前讨论制度，既保证了手术的安全性，又有利于对年轻医师的培养。

附二院先后接收甘肃省县级骨干医师13名，进行系统全面的培训和指导。医院领导高度重视甘肃医师培训工作，责成科教部专门遴选了政治素质高、业务能力强、带教经验丰富、具有高级职称的带教老师进行培训，采取一对

一导师制。附二院将“输血”与“造血”有机结合，为当地培养医疗骨干人才，增进当地群众的健康福祉。

四、产业扶贫——推广中药材种植，增加当地社会效益和经济效益

附二院开展驻村帮扶以来，闫兴钢同志通过调研发现两个帮扶村主要以玉米、棉花等传统田作物种植为主，结构单一，经济附加值低，调整种植结构，推广高效作物种植显得尤为迫切。在与村“两委”和广大村民商议达成共识之后，决定结合天津中医药大学具有中药材种植技术、中药研究开发等特色优势，发展中药材种植项目。这一发展思路得到学校领导的充分肯定和大力支持，每年投入专项资金10万元，扶持中药材种植项目。他先后3次邀请学校专家到村实地勘察水土资源，进行化验分析，4次带领村干部到周边地区中药材种植基地调研考察。通过近3个月的分析论证，决定把丹参作为帮扶村中药材种植的首选品种。

为了更直接、更准确地掌握当地丹参种植推广的第一手资料，2014年3月，驻村工作组在两个村承包耕地11亩，建立起丹参种植实验基地，进行丹参的实验性和示范性种植。闫兴钢同志和他的工作组带领村干部每天坚持到地头，从土地整理到种苗定植，从田间破膜到补水灌溉，从中耕除草到采摘花苔，严把丹参种植和生长的每个环节。通过实验证明，丹参各项药用指标均符合甚至超出国家标准，用事实证明了当地土质适宜丹参生长。一年的艰辛和收获打消了群众的怀疑，赢得了信任，盼来了希望。村民们掌握了丹参生长的过程和习性，积累了田间管理经验，两个村分别成立了中药材种植合作社，准备扩大种植规模。

中药学专家考察当地情况

到西塘考察

专家指导播种

丹参长势喜人

全市《关于支持 500 个困难村发展经济的实施方案》的出台，为困难村产业发展带来了难得机遇。闫兴钢同志结合村情民意，在县、镇、村和技术帮扶组的帮助下，指导驻村工作组研究制定了“一村一策”经济发展方案，把中药材种植作为两村产业发展的重要内容，并顺利通过了市、县审批。从 4 月份开始，驻村工作组按照《经济发展方案》的既定内容，开始着手产业项目启动，两个村共种植丹参 150 亩，引进试种防风、苍术、薄荷、半夏等新品种 10 亩。此外，胡庄子村还规划完成 380 亩果树园，栽种优质苹果树 2.4 万株。

综上所述，“十二五”期间天津中医药大学第二附属医院立足实际，充分发挥中医特色和优势，通过医疗帮扶、科技扶贫、人才扶贫、专业扶贫等方式，为提升受援地区医疗水平、实现经济社会发展、增进群众健康福祉做出积极努力。

（陈忠言整理）

深挖医学高校资源潜力　力促扶贫工作精准实施

——长治医学院

（定点扶贫：山西省平顺县东寺头乡焦底村、常驼村）

2015年在山西省委下乡办的安排下，长治医学院定点扶贫山西省平顺县东寺头乡焦底村和常驼村，入村开展工作以来，深入贯彻中央“精准扶贫”的精神，严格执行山西省委关于扶贫工作的要求，充分依托学校医疗、教学、科技等方面资源优势，紧密结合学校定点扶贫村的实际情况，截至年底，2015年学校直接投入34万元，间接协调有关资金50万元，为贫困户实施了一系列特色鲜明的产业扶贫项目，并着力解决了一些当地民生问题，受到当地政府和百姓的好评。

一、背景介绍

常驼村和焦底村相距约5公里，共有贫困户45户，贫困人口103人。基本情况相似，大都为人口年龄老化、缺失劳动力，多为老弱病残的村民。地处大山深处，森林覆盖率高，牧草资源丰富，自然生态较好的特点。周边村落情况也大致相似。基于上述共性，这就为整体帮扶两村，带动周边村落共同发展，最终实现脱贫致富拥有了客观的条件。

二、项目推进

2015年4月，长治医学院党委书记李华荣、副院长陈忠义带领学校驻村干部深入焦底村和常驼村两村进行了实地调研。根据针对两村的调研情况和报告，决定充分依托学校医疗、教学、科研等方面资源优势，紧密结合定点扶贫村的实际情况，为革命老区平顺县实施产业扶贫带动增收脱贫一批；防止因病致贫医疗卫生救助一批。此外，学校拨付经费10万元，作为扶贫工作前期启动资金。

项目一：结合高校优势精选脱贫项目

（一）常驼村实验用兔项目

1. 项目产生由来

学校党委决定结合学校每年实验需 5000 多只实验用兔的情况，把该村打造成以养兔为主，供应长治医学院实验使用，促进贫困户先期增收，逐步发展其他家畜养殖实现增收脱贫的发展思路。并为本村制定了以养兔为主，逐步发展养殖生态猪等增加收入的脱贫模式计划，并细分帮扶计划分二期实施，每期有详细帮扶措施、预计投入和预期经济效益。

2. 项目帮扶模式和措施

（1）襁褓期（2015 年 5 月至 2016 年 5 月）。

这期间以“抚养婴儿的方式”作为帮扶方式，长治医学院提供前期投入，

常驼村实验用兔项目成长情况

为贫困户购买种兔、基础母兔、兔笼，并把长治医学院年需实验用兔约 5000 多只的需求，作为贫困户销售兔子的市场。同时，采取“公司 + 合作社 + 农户”的经营管理模式，为争取国家有关养殖专项资金和下一步扩大产业，争取“金融扶贫”贷款做好平台构架。

学校按年度实验用兔约 5000 只制定购买计划，签订供需协议。每只平均按售价 40 元计算，年可增加收入约 20 万元，净收入可达 10 万元左右。

（2）牵手帮扶到放手期（2016 年 5 月至 2018 年 5 月）。

这期间以“扶贫工作队牵着手走，逐步放开手自己走”为主要帮扶方式，达到全村脱贫致富的目的。一是有劳动能力或具有半劳动能力的贫困户继续

学院领导在常驼村调研生态猪生长情况

养兔，学校实验用兔依旧使用贫困点兔子，解决贫困户的后顾之忧，鼓励和帮助合作社争取国家扶贫无息贷款、申请养殖项目专项资金，学校每年依旧为其提供部分配套资金。二是进一步把合作社的建设和经营作为扶贫工作的重点，做好合作社建设的参谋，逐步以村支“两委”的党员干部带领贫困户做好合作社的经营和管理为主的放手思路。这期间，继续在原有的基础上扩大养兔规模，力争达到年出栏 10000 只左右，年销售约 40 万元左右；生态猪年出栏达到 50 只左右，实现销售收入 20 万元，总计达到 60 万元左右的目标，解决当地部分剩余劳动力就地就业，并带动周边各村发展养殖产业，达到发展产业增收带动脱贫示范的作用。

（二）焦底村养殖生态山羊项目

1. 项目产生由来

根据调研情况分析，焦底村养殖本地黑山羊，虽然规模较小，但他们已累积了养殖经验，但存在散养放牧，无法形成一定的市场规模的局限性。因此，根据该村情况制定了以养殖生态山羊为主的养殖项目的帮扶计划，凝聚合力，积极主动多方筹资，帮助其扩大规模，组建养殖专业合作社或养殖公司，带动贫困户进入合作社，共享养殖和市场资源，达到增收脱贫的目的。

2. 帮扶模式和主要帮扶措施

（1）拄拐期：2015 年 5 月至 2016 年 5 月。

这期间学校驻村扶贫工作队以当其“拐杖”的作用作为帮扶模式，帮助村集体成立养殖合作社，多方筹资，为贫困户入社提供前期资金保障。项目总投资80万元，项目前期，由长治医学院和村支两委班子多方筹资，为贫困户提供资金。在确定了利益分配方式和风险因素后，项目顺利实施后，年可增加收入近30万元，贫困户人均纯收入可达1200元；项目的顺利实施，可创新当地脱贫增收模式，也可作为以年老体弱为主要构成人口比例的贫困村增加收入的一种有益探索。

（2）脱拐期：2016年5月至2018年5月。

本时期主要以扶贫队员作好“扶贫参谋，合作社自行管理壮大”的帮扶方式，达到不断自我完善，自我发展。在合作社原有基础上帮助注册养殖公司，采取“公司+合作社+农户或家庭农场”的方式，带动本村和周边村落发展养殖业，实现公司找市场、加强管理和投入，农户做股东，或出力出工的模式，

养殖山羊

新建的标准化羊舍

带动本村和其他行政村迅速致富，把焦底村的养殖公司培育成农业龙头企业，贫困户在村支“两委”班子的带领下共同脱贫致富。此期间，逐步扩大山羊的出栏规模，实现年出栏800只，年收入达到80万元，并带动周围村落发展畜牧养殖业，实现共同增收脱贫的目的。

项目二：送医送药心系百姓医疗帮扶情撒老区

“十二五”期间，长治医学院为长治市周边区域，培训各类医务人员总计12681人次，接收和培训基层医疗进修生376人次，为贫困县义诊送医送药17次，免费送药达10万余元，每年为部分贫困群众不同程度减免医疗费用，此外，还顺利完成国家定向免费医学生计划招生500名。实施了一系列改善老区的惠民措施，受到了老区人民的赞扬，为长治市和周边区域做出了应尽的社会责任。

（一）加大老区医务人员培训力度，突出医疗扶贫重在扶技

2015年，在原有的基础上，学校党委又提出了医疗精准帮扶的思路和计划，结合学校的医疗卫生优势资源，和平顺县政府达成有关协议，每年由两所附属医院为平顺县卫生局提供40个进修名额，对帮扶乡镇东寺头乡卫生院或平顺县其他乡镇医院的医生，进行免费进修培训，计划5年之间培训平顺县、乡两级医院业务主干200名，实施全面覆盖，使当地医务工作者能提高业务水平，为当地群众健康尽力。

（二）实施精准到人的医疗帮扶模式，主动送医送药到乡间

对定点帮扶所在乡东寺头乡乡民减免特困病人因重病而支付的医疗费用。

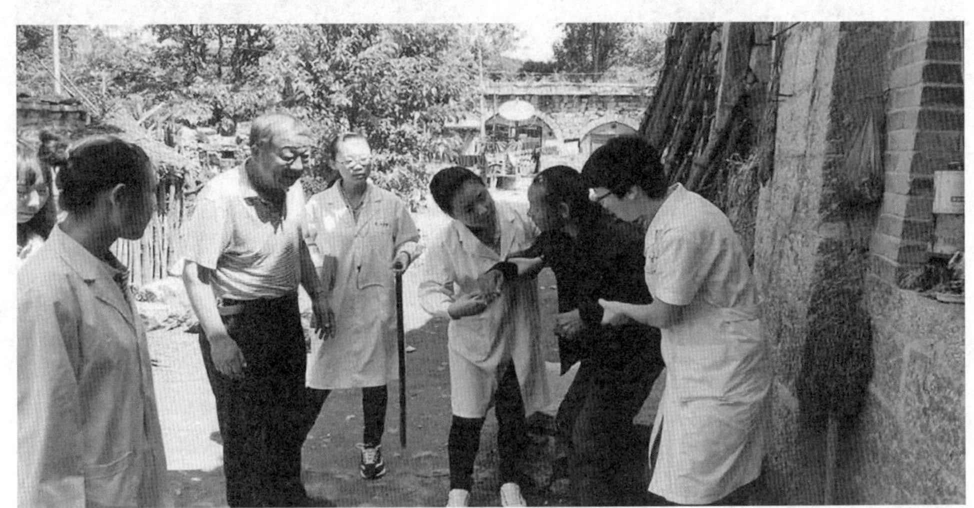

送医送药到户

为村民体检

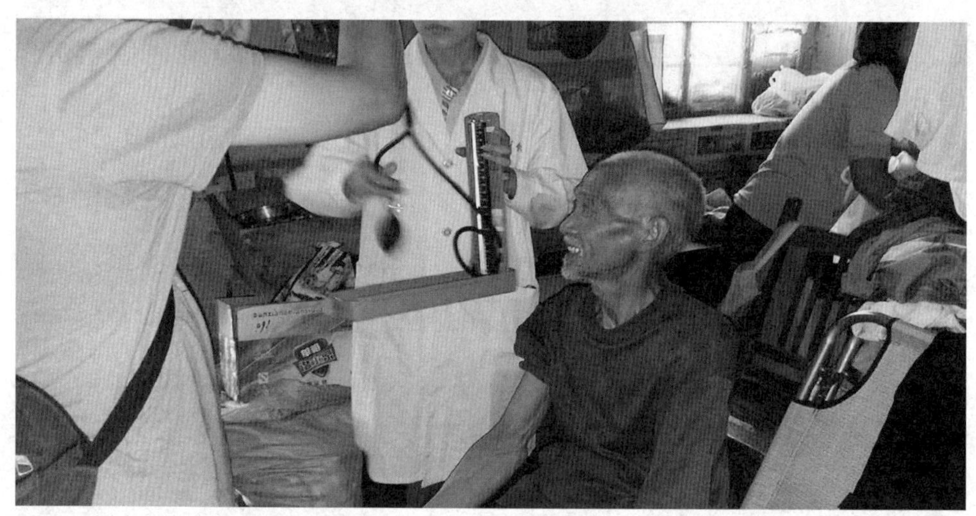

给常驼村王支勤老人体检

与东寺头乡卫生院联合，由乡卫生院根据情况，每年选取一定数量贫困病人，我院主动送医、药到乡镇医院，或病重又特贫者，转入我两所附院治疗的费用，在农合医保报销比例后，由学校扶贫专项资金报销其剩余医药费。三是每年对平顺县东寺头乡主要村落村民，进行义诊 4 次，并进行送医送药活动，为村民建立健康档案。

（三）医疗精准帮扶工作的实施措施和效果

2015 年 7 月，长治医学院捐赠给平顺县东寺乡卫生院第一批医疗设备电脑 15 台，显微镜 2 台，投影仪 1 台，改善了该院卫生医疗和办公条件。此外，由学校驻村工作队和校团委组织的“大学生暑期三下乡活动”对两村和东寺乡部分村庄，实施了送医送药下乡工作，还针对一部分贫困户，安排到长医附属和济医院进行了深入体检，及时发现问题，早点实施救治。

项目三：细处着眼看民生村民受益皆欢喜

2015年定点两村扶贫工作以来，长治医学院在扶贫工作上不仅重视结合自身优势实施精准帮扶方面主要问题的解决，而且还兼顾其它民生方面问题的解决：

1. 解决村民饮水问题

焦底村村民冬季饮水主要是靠村边的一座蓄水池供水，因年久失修，存在严重露水现象，驻村工作在了解这一情况后，上报学校党委，学校立即安排资金3.8万元修建了此处生活用蓄水池，保障了村民冬季用水的稳定供应。2015年6月1日，完工并投入使用。2016年学校又协调有关专项资金，新建两座蓄水池，基本上解决了两村的生活和生产用水。

焦底村新建的蓄水池

2. 解决村民加工粮食难问题

焦底村民加工粮食需步行到十多公里以外的乡政府加工粮食，给他们的生活造成了极大不便，再加上本村和周围几个村都是老年人居多的原因，因此学校投资1.4万元，购置了4台粮食加工机，不仅解决了本村农民加工粮食难的问题，还可为周边村民提供了生活之便。2015年10月安装完成，并投入使用。

3. 解决村民出行难问题

协调政府资金18万元，在焦底村修建部分水泥路，方便村民生活和生产的出行。还协调社会资金约2万元的混凝土，硬化了常驼村部分场所。

4. 改善两村信息建设

学校把教学更新下来的15台电脑、1台投影仪分别赠予了焦底村和常驼村，改善了两村文化信息建设落后的状况，也为下一步两村网络销售党参等

帮助村民安装粮食加工机

焦底村新修的水泥路

农产品打下了基础。还积极主动联系有关劳务派遣公司，帮助东寺头乡和其他乡镇富余劳动力外出务工。

三、帮扶项目实施效果和影响

长治医学院通过充分发挥高等医学院校资源优势，实施精准帮扶，在当地扶贫工作中起到以下主要效果和影响：

一是通过结合本单位的实际情况，实施的产业扶贫项目，使贫困户得到了看得到、摸得着的实惠，不仅创新了扶贫工作思路，而且其实行养殖分红的方式，还补充了无劳动能力村民的增收方式，还可作为当地以年老体弱为主要构成人口比例的贫困村，无劳动能力村民增加收入的一种有益探索。

二是实施的医疗培训、送医送药、减免贫困医疗费用等措施，不仅突出了农村村民因疾病致贫问题的个性帮扶，而且注重提高农村基层医院医生技能，改善区域医疗卫生状况的总体帮扶。体现了学校党委深入贯彻十八届五中全会精神关于扶贫工作中教育脱贫和医疗救助帮扶方式的重要指示。

三是解决民生问题所实施的项目，不仅切实解决了村民当下需解决的生活和生产问题，也让贫困群众感受到党和政府对他们生活的关心，使村民心里有一种对党和政府的认同感。

四是通过实施产业扶贫项目和医疗卫生帮扶项目，使高校与地方政府有了更加紧密的联系，加速了高校优势资源在地方的转化，同时提升了地方在医疗卫生、文化信息等方面建设的水平。

（蒋莹整理）

招商引资促扶贫

——大连理工大学

（定点扶贫：云南省龙陵县）

2015年11月2日，龙陵县工业园区锣鼓声天、欢声笑语，日产300万Ah动力锂离子电池生产及配套项目开工暨年产2万辆电动客车生产线建设项目，签约仪式隆重举行。

能成功把河北跃迪这个拥有四大生产基地、一个汽车研究院，总资产近百亿元的发达地区企业引到边境小城、国家级贫困县龙陵，靠的究竟是什么？究竟是什么让河北跃迪与龙陵县“结缘、结果”？这要从大连理工大学帮扶结对龙陵说开去。

一、高度重视勇于担当

2013年8月，大连理工大学与龙陵县签订《大连理工大学—云南省龙陵县对口扶贫框架协议》，确定了人才培养、干部培训、科技服务、招商引资等多个领域的扶贫帮扶内容，大连理工大学定点帮扶龙陵工作全面启动。

大连理工大学高度重视定点帮扶工作，认真落实中央《加快滇西边境山区教育改革和发展共同推进计划（2012—2017）》和《教育部关于做好直属高校定点扶贫工作的意见》。

2012年12月，大连理工大学专门成立了学校扶贫工作领导小组，将定点扶贫龙陵作为学校的重大政治任务。 2013年4月10日，大连理工大学定点扶贫云南省龙陵县专题工作会议召开。会议根据龙陵县的请求、结合学校的优势，研究制定了帮扶工作方案，细化了各部门的工作任务。

三年来，大连理工大学领导先后多次到龙陵实地考察，研究扶贫工作，明确工作思路，确定工作方法，为推动定点扶贫工作做了大量卓有成效的工作。

二、发挥优势全面推进

结对定点帮扶龙陵以来，大连理工大学切实履行高校的帮扶责任，心系龙陵，情注边疆，充分发挥自身优势，在教育、科技、文化、人才、招商等方面，给予了龙陵大力帮助支持，为龙陵人民办了大量实事、好事，为龙陵经济社会发展注入了活力、增添了动力。

1. 人才扶贫，提高干事创业能力

大连理工大学先后选派干部到龙陵县挂职锻炼，服务地方发展。组织教师、干部 90 多人次，赴龙陵县调研和指导工作。举办“新型工业化”、“旅游文化和社会管理”、“县域经济转型升级发展”、“四个全面战略”、“创新社会治理”5 期地方干部能力提升专题培训班，培训龙陵科级以上干部 100 多人。通过培训，提升了领导干部分析问题、解决问题的能力，对龙陵加速产业转型升级，实现跨越发展，提供了有力支撑。

2. 教育扶贫，提升内生动力

积极推动龙陵教育事业发展，组织龙陵县中、小学校长 200 多人，走进大连理工大学附属中学，通过实地参观、跟班学习、主题讲座等方式，让校长们在开阔视野的同时，学习先进经验、查找问题和差距，不断提升自身的能力、素质、水平。大连理工大学还将龙陵县第一中学设为优质生源基地，邀请国家名师和教授为师生做报告。将龙陵一中作为大连理工大学自主招生学校，每年推荐优秀学生参与自主招生考试，通过考试资格之后降分数录取（拟降 20 至 30 分）。大连理工大学附属中学、附属高中先后派出 30 人次学科负责人到龙陵县传授教学方法、交流中考、高考备考复习经验。

3. 文化扶贫，阻断贫困代际传递

大连理工大学还先后组织龙陵县第一中学 30 名优秀学子，到大连参加青少年高校科学夏令营大连理工大学营活动。同学们在大工聆听大师教诲，感受科技魅力，交流学习心得，身受大学文化的启迪和熏陶。学校还在龙陵县职业中学，建立大连理工大学远程教育教学点，免费招生 100 人，并捐赠 70 台电脑用于教学点基础设施建设。为解决职业中学学生实习和就业的问题，还将大连理工大学作为龙陵县职业中学实习基地，由后勤处接收烹饪专业学生实习。为全力支持龙陵县职业中学创建国家级中等职业教育示范学校，大连理工大学土木建筑设计研究院的专家无偿完成《龙陵县职业高级中学校园改扩建方案设计》。

大连理工大学结对帮扶龙陵以来，直接投入 126 万元，整合社会资源物资设备等共计 212 万余元扶贫龙陵。龙陵县教育事业节节攀升：普通高考综合排名由 2012 年的全市第四，上升至 2015 年的全市第二（2013 年、2014 年均为全市第三）；职业教育质量日益提升，中等职业教育规模达到 5000 人，比 2012 年增加 670 人；龙陵县职业中学被评为“全国职业教育先进单位”。

除对教育事业的帮扶和支持外，大连理工大学还成立了龙陵历史与发展研究会，开展智力扶贫，为龙陵经济社会发展出谋献策。

三、聚焦产业扶贫开发

结对帮扶三年，大连理工大学始终想龙陵之所想、急龙陵之所急，紧紧围绕龙陵县“加快硅工业转型升级，培育发展战略性新兴产业”的新思路，聚合大连理工大学学科优势、校友资源，全力以赴帮助龙陵发展。

龙陵县委、县政府提出了“工业兴县、工业强县”的产业扶贫政策。从历史上看，龙陵县具备较强的工业基础，曾利用县域内储量大、品质优的铅、锌、硅等矿产资源，和丰富的水电资源，走出了一条电矿联姻的龙陵工业发展模式，带动了县域经济的发展。然而随着经济社会的发展，这种高要素投入型产业发展模式已难以为继，工业强县之路该如何走？龙陵县委、县政府深刻意识到需要调整优化产业结构，推进产业结构升级，走新型工业化路子，从而不断推动经济发展方式转变，实现龙陵经济的新腾飞。新型工业化如何加快推进？就是要走好“传统产业不丢，新兴产业跟上”这步棋，即加快硅工业转型升级，培育发展战略性新兴产业。

通过招商，引进强有力的产业项目，让企业落户生根、蓬勃发展，从而提升地方“自我造血功能”，助推地方经济发展，最终实现脱贫摘帽。具体做法是：大连理工大学根据龙陵县委、县政府提出的招商引资项目，大连理工大学通过对校友资源进行深入挖掘，寻找具有相关背景且有较强投资意愿的校友。同时还充分发挥挂职干部的优势，挂职干部身份特殊，既了解地方实际情况，又能与校友建立感情联络，是学校、校友和龙陵县三方招商引资工作“总协调人”。

在发展战略性新兴产业方面，经过努力，大连理工大学校友、河北跃迪新能源科技集团有限责任公司（以下简称跃迪集团），是一家专业从事新能源汽车研发生产的高新技术企业，打的是“创新牌”，走的是“环保路”，公司正在考虑市场拓展，有极强的对外投资意向。龙陵县区位优势明显、位于云南通往缅甸、印度等南亚、东南亚的重要交通节点，与跃迪集团进军南亚、东南亚市场的战略相吻合。

从 2014 年到 2015 年 8 月，龙陵县委、县政府与跃迪集团在第三届南博会正式签约，再到 2015 年 11 月 2 日项目落地开工，历时一年半的招商工作，大连理工大学三位挂职干部接续努力，一茬接着一茬干，凭着咬定青山不放松的韧劲，先后 20 余次往返于河北、大连、龙陵三地，向企业反复宣传、跟踪反馈、全方位服务。

挂职干部与龙陵县领导一起，积极争取保山市委、市政府的支持，保山市委书记亲自带领队赴跃迪集团进行考察洽谈。正是凭着招商工作中实实在在的真情和实实际际的服务，最终促成了这段美好的“姻缘”——日产 300

万Ah动力锂离子电池生产及配套项目和年产2万辆电动客车生产线建设项目。

两个项目都属于新型战略产业，被列入云南省2016年“四个一百”重点建设项目计划和“稳增长、调结构”重点扶持项目，以及保山市“一带一路”重点建设项目。项目预计总投资45亿元，建成投产后，年产值达140亿元，为当地提供就业岗位7000个。该项目的落地是龙陵工业发展史上的重要里程碑，标志着龙陵新型工业化进程步入了一个新的起点，是龙陵工业经济转型升级的重要载体，是龙陵打造保山市工业经济新增长极的重要支撑，是龙陵早日实现脱贫摘帽的重要引擎。

在加快硅工业转型升级方面，在挂职干部的努力下，也取得突破性进展。一直以来硅产业作为龙陵工业的重要组成部分，在全县经济社会发展中占有举足轻重的地位，2014年全县共生产工业硅12万吨，实现产值15亿元，占全县工业总产值的21.5%，实现税收7425万元。但多年来龙陵县硅产业总体仍处于高耗能、低效益、粗放型的低端发展水平，如何实现硅产业的转型升级，成了龙陵县委、县政府的头等大事。

通过挂职干部的经过努力，终于寻找到校友企业——西安隆基硅材料有限公司（以下简称西安隆基）。西安隆基是全球最大的单晶硅光伏产品制造商，是全球新能源企业500强，全国电子材料行业50强企业。西安隆基看中龙陵的硅工业基础和清洁优惠的水电资源，而龙陵又需要通过引进西安隆基这样有技术、有实力的企业，带动实现工业硅、多晶硅、单晶硅、光伏组件、光伏发电的全产业链转型升级。

为了对接双方需求、加强沟通协商，通过反复沟通、反复协调、反复争取的情况下，招商引资工作不断推进，成效一步步显现。经过积极协调，2016年3月12日云南省政府与西安隆基正式签订了建设千亿级单晶光伏产业集群战略合作框架协议，西安隆基将在云南建立涵盖“多晶硅料－单晶硅棒/硅片－单晶硅电池组件－特色农业光伏电站”的全产业链，以及具有国际领先水平的单晶硅棒硅片国家级科研中心和博士工作站、高效单晶电池和组件科研中心、特色应用试验基地等，在云南省打造一流技术水平的产业基地。

经过努力，2016年6月7日，保山市与西安隆基签订年产5GW单晶硅棒项目投资意向协议，确定在保山市工贸园区龙陵硅产业园建设项目总投资40亿元，投产后年销售收入33亿元、税收2.6亿元，提供2650就业岗位。这是“招商引资+扶贫开发”帮扶新模式在精准扶贫新要求下取得的重大胜利，必将为龙陵打赢脱贫攻坚战，实现跨越式发展起到重要推动作用。

四、精准脱贫，一路前行

习近平总书记在中央扶贫开发工作会议上指出，脱贫攻坚要坚持精准扶贫、精准脱贫，重在提高脱贫攻坚成效；在河北阜平县考察扶贫开发工作时指出，贫困地区发展要靠内生动力，内在活力不行，劳动力不能回流，没有经济上的持续来源，这个地方下一步的发展还是有问题。一个地方必须有产业，有劳动力，内外结合才能发展。最后还是要靠自己养活自己。

大连理工大学“招商引资 + 扶贫开发”精准扶贫新模式，就是紧紧扭住贫困地区产业发展落后这个牛鼻子，精准施策——充分挖掘校友资源、聚集招商引资产业项目；倾心帮扶——学校上下一盘棋、挂职干部一茬接着一茬干，真正实现了“输血式扶贫”向“造血式扶贫”的转变。大连理工大学是中国共产党为迎接全国解放后经济和文化建设的需要而创办的第一所正规大学，建校 67 年来学校秉承“海纳百川、自强不息、厚德笃学、知行合一”的精神，以培养精英人才、促进科技进步、传承优秀文化、引领社会风尚为宗旨，勇于担当社会责任，服务国家，造福人类。当前脱贫攻坚战的冲锋号已经吹响，学校将按照中央的安排部署，发挥优势、整合资源、创新方法，为打赢脱贫攻坚战做出应有的贡献。

（琚婷婷整理）

多措并举重实效　积极脱贫促发展

——东北大学

（定点扶贫：云南省昌宁县）

东北大学是一所具有爱国主义光荣传统的大学，办学90多年来，始终坚持与国家发展和民族复兴同向同行，始终坚持与国民经济社会发展同频共振。在“到2020年全面建成小康社会”目标的指引下，东北大学承担起定点帮扶云南省保山市昌宁县的使命，这既是党和国家安排的光荣政治任务，更是东北大学服务国家战略需求的重要社会责任。自定点帮扶工作开展以来，东北大学以高度的政治责任感和使命感，发挥自身优势、注重工作实效，多措并举、扎实推进定点帮扶工作，积极探索高校定点扶贫工作的有效模式，为服务昌宁经济社会发展做出了积极贡献。

一、加强组织领导，做好顶层设计，科学谋划出实招

（一）领导重视，健全机构，认真部署

东北大学高度重视定点扶贫工作，学校将定点扶贫工作作为一项政治任务列入议事日程。为加强对定点扶贫工作的组织领导，专门成立了“东北大学定点扶贫工作领导小组”，由校长和党委书记任双组长，全校各有关部门的负责同志为成员。学校扶贫办公室挂靠在校长办公室，负责定点扶贫工作的具体组织实施。学校通过党委常委会、定点扶贫工作领导小组会等不定期研究定点扶贫工作，统一思想、提高认识，传达国家扶贫工作会议、文件精神，对定点帮扶工作进行安排部署。

（二）建立机制，交流互访，紧密融合

2013年以来，学校与保山市及保山市昌宁县建立了交流互访的工作机制。三年来，学校领导、相关部门的负责同志以及学校专家学者，亲赴昌宁考察调研近20次。他们翻山越岭，深入企业、学校、茶园、田间开展实地考察、调研、座谈，掌握第一手资料，深入了解当地实际需求，全面理清了开展定点帮扶的基本思路。时任保山市、保山市昌宁县的市县领导，先后4次带队来北京科技大学访问，与学校领导及有关部门座谈，共商昌宁地区脱贫致富的发展大计。校县双方的无缝对接，积极促进了东北大学办学优势资源与昌

宁实际需求的紧密融合，为有针对性地开展帮扶奠定了坚实基础。

（三）结合实际，找准定位，科学谋划

在充分调研的基础上，学校根据昌宁的实际需求，结合自身优势，统筹制定了《东北大学定点扶贫云南省保山市昌宁县工作规划（2013—2020年）》，明确了定点帮扶工作的总体目标和工作思路；2013—2015年，学校坚持每年制定切实可行的定点扶贫工作计划，以此为依据抓落实、求实效；学校与昌宁县人民政府签署了《东北大学昌宁县对口帮扶暨合作发展框架协议书》，细化了在人才、教育、科技、文化等方面开展工作的具体措施，着力发挥科技知识与优秀人才对地方脱贫致富的拉动作用，努力解决地方需求最迫切、群众关心最直接的实际问题，促进当地经济社会发展。

（四）注重宣传，落实经费，保障实施

学校积极通过校内媒体、校友平台等渠道宣传定点扶贫。一方面利用“扶贫日”等时机，面向广大干部和青年学生开展国情教育，倡导广大师生心系贫困地区，立足实际、力所能及地服务贫困地区的发展；另一方面，积极宣传昌宁的自然资源、风土人情和产业项目，组织校友企业家到昌宁实地考察，鼓励校友企业家到昌宁投资兴业，目前一批合作项目正在论证洽谈中。为确保定点扶贫工作顺利实施，学校设立了扶贫工作专项经费，每年预算经费100万元，保障帮扶工作的开展。学校还通过项目申报等形式，积极获取经费支持，努力改善昌宁地区的基础教育相关设施。

二、结合地方需求，发挥自身优势，全力帮扶求实效

（一）以教育帮扶为途径，精准滴灌夯基础

扶贫工作重在精准、难在精准。教育帮扶是断掉穷根、开掘富源的重要基础。学校在吃透当地情况的基础上，以教育帮扶为有效途径，精准滴灌、对症下药，努力提升当地群众的思想观念和受教育水平，为脱贫致富奠定思想文化基础。2014年7月、2015年8月，学校先后派出两批研究生支教团各6名志愿者，到昌宁开展为期1年的义务支教服务。他们除完成正常的教学工作外，充分发挥自身优势，在普通话推广、昌宁旅游宣传、学生励志教育等方面做了大量工作。特别是计算机专业的学生，还利用业余时间精心准备了“互联网+”和电商的课件，在农闲时到乡镇巡回宣讲，普及互联网知识，指导村民创建微商，帮助农民增收致富。2013年以来，学校每年组织优秀学生赴昌宁开展暑期社会实践活动，学生们深入村寨，开展禁毒防艾、养老医疗保险等方面的宣传，调查留守儿童家庭，对留守儿童进行课业辅导。学校把昌宁职校确定为东北大学大学生社会实践基地、东北大学创新创业基地；把昌宁一中确定为东北大学优质生源基地，为昌宁考生通过自主招生等渠道报考东

北大学提供政策倾斜，努力为昌宁地区孩子们接受优质教育的创造机会和条件。

（二）以智力帮扶为纽带，拓宽思路转观念

2013年起，东北大学每年派出1名干部到昌宁挂职，督促帮扶项目的实施，服务昌宁教育和地方经济发展。目前，已经先后派出3名干部到昌宁挂职任副县长，2015年还派出1名干部到昌宁县卡斯镇大塘村挂职任第一书记。挂职干部牢记使命担当和学校的嘱托，立足挂职岗位，积极打通联系服务群众的“最后一公里”，经常性入户走访，宣传党的扶贫开发以及强农惠农富农政策，帮助地方贫困群众谋划脱贫思路，联系开发项目，积极服务地方脱贫发展的实际需求。昌宁县地处滇西山地的农业县，二、三产业不发达，由于地理位置、山区特点等原因，限制了昌宁的发展。学校充分发挥“人才培养、科技转化、文化引领、社会服务”等方面的优势，组织专家组、博士服务团赴昌宁开展调研考察，为地方各项事业的发展出谋划策，为昌宁经济社会发展把脉，帮助昌宁县解决在发展过程中遇到的问题。2013年以来，学校坚持每年举办昌宁县党政干部培训班和各类专题讲座，内容涵盖“产业园区规划理论与实践、产业集群发展与治理、招商引资以及低碳经济与节能减排等”“发展碰撞博弈——中国国家安全问题分析”“转型中的城乡规划——从国家新型城镇化谈起”等方面，昌宁县500余名副科级以上干部参加学习培训，有效拓宽了广大干部服务县域经济发展、加快脱贫致富的视野和思路。2015年9月、10月，昌宁先后发生了泥石流、地震自然灾害。灾害发生后，学校第一时间向县委、县政府发去慰问信，派驻干部和研究生支教团成员不怕辛苦、深入一线，协助组织开展救灾工作。

（三）以项目帮扶为抓手，改善条件促发展

东北大学始终心系昌宁、关心昌宁，特别是针对昌宁薄弱的教育基础设施，多方协调争取，使得一批项目得以落地建设。三年来，争取到教育基金会“润雨计划”项目，落实漭水镇大山头小学等3个校点改造修缮资金35万元；争取到教育部修购计划项目对昌宁一中等5所中小学进行改造，帮助解决教学楼修缮资金240多万元；东北大学捐赠教学电脑100台，价值62万余元，帮助装备了3所小学信息化课堂。为拓宽教育帮扶渠道，经教育部备案，云南省教育厅批准，东北大学在昌宁职业技术学校设立“东北大学网络教育昌宁学习中心”。2015年8月，该中心正式挂牌成立并开始招生。东北大学专门列支专项经费近50万元，为昌宁职校援建了一间远程教育多媒体教室，对教室进行了现代化设计装修，并配备一整套现代化的多媒体设备（电脑、桌椅48台套，以及授课中端、服务器、投影仪、大屏幕电视、空调、白板等）。学校旨在通过援建该多媒体教室，在改善昌宁职校基本教学条件的同时，使

其既成为东大与昌宁职校开展网络教育合作办学的重要平台，同时也成为昌宁地区开展远程教育培训工作的有效载体，在提高昌宁职业教育水平、提升全县干部群众整体文化素质方面发挥实实在在的作用。

（四）以文化帮扶为载体，宣传推介树品牌

昌宁有着深厚的民族文化底蕴、丰富的旅游资源和优良的茶产业基地，但受地域偏远、宣传不到位等因素影响，其品牌形象、品牌价值的优势并未充分显现。东北大学以文化宣传为有效载体，发挥自身优势，通过各种渠道帮助昌宁积极开展宣传推介、打造品牌。一方面，学校推进茶文化和少数民族文化进校园活动，宣传推广昌宁“千年茶乡”的品牌。另一方面，充分利用校友资源以及学校 90 周年校庆的契机，促进“昌宁红”（红茶）品牌的推广宣传，并向广大校友企业家宣传推介昌宁，鼓励其到昌宁投资兴业。此外，学校还积极发挥产业经营的优势，将昌宁红茶确定为“东北大学国际学术交流中心”指定用茶，2015 年全年采购茶叶价值 8 万余元，并在包装上标明为东北大学定点扶贫推介项目，以宣传扩大昌宁的社会影响力和知名度。

在教育部的正确领导和精心指导下，在云南省及保山市的大力支持和昌宁县的密切配合下，东北大学与昌宁县的定点帮扶工作取得积极成效。“十三五”时期，学校将继续认真贯彻中央和教育部关于直属高校定点扶贫工作的指示精神，学习借鉴兄弟高校的有益经验，按照“六个精准”的要求，以更大的决心、更明确的思路、更精准的举措、超常规的力度，扎实推进定点帮扶工作，不断创新定点扶贫工作的方法和途径，不断激发昌宁当地发展的内生动力，积极促进地方经济社会发展，为实现昌宁早日脱贫致富的目标做出更大贡献。

（董云云整理）

“一轴两带”兴乡 青山绿水富村

——辽宁石油化工大学

（定点扶贫：辽宁省清原县大苏河乡）

按照辽宁省统一部署，辽宁石油化工大学对口联系抚顺市清原县大苏河乡，定点扶贫南天门村。学校党委高度重视扶贫工作，成立精准扶贫“一对一”帮扶领导小组，制定《辽宁石 油化工大学精准扶贫工作实施方案》，派出驻村工作队，从科技扶贫、扶贫助困、扶贫助业、扶贫助医、扶贫助学等五个方面实施“一对一”精准扶贫。学校在13个二级学院、8个机关处室党组织与21家贫困户实现 “一对一”精准扶贫对接的基础上，充分发挥人才和学科专业优势，将经济、旅游管理等学科专业群与受援地区的特色旅游产业链相对接，帮助扶贫点抚顺市清原县大苏河乡制定了“一轴两带”生态旅游发展规划，促进了当地生态旅游产业的转型升级，使贫困村既留得住绿水青山、系得住乡愁，又在不断发展壮大乡村集体经济的过程中，实现贫困户稳定增收。

一、项目背景

高校扶贫的优势在教育和科技，科技扶贫的关键是让贫困户富裕实现“造血”功能，走向可持续发展的新路子。辽宁石油化工大学因地制宜派出经济、旅游管理专业的专家教授组成项目论证小组，多次深入大苏河乡和南天门实地考察调研，与乡、村两级两委班子成员多次座谈交流。根据当地传统产业创新能力不强，新兴产业竞争力尚未形成；现代服务业发展滞后，美丽乡村建设和山水旅游资源没有得到充分开发利用的特点，提出了围绕区域自然生态，开发青山绿水，打造乡村生态特色旅游旅项目（“一轴两带”）的设想。

一轴是指“红河水系发展轴”，两带是指“南天门疗养度假带”和“沙河子休闲娱乐带”。通过“红河水系发展轴”串联沁潭（或净心潭、碧水潭）、通天峡（或镜水溪、柳叶峡），并依次链接“南天门休闲养生带”和“沙河子度假娱乐带”。通过“一轴两带”的格局，建设山水相依，功能均衡，分工明确，优势互补，共同发展的新型一体化旅游产业区，将美丽乡村与生态养生联系在一起共同开发，形成一个全域化旅游及城乡同步发展大格局。

二、项目规划与实施

学校为项目制定了四步走的发展战略。第一步，抓住优势、突出特色的错位发展战略——寻找各个乡村的特点及优势、包括山水美景、种植景观、村落建筑、传统特色村落美食、瓜果蔬菜及美食的生态养生，形成处处有特色、四季都精彩的格局。同时，按照不同层次的消费群体制定各个档次的休闲生态养生产品。第二步，政策引导支持、市场运作的管理运营战略——通过政府主导搭台、村民自愿合作入股，招商引资运营。同时，不断加大扶持力度，让农业、旅游业、生态养生产业共同协作，政府、企业、村落共同推进。第三步，资源整合、精品带动的资源开发战略——田园风光、历史人文景观、风景区整合开发，实现“生态旅游＋养身旅游＋乡村旅游→静心养生＋休闲娱乐”，通过知名资源的整合带动开发系列产品。第四步，形象打造、全域推进市场开拓战略——全域规划推进，凸显村落文化所表现出来的满乡特色和文化底蕴，保护村落质朴民风、保持田园休闲生活，将村落与邻近知名旅游资源打包构建、做到不冲突、不遮蔽、共发展，打造大苏河“全域化” 生态养生旅游与美丽乡村共建新景象。

为了使项目落地并有序发展，辽宁石油化工大学重点开展了以下五个方面的工作：

（一）理清思路，瞄准致贫原因和脱贫出路调研

按照扶贫工作要求，辽宁石油化工大学校领导带队，召集经济系、旅游系、管理系等专业教师分三个专题进行调研，了解乡情、民意，分析贫困现状，找出大苏河乡经济发展缓慢的症结。通过制定《大苏河乡龙岗山生态旅游规划方案》、《南天门村生态旅游规划方案》进一步明晰了全乡经济发展的思路，特别明确提出了“以扶贫开发统揽农村工作全局，以整村推进、连片开发为突破口，按照政府引导、社会资金参与、科学规划、因村制宜、全面推进”的总体要求，逐步把贫困村建设成“环境优美、生态协调、村民富足、文明进步、和谐稳定的社会主义新农村”的扶贫工作思路。

（二）宣传鼓动，调动村民支持参与生态旅游开发的积极性

为了使“生态旅游强乡、全员参与富民”的理念做到家喻户晓，人人皆知，以取得乡村群众的积极参与和支持，辽宁石油化工大学驻村工作队始终把宣传动员工作贯彻于试点工作全过程，不断加大宣传动员工作力度，利用会议、广播、公告、标语、宣传橱窗等形式，普遍开展了多途径和全方位、覆盖率高、频率快的宣传活动。同时，与清原县扶贫办协作，抽调专人负责包村宣传动员，通过召开群众会议、广播宣传、上门入户等形式，大力宣传生态旅游工作，使试点村群众对生态旅游的作用和意义有了明确的认识和深入的了解，形成了群众人人参与环境保护、全员参与发展生态旅游的良好氛围，促进试点工

作的顺利开展。

（三）制订计划，统筹生态旅游和特色农产品项目开发

在扶贫开发计划中，充分发挥大苏河乡依山傍水的资源优势，引导贫困村利用本地自然资源和交通优势，盘活集体资产，发展乡村生态旅游等非农产业，增加农民收入，从“输血式”扶贫向“造血式”扶贫转变。工作的着力点始终在 “发展休闲农业生态旅游与培育和发展大苏河乡地方特色农产品产业项目相结合”的产业化帮扶上，将扶贫资金运用与资源开发及市场化运作相结合，以扩大扶贫的规模效应，提高贫困群众收入水平。

（四）多措并举，构建多元化的扶贫融资渠道

在扶贫计划的实施中，大量资金需求与投入相对不足的矛盾十分突出。大苏河乡村民自筹能力低，清原县地方财政配套能力不足，仅仅依靠有限的财政扶贫资金难以在短期内解决贫困问题。学校与县乡村多方协调，构建了四层次的扶贫融资渠道：一是引入社会资金投资，引入两家公司投资沙河子满族村寨和南天门关东大院，建立了沙河子度假服务区、沈水湾养生主题公园、抗联遗址景观栈道等一批项目，全力促进生态旅游开发；二是与抚顺银行合作，通过申请妇女创业小额贷款、创业基金贷款等方式，扶持农户种植特色农产品，扩大规模化生产和经营，并以生态旅游的发展带动特色农产品的销售；三是积极申请辽宁省农村信用社信贷资金，打造以乡村生态旅游为基础的大苏河乡农产品物流体系。四是学校每年拿出 40 万的专项扶持资金投入项目的运行和发展。

（五）加强组织领导，实施科学的扶贫考核考评制度

对于大苏河乡的扶贫工作，学校领导十分重视，主要领导亲自部署、亲自监督。成立了以书记、校长为第一责任人，机关各处室、经济管理学院等 19 个职能部门和二级单位负责同志为成员的扶贫开发工作领导小组，每年至少三次专题研究扶贫工作。密切联系县乡村三级党组织，树立扶贫一盘棋思想，依据扶贫工作总体要求，明确重点，合力攻坚，为大苏河乡村脱贫致富提供了坚强的组织保证。另外，通过与相关扶贫工作责任人签订目标责任书的方式确保扶贫目标任务落到实处。制定了科学的扶贫工作考核办法，考评结果纳入领导干部考核范围，对推进扶贫开发工作促进很大，激发了扶贫工作的生机与活力。

三、项目成效

在多方的共同努力下，一批主打项目相继建成并投入运营，取得了初步效益。定点帮扶乡成为远近闻名的旅游胜地，定点扶贫村被农业部、国家旅游局评为全国休闲农业与乡村旅游示范点，学校连续 6 年被评为辽宁省扶贫

工作先进单位。

（一）沙河子休闲娱乐带投入运营吸引八方游客

2015 年，沙河子休闲娱乐带投入运营，当年创收 500 余万元。沙河子满族民寨主打满族民俗特色，将满族餐饮习俗融入整个村落。如今的沙河子村，夏漂流、冬滑雪，住农家院、品农家菜，睡农家热炕头，看满族民俗表演，坐马拉爬犁、开雪地摩托、骑冰车等，吸引了大量游客。

沙河子满族民寨开展民俗旅游

（二）南天门休闲度假带建设初具规模前景美好

2015 年以来，根据南天门村自然风光秀美，生态环境优雅，区域内河道宽阔，水流缓慢和拥有多座水库的地域条件，由乡政府主导修建了 2 公里观光栈道，将闲置民房改建成农家乐大院，招商引资进清原熙龙岗文化传媒有限公司，通过合作入股、优先聘用贫困户村民等途径，建起了关东大家庭农家乐大院。2015 年 12 月，该公司在南天门村举办了盛大的开业典礼，并筹办了首届冰雪节娱乐项目，吸引了抚顺、沈阳、铁岭等周边市民前来小住。另外在南天门后山修建了血盟军旧址和抗战窝棚等景点，致力打造“静山、静

关东大家庭农家乐大院开业仪式

水、静心”养生基地和红色革命教育基地，开发适合中老年小憩和儿童嬉水娱乐项目。相关配套设备和基础建设正在加紧推进建设中，相信不久的将来，南天门休闲度假带会像沙河子满族风情寨一样，吸引八方游客前来。

（三）农民收入逐年提升，乡财政收入大幅增长

生态旅游产业的兴起和发展，富裕了村民的钱袋子，也使乡财政收入大幅提升。在“十二五”末，全乡地区生产总值实现6.6亿元，其中第一产业增加值0.99亿元，第二产业增加值3.26亿元，第三产业增加值2.36亿元。完成全乡财政收入2897万元，比“十一五”末增长252 %，农村居民人均可支配收入11001元，比“十一五”末增加67.9%。全乡粮食总产量0.551万吨，招商引资完成6.75亿元。

（四）南天门村被评为全国休闲农业乡村旅游示范点

2015年11月，农业部、国家旅游局联合发出《农业办公厅、国家旅游局办公厅关于开展2015年全国休闲农业与乡村旅游示范县、示范点创建工作的通知》（农办加〔2015〕5号），经过地方部门审核和专家评审，南天门村被评为全国休闲农业乡村旅游示范点之一。这更进一步激发了学校和当地政府致力于把南天门村打造成生态、宜居、养老好地方的决心和信心。

四、经验启示

辽宁石油化工大学旅游扶贫的经验可以归结为以下三个方面：

（一）变“输血”为“造血”，乡村经济实现可持续发展

对于定点帮扶的贫困乡村，多数单位的做法是给钱给物、临时救济。这种“输血”式扶贫模式的优点是见效快，但最大的缺陷是无法彻底铲除贫困根源，一旦停止经济援助，贫困户很快就会返贫。辽宁石油化工大学的科技

建设中的沈水湾养生主题乐园和漂流景点

扶贫模式采用的是“造血”模式，即把生态旅游开发和特色农产品产业结合起来作为“脱贫产业”和“富民产业”来抓，变单纯“输血式”扶贫为“造血式”扶贫，每个贫困农户都可以参与其中并受益，形成了帮助贫困家庭脱贫致富的长效机制。

（二）变“被动”为“主动”，村民入股分红尝到甜头

过去我们搞扶贫开发，往往是政府部门指定项目，干部指挥甚至强迫农民去干，非但效果难如人意，部分农民还会误认为扶贫就是政府部门的事，与自己无关。辽宁石油化工大学扶贫取得成功的一个重要原因在于扶贫过程中尊重农民的主体地位，不搞“拉郎配”，通过充分宣传动员调动农民积极性，使得贫困农户自觉自愿参与特色农产品开发和生产过程当中来。村民的积极有了，再通过村集体资源入股、个人承包田地入股、融资入股和合作社经营等方式，让贫困户在得到劳动力报酬的同时，享受到入股分红、福利分红等甜头，自觉种好自己的“一亩三分地”，投身到生态旅游项目中，由过去的被动扶贫，发展到贫困户自觉自愿地主动积极脱贫。

（三）变“给钱”为“融资”，吸引社会资本参与获“共赢”

“政府主导、社会参与、自力更生、开发扶贫”是中国扶贫的特色。辽宁石油化工大学和政府联手“搭台”，在扶贫过程中恰当地借助社会资本搭建起生态旅游开发与特色农产品生产项目相结合的平台，既解决了资金不足的问题，又解决了贫困户就业的问题，还促进了当地特色农产品的外销，增加了乡政府的财政收入，实现了诸多联方的合作“共赢”。

辽宁石油化工大学利用人才和学科资源优势，打破传统思维定式，遵循大苏河乡的比较优势和资源禀赋，结合市场机制创新出了一条立足生态保护与经济发展相和谐的脱贫路子。未来的扶贫工作辽宁石油化工大学将充分利用大苏河乡良好自然环境和丰厚的民族文化发展壮大乡村生态旅游等方面，在实践中不断总结完善，紧跟市场和民众需求调整方式，合理增减项目，切实让青山绿水成为村民富裕的“绿色银行”。

（陈忠言整理）

扶贫开发全面推进　村落脱贫攻坚有效

——吉林建筑大学

（定点扶贫：吉林省通榆县鸿兴镇鸿兴村）

长期以来，吉林建筑大学（以下简称：吉林建大）为深入贯彻党的十八大精神和十八届三中、四中、五中全会精神，坚决落实中央扶贫开发工作会议要求和《中国农村扶贫开发纲要（2011—2020 年）》，按照国务院办公厅《转发教育部等部门关于实施教育扶贫工程意见的通知》、《吉林省 2014-2020 年干部驻村帮扶工作实施方案》等文件要求，始终把服务地方经济建设和社会发展作为重要责任，把帮扶贫困地区脱贫致富作为重大政治任务来抓，在对吉林省通榆县鸿兴镇鸿兴村的定点帮扶工作中，积极发挥建筑大学特色和优势，扶贫开发工作成效显著。

一、高度重视、科学谋划，定点扶贫工作思路明确

1. 加强组织领导，确保扶贫工作全面实施

学校专门成立了定点扶贫工作领导小组，并根据学校自身优势和脱贫帮扶工作内容成立了产业开发、致富技能培训等多个专项工作小组，全面推进和落实定点扶贫工作，为扶贫攻坚行动提供坚强的组织保障。2014 年 9 月，学校抽调 3 名骨干教师组建了驻村帮扶工作队，确保完成各项目标任务。2015 年 7 月，学校再次选派了 2 名优秀干部到鸿兴镇担任村第一书记，加强基层党组织建设。三年来，累计 50 余名专家教师、200 余名学生到鸿兴村开展各类扶贫工作。

2. 科学规划方案，确保扶贫工作深入开展

为更加高效地完成扶贫工作任务，学校相关领导多次深入定点扶贫地区开展调研，详细了解当地的人口、经济、贫困现状等相关情况，并就村镇自然资源优势、区域经济发展特点、产业发展基础等问题展开了深入考查，重点了解了当地村镇对实施定点扶贫工作的期望和需求。针对村落具体贫困问题，科学制定扶贫工作方案，明确了以加强基层组织建设为主线，以教育扶贫、专业扶贫和人才扶贫为扶贫攻坚的优先任务，以加强基本建设、优化产业发展、提高人民群众基本文化素质和劳动者技术技能为重点，以“经济发展水平显

著提高，生态环境和村容村貌明显改善，素质技能和村风文明程度明显提升”为目标，发挥学校教育资源特色、专业人才优势和网络等科技前沿技术，坚持“造血”与“输血”相结合原则的工作思路，坚持 “工作到村、扶贫到户、责任到人”工作作风，创新工作举措，积极推进教育强民、技能富民、就业安民，环境宜民，为推进鸿兴村全面脱贫，建成小康社会奠定坚实基础。

3. 加强制度建设，确保扶贫工作规范有序

学校党政主要领导多次组织召开专题会议研究扶贫工作，落实相关部门制定了《吉林建筑大学扶贫工作实施意见》、《吉林建筑大学 2014--2017 年定点扶贫工作实施方案》、《吉林建筑大学驻村扶贫工作队职责》等文件制度，使定点扶贫工作有条不紊推进。

二、突出特色、措施有力，定点扶贫工作扎实深入

吉林建筑大学在定点扶贫通榆县鸿兴村工作过程中，围绕扶贫目标，重点突出教育扶贫和专业人才扶贫，取得显著效果。

1. 发挥教育资源优势，提高教育扶贫力度，教育扶贫以人为本

（1）深入调查研究，提高教育扶贫科学化水平。驻村工作队和第一书记通过深入村屯走访村民，与他们交朋友、拉家常，摸清鸿兴村基本情况；通过座谈访谈、到村民家实地查看等方式，了解村民的实际需求。学校多次召开专题会议听取汇报，组织专家现场论证，结合学校实际，制定教育扶贫方案。

（2）加强村党支部建设，提高服务村民能力。学校选派政治素质好，理论功底深，专业知识渊博，责任心强的同志到鸿兴村担任第一书记。第一书记林铓同志深知自己担负着扶贫开发的第一责任和村级党建的第一使命。到村后第一件事就是抓党建促脱贫，积极沟通鸿兴镇党委、政府，加强鸿兴村党支部建设，组织班子集体学习、辅导培训，增强了班子的战斗力、凝聚力、号召力、公信力；积极完善村各项规章制度，推进党务、政务公开，加强村干部辅导培训，提高村干部整体素质和致富能动性；用先进文化引领人，发挥专业技术优势，为村民辅导建筑技术知识，积极推进村民指导村民住房及设施升级改造：改厕、改圈、改厨、改灶，完善功能、美化环境，等到了村民的一致好评。

（3）捐建科技图书阅览室，拓展教育扶贫渠道。几年来，由学校组织部、驻村帮扶工作队和图书馆牵头，通过学校出资采购、各基层党组织捐赠等方式，为鸿兴村捐赠农业科技、新农村建设、农村产业实用技术、儿童读物和人文素质等方面的书籍5000余册，建立了鸿兴村科技图书阅览室。开拓了村民视野，扩展了实用技能知识和致富技能，提高了村民基本文化素质。

（4）开展相关专业技能培训，拓宽就业渠道。发挥学校教育资源优势，

组建讲师团传授知识和技能。一是组建农业技术培训团，约请农业大学农学专家到鸿兴村讲授农业种植养殖技术；组建建筑技术培训团，组织本校专家学者赴鸿兴村传授建筑知识、建筑施工技术和安全施工常识等；组建法制宣传团，指派思想政治教研部组织教师进行法制宣传和环保宣传，增强法律意识和科学发展观念。几年来，学校先后组织四批讲师团，共有 16 位专家学者赴鸿兴村培训，村民 600 余人次接受了培训，拓展了实用技能，增强了就业能力。学校还通过多种渠道，向校友推荐鸿兴村村民到他们的建筑企业务工，共提供务工岗位 50 余个。

（5）搭建“一帮一”结对帮扶平台，扶贫到户。学校按照扶贫到户、责任到人原则，由党委组织部牵头，遴选机关党委 9 个支部和马克思主义学院党委等 7 个基层党委共 16 个党组织与鸿兴村 16 户特困户结成了对子，实行一对一帮扶。重点帮扶贫困户找出贫困源头、病根，对有劳动能力的，从思想上淡化贫困意识，培训他们就业技能，推荐就业岗位，谋划致富出路，争取早日脱贫。对没有劳动能力的，提供一定的生活资助。

（6）实施“教育亮化工程”，助力基础教育发展。鸿兴村小学至村主街近 2000 米路段多年无路灯，小学生早晚上下学极不安全，困扰了村民多年。学校得知这一情况，积极协调投入资金近 40 万，购置太阳能路灯 40 盏，派专车、专人送到鸿兴村，调试安装到位，并与厂家签订质保合同，确保路灯能长期使用。路灯的安装使用，极大地改善了鸿兴村的基础设施建设和基础教育条件，照亮了孩子求学路的同时，也照亮了人心，吉林建大的驻村扶贫工作也受到当地干部群众的一致好评。

（7）开展关爱留守儿童志愿服务活动，扶贫必扶智。“让贫困地区每一个孩子都能接受良好教育，实现德智体美全面发展，成为社会有用之才”是吉林建大的责任。近年来，学校团委共组织 8 支团队、共 200 余名师生到鸿兴村，开展关爱留守儿童志愿服务活动。师生为留守儿童进行各类学习辅导、绘画等业余爱好指导，捐赠书籍等。丰富了留守儿童业余生活，指明了健康成长方向，也慰藉了他们外出打工的父母思子之心、思乡之情，能够安心工作，早日实现共同富裕。在开展关爱留守儿童教育活动的同时，大学生们也接受了来自农村的实践教育。

2. 发挥专业人才优势，拓展专业扶贫领域，专业扶贫彰显特色

（1）编制村庄总体规划，统筹美丽中国建设。因鸿兴村庄规划多年没有编修，已制约村整体发展方向。应鸿兴镇委托，学校指定建筑与规划学院和测绘与勘察学院牵头，组建专业教师“鸿兴村规划设计服务团”，于 2015 年 8 月为鸿兴村编制村庄总体规划，按照“生产发展、生活宽裕、乡风文明、村容整洁、管理民主”的要求，以建设小康、文明、生态、和谐的美丽乡村为目标，

协调推进鸿兴村经济建设、文化建设、社会建设、生态建设，促进经济、生态和社会持续健康发展。规划坚持以人为本原则，村庄规划广泛听取村民意见，真正反映民意。同时，规划充分体现以人为本的发展理念，实现人与自然、人与社会的和谐。与此同时，应通榆县相关部门邀请，“规划设计服务团”还于 2015 年 9 月参与了通榆县总体规划设计研究，为通榆县统筹推进新型城镇化建设和经济发展献计献策。

（2）指导村庄环境整治，建设美丽乡村。选派专业教师组建团队，配合第一书记以加强环境整治为重点，指导村民住房及设施升级改造：改厕、改圈、改厨、改灶，完善功能、美化环境。

（3）保护农村传统民居，传承乡村建筑文化。鸿兴村目前还保留着部分建国初期的建筑形态，土坯房、木质结构的房屋依然存在，是不可多得的中国东北传统式民居聚集地，具有一定的保存价值。学校于 2015 年 8 月组织相关历史建筑保护方面的专家和学生专门到鸿兴村搜集具有代表性的民居，进行了建筑测绘，提出了民居保护措施和方案，为鸿兴村建筑文化传承和保留历史厚重感做出了贡献。

（4）营建村民服务站，改善服务村民环境。校将进一步加强鸿兴村基层服务型党组织阵地建设，改善服务村民环境，解决村民业余文化生活和学习的场所需求，拟捐建鸿兴村村民服务站。村民服务站拟建总建筑面积 350 平方米。包括综合服务大厅、党群活动室、村民议事厅、图书阅览室、文体活动室、计生卫生室、日间照料室等功能用房。服务站占地 2000 平方米，配套建设村民广场，总投资近 80 万元。

目前村民服务站设计方案已基本定稿。学校指派驻鸿兴村的第一书记林铓老师进行方案设计，学校设计院进行施工图设计。设计以社会主义新农村建设为目标，坚持从鸿兴村的实际所需出发，紧紧围绕“以为村民服务为本、加强基层组织阵地建设，改善服务村民环境”的设计理念，凝练地域传统建筑文化特色，体现本土风貌。设计把握“经济、适应、安全、美观”的总体原则。符合国家和省有关节约资源、抗御自然灾害的规定和推广新技术、新材料的要求；兼顾当地的经济发展状况和风俗习惯。将鸿兴村村民服务站设计成为当地村民服务站建设的样板。

三、倾心尽力、务求实效，定点扶贫工作成果显著

吉林建筑大学定点扶贫工作在省委省政府、省委组织部、发改委、教育厅等部门的指导下，在通榆县委县政府的配合支持下，在全体扶贫部门和扶贫干部的共同努力下，取得了明显成效。

（1）鸿兴村村级组织凝聚力战斗力明显提高，带头致富能力和服务村民能力明显增强。“三委”干部队伍风清气正，共同富裕奔小康劲头十足。

（2）鸿兴村基础设施建设明显改善，村容村貌明显改观。亮化工程、村民服务站工程、自来水改造工程、有线电视“户户通”工程，泥草房改造整村推进工程基本完成，美丽乡村建设初见成效。

（3）鸿兴村民思路明显拓宽，自主脱贫意识明显增强。学校扶贫的具体措施和扶贫工作人员的真心付出，对村民教育、引导和培训，得到了村民的认可和响应，使他们看到了发展和成功的机会和希望，自主脱贫意识明显增强。

（4）教育扶贫和专业人才扶贫力度空前，成果显著。村庄规划、留守儿童教育、技能培训、政策宣讲、捐建科技图书阅览室等举措，极大促进了鸿兴村健康快速发展。

2016 年，为深入贯彻落实吉林省扶贫开发工作会议精神，根据《中共吉林省委、吉林省人民政府关于全面推进脱贫攻坚的实施意见》，结合《关于在全省脱贫攻坚战中实施千个单位包村、万名干部包户、百万党员参与帮扶的方案》要求，学校积极做好学校包保的延边州龙井市东盛涌镇勇成村和石井村脱贫攻坚工作，制定了《吉林建筑大学脱贫帮扶工作实施意见》，选派了优秀年轻干部作为驻村第一书记，明确了发展农机合作社、推进特色旅游、编制村庄规划、加强村党组织建设等工作思路，按照吉林省“两不愁、三保障、两平均”的脱贫攻坚目标，充分发挥学校科技知识和优秀人才对地方脱贫致富的核心带动作用，发动全校党员干部，精准扶贫，精准脱贫，到 2018 年圆满完成脱贫攻坚包保任务。

（张翠霞整理）

发挥科技优势　力促特色产业发展

——吉林农业大学

（定点扶贫：吉林省靖宇县花园口镇花园村）

根据《吉林省定点扶贫工作实施方案》精神，吉林农业大学负责靖宇县花园口镇花园村的定点扶贫工作。学校通过调查扶贫对象的实际情况，结合学校所长和花园村实际情况，确定了科技扶贫为措施的扶贫机制，形成相应扶贫的项目。

一、背景介绍

在接到省委、省政府的扶贫任务后，学校高度重视，召开校级研究部署学校扶贫工作会议，经过校长办公会讨论通过，成立扶贫工作领导小组，由校长任领导小组组长，主管科研工作副校长任副组长，由两名处级干部和一名科长担任组员。学校成立扶贫工作专家组，由园艺、中药、畜牧等方面的具有丰富基层农技推广经验的专家组成，负责学校具体扶贫任务工作的实施。

为了进一步调动广大专家及管理人员参与扶贫工作，保证扶贫工作有质、有量，抓出实效，学校创新机制，全面修订《吉林农业大学科教兴农管理办法》，对科教兴农、推广和应用科研成果等做了明确的规定，实行经济上奖励、政治上鼓励、职称上激励的“三励”政策。为精准了解扶贫点的情况，学校组成学校领导、管理人员和专家组成的工作组多次赴花园村实地调研，了解当地自然资源、产业发展、农民实际困难等。

根据学校科教资源优势和花园村基本村情，学校与花园村联合制订《定点扶贫实施方案》，经过多次征求意见，最终确定以科技扶贫为主旨，以人才、教育、科技、文化资源支持为载体，充分发挥科技知识和优秀人才对地方脱贫致富的核心带动作用，全力做好定点扶贫工作，提高扶贫对象自我发展能力，实现脱贫致富扶贫方案。

二、扶贫项目实施效果及推进

按照扶贫方案，学校与花园村通过协调，结合学校的技术优势，决定通过技术支持，发展蓝莓种植、中药材栽培、畜禽养殖三大产业，让花园村发展有产业支持。

（一）开展蓝莓种植技术示范

为让花园村脱贫发展有产业，学校选派园艺学院果树学教授吴林为蓝莓种植首席专家，在花园村开展蓝莓种植技术示范。吴林教授是国内最早从事蓝莓引进、繁育和推广的专家之一，致力于蓝莓优良品种选育和产业化推广工作已有 20 多年经验。现为农业部公益性行业科研专项执行专家、中国园艺学会小浆果分会秘书长。吴林教授为花园村蓝莓产业发展提供公益性技术、市场开发，以及企业运营服务，支持当地企业和农民专业合作社发展，推进农村创新创业。

1．整合资源，协力推进蓝莓产业发展

在吴林教授倡导下，整合和召集国内外蓝莓研究的主要机构，先后成立“吉林省蓝莓研究中心”、“吉林省蓝莓产业化创新团队”，吸纳了包括吉林农业大学、中国农科院特产研究所、东北农业大学、沈阳农业大学、四川农业大学、湖南农业大学、湖北省农科院果茶所、山东理工大学等50余位专家教授，开展蓝莓产业全产业链技术研究，协同创新创业；与波兰华沙农业大学建立合作关系，引进最新的品种、种植技术和加工技术，协力推动吉林省蓝莓产业发展。

2．严谨论证，谋划区域蓝莓产业规划

2015 年，吴林教授争取到“中国园艺学会小浆果分会年会”在吉林省白山地区召开，借助年会契机，举办“长白山蓝莓产业发展论坛”，邀请国内外的权威学者和行业专家，与当地领导和相关部门共同研讨靖宇县蓝莓产业发展规划，针对花园村特点，结合旅游景观资源，设计观光休闲产业发展模式。明确依托长白山旅游资源，以花园口镇、三道湖镇、西南岔镇等乡镇为重点，发展特产农业种植与观光休闲的产业模式，西南岔镇在 2015 年率先起步开始蓝莓产业化种植。

3．带头创业，做给农民看

单纯技术服务，远不如以身作则更有说服力。吴林教授创办吉林省普蓝高科技有限公司，注册资金 1300 余万元，建立了九个产业化种植示范生产基地，种植面积 3000 亩。2015 年普蓝高科携多地成熟的种植技术、选育的优良品种，在长白山地区新建设了两个基地，其中新建基地 240 亩，接收并改造荒废基地 120 亩。两个基地规范的建设、严谨的管理，尤其对荒废基地的改造，良好的蓝莓苗木生长状态让农民直观看到科学的价值、技术的力量，坚定了农民种植蓝莓的信心。在普蓝高科靖宇基地被政府确定为蓝莓种苗繁育基地，并给予基础设施建设的专项支持，使普蓝高科在吉林省蓝莓产业发展过程中发挥了龙头带动作用。

4．技术支持，带领农民干

聘请沈阳农业大学、东北农业大学、湖北省农科院果茶所、吉林农业大学等10余位专家，针对标准化生产、病虫害防治、资源保护利用、栽培技术、物联网可追溯系统建立等方面进行咨询、研讨，聘请专家作为顾问。在花园口镇等地，根据蓝莓种植不同季节对种植技术要求，分别举办“蓝莓丰产栽培技术”、“病虫害防治”、“北方寒地越冬防寒”等专项技术培训，推广应用“蓝莓土壤改良技术”和“蓝莓标准化种植技术”两项最新的种植技术。仅2015年就帮助2家企业和1个种植大户新建基地面积500亩，带动农民新发展种植面积1000亩。

通过吴林教授的努力，选定了长白山地区蓝莓产业最适宜的品种组合；通过制定吉林省地方标准《蓝莓矿质营养诊断技术要求》，让农民掌握种植环节的关键技术，学会了科学化与规范化蓝莓种植；通过《蓝莓鲜果包装贮藏运输标准》的编制，让种植者树立了蓝莓在贮藏包装、商品化、销售等环节的市场意识。目前，花园村及周边蓝莓和软枣猕猴桃的种植规模已达到100余亩，年可实现销售收入180余万元，农民每亩地纯收入可达10000元。

（二）开展中药材栽培技术示范

为在花园村开展中药材栽培项目的开展，学校选派了中药材学院教授尹春梅为中药材种植首席专家，重点开展中药材栽培技术示范。尹春梅从教30多年来，潜心研究长白山地道药材栽培的基本理论和生产技能，积极开展服务社会工作，把实用科学技术转化给农民。

1．实地踏查，选择适宜的新品种

为更好地完成扶贫任务，尹春梅实地踏查，亲自踏查了花园村十多个种植场地，按照中药材生长发育习性，确立了不同土壤条件下，中药材品种的选择和种植面积规划。最后，选定板蓝根、天麻、蒲公英、桑树等中药材的合理种植品种和面积。

2．指导选地整地，确认种植物种的种子处理

药用植物有着极其复杂的生物学特性，每种药材都必须在适宜的环境条件下才能丰产高产，选地整地是栽培的基础。播种前，尹春梅悉心指导农民完成选地整地任务，很多农民由于初次接触药材的种植，对于繁杂的种子处理技术知之甚少，尹春梅耐心讲解，帮助农民确定土壤类型、种植地块、坡度坡面等种植条件。每当农民遇到生产实际问题，尹春梅都能做到耐心解答，为了更好地传播中药材生产技术，尹春梅和当地农民中药材种植协会及种植合作社建立了良好的通讯方式，利用QQ、微信、手机等随时沟通，每年为当地农民解决实际生产问题100余个，受到了农民高度认可。

3．开展技术咨询培训

为了提高农民科技素质，增强中药材种植本领，尹春梅先后进行了多次技术培训和现场指导，培训农民80余人次，辐射带动周边农民100人。每次培训尹春梅都能够结合生产把最新最适合的技术传授给农民，改变了农民传统种植习惯。为了让农民能够认识中药材生产特点，尹春梅还编写了简单易学的“天麻种植技术”等中药材栽培技术资料发送给中药材生产者，并列出了可以参考的书籍。集中技术培训时，尹春梅注重理论联系实际讲解，同时不断和大家互动，让大家提出问题，一一解答。出现场时，直接在田间地头讲解生产上的问题，特别是田间管理、病虫草害的防治等，力争简便易懂，收到了较好的效果。目前，花园村及周边村屯中草药种植面积达800余亩，年可实现农民增收100余万元。

（三）开展畜禽养殖技术示范

为开展畜禽养殖产业发展，学校选派动物科学技术学院教授车永顺为畜禽养殖首席专家，开展畜禽养殖技术示范。其中重点开展了2个笨鸡林地散养示范基地的建设工作，分别为芦花鸡林地散养示范基地和0618笨鸡林地散养示范基地。

1．认真规划，做好基地选址建设

基地选址对笨鸡饲养尤为重要，车永顺教授带领饲养户多次实地踏查、测量和规划，林地散养示范基地选址在三面环山之中，山中有三处山泉水，一年四季不断水，水质清澈见底。在生活区和生产辅助区设计上，按照临近水源，方便管理的原则，建设在山泉附近，由居住间和饲料间组成，饲料间可以加工和贮存饲料。在车永顺教授的悉心指导下，笨鸡基地建设做到了科学合理，适度经营，降低成本，实现了资源的持续利用，基地已具备现代化生产能力和水平。

2．引进项目，扶持规范化养殖

为了使农民快速致富，车永顺教授四处筹措资金，申请项目支持，经过不懈努力，成功申请到吉林省科技厅科技支撑项目“吉林省东部山区优质高效畜牧业可持续发展示范研究”项目、科技部“三区人才”支持计划等项目支持，累计筹措资金20余万元。利用项目经费引进了700只优质雏鸡，免费给合作社饲养，这些鸡苗全部为抗病能力和适应能力很强的优质鸡苗，并在运出养殖场之前都打过疫苗，能确保它们在生活环境和饲养条件发生变化的情况下具有很强的抗病能力和适应能力，让百姓养起来方便，鸡苗成活率高、长得快。车永顺教授还进行了相关科研工作，提出了无公害绿色饲养配方，配套开展了疾病防控技术示范，使当地笨鸡养殖逐步进入标准化、规范化发展道路，让当地养殖业发展有保障。

现在，在车永顺带领下，两个基地正联合当地及周边有条件并且愿意发展生态养殖的农户，利用当地优越的林地资源，发展以林地养殖、林下生态野菜、野果、观光、农家游玩为主的生态农业，带动当地经济发展。

经过几年学校的科技定点扶贫，在学校科技专家的亲自指导和带动下，为花园村贫困户解决贫困找到路途，让科技扶贫改变了当地方发展的模式。现在，花园村在决战贫困，争创幸福上已经找到了方案。学校将进一步加大以上三个方面的产业发展支持力度，让花园村脱贫发展有更加坚实的科技支持。

（胡兴东整理）

发挥教师教育优势　助推定点扶贫工作

——东北师范大学

（定点扶贫：云南省隆阳区、拉萨师范高等专科学校、伊犁师范学院）

“十二五”期间，东北师范大学严格按照教育部工作要求，认真贯彻落实各项文件精神，坚持以“智力帮扶”作为援建主线，在国务院扶贫办、教育部精心指导下，在云南省保山市隆阳区、拉萨师范高等专科学校和伊犁师范学院受援定点单位的大力支持和配合下，积极发挥东北师范大学教师教育优势，优化援建干部遴选机制、强化援建地区教师培养培训、加强协同教育与科研、助力政策研究与制定，有力推动了受援地区、援建高校师资队伍水平，定点扶贫工作取得良好成效。

一、优化遴选机制，发挥优秀援建人员示范带动作用

1. 完善机制，遴选优秀援建人员

十二五”期间，学校坚持以“智力帮扶”作为援建主线，成立了由学校党委主要领导为组长，学校党委常委、研究生院院长为副组长，学校办公室、党委组织部、教务处等 11 个职能部门，教育学部、传媒科学学院、远程与继续教育学院等 10 个学院（部）为成员单位的对口支援工作领导小组，负责统筹开展援建工作。为选拔一批思想好、作风正、业务精、能力强的高素质人才队伍服务受援地区，东北师范大学于 2013 年成立校校对接、院院联系的校院两级支援工作体系，在深入了解受援单位需求后，先由教学单位推荐优秀教师、教务处审核教师技能，再通过学校进行外派工作。在援建干部中，学校在职能部门筛选副处级以上、具有硕士以上学历的中青年干部，努力搭建校区间帮扶合作平台。2011 年至今，向西藏拉萨师范高等专科学校和新疆伊犁师范学院选派优秀青年骨干教师和研究生参与一线教学工作，累计派出教师和研究生 61 人次（见附表 1）。同时，学校还选派 5 名干部分赴云南省保山市隆阳区和新疆伊犁师范学院挂职（见附表 2、附表 3）。

2. 创造条件，积极解决援建教师后顾之忧

由于受援地区条件艰苦，学校设置专项经费用于保障援建教师的工作和生活。2011 年，专项经费资金预算为每年 30 万元，到 2015 年，增加至每年

80 万元。近年来，学校多次召开会议研究对口支援工作，经校长办公会决议，通过了《关于调整借调等学校派出人员补助的暂行规定》（东师校发字［2014］40 号）文件。其中，明确规定了援藏、援疆人员的补助项目和标准，从生活、住宿、交通、保险、探亲等多个方面做好后勤保障工作。并且经校长办公决议，可根据实际工作需要追加对口支援项目经费预算（见附表 4）。

在职称评定方面，学校对援建教师实行年度工作免考核制度，对于有援藏援疆援滇经历的教师，在评职、评优中给予一定的倾斜政策，同时，学校积极协调、创造有利条件合理调整援建干部工作岗位，充分发挥他们有基层工作经验的优势。在财政扶持和职称评定的有力保障下，学校形成了有效的对口支援工作激励机制。

3. 选树典型，发挥示范带动效应

东北师范大学数学与统计学院孔令令老师在 2011 年就有过赴和田师范专科学校支教的经历，在 2015 年又加入援藏的教师队伍，主动到西藏拉萨师范高等专科学校参加支教工作。支教期间，他主要承担了数学与自然科学系的教学工作，所教授的数学分析是数学专业中最为重要，也是最难掌握的专业课之一。在 2015 年秋季学期，他同时承担了西藏拉萨师范高等专科学校 2014 级数学二班（汉族）和三班（藏族）两个班的教学任务。由于两个班学生的数学知识基础相差甚远，教学进度安排很难保持一致，他就经常利用周一和周三晚自习时间，为藏族班的同学补课，从小学到大学的数学知识，哪里不会补哪里，保证让藏族班的同学在数学分析专业课学习方面，能够听懂、学得会、理解到位。为开阔学生视野，他还利用自身的人际关系邀请了北京外国语大学、重庆大学以及华中师范大学等高校的教师到受援高校开展学术交流，开拓学生的学术视野。除此之外，他还积极投身于拉萨师范高等专科学校承办的教育部项目——国培计划（2015）西藏小学数学教师“送教下乡”、

东北师范大学数学与统计学院教师孔令令在拉萨师范高等专科学校支教

丹麦援助拉萨师范高等专科学校项目的研究工作中。尤为值得一提的是，孔令令老师在自己支教期即将结束之际，考虑到受援高校紧缺数学老师，他又克服了高原生活的艰苦，主动提出延长支教半年。

二、强化培养培训，提高受援地区师资队伍水平

为从根本上解决受援地区的师资力量薄弱问题，变输血为造血，东北师范大学从长远角度出发，大力支持“质量工程”项目。从对受援单位学生联合培养、教师进修和干部挂职锻炼等多方面全面提升了受援地区和单位的教育教学质量和教师队伍建设水平。

1. 协同受援单位开展学生联合培养

自 2012 年开始，根据受援高校需求，东北师范大学与受援高校实行“2+2”本科生联合培养新模式，每年接收一定数量受援高校优秀本科学生来校插班学习。截至 2015 年，东北师范大学已累计与受援高校联合培养本科生 45 名。同时，东北师范大学还接收部分考核合格的硕士生来校学习，实行“两校双导师制”，帮助受援高校提高学生培养质量（见附表 5）。2014 年 5 月，东北师范大学数学与统计学院派出两名副院长前往伊犁师范学院商讨合作办学事宜，双方就联办专业的培养计划和课程设置进行了商讨和确定，在东北师范大学积极努力下，伊犁师范学院具备了招生资格。

2. 帮助受援地区开展教师队伍建设工作

东北师范大学挂职干部在云南保山市隆阳区分管教育工作，依托特岗教师招聘、免费师范生从教、区外教育调入等加大了优秀人才引进力度，招聘了特岗教师 183 名，免费师范生 15 名，区外调入 8 名。与“美丽中国”项目合作，招聘该项目教师 16 名。组织各类教师培训 6500 余人次，申报了省级、市级课题 68 项。全区教育系统涌现出国家、省、市、区各类先进个人、骨干教师 1000 余人。

3. 组织受援单位人员来校培训研修

在招收受援高校教师在职攻读博士、硕士学位工作方面，东北师范大学确保同等条件下优先录取受援地区教师。同时，将提升受援高校教师学位作为重点工作来抓，严格按照培养方案的质量标准和规格要求，全力提高培养培训质量，扎实做好对口支援定向培养工作，为受援高校配备学术造诣高、科研能力强的导师悉心指导，帮助受援高校教师开展国家级课题研究，在实践中提升教师的科研能力、教学能力。为使培训教师回原单位后能继续依托东北师范大学基础教育网络的素材，近两年东北师范大学向受援高校开放了电子资源，通过远程视频系统传输东北师范大学优质课程等教学资源，帮助受援高校教师利用现代信息技术手段提升教育教育的能力和水平。

2011 年至今，东北师范大学“质量工程”项目为西藏、新疆地区共招收博士 31 人，招收硕士 31 人，接收挂职干部 6 人，短期进修培训 140 余人次（见附表 6、附表 7）。

2015 年 3 月 3 日，东北师范大学与保山市隆阳区人民政府与区政府签订的《定点帮扶合作框架协议》，通过队伍研训、定点指导、资源共享、政策扶持四个切入点的协作，实现对隆阳区的有效帮扶。根据协议，2015 年 8 月，云南省保山市隆阳区共选派了 20 名中小学校长赴东北师范大学参加了学校管理的短期培训。

三、协同科学研究，促进受援地区师资队伍专业发展

1. 加强学术交流

由东北师范大学、华东师范大学、北京师范大学共同倡议发起的“3+X 统计学及其应用 Workshop”研究，围绕大数据时代及其理论和观点在统计学的理论、应用以及普及教育等方面成果丰硕，目前在国内统计学界有领先优势。为更好地让伊犁师范学院了解当前统计学最新的理论与应用研究的进展，并为伊犁师范学院提供国内高水平师范院校在统计学教育与统计人才培养方面的经验，在东北师范大学的大力协助下，将由东北师范大学主办的“第七届 3+X 统计学及其应用 Workshop 2015”年会委托伊犁师范学院承办。通过此次

东北师范大学郭建华教授在第七届“3+X 统计学及其应用 Workshop”年会上做报告

会议的成功举办，为伊犁师范学院提供了相关课题的研究思路，促进了伊犁师范学院与其他高水平学校的学术交流，提升了伊犁师范学院专业教师队伍的科研能力，更为广大师生提供了一次良好的学习机会。

2. 联合开展科学研究

由东北师范大学挂职干部、云南省保山市隆阳区副区长带领的研究团队，成功申报了云南省 2014 年教育领域综合改革立项课题——“云南省小升初免试就近入学工作方法调查及对策研究”项目，顺利结项。该课题通过对云南省小升初免试就近入学问题展开持续研究，将文献法、调查法、比较研究法、行动研究法等先进的调研方法讲授给当地教师，使得当地中小学校长了解全省小升初免试就近入学的研究现状，总结了云南省小升初免试就近入学的工作经验，为该省基础教育的改革和发展提供了理论支撑，为保山市中小学校长们开展工作奠定了坚实的基础，也极大地提升了当地师资队伍的科研能力。

东北师范大学挂职干部主持的“云南省小升初免试就近入学工作方法调查及对策研究”课题结项

3. 助力师资队伍规划

东北师范大学积极帮助受援高校加强整体规划和制度建设，几年来先后帮助制定了《伊犁师范学院“十二五”师资队伍建设计划》、《伊犁师范学院“十二五”学科（专业）建设规划》，并邀请校内 30 余名专家学者参与指导《伊犁师范学院本科专业教学计划》的修订工作，进一步完善了人才培养

新疆伊犁师范学院校长一行来东北师范大学考察交流

方案。2011 年，东北师范大学挂职干部在挂职期间，建立教育系统后备干部人才库，通过中小学校长公开招聘工作，以竞聘演说、现场问答、多层次征求意见、综合考评的形式，完成了隆阳区全部 52 所中小学校长公开招聘工作，促进了校长队伍的年轻化、专业化，增强了校长队伍的整体素质。

“十二五”期间，东北师范大学共派出和接收挂职干部 11 名，支教教师与研究生 61 名，培训定点扶贫单位各级干部、教师等 140 余人次，累计投入资金 170 余万元。

新疆伊犁师范学院校长来我考察交流时读到：“东北师范大学始终满怀情感、设身处地为我院着想，切切实实为我院办实事、办好事。东北师范大学选派的挂职干部，在任期结束多年还依然关心和关注我院的发展，是非常令人感动的”。西藏拉萨师范高等专科学校专门发来函件，对东北师范大学选派的孔令令老师在援藏期间的突出表现表示感谢。

东北师范大学附属幼儿园副园长在挂职期间，主持开展的隆阳区小升初免试就近入学教育改革受到云南教育厅高度评价，得到中国教育报高度关注。2015 年 4 月 17 日头版头条以“真情奉献染绿滇西”为标题，大篇幅报道了东北师范大学的援滇挂职工作。

教育事业是充满爱的事业，东北师范大学始终坚持为“基础教育服务、为经济和社会发展服务”的办学方向，牢记自身的责任和使命。我们将认真总结经验，合理规划，力争在再创佳绩。

附表 1　2011—2015 年援疆、援藏教师情况

招收单位	类别＼年份	2011	2012	2013	2014	2015
援藏支教教师、研究生情况	教师	0	0	2 人	2 人	1 人
	博士	0	0	0	1 人	0
	硕士	5 人	3 人	5 人	2 人	8 人
	总数	5 人	3 人	7 人	5 人	9 人
援疆支教教师、研究生情况	教师	4 人	2 人	1 人	1 人	1 人
	博士	1 人	—	0	0	1 人（师资博士后）
	硕士	2 人	3 人	5 人	7 人	4 人
	总数	7 人	5 人	6 人	8 人	6 人

附表 2　2011—2015 年东北师范大学援滇干部挂职情况

姓名	单位	职务	支援单位	时间
王国巍	统战部（原组织部副处级组织员）	副部长	云南省保山市隆阳区副区长	2013.03—2014.04
常佰城	附属幼儿园	副园长	云南省保山市隆阳区副区长	2014.04—2015.04
董琰	信息化管理与规划办公室	副主任	云南省保山市隆阳区副区长	2015.04—2016.04

附表 3　2011—2015 年东北师范大学援疆干部挂职情况

姓名	单位	职务	支援学校	时间
丁海波	研究生院	正处	伊犁师范学院 院长助理	2011 年
张喜臣	研究生院	副处	伊犁师范学院 研究生处副处长	2014 年

附表 4　2011—2015 年援疆援藏经费使用情况

单位：元

年份 项目	2011	2012	2013	2014	2015	合计
差旅费	136527.3	96449.9	81928.6	159442.17	242757.5	717105.47
课时费	32400	28800	18000	46800	7200	133200
生活补助	45000	52000	41380	157700	313100	609180
其他	50201.1	18657	127835.7	11978.2	26504.63	229026.63
合计	264128.4	195906.9	269144.3	375920.37	589562.13	1694662.1

附表 5　本科生联合培养情况

	2011 年	2012 年	2013 年	2014 年	2015 年
联合培养 插班生人数	—	15	6	12	12

附表 6　2011—2015 年博士、硕士招生情况

招收单位	类别＼年份	2011	2012	2013	2014	2015
拉萨师范高等专科学校	硕士	1 人	—	—	1 人	—
	博士	—	1 人	—	—	—
新疆伊犁师范学院	硕士	7 人	7 人	7 人	6 人	2 人
	博士	6 人	6 人	5 人	7 人	6 人

附表 7　2011—2015 年接收干部挂职锻炼情况

单位	时间	人次	来东北师范大学挂职部门
拉萨师范高等专科学校	2011. 09—2012. 01	1 人	学生资助管理中心
伊犁师范学院	2013. 09—2014. 01	1 人	后勤管理处
		1 人	学生处
	2014. 09—2015. 07	1 人	学生处
云南保山市隆阳区	2015. 10—2015. 12	1 人	附属小学
		1 人	附属幼儿园

（董云云整理）

汇聚人才资源　助力脱贫发展

——复旦大学

（定点扶贫：云南省永平县）

自2012年复旦大学定点扶贫永平县以来，复旦大学领导分别于2013年、2015年率团访问云南省，与云南省扶贫办、大理州人民政府商洽定点扶贫工作，共同为永平县的发展出谋划策、争取资源。受自然环境、历史沿革和经济条件的影响，人才匮乏一直是制约永平县经济发展的瓶颈。永平县的贫困，既是物质的贫乏，归根结底也是知识和技能的缺乏，要加快发展，人才是根本，人才扶贫必须先行。

作为国家重点建设的大学，复旦大学发挥高校作为人才高地的优势，汇聚在校师生和广大校友等人才资源，构建“五维”人才扶贫平台，服务永平县经济社会发展，并坚持以人才培养为抓手，着力增强扶贫对象的“造血”功能，为永平县培养经济社会发展需要的各级各类人才，全力推动永平县精准扶贫工作向纵深发展。

一、助力永平县办人民群众满意的基础教育

习近平总书记强调，“扶贫必扶智。让贫困地区的孩子们接受良好教育，是扶贫开发的重要任务，也是阻断贫困代际传递的重要途径。”复旦大学依托附属中小学雄厚的基础教育资源扎实推进教育扶贫工作，帮助永平县培养教育骨干人才，提升教育教学水平。近三年来，接收永平县派出的4个批次，12名中小复旦大学长和骨干教师分别到复旦大学附属中学、第二附属中学、附属小学进行为期三个月的挂职锻炼和进修培训，为远隔千山万里的复旦和永平搭建起友谊的桥梁。

曾在复旦附小挂职的校长总结了博南镇中小学教育管理现状与差距，提出以“当地教师走出去，外界教师引进来”的双向互动作为未来教育深化发展的趋势。2016年1月，永平县龙街镇中心完小以定点扶贫为契机，派出4名教师到复旦大学附属小学进行了为期两周的学习培训。在培训学习中，复旦附属小学以课堂中如何进行问题的设计，提高学生学习效率；如何开展少

2013 年 8 月，复旦大学在永平县的社会实践基地揭牌

2015 年暑假赴永平县小学支教

支教队员吴莹莹正在为小学生辅导科学实验

校团委思源团队学生正在为中学生讲英语课

先队活动；校园文化建设讲座等专题进行了培训，让学员们学有所得，学有所感，真正做到竭诚帮扶提高。与此同时，复旦大学每年委派附属中小学的校长和教学名师前往永平县的中小学举办专家讲座、示范教学和交流。通过一系列教育帮扶举措，为永平县带去了新的教育观念和好的教学方法，切实提升了永平县中小学教育管理水平，提高了教育教学质量，促进了全县教育事业的长远发展。

此外，复旦大学发挥复旦学子乐于奉献、热心支教的优良传统，2014 年寒假，“远征社”社团组织了 27 人的社会实践队伍，赴永平县开展了为期 12 天，以“梦想启航的地方”为主题的支教活动。支教队在永平一中开展教学活动，为高三学生进行政治、历史、地理、英语、数学、物理、化学及生物共计 8 门课程的拓展和补习授课。在讲授专业知识的同时，还面向当地学生开展了“我有一个梦想”、“感恩的心”、“强我的家乡”、“时代之光（学科前沿）”和“我的未来很明媚（职业生涯规划及心理辅导）”等主题教育活动，为 200 余名学生答疑解惑。活动结束后，复旦学生与当地学生还结成了笔友，通信往来延续至今。

在“远征社”的带动下，越来越多的学生参与到支教永平的活动中。2015年暑假，13名研究生自发组织起来，赴当地开展“为中国而读，为支教而行”支教实践活动。在以往支教的基础上，经复旦大学对外联络与发展处联系捐赠人，此次实践在当地捐赠成立了复旦大学烛心社·柏年基金会爱心图书室，深受孩子们欢迎。此外，研究生同学们还发挥专业所学，在永平县龙门乡与博南镇就学生家长教育认知观念、教学师资现状、学生阅读状况等问题进行了走访调研，形成了近万字的调研报告，并反馈给政府教育部门，为进一步引导当地学生及家长树立正确的教育观提供帮助。

二、助力永平县提升人力资源职业教育水平

“职业教育培训”是实施精准扶贫战略的“十项工程”之一，而永平县也将“通过教育培训转移就业脱贫”作为一项重要举措列入“十三五”脱贫计划之中，明确要统筹各类培训资源，确保贫困家庭劳动力至少掌握一门致富技能，实现靠技能脱贫，引导农村贫困人口进入餐饮、宾馆等领域就业，从而拓展贫困地区劳动力外出就业空间。

由复旦后勤服务发展有限公司（以下简称后勤服务公司）依托永平职业高级中学（以下简称永平职高）建立教学实习基地。永平职高将后勤服务公司经营的燕园宾馆和旦苑餐厅作为学生的两大核心教学实习基地：燕园宾馆以服务技能培训实习为主，旦苑餐厅以烹饪技能实习培训为主。学员在后勤服务公司的直接领导下，由培训管理中心负责，按照理论与实践相结合的方式进行轮转实习：利用基地现有的师资力量及设施设备，按照小组形式，通过“理论—实践—总结考核—轮转”的顺序，完成相关烹饪操作、餐饮服务、客房服务、前厅接待等相关方面的专业实习培训。通过一年的学习和实践，使学员掌握和熟知相关的理论和操作技能，为其成为旅游企业合格的旅游服务实际操作人才打下坚实的基础。同时，通过双向选择，后勤服务公司还将推荐优秀学员在滇沪两地，包括在沪高校系统提供相关的就业推荐和帮助。

后勤服务公司还注重挖掘、引进永平县富含民族特色的土特产和餐饮产品，已着手引进素有大理“第一名菜”之称的“永平黄焖鸡”等菜品，更好地服务师生的同时，也对永平县起到了积极的宣传作用。

三、助力永平县解决群众看病难问题

医疗卫生专业人才紧缺严重制约了永平县卫生事业的发展，不利于解决当地群众“看病难、看病贵”问题，也不利于推进“因病致贫”人群的顺利

脱贫。对此，复旦大学依托上海医学院及附属医院强大的医学教育和医疗卫生资源深入开展医疗扶贫工作，帮助永平县培养医疗人才，提升医疗管理和服务水平。

复旦大学直属附属医院作为“国家队”，每年接收大量来自全国各地的进修人员，培训任务相当繁重。但各附属医院能够克服困难，对永平县进修医生给予一定的政策倾斜。附属华山医院护理部、金山医院院办分别专门为永平县来沪护理人员、医院管理人员设计进修计划，金山医院还为每批医院管理进修人员召开座谈会，不断完善进修方案。近三年来，复旦大学通过“走出去”和“请进来”相结合的方式为永平县大力培养医疗卫生人才，通过引入新的医疗技术和理念，逐步提高当地医务人员水平，推动永平县卫生事业的快速发展。复旦大学先后接收永平县派出的 4 个批次，71 名医管人员、护士和学科带头人到复旦大学附属医院进行为期 1—6 个月不等的进修学习。复旦大学还精心组织由各附属医院专家组成的医学专家团，以及“复旦大学博士生医疗服务团”等团队定期到永平县开展专题讲座、义诊、临床教学和学术交流活动，累计培训医务人员 4000 多人次，教学查房 12 次，为 1000 多名当地群众提供了免费医疗义诊和健康咨询服务。

根据教育部《2014 年教育系统扶贫日活动方案》的有关要求，结合定点扶贫任务，在我国首个“扶贫日”，复旦大学医院管理处、附属金山医院举办“扶贫你我同担当——云南乡镇卫生院长走进上海社区中心”活动，组织了来自永平县的6位乡镇卫生院长参访上海市闵行区江川社区卫生服务中心。江川社区卫生服务中心领导简要介绍了江川社区卫生服务中心的基本情况、家庭医生制服务、特色工作及全科医师培训基地建设。双方还就艾滋病防治、绩效工资改革、村医一体化管理进行了深入交流。此后，乡镇卫生院长们还参观了该中心的自检小屋、儿童康复活动室及中医药特色诊室。

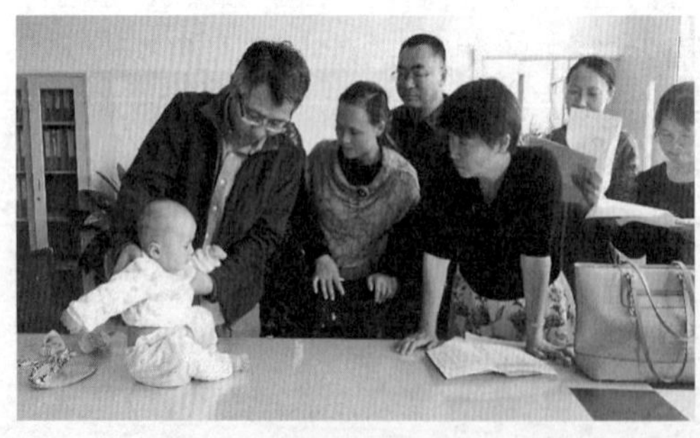

2015 年 3 月复旦大学儿科医院专家到永平县调研指导儿科工作

2015 年 7 月 16 日，复旦大学博士生医疗团赴永平义诊

四、助力永平县主要产业的可持续发展

在精准扶贫政策影响下，贫困地区的人口红利、改革红利和开放红利正在逐步释放，新的科技技术将刺激贫困地区在经济结构和产业调整上找到新的效益生长点。高校是科技人才聚集的高地，对于地方经济社会发展，具有科技支撑的先天优势。复旦大学针对永平县域经济发展需求，充分发挥多学科优势，依托新农村发展研究院等科研平台，积极鼓励科技人才服务地方发展，通过科技成果转化等方式推动扶贫工作开展，带动地方产业发展，实现产业扶贫。

2015 年 8 月，双方正式签署了《复旦大学—永平县人民政府新农村发展战略合作框架协议》。随着协议的签署，在复旦大学牵头下，相关科技项目的对接工作也陆续展开。复旦大学专家赴永平实地调研后，提出建设永平高原生态特色农林产品研究及推广平台，并已组织了上海市相关领域的多家企业赴永平县考察推进。

近年来，永平县以改革创新为动力，充分发挥交通区位、地理气候、生物资源等优势，着力加快“六大”高原特色产业发展，逐步实现传统农业向现代农业转型升级。根据永平县的产业发展规划，复旦大学依托资产经营有限公司积极争取相关企业资源，着力打造产品品牌、拓展电商销售渠道、宣传推介特色农产品，通过对接招商引资工作，帮助永平县做大做强核桃、烤烟、生态茶、畜牧养殖等优势高原特色农业，扶持特色产业，增加产业发展后劲，促进农民收入持续增长，从而推动定点扶贫工作。复旦大学相关职能部门先后邀请了中电电气上海太阳能公司、云南磨浆农业有限公司等企业到永平县实地考察，争取引进企业投资，带动地方经济发展。

2015年12月，永平县农特产品“云品”入沪

五、助力永平县打好精准扶贫的攻坚战

复旦大学创办迄今，已有110年历史，培养了近30万专业人才，校友遍布世界各地。校友们秉承了复旦人爱国荣校的优良传统，心系国家和母校发展，愿意为社会进步和母校建设贡献力量。校友资源是重要的人才资源，复旦大学着力汇聚校友人才，为永平县发展争取各类资源，力争形成合力，共同打好精准扶贫的攻坚战。

近三年来，复旦大学负责校友工作的对外联络与发展处积极联系包括云南校友会在内的各地校友会，向校友们广泛宣传永平县，让更多的校友了解永平并争取进而能够为永平的发展贡献力量。2014年，复旦大学组织了“复旦思源计划”暑期社会实践报告会，特地邀请校友导师参加，将复旦学子在永平县支教的故事通过报告会、视频和调研报告传递给校友。校友们深受感动，纷纷表示希望携子女前往永平县参加支教活动，并愿意“一对一”资助当地因学致贫的贫困家庭渡过难关。2015年，为庆祝母校建校110周年，校友们拍摄了微电影《回家》，在校庆期间通过网络以及各类校友活动播放，在校友中广为传播，复旦大学定点扶贫永平县的相关情况在校友圈中引起了积极反响，为进一步争取校友资源助力永平发展打下了基础。

与此同时，校友会每年通过校友网、校友会微博和微信公众号、校友朋友圈向海内外校友宣传推介永平核桃等特色农产品，利用校友资源拓宽产品销售渠道，帮助永平县做大做强核桃等优势高原特色产业，从而使产业发展的好处惠及更多的贫困人口。2013-2015连续三年，仅上海校友会就累计购买永平核桃800余公斤，一位身处美国的校友也订购了永平核桃。

校友会还联合复旦大学教育发展基金会，设立了“云南永平爱心阅览室修建计划”项目，积极向海内外校友推介永平县教育公益项目。首批捐赠的五万元款项已经到位。

此外，复旦大学积极发挥企业家同学会、金融家俱乐部、创业俱乐部等行业校友会在经济、投资、金融、创业方面人才集聚的优势，搭建平台，促进高校、企业和政府的互动，为当地产业升级、带动就业，助力永平发展，实现贫困人口就地脱贫。2016年1月16—17日，校友会与复旦地产金融同学会将联合举办“2016复旦大学地产金融同学会新年论坛”，复旦大学已邀请永平县相关领导及企业代表出席。论坛将组织“永平专场”，邀请经济学家、企业家、银行家、政府管理者一起共论永平发展，为永平发展出谋划策，并积极推荐合作项目。此举将为永平县的招商引资工作搭建起全新的平台，进而为永平县产业发展打开新的局面。

（琚婷婷整理）

发挥同济综合优势　助力云龙教育发展

——同济大学

（定点扶贫：云南省云龙县）

一、背景介绍

云龙县是同济大学的定点扶贫对象，当地义务教育发展水平不高，高中教育在大理州内也相对落后。“知识就是力量”，贫困地区发展的关键是教育和人才，百年大计，教育为本。从定点扶贫工作伊始，同济大学就明确教育扶贫是扶贫工作的重要内容。为改善当地教育发展的质量，提高教师队伍整体素质，提升学校发展能力，使贫困地区的孩子能享受到更好的教育，同济大学积极利用校内外资源，全面实施五个扶贫工程，即“教师培训工程”“中学帮扶工程”“支教帮扶工程”“实践服务工程”和“资源支持工程”，为云龙县当地教育的发展做出了突出贡献。

二、扶贫工程的推进和实施效果

（一）教师培训工程

教师队伍的水平对教学质量有很大的影响，为提升当地教育队伍人员的水平，为教师发展提供支持，增强教师教学、管理水平，同济大学积极争取上海市援滇项目，2015年暑期，由继续教育学院承办了云龙县教育系统培训班。

继续教育学院培训中心联合职业技术教育学院，结合教委培训要求和培训对象的实际情况，有针对性地制定培训工作方案和教学实施计划，并充分保障了学员的食住行等生活安排。来自云龙的义务教育阶段中心学校校长11人，初级中学校长16人，教研员10人，管理人员3人，普通高中及职业高中教师10名，共计50人参加了自8月9日至23日为期15天的集中培训。培训课程包括现代中小学学校管理模式、中小学学校章程及规划、义务教育教学质量评估、中小学信息化教育、学前教育质量提升、教学课堂改革方向与趋势、高考改革理论与实践等7个专题，并参观了同济附中一中、同济附属小学等地。

云龙县教育系统教师到同济大学参加培训

通过培训，学员加深了对现代教育思想的理解，树立了现代教育理念，掌握了现代教育管理的思维方法，提高实施素质教育的管理水平和创新能力。

（二）中学帮扶工程

同济大学附属第一、第二中学教师多次赴当地开展教育支援工作，把发达地区的教学教育理念和当地的实际情况相结合，通过结对帮扶的形式提升当地学校管理、教学水平。学校的自我发展能力提升，能催生出更多的内部发展动力，促进贫困地区教育的可持续发展。

2014 年 6 月，同济大学附属第二中学、中原中学等骨干教师到云龙县第一、第三中学进行教学交流研讨活动。活动通过走进学校、走入课堂、随机走访、专题座谈的方式分别对云龙一中、云龙三中的语文、数学、英语学科的课堂教学进行交流。同济大学附属第二中学与云龙一中本着进一步全方位、深入合作目标，签订了友好交流合作协议，从云龙一中示范教学、成绩预警、学生自主管理、考试制度建设方面开展教育交流和帮扶。

2015 年 4 月，同济大学附属第一中学骨干教师到云龙县开展教研交流活动，携上海安永会计师事务所向当地捐赠 150 台手提电脑，还捐赠了价值 40 余万元的信息化软件并开展教学指导交流活动。附属第一中学的教师主要以信息技术建设报告和听课、评课、交流的形式，在深入学校、深入课堂获取真实教学信息的基础上，对当地教育教学提出全面而有针对性的指导，还就学校信息化建设、移动校园实践案例、化学微软辅导与英语 PAD 教学作介绍。同时，专家组还就同济附一中年级组建设及 1+3 辅导员制的实践、语文与数学学科教研组建设作经验交流。

同济大学附属第一中学教师到元龙县开展教学交流活动

云龙县一中等当地教师受邀到上海知名中学交流

云龙县一中等当地的教师也受附属学校的邀请到上海，在课堂教学、教学管理、学生培养等方面与上海的知名中学面对面、深入细致地交流，通过到课堂听课、进实验室观摩等形式，努力学习发达地区的教育经验和模式，和当地教育实际的结合，探索贫困地区教育发展的新模式和路径，力争走出一条贫困地区教育、学校发展的新路径。

同时，同济大学还积极组织省内高中开展帮扶。云南省内的腾冲一中，也是坐落在县城的高中，但其实力较强。同为云南省内高中，腾冲一中有很多值得云龙一中学习和借鉴的经验。在同济大学的组织协调下，校内相关部门、挂职干部、四川校友会多方通力合作，云南省内知名学校腾冲一中和云龙一中签订合作结对帮扶协议，腾冲一中从教师培训、师生交流、资源共享和学术研讨等方面开展结对帮扶工作。云龙一中也将充分依托名校腾冲一中的优质教育资源，进一步加强年轻教师培养，强化学校管理，切实提高教育教学质量。

（三）支教扶贫工程

同济在教育帮扶中，不仅请云龙当地的教师队伍到上海来学习，派教师队伍到当地去指导，还派遣研究生支教团在云龙县团结初级中学长期驻扎开展支教工作，每年派出 3 名研究生，每一批的支教团队伍都在当地持续支教一年，为当地中小学的课程建设、文化繁荣、学生发展、信息化建设、资源筹措等奉献自己的青春和汗水。

支教团成员俞小蝶为学生讲授中学物理课

2015 年 1 月 14 日，支教团帮助团结初级中学成立学生会，并组织召开第一次学生会会议

2015 年派出的第一批研究生执教团有三位老师。在支教工作中，三位老师充分发挥了自身的专业特长和在本科期间组织学生活动的经验，承担了八年级三个班的物理和一个班的英语教学任务，同时负责七年级和八年级的美术和书法课程，三位老师还利用自己的计算机知识，辅导老师们开展数字化教学。教学方面，引入全新教育理念、创新教学方法，第一课堂教学卓有成效；育人方面，创建学生组织、创办各项校园活动、开拓第二课堂，提高了学生综合素质，学生精神面貌和校园文化氛围焕然一新；帮扶方面，多次下乡家访了解学生家庭情况，辅助同济大学各项援助的实施，并募集了资金助力校园建设。一年来，三位老师积极融入当地，各项工作效果显著。不仅创办第一届“同舟共济”系列文体艺术活动，“第一届书画大赛”选出了大量优秀的艺术作品，展现了团结学生未曾展现的艺术天赋，支教团还发起了“圆梦云龙爱心计划”，共募得善款 55000 余元，为团结中学购买了 150 套全新课桌椅，替换了已经使用了三代人五十年以上的老旧桌椅，还为计算机教室添置了一台教师机和 6 台学生机。

2016 年，第二批研究生支教团的在团结中学开展支教工作。在 2015—2016 学年上学期期末水平检测中，研支团成员所教学科获得了骄人的成绩。支教老师担任团结中学团委书记，开展了大量学生工作，得到了一致好评，团结中学团委被团结乡评为“2015 年度优秀团组织”。在两届研支团的共同努力下，团结中学与爱心企业江阴老街里茶餐厅达成约定，成立“老街里爱心奖学金”，每年 10000 元，以鼓励品学兼优的贫困学子，还一次性赠予中学 10000 元善款，用于购置学生饮水净水设备、学生书柜及文具。亦有 3M 公司爱心人士王龙先生为学生们捐助了牙膏牙刷等卫生用品及 u 盘、篮球等文化体育用品。同济大学土木工程学院建筑工程二班党支部、职教学院研究生党支部与同济大学研究生支教团云龙分团联合发起的 2015 圣诞节平安果义卖活动，所得善款 7325 元，为团结中学的孩子们定制了新年围巾，并购买了肺活量测定仪与身高体重秤。

（四）实践服务工程

同济大学团委和各个院系组织了多支暑期社会实践的队伍，还有“彩云支南”协会，多次到当地为学生举办夏令营、助学支教等活动，让贫困地区的学生感受到社会的温暖和帮助。

1. 组织社会实践服务团到云龙进行实地调研

2013 年，学校组织了“新型城镇化研究”同济大学 2013 年暑期研究生社会实践服务团云南云龙分队，由 9 名研究生组成，涵盖材料、城乡规划、环境、交通运输、计算机、工业设计、土木工程等多个专业领域。云龙分队在做好充分的前期准备工作之后，赴云龙县开展了近一个星期的新型城镇化调研，并与云龙县召开了同济大学云南云分龙新型城镇化建设座谈会，就云龙县城镇化现状进行初步的交流和探讨。云龙分队分为两个调研小队，分别深入到云龙县漕涧镇，果郎新区，宝丰乡，检漕乡，团结彝族乡以及白族诺邓镇、漕涧镇三江水泥厂、工业园区等进行实地调研，调研过程中，调研队的成员除了对村民进行问卷调研，还对当地的乡村领导干部及居民进行访谈。云龙分队针对诺邓镇在旅游规划中遇到的问题和当地领导进行了交流，介绍了在旅游开发过程中文化遗产保护方面应注意的问题，并深入分析了乌镇、丽江等旅游开发案例，对当地的旅游开发问题提出了相关解决方案。云龙分队在完成实地后对调研的结果进行系统性的分析，并针对云龙县新型城镇化建设情况以及少数民族古村落的保护和开发两大主题向当地政府做调研成果汇报。汇报总结了云龙县在城镇化过程中在环境保护，交通规划，农副产品的包装等方面存在的问题，并针对典型问题提出了可供参考对的解决方案。

2. 组织暑期实践团到云龙开展夏令营活动

2013年以来，同济学生还多次组织了暑期实践团队深入到检槽乡和诺邓古村，为当地学生组织开展夏令营活动，并对部分困难学生家庭家访、献爱心，同时对“千年白族村”的诺邓村历史遗产保护与基础设施改进等方面展开调研并提交建议报告。同学们还针对当地的自然灾害设计了应急救生课程并进行了演练。

暑期社会实践团为当地学生开展夏令营活动

2015 年 8 月 4 日，同济大学“彩云支南”云龙县乡土教育服务实践团队给当地小学生上乡土教育课程

3. 举办青少年高校科学营活动

2014 年和 2015 年连续两年，学校团委安排专门的名额，邀请云龙县师生参加青少年高校科学营同济大学分营活动，并承担云龙代表队的所有费用，让当地的师生体验到第二课堂的魅力，拓展素质，提升自我。学校的科学营活动举办了各学科参观及讲座，安排了文化体验、实验 DIY 等活动。

4. 促进乡土文化传承

结合暑期社会实践，同济大学生团队编辑了三册《诺邓乡土文化读本》，三本读本的主题分别是《我的故事我的家》《我的山水我的家》《多彩实践手册》。三册读本在手，可览诺邓的风物、历史、民俗、节日、古建、特产、艺术、传奇故事……读本得到了诺邓村所在的云龙县团委的热情回应。同济大学出版社负责出版该系列读本并印刷 1000 套赠送给当地。同学们完成的调研报告《云南省乡土文化教育的综合调研及专题方案》，在第 14 届“挑战杯”全国大学生课外学术科技作品大赛同济选拔赛中荣获特等奖。

（五）资源支持工程

教育扶贫，标本兼治，学校也加大物资、资金等资源的投入力度，支持当地教育事业的发展。学校资产经营公司向中国教育发展基金会捐赠 20 万元，用于中国教育发展基金会下设的滇西边境山区教育发展专项基金，同济教育发展基金会在研究生支教点团结乡初级中学设立同济奖助金，每年资助 4 万，初期资助 5 年共 20 万。学校出版社为云龙县图书馆捐赠了价值约 20 万元的社会公共图书，同时还出版系列图书《古村传承人培养计划：诺邓乡土文化读本》，向云龙县赠送该丛书 1000 套。学校研究生院为云龙学生捐赠了 100 多套运动衣，团委为云龙县中学捐赠几百册图书。同济大学四川校友会为团结乡师生捐赠价值约 30 万元的冬装 1310 套、给云龙一中 10 名优秀贫困学生发放了共计 3 万元的奖学金；同济大学云南校友会、昆明规划设计研究院捐赠价值约 8 万元的学校食堂设备、体育用品及电脑等。学校和挂职干部联系潮汕爱心人士刘泽彬先生（上海东明投资有限公司）、华能澜沧江集团捐赠价值约 10 万元书包，致公党上海市委、致公党云南省委向云龙县诺邓镇九年制学校捐赠 5 万元设立致公爱心书屋，华能澜沧江集团为白石镇云顶小学捐赠建设价值约 6 万元的学生食堂，河南新乡华中物业服务有限公司为云龙学生捐赠衣物及学习用品。

三、扶贫工程的影响

针对云龙县的实际，同济大学积极利用校内外资源，全面实施五个扶贫工程，即“教师培训工程”“中学帮扶工程”“支教帮扶工程”“实践服务工程”和“资源支持工程”，充分发挥大学自身、附属中学、研究生支教团、社会实践团队和校友等校内外各方力量，坚持输血和造血相结合的原则，促进当地教育的发展，提高教师队伍水平，拓展当地学生的视野，提供更多的教育发展资源，促进贫困落后地区教育事业的发展。只有教育得到了长足的发展，才能实现真正意义的脱贫。

（蒋莹整理）

“专项基金＋行动计划”的智力精准帮扶

——上海交通大学

（定点扶贫：云南省洱源县）

根据教育部定点联系滇西边境山区工作总体方案部署，2012年开始，上海交通大学（简称上海交大）定点帮扶云南省洱源县。三年多来，按照“全力而为、扶智为主”的思路，上海交大积极探索、创新建立可持续的帮扶机制，聚焦洱源县医疗、教育、管理和科技等领域的发展需求，整合学校资源、吸引社会资金，设立“心基金”、“行基金”、“梦基金”、“恒基金”四个对口帮扶专项基金，并在此基础上分类施策，开展中小学教师实习实训、执业医师培训、救治先心病儿童、“一帮一”助学、建立专家工作站等一系列务实有效的帮扶项目。通过“专项基金＋行动计划”的工作模式，上海交大将人才和智力优势精准对接洱源发展的短板和瓶颈，有力促进了当地经济社会更好更快发展。

一、“心基金”医疗与卫生专项

上海交大依托高水平的临床医疗实力，精心选派医疗服务队赴洱源开展义诊和交流活动，免费救治贫困先心病儿童，并积极培养当地医务人员，留下带不走的医疗技术。

（一）“心基金”＋救治贫困先心病儿童

挽救一个孩子，就是挽救一个家庭。上海交大组织校友定向捐赠、公益骑行、爱心义卖等活动，募集资金60万元注入“心基金”，免费救治20名洱源县贫困先心病儿童。先心病的救治手术原则上越早实施越好，可以减轻疾病对心脏的损伤。然而，鉴于手术难度，目前部分州级医院甚至省级医院只能对3岁以上儿童进行手术治疗。上海交大医疗队多次赴洱源，对全县300余名疑似患儿进行了免费筛查，其中最年幼患儿出生仅20天；分批安排所有符合手术指征的儿童到上海交大附属胸科医院，免费接收治疗，其中9名患儿不满3岁，最小的仅7个月。无论年龄大小、病情危重，上海交大医护人员均全力以赴，为每一名患儿打开“生命绿色通道”。

从全面筛查、手术根治，到定期复诊和回访，“心基金”构筑了以人为本的医疗救助体系，长期关爱每一名受助儿童的健康成长。此外，“心基金”已联合上海市儿童健康基金会，进一步将救治先心病儿童的范围扩大到大理州更多县乡。

（二）“心基金”+执业医师培训与医务人员进修

2013年，洱源县妇幼保健院的赵医生与县医院另外2名具有执业医师资格的医生一起，来到上海交大附属仁济医院，进行为期半年的见习。在儿科和妇产科，带教医生结合临床实践，对她们进行精心指导。赵医生表示，在这半年里，她不仅每天经历的复杂病例比在当地一个月经历的都多，而且带教老师丰富的经验和严谨的态度，让她得以迅速提升业务水平。

针对滇西地区，特别是洱源县基层医院管理模式相对落后、执业医师数量较少的实际情况，上海交大自2015年起，开设了医疗管理干部培训班和执业医师培训班各1期，分别培训50名医疗管理干部和50名基层卫生系统医师。其中，医疗管理干部培训注重开拓医院管理的思路，以优化医院整体运行功能，促进医务工作者能力发展和医疗服务质量提升。执业医师培训以获得执业资质为目标，助推更多具有真才实学的优秀青年骨干跨越职业生涯“门槛”，为下一步发展打下牢固的基础，参训学员中有48人报名参加当年全国执业医师资格考试，通过考试并取得执业资格32人，通过率达到66.7%，超过全国平均通过率2倍。

为构建专业的医疗人才培训基地，推进滇西基层医疗人才成长服务体系建设，上海交大持续开展“心基金”执业医师培训项目，并定期组织医疗服务队赴滇服务。截至目前，上海交大已有附属瑞金医院、第六人民医院、第九人民医院等32名医疗专家，6次赴洱源开展义诊交流和专题讲座，带教和指导洱源医务人员120余人，义务诊疗洱源群众逾600余人次。

二、“行基金”基础教育专项

教育是阻止贫困代际传递的重要途径。上海交大以中长期实习实训与暑期短训相结合，逐步覆盖洱源全县中小学教师，并组织教育专家进行回访，长期指导参训教师的职业发展，精心培育洱源县教育教学中坚力量。

（一）“行基金”+中小学教师实习实训

自2013年秋季学期开始，上海交大附属中、小学里每学期都有10名来自洱源县的中小学教师参加为期一学期的实习实训。学校不仅为每名参训教师指定了带教老师，全程指导教育教学，还安排了丰富的交流和实践拓展活动。来自洱源二中的赵老师在接触到“反转课堂”、“以学定教”等新的教学方法以后，经历了从深深疑惑，到豁然开朗的转变。她表示，“虽然很多新颖的教学方法短时期内难以在洱源县推广，但是掌握了新的技能，让我对未来将先进的教育理念引入在洱源的教学实践充满了信心。”截至目前，上海交大已连续开展 6 期中小学教师实习实训项目，3 期中小学校长暑期短训项目，培训 240 余名中小学教师。

（二）“行基金”+远程教学教室

上海交大师生捐赠电脑等设备，并免费提供技术服务，分别在洱源一中和洱源三中建设了远程教室，成为突破时间和地域限制、可以长期开展远程授课与交流的载体。2014 年，上海交大校领导与大理州、洱源县领导一起，通过远程设备与正在上海学习的洱源县教师进行了视频对话交流，开启了相隔千里的两地之间面对面交流的新的篇章。远程教室发挥了杠杆的作用。每一期在上海交大进修的洱源教师，都通过远程公开汇报课的方式，与更多远在洱源的教师分享学习成果，进一步放大了进修教师学后的辐射和带动作用。

（三）“行基金”+临聘教师励教金

上海交大“行基金”临聘教师励教金的资助对象为洱源县山区代课教师。他们大多在高海拔地区的艰苦教学点长期执教，默默耕耘，虽条件艰苦、收入微薄，仍不辞辛劳。2015 年，10 名洱源县临聘教师获得了每人 5000 元的“行基金”励教金。其中来自炼铁乡纸厂村的康老师虽身患残疾，却独自撑起了海拔 2700 米处的七里丛小学。为了给大山深处的引路人“雪中送炭”，上海交大校友积极向“行基金”捐款，为持续开展临聘教师励教计划提供支持。

三、“梦基金”优秀学生专项

上海交大师生心系洱源学子，以研究生支教、社会实践、助学帮困等形式，帮助更多洱源县优秀学生实现求学梦、成才梦。

（一）“梦基金”+研究生支教

2013 年，上海交大研究生小朱和 5 名同学一起，报名成为首批上海交大研究生支教团云南分团成员。来到洱源，小朱主动要求到最艰苦的地方去，到最需要他们的地方去，并在不久前曾受地震重创的炼铁乡，执教 1 年。此后，有更多的上海交大研究生加入支教团，他们用心授课，带的学生成绩名列前茅。每当班级里有同学萌生退学打工的想法，他们苦口劝说，到学生家里做家长的思想工作，力争“一个都不能少”。目前，已有 3 批 25 名上海交大研究生支教团成员与洱源的学生结下难舍的情谊，为逾千名大山里的孩子插上梦想的翅膀。

（二）“梦基金”+“一帮一”助学

当洱源优秀学子在求学过程中因为家庭贫困而无法继续时，远在上海交大的师生正以实际行动帮助他们圆梦。自 2014 年起，学校连续开展“梦基金”一帮一结对助学活动，已有 52 个优秀党支部和个人报名参加，捐款金额 25

万元，结对资助洱源贫困优秀学生。参与数量逐年增加，更出现了在认领受助学生的过程中发生“争抢”的现象，彰显了学校党建组织作用力和影响力。此外，每个捐赠党支部还委派了联系党员与受助学生进行“一对一”的辅导和关怀，“扶志”加“扶智”，全方位关注受助学生成长，帮助他们成才发展。

四、“恒基金”管理与科技专项

上海交大结合洱源县的发展特点和优势产业，以干部交流和培训促进公共管理水平提升，以学科优势对接重点产业发展需求，努力实现由“输血”向“造血”式扶贫的转变。

（一）“恒基金”+党政干部专题培训

洱源县地处洱海源头，保护洱海任务艰巨，面源污染控制难度极大。如何在生态保护的同时推进经济社会全面发展？洱源各级领导干部的发展理念是关键。2013 年，上海交大举办两期“领导干部生态文明建设和领导力提升”培训班，全县 60 名干部来沪参加培训，结合课堂学习和浦江绿谷实地考察，促进在现代农业、生态文明建设、文化旅游开发等等领域的创新思维。自 2013 年起，上海交大每年精心选派优秀干部到洱源县挂职锻炼，洱源县派出各部门领导干部到上海交大参观学习，两地干部交流 157 人次，有效促进了理念传递，融合发展。

（二）“恒基金”+科技与产业技术推广

2014 年 4 月，中国科学院院士、上海交通大学副校长梅宏做客大理讲堂，为 300 余名滇西科技工作者作了“信息科学漫谈”的报告，阐释了云计算、物联网等热点信息技术，让师生充分感受科学的魅力和大师的风采。针对洱源县乳业、畜牧业、种植业等优势产业，上海交大组织农业与生物学院、环境学院的 75 名专家来到洱源，面向 800 余名全县农技、科技工作者和养殖专业户，开展“治疗奶牛炎症生物制剂”、“蔬菜有害生物绿色防控”、“可持续发展背景下的清洁生产”等专题讲座，并深入乳牛饲养农户、机械化鲜奶收集站、农民专业合作社等地，将前沿科技知识带到田间地头。2014 年，洱源县畜牧局 15 名技术人员赴上海交大农业与生物学院，参观养殖场并参加技术培训，有效提升实际操作技能。

（三）“恒基金”+高原农业院士专家工作站

为将更多技术和指导直接送入洱源田间地头，为专家学者服务洱源经济发展提供平台，上海交大在洱源成立专家工作站，由农业部科学技术委员会委员、上海交大农生学院院长周培担任首席教授，发挥上海交大人才和技术优势，帮助当地重点企业解决生产中面临的实际问题。2015 年，上海交大曾溢涛院士工作站落户洱源县乳品企业，帮助企业在高原特色乳牛及功能性乳品开发上进行技术攻关，着力提高企业核心竞争力。在“恒基金”支持下，上海交大洱源车厘子种植示范园、小牛血清国标品质检测实验室等得以落地推广，为研发链、生产链、销售链、服务链、文化链、价值链的贯通提供了前提。

（胡仕林整理）

云梦盐津　积极发挥高校扶贫的“阳光”作用

——东华大学

（定点扶贫：云南省盐津县）

根据中央精准扶贫工作精神，为更好贯彻落实教育部关于做好直属高校定点扶贫工作意见（教发〔2013〕3 号）以及国务院扶贫开发领导小组办公室等九部委联合下发《关于进一步完善定点扶贫工作的通知》（国开办发〔2015〕27 号），东华大学积极开展对云南省盐津县的定点扶贫工作，并取得了一定成效，为“十三五”时期定点扶贫工作的推进奠定良好的工作基础。

案例一：农村单独招生，大山学子圆梦

学校秉承“知识扶贫”的理念，努力提高扶贫对象的自我发展能力，从根本上改善贫困现状。2015 年 4 月下旬，东华大学相关职能部处赶赴云南盐津县开展实地调研，与当地教育部门落实具体措施，加大力度宣传东华大学对盐津农村地区学生的招生政策。5 月，教务处组织教师赴该地区展开招生面试，最终 4 名学生被东华大学录取。入学后，学校优先为他们提供勤工助学岗位，并努力为其争取国家奖助学金。学校通过农村学生单独招生，帮助更多的优秀寒门学子通过知识改变命运，这不仅对学生个人的人生道路产生重要和深远影响，也从根本上影响到当地村民的价值观。

案例二：行走在扶贫路上的第一书记

2015 年 8 月 3 日，根据《中共中央组织部、中央农村工作领导小组办公室、国务院扶贫开发领导小组办公室关于做好选派机关优秀干部到村任第一书记工作的通知》要求，东华大学计算机学院陶康乐同志经选派来到黄草社区任第一书记。在他的推动下，加强了东华大学和云南省盐津县之间的对接联系，紧密推进了学校与盐津县对口扶贫工作的开展；通过一系列措施将黄草社区从“软弱涣散”村级组织打造成了昭通市先进基层党组织、昭通市农村电商示范村等。挂职工作受到了地方群众以及领导的一致好评。

（一）抓干部带队伍，发挥基层党组织的堡垒作用

作为东华大学选派到盐津县庙坝镇黄草社区的第一书记，陶康乐扎根在

盐津黄草，他带领社区“两委”干部积极整顿软弱涣散党支部，树立了村干部和精准脱贫工作的公信力。如今，社区干部团结一致、攻坚克难，在具体工作任务中既有分工又有协作，敢于面对群众提出的热点难点问题，及时公平化解矛盾纠纷，不躲避困难，不回避问题。

（二）抓思想转观念，发挥群众脱贫的主体作用

为了破除老百姓“养牛为耕田、养猪为过年、养点鸡鸭找零花钱”的小农思想，陶康乐书记带领社区“两委”班子以及扶贫工作队员努力扮演“治贫先治愚”的宣传员。不仅在黄草社区挂出了“黄草是我家，发展靠大家”的醒目标语，而且通过“美丽黄草”的微信公众号为群众发布产业发展的政策及相关新闻。通过发展规范化、规模化、产业化的农村经济，让“不肯摘帽”的贫困户成为主动致富的“新农民”，是黄草社区脱贫攻坚的重点方向。

（三）抓示范“牵牛鼻”，发挥致富带头人的引领作用

目前，在陶康乐的倾力指导下，已经在黄草电商孵化基地入驻的经济体有近50家，黄草社区电商服务中心也已正式注册黄草社区电商发展有限公司，通过公司化、市场化的运营模式，为本地青年搭建创新创业的平台，也为农民拓展致富增收的渠道。

（四）抓培训引资源，发挥村集体经济的“造血”作用

为了做好农村青年技能培训，且通过技能培训来帮助贫困家庭增加就业渠道，黄草社区不仅对90名左右的黄草村贫困人口进行了种养殖技能培训，指导贫困家庭找到适合自身发展的产业项目，还邀请了东华大学有关教授为本村创业青年、全县大学生村官开展了电子商务方面的专业培训，吸取发达地区电子商务发展的先进理念，为农村电商的发展储备人才。

案例三：云梦盐津——东华大学计算机学院盐津情

东华大学结合盐津地区对于扶贫工作的实际需求，利用相关学院学科优势，力求在扶贫工作中发挥党团组织以及学生组织的“阳光”作用，在扶贫实践中落实对学生的思想政治教育，发扬中华民族“善良、宽厚、帮扶”的美德。为此，计算机学院启动了“云梦盐津”扶贫计划。“云梦盐津”扶贫计划通过短期和长期、校内和校外的项目化运作，多处着手，延续持久，增强学生的使命感和责任感，使该扶贫项目成为全校师生工作的一面旗帜，成为立德树人、引导学生成长的实践教育平台。

（一）组建公益团队

学院通过组建“云梦盐津”团队，远赴盐津调研支教。2015年10月，东华大学计算机学院本科生、研究生骨干代表一行5人在辅导员黄铭心老师的带领下来到云南盐津县庙坝镇，开展扶贫调研及支教工作。为东华大学11月

“云梦团”赴盐津教育调研

的慈善文化月宣传云南盐津县提供第一手的素材，制作视频《云梦盐津》。

（二）设立帮扶基金会

学院设立“云梦”帮扶基金会，并以支部为单位结对帮扶贫困儿童。通过“交一次特殊党费”和“拨一笔支部经费”两次活动募集资金资助贫困儿童，形成有定点、有延续、有效果、有意义的结对帮扶。由海子村村民小组推选出 5 名家庭非常困难的孩子，确定帮扶对象，关注孩子们成长成才。

（三）整合各类资源

通过计算机学院的校企合作资源和校友资源，盐津县人民政府与阿里巴巴集团、上海光明都市菜园有限公司、上海源之原味农业科技有限公司等签订了合作协议，不仅在盐津县启动了农村淘宝的“千县万村”计划，促进“网货下乡”和“农产品进城”的双向流通，而且盐津农产品还免费进驻了上海环球港“云品”展示中心进行展示孵化。上海源之原味网也把盐津县地标性农产品乌骨鸡纳入到重要推广单品，在上海的高级酒店和会员中进行推广。

（四）提供技术支持

构建“互联网+扶贫”的大格局，建设农村电子商务是转变农业发展方式的重要手段。根据盐津县的需求，计算机学院安排专业老师和科创团队，对盐津县的扶贫状况进行可视化系统开发、“云盐津”网上商城开发、大学生网络支教平台建设等进行技术支持，让互联网提供更便捷的信息通道和更优质的教育资源。开设腾讯微店，整合盐津县优势农产品可售货源，将云南深山的农产品卖到上海，减少农产品销售的中间环节，既让城市居民享受健康美味的绿色食品，又给盐津群众带来了实实在在的实惠。2015 年 11 月，云梦盐津微信公众号与盐津农家特产微店正式上线，销售额达到 4 万元。以计算机学院阳光公益服务队成员组成的创业团队，在学校、学院的支持下，通过线上线下多种形式助力盐津特产的推广。

（五）爱心物资捐助

除了人才、资源、技术等方面的支持外，计算机学院还开展了一系列爱心帮扶活动，例如捐赠爱心电脑、募集多种乐器、购买农产品、捐赠衣物和书籍等等，通过爱心物资捐助为贫困山区不断“输血”。10 月，计算机学院捐赠电脑 14 台，支援云南盐津电商平台建设。

盐津电商线上服务

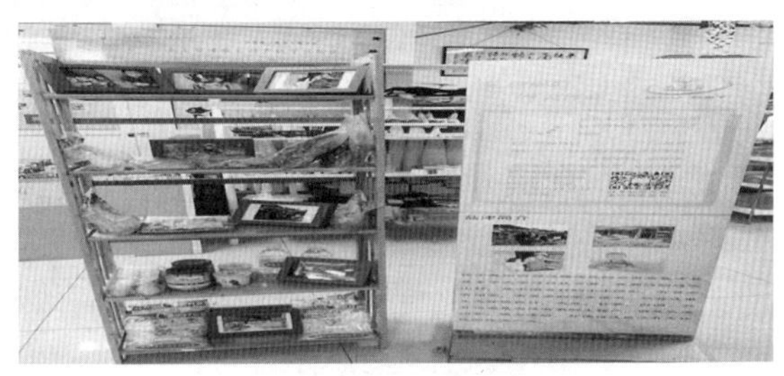

盐津农家特产线下体验

“云梦盐津”项目是师生共同助力扶贫的成功案例。百年大计，教育为本。对于贫困地区来说，教育是他们从根本上摆脱贫困面貌的有力途径。发动全校师生之力共同关注、甚至参与到扶贫工作中来，能为盐津地区带来他们最缺乏的智力支持。

案例四：扶贫在扶智，培训班先行

贫困地区一个重大的脱轨是发展理念、知识水平的落后，为他们量身定制培训班恰恰抓住这个关键点，在当地最需要、最紧缺的口子上实现帮扶。另外，教育扶贫、人才培训也恰是高校扶贫的优势所在，培训活动的顺利开展有效推动了扶贫工作的进一步深入。

（一）干部培训

2015 年 10 月，东华大学开展了为期 5 天的盐津县领导干部培训班。培训班秉持“精准扶贫，干部队伍先行”的理念，围绕培养造就高素质干部队伍的目标，力求紧密结合盐津县干部的特点和需求，共设理论辅导、案例教学、市情介绍、现场教学和研讨交流五个专题。理论上主要围绕党和国家发展战略布局、“互联网 +”大数据、干部心理健康及压力调适等主题作辅导报告。

大手拉小手慈善钢琴会暨慈善文化月发布会

实践上则安排了上海城市规划展示馆、上海纺织服饰博物馆和东华大学科技馆的实地参观，开展了上海凝聚力工程博物馆和新浜镇新农村建设的现场教学。培训班坚持理论联系实际，强化基层需求导向，通过创新培训形式、丰富培训内容、优化培训安排，保证了培训效果。

（二）中小微企业家培训

2015 年 11 月，学校举行了盐津企业生产经营管理人才高级研修班。研修班充分发挥校内外专家教师优势，围绕企业品牌建设与营销新趋势、农产品的市场策略与推广实战、生态旅游区建设案例研讨等专题开展培训。培训班

盐津县领导干部在东华大学进行培训

对于提升企业管理人员综合素质和业务能力起到了积极作用。

（三）中小学老师培训

从 11 月 26 日到 12 月 15 日，东华大学附属实验学校举行了对云南盐津县 11 名中小学老师的培训。首先，为 11 位老师安排了一对一帮扶结对指导老师，便于学科之间的精准交流；其次，把学校的发展理念、教学设计等各个方面无条件地展示给培训教师，共谋发展；再次，根据 11 位盐津老师的要求，为其安排了心理健康、教务管理等具体讲座计划，解决其最关切的问题。

盐津县中小微企业家培训

东华大学根据自身的人才、学科优势，结合盐津县实际需求，立足教育扶贫、科技扶贫、人才扶贫和智力扶贫，实实在在为盐津县的贫困地区办实事、办好事，为当地脱贫致富做出努力。

（蒋莹整理）

发挥药学优势　打造“巴山药乡”

——中国药科大学

（定点扶贫：陕西省镇坪县）

“十二五”期间，按照中央统一部署，44 所教育部直属高校被确定为国家扶贫开发工作重点县定点扶贫单位，中国药科大学作为其中之一，定点帮扶陕西省镇坪县。

镇坪县区位独特，地处陕西最南端，位于陕渝鄂三省（市）交界处，属《国家主体功能区规划》的秦巴生物多样性生态功能区，森林覆盖率达 86.4%。这里中药材资源十分丰富，适宜种植的中药材有 420 余种，适宜种植中药材的土地有 40 余万亩。但是，由于受传统自然经济思维定成影响和缺乏科技、人才等支撑，长期以来，镇坪县在中药材资源开发利用上始终没有取得实质性突破。

中国药科大学作为在药学界享有盛誉的教育部直属、国家“211 工程”重点建设的大学，秉承“精业济群”的校训精神，落实精准扶贫的相关要求，把中国药科大学实力雄厚的药学类特色科研资源和当地丰富的中药材开发资源结合起来，找准扶贫切入点，注重发挥自身行业优势，从调研开始，从规划做起，集上级主管部门、镇坪县、中国药科大学三方智慧，挖社会、企业可用资源，逐步做大做强镇坪县医药产业，全力打造“巴山药乡”品牌，取得了明显成效。2013 年国务院在云南召开的扶贫大会上表扬中国药科大学做法，2014 年在陕西扶贫大会上中国药科大学作为高校唯一扶贫单位代表发言。

一、立足长远，健全扶贫体制机制

2012 年底，在收到由国务院扶贫开发领导小组、中组部等八大部委联合发出的《关于做好新一轮中央、国家机关和有关单位定点扶贫工作的通知》后，中国药科大学做出了“加强领导，保障经费，健全工作机制，确保定点扶贫工作做到位、做出成效”的决定。制订了《中国药科大学定点扶贫工作实施意见》，从思路、方式、举措等方面进行谋划。充分发挥科技人才方面的优势，成立中国药科大学定点扶贫专家委员会，根据镇坪县中草药资源丰富的现状，科学分析镇坪县中草药的药用价值及种植前景，研判市场行情，指导种植技术，扎实、精准地推进定点扶贫工作。

中国药科大学每年从中央高校基本科研业务费中拿出 50 万元专门用于陕西镇坪定点扶贫专项课题研究，围绕镇坪黄连、葛根、杜仲、白芨等道地中药材的种植、药用价值开发等情况，开展了 20 多项课题研究，为镇坪的中药材产业发展解决了部分技术难题。

二、精挑细选，选派优秀扶贫干部

中国药科大学党委高度重视扶贫挂职干部选拔工作，将其作为做好定点扶贫工作的关键点。校党委常委会专题研究选派方案，并在校园网首页发布公告，召开全校动员会，在个人申请、组织推荐的基础上，认真考察、严格把关，经校党委常委会讨论，最终确定扶贫挂职干部人选。选派到镇坪县挂职的干部，政治素质高、业务能力强、群众基础好、有强烈事业心和责任感，愿意为镇坪人民脱贫致富贡献力量。

各位挂职干部在挂职期间积极发挥校地合作的桥梁纽带作用，秉承药大人“精业济群”的校训精神，以高度的政治责任感和对当地群众的深厚情意全心投入，组织开展了大量扶贫工作，为镇坪医药经济发展搭建平台、献计献策，受到了当地干部群众的一致好评。

为解除挂职干部的后顾之忧，中国药科大学落实相关待遇，为挂职干部购买人身意外保险，安排家属每年探亲，报销来回旅费，并通过加强沟通、传送温暖等举措，为他们安心工作提供保障。

三、深入互访，拓宽扶贫工作思路

自接受扶贫任务之日起，中国药科大学党委就要求每一位校领导班子成员轮流到镇坪县调研、指导，积极促进校地交流合作。三年来，全校 9 名校领导班子成员中已有 8 位领导先后带队到镇坪县实地调研，密切了校地之间的联系。

安康市、镇坪县的主要领导先后多次应邀到中国药科大学对接扶贫工作，加强沟通，增进了解。

2015 年春节前，镇坪县委县政府为表达对中国药科大学的感激之情，向药用植物园赠送 18 棵国家一级保护树种珙桐，中国药科大学则回赠南京市花梅花树 30 棵，同时赠送镇坪县政府 10 台办公电脑，双方友谊不断加深。

四、挖掘资源，为镇坪牵线搭桥

中国药科大学积极利用自身与医药企业联系广泛的优势，加强对镇坪的宣传和项目推介，先后引进中科集团、广药集团、金陵制药、正大天晴等10多家知名制药企业到镇坪县考察。同时组织镇坪中药产业发展相关人员赴江苏、重庆、成都等地的知名医药企业考察、交流，为今后扶贫工作深入开展拓宽了视野。

2015年7月，常州方圆制药有限公司带领企业30余位中层以上干部到镇坪县开展“送温暖，献爱心”主题党日活动，方圆制药公司为镇坪200名贫困学生捐赠20万元助学金。该公司表示，企业将与镇坪县建立长期合作关系，支援建设一所“希望小学”，开展公司党员与优秀贫困学生结对子活动。

截至目前，中国药科大学已经促成南京正大制药与县制药厂签订了长期的葛根素购销合同，金陵制药、康缘药业分别对镇坪的玄参、天麻等中药材产业发展达成意向性协议。中国药科大学还与镇坪县一起为吸引更多企业到镇坪考察投资积极创造良好的外部环境。

五、有的放矢，精准扶贫成效显著

一是确立药材产业为县域脱贫的主导产业。中国药科大学聚集优势科研力量，对镇坪资源利用状况进行全面调研，在科学论证的基础上，进行了主导产业比选。通过资源潜力、市场前景、群众参与度、效益对比等分析，帮助镇坪县找准了药材产业在县域产业体系中的定位。2015年3月，中国药科大学挂职干部接受《陕西日报》专访，并在《陕西日报》陕南瞭望板块刊发两篇具有较强指导意义的调研文章。

二是科学编制中药材产业发展规划。中国药科大学主动承担《镇坪县中药材产业发展规划》编制任务，成立专业团队，分批次、分轮次选派专家教授实地调研，全面开展了镇坪道地中药材品质分析、品种比选，在《规划》中明确产业发展思路、目标和重点，为高效推进中药材产业发展提供了科学依据。

三是构建药材产业发展的支撑体系。建立校地、地企合作机制，中国药科大学帮助镇坪县完成了川牛膝、独活、天麻、玄参、杜仲等中药材样品成分检测分析，成功组培白芨、引种金银花等多种高经济价值中药材。

四是搭建资源对接的有效平台。通过中国药科大学与医药企业的共同努力，盘活了停产8年的镇坪县制药厂，帮助镇坪县制药厂通过GMP认证，新建的中药饮片生产线已经竣工。与安康振兴药业、镇坪县中药研究所共同建立了“安康市秦巴中药材工程技术研究中心”。与南京中科集团联合，启动镇坪县以葛根为主的保健品开发。

五是积极为镇坪培养储备医药人才。中国药科大学立足眼前兼顾长远，开展人才智力帮扶。自2014年起，为陕西省每年增加本专科生招生指标20名，启动对镇坪县开展的“农村专项”自主选拔计划。与镇坪县高中牵手实施学生素质提升“远志计划”。资助镇坪县学生到中国药科大学继续教育学院学习，免除了学生的学费和住宿费。先后组织20多名校内专家教授到镇坪为涉药部门干部、药材种植户授课。2016年4月举办“中国药科大学镇坪县产业精准扶贫培训班”，邀请专家就扶贫政策解读、农业经营管理及品牌战略、企业文化及人才培养、旅游产业规划与管理、农村电子商务营销、中药产业发展等方面作专题报告，并组织参训人员参观中科药业、南京圣和药业、金坛上阮现代农业园区等企业。

定点扶贫工作措施与成效表

经济产业帮扶	完成《镇坪县中药材产业发展规划》编制任务
	协助安康振兴药业申报工信部中药材种植生产基地建设项目（独活基地），已到账资金400万。
	推动镇坪黄连通过国家地理标志认证
	推动镇坪黄连、镇坪玄参通过GAP认证
	中国药科大学中药学院专家与南京中科集团联合，启动镇坪县以葛根为主的保健品开发
	帮助镇坪建立中药材交易信息平台
	帮助盘活镇坪县制药厂并通过GMP认证
	与安康振兴药业、镇坪县中药研究所建立了“安康市秦巴中药材工程技术研究中心”
人才智力帮扶	2014年、2015年在镇坪共录取7名贫困学生进入中国药科大学学习
	在招生指标非常有限的情况下，录取1名镇坪籍博士研究生。
	通过定向委培、职业培训等方式，为镇坪培养、输送专业技术人才5人
	开展业务技能培训，三年累计培训药农2000余人次。
	举办培训班，培训各镇及有关部门负责人、相关企业负责人共60余人。

通过中国药科大学的结对帮扶，使镇坪丰富的中药材资源赢得了与科技、资本、市场充分对接的历史机遇，带动镇坪步入了资源优势向经济优势转换的快车道。截至目前，镇坪县已建成中药材种养基地 14 个，发展产业大户 200 余户、带动药农 4000 余户，中药材留存面积达 18.1 万亩，药材产业增加值占农林牧渔业增加值比重达 20% 以上，药材产业带动贫困户户均增收 1000 元以上。2014 年镇平县贫困户人均纯收入达到 3350 元，较上年增加 850 元、增长 25.4%，农民人均纯收入增速名列全市第一。贫困人口由 2012 年的 2.31 万人减少到 1.39 万人，年均下降 12.5%，贫困发生率由 2012 年底的 47% 下降到 28%。

六、达成共识，坚持“五大发展理念”

中国药科大学与镇坪县委县政府一致认为，要按照习近平总书记提出的“创新、协调、绿色、开放、共享”五大发展理念，始终坚持发展生态经济，根据“资源保护、科技支撑、品牌带动、市场引领”原则，以中药材休闲观光、标准化生产基地、饮片和成品药加工、养生药膳、保健旅游商品等开发为重点，探索出了中药材产业融合发展的有效路径，中药材资源开发效益逐步提升。下一步，中国药科大学将对镇坪中药材开展更深入的研究，培育品质好、附加值高、市场占有率高的产品，实施品牌创新战略。积极发展中药材供销专业合作社，推动合作社与企业之间的合作，建立“公司 + 合作社 + 农户”三级收购网络体系。加大帮助镇坪招商引资力度，采取联合、兼并、参股、控股等多种形式，加快中药加工制造行业战略性重组，提高企业经营实力。加强中药食品、保健品、化妆品以及其他有机化工、肥料、饲料等相关产业，延伸产品产业链。积极开发休闲、保健、药膳等生态旅游商品，推动药材产业与生态旅游产业的有机融合。

中国药科大学将围绕镇坪县 2018 年整体脱贫、2020 年稳定脱贫目标，将产业扶贫、智力扶贫、教育扶贫、信息扶贫、文化扶贫等精准措施有机结合，整合力量全面打响精准扶贫攻坚战。

（琚婷婷整理）

充分发挥四个优势　扎实推进定点扶贫

——浙江大学

（定点扶贫：云南省景东县）

按照党中央、国务院扶贫开发战略部署，在教育部的统一安排下，浙江大学于2012年11月起首次参与国家定点扶贫工作，定点帮扶云南省普洱市景东彝族自治县（以下简称景东县）。自工作启动以来，浙江大学充分发挥组织优势、人才优势、教育优势、资源优势，注重特色与实效，多措并举，扎实推进定点扶贫工作，为景东县经济社会发展做出了积极贡献。

一、发挥组织优势，强化工作保障

浙江大学将参与定点扶贫纳入学校事业发展规划，举全校之力推动定点扶贫工作，形成了一个较为完善的定点帮扶组织保障体系。

一是成立领导小组。为确保扶贫工作的有力推进，学校成立了以党委书记、校长为组长，分管副校长为副组长的定点扶贫工作领导小组。由地方合作处负责统筹协调各成员单位，实现整体联动，确保扶贫实效。学校党委常委会定期听取扶贫工作汇报，研究部署下一阶段扶贫工作。

二是做好科学规划。为有序推进帮扶工作，在实地调研的基础上，经充分论证，校地双方本着“因地制宜”、“长短结合”的帮扶原则共同编制了两个重要规划和三个年度实施方案，明确了总体目标、重点领域、工作思路及每年工作安排，确保扶贫项目逐一落地。

三是落实经费政策。为确保扶贫工作的全面推进，学校每年拨出100万元专项经费用于定点帮扶景东县工作。专款专用，专人监管，确保每一分扶贫资金都用在刀刃上。自2016年起，学校加大资金投入力度，景东扶贫专项经费将增长至150万元。同时，学校各级人事部门不断出台鼓励政策，激励管理干部和专家教授积极投身扶贫事业，形成良好氛围。

四是选派挂职干部。自定点扶贫工作启动以来，浙江大学向普洱市、景东县选派了六位干部开展挂职工作，同时将普洱、景东列为浙江大学干部培养基地。挂职干部到任后迅速适应工作岗位要求，积极做好桥梁纽带的作用，组织开展了大量的扶贫工作。

二、发挥人才优势，带动产业发展

浙江大学充分发挥人才和学科优势，积极组织专家学者到景东县开展帮扶工作，引领带动当地主导产业的转型升级，为地方各项事业的发展出谋划策。经过三年的探索，确定了以“政府顾问＋首席专家”为主要科技支撑、以培育发展特色主导产业为主要抓手的产业精准帮扶思路。

（一）组建专家团队，强化科技人才支撑

1. 选聘政府顾问，发挥智库作用

自2013年7月受聘景东县人民政府顾问起，国内著名“三农”问题专家、浙江大学黄祖辉教授5次到景东，开展调研指导，举办学术讲座，为景东经济社会发展把脉。2015年3月，黄祖辉教授牵头整合学校相关学科的专家教授组成团队，对景东县核桃产业的发展和提升进行调研和探讨，并形成高水平的咨询报告。

2. 选聘首席专家，助推产业发展

浙江大学先后选派五位教师担任景东县蚕桑、林下资源开发、畜牧、乌骨鸡、茶叶等主导产业的首席专家，为景东特色产业发展提供科技服务。2015年12月，又选派两位教师担任景东县品牌和电商两个领域的首席专家，助力景东县农业产业的品牌化建设和互联网运营。

3. 选派专家教授，分享发展思路

浙江大学多次选派各个领域的知名教授或学者奔赴普洱市、景东县，就现代农业产业化发展、旅游规划原理与实务、民生保障与公共服务、镇域经济发展、医院可持续发展等主题，为当地党政干部、企业家、技术骨干等作讲座，反响热烈。同时，各领域专家还针对景东产业发展现状，积极撰写调研报告，为下一阶段的产业发展出谋划策。

（二）立足资源优势，培育发展特色产业

1. 探索菌类世界的秘密

景东作为云南省“食用菌王国”中的一颗璀璨明珠，至今记录到的大型真菌有近300种，仅无量山就有大型真菌215种。作为景东食用菌首席专家，陈再鸣老师组织团队重点围绕“林下资源综合开发及利用和野生菌人工驯化栽培”开展工作，探索形成“高校+政府+龙头企业+专业合作社+基地+农户”的“六位一体”合作模式，通过内引外联、整合资源，进一步带动了农民致富、农业发展、生态发展。特别是，经过三年多的努力，陈再鸣团队开展的“野生菌资源生态保护与森林功能促进项目”取得明显成效，主要体现在如下两个方面：

一方面是与景东县自然保护局建立起友好的合作伙伴关系，共同成立了

一系列实验区、实验室、监测基地、研发中心和工作室等平台。依托这些平台，团队于 2014 年 9 月成功获得野生“小香蕈”纯菌种。这是完全利用浙大技术在国内获得的第一个野生“小香蕈”纯人工培养物，在景东和浙江二地规模化中试栽培成功。经人工栽培的“小香蕈”，其外形、风味与野生菇无异，有望成为景东野生药食菌资源开发利用的新成果。目前，菌种已交与景东进行人工扩繁，投入生产性栽培。另外，项目还成功分离了景东名贵野生白肉灵芝纯菌种和多孢灵芝新品种，正在进行人工驯化栽培。

另一方面是联合政府、企业、合作社和农户，共同建立示范基地。依托景东林业局、自然保护局等责任单位，陈再鸣老师促成浙大校友企业杭州雪禾生物科技有限公司、浙商企业龙泉瓯缘食用菌专业合作社，与景东新会中药材专业合作社、景东富民食用菌种植专业合作社共同组成联合体，建立了茯苓、灵芝、小香菌等 6 个示范基地，带动农户共同发展生态食用菌产业，并取得了良好的成绩。此外，积极引进香港滢宝生物科技有限公司，投资 80 万元建立 20 亩生态灵芝（孢子粉）栽培基地，并筹建“中华灵芝文化研究院景东分院”。同时，陈再鸣老师个人还扶持了景东县大朝山东镇彭家村 9 户贫困户进行生态茯苓栽培。

生态食用菌产业联合体 2015 年合作概括一览表

政府责任部门	合作企业	专业合作社	投入资金	合作内容	合作成效
景东县林业局	杭州雪禾生物科技有限公司	景东新会中药材专业合作社	1092.76 万元	在景东花山乡营盘村、文井镇新会村、文井镇都拉村等建立茯苓、灵芝、小香菌等生态食用菌基地 6 个，面积 100 余亩；签订服务与产销协议 3 份	回收茯苓、灵芝等食药用菌产品 800 多吨，总产值预计 950 余万元，总利润 150 余万元，合作社社员户均增收 7100 余元；为景东成功注册“无量菇嫂”、“雪禾银生”等 2 个县域公共品牌
	龙泉瓯缘食用菌专业合作社	景东富民食用菌种植专业合作社			

2. 结缘乌骨鸡助力新生活

景东县无量山乌骨鸡以独有的生态保健、药用、营养价值高等优点被评为“云南省六大名鸡”，然而却存在养殖标准化低、规模化程度低、管理制度不健全、组织化程度低等问题。为加快推进景东无量山乌骨鸡产业发展，实现乌骨鸡到“金凤凰”的华丽转身，身为景东县乌骨鸡产业首席专家，尹兆正副教授 12 次赶赴景东，对无量山乌骨鸡原种保护、品种选育、养殖标准制定、生态庄园规划及地理标志产品申报等开展了技术指导和帮扶工作。尹兆正老师提出遵循“一品”（打造一个特色精品）、“二优”（发挥品种、生态两大优势）、“三合力”（聚集高校、地方政府、龙头企业）的发展思路，争取用六年时间做大做强景东无量山乌骨鸡产业。

据统计，2015 年景东全县无量山乌骨鸡存栏 250 万只、出栏 350 万只，分别比 2012 年末提高 108.3%、169.2%，实现产值 2.8 亿元，景东无量山乌骨鸡养殖定点扶贫工作取得了实效。

举办“现代家禽种业建设及产业发展”等技术培训讲座6次，覆盖600余人

指导申报云南省《无量山乌骨鸡（景东产区）地理标志》1个

制定《无量山乌骨鸡养殖综合技术规范》市级标准1项

指导乌骨鸡庄园规划2个，申请省级财政资金项目2项

指导建立存栏种鸡达5000只的无量山乌骨鸡种鸡场1个，指导专业合作社5个

指导建设无量山乌骨鸡品种资源保护场1个，开展3个群体类型的保种工作

技术指导“鸡王大赛”，由浙大帮扶鸡场选送的参赛鸡凭借过硬的“实力”包揽全部一二等奖

乌骨鸡产业帮扶示意图

三、发挥教育优势，增强造血能力

发展的核心在于人，人才队伍水平提升的关键在于教育帮扶。因此，浙江大学通过继教、支教、助教“三位一体”教育帮扶体系，进一步提升了景东县干部队伍、技术人员的综合能力，提高了学生总体素质，推动了景东县全社会教育事业的发展。

（一）加强“继教”，增强干部综合能力

为加强景东县人才干部队伍建设，浙江大学通过接受干部挂职、免费组织党政干部研修班、中小学校长培训、医生和教师培训、农技人员培训等举措进一步提升了干部和技术人员的综合能力。

（二）加强“支教”，提升学生总体素质

浙江大学在景东县设立了研究生支教团支教点，学校先后向景东县选派了三批16名优秀研究生赴银生中学、景东职业高级中学开展为期一年的义务支教活动。在浙大研究生的共同努力下，学生成绩得到明显提升，受到当地广大师生和家长的好评。

2014年8月，浙江大学又与普洱市思茅区人民政府签署了共建研究生实践教育基地和挂职锻炼的合作协议，为今后浙大学生赴滇西实践锻炼搭建了良好的平台。

同时，浙江大学在普洱市思茅区、景东县两地分别成立了浙江大学暑期社会实践基地。每年暑期，浙江大学学生会组织学生骨干赴景东县开展爱心支教、青少年夏令营等爱心公益活动，丰富当地中小学生的暑期生活。目前，已有累计70余名浙大学生参与了这项活动。

（三）加强“助教”，支持教育事业发展

一是设立求是奖教金、助学金。自2013年起，浙江大学每年向景东县捐赠20万元分别设立“求是奖教金”和“求是助学金”，用于表彰和奖励优秀教师及品学兼优的贫困学子。2014年，又在普洱市思茅区新设立20万元“求是助学金”。2016年起，学校将捐助景东县的奖金总额提升至40万元，此举将进一步激发景东教师的教学热情和学生的学习热情，从而形成更好的学习氛围。

二是积极开展各类爱心公益活动。据不完全统计，三年来，已实施开展近十项爱心捐赠公益活动，广受好评。

爱心公益活动一览表（不完全统计）

公益名称	捐赠方	捐赠对象	数量或金额
图书捐赠	浙江大学出版社	普洱地区（含景东县）中小学	930 万码洋
体育用品捐赠	浙江大学公体部	景东县中小学	270 件
“爱在滇西”大型公益活动	社会各界爱心人士	景东县贫困中小学生	80 万元资金 300 余万元物资
师生饮用水改造工程	浙江大学教育基金会	景东县太忠乡中学	10 万元
“浙江大学求是书屋”	浙江大学继续教育学院校友会	景东一中	12.3 万元
“求是强师”工程	浙商企业	景东县中小学教师	8.2 万元

四、发挥资源优势，形成工作合力

发挥校友和浙商力量，集聚社会资源共同参与扶贫工作，是浙江大学参与定点扶贫工作的一项很重要举措。

（一）创建梦想中心

为了均衡优质素质教育资源，促进云南普洱地区教育发展，浙江大学联合网新集团，携手上海真爱梦想基金会，在普洱市和景东县分别捐建了两所梦想中心，此举是高校与企业携手共同贯彻科教兴国战略的公益实践。

（二）策划招商引资

为吸引企业落户普洱和景东，学校积极发挥牵线搭桥的作用。协助景东县在浙江大学举办首届重点招商项目推介会；安排景东县党政领导赴浙江参观考察阿里巴巴集团、海亮集团、娃哈哈集团、万事利集团等浙商知名企业，并邀请浙商企业及校友企业负责人赴普洱、景东考察，共议合作投资等相关事宜；依靠景东浙江商会，加大景东宣传力度，为景东招商引资提供一个更好的平台。

（三）联合开展宣传活动

为了让更多民众了解濒危动物黑冠长臂猿的生存危机，唤醒人类的保护意识，浙江大学联合景东县在杭州举行了“让天籁之音不成绝唱”——云南景东·浙江大学保护黑冠长臂猿宣传活动启动仪式暨黑冠长臂猿纪念封首发仪式。此外，2015 年 10 月，景东茶艺师陈慧明携被列入非物质文化遗产保护名录的普洱景东彝家糊米罐罐香茶赴浙江大学，精彩亮相第十五届国际无我茶会国际茶艺茶道演示暨茶文化交流会，此举极大提升了景东彝家糊米罐罐香茶的知名度。

（四）加强医疗帮扶

2015年8月，由浙江大学医学院附属第二医院捐赠的远程会诊系统在景东县人民医院正式启动。通过这套名医可视远程会诊系统，将浙医二院名医门诊服务与景东人民医院的门诊系统连接，使景东广大老百姓可以享受浙医二院名医的面对面就诊服务，真正实现了高端医疗资源重心下移，缓解了景东老百姓看专家难的现实问题，同时也为景东医疗提供了一个与国际接轨的平台。据了解，浙医二院专家利用该系统已协助景东县人民医院会诊病例20余次，既满足了患者的需求，又提升了医院的医疗水平。2015年11月，浙江大学医学院附属第一医院又与普洱市中心医院正式建立了定点帮扶合作关系，开通网络医疗服务平台，并赠送价值人民币三十万元的远程医疗系统一套，同时，支持20万元用于“掌上医院”平台建设和运营。

（五）支持滇西高等教育发展

自教育部与云南省共建滇西应用技术大学以来，浙江大学积极支持滇西应用技术大学普洱茶学院筹建。在浙江大学的大力支持下，普洱茶学院成为列入云南省首批组建的3所特色学院之首。2014年12月12日，浙江大学与普洱市政府正式签署支持普洱市筹建滇西应用技术大学普洱茶学院合作协议。浙大将每年选派若干名学科带头人和专业骨干教师到普洱茶学院兼职或挂职，从事教学、科研和管理工作。

（胡仕林整理）

积极推进精准医疗帮扶　共促中医药产业发展

——浙江中医药大学

（定点扶贫：浙江省磐安县）

2007 年 8 月，浙江中医药大学定点扶贫区域确定为磐安县。为了精准扶贫、切实抓好各项结对帮扶工作，学校高度重视，先后制定了《浙江中医药大学磐安县大盘镇“低收入农户奔小康工程”的五年帮扶计划（2013-2017 年）》、《浙江中医药大学与磐安县结对帮扶工作方案》，并于 2010 年 9 月与磐安县人民政府签订了《浙江中医药大学、磐安县人民政府战略合作协议》，确定了涉及中药材研究、产业开发、加工推广、科技合作、医护人员培训、送医送药下乡等九大重点合作项目，明确了定点帮扶的基本工作思路和努力方向。在浙江省扶贫办、省科技厅的统筹协调和关心支持下，坚持以“抓好抓实、落实落细”具体项目为重点，以“科技、医疗、教育”为帮扶工作主轴，以中医药专业优势为切入点和着力点，切实推进各项定点扶贫工作。

一、签订框架协议，明确校地合作目标

磐安是国家级生态示范区和国家级生态县，是特产丰富之乡，具有“中国茶文化之乡”、“中国香菇之乡”、“中国香榧之乡”和“中国药材之乡”等称号。特别是“中国药材之乡”，境内现有家种和野生中草药 1219 种，种植面积 8 万余亩，“浙八味”中白术、元胡、玄参、贝母、白芍主产在磐安，俗称“磐五味”。浙江省 30 个特色小镇之“江南药镇”落户于此，中医药产业区位优势与资源优势突出，发展潜力巨大。

为进一步加强合作，加快中医药科技成果转化和高新技术产业化，提升学校服务地方经济社会发展贡献率，加快“低收入农户奔小康”结对帮扶进程，促进磐安经济社会协调发展，按照“优势互补、共谋发展、互惠互利、实现共赢”的原则，经多轮协商达成合作基本框架协议。

校地合作双方基本框架协议具体内容包括：1. 搭建校企科技合作交流平台，加强产学研交流和项目对接；2. 联合申报科研项目；3. 合作推进大盘山中药材研究院建设；4. 共建中药材科研试验示范园，整体推进原产道地中药材的产业化发展和中药材产业链的延伸；5. 建立中药材原料直供基地，开展

中药材订单式种植生产；6. 推进基层和农村医疗卫生事业发展；7. 开展送医送药下乡和科普知识宣传；8. 开展中小学生心理健康普查和心理健康教育合作；9. 做好结对帮扶工作；10. 成立校县合作领导机构；11. 建立校县联席会议制度；12. 设立校县合作专项工作经费，以落实校县战略合作各项目等内容。

二、主要医药帮扶措施与成效

（一）“扶贫先扶志”切实校地合作办医，全面推进医疗优质资源双下沉

2013 年，浙江中医药大学与磐安县人民政府签订合作办医协议，正式开展校地合作办医。根据协议，磐安县人民政府将县中医院委托浙江中医药大学附属第三医院进行全面经营管理，增挂“浙江中医药大学附属第三医院磐安分院”牌子。由学校附属第三医院定期向磐安县中医院派遣管理团队和技术团队，开展医疗帮扶活动，为磐安县中医院专业技术人员提供免费进修培训和“传帮带”服务。合作办医成效显著，截至 2015 年上半年，县域医疗就诊率显著提高，增加百分之五。截至 2016 年 5 月底，学校附属医院已经派出 6 批医疗团队，约 60 余名医生来磐医疗帮扶，医疗技术明显提升，合作开展新技术、新项目约 20 项，市级重点科研立项 1 项、省级科研立项 1 项；学科建设步伐加快，有专家长驻的科室，学科建设水平明显提升。

（二）“扶贫必扶智”充分依托学校中医药师资优势，开展医学技术培训和继续教育

针对磐安县整体中医服务水平相对落后、中医从业人数相对较少的特点，浙江中医药大学组织研究生处、成人教育学院（继续教育学院）和附属医院，充分利用优质师资力量，开展医学技术培训和继续教育活动。例如：中医师承活动，“西学中”培训，招收研修班等医疗卫生技术培训。同时，学校还制定磐安县级医院和社区医疗服务中心医生和护士的分批进修计划，逐批实施进修培训，切实开拓了当地医生的医视野，提高了医疗服务水平和服务意识，提升了当地医院的社会认知、认可度和服务满意度。

（三）“医疗帮扶也精准”充分考虑地方需要引进民众迫切需要的医疗服务项目

根据患者需求和区域共性需求，指导磐安县中医院引进推出“冬病夏治”和“冬令膏方”等医疗项目。依托学校专家团队和师资优势，新增医疗项目每年可吸引了数千人前来就诊，宣传了中医养生保健文化，提高了磐安中医院的知名度和认可度。

（四）“医疗帮扶也精准”充分利用附属三院浙江名中医馆优势，实现名中医也下沉

根据磐安县名中医专家资源相对稀缺的特点，为全面提升磐安县中医服务水平，自 2015 年 12 月 18 日起，浙江名中医馆在磐安县开设分馆。学校根据当地“医粉”需要派出多位知名中医生定期到馆与磐安县知名中医一起坐诊服务。

（五）“既扶医又扶贫”学校多渠道、多层次、多平台派出医疗专家来磐义诊

浙江中医药大学结合地方需要，每年从不同渠道向不同义诊平台派出多个层次的义诊团队到磐开展义诊活动。1. 每年“磐安 • 中国”中药材博览会期间，选派知名中医专家和医务人员到磐安县“浙八味”药材市场开展义诊活动；2. 应浙江省厅部门邀约，派出中医专家到磐安县各乡镇开展义诊活动；3. 学校自行组织义诊团队来磐开展义诊等，真切让磐安县人民享受到来自省城名中医的免费医疗服务。

（六）大学生医药“三下乡”既重实践也重帮扶，更重中医药文化宣传和传承

浙江中医药大学每年暑期都派出大学生暑期社会实践活动分队，特别是博士生医疗卫生实践服务团，是学生研究生工作的一块闪亮品牌，并于 2012 年 7 月与磐安县中医院共建浙江中医药大学博士临床实践服务基地，规定除暑期社会实践外，其他时间也定期派员到磐安临床实践。五年来，这支团队共来磐安服务 3 次，服务足迹差不多遍及磐安县所有乡镇。

（七）“既扶医又扶药”学校上下一心倾情协办磐安中药材交易博览会

作为浙江省内唯一的中医高等学府，学校长期服务地方的中医药产业发展，特别是“药乡磐安”的发展。自从磐安县举办第四届中药材交易博览会以来，浙江中医药大学就作为主要协办方倾力协办药交会，每届都由校级领导带队参展。随着双方合作的深入，学校每届药交会都推陈出新，为药交会筹备献计献策，精心准备布展的内容，不断丰富双方合作的形式和内容。第四届开始签订校地合作双方协议，以后每届都有不同的合作项目签署，达成新的合作方向和意向。

（八）充分发挥中医文化和技术优势，积极参与磐安特色小镇“江南药镇”规划工作

浙江中医药大学组织专家顾问团倾力“江南药镇”规划工作，丰富了“江南药镇”特色小镇建设的内容，融入了浓厚的中医药文化。同时，推荐专家成立“江南药镇”建设顾问团，随时准备为江南药镇建设出谋划策，献计献力。

（九）深入调查研究，主动争取项目对接与合作

浙江中医药大学每年都有很多领导和专家到磐安进行调查研究，主动参与校地合作，寻求产学研合作着力点。比如：2015 年 7 月，由学校科研处、社会合作处、产学研办公室牵头，组织学生团队到磐安开展企业技术需要调研，并为企业递呈学校科研成果汇编，寻求有效的校地合作和校企合作机会，努力地方经济科技服务。此外，还有纵向中医药项目的下沉，合作开展项目研究，共建特色中药材种植基地。五年来，学校有多项科研项目在磐安落地，涉及项目基金约 5000 万元。

（十）建立校县联席制度，加强沟通协调，共谋磐安中医药事业发展

浙江中医药大学与磐安县双方定期召开联席会议，通报各自最新进展情况，讨论、决定年度合作计划及重大合作事项，检查、监督合作项目的落实，协调、处理合作过程中的重大问题。

浙江中医药大学和磐安县双方的校地医药帮扶工作始终按照“扶贫先扶志、扶贫必扶智”和“六个精准”的精准扶贫思想进行校地帮扶，坚持以“优势互补、共谋发展、互惠互利、实现共赢”为原则，坚持利用好自身优势和资源，充分发挥和调动中医院校在医疗、科研和教育上的优势和地方特色，为磐安县医疗事业乃至县域社会经济发展做出了积极贡献。

（陈忠言整理）

切实做好土壤重金属污染治理 积极推进农业可持续发展

——杭州师范大学

（定点扶贫：浙江省临安市）

为更好发挥科学技术在对口帮扶中的作用，提高受援地区的造血能力，真正做到精准扶贫、有效扶贫，杭州师范大学（以下简称：杭州师大）以科研创新服务手段，实施惠民利民行动，在临安市开展了安农产品产地环境重金属污染阻控关键技术集成与示范研究，通过科技定点扶贫，贴近基层、密切联系群众，为当地老百姓提供真真切切的帮助和支持。

国务院批复的《重金属污染综合防治“十二五”规划》和《国务院办公厅关于印发近期土壤环境保护和综合治理工作安排的通知》，明确提出了尽快攻克污染土壤修复技术和加强试点示范的要求。因此，全国许多省份都把建设土壤重金属污染治理试点示范工程列入重要的科级攻关任务，进一步加强修复技术体系研究和推广应用，防控和修复土壤重金属污染，提高土壤环境质量，保障生态环境与食物安全。

2011 年 7 月，杭州师大生命与科学学院周根娣教授带领团队在临安市建立蔬菜主产地重金属污染阻控技术集成示范样板 1 个，占地面积 6000 平方米，旨在通过开展蔬菜产地重金属污染源解析与阻控技术研究及综合示范，提供可推广应用的可操作实施方案并建立示范基地，从而实现农产品安全的源头控制和全面提升临安市蔬菜质量安全水平，确保临安市蔬菜的安全生产和农产品出口产业的高效快速发展，为当地菜农提高收入。通过努力，这项科级扶贫工作得到了临安市政府人民的大力支持与充分肯定，也得到了当地老百姓的积极配合与普遍欢迎，定点扶贫工作取得了显著成效。

一、蔬菜地土壤重金属钝化效果田间试验情况

扶贫科技试验区建于浙江省临安市清凉峰镇九都村锦昌农业开发有限公司蔬菜基地进行。2013 年 4 月初采用人工撒施方法将钝化剂（石灰、海泡石、生物质竹炭、有机肥羊粪）均匀施入实验小区，然后翻耕混匀（深度 20cm）并平整土地。钝化剂添加入土壤 14 天后进行空心菜的播种，根据空心菜生长

中病虫害及杂草生长实际情况，及时进行农药喷杀和杂草去除工作，日常水肥管理和基地正常生产一致。待 70 天后收获，测定不同钝化剂处理下空心菜茎叶、根中重金属含量；土壤处理前后土壤重金属含量变化以及形态变化。通过实验，发现生物质竹炭、有机肥羊粪、海泡石、石灰等钝化剂的单施和组合配施均可以促进土壤 pH 的提高，但是从长期的作用效果发现，钝化剂的组合施肥和石灰的作用效果最好。从经济效益角度分析，施加石灰、有机肥羊粪以及石灰和有机肥羊粪配合施用既能在一定程度上抑制重金属迁移进入空心菜茎叶中，同时也能产生一定的经济效益。研究最终选择石灰和有机肥羊粪（或化肥）组合配施模式实际应用于锦昌农业开发有限公司蔬菜基地钝化修复示范。

二、典型蔬菜基地土壤重金属植物修复田间试验研究

本田间实验在浙江省临安市清凉峰镇九都村锦昌农业开发有限公司的蔬菜基地中进行。从 2013 年 2 月 18 日进行黑麦草和紫花苜蓿播种，2012 年 3 月 5 日完成伴矿景天移栽工作。并在 2013 年 6 月 30 日进行土壤样品、黑麦草、紫花苜蓿和伴矿景天采集工作。

三、典型蔬菜基地土壤重金属钝化修复田间示范

本示范工程位于临安市清凉峰镇九都村锦昌农业开发有限公司蔬菜基地。

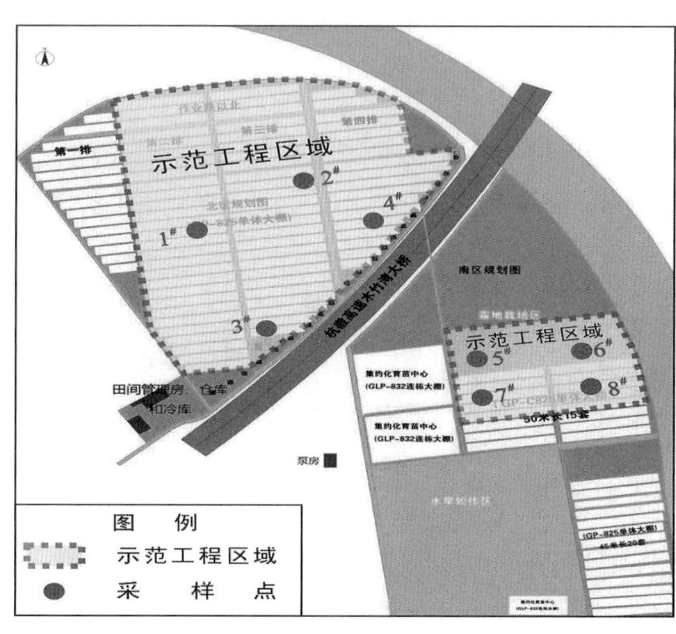

图 3-1 示范工程所在区域及示范工程土壤样品采集点分布

示范工程时间：2014 年 2 月初至 2015 年 3 月初。示范工程面积：总面积 40 余亩，其中芦笋 30 亩，其他蔬菜种植面积 10 亩。示范工程所用钝化剂：生石灰。

根据该项工作前期调研监测结果，并结合蔬菜基地不同耕作模式[轮作（芦笋种植区）和连作（辣椒等常规蔬菜种植区）]，选择 30 亩土壤中 Cd 和 Zn 有效态含量较高芦笋种植区块以及 10 亩常规蔬菜种植区作为本示范区域（见图 3-1）。 2014 年 2 月中旬，采用人工撒施方式添加石灰，同时采用沟施方式添加有机肥羊粪，然后翻耕混匀（ 深度 20 cm） 并平整土地。2014 年 3 月初进行芹菜、青椒、土豆等常规蔬菜品种的移栽或直播，根据不同蔬菜生长情况、病虫害及杂草生长实际情况，雇佣当地农民及时进行农药喷杀、杂草去除，并根据芦笋、芹菜、青椒、土豆、莴苣、卷心菜等蔬菜实际生长情况追施复合化肥及尿素，其他日常管理工作和基地正常生产一致。

根据土壤中 pH 值及土壤肥力实际变化情况，于 2014 年 8 月底，进行了 30 亩芦笋和 10 亩常规蔬菜种植区域组合钝化剂的第 2 次添加工作，并进行了胡萝卜、青菜等常规蔬菜品种的移栽或直播，其他水肥、病虫害管理与 2014 年上半年一致。

通过锦昌农业开发有限公司蔬菜基地的土壤重金属钝化修复示范工程，土壤中有效态 Cd 、Zn 含量与示范工程实施前相比，基本上都有一定程度降低（ 见图 3-2 与 3-3)。与示范工程实施前相比，8 个示范点土壤中有效态 Cd 平均含量有了较大的降低（见图 3-4）。

在田间小区初期试验得出的石灰、有机肥羊粪能在一定程度上降低蔬菜中 Cd、Zn 等重金属含量这一初步结果基础上，对清凉峰镇九都村锦昌农业开发有限公司蔬菜基地芦笋种植区土壤施加了石灰和有机肥羊粪，钝化剂施加

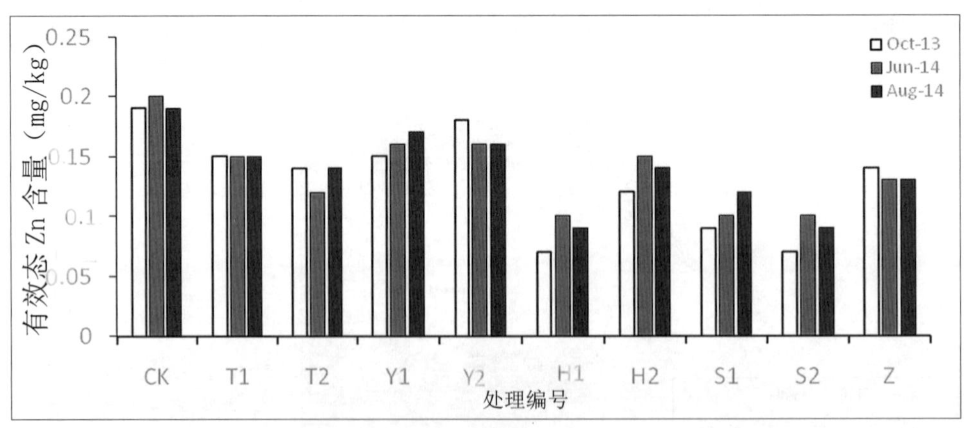

图 3-2 施加不同比例钝化剂对土壤有效态 Zn 的影响

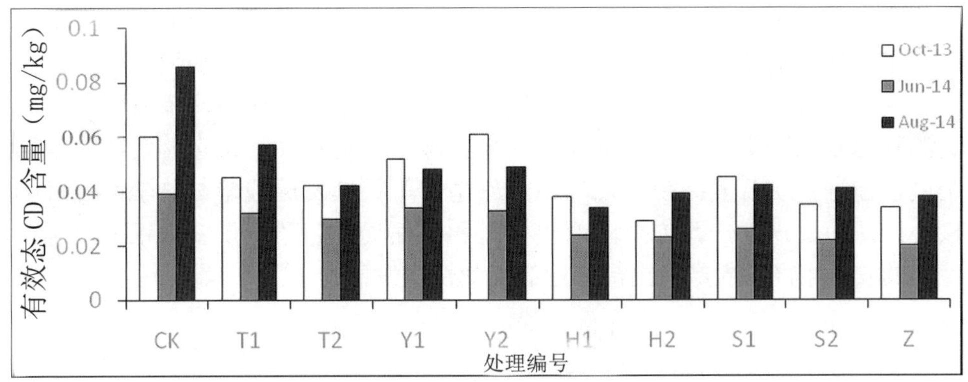

图 3-3 施加不同比例钝化剂对土壤有效态 Cd 的影响

后，芦笋中重金属含量较钝化剂施加前有一定程度降低。施加 2 个月后，采集蔬菜基地土壤、水、空气、芦笋样品，送往浙江省地质矿产研究所进行分析测试，结果表明锦昌农业开发有限公司蔬菜基地水符合《地表水环境质量标准（GB 3838-2002）》要、空气符合《环境空气质量标准（GB 3095-2012）》要求、土壤符合《绿色食品 产地环境技术条件（NY/T 391-2000）》要求，芦笋中重金属含量低于《绿色食品 多年生蔬菜（NY/T 1326-2007）》中相关浓度限值。锦昌农业开发有限公司生产的绿芦笋成功申报绿色食品标志认证。扶困户子女技能培训 50 余人；帮扶贫困户 280 户种植绿色无污染蔬菜；建成 40 亩示范基地。目前各类项目建设已经全面启动，取得了良好的效果。

2015 年下半年，杭州师大陆续迎接浙江省扶贫绩效考核、省财政扶贫资金专项审计和临安市地方党政主要领导扶贫责任制考核，各项工作都得到了浙江省和临安市的一致好评。在以后的定点扶贫工作中，杭州师大将在省委、

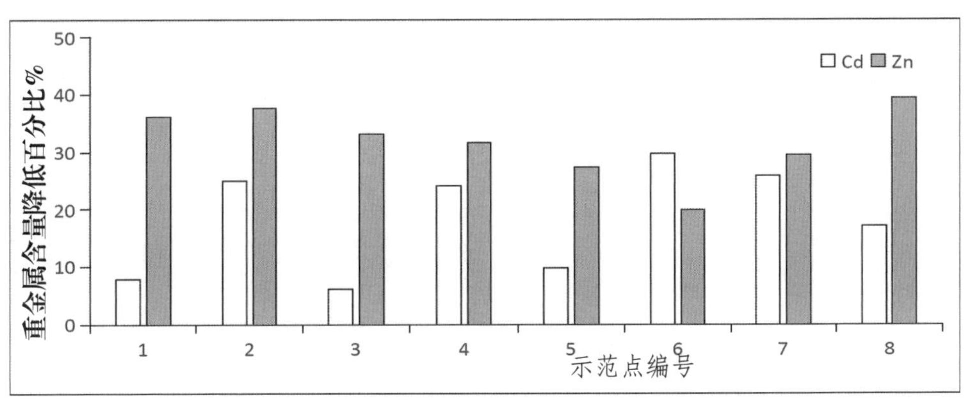

图 3-4 8 个示范点有效态 Zn 和 Cd 平均含量降低百分比

省政府以及扶贫办的领导下，加强与省定点扶贫单位的沟通交流，继续围绕土壤重金属污染情况调查、污染治理修复措施等工作重点，加大该项目的扶持力度，鼓舞更多科研教师加入土壤重金属污染治理工作中，争取更多人力资源和修复治理资金，同时继续深入推荐廉洁扶贫行动，认真落实各项廉洁制度，建好扶贫开发队伍，以环境友好型、可持续发展战略、科学发展观为核心，从而实现农产品安全的源头控制和全面提升蔬菜质量安全水平，确保蔬菜的安全生产和农产品出口产业的高效快速发展。

（张翠霞整理）

情系三农　科技助力

——浙江工商大学

（定点扶贫：浙江省泰顺县南院乡）

浙江工商大学在“十二五”期间定点扶贫泰顺县南院乡。学校在浙江省科技厅和泰顺县领导支持下，围绕泰顺县委、县政府“三生融合、幸福泰顺”建设总体战略部署，立足泰顺县南院乡的实际情况，以科技创新创业和科技服务工作为助力，通过组织申报与实施农业科技项目，强化农民科技知识培训，规范发展专业合作组织，引导农业产业化发展，增加农民收入，快派驻地农业产业机构调整和转型升级，促使农民增收致富，实现南院乡农业产业升级，实现脱贫发展。总结学校在南院乡的扶贫工作，主要采用以下描施。

精心调研选项目

一、精心调研、选准科技项目

精准扶贫的前提是准确把握扶贫对象的情况。为此，学校派科技特派员——连超同志到泰顺县南院乡（现罗阳镇南院社区）驻地（海拔为当地最高，达 920 米）开展科技扶贫联系和落实工作。连超科技特派员随同乡干部下村入户，深入田间地头和村民家中，与村干部、村民进行深入的交流，虚心听取群众的意见和建议，获得了该乡发展中的大量第一手资料。在此基层上，学校结合调研资料，结合当地自然和社会资源实际情况，依托学校自身科技特长，编制申报省市县有关科技项目，精心组织项目实施，积极引进推广适应当地种养业的优良蔬菜和经济作物品种、先进实用技术和农产品加工技术，建立效益示范基地，以示范基地为载体，拓展科技扶贫工作。

（1）市场经济规律引导农户与专业种养大户、龙头企业结成经济利益共同体，建立新型产业发展模式。

（2）发展特色农业产业。南院乡气候具有日照时间短、昼夜温差大，病虫害较少的特点，为此选择发展高山蔬菜和特色农作物等。在立足本乡高山实际，做足高山文章，挖掘特色农业潜力，打响高山特色品牌，积极引导、鼓励农民重点发展具有较好发展前景的高山特色农业品牌的策略。

（3）建立专业合作社，促进农业产业发展。通过考察，在水稻种植上，与杂交水稻相比，种植红米具有投入成本低、产出收入高（约是种植水稻的 1.5 倍）的优势。学校积极动员当地农民陈尚章等 5 人牵头成立泰顺县南院红米专业合作社。这是全县第一家将流转土地抵作资金的农民专业合作社。此外，学校积极牵线搭桥，帮助设计出“南院红”商标图案，并协助完成工商注册，实现商业技术保护。现在，随着南院红米被越来越多人所熟知，购买人群不断增加，价格也越来越高，种植规模不断扩大，现在仅三坪、三联两村种植红米 400 多亩，再加上附近的毛洋、洲滨等村，面积已达 1000 多亩。为当南院乡经济发展提供了重要动力，成为产业化发展的引导。

“南院红米”商标图案

2012 年 3 月， 为

促进三联等偏远村落“农民增收、农业增效”，积极走农业规模化、产业化、科技化经营之路。学校发动该村毛显云等开展番薯种植及深加工，并指导成立了泰顺县三联番薯种植粉丝加工专业合作社。通过此示范项目的开展，不仅使众多昔日荒芜的田地（旱地）重新焕发出生机，而且使得先前只用来当作饲料的番薯经过开发深加工，提升了产品附加值。项目中仅番薯粉丝的销售就为当地村民收入增收数十万元。如今三联村番薯粉丝因为质量上乘而受消费者喜欢，1000克最低能卖30元，村中此项产业中收入最少的农户每年达五六千元，最多的可达6万元以上。现在村中50多户农户种植达100余亩，还辐射周边村落农户种200多亩。现在随着番薯种植规模扩大，加工品种也越来越丰富，如有番薯粉、番薯粉丝、番薯粉结、番薯粉片等。于是，经济效益不断提高，除去劳动成本后，收入仍达种植相同亩数杂交水稻的1.5倍。

为促进南院乡蔬菜产业化发展。近年在推广南院高山蔬菜种植基础上，加快产业化发展，学校指导黄堂冰等人先后成立泰顺县塭垟蔬菜专业合作社、泰顺县兴绿农业有限公司，建立南院高山蔬菜发展的现代农业发展模式。通学校的积极参与，现在南院高山蔬菜种植基地已初具规模，所流转的300余亩田地均已种上茭白、松花菜等。基地建成现代化农业种植基地，办公用房、喷微灌、水渠、道路硬化等基本设施，机械设备购置、农技专家聘请等也全部落实，总投入已近400万元。这将为南院乡农民致富提供新的途径和保障。

学校通过近五年的精心扶贫，现在在南院乡以高山蔬菜、红米、番薯种植等为主的多种具有浓厚地域特色的农产业发展模式，这些产品已享誉县内外及温州部分地区，为农民脱贫致富奔小康有了新的经济增长点。

二、内引外联，提升科技扶贫平台

创造搭建沟通交流平台，加强促进与泰顺县企业科技对接平台，依托学校强大技术支撑，促使广泛开展科技合作交流活动，促进产学研融合。

随着学校对泰顺扶贫工作的深入开展，学校与泰顺县接触交流日益频繁，学校每年要多次组织科技服务团赴泰顺开展送科技下乡活动，让学校大批科研成果在生态保护、农林生产上得到推广应用，通过学校教师手把手的传授培训让当地农民掌握了实用技术，走上科技致富之路。

近年学校成为与泰顺开展科技交流活动最多省属高校。学校组织10余次科技人员赴泰顺，深入企业和乡村，开展现场科技服务活动。学校科技职能部门负责人和科技人员多次深入泰顺相关部门及天关山酒业公司、山友企业集团、利众竹木、碑排猕猴桃基地、天遥农业等企业基地开展调研和服务，分别与当地企业开展在食品加工、贮藏保鲜、环境保护治理、旅游规划、信息服务、电子商务、电子控制系统等领域的科技合作和技术推广。2012年，

做好服务工作

学校食品学院与山友天然食品有限公司签订了校企科技合作协议并组织申报了省重大农业科技专项——地产猕猴桃加工特性及深加工产品的研究与开发，争取到经费50万元。此外，泰顺县前后三任分管科技工作副县长先后10多次带领县乡科技企业、合作社负责人及职能部门技术人员到学校咨询交流科技合作相关事宜。通过这些活动的开展，增进了学校和南院乡乃至泰顺县的联系，提升了学校科技服务基层和校方科技人员服务“三农”能力，促进了当地农业科技的运用。

2011年，在校县双方科技合作日益紧密前提下，浙江工商大学组赴泰顺与泰顺县人民政府共同签署校县全面科技合作协议，让双方合作有了制度上的保障。

三、锐意开拓，把服务社会主义新农村建设落到实处

建设社会主义新农村是我国现代化进程中的重大历史任务，泰顺具有得天独厚的丰富旅游资源，但缺乏全面系统规划。为此，浙江工商大学旅游与城市管理学院、旅游规划设计院与泰顺县人民政府、泰顺县旅游局成功达成泰顺县旅游总体规划及仕水流域旅游控制性规划编制工作合作协议。积极参与南院乡“省级生态乡”和“市级教育强乡”创建工作多方联系邀请专家，从专业角度全程指导参与两项创建工作的材料申报、制度完善、监督管理、

考核验收各项工作。最终，两项创建工作顺利通过省级生态乡、市级生态村、省级整治村考核验收以及市级教育强乡考核组预验收考评。

学校协同泰顺县科技局、人事局、团县委等职能部门制定科技支农、外出务工及返乡创业人员和青年企业家等培训计划方案；协助聘请教师，帮助落实培训实施。2012 年学校紧紧围绕“科技创新”和“社会服务”的主题，为泰顺企业及农村经济合作社负责人、乡土科技人员及分管科技工作乡镇长和在外创业泰顺青年人才等不同群体先后开办三期科技培训班，为泰顺社会经济发展培养科技实用型人才，取得良好效果。

四、热心公益，情系山村教育事业

学校关注社会公益事业，情系山乡教育。学校在 2009 年捐助南院中心小学建成第一个网络教室，2012 年 4 月，学校再次为网络教室更新设备，让南院中心小学网络教室设备配置在全县中小学处于领先位置，满足学校日常教学和课后练习的需要。2012 年 5 月，学校出版社出版的《狄更斯全集》，特别向南院中心小学捐赠一套共 33 册，扩展了乡村儿童的阅读视野。

加强农民技术培训，实行智力扶贫。学校实施农民知识化工程，对全乡农民加强农业实用技术、市场意识等培训，提高农业生产效益；对外出农民组织参加劳动技能、法律知识、市场营销培训，增强劳动技能，提高就业竞争能力。

学校通过扎实的扶贫工作，让南院乡获得了发展的动力、途径和保障。学校和泰顺县双双被中共浙江省委、省人民政府授予省科技特派员工作先进单位，学校科技特派员先后四次，分别两度荣获“浙江省优秀科技特派员”、

加强技术培训

关注公益事业

两度荣获“温州市优秀科技特派员”荣誉称号。学校将进一步强化以上四个扶贫措施，特别在农业产业化发展上狠下功夫，让南院乡与全国人民同期实现全面建成小康社会的目的。

（胡兴东整理）

创新乡村旅游扶贫机制　绿水青山变为金山银山

——浙江科技学院

（定点扶贫：浙江省天台县南屏乡）

旅游扶贫是在具有一定旅游资源条件、区位优势和市场基础的贫困地区，通过开发旅游带动整个地区经济发展、贫困群众脱贫致富的一种产业扶贫开发方式。与其他扶贫方式相比，旅游扶贫以其强大的市场优势、新兴的产业活力、强劲的造血功能、巨大的带动作用，在扶贫开发中发挥着日益显著的作用，以其锐不可当之势正成为扶贫攻坚的崭新生力军。旅游扶贫具有贫困人口参与面广、生产经营成本较低、扶贫效果来得快、返贫率低等特点和优势。旅游扶贫给贫困人口带来的不仅是经济上的脱贫，更是精神上的脱贫，是物质和精神“双脱贫”。

浙江科技学院在结对南屏乡后，发现南屏乡的旅游资源颇为丰富，决定把发展旅游作为扶贫工作的重点展开，这与南屏乡党委政府的经济发展思路不谋而合。南屏乡党委政府也意识到发展旅游对摆脱贫困、促进经济发展的意义，他们认为南屏最大优势是山水优势、生态优势、人文优势，归根结底就是旅游的优势。要推动南屏经济、社会发展，关键在旅游，长远看旅游，最终要靠旅游。他们把旅游列为工作的重点，纳入议事日程，明确目标、落实责任、完善措施，下决心抓好旅游开发工作。

浙江科技学院与南屏乡党委政府深入基层，倾听群众心声，听取专家意见，在上级政府、旅游主管部门的指导下，最终决定以创建南黄古道旅游景区拉开旅游工作的序幕，事实证明，这一举措是非常正确的。

一、南黄古道旅游景区简介

南黄古道位于浙江省临海市与天台县两地交界，起于天台南屏乡前杨村，止于临海黄坦大泛村，长约 12 公里。南黄古道距离杭州约 200 公里，距离上海约 380 公里，最佳游览季节是秋季。

南黄古道在清朝乾隆年间就已经非常有名，乾隆皇帝曾下令官员绘制“天台八景图”其中就有南黄古道的身影，不过那时是叫“南山秋色”。南黄古道修建于北宋初年，一直到清代都是浙东重要的民间商贸通道，主要运送以食盐、绿茶、布匹、丝绸、瓷器等交流极为频繁的大宗商品，是一条非常重要的民族经济文化交流走廊。20世纪70年代，随着公路交通的完善，南黄古道逐渐淡出人们的视线。

南黄古道沿途遍种枫树，是目前国内保存最好的枫叶古道之一，已列为与香山齐名的全国八大赏枫基地，是江南古道群落中以红枫、商贾、释道、儒学等文化与景观为最大亮点的一条旅游绝品线路，蕴藏着开发不尽的文化遗产。

古道南黄是一条政治、经济、文化的纽带。天台与临海较为接近的山区经济在南黄古道的沟通与交流中，逐渐形成了一种互补互利经济关系。而以天台山文化为核心的台州陆地文化，也通过这条古道互相渗透。前杨村的尚武之风，就给“台州式的硬气”增加了更为硬朗的一面。南黄古道带动了天台、临海两地社会经济的发展。沿着这条道路，伴随着各种工业与手工业产品及技术的互相交流与传播，加上集市交易活动的频繁，极大地推动了古道沿线的经济发展。

二、帮助开发南黄古道旅游景区，创建AAA级旅游风景区

（一）编制美丽乡村建设规划

南屏乡前杨村是南黄古道旅游景区的主要所在地。前杨村的风貌对于景

南黄古道景区

区整体建设具有重要意义。浙江科技学院施德法教授根据乡村的地理区位、资源禀赋、产业发展、历史文化、民俗风情、农民实际需要等要素，科学编制美丽乡村建设规划，尊重自然美，注重个性美，构建整体美，细化生产、生活、服务等功能区块的定位，合理安排村庄的产业平台、基础设施、农田保护等空间布局，注重空间布局、建筑形式、田园风貌和自然景观的融合，在美丽乡村的特色上下功夫，在美丽乡村的差异化上找出路，加强与当地国民经济和社会发展规划、新型城镇化发展规划等上位规划的无缝衔接，确保规划能落地、可实施，“一张蓝图绘到底，一任接着一任干”。目前，前杨村已经被列入县级美丽乡村。

（二）加强村庄环境整治

规划把生态文明理念融入推进美丽乡村建设全过程，大力开展绿化造林活动，重点抓好交通沿线、河道沟渠、村庄庭院和房前屋后的绿化美化。实施乡村生产生活污染源治理工程，利用“五水共治”、“清洁家园”工作契机重点开展以生活垃圾、污水集中收集处理和畜禽养殖污染防治为主的村庄环境综合整治，加快垃圾收集点、中转站、无害化处理场等设施建设，加快污水收集系统、污水处理等设施建设，利用发展沼气、生产有机肥等方式，实现畜禽养殖污染的减量化、资源化、无害化。严格落实保护生态的法律法规，加强乡村水域保护和重点区域生态修复，建设“天蓝、地绿、山青、水净”的生态环境，提升农民生活环境质量。

（三）投入资金建设旅游配套项目

自 2011 年以来，浙江科技学院已累计投入资金 50 余万元，用于景点和配套设施建设。资金主要用于下列项目：

1. 游客服务中心建设

作为南黄古道旅游区的核心设施游客服务中心已经完成了项目的前期建设工作，投入资金 8 万元，后期将继续投入资金进行建设升级。游客服务中心位于南黄古道旅游区入口处，地理位置便利，面积达 12000 平方米。建成后形成交通换乘、宣传咨询、景点售票、旅游购物等于一体的综合功能区，将为南黄古道旅游区旅游集散提供充足的空间和容量。

2. 生态停车场建设

严格按照国家 3A 级景区标准，对原有的停车场进行改造升级，投入资金 12 万元，计划建成总面积达 10000 平方米左右的生态停车产，内设大巴停车场、小车停车场，换乘停车场等泊车区域，能充分满足旅游车辆停放的需要，后期将陆续投资完成生态停车场的改造升级工作。停车场在设计上独具匠心，不仅做到了与旅游区整体环境相衔接，而且将旅游区文化内涵融入其间，成为旅游区的一部分。

3．景区游步道建设

至今已投入资金 10 万元用于游步道的建设，目前游步道已经基本开通，游步道的路线设计经精心规划，或依山就势，或沿溪修筑，或曲径通幽，很好地兼顾了文化性、生态性和观赏性，与景区环境融为一体、浑然天成。后期还将继续进行整合美化建设。

4．举办红枫节

自 2011 年创办红枫节以来，已经成功举办了 5 届。2015 年 11 月 21 日举办了天台山第五届红枫节暨“中国最具文化创意旅游乡村”采风行。此次活动共有：“中国最具文化创意旅游乡村”采风行、旅游项目推介活动、第五届红枫节开幕式、“小乡大赛”农产品达人赛、千驴登古道活动、第二届手机拍天台“南屏秋色”摄影大赛、旅游口号征集活动、垃圾换姜茶活动、天台一汽—大众 4S 店现场服务活动等。此次红枫节吸引了大量的游客。红枫节后的周末游客最高峰达到 2 万多人次，最大的一家农家乐一天最多接待游客 130 余桌。2015 南屏乡年共接待游客 48.7 万人次，同比增加 4.3%，旅游营业收入 1788 万元，同比增加 11.2%，带动 3000 余名农民增收致富，促进山区经济转型升级。红枫节期间近百家地摊双休日每日每摊能卖 100—1000 元的农副产品。农家乐发展到 22 家，农家乐户均收入达到 6 万—7 万元。

5．快乐田园开发

往年国庆节前后，是南屏乡的旅游淡季。当地最具盛名的古道红枫，要到 11 月份进入赏枫季节后，才会迎来旺盛的旅游潮。但由于赏枫季节短暂，南屏乡做大休闲游的雄心受到了制约。如何拉长旅游季，让乡村休闲旅游“细水长流”，乡村两级干部、天津职业大学都在动脑筋。天津职业大学投入资金 10 万元，流转 110 亩土地建设“快乐田园”项目，种上了不同品种的鸡冠花。往年“红枫节”到来前的两个月时间里，前杨村农家乐经营户杨方飞只零星接待几桌客人，有时甚至整天没有一个客人。2015 年局面一新，花开季节，各地游客纷至沓来。在他的“四合院”农家乐里，游客多的时候一天要接待近 30 桌。

举办“唱响天台山”活动

6．管理人员培训

游客玩得开心、赏得舒心、归后留心，旅游才有生命力，为此我们邀请村干部到天津职业大学，对其进行乡村旅游、农家乐等项目培训，提高他们管理、发展旅游景区的能力，为游客来到景区享受更专业、更舒适的服务奠下坚实的基础，同时，天津职业大学为这些培训提供经费支持。

（四）帮助开发民宿

民宿能让人体验当地风情、感受民宿主人的热情与服务、并体验有别于以往的生活，因此近年甚是流行。天津职业大学与南屏乡党委政府在开发民宿上齐心协力，取得了较好效果。南屏乡山头郑村立村已有千余年历史。村中现存的多座明清时代四合院及多幢民国时代百年洋房共同形成了一个记录往昔时代风貌的古民居群。该乡近年对古民居群采取保护性开发，在保留其原汁原味风格的同时，又推出"认租百年洋房"活动，呼唤乡贤回乡创业，并重点推介投资旅游服务产业，倚古富民，取得良好效果。2015 年国庆长假期间，该乡首家颇具地域特色与历史代表性的高端民宿——"听松楼"正式开张，12 间精品房早被听到消息的上海、杭州、宁波等地游客预订一空，整个国庆假期游客爆满。采野果、捣公式糍、放鞭炮、踩高跷、舞龙狮、听泉流、访古居、观洋房、聊村史等一项项农村休闲旅游和文化活动也悄然跟进……

（五）挖掘本土特有的历史、乡俗、地域等方面文化旅游配套资源

浙江科技学院积极帮助南屏乡挖掘本土特有的历史、乡俗、地域文化，为南黄古道景区增添人文气息。

1．挖掘文化效应

利用南屏乡前杨村历史文化遗产大祠堂——"四知堂"，充分挖掘其蕴含的为纪念中国第一廉吏、东汉名臣、"关西孔孟"杨震的文化内涵。做大做强南屏乡旅游产业，一方面吸引游客参观，带来旅游效益，另一方面丰富干部群众精神食粮。目前，"四知堂"已被天台县列为中小学生廉政教育基地。

2．增强文化凝聚

针对南屏乡有三分之一人口常年居住县城的情况，在县城成立"南屏村"，成为异地南屏人的"家"。组建天台县第一个乡镇商会南屏商会，使在外南屏人依靠文化更加凝聚团结。并引导商会换届不搞庆典，省下10万元捐给慈善，体现了南屏人敢为人先，凝心聚力，乐善好施，共同致富的文化。

3．开展非遗保护

南屏乡在"一根藤"已被列为台州市非物质文化遗产基础上，积极申报"一根藤"为浙江省非物质文化遗产。还有"紫阳掌"等民间文学、人生习俗、岁时节令、民间信仰、游艺、传统体育与竞技，全乡共有非物质文化遗产普查线索 2935 条，经整理有非物质文化遗产项目文本 100 种。南屏乡的佛雕文化产业独冠全县，特别是出了几位世界级佛像雕刻大师。南屏人汤春甫，被国务院授予"中国工艺美术大师"荣誉称号，他创作的中华历代杰出名人像、

中华历代帝皇像在东南亚地区产生重大影响，其中创作的高 3.2 米的巨幅千手观音雕像被故宫博物馆永久珍藏，视为国宝；大师徐俊贤设计创作的佛雕工艺美术精品《罗汉对弈》获首届中国·浙江工艺美术精品博览会金奖。

4．做好文化宣传

在旅游乡村前杨村，一幅幅印有家风家训内容的展板，组成了一道特别的文化风景线，吸引了游客驻足观看品味。数千年以来，南屏人面对贫瘠的土地，残酷的生存环境，艰苦创业，自强不息，形成了深厚的文化积淀，历代文人辈出。南屏优秀的家风家训，记录在各姓氏的家谱以及优秀著作中，在南屏乡代代相传，也在当地人的心中打下了深深的烙印。

文化宣传活动丰富

（六）大力宣传南屏乡旅游产品

这几年来，南屏乡成功举办“红枫节、杨梅采摘节、油菜花节”等系列节庆活动，挖掘极具特色的乡土文化，很好的丰富了旅游产品种类；加大媒体宣传力度，加强与新华社、中新社、浙江日报、浙江卫视等主流媒体的合作，发表了数以百计的新闻稿件，进一步扩大南黄古道旅游区的影响力；浙江科技学院专家为南屏乡制作《古道秋色》宣传片，印刷南黄古道画册，同时积极建设南黄古道旅游区网站，使游客能更好更全面的了解旅游区的历史人文底蕴和美丽自然风光；此外，天津职业大学还协助南屏乡开展了南黄古道旅游区形象标识征集活动、作家采风活动，着手编制《南屏主题》书，这些活动都对旅游区起到很好的宣传推广作用。

南屏乡充分依据旅游资源优势，秉持“四季有景、四季可游”的规划发展理念，坚持“以农促游、以游兴农”的战略基调，抢抓机遇，审时度势、借时借势，于 2015 年通过了南黄古道国家 AAA 级旅游风景区验收。

三、下一阶段工作思路

浙江科技学院将继续集人力、物力、财力，同舟共济，上下一心、全力以赴帮助南屏乡做好各项工作，下阶段的将重点开展以下几点工作：

1．莲花梯田建设

梯田位于南黄古道北侧，风景独特，是景区内的重要观赏景点，为方便游客观赏，将开辟 300 米左右环形鹅卵石游步道，还将在东、南、西、北四个方位构建观光台，预计天津职业大学将投入资金 12 万左右。

2．景区游步道美化建设

经过前期建设，景区游步道基本开通，为使游步道更好地融入景区，后期将对 700 米左右游步道进行道路整合美化建设，预计天津职业大学投入投资金额为 6 万左右。

3．深层次宣传

进一步提升景区知名度与影响力，全方位、多途径、立体化宣传，结合景区全新打造的特点，以南黄古道、莲花梯田、古村落等为主题，编写宣传语，多方位发放，并在网站上展开宣传。

南屏乡有了浙江科技学院打造的乡村旅游项目，山区的山不再穷，水不再恶，人一定会更美，这是南屏乡旅游产业这棵大树给山区老百姓带来的福祉，是山里人的福音。

（陈忠言整理）

培养一个学生 脱贫一个家庭

——杭州职业技术学院

（定点扶贫：中西部14所职业技术学院）

作为国家骨干高职院校，杭州职业技术学院积极贯彻习近平总书记关于机关事业单位做好定点扶贫工作的指示，深刻领会“精准扶贫、精准脱贫”、“治贫先治愚、扶贫先扶智”的扶贫理念，努力实践省委“把工作重心转到帮扶低收入人口增强自我发展能力上来”的工作要求。杭州职业技术学院依托电梯人才培养教育资源优势，构建浙江省电梯人才培养联盟，在全国范围首创“校校企精准扶贫班”，采用“免费培养、定向就业”模式，拓宽了原有对口支援中西部院校途径。培养的学生全部在国内前十大电梯企业就业，协议起薪4000元，真正实现了“培养一个学生、脱贫一个家庭”的目标，受到了教育部等相关领导的高度肯定。

一、依托平台实现电梯产业发展和贫困学生就业的精准对接

浙江是全国电梯生产大省，2014年浙江省电梯年产量达16万余台，电梯整机及部件总产值达550亿元左右，产值和产量均达到全国的30%，居全国第三位。随着电梯产能和使用数量的增加，电梯的事故也不断增多。而导致电梯事故频发的一个很大因素就是维修保养服务没能跟上去，电梯安装、维护和维修方面的专业人才存在着巨大的“缺口”，远远不能满足电梯数量的增长需求。以浙江省为例，单看电梯维保人才需求，一方面全省在用电梯已达35万台，按照严格操作规范，以30台电梯需要一个维保人员计算，需要1.2万余人；另一方面从增量上来看，2015年我省新产电梯量近12万台，并且近年还在以10%以上的速度增长，每年需新增4000人。电梯安装、维护和维修人才的不足，严重制约了电梯产业的发展。电梯维保产业是一个全国性的产业，即省内的电梯生产企业一旦卖出一批电梯，必须在客户所在地安排维保人员进行长期根据服务，随着产业的发展，电梯企业对中西部地区的人员需求量越来越大。杭州西奥、西子奥的斯、通力等区域主流电梯企业已经遇到了在中西部地区招工难、培训难等问题，维保能力的不足，严重影响了了这些企业的品牌形象和产业布局。

而另一方面，国内中西部地区和省内发展较为缓慢的地区的学生就业压力也越来越大，传统就业渠道越来越小，甚至出现了毕业就失业的现象。针对这种情况，杭州职业技术学院利用电梯工程技术专业人才培养品牌优势，整合浙江省特检院的行业优势资源、各大电梯企业的电梯工程技术岗位资源和中西部学校的人力资源，构建了电梯专业人才培养联盟。在对口支援院校选择贫困学生免费来杭学习电梯安装、维修与保养技术。学生在杭职院学习2个月后，到杭州西奥、西子奥的斯、通力等电梯企业进行为期3个月的实习，毕业后拿“杭州薪资标准、回生源地就业”。目前，已有杭州西奥、西子奥的斯、通力等多家位居全国十大品牌行列的电梯企业和兰州职院、宁夏工商职院等12个省份的14所院校，以及浙江省发展较为缓慢的丽水地区的学生参与该项目。

二、双向选择，实现贫困学生的精准选拔

杭州职业技术学院利用浙江省电梯行业秘书长的行业优势，通过电梯人才培养联盟，对各大电梯企业进行人才需求进行调研。根据企业的具体人员的数量和地域要求，编制电梯维保人员需求表。结合杭职院自身电梯培训基地及师资的实际情况，确定“校校企精准扶贫班”开设时间及具体班额数。校企共同赴对口支援的西部院校（如宁夏工商职业技术学院、兰州职业技术学院等）或当地教育主管单位（如丽水市教育局）进行学生选拔。选拔对象为大三机电类学生，由所在院校或当地政府扶贫办公室从中推荐符合扶贫政策的人员。通过宣讲、面试等环节，学生与企业确定订单培养意向，并和学校、企业以及学生所在学校签订四方协议，确定各方的责权利。

目前已经和宁夏工商职业技术学院、兰州职业技术学院、河南漯河职业技术学院等全国12个省份的14家中西部院校，以及浙江丽水市的职业院校进行了合作，开办了4期“校校企精准扶贫班”，共计培养学生123名，具体情况见杭职员“校校企精准扶贫班”培养学生一览表。

三、因材施教，实现不同区域生源学生的精准教学

“校校企精准扶贫班”的学生来自不同省份，由于全国各地的教育水平的不一致，杭州职业技术学院改革原有技术技能人才培养模式。在理论教学阶段，根据生源区域的不同，采用分层教学方式进行电梯理论知识讲解；在维保技能实践操作培训阶段，采用小班化教学方式，12个人一个班级，6个人一个井道；在企业顶岗实习阶段，采用师徒结对的形式，两名学生师从一名企业技师，进行跟岗锻炼，确保零距离就业。为保障培养质量，所有环节

均进行阶段性考试，成绩等级和入职后薪酬等级挂钩。

杭职院“校校企精准扶贫班”培养学生一览表

序号	省份	对口支援单位	学生数	备注
1	甘肃	兰州职业技术学院	7	
2	河南	漯河职业技术学院	18	
3	宁夏	宁夏工商职业技术学院	4	
4	海南	海南工商职业学院	5	
5	海南	海南科技职业学院	10	
6	四川	四川城市职业学院	9	
7	辽宁	辽宁机电职业技术学院	7	
8	吉林	长春职业技术学院	8	
9	黑龙江	哈尔滨职业技术学院	8	
10	湖北	三峡职业技术学院	5	
11	湖北	咸宁职业技术学院	4	
12	江苏	南京科技职业学院	4	
13	广西	广西机电职业技术学院	17	
14	江西	江西制造职业技术学院	2	
15	浙江	丽水市教育局	15	部分为中职生

1. 完善基础，根据学情实施分层教学

校校企三方共同制定最后一学期的人才培养方案，共同确定授课内容，课程实行学分互认，学生必须取得人才培养方案所规定的学分才能毕业。杭州职业技术学院在全校范围内选择优秀师资力量，组建理论教学讲师团，进行电梯理论知识部分教学。由于生源基础水平参差不齐，同时中西部发展较为缓慢的地区的教育水平相对较低，杭州职业技术学院通过基础知识测试，编定学生层次，进行分层教学。同时，根据学生专业基础的不同，动态编定授课活页教材和参考教材。理论教学为期两周，授课结束后进行考试。

2. 强化实践，注重电梯维保技能培养

杭州职业技术学院依托建在学校的电梯实训中心，强化“校校企精准扶贫班”学生的电梯安装和维保技能的培养。该电梯实训中心全部采用真梯进行技能培训，硬件规模全国一流。拥有竖梯教学井道28个，实训室14个，其中通用电梯实训室 8 个，专用品牌实训教室 6 个；拥有扶梯教学区域 6 个，其中通用扶梯实训区域 2 个，专用品牌实训区域 4 个。电梯实训中心是目前浙江省内唯一一家对专业从事电梯技能培训的职工培训基地，承担了通力、奥的斯等六大电梯企业的入职和在职员工培训，以及浙江省十一个地市的电梯检验员的培训，已成为全省最大的特种设备作业人员证和特种设备管理员证培训基地，年均培训总量超过 5000 人次。电梯实训中心是浙江省首家具备电梯安装工和电梯维修工初、中、高级培训和鉴定资质和能力的电梯职业技能鉴定机构，被评为杭州市示范性职工培训中心。

学校电梯实训基地

根据学生就业岗位的不同，定制实践技能培训教程。校企双方根据培训类型的不同进行培训课程设计，同时各类培训工种制定了初、中、高三个等级的培训标准和培训方案。所有培训内容实现模块化，每个模块都进行技能考试，通过后方能进入下一个模块进行培训鉴定。省特检院利用行业优势，在全省范围内聘请技术骨干单位培训技师，采用小班化教学模式，并通过井道内部的视频网真系统进行一对一教学，确保每个学生看清每一个操作过程，理解每一个操作要点。在这个环节中，学生在校内电梯培训中心完成电梯从业人员上岗证和电梯安装维修工的培训及鉴定。学生无须承担任何费用，所有培训耗材费、保险费及考证费用均由电梯企业、省特检院以及杭州职业技术学院承担。

3. 师徒结对，提升顶岗实习质量

学生在校内电梯实训中心取得电梯从业人员上岗证，并通过相关技能测试后，进入电梯企业进行顶岗实习。学生具有学徒和准员工双重身份，企业发放实习补贴，发放标准不低于杭州市最低工资标准。顶岗实习采用师徒结对方式，师徒双方签订《师徒协议书》，明确了在人才培养过程中各方的责任和义务，以及过程考核及成果激励等措施。由企业人力资源部门选派优秀企业员工担任师傅，并遵循双向选择的原则做好师徒结对工作。为保证效果，

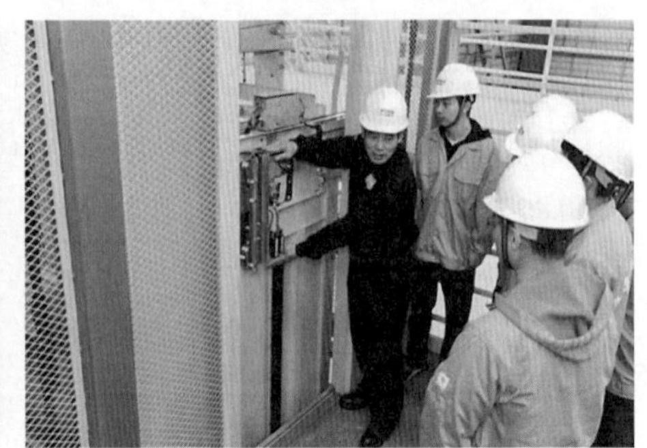

全国首届电梯安装维修工一等奖获得者为“校校企精准扶贫班”学生授课

师傅每次带学徒在 2 人左右，最多不超过 3 人。在培养过程中，师傅负责学徒的技能培养外，还承担岗位职业素养养成的职责。企业为这些学徒指派专人担当辅导员，帮助学徒熟悉工作环境以及协调在企业学习工作期间的各类事项。

四、专人负责，精心服务学生学习生活

杭州职业技术学院为每一期“校校企精准扶贫班”配备一名生活班主任和一名学习班主任。专职辅导员担任生活班主任，负责学生在校期间的生活和集体活动安排。电梯专业教师担任学习班主任，负责学生学习、培训及顶岗实习方面的协调工作。学校专门挑选条件住宿条件较好的宿舍，用于精准扶贫班学生的住宿。考虑到学生来自全国各地，考虑的饮食习惯的不同，在食堂设置专窗，供应学生喜欢的饮食。

由于精准扶贫班的学生经济条件较差，所以政企校三方承担了学生来杭期间学习的所有费用，并报销来杭的交通费用。以“浙江省丽水市电梯安装维修作业人员定向培养精准扶贫项目”为例，每位学生的培训费用、食宿费用以及保险费用，合计 11650 元 / 人，所需费用由丽水市扶贫办、省特检院、杭职院和相关企业承担，不向学生收取任何费用。

五、保障到位，确保精准扶贫规范有序

1. 组织保障

成立了校校企精准扶贫工程领导小组，组长由校长担任，副组长由杭州职业技术学院副校长、省特检院以及各大电梯公司主管人力资源的副总经理担任。领导小组每年召开两次会议，主要对电梯安装维修人才培养进行年度

第一期“校校企精准扶贫班”毕业合影

规划，处理项目推进过程中出现的重大问题，协调落实培养经费等重大事项。领导小组下设办公室，负责校校企精准扶贫项目的具体实施。杭州职业技术学院特种设备学院院长担任办公室主任，省特检院中心主任担任副主任，各大电梯公司人力资源部部长为主要成员。

2. 制度保障

通过《校校企合作项目管理办法》等制度，对学生实训保险、学分校级互认做出了具体规定。通过签订电梯安装维修人才培养四方协议，明确了学生的电梯技能培养内容和技能证书的获取等级。同时对学生就业安排进行了明确规定，如第一期“校校企精准扶贫班”协议中明确规定“学生毕业后，将安排至各大型电梯企业工作，综合起薪 4000 元 / 月”。

3. 经费保障

电梯安装与维修技能的培训费用支出较大，按照测算，每个学生在杭州职业技术学院期间的各项费用累计为 1 万元左右。按照“谁受益、谁出资”的原则，由用工企业承担 80% 的费用，杭州职业技术学院和省特检院各承担 10% 的费用（注：在“浙江省丽水市电梯安装维修作业人员定向培养精准扶贫项目”中，丽水市扶贫办承担费用为 4000 元 / 人）。截至目前，各方累计出资超过 140 万元用于“校校企精准扶贫班”的各项费用支出。

六、取得的成效

1. 培养质量高，学生实现了零距离上岗

学生经过电梯理论知识学习、电梯安装维修技能培训与鉴定和电梯企业顶岗实习，学生实践技能得到明显提升。学生高亚峰来自漯河职业技术学院，毕业分配至杭州西奥电梯有限公司河南商丘分公司。由于电梯安装维保技能扎实，在短短一年不到时间里，他已经能独立承担电梯维护维保的工作，独自负责商丘地区 30 台左右的电梯维护维保工作。因天气转冷，商丘部分电梯出现电梯轿厢晃动，补偿链老往一个方向偏转，严重影响电梯的安全运行。

高亚峰针对这个问题细心思考，为什么多台电梯同时出现类似的问题？最后，他发现原因为天气转冷，补偿链因天气冷而变得坚硬，回环力弯曲弧度大，老产生碰撞，造成上述问题，而解决方法为主要调整一下导向轮的角度即可。他把问题及解决方法反馈给分公司，得到分公司领导的表扬。

2. 就业质量高，学生实现了体面就业

学生毕业后，进入杭州西奥、西子奥的斯、通力电梯等大企业位于生源所在地的分公司进行工作。根据学生的意愿，也可以选择所在省份的其他城市进行工作。学生就业薪酬按照杭州地区的标准发放，综合起薪为4000元/月，并按照工作绩效逐年上浮。在第一期精准扶贫班中，来自兰州职业技术学院的7名学生全部回到了杭西奥兰州分公司工作，由于工作业绩突出，他们的第一年拿到的工资是同班学生的2.5倍。来自白银市会宁县大沟乡的丁文祥同学给他的班主任留言说:“我一年的收入比我家原先整个家庭的收入还要高，整个村子的人都非常羡慕我能进入杭职院学习电梯技术”。

3. 项目共赢度高，实现了“校校企精准扶贫班”良性运转

该项目实现了多方共赢。贫困地区学生以杭州地区的薪酬标准到生源所在地就业，实现了“培养一个学生，脱贫一个家庭”的目标。对中西部院校及省内发展较为缓慢地区的学校而言，通过和发达地区院校对接，促进了相关专业的建设，完善了课程体系，提高了课程标准。对电梯企业而言，一方面缩短了全国范围内的招工时间，降低招工成本的同时提高了招工的质量；另一方面，学生在电梯培训中心学习期间就取得了电梯从业人员上岗证和电梯安装与维修等级证书，降低了企业的用工成本，提高了员工队伍的质量；更重要的是，通过该项目的合作，电梯企业实现了“属地维保工人配套电梯销售”的模式，大大提高了企业产品的竞争力和队伍的稳定性。为此，这个项目受到了越来越多的电梯企业关注和资金投入，仅奥的斯（中国）一家就投入了6台竖梯、2台扶梯和一大批电梯实训零部件。而作为国有公益性单位的浙江省特种设备检验研究院与杭州职业技术学院，通过该项目实现了培养人才、服务社会的基本宗旨。校校企精准扶贫项目实现了良性循环，具备了非常强的可持续发展能力。

杭职院紧贴区域主导产业转型升级需要，构建政企校电梯专业人才培养联盟。集中企业、行业、政府以及高校的各自优势资源，对来自贫困地区的学生进行免费的技能培训，并实现了学生体面就业，做到了一次培训，一家脱贫。

（陈忠言整理）

科技倾心帮扶 精准强村富民

——福建师范大学

（定点扶贫：福建省武平县大绩村、恬下村）

一、大绩村专业扶贫

（一）案例背景

武平县在第二次国内革命战争期间是中央苏区的重要组成部分，是革命老区县，是客家聚居地。大绩村位于武平县中堡镇西南方，地处国家级梁野山自然保护区中心腹地，地理位置较为偏僻，交通不便。全村青山绿水，土地肥沃，风景秀丽，气候条件独特。近年来以创建省级生态村为契机，实行“标本兼治，管建并重”，着力打造“绿色大绩，富裕大绩，生态大绩”品牌、实现环境与社会、经济相协调的可持续发展。全村有四个大自然村，十个村民小组，396户、1634人，2010年农民人均纯收入4212元。当前，村道路基本硬化，投建自来水“人饮工程”，农户集中供水问题基本解决。村中建设5个股份制小水电站，村民生产生活用电正常。近年来，利用地处高寒山区的优势，大绩村着力培育以“烤烟、蔬菜、水果、花卉、水稻和瘦肉型生猪养殖”为主的六大农业产业。

（二）因地制宜、突出特色，定点扶贫规划科学有效

福建师范大学（以下简称：福建师大）发挥高校学科专业优势，以规划为先导，着眼于整村推进、合理布局、科学规划、分步实施的原则，在福建师大地理所和旅游学院专家教授指导下，因地制宜制定形成《大绩村新农村发展规划》和《大绩村生态旅游规划》，有力地促进村经济社会发展和村庄建设规划，逐步优化人居环境，推进环境建设，改善群众生活质量。

1.科学规划，准确定位，理清新农村建设思路

福建师大地理所、旅游学院专家教授深入大绩村考察规划，结合梁野山自然保护区的开发与保护，努力将生态环境优势转化为经济社会发展优势，将大绩村建设成为与梁野山自然保护区协调发展的生态旅游型村庄，使休闲旅游业成为大绩村经济发展的重要支柱，保持经济、社会文化、环境的可持续发展。

2.因地制宜，突出特色，打造新农村建设亮点

按照建设生态乡村、旅游乡村的发展定位，产业空间结构为“两区，四

基地”，即休闲旅游发展区、生态农业区、有机农业发展基地、高效林业发展基地、生态养殖基地及现代花卉种植基地。

3. 根据大绩村地形地貌趋势、生态乡村旅游资源特征及分布，结合规划主体构想，将大绩村生态乡村旅游发展定位为“一个中心、两个片区”的形体结构

“一个中心”——山野田园休闲游憩中心（坑头），“两个片区”——古佛朝圣露营区（梁野山）和农家乐体验区（大绩村），并根据自然地理环境和景观特征，将大绩村生态乡村旅游景观特色划分为人文特色景观、生态果林景观及沿山生态观光林带景观 3 个类型。

（三）创新发展、措施有效，定点扶贫工作扎实推进

1. 固本强基，创先争优，增强创新意识

从大绩村实际出发充分发挥梁野山自然保护区资源优势，突出重点，积极发展林下养殖业和乡村旅游。注重运用高新技术提升农业，推进大绩村林下生态养鸡养殖、发展无公害脐橙种植基地，辐射带动早熟梨、油茶等经济发展项目，积极发展农民专业合作社，维护农民合法权益，并积极争取落实项目，解决农业经济“发展难”、村民“出行难”、“用水难”等问题。

2. 勤于基层工作，创新工作理念，构建发展机制

开展“绿色村庄”建设和“家园清洁行动”，结合创建卫生村、生态村活动，实现大绩村的美化、绿化、净化、亮化。认真组织实施省级扶贫开发重点村助残工程和造福工程，稳定并逐步减少生猪养殖规模，大力发展生态经济产业，实施农村居民点养殖污染综合整治工程，建成全封闭水冲式卫生厕和猪圈，猪圈沼液通过管道收集排放，集中生化池降解灌溉果园，彻底改变了过去的卫生状况。修建村级文化活动中心和农村居家养老服务站，配备有文体活动室、棋牌室、图书室的村民文化活动中心已建设并开放，不断丰富农民群众精神生活。

3. 倾心驻村帮扶，保障改善民生，促进社会和谐

采取多种方式深化帮扶项目，与福建师范大学党组织共建结对子，充分发挥党员先锋模范作用，提升村主干发展农村经济、管理社会事务、做好群众工作、处理和解决复杂问题的能力。在中堡镇朱坊小学开展了“大手拉小手暨红色捐赠活动”，捐赠 26 台电脑、600 百册图书、150 件体育器材、学习书包文具用品等，福建电视台、福建日报、武平电视台报道相关活动。改善农村医疗条件，克服场地资金等困难，投入 2 万元改建 60 平方米标准“三室”村卫生所 1 个，落实新型农村合作医疗制度。加强农民公园和农家书屋等文化阵地建设，修建群众健身休闲为一体的农村公园 1 个。关心关爱“空巢老人、留守儿童”身心健康，2011 年“六一”国际儿童节期间福建师范大学幼儿园

开展“献爱心、送温暖”募捐活动，为大绩村幼儿园送去玩具、图书、书包，募捐物品极大丰富了山区孩子的生活，使山区孩子拥有同样快乐的童年。

大绩村继续沿着生态产业、特色农业的方向发展，发挥资源优势、生态优势，发展生态旅游，加强农村基础设施建设与社会公共事业建设，使大绩村尽快走上脱贫致富的小康之路。

二、恬下村科技扶贫

（一）案例背景

恬下村地处梁野山国家级自然保护区的西北角，全村耕地面积1500亩，山林面积2.2万亩，下辖的恬头、下陂、西坑、上地四个自然村分落在群山之中，全村358户，人口1538人。2010年农民人均收入2800元，村集体经济收入8000元，至2011年1月止有34.4万元债务，属村财“空壳村”。由于受历史因素和客观条件影响，恬下村地理位置偏僻，交通不便，“山多、路远、道窄、石硬、水患”是恬下村自然环境的形象写照。村民生产、生活的基本设施极端落后，公共基础设施薄弱，传统经济效益极其低下。因此，传统农业是这里的主要经济模式，一直以来，村级经济受到较大的制约。长期受客观条件制约，也导致村民文化科技素质极低，依然沿袭传统的耕作和经营，旧观念的意识较浓。这种长期以来形成的单一生产模式，导致当地村民增收困难，城乡差别过大，致使大多数青壮年于20世纪初随打工潮进城打工来提高收入，村庄“空心化”、“三留”现象严重，很难让人相信这里竟有1500多村民。作为农村基层组织的村两委班子，综合素质较低，基本为初中文化，缺乏统筹协调发展、整合本村各种资源以提高村财的能力，加上对外交流少，信息不畅，更加让恬下村落后于全县大多数行政村

（二）主要做法与成效

福建师范大学驻村干部深感要让一个似乎百业凋敝的乡村赶上时代的步伐确实是一个严峻的挑战。驻村干部在最短的时间适应角色定位，经过四十多天深入农户作细致的调查摸底并与当地乡政府、村两委研讨分析恬下村的贫困现状及原因后，厘清了各种困难的头绪，迅速把握驻村工作的焦点、热点和难点问题。坚持整村推进的扶贫方针、通过“政府主导、社会参与、自力更生、开展扶贫”的形式，从培育主导生产，从拓宽增收渠道，加强基础设施建设，发展社会事业，整治村容村貌，建立健全保障体系，培养新型农民，加强文明建设和基层组织建设，提高民主管理水平等方面寻找切入点。

1. 攻坚克难，有序展开，夯实基础促发展

经过“扶贫”可行性论证和征求大部分村民意见及争取帮扶资金等大量

细致耐心的工作，在村两委的共同努力和配合下，认真实施了大大小小惠及民生基础设施项目 30 几个，极大提升了村级组织的公共服务功能。

（1）改善交通设施：进行道路水泥硬化、修建机耕道路，实现了水泥硬化路“村村通”，村民充分感受到了出行的顺畅与便捷；村主干道两旁的田地也迅速发展起了烤烟、仙草、反季节蔬菜，养殖业也得到全面发展，加上新建的机耕路，既盘活了山村资源，又拓展了种植作业面。

（2）改善村容村貌，建设绿色村庄：以生态村建设契机，发动全村村民共同建设美好家园，在村道两旁广植观赏花木大苗，成片种植八月桂树苗，新建绿化地 320 平方米；制定“卫生公约”随时规劝村民不乱倒垃圾，努力改圈、改厕、堆放柴火不占道等，开展环境卫生整治、建设垃圾池、配置垃圾桶等让村容村貌得到极大改善。

（3）改善村民生产生活基本设施：新建引水灌溉渠道、水坝；对现有电网改造升级、增架高压线路；新建烤烟房、烟基路。争取农综平整土地项目，分项包含：土地平整、路桥、水坝、道路硬化、机耕路等的建设。

（4）大力推动社会事业发展：捐赠各类图书、电脑等支持当地帽村中心小学教育，同时还建设“福建师大外国语学院海西春雨阅览室”及简易休闲公园搭配的文体活动中心各一座，努力营造恬下村的科技、文化氛围，提高和丰富村民的文化生活质量。

（5）改善村民医疗条件：争取县卫生局支持，新建村卫生所 1 座，改善了村民医疗条件，不仅方便了村民看病难的问题，还起到宣传卫生保健作用。

2. 因地制宜，科技兴农，推动特色农业发展

（1）利用高校优势，邀请福建师范大学生命科学学院专家到村里实地“会诊” 并对恬下村进行生产规划指导。根据当地的地理、气候条件，专家建议着力发展种植业和养殖业。并提出棘胸蛙养殖的建议。棘胸蛙养殖条件要求不高，资金投入不大，不管是稻田，池塘，还是房前屋后的坑塘，有无污染水源的地方就可以实施养殖。福建师大生命科学院专家亲临养殖场指导养殖技术，提供了技术保障，成功率较高，几乎没什么风险。目前棘胸蛙养殖已初具规模，有望市场化发展。

（2）新增党群创业专业经济合作组织 5 个：分别为：养猪专业合作社：食用菌专业合作社；养殖家禽专业合作社；花卉专业合作社；养殖棘胸蛙专业合作社。

（3）推广农村创业致富项目 6 个：棘胸蛙养殖；仙草；食用菌；烤烟；台湾果蔬种植；鸽子养殖。

（4）着力发展了种植业和养殖业：针对驻点村山林地的土壤、气候特点，发展优质水稻、仙草、食用菌、烤烟、杉木、花卉、毛竹等产业。发展种猪、

生猪、鸡、鸽、棘胸蛙及鱼等养殖业。

3. 促进台海两岸村级交流与合作，拓展增收渠道

为迅速改变恬下村的农业生产模式，提高村民与村财的双增收。福建师大驻村干部多方奔走使得恬下村与台湾嘉义县大浦乡和平村最终签订了“姐妹村”结对帮扶协议。签约双方就农业开发、农产品升级换代、引进深加工等方面展开合作。该项目的引进，带动面大、见效快、进入门槛低，适合农民个体经营。同时，还为永平乡和昭信村牵线与台湾嘉义县的大浦乡和茄冬村签订了“姐妹乡、村”协议。经过两年多来的共同努力，帮扶资金达603.3454万元，其中派出单位投入45.2194万元，省级捆绑资金43.8万元，政策性配套与扶持资金477.1万元，社会帮扶资金37.226万元。

如今的恬下村已经改变了模样，新房子多起来了，外出创业者回归的多起来了，因道路交通的改善，逢年过节，村里显得热闹了。因为村民看到实实在在的变化，村干们也在家园建设活动中树立了威信。这为恬下村以后的良好发展打下了坚实的基础。

（张翠霞整理）

打造“名、优、特、新”产品试验示范园助力实现脱贫致富

——江西科技师范大学

（定点扶贫：江西省莲花县高洲乡下湾村）

一、项目背景介绍

“十二五”期间，为帮助贫困户经济增收，尽快走上脱贫致富的道路。江西科技师范大学在定点帮扶村——莲花县高州乡下湾村，依托当地的资源禀赋、发展条件、区域特点，理清思路、合理规划，试点开发了一些经济项目。如：布朗李种植、柰梨种植、紫珠草种植、山羊生态养殖和攀鸿鞋厂等项目。

2014 年，由于紫珠草市场价格波动较大的原因，莲花县下湾村种植的 500 多亩的紫珠草药材没有采收，给农户造成了较大的经济损失。为此，江西科技师范大学组织生命科学学院、药学院的博士、教授，深入到下湾村的紫珠草种植基地进行实地勘察。根据所获得的一手资料，结合药学院相关老师的市场调研，对下湾村药材种植基地给出如下建议：

（1）选择中药材种植应根据下湾村的区域环境、土地条件，因地制宜选好栽培品种，不能盲目地跟风种植，更不能盲目地引进非本地品种。下湾村的中药材种植基地的阳光充足、雨量充沛、灌溉方便、气候温和、年平均温度在 17℃～ 18℃，土壤疏松且呈微酸性，适合喜温润的中药材种植。因此，建议药材种植基地可以栽种白术、黄栀子、金银花、车前子和紫珠草等。

博士团队进行项目运行情况“会诊”

（2）中药材的价格与市场供求关系密切相关，每年甚至每月的行情均不一样。建议下湾村可以联合周边的也拥有药材种植基地的自然村建立一个具有药材初级加工功能的工厂。如遇种植的药材在采收期行情不好时，对鲜货药材进行粗加工并进行合理的保存，待药材价格上涨之后择机出售，可显著减少药农的损失。

（3）从长远来看，中药材 GAP（中药材生产质量管理规范）种植是未来发展的必然趋势，散户药农种植中药材这种模式必将逐渐淘汰。因此，应强化药农的 GAP 种植意识，对药农进行 GAP 种植培训，确保药材质量。下湾村药材种植基地可适当扩大规模，采用“公司—基地—药农”的新模式进行药材种植，可长久保障药农利益，提高药农种植积极性。

二、前期项目的推进及实施效果

按照省扶贫办的要求，江西科技师范大学成立了扶贫工作领导小组，制订了 2015 年—2017 年三年扶贫工作计划，并选派了两名干部驻村开展帮扶工作。为保证圆满完成学校的精准扶贫，精准脱贫的任务，结合贫困村的实际情况，学校决定每年预算专项扶贫经费 30 万元，驻村人员工作经费 2 万元。扶贫专项经费，主要用于适合当地的经济项目开发，提升村集体经济可持续发展能力。

江西科技师范大学驻村扶贫工作组，经过仔细的调研，对全村 245 户进行精准识别，依据贫困人员有无劳动能力、生产技能等情况，分类实施“圆梦助学计划”和“产业扶贫工程”，明确每一贫困户的脱贫路径、时间表和

2016 年春开发的清塘村集体蜜柚种植园

责任人，着力构建村集体与贫困户个人的“造血”机制，实现其自身可持续发展。江西科技师范大学驻村扶贫工作队，经过反复调研和多方争取，主要开展了以下三个扶贫项目：

（一）果业帮扶项目

学校投资 11.4 万元，由县扶贫办提供优质果苗，在帮扶村集体山地上种植了 50 亩蜜柚，预计 2018 年开始挂果，进入盛果期年收入预计超 20 万元。

（二）生猪养殖帮扶项目

江西科技师范大学与萍乡市龙头企业合作办一个生猪养殖场，企业提供生产技术、生产资料，并收购产品，县扶贫办和学校分别投资 10 万元和 15.9 万元，兴建 700 平方米的养殖场，每年出栏生猪 1000 头，合作企业支付养殖场每头生猪饲养费 200 元，除去管理成本，养殖场年收入超过 10 万元。

（三）光伏帮扶项目

三是响应国家光伏扶贫的号召，学校驻村扶贫工作组积极争取加入县光伏项目，全村 31 户贫困户，由县统一担保贷款购买光伏发电设备，由县供电局统一负责安装、收购产品，在偿还了贷款本息后，每户每年还能拿到 3000 元的收入。如果这些产业项目都能按计划正常运行，定点帮扶村的贫困户人均年收入将超过 3000 元。

屋顶光伏电站

三、前期项目实施后的思考

虽然江西科技师范大学已经开发了果业、生猪和光伏三个产业项目，从理论上分析，每个项目预计年利润均超10万元，定点帮扶村有了这些集体经济收入做依靠，贫困户的脱贫便有了保障。但是，当帮扶项目三年期满，面对不可控的市场环境，江西科技师范大学定点帮扶的贫困村经济是否能够持续发展？回顾过往的扶贫开发项目，如果只注重经济发展与收入的增长，将会出现了生态污染、资源浪费与虚假脱贫等社会问题，而贫困村由于缺乏自身发展的内生动力，不少帮扶开发的好项目，由于没有懂市场、会技术的新型职业农民经营，难以实现可持续发展，许多贫困户将会重新返贫。

因此，新一轮的精准扶贫，精准脱贫工作，需要有针对性地创新扶贫工作机制，进一步推动扶贫工作由“输血”向“造血”转变，提升欠发达村和群众的内生发展能力。对此，结合高校资源与特点，我们拟在莲花县选择一个生态环境好，人员相对集中，交通比较便于的农家乐附近，创建一个“名、优、特、新”农产品示范园，作为扶贫项目开发与培养新型职业农民的基地。

四、创建示范园培育新型职业农民

（一）项目简介

“名、优、特、新”农产品示范园，占地面积50亩，拟投资50万元，既有“名、优、特、新”农产品的天然种、养环境，又有采用现代信息技术的植物工厂。示范园中的植物工厂，利用物联网系统对植物生长的温度、湿度、光照、二氧化碳浓度以及营养液PH等环境条件进行实时监测和自动控制，使设施内植物生育不受或很少受自然条件制约。一年四季，在植物工厂都能观赏体验“名、优、特、新”农产品。植物工厂专门配备了质量安全追溯系统，厂内所有批次“名、优、特、新”农产品的生产记录、产品检测数据等都可上传至专业数据库，并生成相应的二维码，消费者通过手机扫描等方式，便能快捷地获取该产品的批次、生产日期、检测结果等信息，消费者可放心地选用。

（二）初选品种及选育理由

1．物以稀为贵

首批选育的内蒙沙葱、云南山葵、安徽石斛，以及外来的贵妃鸡和蝴蝶兰5个“名、优、特、新”品种，目前，在江西市场上，都是较为难以见到的农产品。预计市民会对这些产品非常感兴趣，并选购品尝，市场需求较大。

2.贵以质为先

初选的5个品种，既有养生保健的珍品，如霍山石斛、贵妃鸡，又有一尝难忘的调味品，如沙葱、山葵，老少皆宜，丰俭由人。生产以上品种的农产品，具有一定的技术门槛，一旦被市场认可，其产品的附加值较高。

（三）运作模式

1. 品尝体验

借助农家乐举办示范园“名、优、特、新”产品品尝体验活动，吸引当地的村民和来农家乐的游客走进“名、优、特、新”农产品示范园，体验品尝来自国内外的生鲜农产品，一方面，通过体验品尝活动推销我们的“名、优、特、新”农产品；另一方面，更重要的是吸引有志青年返乡创业，带领当地村民走上脱贫致富的道路。

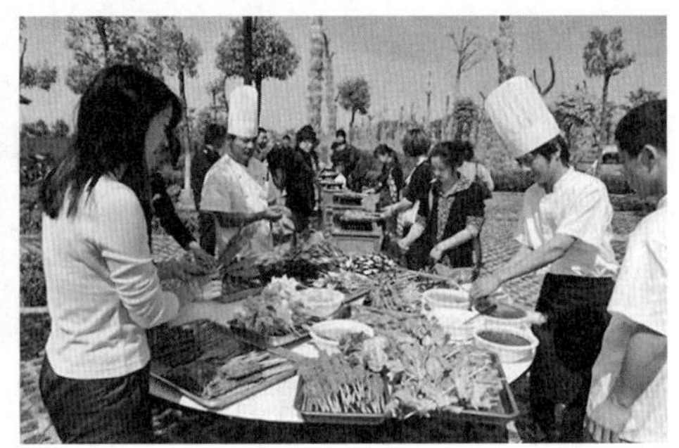

“名、优、特、新“产品示范园

2. 以销定产

随着来“示范园”的客人增多，依据农家乐和“示范园”线上线下订单，组织“名、优、特、新”农产品的扩大生产，旨在赢得消费者的口碑，尽快形成品牌效益，加速“示范园”项目的复制推广，为市场提供更多的“名、优、特、新”农产品，让更多的生产者、消费者受益。

3. 研发升级

在当地常年生产来自国内外的“名、优、特、新”农产品，对生产环境、生产技术要求较高，不是一个简单、快速就可复制的项目。因此，开发“名、优、特、新”农产品示范园项目，具有较强的市场竞争力。只要我们坚持“人无我有，创新发展”的理念，将“名、优、特、新”农产品示范园，不断升级，便能抢占先机，赢得更多支持我们项目稳步发展的客户。

随着“名、优、特、新”农产品示范园，换代升级为 2.0 等版本，“名、优、特、新”农产品示范园开始复制推广，创建初期吸引、组织进入示范园学习、培训、工作的年轻人，经过生产、销售、管理各环节的理论学习与实践锻炼，都已培养成为懂市场、有技术、善经营的新型职业农民。他们怀揣自主创业的愿望，打好生态绿色牌，积极发展新型业态，助力农产品供给侧结构改革。

网络直营

线下卖场

将产业扶贫工作由资金驱动，向折股量化、农村土地经营权入股、内生机制等方式发展。同时，江西科技师范大学将努力把“名、优、特、新”农产品示范园，打造成脱贫攻坚项目开发和新型职业农民培养的样本。

（蒋莹整理）

搭建乡村智力帮扶新平台
推动栾川教育跨越式发展

——洛阳师范学院

（定点扶贫：河南省栾川外国语实验学校）

在栾川县城北六公里处，有一个栾川外国语实验学校，其前身为栾川县赤土店镇初级中学，是一所全封闭、全寄宿的九年一贯制义务教育学校。栾川外国语实验学校原本是一个很不起眼的乡村中学，扶贫前，学校毕业生能够考上省级示范性高中——栾川一高常年保持在 1—2 人，有些年份数字甚至是 0，综合考核位居全县倒数第一。自 2013 年开始，栾川外国语实验学校精神面貌焕然一新，在中招考试中，全县文化课总分第一名杜鹏举同学出自栾川外国语实验学校。全校参加中招考试的 303 名考生，考入栾川一高 105 名，上线率位居全县 16 所初中第一名。期末统考中，初二年级排列全县第二名，初一年级全县第三名，六年级全县第一名。随后，三年三个台阶，2015 年中招考试综合评比获全县第二，升学率 51.3%，全县第一。栾川外国语实验学校相继被评为“洛阳市体育特色学校”、“洛阳市初中目标管理先进单位”。学校被教育部授予首批“全国足球传统项目学校”。教改教研如火如荼，高效课堂成效显著，市县兄弟学校到栾川外国语实验学校参观学习络绎不绝，全县 14 个乡镇都有学生慕名到校就读，学校已成为山区名校，知名度、美誉度享誉全县。

是什么让这么一所乡村中学几年时间破茧化蝶，麻雀变凤凰，享誉全县？这要从洛阳师范学院（以下简称：洛阳师院）对这所学校的教育扶贫说起。2012 年开始，洛阳师师院对国家级贫困县栾川县的初级中学——栾川外国语实验学校开展教育扶贫工作。洛阳师院高度重视教育扶贫工作，多次召开专题会议进行研究，经过广泛调研，制定了栾川外国语实验学校提升方案，并将栾川外国语实验学校作为洛阳师院教育实践基地。洛阳师院积极组织教育专家把脉问诊学校发展，开展支教和对口帮扶交流，充分发挥“顶天立地”积极作用，“顶天”是洛阳师院能够为贫困地区援助学校搭建“先进教育教学理念创新”平台和“知识扶贫”平台，为其发展提供智力帮扶。“立地”是洛阳师院积极落实措施，帮助贫困地区学校解决现实发展中存在的具体问题。“顶天立地”的教育扶贫理念实现了大学履行社会责任的一次成功创新。

一、发挥“顶天”作用，搭建先进教育教学理念创新平台

教育扶贫旨在提升贫困地区的人口素质，目的落实在人的发展，核心手段是教育，关键是智力资源。洛阳师院拥有素质优良的师资队伍。其中，专任教师中具有高级专业技术职务的教师 460 余人，具有博士学位的教师 240 余人，是一支高学历和高水平的教师教育师资队伍。从 2012 年开始扶贫工作以来，洛阳师院充分发挥资源优势，发挥“顶天”作用，为扶贫学校搭建了“先进教育教学理念创新”平台。

1. 整体推进，落实各项教育扶贫工作

洛阳师院校领导多次到栾川外国语实验学校指导工作，了解栾川外国语实验学校的实际需求和人才队伍的现状，制定计划、统筹安排、力争把各项工作落到实处。学校领导带领专家教授到栾川外国语实验学校了解现状，帮忙制定教学提升方案，并建立信息沟通平台，及时了解和解决工作中的实际问题。在此基础上，结合栾川县经济的发展，依托洛阳师院的教育资源，有针对性地设计教育扶贫项目，切实协助贫困地区打造中学师资队伍。洛阳师院扶贫工作领导小组积极向省、市、县扶贫开发领导小组汇报扶贫工作情况，受到了各级领导和与会人员的好评，社会各界的支持和帮助也使得扶贫各项工作得到顺利开展。

2. 专家引领，进行先进教育理念创新

2012 年，洛阳师院与栾川外国语实验学校签订协议，栾川外国语实验学校成为洛阳师院教育实践基地，同时两单位还开展了教学合作研究。栾川外国语实验学校部分教师受邀参与了洛阳师院教育部项目“高校人才培养模式创新实验区”的前期实践工作，并全程参与了河南省教师教育重点项目“高师院校‘中学名师培养模式创新实验区’建设研究与实践”；2013 年栾川外国语实验学校部分教师受邀参与了洛阳师院孟宪乐教授主持的河南省教师教育课程改革研究重点项目—“立体化校本教研与教师专业化发展”。为进一步深化教师教育培养模式改革，洛阳师院于 2014 年实施了“2+1+1”（以下简称“211 实验班”）师范类本科生分段培养模式，栾川外国语实验学校作为实验学校之一参与此项工作，并为洛阳师院本科生培养模式的改革提供了大量的数据信息。同时，栾川外国语实验学校在参与项目过程中，通过反馈有效的教改效果和建议，大大提高了学校教师的教学研究能力。

3. 名师进校，指导教育教学改革

洛阳师院每年均组织河南省、洛阳市知名教师到栾川外国语实验学校进行教法学法指导。洛阳师院相关领导多次到校举办讲座、听课指导和调研。栾川外国语实验学校在洛阳师院专家建议下，每个学期都会举办 45 岁以下教师教学技能大赛，通过复赛，各门课程筛选出 2—3 名教师进行决赛，由洛阳

师院教授专家打分、点评，对获得前三名的给予奖励。经过 6 个学期的比赛，整体提高了栾川外国语实验学校老师的教学水平，取得了良好的效果。除此以外，洛阳师院定期邀请河南省、洛阳市名师定期到栾川外国语学校调研，对学校的教育教学进行分析和把脉。如火如荼教改教研活动，高效显著的课堂成效，使栾川外国语实验学校始终走在洛阳市新课程改革的前列，成为洛阳市其他初中参观和学习的对象。

4. 教授操刀，设计本土课程教学

课程为学校教学之本。为解决栾川外国语课程特色不鲜明的问题，洛阳师院组织各个相关专业的教授去栾川外国语学校调研和考察。针对栾川外国语实验学校校情，为其设计本土课程。例如栾川外国语实验学校教有特色的外国语课程——乡村英语培训课程设计之前，洛阳师院组织外国语学院教师到栾川外国语学校，与该学校英语教师一起学习交流，了解他们的工作现状，找出他们的兴趣点，分析他们的需求。在此基础上设计制定详细的课程体系，再将课程体系反馈给他们。通过与栾川外国语学校老师一起讨论课程设计，制定出了最合理的课程体系，受到了栾川外国语学校师生的广泛欢迎。

二、发挥“立地”作用，构筑“知识扶贫”平台

洛阳师院努力在教育扶贫中突出“师范特色”，在“顶天”做好顶层课程、教育理念的同时，也踏踏实实“立地”，构筑“知识扶贫”平台。

1. 组织在校大学生进行顶岗实习

洛阳师院每学期安排“名师实验班”“211 实验班”和其他专业学习成绩优秀的 30 名学生到栾川外语实验学校进行为期半年的顶岗实习。2015 年洛阳师院选派 27 名名师实验班学员到栾川外国语实验学校进行顶岗实习，这些学员均能针对新课标，积极主动进行教改探索，获得了栾川外国语实验学校师生的一致好评。

2. 对扶贫学校师生进行励志教育

做洛阳师院定期组织大学生先进事迹报告团到栾川外国语实验学校作报告，报告团成员有出身贫寒，做过揽工匠、做过小工，当过泥瓦匠，靠着自强不息的精神拿起书本又重回校园读书的刘振怀；“认真负责的好班干部”朱星；坚强乐观的“袖珍女大学生”海璐璐；平凡却甘于奉献的青年志愿者群体；热心助人的“雷锋女孩”王路红；洛师文明礼仪的重要使者礼仪队群体。事迹感人，感触很深。在全校掀起了学先进高潮。

3. 组织受援学生到洛阳师院参观学习

洛阳师院每学年都组织栾川外国语实验学校上百名学生到校参观学习。受援学生先后参观了物理与电子信息学院、化学化工学院的实验室，图书馆、

美术馆、国学课堂，音乐学院表演厅等场馆，并安排在校优秀大学生代表与孩子们亲切交流。孩子们积极发言、踊跃提问，学长学姐妙语连珠、细致解答。每次参观都大大开拓了受援学生们的视野、增长了见识。

4. 有针对性地开展暑期支教

针对栾川外国语实验学校外语课程教学特色不鲜明的情况，洛阳师院每个暑假组织外国语学院的50余名优秀学生和一名优秀教师到栾川外国语实验学校开展为期18天的暑期三下乡活动。学校管理、课程安排、外语口语、开展活动、安全教育都有洛阳师院学生统一组织，提高了学生的外语学习兴趣，增强了栾川外国语实验学校的特色，对该校可持续发展做出了积极贡献。

5. 组织中学名师进行中考前辅导

为更好地适应新课标下中招考试的政策变化，洛阳师院每年组织中学名师到受援学校进行考前指导，帮助栾川外国语学校解读中招考试的相关政策和题型变化；组织教育科学学院实践经验丰富的心理专业教师走进受援学校，与应考学生面对面进行心理咨询和辅导。把握住时代发展的脉搏，适应新时期政策的变化，使栾川外国语学校精神面貌焕然一新，三年三个台阶，2015年中招考试综合评比全县第二，升学率51.3%，全县第一。

6. 开展大学文化进校园活动

洛阳师院组织音乐学院师生100余人，赴栾川外国语实验学校进行了大型文艺演出，使中学生有了一个更好地亲近艺术、聆听大师、提升艺术素养、感受艺术魅力的平台。将高雅艺术融入校园文化建设，提升校园文化品位，丰富校园文化生活，达到艺术教育“润物无声、育人无形”的效果，引导中学生弘扬优秀民族文化，提高艺术和文化素养，促进中学生全面发展。

7. 雪中送炭，解决实际生活问题

为确保受援学校在校住宿生的安全、便利，改善寄宿生生活条件，2015年5月，洛阳师院组织相关人员对学生食堂、学生宿舍条件进行了重点调研，得知还有200名学生与其他学生同住一张小床的情况后，洛阳师院7天为栾川外国语实验学校拆装上下床100张，解决了200名学生的住宿问题，实实在在解栾川外国语学校的实际问题。在得知栾川外国语学校艺术类教学器材类别单一，数量缺乏的情况下，洛阳师院为栾川外国语学校购钢琴一台、太阳能热水器4台、地毯50平方米、运动装50套、足球50个，改善了栾川外国语学校硬件设施。

三、扶贫工作结硕果，任重道远再出发

洛阳师院对口栾川外国语实验学校教育扶贫开展了三年，使栾川外国语实验学校这所乡村中学华丽变身，成为全县家喻户晓的名校。作为百年师范

院校，洛阳师院坚持以师范教育为立校之本、强校之基、兴校之源，坚持将服务基础教育发展为己任，学校对基础教育扶贫永远在路上。2015 年初，学校召开了“洛阳师院定点扶贫回顾研讨会”。学校组织相关部门分享了参与学校教育扶贫工作的感受，并对今后的工作提出建议。学校领导表示，学校对栾川外国语实验学校的教育扶贫虽然暂时告一段落，但是，为地方基础教育服务任务将永远不会完结，为学校提供先进教学理念和扎扎实实搞教改仍是学校服务社会的重要工作。

1. 实施基础教育骨干教师能力提升计划

近年来，洛阳师院一直致力于教师教育模式与教师专业化的改革与实践，坚持卓越发展的育人观、专业化的教学观、全程取向的实践观的培养理念，明确提出了新的教师教育培养目标，由“为基础教育培养合格教师”转型为“为基础教育培养优秀教师”。依托学校国培、省培基地，国家人才培养模式创新实验区、河南人才培养模式创新实验区等，对扶贫学校基础教育骨干教师进行能力提升培训，科学制定培训方案，强化对学员的人文素质、职业道德、教育教学理论、汉语水平、课堂教学等方面的培训，使培训学员教学能力和管理水平得到提升。

2. 实施基础教育管理人员管理水平提升计划

利用学校教育资源优势，开展对扶贫中小学校管理人员进行管理能力培训，强化对管理人员管理理念、教育教学理论、管理知识、管理目标等方面进行培训，使培训学员管理水平和管理能力得到提升。

3. 实施基础教育师资对口交流计划

适应学校转型发展需要，为全面提升学校服务基础教育能力，利用学校学科优势，每年互派一定数量优秀教师对贫困地区学校进行对口交流。通过对口交流，提升双方教育教学与管理水平。

4. 实施基础教育师资学历提升计划

2015 年，洛阳师院获批特岗教师在职攻读教育硕士专业学位培养资格，2015 年招生计划 40 人。学校成为全省继河南大学和河南师范大学之后的第三所具备开展特岗教师在职攻读教育硕士专业学位培养资格高校。同时，学校在学科教学领域招收语文、数学、英语、音乐、思想政治教育、物理等六个方向的教育专业学位研究生，通过申请，争取招收教育硕士研究生，提升基础教育人才学历层次；根据基础教育教师学历提升需求，联合办学，解决中小学教师学历不达标问题，提升基础教育教师学历层次。

5. 实施优秀师范生实习支教计划

根据基础教育的需求， 每学期安排“211 实验班”“名师实验班”和学校其他专业学习成绩优秀师范生到贫困地区中小学进行为期半年的顶岗实习，每学期优秀师范专业学生到中小学进行支教，帮助提高教学质量。

今后，学校将紧紧围绕国家和河南省精准扶贫的战略部署，进一步做好教育扶贫工作，这不仅是履行社会责任的重要途径，彰显学校教师教育特色，扩大社会知名度，也是实现学校特色鲜明的地方高水平大学建设目标不可或缺的工作之一。洛阳师院将进一步挥学校的教师教育优势，通过深入调研和系统研究，更好地为地方基础教育服务，为当地培养出优秀的人才，促进当地教育全面快速发展。

（张翠霞整理）

“三专”扶贫经

——武汉大学

（定点扶贫：湖北省大悟县新城镇）

一、工作背景

新城镇位于国家扶贫开发重点县——湖北省大悟县中南部，属低山丘陵地带，素有“八山半水分半田”之称，基础经济是以传统农业为主，总人口 4.5 万人，辖 19 个行政村，土地面积 124 平方公里。

2011 年，武汉大学列入湖北省对口支持大悟县的扶贫帮扶单位之一，具体负责新城镇新府村等 12 个村的定点扶贫工作。武汉大学重视发挥教育、人才、专业和科技等方面综合优势，积极参加“脱贫致富奔小康工作队”、“新农村建设工作队”、“城乡互联、结对共建”和湖北省“三万”活动，在扶贫实践中努力探索并建立了“三专”（专项保障、专门对接、专家指导）的工作模式，取得了显著成效。

二、主要做法

“三专”模式是指在组织领导、人员配备和经费投入等方面提供专门保障;根据高校院系特点和部门职责分别对扶贫任务进行专项对接；发挥专家学者优势对扶贫工作提供专业性的指导与服务。这是武汉大学结合自身实际和受支援村特点，在定点扶贫工作实践中探索出了一条运转协调、行之有效的工作机制。

1．提供专项保障

新城镇农村属革命老区，自然条件和经济基础较差。在具体的扶贫实践中，学校深切感受到工作任务重，难度大，周期长，需要持续的投入和专门的保障。为此，学校重点从组织机构、工作队伍和专项经费等方面着手，为扶贫工作扎实开展提供专门保障。

（1）成立专门机构。学校成立了定点扶贫工作领导小组，由主要校领导任组长，加强领导，并下设工作办公室，由分管校领导牵头，组织、人事、发展规划、财务、科技等部门领导参加，负责对整个扶贫工作进行组织协调、指导实施和考核评估等。

（2）组建专职队伍。学校公开遴选思想政治素质好、事业心强、熟悉农村工作的优秀干部组成工作队，常年驻村专职开展扶贫工作，并由组织部门分管领导具体负责。目前，共选派了5批工作队共20名队员参与驻村工作。他们中既有经验丰富的专家学者，也有年轻有为的专职干部。学校还在条件、政策和待遇等方面给予工作队员充分保障，解决他们的后顾之忧虑，让他们安心投入扶贫工作。另外，还在驻点村工作队中建立党支部，重视发挥工作队党支部战斗堡垒作用和党员先锋模范作用。

选派驻村工作干部情况一览表

人数	性别		文化程度				职称职务情况			
	男	女	博士	硕士	本科	大专	正处	副处	正科	副科
20	18	2	3	10	4	3	1	3	13	3

（3）划拨专项经费。学校把定点扶贫工作列入学校工作要点，并在年度预算中列出专项经费，每年投入的专项资金和物资约为100万元。目前，学校对定点扶贫工作的总经费投入达500多万元。

定点扶贫项目建设安排一览表

单位：万元

建设项目	产业基地	养殖投入	通村公路	基础教育	慰问资金	环境整治	农田水利	医疗卫生	信息化建设	合计
安排资金	28	30	35	52	10	65	120	140	60	500

2．进行专项对接

武汉大学作为重点综合性大学，学科门类齐全、综合性强，学校重视发挥学科专业优势和人才智力优势依托院系进行专项援建对接，同时重视调动学校相关部门资源和力量进行专项对口支援。

（1）发挥院系优势进行专项援建。武汉大学重视发挥学科专业综合优势，尤其是水利水电、生命科学、金融旅游、资源环境、城乡规划、医疗卫生等涉农学科优势，重点在农田水利建设、农业科技推广、特色产业发展、农村合作医疗等方面，由相关学科专业所在学院进行专门对接，提供支持，助推受援村农民生产生活与经济社会发展。

如水利水电学院对接受援村农田水利基础设施建设。驻村工作组通过调研了解到，受援村农田水利基础设施总体投入不足，极大地制约了农村经济发展，深刻地影响着农民生产生活。以新府村、红畈村、段湾村、金岭村为例，四个村共有小型水库 10 座，大小塘堰近 40 口，但绝大多数都修建于 20 世纪 60、70 年代。绝大多数农田水利设施由于年久失修，泥沙淤积，蓄水量明显降低，有效灌溉面积大幅减少。新府村丁家冲水库、红畈村老帅沟水库等部分水利设施几乎形同虚设，红畈村帅湾水塘、金岭村西湾水塘已经干涸见底，导致村民灌溉和生活用水非常缺乏。为此，学校专门安排水利水电学院对接此项援建工作。该院在实地考察的基础上，就驻点村农田水利基础设施存在的问题进行分析汇总，提出了解决方案，并现场为村民支招："在水库、塘堰枯水期应尽快清淤，整修堤坝，雨季时蓄水，从而及时恢复水库、塘堰的灌溉功能，确保田地的引水灌溉。"在此基础上，学校也结合湖北省开展的"万名干部进万村挖万塘活动"，筹资 80 万元，支持扩建、修缮塘堰 14 个，增强了蓄水能力，有效地解决农田浇灌和牲畜饮水问题。经管与管理学院发挥自身优势，重点对接、指导和支持受援村产业发展。由于受援村从事传统农业的人口占 90%，从事经济作物种植、牲畜养殖业、水产养殖业、农民产品加工、交通运输等不到 10%，农民增收困难。为此，经济与管理学院确定了利用当地资源优势发展特色产业的援建思路，并指导五冲村充分开发利用荒坡荒地，利用"千企帮千村"九州通帮扶项目种植了 1000 亩药材，5000 亩油茶，逐步从传统农业向现代农业转变；在新府村重点帮扶种植、养殖大户 6 家，形成年销售收入过十万的种植养殖规模；建议并助推发展乡村旅游经济，为李河村、老山村等驻点村发展乡村旅游规划出谋划策，制定科学的旅游战略规划，提出了结合当地春看紫云英、夏观向日葵、秋赏红叶、冬天品民俗的一揽子旅游方案，并邀请相关企业负责人到现场考察旅游资源，邀请驻点村干部到学校与 EMBA 学员们见面，吸引 EMBA 学员到驻点村投资开发。

（2）调动部门力量进行专项对口支援。武汉大学重视发挥职能部门力量和自身优势，进行扶贫工作专项对接。科学技术发展研究院、产业部集中对段湾村的金银花、新府村的油茶、红畈村的蓖麻、金岭村的木耳等经济作物种植情况进行了现场考察，并就如何开展产业化经营进行了技术咨询和工作指导。校团委、艺术系、文学院等单位对接农村文化建设，先后组织了 800 余名师生和大学生艺术团成员先后来驻点村镇开展慰问演出活动，为村民献上了文化大餐，帮助树立民俗新风，提高村民文化生活质量。校工会集中开展送温暖活动，走访慰问农村困难家庭，共看望慰问困难户 20 户，发放慰问金 5 万元，慰问物资 200 余件。教育科学学院、继续教育学院、后勤服务集团等单位对接受援村基础教育工作和村容卫生工作。学工部、研工部、研究生院、出版社、设备处、体育部、后勤保障部等单位捐赠电脑电扇，图书资料、学习文具、体育器材、桌椅板凳等物资，集中支持驻点村小学建设。为老山村小学募集资金34280元，用于老山小学墙壁地面翻新、房顶补漏及新购置课桌等，在五冲村举办青少年领袖力训练营，为留守儿童开展“种太阳”等志愿服务活动，举办心理团队辅导，关注留守儿童心理健康……

3．实施专家指导

输血更需造血，扶贫更要扶智。医疗卫生专家开展重大疾病防治讲座和义诊服务，并就新型农村合作医疗制度实施情况进行专题调研等。中南医院、人民医院、口腔医院等单位每年坚持开展义诊服务活动，为村民送医送药送健康。口腔医学院重点从医疗卫生基础设施入手开展帮扶，发放口腔卫生用品，组织40余名专家为老百姓义诊达5000余人次，支援建设段湾村卫生室，并捐赠一台现代化的牙科治疗椅，改善医疗条件。中南医院在驻点村熊湾、严河、老山等村由专家带队开展义诊服务，每年义诊都要提供价值4万元的药品。马克思主义学院专家为村民举行宣讲会，宣讲十八大精神、十八届三中、四中和五中全会精神和三农政策；社会学系专家在农村开展农民思想政治状况和农村“三留守”问题专题调研；计算机学院、信息管理学院专家学者组织开展信息化管理骨干培训，指导受援村网格化建设和办公自动化建设；学校相关单位党建专家指导驻点村基层组织建设，通过帮助受援村建立党员干部现代远程教育站点、把驻点村的两委班子成员以及村党员干部请到学校进行专题培训等形式，增强党员干部素质、提升发展能力。城市设计学院专家指导和帮扶驻点村制定新农村建设发展规划和实施方案。水利水电学院专家学者现场考察了驻点村农田水利基础设施建设情况，重点就段湾村防洪堤、新府村丁家冲水库、红畈村老帅沟水库和帅湾水塘、金岭村的东岳庙水库和西湾水塘的加固和改造工作制定工作方案、进行技术指导……

三、工作成效与启示

1．主要成效

经过5年多的实践探索和实际运行，武汉大学开展定点扶贫工作“专项保障、专门对接、专家指导”的“三专”工作模式，取得了良好成效。武汉大学定点扶贫的新府村、段湾村、红畈村、金岭村等12个受援村贫困程度得到有效缓解，农村经济社会得到了较快发展。截止到2015年底，新城镇实现工业总产值17.2亿元，同比增长11%；固定资产投资15亿元，同比增长20%，12个受援村占比和增长贡献率达到60%，受援村初步形成了以花生、金银花、药材、茶叶种植和劳务输出为主导的现代农业，年人均纯收入1万余元，高于全县人均水平。农村基础教育和文化事业、新农村建设工作等都得到了较好发展，村容村貌发生可喜变化，农村基层组织建设得到了有力加强，运行更加规范，村级负责人业务素质和治村能力进一步提升，为受援村经济社会更好更快发展奠定了良好基础。新城镇先后获评“全省先进示范党组织”、“全省新农村建设示范乡镇”等荣誉。

新城镇2015年与2010年经济社会主要发展指标对比

年份	集体经济	人均纯收入	农田水利基础设施	基础教育投入	适龄儿童入学率	医疗卫生投入	劳务输出	通村公路
2010	25万	6375元	3540万元	860万元	96%	1700万	18861人	264公里
2015	30万	10846元	8720万元	1280万元	98%	2850万	20179人	372公里

2．工作启示

实践证明，“三专”工作模式是新形势下高校进一步加强和改进定点扶贫工作、履行服务社会职能的一种好思路、好尝试、好机制、好模式。这种机制和模式有利于高校发挥学科专业优势和人才资源优势。

（1）有助于增强高校定点扶贫工作的持续性。“三专”工作模式首先在组织领导、队伍选派、工作经费和考核机制等方面提供充分的条件保障，确保了定点扶贫工作能够持续深入开展。在实际运行过程中，学校将定点扶贫工作纳入年度工作要点，拨专项经费，体现了学校对此项工作的高度重视和制度安排。成立分管领导牵头、相关职能部门参加组织机构，有助于加强统筹协调和解决定点扶贫工作中的面临困难和问题。选派优秀干部组队驻村专职工作，并实行任期目标考核，确保了扶贫工作的常态化。虽然驻村工作队进行了多次轮换，但学校援建的工程或项目没有因队员的轮换而停滞，确保了定点扶贫工作能按计划有条不紊地持续向前推进。

（2）有助于提高高校定点扶贫工作的协同性。“三专”工作模式有助于学校整合相关资源，合理安排和科学调度相关力量，并能充分发挥院系优势和部门特点进行协同支援。在工作中，学校根据自身学科专业特色以及学校院系和部门工作特点，有针对性开展专项任务对接。如，涉农学科的院系主要负责农田水利基础设施建设、产业发展、农民增收、新农村规划、农村基础教育等方面开展科技培训、提供技术指导与咨询，发挥人才库、智力库的作用。学校相关职能部门则根据各自职能特点，有针对性地开展医疗卫生、文化体育、精神文明建设、环境整治、基层组织建设等方面的支援和建设工作，发挥各自优势，辐射文明成果。

（3）有助于提升高校定点扶贫工作的专业性。定点扶贫工作任务繁杂，既要加大投入，加强“输血”剂量，更要加强专业指导，重视因地制宜，增强专业性，提升“造血”功能。“三专”工作模式重视发挥专家学者的决策咨询和指导服务，有利于增强扶贫工作的科学性和专业化。

（董云云整理）

“三万活动”促脱贫　医疗帮扶惠民生

——华中科技大学

（定点扶贫：湖北省孝昌县王店镇、云南省临翔区）

为深入贯彻中央扶贫开发工作会议精神，切实落实“通过教育扶贫脱贫一批”的重要部署，总结定点扶贫典型经验，华中科技大学结合定点扶贫实际工作（“三万”活动）情况，提炼出“结合学校资源，充分调研，产出扶贫开发报告”、“教务处党支部与何砦小学帮扶结对子”、“华中科技大学‘三万’活动联系点兴办实事工作推进表”三项典型案例，具体如下：

华中科技大学自2011年开始，按照湖北省委、省政府关于“万民干部进万村惠万民”（“三万”活动）的工作要求，在孝感市孝昌县王店镇下辖的八个自然村开展定点扶贫工作，学校在与县、镇两级政府充分接洽的基础上，结合学校实际与受援地情况，具体部署定点扶贫工作任务。在工作组实地调研，充分了解驻点村实际情况的基础上，不断丰富完善工作计划。在完成每年基本任务的前提下，工作组还积极开展新农村建设，为受援地经济社会发展和人民群众脱贫致富做出积极贡献。

一、结合学校资源，充分调研，产出扶贫开发报告

2011年，华中科技大学开始参与“三万”扶贫工作。在开展走访调查之前，工作组协同学校中国乡村治理研究中心整理出与“三农”有关的四个方面94个模块的调查内容。通过组织学习，并结合驻点村的村情，制定了“三万”活动访民情调查提纲，提纲包括村情概况、惠农政策、农田水利、农民闲暇、宗教活动、人情世故、公共物品、家庭结构、住房情况、老人状况、妇女儿童、农业劳作、耐用品消费、社会分层、村干部评价、关于上访、计划生育、教育情况、乡村混混等20个方面。

为了提高可操作性，工作组在调查提纲的基础上经过精简浓缩制作了《民情手册》。手册从九个方面合计26个具体问题入手，涵盖农户家庭的基本情况、疾病情况、种地情况、收入情况、享受国家政策情况、外出务工、农副业、特别困难情况、其他等方面。工作组装订成册，随手携带，随问随记，一户一页。

在扶贫开发工作初期，华中科技大学校领导在受援地组织学校办公室、

开展调研

组织部、教务处、团委、社会学系、经济学院、公共管理学院和远程与继续教育学院等部门领导召开现场办公会。会议决定，充分利用学校智力资源和人才优势，组建由14位优秀博士组成的博士团，在工作组的指导下深入驻点村对农村的政治、经济、社会进行全面调研。博士团成员与农民同吃同住，在工作组的指导下独立开展了大量富有成效的调研工作：每天调研时间超过十个小时；精选调研对象，有种粮大户、空巢老人、留守儿童、养殖专业户、村干部、贫困户、村卫生室、镇里的相关部门和领导、抛荒现象、房头、上访户等。调研过程中，他们讲究工作方法，主动与农民交朋友，关心群众，增进感情，随时随地帮助农民朋友答疑解难，有较强的主人翁责任感，赢得了广大村民朋友和镇、村领导的信任。

在博士团集中调研期间，工作组与博士团利用晚上时间开展多次讨论。通过讨论，博士团中的每个调研小组确定了一至两个主题，内容涉及农村的基层组织建设、经济发展、环境治理、三留守问题、农田水利、社会治安等各方面。通过有针对性地集中调研，博士团获得了大量第一手资料，为撰写调研报告提供了鲜活素材。

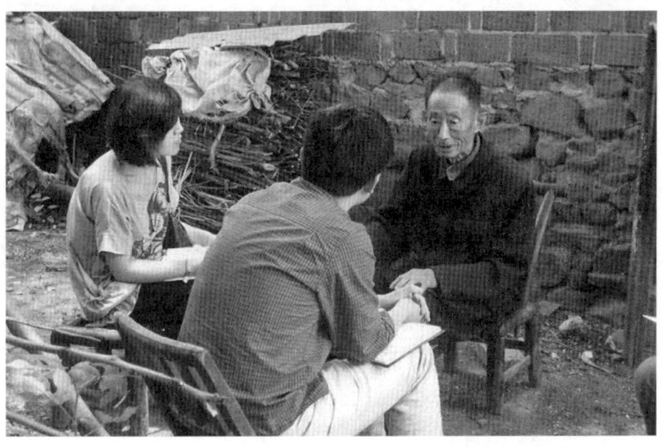

入户调研

在形成调研成果阶段，学校校领导偕同全国“三农”问题知名专家贺雪峰教授再次来到工作组驻地，主持召开调研成果讨论会。会上，工作组队员和博士团成员分别报告了调研感受和成果，贺教授根据自己多年研究“三农”问题的经验，对每位博士团成员都给出了建议。在大家发言的基础上，形成了重置村民小组长、扶持中农阶层、建设老年人协会三个方面的政策建议。最后，校领导强调：这次的调研报告不同于纯粹的学术论文，要充分利用已有的理论研究成果，着力解决农村中存在的现实问题，具有可操作性。

最终，博士团共完成《老人治村现象调查与研究》、《农村耕地不充分利用问题和对策》、《农村塘堰失管的成因及对策》等 20 篇高质量的专题调研报告，达 10 万字，每篇都有较强的针对性，都有政策性建议，都有一定的可操作性。这些报告，被有选择地递交给省里和县里，希望能对地方乃至全省的农村发展起到一定的参考作用。

二、学校教务处党支部与何砦小学帮扶结对子

2011 年 3 月至 6 月，湖北省委、省政府开展了以“送政策、访民情、办实事、促发展”为主题的“三万”活动，这是深入持久推进创先争优的创新实践。学校教务处积极响应湖北省委、省政府及学校的号召，组织全处人员赴受援地考察民情，送去温暖，特别重点了解了留守儿童的学习情况。针对驻点村部分中、小学生家庭生活困难的实际情况，为切实落实资助家庭贫困品学兼优的初中及小学学生，以保证他们顺利完成学业，教务处工作人员自愿捐款，专门用于解决贫困学生的部分就学需求。在何砦小学的积极配合下，

助学活动启动仪式

教务处制定了资助计划，从 2011 至 2015 年，资助何砦小学 2—4 年级的 7 名学生完成小学和初中的学业，资助金额共达 21950 元。此外，教务处连续 5 年向何砦小学赠送文化体育用品。具体实施情况如下：

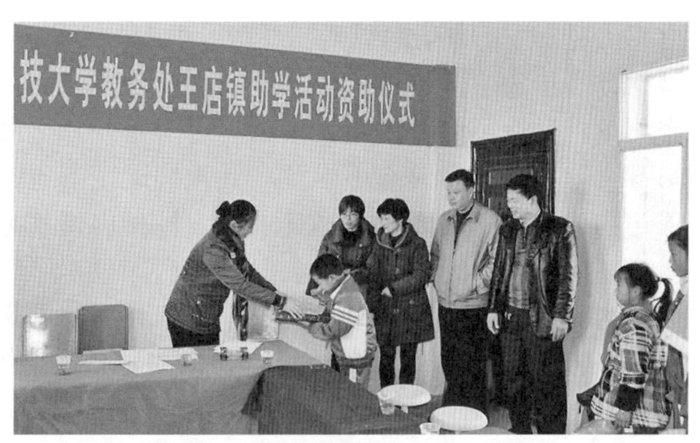

开展捐资助学活动

2011 年 6 月 8 日，时任教务处领导等一行九人赴孝昌县王店镇何砦小学开展捐资助学活动暨第一学年的资助启动仪式，此次助学活动共捐资 21000 元。启动仪式中，教务处领导与受捐助的七名学生家长分别签订“华中科技大学教务处资助贫困学生助学活动协议书”；校启明学院院长向学生赠送书包、文具及下学年首笔奖学金。

2012 年 11 月 21 日，教务处党支部行政一行十一人，在党支书记的带领下，来到孝昌县王店镇何砦小学，进行 2012—2013 学年“华中科技大学教务处孝昌县王店镇助学活动”资助活动。资助仪式在何砦小学会议室进行。学校教务处领导向何雨等七名同学发放了助学金和衣物等，希望同学们立志远大，以进取者的姿态努力搞好学习，将来踏入社会有了能力之后，还要将爱心接

助学活动资助仪式

力棒传递下去，去帮助更多需要帮助的人，用优异的成绩来回报社会。

2013 年 12 月 31 日，教务处及启明学院师生代表一行赴何砦小学慰问留守儿童，举行了迎新年联欢活动。启明学院师生向何砦小学赠送了书籍、运动器材等物品，向何砦小学留守儿童赠送了书包、铅笔盒、旺旺大礼包等新年礼物；科技作品展示互动环节中，机械创新基地、智能机器人团队、生科创新基地植物志团队学生代表纷纷上台，展示了四旋翼飞机、人形机器人、直立两驱避障智能车、易步智能车、植物书签等作品，并邀请小学生们亲自体验和感受。

2014 年 4 月 12 日，教务处党支部一行十五人，赴受援地进行“温暖同行心手相牵”2013—2014、2014—2015 学年度王店镇何砦小学助学资助与八里村特色党日活动。在何砦小学，华中科技大学教务处相关领导与何砦小学校长签订捐赠书，并赠送了书籍及学习用品价值 1300 元，向何美娟等七名同学发放 2013—2014、2014—2015 学年度奖学金 7150 元。

助学活动资助仪式

2015 年 5 月 9 日，教务处党支部一行十六人，赴受援地进行“温暖同行心手相牵”2015—2016 学年王店镇何砦小学助学资助。教务处党支部一行来到王店镇何砦小学，代表学校教务处与何砦小学校长李勇桥签订捐赠书，继续资助受援地 7 名学生完成小学和初中的学业，共捐赠 2015—2016 学年度奖学金 3500 元，课外书籍、学习用品及新衣服价值 2466.10 元。

三、华中科技大学“三万”活动联系点兴办实事工作推进表

2015年，按照湖北省委、省政府的统一部署和要求，华中科技大学围绕“夯实三农基础，改善农村民生，实现客运到村，建设美丽乡村”的主题开展新一轮“三万”扶贫开发工作。学校“三万”工作组始终坚持优良作风，深入基层、深入农户、深入一线，抓住农民群众最关心、最直接、最现实的利益问题，以村村通客车为重点，为群众兴办力所能及的实事，务求实效。工作组在扶贫开发工作中不断摸索，总结出了独具特色的工作方式，制定了“华中科技大学‘三万’活动联系点兴办实事工作推进表”，依表推进，有序扶贫、保质保量。

工作组驻村后，迅速整理省委、省政府、华中科技大学、受援地各级政府对工作队工作的具体部署和任务，按照“1+X”任务模式，将“村村通客车”作为“1”列为工作重点，将“巩固三万成果”列为规定工作（具体内容结合受援地具体情况而定），将学校特色活动列为常规工作，借鉴参考土木工程专业中项目管理的模式，制定初版“华中科技大学‘三万’活动联系点兴办实事工作推进表”。推进表涵盖驻村点村名、实事项目、建设内容、实施计划及进度，初步明确了工作组年度工作任务。

工作组结合初版工作推进表有针对性地在驻点村开展实地调研，走村访户，了解村民急切愿望，将了解到的情况逐一反映到工作推进表中，对表格不断调整、完善。通过集中性的走访调查，工作组制定了终版“华中科技大学‘三万’活动联系点兴办实事工作推进表”，在原有内容的基础上，明确了各驻点村的年度工作任务，将实施项目和建设内容细化到量；明确了工作组成员的责任，实施一人一村、责任到人，每名成员在完成统一任务的基础上负责落实好各自责任村的年度工作任务；明确了各项任务完成进度，在“实施计划与进度”中，细化了时间，按每月每天计量工作开展情况。工作推进表完善后，增强了工作组的紧迫感，强化了工作组的使命感，明确了工作的目的性，充分调动了工作组成员的工作积极性。

工作组严格按照“华中科技大学‘三万’活动联系点兴办实事工作推进表”开展扶贫工作，有目的、有方向地兴办实事，确保了扶贫工作有序、高效地开展，为完成年度扶贫开发任务，为实现村民脱贫致富夯实了基础。

四、实施“百人计划”

2012年开始到2020年，华中科技大学定点扶贫临沧市临翔区。考虑到临翔区人民医院医疗服务能力不强、管理水平比较落后，确定由华中科技大学同济医学院附属协和医院定点接收临翔区人民医院医护及医疗管理人员免费培训学习，初步制定“百人计划”，即五年内接收不少于一百名医疗骨干进行培训。

临沧市第二人民医院组织赴武汉交流进修

2014 年 11 月培训计划正式启动，第一批人员前来武汉开始接收培训，为确保长期的培训效果及稳定性，在协和医院周边租有一套住房提供给参训人员使用。至今，学校已接收临翔区人民医院学员共 9 批 29 名医护人员及医疗管理人员，含：临床医学、临床护理、医技及职能部门；专业涉及：心内科、风湿免疫科、骨科、妇科、产科、普外科、胸外科、肿瘤科、急诊医学、消化内科、重症医学科、麻醉科、眼耳鼻喉科、医学检验科、医学影像科、护理管理、护理专科、财务管理、资产管理、人力资源、设备管理及审计等。

2016 年 1 月，华中科技大学同济医学院附属协和医院领导一行随华中科技大学校领导调研临翔区，期间代表协和医院与临翔区人民医院签订帮扶框架协议。根据协议，协和医院将充分发挥作为国内顶级医院的优势，在临床诊疗服务、医院管理、建立远程救治网络平台及远程教育体系等方面对口帮扶临翔区，力争为临翔区人民医院达到三级乙等医院的基本技术标准提供支持，使临翔区人民意愿医疗服务水平和医疗服务质量进一步提高。

后期学校将进一步发挥医疗资源优势，开展更深入、更深层次的帮扶工作，继续做好人员培训工作，同时重点支持创建介入专科、扶持肿瘤治疗中心、开通远程医疗三大项目，不懈努力，全面提升医疗、医技、护理、预防、保健、教学、科研、应急、管理能力。

（董云云整理）

科技对接促开发　扎根基层帮教育

——华中农业大学

（定点扶贫：湖北省建始县）

湖北省建始县是集中连片特困地区武陵山区县市之一，是国家新阶段扶贫开发工作重点县。根据国家相关文件精神，华中农业大学2012年11月开始参与定点扶贫湖北省恩施州建始县。

“贫困地区发展要靠内生动力”、“一个地方必须有产业，有劳动力，内外结合才能发展。”华中农业大学与建始县人民政府联合制定《华中农业大学定点扶贫建始县工作规划（2013-2020）》，探索并逐步固化“校地联动推进、校企合作协同、项目落地引领、首席专家负责”的扶贫工作组织机制；探索并逐步健全“项目制”投入机制，规范人才资源、科技资源、经费等的投入方向、投入方式和投入途径；促进优势融合，探索出较具特色的“六个一”产业精准扶贫模式。主要做法与成效如下：

一、校地牵手合作，促进地方发展

2013年3月，华中农业大学与建始县签订定点扶贫协议。计划用8年时间，以科教扶贫、产业扶贫和教育扶贫为着力点，不断为建始实现脱贫致富提供科教人才支撑。为解决当地用水难题，学校筹资8万余元，为当地捐建水库一座。华中农业大学勤工助学中心为山区汉字举办“圆梦天使招募令”活动，由华中农大的学生们一对一帮扶，为山区孩子寄去图书、文具等新年礼物。学校为帮扶贫困学生，特设水滴助学金，奖励家境贫困、勤奋好学的学生。在物质上帮助他们顺利进行学业，更在精神上对他们予以鼓励让他们感受到社会对他们的关心与爱护。除此之外，学校还不断发挥自身的学科专业优势，结合支教地区及周边地区实际情况，对地方资源开发和经济社会发展建言献策。

二、穿针引线，动员社会各界资源参与教育扶贫

三年来，在学校扶持帮助下，在当地政府的支持和社会各界爱心人士的

关怀下，华中农业大学支教团教育扶贫工作成效显著。支教学校面貌发生了翻天覆地的变化，旧教学楼拆除，新教学楼开建，明亮的窗儿、崭新的桌椅，使这座大山深处的小学，焕发出了新的生机和活力。学校教育教学水平显著提升，三年来学校综合考核稳居全镇第一。支教团成员带领学生积极参加全国各项学生比赛，获得了多项荣誉。

扶贫必扶智，让贫困地区的孩子们接受良好教育，是扶贫开发的重要任务，也是阻断贫困代际传递的重要途径。三年的支教扶贫，使支教团成员体会到大山深处教学条件的艰苦，更让他们感受到了贫困山区孩子对知识的渴望。支教团开展的教育扶贫工作也得到了社会广泛认可。中央电视台、人民日报、新华每日电讯、光明日报、中国青年报等主流媒体先后对支教团进行了报道。支教团还先后获得“全国社会扶贫先进集体”、“中国最美志愿者”、“第九届中国青年志愿者优秀组织”、“中国百名优秀志愿服务集体”、“中华儿女”年度人物（团体）和“湖北省‘雷锋式志愿服务集体’”、“2015 镜头中最美支教团”等荣誉。

三、精准培植产业，支持产业创新发展

华中农业大学以建始县实际需求为导向，瞄准贫困人口，瞄准有带动和辐射作用的产业，瞄准最突出、最迫切、最需要解决的实际问题。经过实地调研、校地磋商，以建始县优势特色农业资源的综合开发利用为主要方向，以贫困户、贫困人口覆盖面广的产业为主要对象，因地制宜，精准“靶向”，先后选取了魔芋、景阳鸡、猕猴桃、高山蔬菜、枸杞、茶叶、冷水鱼、甜柿、农产品加工等 9 个特色产业，以及配套开展特色作物减肥增效。充分发挥高校自身优势，围绕“靶向”产业设立 11 个产业培育专项，累计投入产业培育资金 398 万，滚动支持三年，以科技创新驱动产业发展，实施产业精准培植。

华中农业大学定点扶贫建始产业培育专项一览表

编号	项目名称	负责人	起止时间	经费（万元）
1	景阳鸡保种群建立、遗传多样性评估及特色基因挖掘	龚炎长	2013. 01-2015. 12	30
2	魔芋高吸水性纤维及应用	李斌	2013. 01-2015. 12	30
3	湖北省猕猴桃溃疡病调查及防治技术研究与示范推广	刘继红 蔡礼鸿	2013. 01-2015. 12	30
4	建始县茶叶（乌龙茶）技术体系的构建与示范	周继荣	2013. 01-2015. 12	30

续表

编号	项目名称	负责人	起止时间	经费（万元）
5	强优势玉米新品种“华玉 11 号”选育与推广	刘永忠	2013.01-2015.12	45
6	建始县蔬菜高产高效生产模式的构建与示范	徐跃进	2014.01-2016.12	30
7	建始县猕猴桃果酒酿造关键技术研究与示范	李二虎	2014.01-2016.12	30
8	建始县现代甜柿产业关键技术研究与试验示范	罗正荣	2015.01-2017.12	30
9	建始县特色枸杞资源挖掘、规范化种植及精深加工产品开发	王沫 刘睿	2015.01-2017.12	30
10	建始县富硒冷水鱼生态养殖研究	张学振	2015.01-2017.12	30
11	建始县特色作物减肥增效技术研究与示范	赵竹青	2015.01-2017.12	30

四、组建专家团队，精准服务产业发展

华中农业大学组建以涉农应用学科知名教授为骨干的科技服务团队，围绕“靶向”产业提供科技支撑和智力服务。在产业培育项目和教育资源投入支持下，科技服务团队依托围绕产业发展技术瓶颈，开展关键技术研发、技术引进与更新，技术集成与示范推广，提供产业发展信息。为保证科技服务针对性和实效性，学校要求科技服务团队每年指定一名专家及其研究生作为科技联络员派驻建始县，实地调查了解产业状况，实时提供科技、智力支撑。针对建始县农业产业科技含量不高的现实状况，要求科技服务团队深入建始县田间地头、工厂车间，开展技术咨询服务和现场示范。针对建始县农业专业技术人员匮乏、农业从业人员思想观念落后等现实状况，科技服务团队围绕“靶向”产业开展以先进实用农业新技术为主的培训工作，坚持为建始培养一批以特色产业人才、农业局和乡镇服务中心技术人员、专业合作社带头人、种植大户为主体的致富领头雁。4 年来，科技服务团队组织专家 90 余人次深入建始县乡镇村社和田间地头开展培训和讲座 117 场次，先后为建始县举办了 4 期专题培训班，以各种方式培训人员 8340 人次。此外，科技服务团队结合建始生产实际，因地制宜地编写出《建始猕猴桃实用栽培技术》（20 万余字）、《山区规模化生态土鸡养殖手册》（8 万余字）、《高山蔬菜实用栽培技术》、《建始猕猴桃有机种植技术》、《建始猕猴桃秋季田间管理》等技术资料近 10 种，发放 2 万余份。通过科技服务团队深入扎实的工作，建始特色农业产业有了长足的进步。

通过实施“景阳鸡保种群的建立、遗传多样性评估及其特色基因的挖掘”产业培育项目，在龚炎长教授及其团队的努力下，建始景阳鸡疫病得到有效控制，成活率从不足 50% 提高到 95% 以上，“553”生态养殖技术得到大范围示范和推广，景阳鸡养殖规模逐年翻翻，2015 年达到 60 万只，农民收入达 6000 万元。

通过实施“建始县茶叶（乌龙茶）技术体系的构建与示范”产业培育项目，在周继荣高工及其团队的努力下，茶叶成活率从 70% 提高到 95%，产业基地通过中国和欧盟有机产品认证，建立了建始县茶叶生产加工技术体系，建始金观音乌龙茶在全国影响力持续增加，随着加工厂投入使用，“硒之泉”矿泉水和茶饮料投放市场，已成为拉动地方经济发展和带动贫困人口脱贫的重点产业之一。

通过实施“湖北省猕猴桃溃疡病发生调查及防治技术研究与示范推广”、“建始县猕猴桃果酒酿造关键技术研究与示范”产业培育项目，在蔡礼鸿教授、刘继红教授、李二虎博士等的努力下，猕猴桃栽培技术体系得以建立，猕猴桃溃疡病得到较好控制，猕猴桃国酒、果汁饮料等深加工产品开发成功，2015 年猕猴桃和猕猴桃果酒产业综合产值达到 2 亿元。

通过实施“建始县蔬菜高产高效生产模式的构建与示范”产业培育项目，在徐跃进教授及其团队的努力下，建始山地蔬菜产业被列为全县推广种植大户带动贫困户脱贫致富的“千户万家”计划。通过引进并选用适用新品种，推广高产高效生产新模式，建设出口基地等，促进了山地蔬菜产业快速发展。2013 年以来，学校重点扶持的恩施鑫地源农业开发有限公司销售收入从当初不到 500 万元迅速发展到 2015 年的 4000 万元，带动了一大批贫困户脱贫。

通过实施“建始县现代甜柿产业关键技术研究与试验示范”产业培育项目，在罗正荣教授及其团队的努力下，因地制宜开发出的控制生理落果技术、简化修剪技术、施肥技术、病虫害防控技术、肥料管理技术、果实长期保脆技术的甜柿栽培技术体系，甜柿种植面积快速扩大，2015 年达到 10000 亩，产值达到 3000 万元。

通过实施“魔芋高吸水性纤维及应用”产业培育项目，在李斌教授及其团队的努力下，在魔芋软腐病防控、新品种选育和推广、魔芋低硫烘烤技术研发、魔芋酸奶研制、魔芋飞粉综合利用等方面取得突破。2015 年魔芋产业综合产值可达 3 亿元。

通过实施“强优势玉米新品种“华玉 11 号”选育与推广“产业培育项目，在刘永忠研究员及其团队的努力下，积极开展选育品种华玉 11、双玉 919、华玉 12、华玉 13 示范推广工作，累计推广面积 6 万亩，每亩增收约 500 元，带动农民实际增收 3000 万元左右。

通过实施“建始县特色枸杞资源挖掘、规范化种植及精深加工产品开发”产业培育项目，在王沫教授、刘睿副教授及其团队的努力下，通过开展枸杞种苗规模化繁育技术研究，对枸杞珍酒营养及功效成分进行分析研究，湖北枸杞珍酒业有限公司快速成长为具有一定影响力的明星企业，2015 年产值可超过 3000 万元，较 2014 年翻一番。

通过实施“建始县富硒冷水鱼生态养殖研究”产业培育项目，在专家团队的努力下，建始扩大了冷水鱼养殖规模，引进了新的种苗，改善了养殖环境和养殖技术。恩施州国硒冷水渔业开发有限公司成长为全省著名富硒水产品企业，2015 年产值可达 2300 万元。

五、支撑产业龙头企业发展，打造产业发展领航员

产业的持续健康发展需要龙头企业的示范带动，学校围绕选定的“靶向”产业，依托科技服务团队支持小微企业做实做大做强，培育农业产业化龙头企业。华中农业大学先后与湖北花果山实业有限公司、恩施炜丰茶业有限公司、建始祥丰农牧有限公司等企业签订科技帮扶协议，建立了建始祥丰农牧公司陈焕春院士工作站等 9 个企业技术创新平台，吸纳 9 名科技特派员进驻，积极打造产业发展领航员。在学校的科技支撑下，定点帮扶企业累计申报专利 10 项，申报各级各类科技项目 7 项。企业发展形成了由“要我创新”向“我要创新”的观念转变，由特色资源驱动向创新能力驱动的驱动模式转变，科技创新的支撑引领作用日益显现，企业发展步入快车道。在此基础上，依托产业龙头企业，协助建始县实施“龙头企业 + 基地 + 专业合作社 + 贫困农户”精准扶贫方式，推动魔芋、景阳鸡、茶叶、高山蔬菜等产业龙头企业组建专业合作社，以专业合作社吸纳贫困人口进入产业链条，有针对性地将产业发展受益面向在册贫困户、贫困人口覆盖，辐射带动贫困户或贫困人口提高收入，实现“发展生产脱贫一批”。

六、统筹资源，延伸产业链，带动产业提质增效

华中农业大学整合资源，利用校友平台，号召校友企业家积极参与国家扶贫攻坚大战略，邀请 16 家企业共帮助引进魔芋飞粉酵母培养物生产、蓝莓种植、乌龙茶加工和猕猴桃果酒加工等 11 个项目落户建始企业，累计吸引投资约 8060 万元。此外，学校重视针对建始的农业社会化服务综合平台援建，在建始县试点开展农村基层农业科技信息服务体系试点建设，组团服务建始特色农业电商发展，引进华中农业大学后勤集团营销平台，协助拓展建始特色农业营销市场，通过延伸产业链，带动贫困户贫增收脱贫。

四年来，华中农业大学坚持以举校体制，统筹多方资源，实施产业精准扶贫，成功促成了魔芋、猕猴桃和山地蔬菜等 5 个过亿元的产业，景阳鸡等 5 个过 2000 万元的产业。精准扶贫的 10 个产业新增产值 5.62 亿元，其中培育的 4 个新兴产业 2015 年产值达 2 亿元。2014 年建始县被评为湖北省农业发展进位“先进县”，2015 年，建始县技术发明专利申报数居全州前列，科研项目数量持续增加，高新技术企业数量和 GDP 增加值位全州第二位。建始县产业经济发展带动精准脱贫同步实现：通过推进特色产业发展壮大，辐射带动脱贫一批；通过教育培训和技术指导，实现创业就业脱贫一批；通过项目成果落地引领，引导贫困人口实现转移就业脱贫一批；通过做大做强产业链，让贫困人口分享产业发展红利，实现扩大就业脱贫一批；通过农副产品销售市场构建，推动农副产品稳定销售，拉动带动脱贫一批。四年来，通过产业帮扶，累计带动建始县 11759 户共 41276 人脱贫致富。

（琚婷婷整理）

构建新型教育网络平台　突破教育均衡发展瓶颈

——华中师范大学

（定点扶贫：湖北省咸安区、恩施州、崇阳县、来凤县、四川省凉山州）

在信息技术不断发展并逐步渗入教育教学的今天，华中师范大学信息化与基础教育均衡发展协同创新中心也在努力探寻技术促进义务教育均衡发展和教育教学质量提升的有效方法，并在湖北省咸安区、恩施州、崇阳县、来凤县以及四川凉山彝族自治州等地展开了教育扶贫、信息扶贫项目，在促进民族地区、农村偏远地区义务教育发展方面取得了一定成效。

一、湖北省义务教育均衡发展实验区建设

农村教学点作为一种为适应我国农村地区特别是人口稀少、居住分散的偏远地区发展而设置的小规模不完全学校，在农村教育中一直占据着重要位置，但同时也存在着一系列问题影响着其教学质量的提升。鉴于此，协同中心研究团队于2014年初对湖北省咸宁市、孝感市、襄阳市、恩施自治州等地区农村教学点进行了调查。研究发现，师资短缺、开不齐课、开不好课是目前教学点面临的普遍问题。为此，研究团队以湖北省咸宁市咸安区和湖北省恩施州作为首批实验区，开展了技术促进区域义务教育均衡发展的实验与实践。

（一）湖北省咸宁市咸安实验区

此次调查涉及咸安区30余个教学点，学生700多名，教师仅40余人，教师人数少、年龄偏大、学历水平偏低是目前教学点面临的普遍问题。表面上看，这些教学点已经基本开设了国家义务教育阶段规定的所有课程，但由于教师专业能力有限，英语、音乐、美术等很多课程根本无法正常开设。因此，如何解决优质师资短缺问题，帮助教学点开齐开好课成为该区义务教育均衡发展的关键。鉴于此，协同中心以湖北省咸宁市咸安区作为首个实验区，开展了技术促进区域义务教育均衡发展的实验与实践，探索信息化促进义务教育均衡发展的有效方法与路径。

1.建成一所咸安数字学校，以技术助力教学点开齐开好课

咸安数字学校是为解决目前农村教学点师资不足，开不齐课、开不好课

等问题而建立起来的一所虚实结合学校，其总体目标是以信息技术为支撑，使城市优秀教师面向教学点开展全科教学，实现城乡学生同上一节课，使偏远农村地区的孩子也能够共享优质的教育服务。在这里，以一个城市学校为中心，带动周围M（1—3）个教学点，共同形成一个教学共同体，区域内N个教学共同体共同构成一个独立建制、虚实结合的数字学校。由中心校主讲教师面向本地学生和对接教学点学生级进行授课，并实现本地与异地师生、生生之间的双向互动。在数字学校内，由校长（教育局副局长兼任）执行具体的管理职能，同时设置教育管理部、教学管理部、学生管理部、师资培训部和后勤保障部五个部门，分别负责学校的教学设备使用与维护、教学应用与评估、学生管理、中心校与教学点教师的培训和管理以及经费与技术保障等职责，共同保证数字学校内部各项工作的正常进行。

在这里，主要包括同步互动混合课堂、同步互动专递课堂和多媒体课堂等形式的教学实践。在多种形式混合的教学实践同时，我们还开展了城乡教师牵手、城乡学生牵手、家校牵手等一系列牵手活动促进城乡教师的共同成长、城乡学生的全面发展以及外出打工父母与学校之间的充分沟通。

2. 培养数字化教师，逐步提升教师的信息化教学能力

为增长教师TPACK知识，提高教师TPACK能力，提升教师教育信息化素质，促进教师专业化成长，进而增强教师信息化环境下的执教能力，研究团队实施了骨干教师TPACK知识与能力培养计划，即在咸安区选拔并培养50余名具备丰富的TPACK知识和较强能力的骨干教师，“以点带面”，进而带动全区一线教师TPACK知识与技能的提升，推动信息化环境下的学校教育教学变革。该项目主要分三轮进行：首先通过信息化应用能力培训使教师熟悉并掌握学校和教室的信息化设备、资源的应用方法与技巧，转变教学观念；在此基础上，通过案例研讨、观摩反思等形式组织TPACK知识与技能培训，使骨干教师进一步掌握信息技术融入教学的方法、策略；最后，启动“名师工作坊”“名师优课”“同课异构”等创新应用活动，进一步丰富骨干教师运用TPACK知识与技能变革教学的实践经验，实现“知”“能”转化，达成“教”“研”合一。

除此之外，为提高教育领导者的信息化意识与能力以及整个教师队伍的信息化水平，我们还开展了校长领导力培训和全员教师培训。其中，校长领导力培训是邀请中央电教馆、南京师范大学、华中师范大学等多名专家进行授课，分模块对校长及其他教育管理人员进行信息化的战略背景、教育信息化应用及发展等问题展开培训，使他们在思想上认识到教育信息化的重要性，并在行动中不断提高信息化领导能力。全员教师培训则是对整个区域的教师进行包括硬件设施操作、教育资源及信息化学科工具应用、教学设计等方面

的培训，从整体上提升区域教师的信息化教学能力。从 2014 年至今，我们已经在咸安区开展了多轮不同层次的教师培训，在促进城乡教师专业共同发展方面取得了显著成效。

3. 建设数字化地方主干优质课程，促进信息技术与学科课程的深度融合

为促进咸安实验区教育信息化工作的进一步发展，提高教育教学质量，从 2014 年上半年开始，华中师范大学专家率团队共同组建了中小学语文、数学、英语、小学科学、中学物理和生物六门主干课程的教研团队，探讨信息技术与学科课程有效融合的最佳方法，并制定了《咸安区中小学六门优质课程本地化数字资源建设计划》，对覆盖课前、课中和课后三个阶段的电子课本、电子教案、习题库等数十种类型的数字资源建设进行了详细规划。两年来，他们坚持定期去教学一线与各学科老师进行讨论，鼓励教师自主开发特色资源，并帮助他们推敲每一节精品课的教学设计，共同打造咸安本地化优质课程资源

4. 跟踪观察学生成长情况，不断审视并推进教育信息化各项工作

教育信息化的最终目标是促进学生全面发展，培养学生信息时代所需的综合能力与创新能力。因此，为了从学生发展的角度对当前教育信息化的各项工作进行审视，研究团队在咸安区所有中小学和教学点中随机选取了 500 名学生作为对象，将学生的学习能力、学习状态、学习效果和信息素养作为观察维度制定了全方位的学生跟踪观察能力指标。通过跟踪观察学生的综合素质与创新能力在教育信息化不同阶段的发展与变化，以直观形式反映当前教育信息化建设与应用水平。实施过程中，我们以学生电子学习档案袋为观察工具，通过课堂观察与问卷调查两种观察方法采集数据，在学生家长、学科任课教师、班主任以及相关教育主管部门的共同合作下获得跟踪观察数据，撰写学生成长报告，为政府部门制定或调整当前的教育改革政策与教育信息化政策提供参考，逐步推进信息技术与教育教学的深度有效融合，实现区域教育教学质量的整体性提升。

5. 建立家校“亲子桥”，帮助留守儿童更好地感受来自父母的关爱

父母是孩子最好的老师，家庭教育是儿童人生当中的第一课。因此，在儿童思想道德建设与心理健康发展的过程中，家庭教育一直都占据着重要地位。然而，偏远农村地区的很多父母都把孩子留在家里的老人双双出去打工，导致留守儿童的比例一直居高不下，这也是咸安区农村教学点及薄弱学校的突出问题。为此，研究团队尝试建设家校“亲子桥”，实现外出打工父母与学生、教学点的互联。这种做法不但可以使教学点的孩子随时与远在城里打工的父母进行亲情沟通，感受父母的关爱而且能够保持学校与家庭之间的实时沟通，让家长通过可视设备随时看到孩子在学校中的学习与生活情况，最终实现家庭教育与学校教育有机结合下学生的身心健康成长。

（二）湖北省恩施州实验区建设

针对目前恩施教师不足、师资水平不高、教学条件差等问题，我们提出了“技术助推均衡、技术提升质量、技术重构生态”的“三位一体”的发展目标，开展湖北省垄上数字学校建设项目，通过同体式、协作式和支教式三类同步课堂模式来破解教师不足、学校水平不高和教学条件差三大难题，并形成了“三式”破“三难”的恩施模式。

1. 通过同体式同步课堂解决教师不足、开不齐课的问题

由于恩施州地处山区，人口居住较分散，尤其是海拔较高的偏远山区人口更少，学校规模较小且分散，师资严重短缺，开不齐课现象非常普遍。为了解决这一问题，中心协同当地教育主管部门开展了“同体式”同步课堂教学实践，即以优质学校带动薄弱学校、中心学校带动农村教学点，将一个教学点的一个班与中心校相同年级的一个班级结为共同体，通过网络由中心校教师统一授课，实现教学点学生与乡镇学生之间共享优质教育资源，破解教学点没有教师、开不了课的难题。将城市和乡镇优质学校与教学点相同年级的一个班级的教材、课程、课时、管理同步安排，通过同步课堂实现“点、校、班级”之间的“同步备课、同步授课、同步作业、同步考试”等。

2. 通过协作式同步课堂破解教学点师资水平不高、开不好课的问题

针对恩施州信息化教育推进及区域义务教育均衡发展的需要，中心协同当地教育主管部门开展了包括一线教师、校长等在内的全方位教师培训，从整体上提高教师的信息化教学意识与信息技术应用能力。但是，要使教师真正将所学的信息技术有效应用于自身教学实践当中，单纯的培训是不够的，更需要在实践中不断摸索。为此，我们协助当地教育主管部门开展了“协作式”同步课堂，专门帮助区域内的教师实现学校与学校之间同步教学研究、同步教师培训、管理交流与师生交流活动等，促进校际间的文化交流，促进区域内教师信息化教学和管理水平的整体提升，从根本上破解教学水平不高、开不好课的难题。在这里，来自城乡不同学校的老师共同制定协作学习计划，在遵循鲜明性、适切性、价值性和系列性原则的基础上精心确定主题活动，合理设置并组织协作学习过程，并通过与线下活动的有机结合促进城乡教师的共同发展。

3. 通过支教式同步课堂破解教学点教学条件差的问题

针对目前很多学校尤其是农村偏远地区学校教学条件差，教学效果不好的问题，中心协同当地教育主管部门建立了“支教式”同步课堂，以实现优质乡镇与相对薄弱乡镇之间、优质学校与薄弱学校之间的结对，解决农村学校由于音乐、美术、英语等薄弱学科师资缺乏而导致的开不齐课、开不好课问题。“支教式”同步课堂可以促进不同学校教师之间、师生之间和学生之间的充分沟通与交流，在合作与探究的过程中提高教学效果。施州小学与新

塘小学之间就建成了“支教式”同步课堂并取得了很好的效果。

二、凉山州教育资助项目

结合在湖北省咸安区、恩施市等地的试点经验，提出了利用信息化手段助推凉山彝族自治州教育发展的精准教育扶贫计划，针对西昌民族中学和盐源县泸沽湖小学等不同学校的特点和教学需要为之捐助了教育信息化示范系统，并提供了相应的培训与指导。

（一）四川西昌市民族中学教育资助项目

针对西昌市民族中学自身教育信息化发展情况及其汉语和彝族语双语教学的需要，建设了“适切、实用”的民族双语教学系统，捐赠了初中《心理健康教育》数字化课程资源，对学校教师进行了培训，并通过教师专业发展平台促进他们从传统教师向数字教师的转型。

1. 建设民族双语教学系统

为提升该学校彝族语与汉语双语教学的质量，协同中心为西昌民族中学捐赠并建设了一套民族双语教学系统，包括电子双板和远程互动直播设备。教师不仅可以利用电子双板更好地开展民族双语教学，还可以通过互动直播终端与华师对接，开展同步互动课堂。如图所示，在全国政协教科文卫体委员会赴凉山慰问的过程中，西昌民族中学老师利用民族双语教学系统开展了双语教学示范课，引起了强烈反响。

2. 提供初中《心理健康教育》数字化课程

考虑到当前中小学心理健康教育课程开设的紧迫性以及学校专业心理健康教育教师短缺等问题，协同中心向西昌民族中学捐赠了初中《心理健康教育》数字化课程资源。其中不仅包括教材和配套光盘100套，还通过云平台为他们提供数字化教学资源，使他们在应用平台与自主设置课程资源的基础上更好地开展初中心理健康教育课程。

3. 开展数字教师培训

为帮助教师提升信息化教学能力，进而提高其应用“双语课堂教学系统”进行教学的效果，对西昌民族中学近30名骨干教师进行了全面培训，包括：双语教学的课件制作与使用的方法，学科教学工具、学科教学辅助软件的应用，数字教育资源的获取与应用，同步互动混合课堂教学实践等，使教师在倾听、观摩、操作、使用的过程中不断提升自身的信息化教学能力，同时在教学实践当中帮助其他教师共同提升信息化教学能力。

（二）四川盐源县泸沽湖小学教育资助项目

针对泸沽湖小学及其附近教学点的教学现状，协同中心在泸沽湖镇小学建立了教育信息化示范系统，不仅建立了“适切、实用”的双轨数字学校系统，实现了中心校优秀教师向教学点的输送。同时，还捐赠了小学《心理健康教育》数字化课程资源，对学校教师进行了培训，以促进他们从传统教师向数字教师的转型，不断提高其信息化环境下的教育教学效果。

1. 建设双轨数字学校系统

为帮助泸沽湖小学更好地开展信息化教学，并将泸沽湖小学的优质师资引入附近教学点，中心在盐源县泸沽湖小学和泸沽湖镇南山小学安装了一套双轨数字学校系统，以实现泸沽湖小学、泸沽湖镇南山小学及华师附小之间的对接，使不同地区的学校能够共享优质师资，同时促进不同学校教师、学生之间的相互学习与共同发展。

2. 提供小学《心理健康教育》数字化课程资源

针对当前泸沽湖小学心理健康教育教师缺乏的现状，我们向泸沽湖小学捐赠了小学《心理健康教育》数字化课程资源。其中包括教材、配套光盘 100 套以及云平台中相应的数字化教学资源与空间，使他们通过平台应用与自主设置课程资源等方式上更好地开展小学心理健康教育课程。

3. 开展数字教师培训

依托“双轨数字学校系统”对泸沽湖小学 40 余名教师以及泸沽湖镇南山小学 2 名教师进行了培训，包括课件制作与使用的方法、学科教学工具与学科教学辅助软件的应用、数字教育资源的获取与应用以及多媒体素材的处理等。同时，为帮助教师更好地利用双轨数字学校系统开展教学活动，协同中心还基于双轨教学系统对他们进行了同步互动混合课堂教学实践的培训，使他们在实际观摩与体验的过程中不断提升自身的信息化教学能力。

除建设双轨课堂教学系统、提供数字化课程资源、开展短期教师培训外，协同中心还尝试通过教师专业发展云平台解决传统教师向数字教师转型的问题，并在此建设了教育信息化示范系统，以实现华师附小、附中及其他优质教育教学资源向边远山区的输送。虽然凉山现在的教学条件比过去好很多，但是跟城市相比，还有差距。是教育信息化让贫困地区教育插上了翅膀，直接跟城市看齐。

除湖北省咸安、恩施实验区建设以及四川省凉山自治州教育资助项目之外，协同中心还在湖北省崇阳县、来凤市、广水市、武汉市等地建立了实验区，并逐渐形成了具有当地教育特色的区域义务教育发展模式，例如崇阳“新常态”、来凤“三纵三横”等。目前，中心正在对当前的区域义务教育发展模式进行总结推广，不断扩大实践范围，以期为更多地区的义务教育均衡发展、质量提升与生态重构提供经验指导。

（琚婷婷整理）

政策宣讲行动早　教育卫生成保障

——湖北美术学院

（定点扶贫：湖北省五峰县五峰镇）

2011 年按照省委、省政府关于在全省开展精准扶贫及“三万”活动的通知要求，湖北美术学院积极响应，认真贯彻实，自 2011 年以来正式派遣了六批“三万”工作组及精准扶贫工作队进驻五峰土家族自治县五峰镇小河村、长坡村等地开展扶贫工作。

一、背景介绍

2011—2015 年学校承担的“三万”定点帮扶的小河村位于湖北省五峰县五峰镇西部，全村面积 43 平方公里，其中农业用地 4250 亩，山林 46947 亩，辖 14 个村民小组，956 户，总人口 3354 人。茶叶、生猪养殖、林业、蔬菜与外出务工为主要经济来源。

2015 年底学校扶贫工作队进驻到全省扶贫开发建档立卡贫困村——长坡村，开展精准扶贫、新农村建设和“三万”工作。长坡村是湖北省确定的 2017 年整村推进重点贫困村，位于五峰县城西南边陲，与湖南石门县接壤，以山坡绵长得名，由原百溪河、长坡、麻池河、百鹤园四个自然村组成，距新县城 100 多公里。现有国土面积 56.65 平方公里，其中耕地面积 2840 亩，林地面积 68000 亩，最低海拔 450 米，最高海拔 1680 米。辖区内四个村民小组共 386 户，在册人口 1446 人，其中常住人口 1222 人，现有贫困户 222 户、609 人。

二、扶贫措施与实效

（一）“万名干部进万村入万户”

按照省“三万”活动方案要求，学校以“送政策、访民情、办实事、促发展”为主题，实现“两个全覆盖”为目标，全面开展扶贫工作。

慰问小河村困难群众

1. 宣传动员，送政策

一是组织召开小河村、谢家坪村、麦庄村、怀抱窝村两委班子会议 4 场，以组为单位组织召开村民会议 70 余场，组织干群座谈会 30 余次，进行宣传动员，讲解党的强农惠农政策及法律法规等；二是在各村委会、各村民小组人员较集中地点和醒目地方张贴了省委、省政府印发的《致全省农村乡亲们的一封信》、《当前强农惠农政策一览表》，挂了“三万”活动工作组联系方式横幅、发放了 230 余份“三万”活动工作组宣传单（含联系方式）和 120 余份新农村文明新风建设倡议书，向村民印发了 520 余册《惠农信息汇编手册》；三是向走访农户宣传党的强农惠农政策。

2. 走访民情，落实“两个全覆盖”

小河村、谢家坪村、麦庄村、怀抱窝村四村共农户 3036 户，其中迁出户、合并户、死亡户共 139 户，应走访户数：2897 户。截止到 5 月 25 日，完成走访调查 2888 户（其中：实地走访 2598 户，电话联系 187 户，短信联系 3 户，留言卡、信 100 户）；举家外出多年、杳无音讯、经多方联系仍未联系上的农户有 9 户。

根据省上要求，对四个村农户采取对称等距抽样方法，对 50 户农户进行详细入户问卷调查，保质保量完成了省“三万”办安排的抽样问卷调查工作。同时，还完成四个村的《湖北省村党组织建设情况调查问卷》工作。

3. 兴办实事促发展，促进新农村建设发展。

一是捐助 12.8 万资金为小河村修建了“村组通”道路。二是向谢家坪小学捐赠了 100 套乒乓球拍、羽毛球拍等体育器材；并向四个村的 36 名贫困小学生捐赠了书包、文具等。三是分别向小河村、谢家坪村、麦庄村、怀抱窝村捐赠了农业生产科技图书。四是向驻点村 4 户重点贫困农户发放了慰问金；

向村两委会反映的5户贫困农民，现已列入低保户。五是根据走访中农民群众反映强烈的问题，及时与县、镇两级政府沟通联系解决事宜。目前县、镇两级政府已决定，结合“村组连片生态整治”工作，对小河村2、3组饮水蓄水和水源问题进行整治；为小河村9、10、11组修建一条2.6公里的硬化道路。六是结合“城乡互联，结对共建”工作，落实“五个一”的目标任务，帮助小河村制定和完善了村党组织建设、村委会建设的各项规章制度及新农村建设规划；为发展小河村的集体经济，培育龙头产业，征得政府支持和投资。学校积极帮助和支持小河村建立村级茶叶专业合作社。七是积极协调各驻村县工作组办实事，县烟草局为麦庄村投资10万元修建9.1公里砂石路，为村烟水配套工程投资6000元，并安排5名烟草专家入户为521户种烟农户进行种植技术指导；县财政局为怀抱窝村修建3.1公里乡村道路投资10万元，解决人畜饮水和农田灌溉投资12万元，慰问党员贫困户15户（4000元），正在策划办村级生猪专业合作社和五倍子草药种植基地；县卫生局为谢家坪村党组织建设支助经费5000元，解决农户30口沼气池，为全村妇女进行体检，慰问贫困党员8户（1600元）、贫困学生3个（1500元），计划解决300户农户的农厕改造，协调县环保局将该村1500米排污沟纳入新农村建设改造工程。

（二）“万名干部进万村洁万家”

1．积极响应，做到“三个第一”

第一时间让帮扶资金到位。根据省委要求，自全省“三万”活动启动以来，学校反应迅速，积极行动，主动联系五峰镇小河村、水浕司村“三万”活动负责人，学校“三万”活动工作小组在赶赴驻点村前，就已经把10万元帮扶资金汇入五峰镇“三万”办公室账户，为各项计划工作有效开展奠定了物质保障。

第一时间入户宣讲党的十八大精神。湖北美术学院工作组抵达驻点村第二天就赶赴小河村、水浕司村组织召开党员群众大会，组长黄小平同志联系

宣讲党的十八大精神

实际工作，结合党的十八大精神和湖北省第十次党代会提出的建设富强湖北、创新湖北、法治湖北、文明湖北、幸福湖北等“五个湖北”的要求，深入浅出，给他们上了一堂生动的党课，共有 212 名党员和群众参加宣讲会（小河村有 104 名、水浕司村有 108 名党员和群众参加），被五峰镇电视台新闻频道录制播放。随后，工作组深入农户家中，发放十八大宣传资料和“三万”活动手册，了解农户的家庭生活情况，将宣传党的十八大精神与“三万”活动一同部署和推广。

第一时间落实项目、兴办实事。自“三万”活动开展以来，学校与五峰镇干部群众建立了深厚感情，工作组多次调查走访、联系实际，听取群众提出的突出问题，解决了一大批实际困难；工作组达到驻点村后主动入户调查考证，经协商共同决定，10 万元帮扶资金重点用于基础设施建设和村庄环境整治等方面。

2．看望留守儿童，做好“六个一”帮扶

2012 年 12 月 24 日工作组一行四人前往谢家坪小学，深入了解和看望留守儿童，做好“六个一”结对帮扶活动。谢家坪小学共 6 个年级，几乎每个年级一个班；学生平均早上 6:15 就要起床，下午 4:30 放学，便于学生们趁着天黑之前赶到家，有的老师让离家远的学生住在自己家中；与孩子们交心谈心发现留守儿童的父母亲几乎常年在外务工，或已去世。经调查，谢家坪

看望留守儿童

小学留守儿童共 28 名，其中学前班 8 人、一年级 1 人、二年级 2 人、三年级 6 人、四年级 5 人、五年级 6 人（女生 8 人、男生 20 人）。工作组及时与学校联系，择优组织湖北美术学院以“一对一”“一帮一”“一教一”等多种形式帮助留守儿童。

3．疏通杂物清洁家园，解决路段脏乱

开展“两清、两建、两化、两创”为主要内容的村庄环境整治工作。

2013 年 1 月 4 日至 1 月 10 日大力开展清洁家园活动，每户村民做好房前屋后的垃圾杂物的整理清除工作，做好沟渠的疏通，污水排放及畜禽粪便的处理。组织村民义务对乡村公路进行维护与整治，及时清除边沟杂物、疏通沟渠，便于生产，修理路边树枝，保持道路整洁。

4. 制定《环境卫生村规民约》，建立长效机制

一是树立“讲文明、树新风、爱卫生”习惯，营造“家园清洁，人人有责、家园清洁、从我做起”的良好社会氛围，自觉遵守卫生道德规范，增强环境卫生意识。二是实行各户房前屋后周边三包（包卫生、包秩序、包美化）责任制，生活垃圾定点存放，杜绝乱扔、乱倒现象。三是推行家畜圈养，鼓励改厕改厨改水。四是确保村组主干道路及两侧和公共场所卫生整洁，无粪堆污水，无散养牲畜，无私搭乱建现象，无柴草垛，无垃圾，保证道路畅通。五是积极参加灭除老鼠、苍蝇、蚊子、蟑螂等病媒生物及消除其滋生场所。通过实际情况，制定宣传《环境卫生村规民约》，建立村级“十星级”文明用户评比制度。

5. 挖沟种树建垃圾房，解决环境污染问题

通过调查发现小河村、水浕司村以种植业为主，下雨或灌溉后，碱溶液容易渗透到地下水里，通过挖沟把流动的地下碱水排出去，从而达到降低土地含碱量的目的；2013 年 3 月 5 日开展植树节活动，水浕司村每户屋前屋后平均种 10 棵树，以达到“整治环境、清洁家园”效果，更富有“种树育人”深刻意义。

2013 年 1 月期间，通过开展实地勘察、计算日后使用成本等调研方式，提出建设垃圾房比添置垃圾箱更加符合实际情况、符合建立“长效机制”原则。小河村修建垃圾房 3 个，添置在前河、太平庄、小河，重点解决该村 1 组、4 组、6 组、10 组、11 组、12 组和 325 省道沿线 110 户、1100 多人的垃圾收集和处理问题；水浕司村在革新桥、原茶站、新衙门农户居住集中地段各新建一个

改造环境，营造良好氛围

解决环境污染问题

垃圾房，兴建的3个垃圾房集中堆放垃圾，通过焚烧、转运清除垃圾。目前，两村已完成垃圾房修建任务，并交付使用。

6．小河村建漫水桥，解决30多户出行难问题

小河村新建的漫水桥解决了小河村7组公路和325省道干线的连接问题，并解决了该组35户、100多人的安全出行问题，彻底结束了“晴天踩着石头过河，雨天摸着石头过河”的日子，村民们对此非常高兴并深表感谢。该桥已通过验收，并交付使用。另外，位于8组盘山路上的3座连接桥正在兴建当中，解决了35户、120多人的便利出行问题。

7．水涊司村治理沟渠隐患，解决200多人饮水问题

治理沟渠隐患，着力解决水涊司村四组的燃眉之急，已修建了一条，沟长1000米，宽0.4米，高0.25米（墙宽0.15米，沟底0.1米）的沟渠，解决了200多人饮水及300多亩农田灌溉问题。

8. 水泺司村安装太阳能路灯，解决夜路安全问题

在革新桥安装太阳能路灯 4 盏。这样一来就不用开沟埋线，不消耗大量人力物力，不受供电影响，不污染环境，可免去敷设电缆时对植被的破坏，正常光照下每天 3—12 小时，可连续 3—5 个阴雨天气正常工作，为当地村民夜路出行提供安全照明。

（三）“万名干部进万村惠万民”

工作组围绕“村村通客车”主题，改善农村客运基础设施，解决农民出行难、出行不安全问题；发挥学校专业优势，结合当地实际需要，开展土家特色文化设计等项目建设。

1. 坚持多措并举，巩固前期成果

巩固“三万”活动成果是本轮活动的重点工作。学校对张家坪饮水池加盖工程——小河村张家坪共有容量为 100 立方米的人畜饮水池 3 口。为湖北美术学院前期援建项目，惠及农户 94 户。因水池无盖，树叶杂物随时落入池中，饮水极不卫生。工作组筹集资金 5.4 万元，通过加盖解决树叶杂物落入及阳光照射问题，提高水质，卫生用水。

小河村村委会前期已在湖北美术学院帮扶下添置硬件，初步建立了网格化体系，工作组进村后，帮助调试硬件设施，制订了《村网格管理站工作职责》与《网格员工作职责》并粘贴上墙，进一步完善了网格化管理模式。工作组还和驻点村的干部一起发动群众在各村进行道路清洁、房屋整洁、池塘洁净、维修垃圾池等“洁万家”活动；对当地茶厂茶农进行了深入调研，利用专业优势进行帮扶。

2. 完善基础设施，促进资金整合

一是道路硬化工程。工作组依照“村村通客车”的目标，考察小河村邹家包至谢家屋场路段，与镇村两级班子集体研究、制定实施方案，利用帮扶资金 3.7 万元，将路面宽度由 3 米拓宽至 4—4.5 米，完成全长近 3.33 公里的泥土公路加宽硬化工程，切实解决村民们的出行问题。二是增修错车台。小河村共有硬化道路两条，全长 5.3 公里，涉及农户 126 户，因路宽仅 3.5 米，进出车辆较多，会车困难。为解决这一问题，工作组筹集资金 9000 元，按照间隔 300 米一个的标准，增设错车台 18 个。

3. 发挥专业优势，支援特色项目

湖北美术学院环境艺术系周彤主任带队的专家团队与工作组一道深入五峰镇百溪河、茅坪村，对当地土家特色村落、特色村建设进行全面考察。经过与镇村两级干部座谈，专家们根据当地对土家特色村改造的思路，结合当日考察内容，针对五峰资源的开发与茅坪村特色村建设进行了设计规划，提供设计方案 7 套

针对长坡村独特自然景观及百溪河国家级湿地公园项目在该村落户启动，湖北美术学院结合自身专业优势积极配合该项目建设工作，为保护发展好百溪河原山原水原村落的美丽村庄及今后旅游产业的发展献计献策。

4. 帮助教育卫生创条件，实现农村发展有基础

学校工作组赴五峰镇杉树园小学进行调研，对校舍及环境进行察看，对其办学条件、规模、师资力量、后勤设施等情况进行全面了解，并向全校每名学生捐赠一套文体用品。

长坡村卫生室条件简陋，给前来就医的村民带来许多不便。作为2017年湖北省整村推进的重点贫困村，卫生室的医疗条件直接关系到该村在2017年能否顺利脱贫。扶贫工作队代表学校与镇村领导班子多次召开会议，研究确定2016年湖北美术学院“三万”活动筹资10万元，用于长坡村卫生室建设项目。

学校将在“三万”统筹下，结合精准扶贫，进一步落实产业发展、教育支持、卫生创建，让定点扶贫村发展有支持、有条件，早日实现脱贫致富的发展目标。

（胡兴东整理）

产业扶贫　科技先行

——湖北生态工程职业技术学院

（专项扶贫：鄂北地区核桃技术推广）

为深入贯彻党中央扶贫开发战略部署，湖北生态工程职业技术学院根据国务院和湖北省政府的要求结合实际，以结对帮扶为抓手，以服务湖北林业经济发展为目标，充分发挥湖北生态工程职业技术学院科研技术及行业办学优势，积极响应省委省政府、省林业厅“616”对口帮扶工程及“三万”等活动，扎实开展了科技定点扶贫工作。“十二五”期间，先后系列实施了“板栗早熟优质品系的推广”“油茶芽苗砧嫁接育苗新技术推广示范”“长林系列油茶优良无性系新品种推广示范”“京山县油茶标准化示范区建设”“鄂北核桃优良品种与丰产栽培技术推广示范”等十余项技术推广项目，项目共投入资金1000余万元（见附件1），为当地林农脱贫致富做出了卓有成效的贡献。下面以“鄂北核桃优良品种与丰产栽培技术推广示范”为例介绍湖北生态工程职业技术学院产业扶贫的成功经验。

一、“鄂北核桃优良品种与丰产栽培技术推广示范”定点扶贫项目实施的基本情况

（一）项目背景

1. 项目建设内容

该项目采用了我院经过省科技厅组织鉴定的科技成果“鄂北低山丘陵核桃优良品种的筛选及其丰产栽培技术”（成果号：EK2012A010456001999），向林农推广示范经引种成功的元丰、晋龙3号等品种。

示范育苗主要采用技术为砧木培育技术、接穗培育技术、嫁接技术和苗期抚育管理技术等；核桃园新造技术主要采用园地整理与土壤改良技术、品种配置技术、嫁接造林与植苗造林相结合、栽植技术和栽后管理技术等；幼龄核桃园抚育管理主要采用整形与修剪技术、水肥管理技术、林农间作、疏花疏果等；同时运行科技成果推广体系，培训当地基层林技工作者和林农，提高其技术和管理水平。

2. 项目建扶持对象

经调研考察，结合地方要求，“鄂北核桃优良品种与丰产栽培技术推广

示范”项目建设地点选定在湖北省随州市随县环潭镇苏家河村撂荒林地和湖北省十堰市郧县杨溪镇佛山村抚育水平低效益差的经济林地。随县环潭镇苏家河村共有村民 455 人，郧县杨溪镇佛山村共有村民 320 人，两村均属贫困村。佛山村另有撂荒或者种植庄稼但效益差的农地近 5000 亩。

3. 项目实施进程

该项目实施年限为 3 年，即 2013—2015 年。实施进度如表 1：

表 1 “鄂北核桃优良品种与丰产栽培技术推广示范”项目建设进度表

时间	主要工作内容	备注
2013 年	与随县林业局、十堰市林科所签订合作协议，选定项目建设地点，并与当地村委会和定向扶贫农民签订合同，编制项目建设实施方案	
	项目建设必要工具、材料的准备	
	编印《核桃育苗和丰产栽培技术培训手册》	
	培训人员 300 人次，抚育示范第 1 年	
	技术档案归档，撰写年度总结自检、年度报告	
2014 年	植苗造林 200 亩，幼龄抚育示范 600 亩第 2 年	
	发放有关培训手册及相关资料，培训人员 300 人次	
	技术档案归档，撰写年度总结自检、年度报告	
2015 年	新造园和幼龄核桃园继续抚育	
	辐射推广	
	技术档案归档，撰写年度总结自检、年度报告以及整个项目的技术报告和总结报告	申请验收

2015 年 10 月 14—15 日，该项目接受了湖北省林业厅组织的专家组对项目进行现场查定，12 月 15 日通过省林业厅组织的会议验收（专家验收意见及专家委员会名单见附件 2.3）。

（二）示范基地建设

1. 示范基地基本情况

400 亩核桃园（幼龄）抚育示范实施地设在随县环潭镇苏家河村，200 亩核桃园（幼龄）抚育示范实施地设在郧县杨溪镇佛山村；均为 2011 年营建的核桃林，保存率在 85% 以上，项目实施开始前，核桃平均地径分别为 4.8cm 和 5.2cm；冠幅分别为 1.4m、1.6m。另外这两处幼林核桃园自然资源条件比较优越，水源方便，靠近村落而劳动力充足，具备幼龄抚育示范的基本条件。

2. 示范基地采取的主要抚育技术措施

示范基地主要采取整形与修剪、施肥、灌溉、林农间作、除草松土、病虫害防治、技术指导等抚育技术措施。

3. 示范基地抚育示范效果

通过固定样地和样本树调查，2013 年 7 月份即项目实施前郧县、随县实施点，核桃平均地径分别为 5.2cm 和 4.8cm，冠幅平均值为 1.6m、1.4m。2015 年 8 月初调查，郧县、随县实施点，核桃平均地径分别为 8.9cm 和 7.8cm，年均生长量为 1.85cm/ 年和 1.50cm/ 年；冠幅平均值为 3.1m、2.8m，年均生长量为 0.75m/ 年、0.70 m/ 年。两个实施点生长量按照加权平均计算，抚育前地径、冠幅分别为 4.9cm、1.5m，抚育后地径、冠幅分别为 8.2cm、2.9m，年均生长量分别为 1.6 cm/ 年、0.7m/ 年。见表 2。

表 2　幼龄核桃抚育示范园生长情况

地点	样地号	2013 年 .7 月		2015 年 8 月		年均增量	
		地径（cm）	冠幅（m）	地径（cm）	冠幅（m）	地径（cm）	冠幅（m）
随县	1	5.2	1.6	8.2	3.1	1.5	0.8
	2	4.6	1.3	7.8	2.7	1.6	0.7
	3	4.5	1.4	7.4	2.9	1.5	0.8
	4	4.9	1.2	7.7	2.6	1.4	0.7
	5	4.1	1.3	7.5	2.8	1.7	0.8
	6	4.8	1.3	7.9	2.5	1.6	0.6
	7	4.3	1.2	7.5	2.9	1.6	0.9
	8	5.7	1.5	8.2	3.2	1.3	0.9
	均值	4.8	1.4	7.8	2.8	1.5	0.7

续表

地点	样地号	2013 年．7 月		2015 年 8 月		年均增量	
		地径（cm）	冠幅（m）	地径（cm）	冠幅（m）	地径（cm）	冠幅（m）
郧县	1	5.6	1.8	9.2	3.2	1.8	0.7
	2	4.9	1.6	8.7	3.1	1.9	0.8
	3	5.3	1.7	8.9	3.4	1.8	0.9
	4	4.8	1.4	8.6	2.8	1.9	0.7
	均值	5.2	1.6	8.9	3.1	1.9	0.8
总均值		4.9	1.5	8.2	2.9	1.6	0.7

注：总均值＝随县均值 ×2/3+ 郧县均值 ×1/3

4. 示范基地辐射推广

示范成果推广与当地林业部门、核桃产业发展龙头企业组成联合体，采

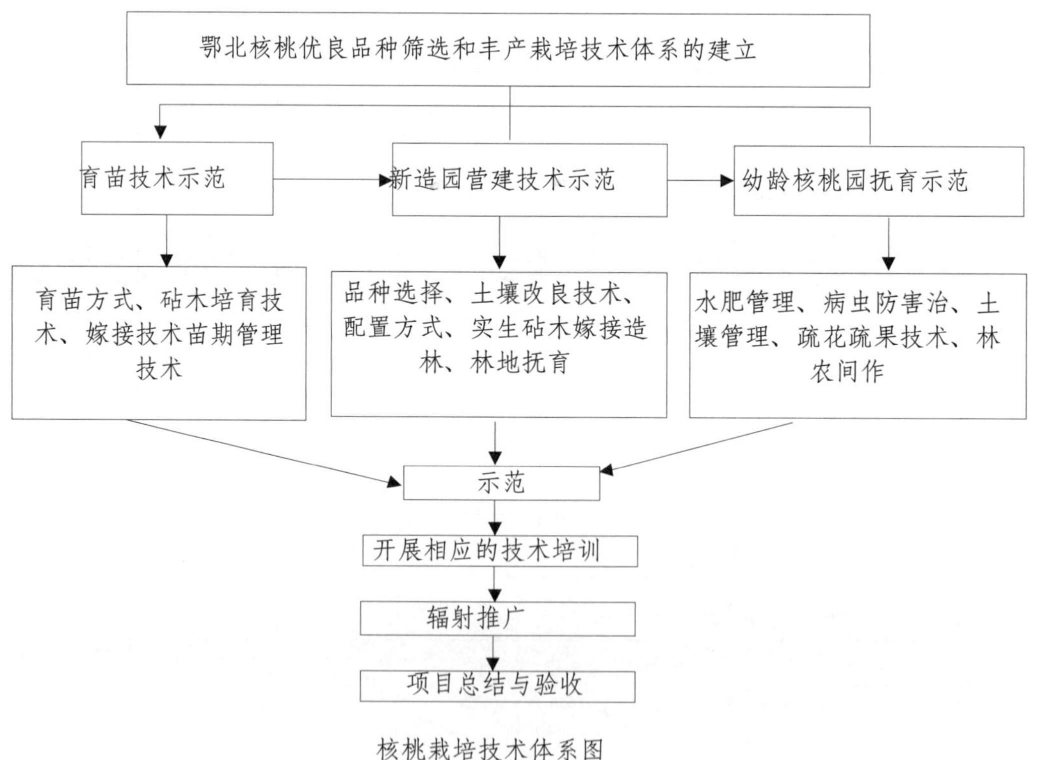

核桃栽培技术体系图

取了科学的推广路线，“先示范、后辐射”，落实到具有产业发展条件的贫困村。

二、项目实施定点扶贫的效益

（一）项目实施的经济效益

该项目新造核桃示范园 200 亩，200 亩示范林造林预计第 4 年开始挂果，6 年生坚果亩产量可达到 50kg，8 年后进入盛果期，管理到位，亩产可达 75kg，按照 40 元 /kg 计算，亩均产值 3000 元，合计年均产值 60 万元，苏家河村村民人均可增加年收入 1318 元。

幼龄核桃抚育示范园 600 亩，项目结束时（4—5 年生）开始挂果，6 年生坚果亩产量可达到 50kg，8 年后进入盛果期，加强管理，亩产可达 75kg，按照 40 元 /kg 计算，亩均产值 3000 元，合计年均产值 180 万元。苏家河村村民人均可增加年收入 2637 元，佛山村村民人均可增加收入 1875 元。

（二）项目实施区的社会效益

在鄂北核桃产业发展中推广引种成功的核桃优良品种及其丰产栽培技术，为林农脱贫致富提供了有效途径，充分满足了国家生态环境建设和当地林农对生态、经济方面的需求，有利于克服以往品种选择不当导致产量不高而造成的林农造林积极性不高的问题，从而使生态环境建设成效提高。其社会效益主要体现在以下几个方面：

一是农民接受了林业技术，能力得到锻炼和提高。本项目的实施，要求掌握科学技术的林业技术人员花大量的时间在示范点开展工作。这不但保证了技术的有效推广，给林农带来了新的实用技术，也使林农逐渐认识自己生产、生活中的不足，从技术人员身上学技术，不仅有利于本项目的实施，也增加了村民自我发展的信心和能力。

二是促进农村剩余劳动力转移，支持新农村建设。发展核桃育苗、丰产园示范，带动扩大核桃种植面积，可以使鄂北成为湖北省发展核桃的新的战略空间；同时，有效开发荒山荒地，可解决部分农村剩余劳动力，带动林农增产增收和脱贫致富，使当地林农尽量在本地务工，有利于解决因为大量农村劳动力外流而引起的诸多社会问题。

三是为林业推广提供技术及示范。本项目是在鄂北中低海拔地区推广与示范核桃优良品种及其丰产栽培技术，项目从一开始就有明确的目标，建立了科技成果推广体系，并为技术推广与示范设计了一整套完善实用的推广措施，将为湖北省鄂北等中低海拔地区发展核桃种植业积累示范和经验。

（三）项目实施区的生态效益

核桃在用地养地、保持水土、改善生态和人居环境以及提高土肥供养能力等方面有着极其重要的意义。

一是核桃林具有涵养水源、保持水土的作用。核桃林枝繁叶茂，能较好地截留雨水，降雨被交错重叠的树枝和宽厚横生的叶面多重拦截后，雨水改变了降落的方向，减缓了降落的速度，大大缓解了降水对土壤直接的溅蚀和径流对土壤的冲刷。核桃树的根系也十分发达，树根在地表以下形成一个个疏密适中、多孔隙的网络状结构体，能较好地固定周围的土壤，具有良好的透水性和持水固土能力，特别是核桃成林后，耕作减少了，其保水、保土和保肥作用更加明显。

二是核桃林具有净化空气、调节气候的作用。核桃树属落叶阔叶乔木，叶面积指数相对针叶树较高，是一个抗污染能力极强的树种，可吸收二氧化碳，释放氧气，能较好吸收空气中的粉尘和有毒气体，对二氧化硫抗性强，抗氟和吸氟能力也很强，具有净化空气的独特功效。同时，核桃林其茂盛的枝叶覆盖着土地，有效地吸收和利用了大量的太阳热能，降低林下地面温度，增加空气湿度，能有效调节和改善林区小环境。

三是核桃林具有绿化荒山、美化环境的作用。可使当地森林覆盖率不断增加，改善生态环境，从而产生多种综合生态效益，为当地群众的生产生活创造良好的环境条件，实现当地生态的可持续发展。

总之，项目的实施，不仅为鄂北低山丘陵地区发展核桃产业提供了品种保障和技术支撑，拓展我省核桃产业发展的战略空间；而且还能形成相关产业，使农业增效、农民增收、农村经济获得较大发展；可以提高森林覆盖率，保持水土，改善项目实施区生态环境。

三、从该项目中得到的几点启示

（一）科学选点是定点扶贫项目实施取得成效的先决条件

选择实施地点必须具备相应的基础条件，同时还必须与当地产业规划相结合。随县是湖北省版图面积第一县，具有发展核桃产业的广大中低海拔地区，该县把核桃产业作为新兴产业予以扶持，经过近几年的发展已经有几个龙头企业和数以百计的核桃林农。郧县是湖北省传统核桃强县，适宜发展核桃的山地面积有 60 余万亩，核桃生产逐渐成为郧县农业增效、农民增收的主导产业。在两个县选择的建设单位都是当地核桃产业发展的龙头企业，具有较好的科技推广基础。项目实施的随县环潭镇苏家河村和郧县杨溪镇佛山村两个村比较贫困，其有利条件是土地资源和劳动力都比较丰富，而且核桃产业有一定基础，因此通过在这两个村实施该项目，可以发挥优势，通过典型带动，较快的形成产业，从而有利于带动农民脱贫致富。

（二）加强组织领导是定点扶贫项目实施的根本保障

为了加强对项目建设的组织领导，湖北生态工程职业技术学院和项目协作单位随县林业局、十堰市林业科学研究所共同成立项目领导小组。领导小组全面负责项目建设的组织领导，支持制定项目建设大政方针，落实建设资金，组织和领导项目的实施。为了保证项目的顺利实施，项目领导小组下面设立由湖北生态工程职业技术学院、随县林业局和十堰市林业科学研究所共同成立的项目实施专业小组，负责制定项目实施方案，编制实施计划、工程施工计划，签订合同，规范项目实施，施工现场的组织协调，项目建设的全面管理，质量监督和日常事务管理等。

（三）做好技术培训是定点扶贫项目实施的关键手段

湖北生态工程职业技术学院的组织编印了《核桃丰产栽培技术手册》，发放资料 1000 余份。根据项目实施技术要求和合同任务，项目实施期间，该院在随县和十堰等地开展了 3 次集中培训和技术指导，培训林农达 600 人次。通过课堂教学和现场操作示范，增强了林农技能，提高了基层林业技术人员和林农对项目的了解程度，增强了他们的生产技能，为项目总目标的实现奠定了坚实的基础。该项目通过进行培训，不但大幅度地提高了农民的技术技能，提高了核桃园的经营管理水平，如郧县杨溪镇佛山村经过培训，创造了核桃林下种植紫薯，同时利用紫薯藤养殖山羊，通过林农牧复合经营，大幅度提高了核桃林的经济效益，还带动产生了 5 个农民创业，创办了自己的核桃苗圃和核桃园。

（四）加强宣传引导是定点扶贫项目实施的必要措施

为了实施项目，扩大项目影响，提高项目的示范引领效应，项目从立项到实施，注重宣传工作。在项目实施地设置了醒目的宣传牌，通过网络和报刊对项目实施情况进行报道，有关项目的实施情况，随州市政府官方网站和随州日报多次进行了报道，湖北省林业厅 5 次进行了报道。由于宣传得力，项目在当地引起了较大反响，湖北丰年农业科技有限公司、湖北耀鑫农业科技有限公司等公司主动与项目组进行联系，要求技术指导和提供核桃良种。项目实施地附近很多林农参照项目采用抚育管理技术，加强和改善自有核桃林管理，效益有了很大提高。

（五）加大辐射应用使定点扶贫项目惠及更多林农

在项目实施村，树立脱贫典型户，通过示范，带动其他农民种植核桃；同时通过实施村的示范，带动邻近村开展核桃种植，或者提高现有核桃林的经营管理水平。由于宣传得力，项目在当地引起了较大反响，在扩大项目影响的同时，推动了项目的辐射推广，现辐射推广达到 6950 亩。

（六）强化技术支撑确保定点扶贫项目实施的质量和可持续

项目实施中，在进行现有科技成果推广时，根据具体情况进行技术改进，结合项目开展科研工作。项目实施中注重依托项目承担单位雄厚的科研实力，成立专家组，定期到实施区进行技术指导，确保了项目的质量与可持续。

附件 1

湖北生态工程职业技术学院定点科技扶贫项目一览表

序号	项目名称	实施年限	项目经费	主持人
1	板栗早熟优质品系的推广	2010-2012	130 万	江建国
2	油茶芽苗砧嫁接育苗新技术推广示范	2011-2013	100 万	白　涛
3	长林系列油茶优良无性系新品种推广示范	2011-2013	100 万	潘桥兵
4	京山县油茶标准化示范区建设	2012-2014	100 万	章承林
5	乡土园林绿化树种紫薇优良新品种繁育技术推广	2012-2014	100 万	肖创伟
6	黑木耳优良新品种及其林下袋料栽培技术推广与示范	2013-2015	100 万	江雄波
7	鄂北核桃优良品种与丰产栽培技术推广示范	2013-2015	100 万	周忠诚
8	林间白蚁诱杀新技术推广示范	2014-2016	150 万	江建国
9	鄂西南山区林下黄连种植优化模式推广示范	2014-2016	120 万	王丽珍
10	雷竹良种与早出丰产栽培技术推广示范	2015-2017	100 万	肖创伟
11	汉杨系列杂交品种与丰产栽培技术应用示范	2015-2017	100 万	袁继池

附件 2

项目建设几幅照片

照片 1　项目实施前农民核桃园

照片 2　项目实施后核桃园

照片 3　项目组听取与定点扶贫对象商谈林下经营

照片 4　项目提出的林农牧复合经营模式（核桃—紫薯—羊）

照片 5　现场培训

照片 6　集中课堂培训

照片7 省林业厅专家组项目中期绩效评估

（陈忠言整理）

改善村居环境　选准产业方向

——湖南城市学院

（定点扶贫：湖南省安化县江南镇陈王社区村）

2015 年 4 月 7 日，根据湖南省委、政府统一部署，湖南城市学院被确定为驻村帮扶安化县江南镇陈王社区村。在一年多的时间内，学校紧紧围绕“精准识贫、精准扶贫、精准脱贫”等扶贫工作核心，扎实开展工作、坚持“摸清底子、找准路子、定好调子、带好班子、筹措票子、甩开膀子、改变样子、摘掉帽子、致富村子”的九个方针，实现带领老百姓脱贫致富，全心全意推进精准扶贫工作。

一、背景介绍

2015 年 4 月湖南城市学院第一次作为社会力量参与驻村扶贫，对学校来说是重大考核。学校党委高度重视，确定学校一名党委副书记分管扶贫，落实、明确扶贫工作队人员的经济和政治待遇。每年 12 万标准配置驻村工作经费，每年预算 100 万用于驻村扶贫项目。动员全校各单位和全体师生尽心尽力，献计献策，主动认领项目。通过学校驻村帮扶工作队深入 136 户贫困户家中了解民情，深入东升、次庄、王家坪、竹园四个自然村田间地头查看基础设施与民生现状，召开村支两委、村民议事委员会、村民代表及全体党员会议 10 余次，广泛听取村民的意愿，找出村级发展面临的困难，主要有饮水难、住房难、中心村建设难、用电难最为突出；在经济发展上体现产业基础薄弱、致富技能缺乏、组织建设不全；制约经济发展、导致贫困的原因主要是没有信息、没有技术、没有资金、没有主导产业、没有青壮年劳动力、没有信心。这样获取了谋划村级发展的第一手资料。

学校领导结合驻村工作获得的情况，结合学校专业与资源优势 11 次组织规划建筑设计研究院、市政与测绘学院、化学与环境工程学院、通信与电子工程学院、土木工程学院、黑茶研究所等单位的专家教授及资产、后勤、教务、基建、团委等相关部门负责人赴村调研考察。在校村双方充分调研论证基础上，共同编制了驻村帮扶短期规划，即《湖南城市学院驻安化江南镇陈王社区村三年帮扶规划（2015-2017）》。此《规划》确定以改善基础民生、增加农民收入为目标，以智力支持、科技帮扶、文化服务为抓手，以项目建设为载体，以解决民生需求、发展特色产业为根本，加快陈王社区村贫困群众脱贫致富步伐。《规划》明确了三年驻村帮扶的项目需求，包括加强组织运转、改善基础民生、培育特色产业、开展技能培训、实施精准帮扶、整治村容村貌、推进精神文明等七大项共 28 件实事。规划制定后，把三年帮扶规划确定完成的 28 件实事具体分工落实到校领导、各机关处室和二级学院，并明确责任人。

二、扶贫措施及成效

（一）规划基础设施，改善村民生产生活环境

结合扶贫致富和新农村建设的目标，学校对扶贫定点村基础建设上根据“生产发展、生活宽裕、乡风文明、村容整洁、管理民主”的社会主义新农村建设要求，发挥学校专业优势，派出市政与测绘学院到驻点村完成整村地形测量，并由拥有城乡规划、建筑工程、市政道路、工程咨询和科技咨询五项甲级资质，风景园林、给排水、岩土工程勘察和测绘四项乙级资质，旅游规划设计丙级资质，荣获全国城市规划行业“新技术应用先进集体”、“湖南省十佳规划设计单位”等荣誉称号，在城乡规划、生态规划、建筑设计、地理信息系统开发与应用研究等方面处于湖南省领先水平的湖南城市学院建筑规划设计研究院完成《安化县江南镇陈王社区村村庄整建规划》。规划着

测绘学院的老师、学生在定点帮扶村进行地形测量

眼长远发展，为陈王社区村的村庄建设、环境治理、产业开发等指明发展方向。

建筑规划设计研究院的设计师在定点帮扶村现场查看、调研

（二）建设基础建设，破解发展瓶颈

“万丈高楼平地起”，陈王社区村要发展，必须打好发展基础，突破制约瓶颈。按照预定规划，2015 年着力做好 “9 个起来”，总投资 460 余万。具体工程包括：

1. 建成村牌

在村口用冰碛岩树起了“陈王社区村”村牌，威武挺立的村牌让归乡的村民有回家的亲切感，激化了“游子”回乡创业、脱贫致富的热情。

2. 改善村民服务条件

先前行政村办公地是附近村民“家禽放养场”，外部环境差且服务设施陈旧落后。工作队通过社会筹资一部分，从学校单争取一部分的思路，共筹集资金 20 万元，为行政村办公地修起围栏、添置必需办公设备，接通网络。现在，崭新的政村办公地围栏和过去形成了鲜明对比，焕然一新的村会议室、办公室、功能齐全的远程教育系统、高高耸立的“村村通”无线广播系统等改善村支两委便民服务的条件。2016 年投资 90 万，修建总面积 884 平方米的村综合服务大楼。

改造前的村部

改造后的村部

装扮一新的会议室

装扮一新的办公室

远程教育系统

“村村通”无线广播系统

行政村办公楼效果图

3. 改进扶贫村环境综合治理

学校扶贫工作队进驻陈王社区村时，部分村民环卫意识淡薄，加上环卫设施不够完备，乱扔垃圾现象比较严重，加上养猪大户的养猪场污水任意排放，村里环境卫生状况堪忧。针对这一现状，工作队从提高每个村民的环卫意识切入，大力开展环境综合治理，并通过立项争取资金 17 万元，为每家每户配置了垃圾桶共 600 个，修建垃圾分类回收站 14 个，修建养猪场化粪池 3 个、沼气池 3 个。现在，村民环保意识得到提高，生活环境得到有效改善。

购置的垃圾桶

垃圾分类回收站

4. 修建路灯，改善晚上出行

陈王社区村地处山区，晚上漆黑一团，为解决老百姓晚上出行难的问题，学校出资 30 万，再整合其他资金 15 万，陈王架起路灯。现在， 117 盏高性能太阳能路灯遍及陈王社区村每一个角落，陈王夜晚不再黑暗。

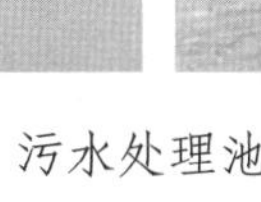

污水处理池

修建路灯

农网改造

D 级危房改造

5. 帮助农网改造

陈王村村电力工程建设完成于 2000 年，电网升级改造工作没有实施，存在线路老化、电容量不足、布局不合理等诸多问题，导致用电不稳，经常断电，急需对农网进行升级改造。针对这一现状，驻村工作队积极向县、市、省三级电力公司汇报和申报，落实农网改造项目资金 180 万元，完成了陈王村农网改造，为村民生产用电提供了保障。

6. 帮助危房改造

学校工作队入村时，通过走村入户查看，发现全村无房户、D 级危房户、烂木屋户高达 121 户。针对这一严峻的现实，工作队多次到省、县、镇住建部门汇报，争取到将村危房改造实行整村推进政策。2015 年落实危房改造指标 50 个，获得建设资金 87.5 万元，全村修建新房近 80 栋。

7. 建设美丽乡村示范点

工作队把握精准扶贫的精髓，领会精准扶贫的新特征、新要求，坚决不搞“盆景”，不建“面子工程”，筹措资金 30 万元，充分利用现有资源，做好规划设计，通过危房改造，池塘清污，健身器材添置，路灯安装，房前屋后绿化，茶园基地开发，将改善村民居住环境与美丽乡村建设有机结合，定点示范，让陈王社区村东升片区旧貌变新颜，东升片区中心区域成为老百姓休闲娱乐的好场所。

8. 帮助建设村务制度

工作队通过与村委会合作，制定了村务公开制度、支部学习制度、驻村

添置健身器材

帮扶工作、党员积分等制度，健全了村级事务“四位一体”制度、基层党建工作制度等，做到了机构完善、制度上墙、工作程序规范。

9. 帮助支持建成村内强有力的领导班子

工作队队长与队员住在村民家，与村民同吃同劳动，坚守工作岗位，每月驻村时间超过 23 天。选派村支两委人员参加省社会主义学院主办的精准扶贫培训班学习，带领村支两委成员走出去开阔眼界、学习交流扶贫开发及新农村建设经验。目前村支两委团结协作，工作积极主动，战斗力，成为名副其实的“脱产”村干部，离打造“一支永不撤走的工作队”的目标非常接近。

（二）结对帮扶，行动惠及村民

学校充分发挥高校资源优势，将结对帮扶与“三下乡”活动有机结合，精准帮扶，让贫困村民获实惠。

学校 10 位现任校级领导和 46 个二级单位在定点帮扶村一对一帮扶 57 户

村干部外出学习交流

特困户，一户一策，帮助贫困户解决实际困难、发展产业、脱贫致富。2015年共投入结对帮扶资金17.1万元。

学校团委组织大学生利用暑期在驻点村开展了“心手相牵，爱满江南”——关爱留守儿童、残疾青少年爱心服务“三下乡”活动。活动内容丰富、形式多样，包括贫困调查和问卷调查、爱心资助与心理辅导、阳光支教、对口帮扶等。该“三下乡”团队获2015全国“三下乡”活动优秀团队。

2015年10月，学校组织十多位专家教授来到陈王社区村，进行“送医药、送科技、送法律”三下乡活动。此次三下乡活动，医疗、法律专家进行了现场义诊、咨询，同时农业专家结合村民实际需求为村民授课。内科、儿科、眼科及妇科教授为将近300名村民义诊，并免费发放价值1万余元的各类药物。专家教授还就黑茶、中药材、种养殖技术等专题开展知识讲座，并来到村民养殖生产实地进行技术指导。

2015年12月27日，学校53人来陈王社区村进行“心系陈王，爱满江南”

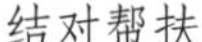

结对帮扶

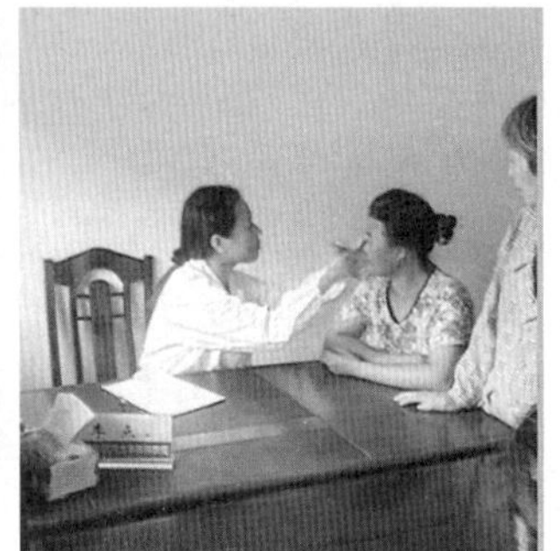

送医药到乡村

的扶贫慰问演出，有近500名村民观看了本次演出，演出活动历时2个小时，节目内容丰富，形式多样，有舞蹈、独唱、对唱、表演唱、乐器演奏等，表达了湖南城市学院对贫困村村民的亲切慰问和关怀，陈王老百姓享受到了一顿丰盛的精神大餐。

（三）村集体和农户相结合，产业发展找新模式

学校驻工作队与村支两委通过反复调研论证后，认为陈王社区村要从根源上脱贫，达到农民增收致富的目标，必须依靠现有留村的600余人中老年及妇女劳动力和充分利用现有荒坡地、旱地、旱田等土地资源，借助“安化黑茶”品牌优势，发展特色产业，走绿色生态农业之路。

2015年第四季度实施“村集体+农户”的模式，陈王社区村次庄、竹元、王家坪、东升四个片区共开发茶园560亩。该模式具体是由村上采用专用耕

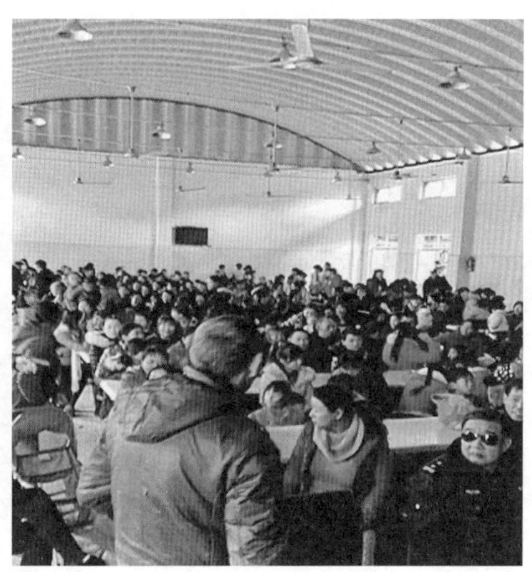

开展社区文体活动

挖机进行土地耕挖和平整，统一提供茶苗，农户自行栽种、培育与管理。在茶苗栽下的前两年由村上提供适当的肥料进行培育。项目资金投入达 168 万元（其中扶贫专项资金 112 万，县茶叶办补贴 56 万），覆盖了 136 户贫困户中的 126 户，基本实现贫困户的全覆盖。

三、扶贫的实效

学校在一年驻村帮扶，工作得到多家媒体的关注，湖南日报、光明图片网、

专门的耕挖机耕挖与平整土地，克服了劳动力不足的困难

耕挖与平整土地后的土地整齐规则

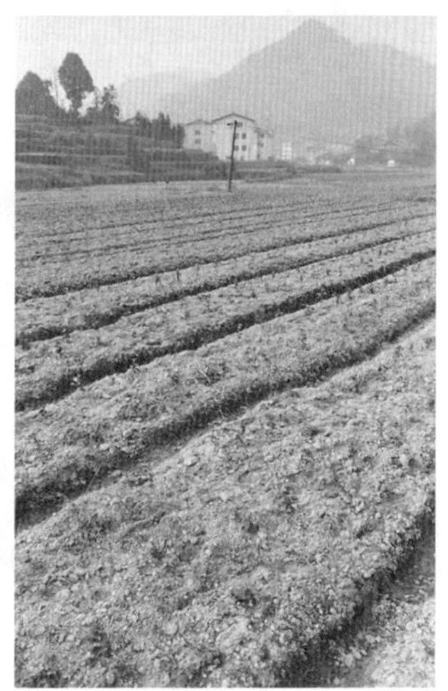

东升茶园基地

新湖南客户端、湖南教育新闻网、安化新闻网报道了学校扶贫工作。2015 年 10 月在省派驻村帮扶工作队队长与队员培训班上，湖南城市学院作为 184 个工作队中 11 个代表之一在会上作了经验交流发言。2015 年底由湖南省扶贫办、组织部、人社厅、省直机关工委组织的联合考核组对学校驻村帮扶工作做出“工作队工作思路非常清晰，工作非常敬业，帮扶效果显著，赢得了老百姓的一致高度赞誉，金杯银杯不如老百姓的口碑，湖南城市学院的驻村帮扶工作非常成功，你们的得分 99.5 分，分数已经很高了”，最终考核结论是优秀。

学校将严格按照制定《湖南城市学院驻安化江南镇陈王社区村三年帮扶规划（2015—2017）》，全面扎实推进定点扶贫村的扶贫工作，通过全面改善扶贫村的基础民生条件，大力推进产业开发，让定点扶贫村贫困人口脱贫致富有门路，与全国人民同期全面实现全面建成小康社会。

（胡兴东整理）

智力医疗双重帮扶　输血造血齐头并进

——中山大学

（定点扶贫：云南省凤庆县）

根据国家有关部门相关文件精神，中山大学承担定点帮扶云南省临沧市凤庆县的任务。自2013年3月开始帮扶以来，中山大学集结全校人力、物力、财力、智力资源，深入实地调研，坚持从帮扶地的实际出发，发挥学科优势，以高度的热情投入对口帮扶工作一线。中山大学对凤庆县的定点扶贫工作是“智力帮扶”、“医疗帮扶”两条路一起走，依托相关学院对凤庆县有针对性地开展智力帮扶；同时依托各附属医院开展医疗帮扶，切实提高当地医疗水准。在某种程度上，中山大学的帮扶可以说实现了“输血”与“造血”、“硬件”与“软件”齐头并进的效果。

一、智力帮扶：改善教育，提升管理，规划发展

早在抗战期间，云南人民就支持过中山大学，和中大师生结下了深情厚谊。中山大学发展到今天成为国内外知名大学，理应为云南发展做出应有的贡献。在定点帮扶凤庆县的过程中，中山大学充分利用自身优势，迅速启动相关工作机构，广泛调集各方力量，整合中山大学教育资源，扎实推进对凤庆县的智力援助和人才帮扶。按照“精心组织、按需施教、突出重点、立足长远”的工作原则，全方位为凤庆县开展各类人员培训，两年多来共培训人员2627人次，积极培养凤庆县本土人才，提高凤庆县党政干部和技术人员的管理水平和业务能力。实现了“输血”与“造血”、“硬件”与“软件”齐头并进，智力帮扶的成效真可谓“临渊授渔不羡鱼，培本强根胜赠金”。

（一）扶贫先扶志：通过培训提升干部理论水平和工作能力，树立脱贫决心

“地方贫困，观念不能贫困。弱鸟可望先飞，至贫可能先富，但能否实现先飞、先富，首先要看我们头脑里有无这种意识。”为提高凤庆县领导干部的综合管理能力，掌握分析和解决公共管理与公共政策问题的基础技能，中山大学为凤庆县党政管理干部举办3期综合能力提升培训班共培训人员150人次，分别由中山大学管理学院、旅游学院和政治与公共事物管理学院承接。

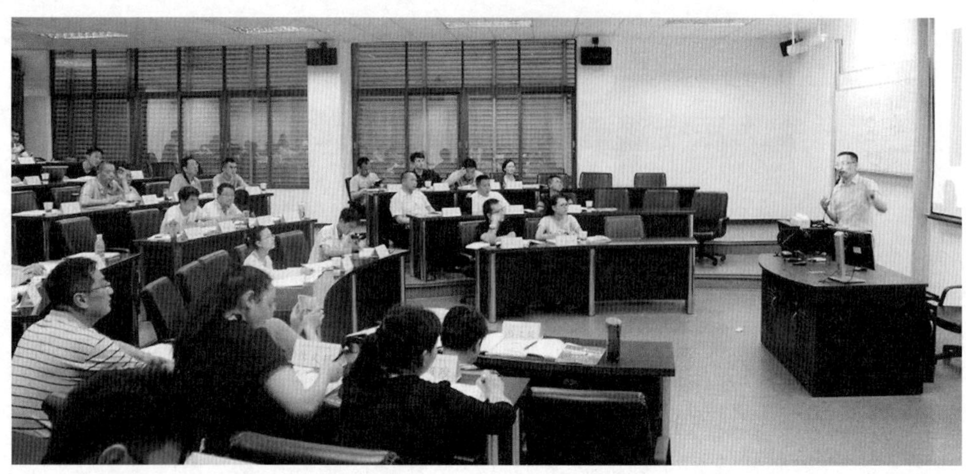

2015年5月，“云南省凤庆县企业家领军人才素质提升培训班”学员在课上聚精会神听讲

特别在当前全国大力推进经济建设、政治建设、文化建设、社会建设、生态文明建设“五位一体”的总体布局下，根据凤庆县的实际情况，旅游学院以旅游作为切入点，重点围绕生态和文化保护方面进行培训，深化和提高了凤庆县党政管理干部的全局意识和综合素质。为助推凤庆县企业转型升级，促进凤庆县经济平稳快速发展。

同时，利用中山大学图书馆作为国家图书古籍保存修复培训基地，为凤庆县档案管理人员免费提供为期1年的图书古迹修复学习进修，为凤庆县图书古籍修复工作做出贡献。

（二）扶贫必扶智：改善办学条件，培训骨干教师，点燃孩子希望与信念

2015年教师节，习近平总书记给“国培计划（2014）”北京师范大学贵州研修班全体参训教师回信中讲道：“让贫困地区的孩子们接受良好教育，是扶贫开发的重要任务，也是阻断贫困代际传递的重要途径”。中山大学作为长期承担西藏林芝研究生支教团、云南澄江研究生支教团以及教育部对口帮扶新疆医科大学、西藏民族学院、湖南吉首大学等项目的高校，一直以来都心系贫困地区的教育发展事业，也深刻清楚教育对贫困地区的重要意义和使命。

凤庆县第二完全小学原教学楼建于1980年，重建前为D级危房，虽经加固改造，但仍然存在很大的安全隐患。为有效改善凤庆县第二完全小学的办学条件，为师生营造一个安全的工作和学习环境，中山大学在中山大学师生和校友的大力支持下，于2014年筹集资金300万元为凤庆二完小学新建一栋教学楼。教学楼于2015年初完成建设并投入使用，大大改善了凤庆县第二完

全小学的办学条件。

为帮助凤庆中学全面提高骨干师资队伍建设水平及专业化素质，中山大学附属中学和附属小学分别为凤庆县举办校长、骨干教师培训班，共有51名校长骨干教师参加培训。中山大学附属中学还与凤庆三中建立对口帮扶，自2015年起开展为期五年的教学帮扶，为凤庆三中提供中学行政管理、教育教学和师资队伍能力提升等方面的帮助，定期派出优秀教师到凤庆三中进行带教和举办讲座。2015年9月，中山大学附属中中山大学长带队为凤庆三中骨干教师学生开展4场专题培训，培训人员235人次。

秉着“到最艰苦的地方去，到最需要的地方去”的理念，校团委在中山大学一接受凤庆县的帮扶任务即向团中央、教育部申请，在凤庆县设立研究生支教团项目。自2014年7月起，前后两届研究生支教团共6名研究生到凤庆县鲁史中学开展为期一年的支教工作。支教团到凤庆不仅给贫困地区的学生和群众带去了知识，还通过“一帮一”和双十一“淘孩子一个心愿”等公益项目为孩子送去帮助和温暖，坚定他们的理想信念，把握成长的方向。

自帮扶以来，中山大中山大学友企业家在凤庆县、西双版纳州前后共捐建了20所小学图书室，同时借助校友资源中山大学还争取到中国教育发展基金会扶贫资金70余万元用于凤庆县“一师一校”校点硬件配套和基础设施建设。

让孩子们接受良好的教育也是中山大学挂职干部一直的心愿和工作的目标。2015年12月，中山大学挂职干部个人捐款2万元为凤庆县新华乡新华完小购置用餐桌椅52套，让416个学生不用站不用蹲不用坐地吃饭。另一名挂

2014年7月26日，中山大学第十六届研究生支教团抵达凤庆县开展为期一年的支教扶贫志愿服务

职凤庆县落星村第一书记，也联系了广东狮子会捐资 1 万元为落星村完全小学购置体育设施，为小学生提供体育锻炼的场地。

（三）优势“先飞”，旅游开发规划为城市发展注入长效动力

为维护好凤庆县的生态环境，促进城市建设与旅游开发之间的良性循环，使旅游产业作为主导产业来支撑凤庆县未来的发展，中山大学发挥智囊团优势，先后安排地理科学与规划学院、旅游学院专家为凤庆县编制旅游规划工作，专家教授和研究生共 12 人次 3 批次到凤庆县境内调研，累积考察时间为 144 人天。

2014 年 7 月，中山大学为凤庆县编制的旅游发展总体规划组织召开国内专家评审会，来自广东、云南、临沧地区的旅游规划专家评审并通过了这一规划方案。

目前，中山大学共投入 300 万元，为凤庆县编制凤庆县旅游发展总体规划、凤庆县陈家窝河景区开发概念规划、凤庆县古墨旅游区概念规划和凤庆县长湖旅游区概念规划等四个规划。其中，凤庆县旅游发展总体规划和陈家窝河景区开发概念规划已通过专家评审，另外两个规划已经提交成果。

二、医疗帮扶：义诊温暖百姓人心，培训提升医疗水平

凤庆县地处云南省西南部边远地区，境内均为山区峡谷，交通不便、信息闭塞。受自然条件的限制，医疗条件较差，就医质量得不到保障。因难以承担医疗费用，多数当地患者选择“小病扛、大病拖”，因病致贫、因病返贫的现象时有发生。为提高凤庆县医疗卫生机构的诊疗能力和技术服务水平，中山大学与凤庆县反复沟通，共同制定了《中山大学医疗卫生对口帮扶凤庆县工作方案》，精准建立了各附属医院与凤庆县医疗卫生系统的对口支援机制，结合当地医院的实际情况开展义诊和医疗培训，提高受援医院的服务能力和医疗水平，更好地为当地人民群众的健康服务。

（一）走出去、请进来：帮助当地培养“永远不走”的医疗人才队伍

要从根本上破解农村患者就医难问题，关键是要帮助培养医疗服务人才，为凤庆县留下了一支“永远不走的医疗队伍”。为此，中山大学把通过智力帮扶培养人才作为开展医疗帮扶的一项根本任务和长久之计，采取“走出去”和“请进来”的方法，下大力做好医疗人才培养。

所谓“走出去”，一是选派专家和技术骨干，到该县医院带教，帮助查房、解决疑难病症，手把手地向医生和护士传授技术；二是通过不定期的义诊活动，就凤庆县甚至整个滇西地区的常见病、多发病的防治问题，举办专业讲座，帮助医生和护士提高业务素质。根据《中山大学医疗卫生对口帮扶凤庆县工作方案》的部署，在帮扶期间中山大学每年派 5 名附属医院医疗卫生专

家赴凤庆县开展技术帮扶，组织专项医疗项目支持凤庆县医院提高医疗水平，逐步提高当地医疗卫生机构的诊疗能力和服务水平。

所谓“请进来”，就是把凤庆县的医生、护士请到中山大学学习进修。中山大学各附属医院按照每年 16 人次、半年为一期接收凤庆县选派的医务人员业务进修，以此提高他们的临床诊疗能力和技术水平，强化了理论知识和服务理念，促进凤庆县卫生人才队伍建设。两年来，中山大学附属医院已接收该县医疗卫生人员来穗进修学习共 4 期 23 人次，学员分别来自凤庆县人民医院、中医院以及妇幼保健院。

（二）专家医疗队义诊为患者排忧解难，通过培训提升医疗水平与专科发展

中山大学是一所综合性大学，医疗专业实力雄厚，目前共拥有 8 家附属医院。定点帮扶以来，中山大学充分发挥医疗专业优势，前后组织了中山眼科中心、附属第一医院、孙逸仙纪念医院、附属口腔医院等多家附属医院到凤庆县开展义诊和医疗帮扶服务。共计派出 33 名专家教授，开展医护培训 39 场次，培训医护人员 1720 人次，免费完成手术 136 台次，义诊 1998 人次。

2014 年 3 月，中山大学专家带领 17 人组成的医疗队到达凤庆县，为当地眼病患者进行义诊及白内障复明手术。作为国内顶尖的眼科中心，医疗队发扬传统，秉承对每一个患者负责的精神，竭尽全力让众多凤庆患者重见光明，重新看到了生活的希望。此次活动一共免费筛查 1230 多名患者，手术 114 台，赠送眼镜 59 副，培训医生 100 多人次，培训护士近 300 人次，赠送药品 3 万余元。为了保证基层能有一支“不走”的眼科医疗队，医疗队开展了各种培训项目，采取教学查房、病例讨论、眼科手术示教培训、专题讲座等多种形式对当地眼科医生和护理人才进行培训。

中山眼科人以创新“发展式”医疗扶贫模式为契机，到最需要先进医疗技术的基层去，不仅仅“授人以鱼”，让一个个因贫困而常年生活在黑暗中的盲人得到救治，重见光明，而且“授人以渔”，提高基层医院的医疗技术水平，留下“光明的技术”。

2014 年 11 月，中山大学派出由中山大学附属第一医院 4 名专家组成的医疗队，赴凤庆县人民医院开展为期一周的医疗帮扶活动。医疗队在医院开展了技术培训、带教查房、病例讨论、专题讲座和专家义诊等活动，义诊人数 129 人，培训讲课 14 场次，培训人数约 900 人。

在此次医疗帮扶中，中山大学专家渊博的医疗知识、严谨踏实的工作作风，不仅赢得当地医院领导和医护人员的肯定和赞誉，更起到了言传身教的作用。在诊疗过程中，高振华副教授因地制宜开展 2 项新技术的指导：磁共振波谱分析（HMRS）技术对癫痫的诊断、磁共振弥散成像（DWI）和波谱分析对前列

腺增生和前列腺癌鉴别诊断。这 2 项技术填补了凤庆县医院医疗影像技术的空白。

2015 年 9 月，中山大学孙逸仙纪念医院 8 名专家赴凤庆县开展为期一周的医疗帮扶活动，为 500 名群众提供义诊咨询服务，完成手术 22 台次，举行了 11 场专题讲座，教学查房 10 次，培训医务人员 820 余人次。

在结束了大型义诊活动后，队员们积极发挥专业特长，奔赴各个对口科室开展医疗教学查房、疑难病例讨论、手术演示、操作示范、阅片指导及科内授课等全方位的帮扶工作。泌尿外科团队率先开展腹腔镜肾盂输尿管交界处狭窄成形术及隐匿性阴茎矫形术，妇科开展了凤庆首例腹腔镜全宫切除及宫腔镜电切子宫肌瘤手术（TCRM）。医疗队充分利用时间，尽可能多做工作，与凤庆县人民医院的院领导班子及相关科室负责人召开了“帮扶专科建设研讨会”，就看到的薄弱环节、医疗安全隐患、专科发展方向及对下一步的帮扶工作提出了积极的建议；针对各种疑难问题进行详细的解答，提出精辟的诊疗方案；指导开展新技术，带领专科发展更上一台阶；传授了中山大学先进的医疗理念和管理水平，提升了凤庆县人民医院的医疗服务和管理水平。

2015 年 11 月，中山大学附属口腔医院 4 名专家进驻凤庆县开展为期 3 天的义诊活动，共进行义诊 117 人次，通过手术示教、病例讨论、讲座等形式进行学术指导，共 100 余人次聆听了专家们关于口腔疾病诊疗及健康保健的学术讲座。此次口腔医疗帮扶极大地激发了凤庆县民众关注口腔健康的热情。很多民众包括医护人员都表示，第一次面对面地接受如此高水平的口腔医疗诊治，第一次觉得口腔健康如此之重要。医疗组专家为患者进行补牙、拔牙、

2015 年 9 月，中山大学孙逸仙纪念医院在凤庆开展医疗帮扶活动

修复、正畸和洁牙等治疗，现场示教，并多次举办学术讲座和开展病例讨论，向当地医院医务人员宣传口腔学科前沿的诊疗技术和先进的诊疗理念。在“口腔科专科建设研讨会”上，附属口腔医院还向凤庆县人民医院提出学科建设与发展的意见和建议，并捐赠医疗器械和耗材，改善医院在口腔专科方面的基本医疗条件。

中山大学医疗技术帮扶和义诊活动让凤庆县的人民群众倍感温暖，产生了良好的社会效应，同时发挥了中山大学优质医疗资源的辐射作用。专家医疗队结合帮扶医疗队员的专业特长和当地医院的实际情况，多次和当地医院举办专科建设研讨会。每一次医疗帮扶活动都会为下一次的帮扶提出反馈和建议，以更精确地开展各项帮扶活动。可以说，中山大学为当地医院的发展及专科建设进行了准确有效的帮扶，切实提高了凤庆医疗机构的服务条件和诊疗水平。

（琚婷婷整理）

多管齐下定户帮扶　党建扶贫两不误

——暨南大学

（定点扶贫：广东省阳山县黄坌镇高陂村）

根据广东省委、省政府对扶贫工作的要求，2013年至2015年暨南大学在定点扶贫清远市阳山县黄坌镇高陂村期间，因地制宜，因户施策，暨南大学各个帮扶单位积极与帮扶农户对接联系，根据帮扶户的实际情况和意愿，采取不同的帮扶措施：有种植项目，有养殖项目，有种养结合的项目，有劳务输出，有医疗救助、残疾救助和资助教育，有慰问帮扶等，各类帮扶开展得形式多样，百花齐放，效果显著。

一、产业扶贫

（一）成立农贸公司，扶持和带动主导产业发展

扶贫开发，产业是基础，销售是关键。为了扩大产业规模，形成主导产业，打开产品销路，驻村工作组和村委会一起成立了阳山县黄坌老区舜民农副产品贸易有限公司，以“公司＋基地＋农户”的模式来组织生产和销售，公司和农户签订种植和销售合同，组织农户种植番薯、生姜、芋头、花生等绿色农产品，发展订单生产，进行集中收购和销售。三年来，以暨南大学为销售平台，与贫困户签订收购合同；公司以保护价向贫困户回购土鸡、生猪、大米、生姜、番薯、花生、芋头、冬笋等农副产品三万余斤，价值10余万元，既帮助解决农户销售难问题，又壮大发展村集体经济。

农贸公司在集中收购农户的芋头

（二）选准扶贫项目，狠抓项目落地

帮扶户的山羊养殖项目

扶贫开发，项目是关键。暨南大学各帮扶单位强化项目意识，以项目为导向，因地因户考察和选好种植、养殖等扶贫产业项目，使脱贫项目成为村民的致富“口袋”。三年来，40户有劳动能力的贫困户每年都全部落实了养殖、种植和务工等帮扶项目200余项。在这些项目中，水稻、玉米、花生等传统产业得到进一步巩固；驻村工作组又大力发展特色帮扶项目，经过多方努力，小水鱼、本地猪、优质山羊、田螺、泥蛙、竹鼠、太子参、马匹运输等特色项目初见成效并发展势头良好。

（三）壮大发展村集体经济，提高村集体经济收入

根据高陂村的实际情况，与高陂村委会一起考察调研，确定了发展村集体经济项目。暨南大学安排扶贫资金20万元，种植玉竹及百合6亩，养殖黄牛18头，每年可增加村委会收入3万元以上；落实省政府引导增加60万元和暨南大学投入资金10万元共70万元入股水电站，每年可增加村委会收入5.6万元，较大幅度地提高了村集体收入。

村集体的玉竹、百合种植项目

高陂村的葡萄种植基地

（四）引进社会资金，实施产业帮扶

高陂村距离阳山县城 45 公里，面积 50 平方公里，地处大东山麓，山地多，耕地少，水草丰美，生态环境保护好，具有种植优质生态作物和发展禽畜养殖业的天然优势。驻村工作组引进社会资金 120 万元，在高陂村建立种养基地，种植葡萄 30 亩，养肉牛 50 头，市场反响良好。葡萄种植基地和肉牛养殖基地不仅给投资人带来可观的经济效益；同时，成片租用农户土地，请本地农户到葡萄基地和肉牛养殖基地打工，实现在家门口就业，这些经营方式都带动了当地农户发展经济，让他们致富增收。

高陂村的肉牛养殖基地

二、教育扶贫

“扶贫先扶智”是摆脱贫困的基础，为此，暨南大学高度重视高陂村小学教学条件的改善。2013 年 12 月，副校长陆大祥带领学校无党派知识分子联谊会赴高陂村开展捐资助学活动，为高陂村小学师生送去了 7000 元的慰问金；2014 年 2 月 24 日至 28 日，暨南大学生命科学技术学院 8 名本科生组成助学支教志愿服务队赴高陂村小学开展活动，为高陂村小学生上课辅导并为他们带去了价值 1000 多元的文具书籍和体育用品，受到了当地师生和家长的欢迎称赞；2015 年 6 月，暨南大学出版社赴高陂村开展捐资助学活动，为师生送去爱心书架和书籍。帮扶工作开展以来，暨南大学一共为当地师生送去了慰问金 10000 元，同时送去了价值 5000 余元的书籍、书包、文具和体育用品。贫困户有高中、技校、大学在校生的，帮扶单位也筹措资金进行助学帮扶，保证了他们顺利就读和完成学业。

赴高陂村小学开展助学活动，关爱留守学生

三、信息扶贫

脱贫致富，信息先行。暨南大学党委高度重视帮扶农户的信息接收问题，在 2013 年 10 月中上旬投入 10 万余元，为扶贫点高陂村每一帮扶户采购了 32 英寸的液晶彩色电视机共 72 台，作为一项总体帮扶措施来实施，实现了为贫困群众搭建信息平台，让他们听到党和国家的声音，接受了解党和国家的富民政策，与社会和外面的世界接轨的愿望，受到了广大帮扶户的欢迎和称赞。

帮扶单位的老师在为帮扶户安装捐赠的电视机

四、医疗帮扶

开展送医送药活动，为村民送健康。三年来，暨南大学组织附属第一医院的医疗专家组成医疗队4次赴高陂村开展送医送药问活动；同时，暨南大学医学院、附属第一医院社会实践服务队联队两次赴高陂村开展以“携起城乡之手，共建‘医’片蓝天”为主题的“三下乡”社会实践活动。这些医疗队为村民义诊、送药、普及卫生健康知识，受到当地村民热烈欢迎。医疗队累计为村民开展义诊1000余人次，免费发放了价值2万余元的药品，对改善当地村民的医疗条件起到了积极作用。

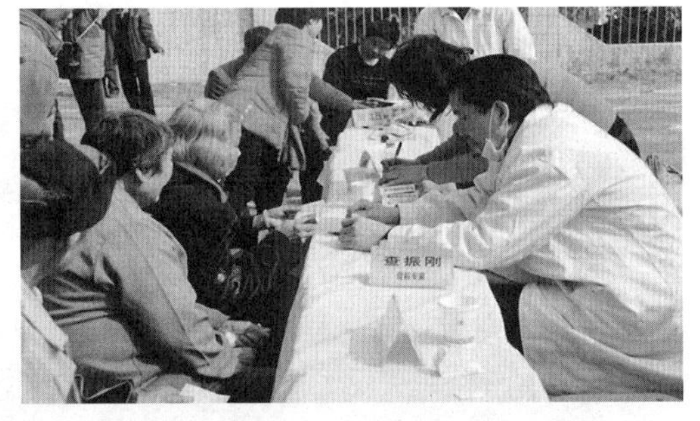

学校医疗队为村民开展义诊现场

五、政策帮扶

实施功能扶贫，利用残疾人就业政策开展帮扶。2014起，暨南大学已经为高陂村13贫困户家庭的15名残疾人办理用工手续，实施政策帮扶，每月发给办理残疾人用工的农户工资1240元，15人全年发放工资22.32万元，两年共发放残疾人就业工资44.64万元，较大幅度提高了贫困残疾农户的经济收入。

六、就业帮扶

加强技能培训，实施就业扶贫。暨南大学重视对帮扶户的技能培训，三年来，组织了6期200余人次的农技和非农技术培训，提升贫困户的种养技能和外出务工的竞争能力，改良种养方法，拓宽就业渠道，增加收入。同时，利用暨南大学的岗位和信息优势，开展就业扶贫，三年来，介绍和帮助贫困户及其子女转移就业45人次，较大地增加了贫困户的家庭收入。

七、党建扶贫

为了促进高陂村帮扶工作和暨南大学基层党建的深度融合，暨南大学党委确立了“以扶贫带党建、以党建促扶贫”的工作思路，及时制定下发了《暨南大学党委关于开展高陂村党建教育实践基地建设活动的实施意见》，明确了“六个一”行动计划：一是组织教职工党员前往高陂村开展一次组织生活，每次参加组织生活的党员人数不少于10人；二是为帮扶户送上一面党旗，带去党中央的声音，宣讲党和国家的新农村建设战略；三是同吃一餐饭，与帮扶户同做饭食共同用餐（米、油、主要菜肴自带），带去现代文明，亲身体验群众生活；四是送上一份餐费和慰问金，每次每人不低于100元，为群众献爱心送温暖；五是开展一次捐赠，为每户帮扶户捐赠一台新的32英寸液晶电视机；六是为有小孩的贫困家庭带上一份礼物，如儿童玩具、食品和衣服等。学校各基层党组织积极响应暨南大学党委号召，按照以上“六个一”的行动

学生处党支部在高陂村过组织生活

要求，认真组织党员赴暨南大学扶贫点高陂村开展组织生活，为帮扶群众献爱心、送温暖，以实际行动践行党的群众路线。校领导叶勤副书记、饶敏副校长还以普通党员身份分别与所在支部分赴扶贫点过组织生活。

在高陂村，广大党员干部与帮扶群众共同用餐，拉家常，了解困难群众的生产生活，商讨脱贫致富的新路子；在帮扶户家里开组织生活会，谈体会，大家表示要珍惜拥有的幸福生活，努力工作，同时要不忘艰苦地区的广大贫困群众，心怀责任，奉献爱心，服务群众，用实际行动帮助困难群众；在帮扶户家里悬挂党旗牌，安装电视机，搭建信息平台，让困难群众能够听到党和国家的声音，了解党和国家的富民政策，丰富了他们的日常生活，当一位 90 多岁的老阿婆看到我们现场调试出来的电视节目时，激动的连声说感谢共产党、感谢政府、感谢暨南大学。三年来，共有学生处党支部等 100 余个基层党组织 1000 多人次赴高陂村开展党建扶贫，为高陂村困难群众送上慰问金和慰问品，树立党员良好形象，以实际行动践行党的群众路线教育活动。通过高陂村党建教育实践基地建设，使高陂村成为暨南大学各级党组织、党员干部走进农村，了解国情民情和社会主义新农村建设情况的教育实践平台，党员干部的宗旨意识和群众观念不断增强；通过党建扶贫，把组织资源转化为经济资源，及时解决扶贫工作中存在的问题，为困难群众解难事、办实事、做好事，做到扶贫工作和党建工作两手抓、两促进。

纵观暨南大学的帮扶实践可以归纳为以下几个方面：一是立足实际，根据帮扶村和贫困群众的实际情况，按照因村施策、因户施法的原则来开展帮扶。二是充分利用学校的智力智库、医疗卫生、师生众多等资源优势开展帮扶。三是积极做好当地产业发展项目规划，协调学校相关院系进一步完善种植业的产业规划发展。四是把帮扶任务分解到学校各单位，各单位要积极下村入户，对接帮扶；学校各部门要利用自身优势开展功能扶贫，如定期开展送医送药、“三下乡”、残疾救助、支教助学等活动，使帮扶工作开展的形式多样又富有成效。

（陈忠言整理）

构建多层次教育帮扶体系

——华南理工大学

（定点扶贫：云南省云县）

本着智力扶贫与精准扶贫的目标，华南理工大学2015年派驻云县的挂职干部通过实地走访调研，结合云县实际及教育工作基本情况，在构思工作目标及帮扶措施时，拟定了以构建本科、专科、中专、中小学、成人继续教育五位一体的教育帮扶项目：以改善办学条件、整合社会资源、提升干部素质、提供技术支持等为抓手，多形式地开展教育帮扶工作，构建多层次、多形式的教育帮扶体系的工作思路。

一、项目背景

云县位于云南省西部，处于大理、普洱、临沧3个州市的交界处，是临沧市北往大理、西进保山、东上昆明、南下缅甸的咽喉要道。全县面积3760平方公里，辖7镇5乡，190个村委会，4个社区，总人口45万人，少数民族占总人口的49.7%，居住分散，95%的人口在山区，属国家级贫困县。工业经济发展停滞不前，下行压力很大，几个主要的企业都面临着资金紧缺、市场不佳的问题，县级财政入不敷出，资金筹措压力较大，债务化解矛盾突出，扶贫攻坚任务重，压力大。全县共有幼儿园19所（其中民办4所，集体办1所），小学199所，初级中学16 所，普通高中2所，高级职业中学1所，特殊教育学校1所，教师进修学校1所，全县人均受教育年限7.8年。

二、指导思想

贯彻党的十八大精神，落实中央扶贫开发工作会议要求和《中国农村扶贫开发纲要（2010—2020）》、《国家中长期教育改革和发展规划纲要（2010—2020）》的战略部署，根据教育部“教育扶贫、科技扶贫、信息扶贫、智力扶贫”的指导思想和华南理工大学与云县人民政府签订的对口帮扶战略框架协议，充分发挥教育在扶贫开发中的重要作用，把教育扶贫作为扶贫攻坚的优先任务，积极开展教育扶贫战略合作，培养社会发展需要的各类人才。

三、工作原则

（一）整合资源，加强统筹

把教育扶贫纳入云县经济社会发展战略和挂职工作总体规划，统筹整合各方面资源，加大教育扶贫项目的实施力度。

（二）以人为本，尊重群众

着力解决干部群众最关心最直接最现实的问题，让广大干部群众真正得到看得见的实惠，项目实施的重大政策和关键环节要充分尊重干部群众意愿，做好政策解释和引导工作，确保项目有序推进。

（三）规划引导，分步实施

与县级扶贫规划相衔接，推动片区人口和劳动力通过教育实现转移，制定项目实施方案和年度计划，明确重点，分步实施。

四、主要做法

（一）充分利用广东省的教育资源和自身人脉关系，在云县设立本科、高职、中职院校生源基地，增加云县学子受教育的机会

鉴于本地生源很难考上华南理工大学且当地职业教育基础非常落后、薄弱的实情，华南理工大学除了在云县大力宣传“国家指令性少数民族预科班”“面向贫困地区定向招生专项计划”“面对农村学生的自主招生计划”之外，还充分利用广东省其他教育资源对云县进行帮扶，组织和发动华南理工大学广州学院、部分广东高职院校和中职院校在云县招生宣传，给予学费、奖助学金方面的优惠，并优先推荐毕业生在广东就业，以通过教育和就业来解决云县学子的家庭脱贫问题。

具体例子：广东华文航空艺术职业学校长期以来与华南理工大学继续教育学院在学历继续教育、非学历培训方面有着良好的合作关系。为了积极响应华南理工大学帮扶云县的号召，广东华文航空艺术职业学校与云县教育局于2015年8月24日签署《教育扶贫战略合作协议》，协议明确了广东华文航空艺术职业学校针对航空服务和形象设计两个专业，每年招收云县生源总人数60人，免除学费和教材费，只需缴纳一半的住宿费（600元/年），并为每个学生提供半工半读、勤工助学的机会，保障学生在读期间不需家里提供任何费用就可以修完学业，学到一技之长。学生毕业后推荐到广东航空公司、机场等相关企业就业。此外，广东华文航空艺术职业学校为云县边远小学的学习、生活设施进行援建，每年为5名特困学生提供“一对一帮扶”，帮扶标准为每人每年2400元。签署战略合作协议的当天，广东华文航空艺术

职业学校负责人还捐赠5万元援建茂兰镇后山小学“爱心浴室”，解决了200多名山区边远小学师生“洗澡难”的问题，并深入茂兰镇5名特困、残疾儿童家中进行家访，为5个家庭困难学生送去每人2400的助学金。

（二）依托云县教师进修学校，在云县设立网络教育校内学习中心

为满足边疆少数民族地区人民接受多样化高等教育的需求，学校把在云南省云县推进现代远程教育作为学校支持当地教育扶贫的一项重要工作。主要招生对象是当地的公务员、乡镇企业管理人员、技术人员、中专毕业生以及社会青年，目的是提高他们的学历层次和文化素质。基于云县地区经济落后、教育发展落后以及少数民族较多等县情，学校在学费、免试免考、学历学分互认等方面采取多项优惠政策，以期为云县的教育事业多做贡献。

（三）积极打造“华园云州大讲坛”品牌

讲坛分为两部分，一是将华南理工大学的专家教授“请进来”，每季度定期在云县组织授课培训，提升当地党政干部和企事业单位负责人的素质和能力。2015年有1000多人次接受过培训。二是组织云县党政干部到华工接受短期培训。

具体例子：2015年 11月30日至12月5日，华南理工大学在校园内对远道而来的46名云县党政干部进行了短期培训。为突出针对性和实用性，此次培训课程经过精心组织和安排，采取了专题讲座、案例分析、研讨交流、现场教学等相结合的方式。课程设置涵盖了社会转型与跨越式发展、政府绩效管理、突发事件应对、城市规划与城市发展、产业转型升级、干部法律思维和法律方法的培养、农村群体性事件与社会矛盾化解机制、领导干部领导力与执行力的开发等与基层干部工作息息相关的12个专题，着力提高云县干部的时政敏锐性和综合素养，提升领导艺术和管理能力。培训过程中，专家教授们善于引导、启发，授课形式精彩生动、观点新颖，学员们非常珍惜这次难得的学习机会，如饥似渴地学习，踊跃发言提问，与授课教师们形成良好的互动。

（四）开通“华园云州在线讲坛”，开放干部培训、职业技能培训等课件资源

坚持“扶贫与扶智”相结合，充分发挥华工教育资源优势，搭建干部教育培训新平台，拓展干部培训渠道。建立华园云州在线讲坛系统，并免费向云县开放华工优质的在线学习资源，该系统吸纳了计算机科学与技术、行政管理、法学、会计学、金融学、工商企业管理、人力资源管理、电气工程及其自动化、国际经济与贸易、土木工程、工程管理、物流工程技术、机械电子工程等13个专业395科次的学习资源，授权用户登录就可观看自己所选课程的视频和其他材料。旨在依托华工的远程教学资源优势，建立云县党政干

部自主选学培训基地，通过积极开展对云县党政领导干部、基层村（社区）干部和教师队伍的教育培训，帮助其转变观念，从思想上脱贫，使贫困地区群众紧跟时代发展步伐，适应经济社会发展新常态。

（五）资助云县一中 30 万元，建设“华园馨香”计算机房，使云县一中晋级“云南省一级完全中学”验收时硬件设施达标

云县一中在启动晋升云南省一级三等高级中学的工作时，晋级达标硬性指标中要求学生和计算机的生机比达到 8 ∶ 1，但由于当地政府财政困难，无法按要求配齐，华工出资 30 万元购置了 100 台计算机及相关配套设施，帮助云县一中顺利通过该项目的验收。为进一步加大对云县中小学教育的帮扶力度，学校拟引进“中小学校教师考核系统”，以提高云县中小学教师管理水平和信息化水平。

（六）广泛争取社会资源，以援建及援助为主要方式，切实改善山区边远小学的办学条件和学生生活条件

一方面整合学校资源，通过华南理工大学教育发展基金会筹资 15 万元设立“云县学子助学基金”，在云县实施“爱心圆梦大学”捐赠助学行动，对云县家庭经济比较困难的大学生进行帮扶，不让一个大学生因为家庭经济困难而辍学；一方面通过多渠道的宣传动员，组织社会爱心人士、广东成功企业家援建云县边远小学的基础设施，援助山区特困家庭及贫困学生。

具体例子：为了积极响应华工的号召，广东华文航空艺术职业学校、广东户外媒体村有限公司、佛山华粤教育集团、广州中元教育集团等爱心企业出资援建了“茂兰镇后山小学爱心浴室”、“大寨镇邦别小学爱心浴室”、“大寨镇棠梨坝村留守儿童之家”、“大寨留守儿童之家”。为山区小学赠送了一批文具，并对云县特困、残疾儿童进行“一对一”帮扶。通过把创建留守儿童之家作为加强未成年人思想道德建设、促进留守儿童健康成长的重要举措，构筑起全社会关爱留守儿童生活、学习的爱心桥梁。

（七）充分利用食品加工、建筑规划、生物科学等学科专业优势，积极促进当地产业转型升级

自 2013 年华南理工大学对口云县定点帮扶以来，学校先后派出何镜堂院士等多名建筑顶尖专家指导云县城镇规划和旅游开发。2015 年 11 月 8 日至 10 日，王国光、吴桂宁等专家教授深入云县指导村庄规划，协助云县打造“新房、新村、新景、宜居宜业”的美丽乡村，全面推进社会主义新农村建设。暑假期间，学校派出多名研究生来云县法院、水务局、文体广电旅游局、供电公司、茅粮集团等部门和企业对口社会实践，积极为单位、企业发现问题，解决一些技术问题。2015 年 12 月，华工生物科学与工程学院院长谭文教授前往云县实地考察调研云县生物产业发展前景，本着“资源共享、合作双赢”的原则，

县校双方已就推进云县生物资源研发、加快高校科研成果转化、企业研发平台建立、创新成果转化示范、生物医药食品检测、高端复合型人才培养等方面达成全方位的战略合作意向。

具体例子：华南理工大学轻工与食品学院多年来一直为云县骨干企业茅粮集团提供核心技术指导、技术人员培训、实验室设备等支持，并签订合作协议，共同研究“白花木瓜资源开发基础研究”和“木瓜醋及膳食纤维饮料开发”两个项目。云南省委组织部、云南省科技厅、云南省财政厅、云南省人力资源和社会保障厅联合授予中国茅粮酒业集团“曾新安专家工作站”，今年8月，华南理工大学与茅粮集团正式举行了挂牌仪式。目前，该工作站在木瓜发酵酒的技术研究与创新、新产品开发方面取得了许多喜人的成绩。

五、取得的成效和经验

（一）取得的成效

（1）针对贫困地区教育基础薄弱、教育资源匮乏、办学条件落后、就业环境单一等问题，为云县学子打开了新的就学及就业门路。通过实施中等职业教育协作，帮助贫困地区学生前往经济发达地区就学和就业，帮助云县学子脱贫解困。

（2）在干部培训和学历提升方面，学校通过知识更新和业务培训的方式，有效提高政府干部的整体素质，增强其执政本领，为我国云南地区的社会发展提供了强大的智力支撑。同时，地方政府借助校地合作契机，利用学校的人才、技术和科技创新能力，实现了当地政府干部队伍的转型升级，促进当地经济社会的可持续化发展。

（3）开通“华园云州在线讲坛”，面向云县干部群众免费开放优质的网络课件资源，使得云县广大的干部群众足不出户便可免费享用华南理工大学优质的教学资源，不受任何时空限制，随时随地都可以上互联网学习各种科学技术、经济学、管理学、法律、实用技术等各门类、各学科知识。不但覆盖面大，而且大大降低高校和地方在人力资源开发方面的成本。

（4）近年来，地方政府虽然着力加大对中小学基础设施建设的投入，但在边境贫困地区，政府财政资金严重短缺，难以实现全面覆盖。滇西山区小学通常地处高海拔、高寒地区，在校学生来自各个自然村，且多数是家庭存在特殊困难、生活条件艰苦的留守儿童，卫生条件极差，大多学生几个月甚至一年难得洗一次澡。通过“爱心浴室”公益项目的实施，解决了云县山区400多名村小学生最实际的洗澡问题，切切实实地改善了山区小学的基本办学条件和学生生活条件。更重要的是，该项目使社会各界人士更加关注贫困地区的儿童的生存问题，引导社会资源向贫困地区转移，切实抚慰山区儿童的幼小心灵，帮助山区儿童建立走出困境的决心和信心。

（5）随着父母外出务工，留守儿童逐渐成为山区农村一个突出的社会问题。关爱留守儿童，给留守儿童创造一个良好的成长环境就是要进一步改善农村学校办学条件，增加对农村基础教育的投入，创造良好的寄宿条件，建立和完善对寄宿学习的留守儿童的管理机制。“留守儿童之家”公益项目的实施，为云县 300 多名农村留守儿童提供了业余参与集体活动的场所，搭建了一个与儿童及其家长、监护人远程沟通交流的互动平台，改善了农村留守儿童的生存发展环境。

（6）倡导和鼓励社会各界更多的爱心人士及企业来关注和帮助社会弱势群体，关注民生问题，大力实施针对贫困大学生的“爱心圆梦大学”捐赠助学行动和针对特困、残疾儿童的“一对一”帮扶计划，不但解决了他们学习、生活上的燃眉之急，更为他们送去了温暖，极大地鼓舞了他们学习的信心和希望，有利于他们树立长大了报效国家、回报社会的志向。同时，在经济发达地区弘扬了“助人为乐，乐善好施，捐资助学”的社会主义新风尚，有利于促进社会和谐。

（7）充分发挥学校在食品加工、建筑规划、生物科学等方面的学科专业优势，指导云县的产业深加工、城镇规划、村庄规划、旅游开发、新农村建设、生物产业开发等工作。在云县骨干企业中国茅粮茅粮酒业集团设立“曾新安专家工作站”，在整合企业现有“司岗里”木瓜果酒产业及技术资源的基础上，开展木瓜资源加工关键技术的研究，木瓜加工设备升级换代技术，木瓜深加工产品开发关键技术研究与示范，帮助和指导企业破解技术难题，以提升云南木瓜的科技水平，促进科技创新和科技成果转化步伐，完善和提升木瓜加工关键技术，提高木瓜种植和加工效益。通过有针对性的专业指导，帮助云县推进实用性规划编制，加强风貌规划和民居设计，做到先规划后建设，着力打造“新房、新村、新景、宜居宜业”的美丽乡村，全面推动城乡一体化发展。在生物资源研发领域的战略合作，将学校现有的研究成果优先给予云县支持，通过“前孵化器带动地方孵化器”模式建设生物医药食品产业园，把产业园建设成为生物医药食品研究中心、孵化中心、检测中心。这一系列的举措为云县适应并服务经济发展新常态，进一步落实创新驱动发展战略提供了有力保障，突出了食品加工、建筑规划、生物技术在推动经济转型、服务贫困地区经济社会发展方面的重大作用。

（二）总结的经验

（1）选取“社会有需求、办学有质量、就业有保障”的特色优势专业是实施中等职业教育协作、推进职业教育帮扶项目的基本前提。广东华文航空艺术职业学院教育帮扶项目选择了航空服务和形象设计两个热门专业，并在协议中明确了学杂费减免及就业推荐等方面的内容，对贫困地区的生源有着较大的吸引力，这是促成该项目落地并取得成功的前提。

（2）广泛动员社会各界参与，是实施教育扶贫项目的关键。除了利用大学现有资源开展帮扶工作以外，还要加大教育扶贫的宣传力度，充分发动社会各界教育资源参与进来，营造全社会参与支持教育扶贫的氛围。在广东华文航空艺术职业学院教育帮扶项目取得成功后，加大工作力度，广泛争取社会资源，组织社会爱心人士、广东成功企业家对云县边远小学、留守儿童、贫困学生进行援建或援助。

（3）立足贫困地区基本情况，是促成扶贫项目产生实际效应，推动地方经济社会发展的基础。贫困地区的县域经济普遍存在产业单、层次低、链条短的问题，成长性不强，抗风险能力弱等问题。在深入了解和实地调研的基础上，学校通过技术合作、免费规划、战略协作等多种形式加大对贫困地区的帮扶力度，帮助云县在推进县域经济转型升级过程中实现质的飞跃，推动云县区域经济走上绿色、健康、和谐的发展之路。

六、下一步工作计划

（一）统一思想，深入认识，构建校县联动，全员参与的工作格局

精准扶贫是一项复杂而细致的工程，政策性强、涉及面广、工作量大，为了在精准扶贫工作中精准发力，下步工作中，要进一步整合学校资源、统筹社会资源，凝心聚力，推进教育扶贫项目顺利实施。

（二）谋划项目，筹措经费，坚持立足需求，主动作为的服务机制

紧紧抓住精准扶贫的契机，统筹考虑云县产业技术需求、资源禀赋、市场条件和产业基础，加强调查研究，抓准结合点，围绕贫困地区教育发展实际，着力谋划一些对产业拉动作用明显，对区域经济发展带动能力突出的扶贫项目，筹措资金，为进一步加快贫困地区发展，促进共同富裕贡献应有的力量。如正在洽谈的广东元亨（富油）集团屠宰项目，该项目计划在云县投资建设大型养牛场和屠宰场，预计投资达到2亿元，第一年日屠宰量500头，预计年产值12亿元以上，第三年日屠宰量则达2000头，预计年产值达30亿元以上。该项目如最终能成功实施，将推动临沧乃至整个滇西地区畜牧业的快速发展，目前正处于投资前洽谈、论证和前期准备工作阶段。但该项目实施也面临着一系列的问题：一是临沧市乃至整个滇西地区，牛源不足，难以满足大规模的工业化屠宰需求；二是与当地主要的农牧企业将出现同业竞争，地方保护主义严重；三是云县土地资源紧张，可供建设用地较少。

华南理工大学捐助云县一中计算机教室揭牌

广东华文航空艺术职业学校深入云县茂兰镇援建后山小学“爱心浴室”捐款

广东华文航空艺术职业学校深入茂兰镇走访特困户、残疾儿童，并送去慰问金

广东爱心企业为云县山区小学捐款

向云县山区小学生捐赠文具

（蒋莹整理）

立足农科专业优势　开展科技精准扶贫

——华南农业大学

（定点扶贫：广东省龙川县义都镇中心村）

按照中共广东省省委办公厅广东省人民政府办公厅关于印发《广东省新一轮扶贫开发“规划到户 责任到人”及重点县（市）帮扶工作实施方案》（粤办发〔2013〕14号）的文件精神，华南农业大学认真贯彻落实有关要求和工作部署，结合时代发展呈现的新形势和新需求，根据对口帮扶的河源市龙川县义都镇中心村的具体情况，立足农科专业优势，发挥技术人才作用，开展科技精准扶贫，探索出一条高等农业院校扶贫开发成功之路。

一、 中心村的基本情况

中心村位于义都镇政府周边，总面积约8.9平方公里，属丘陵地形，全村耕地资源较少，现有水田面积1551亩，旱坡地面积2000亩，但山地资源较多，山地可利用面积约1万亩，大部分山坡地为村小组所支配使用，农户为股权形式拥有，大部分山地种植有低产的油茶与本地茶叶，有部分山地仍

河源市龙川县义都镇中心村卫星图

未开发使用，村集体收入为 1.8 万元。

中心村全村共有 720 户 3830 人，贫困户数 109 户 505 人，其中扶贫户 47 户，扶贫户人数 263 人；低保户 47 户，低保户人数 224 人；五保户 15 户，五保户人数 18 人。贫困户年人均收入低于 3093 元，农民主要种植水稻、油茶、茶叶、毛竹等作物，规模较小，水稻约为 1000 亩；油茶约为 4000 亩，茶叶约为 600 亩，没有主导产业，农产品基本上属于自产自销，几乎没有经济效益。

二、项目推进及实施效果

项目一：立足农科专业优势，开展科技精准扶贫

农业产业化扶贫是确保贫困村贫困户脱贫致富的核心，结合高等农业院校的优势及当前贫困农村的需求，科技是实现贫困村贫困户精准脱贫的关键。在资金保障方面，一是学校设立扶贫专用经费卡，列入学校年度经费预算，保障扶贫工作正常开展；二是广泛发动全校师生，积极参与扶贫工作，筹措扶贫经费；三是发挥学校科研优势，努力争取产业发展项目资金支持，在中心村实施；四是努力争取各级政府部门的基础设施扶持资金，改善中心村基础设施建设。在资金得到保障后，制定详细的经费预算，具体项目经严格论证后定向投入，确保基金的使用效率。

表 1　三年资金投入分类表

新投入金额	2013	2014	2015	三年汇总
一、单位自筹资金（万元）	72.302	109.81	85	267.112
二、各级财政专项资金（万元）	238	80	20	338
（一）中央财政专项扶贫资金（万元）	9	1.53	0	10.53
（二）省级财政专项扶贫资金（万元）	229	78.47	20	327.47
（三）市级财政专项扶贫资金（万元）	0	0	0	0
（四）县级财政专项扶贫资金（万元）	0	0	0	0
三、行业扶贫资金（万元）	0	0	30	30
四、金融信贷资金（万元）	0	0	0	0
五、社会扶贫资金（万元）	5	90	20	115
六、其他（万元）	0	0	0	0
合计（万元）	315.302	279.81	155	750.112

（一）项目推进

1. 健全机构，明确责任

华南农业大学党委非常重视扶贫工作，成立了扶贫工作领导小组，负责制定对口帮扶的政策措施和工作方案。学校出台“规划到户　责任到人”工作

文件和制度，明确每一户的挂扶责任人，并在村公布。各对口贫困户挂扶责任人坚持到户开展帮扶工作，指导贫困户生产，解决生活实际问题。

2. 深入调查，确保规划科学。

为保证学校制定扶贫实施方案的科学性，学校扶贫办先后3次组织茶叶、油茶、水稻和土木工程、建筑、水利以及测土配方施肥等专业领域的专家前往调研摸底，了解中心村的基本情况，向中心村有关负责人详细了解该村村集体经济情况，了解农业种植情况和家禽家畜饲养情况，实地考察中心村的地形地貌、土质、水源和危房、危桥、河堤、灌溉水渠、村道等情况。在深入调研的基础上，制定了科学合理的帮扶规划，确保“双到”工作目标明确，思路清晰，稳步推进。

3. 将学校的人才优势与中心村的村民和村干部培养对接

为提高中心村农民的农业技术水平，学校安排农学博士学位的郑大睿老师驻村扶贫三年，具有丰富农业经验的陈德光技术员协助其工作，并且按照项目实施的需要，组织安排种养专家、水稻专家茶学专家、蔬菜专家等以现场指导的方式及时解决村民在种植及养殖上的技术难题。通过技术指导，培养了一批种养能手，形成辐射带动。重点选择有带头脱贫意愿的种养能手，给予一定的扶持，以贫困户带动贫困户致富，以种养能手带动贫困户致富，这是一项省钱、有效、长久的扶贫办法。

4. 推广有机茶种植，发展特色农产品品牌

华南农业大学因地制宜，根据桐夆自然村的实际状况，多次组织专家到桐夆村进行调研，制定明确的茶叶发展方案。学校联合南越王生态农业有限

专家实地指导村民如何种植华航31号

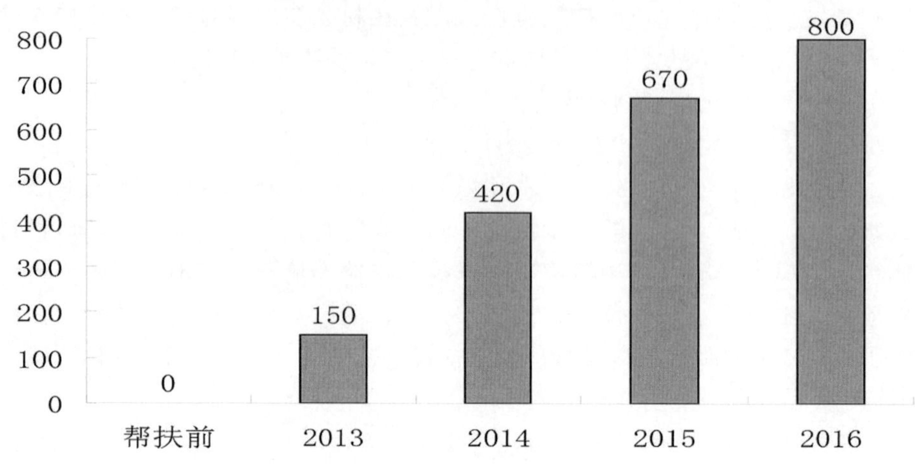

“无性系”良种茶园的种植面积

公司，免费发放了 22 万株“无性系”良种茶苗给农户，配套发放肥料 10 吨，高效低毒农药一批，建设茶叶示范基地 100 亩，种植无性系良种茶园 800 亩。一般情况下，一亩地可种植 2000—2500 株浙江龙井、软枝乌龙、台湾金萱等品种茶苗，茶苗栽植后第 3 年开始采摘，5 年左右封行，进入盛产期，茶树的寿命可长达 80 多年。如果项目顺利实施，一亩地的收益可达 8000 元至 20000 元之间。

表 2　贫困户 一亩丰产茶园投入产出预算表（元 / 亩）

年份	1	2	3	4	5	6	50
造园成本	3000						
生产成本		670	1670	2670	6370	6370	6370
其中：抚育成本		670	670	670	870	870	870
茶叶采收			800	1600	4000	4000	4000
茶叶加工			200	400	1500	1500	1500
投资收入	0	0	2500	5000	18000	18000	18000

为了确保茶农实现稳定增收，华南农业大学积极引进南越王生态农业有限公司，在中心村的桐鞏自然村建立南越王茶叶基地，以农村为依托，以利益为纽带形成了“公司 + 基地 + 农户”的一体化运行机制。企业建立了长期生产基地，推进扶贫村茶叶产业化和商业化，构建了三位一体多赢产业利益链。目前，南越王生态农业有限公司正在计划建设龙川县第一家通过 QS 认证的茶

引进南越王生态农业有限公司共建中心村茶叶示范基地

叶加工厂。学校提供良种良法促进了科技成果的转化；贫困户通过标准化的生产种植，提高了产品质量和经济效益；企业在提供市场对接的同时，在产业规模中收益。

5. 推广优质水稻，打造“生态米”品牌

科技扶贫是学校扶贫特色，即通过农业科学技术推广、示范和应用，引导和帮助中心村农民综合开发利用现有农业资源，依靠科技成果和技术，提高农产品的产量和质量。中心村种植传统水稻产量低，种植杂交稻品质不好，经济效益不高。针对这一情况，华南农业大学选择最适合当地种植的华航 31

正在建设中的南越王茶叶加工厂

号新品种在村里试种，并安排专家进行现场指导。目前华航 31 号的种植规模现已扩大到600 亩，免费赠送贫困户稻种累计 3000 斤。同时扶持建立了“华航稻”水稻专业合作社，引进崧源农业科技有限公司以高出市场价 20% 的价格 3.6 元 /kg 收购，打造扶贫无公害生态大米品牌，增加了农户收入、调动了农户种粮积极性。

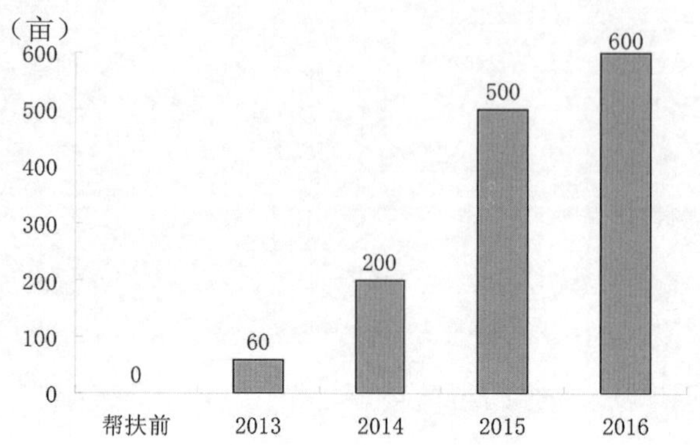

华航 31 号水稻种植面积图

6. 种植无性系良种油茶，助村民建设“绿色银行”

中心村属丘陵地带，遍布酸性红壤，适合油茶生长。油茶树是经济效益、社会效益和生态效益俱佳的优良树种，结合中心村传统种植油茶和加工油茶现状，华南农业大学先后共发放 6 万株无性系优质嫁接油茶苗和 4 吨油茶专用复合肥给贫困户，购买割草机和打穴机给无劳动力的农户，多次组织油茶专家到村指导农户，帮扶中心村成立“油然香”油茶专业合作社。油茶树进入盛产期后，每亩优质油茶园年收益可达 4000 元以上，稳产收获期可达 80 年以上，将成为中心村村民的“绿色银行”。

7. 顺应“互联网 + 新时代”，建设扶贫农产品电商平台

中心村目前遇到的主要问题是很多优质农产品找不到销路，破坏了农民种植的积极性。学校充分利用现代先进的网络电子技术，顺应时代发展潮流，引导和鼓励建立电子商务农村扶贫服务平台。首先，学校结合大学生创新创业工作，引导学校食品学院毕业生吴俊松成立“绿稻人”扶贫电商公司，开设“扶贫联盟”电商，在河源市龙川县、梅州市五华县、韶关市乐昌市等地的各个扶贫村收购华航大米、粤黄鸡蛋、灵芝和铁皮石斛，在微信和实体店同时进行销售，已成功运作一年多，取得一定效益。其次，学校联合南越王生

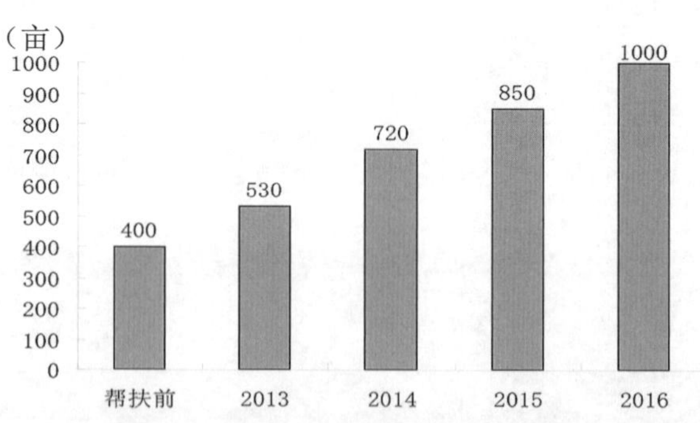

无性系优质嫁接油茶苗种植面积图

态农业有限公司，投资50万元建立“南越王客家农产品”淘宝店，销售龙川县的茶叶、茶油、蜂蜜、腐竹等农产品，由扶贫点中心村的村民组成一个6人左右的团队，驻村扶贫干部协助其进行产品拍摄、照片处理、包装设计等工作，建设正规品牌，以期打造成为一个中心村为基础，辐射整个客家地区的扶贫电商。

8. 一户一法，科技精准扶贫

为确保贫困户脱贫增收，学校抓住精准扶贫精髓，根据每位贫困户的具体情况制定“一户一法”的帮扶计划，重点落实对贫困户的经费投入和技术指导，加大帮扶到户资金投入。如一贫困户由于残疾，擅长养牛，其对口帮扶单位充分尊重贫困户意愿，送去5000元的养牛款，支持其购买种牛，并将利用学校的畜牧兽医专业优势，协助其解决在养牛过程中出现的技术难题。

（二）项目实施效果

1. 贫困村主导产业正在逐步形成

在扶贫开发中实施产业扶贫，随着中心村茶叶、优质水稻和油茶种植面积不断扩大以及在周边村镇县市的辐射扩大，中心村主导产业初现雏形。目前水稻在龙川县种植规模超过2000亩，有合作企业“绿稻人”到村收购，成立了“华航稻”水稻专业合作社；茶叶有“龙井43”、“软枝乌龙”和“台湾金萱”等3个优质品种，建设茶叶示范基地100亩，种植无性系良种茶园800亩，合作企业南越王生态农业有限公司正在建设龙川县第一家通过QS认证的茶叶加工厂；成立“油然香”油茶专业合作社，在中心村开展600亩低产油茶改造，产品供不应求。利用龙头企业和农业专业合作社带动特色产品和“订单农业”发展，形成主导产业，与贫困户的土地、劳动力等资源结合起来，互补优势，构筑一个“三赢”的共同致富的平台，有效避免贫困户返贫现象的发生。

2. 贫困村（户）经济收入实现高增长

扶贫开发实行“靶向”疗法，随着帮扶项目的落实，村集体收入从帮扶前的1.8万元增加到现在的11万元，增长率高达611%；109户贫困户505个贫困人口的人均收入增幅较大，从帮扶前的3093元增加到现在的人年均10529元以上，增长率高达340%，贫困家庭的居住条件得到较大改善，共完成59户低收入住房改造任务。

3. 企业和农民专业合作社得到发展

通过合作机制的建立，企业和合作社在原材料供求上，能计划有序地组织贫困农户从事生产和收购，实现有计划的标准化生产。通过产业基地建设的不断扩大，原材料供应渠道日益充沛，帮助企业和合作社解决了原材料供应不足的后顾之忧，有效地帮助其安心做好市场，搞好销售保障。在品种统一、标准统一的基础上，进行集约管理，有效地减少了收购成本，提高了原材料

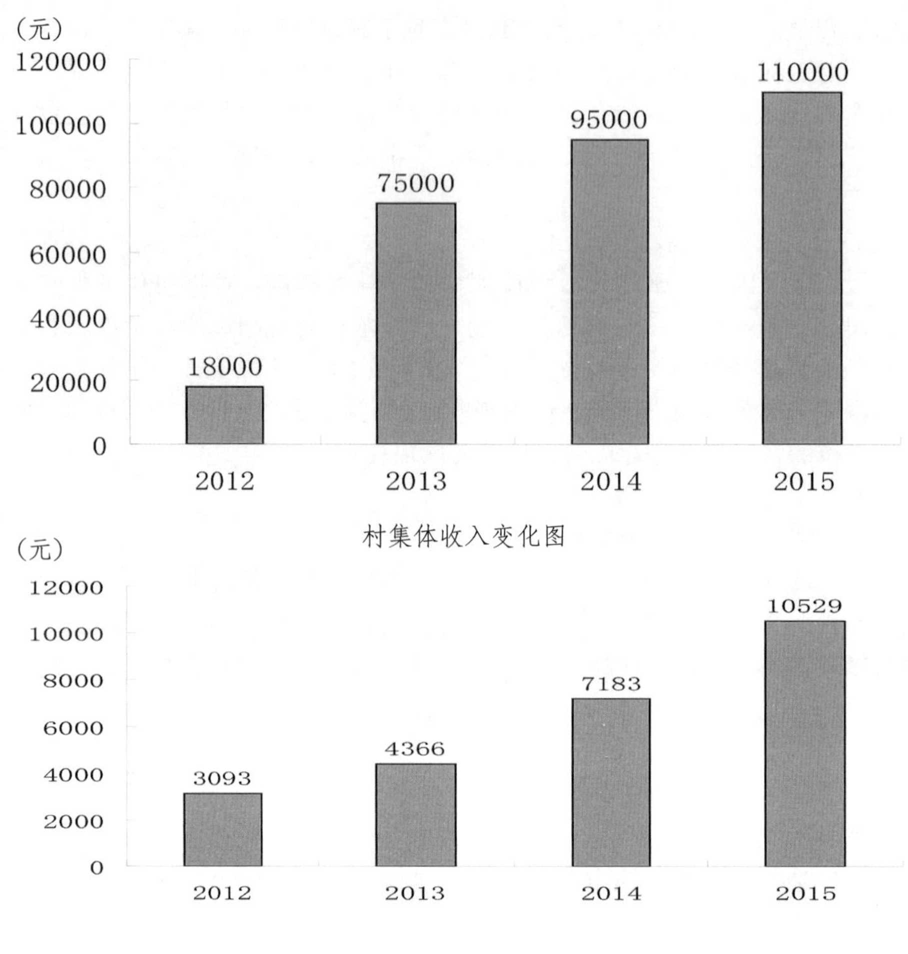

村集体收入变化图

贫困户人均年收入变化图

品质，增加了企业和合作社的生产利润。

（三）启示与借鉴

1. 培养新一代新型职业农民，解决劳动力问题

目前中心村的青壮年劳动力大部分外出打工，留在村的基本是老人和儿童，缺乏劳动力，是发展农业生产的一大障碍。学校将和中心村合作，定期开展经验交流会，让科技的“种子”扎根，召集贫困户代表参加高效性的科技经验交流会，让科技扶贫的成果能够转化，同时通过经验交流会，能够将一些科学的种植技术、高效的养殖途径、新产品等传授给贫困户，吸引青壮劳动力能返村务农。来自农村的学生是未来农村的主要建设者，学校通过设立奖助学基金、发动社会力量结对帮扶等形式，资助贫困学生完成学业，成为有技术有文化的新型农民，就是为农村建设培养接班人。

2. 跟踪帮扶，重视扶贫项目的后续管理

通过对以往的扶贫项目研究发现，由于扶贫投资重建轻管，所建项目损毁率高。其结果往往是占用土地、浪费资源、埋下隐患、留下怨言。在完成本轮扶贫任务之后，学校还将继续科技帮扶中心村，依托中心村成立的“科技部　教育部 华南农业大学新农村发展研究院分布式服务站”，将中心村作为科学知识的传播站点，及时更新农业发展信息，交流科技经验，根据农民的需要，定期派遣专业技术人员前往农户中，深入群众内部，传播技术，发布科研情报信息，为中心村提供一个农业技术交流的平台，也使得中心村能够在科学技术的带领下，经济迅速发展，主导产业不断做强，优势品种不断推广，市场品牌不断打响，真正脱贫致富。

3. 发挥企业的作用，完善企业与农户的利益联结

农业龙头企业能解决贫困户资金投入困难，促进产业规模的迅速壮大，加快当地的脱贫致富，但必须完善企业和农户之间的利益联结机制，须坚持“利益共享，风险共担”原则，正确处理好企业与农户的利益分配和调节关系。首先，树立农户的主体地位，优先考虑保护贫困农户的利益，鼓励龙头企业采用赊购原料、技术服务、保护价收购、超额利润返还等形式保证贫困农户的利益，只有农户的利益得到切实保障，企业才有可能获得应有的收益。其次，学校在龙头企业和农户之间要发挥黏合剂的作用，重点在技术、项目、资金等方面支持龙头企业发展，鼓励龙头企业采用 “非市场安排”，主动吸纳广大贫困农户参与产业化经营，协助企业进行产业升级，优化结构，大力发展生态农业、休闲农业和农产品深加工产业，将资源潜力转化为带动农户脱贫致富的经济动力，进一步加强贫困农户的积极能动性。

项目二：发挥华农教育优势，阻断贫困代际传递

（一）项目推进

1. 改善硬件设施，构建农村文化学习阵地

（1）新建村民文化活动中心。

原村委大楼年代久远，地基不稳，房屋下沉，屋顶严重漏水，已经是危楼，为了给村民一个学习和活动的场所，将原村委大楼推倒，投资 80 万元新建中心村村民文化活动中心。

（2）新建中心村信息文化站。

学校赠送了 10 部电脑、1 部笔记本电脑、2 部打印机、3 部投影仪、2 套音响设备、一台 65 寸液晶电视、一套卡拉 OK 设备、1 台数码相机等多媒体设备给中心村，建设了网络学习室两间、多媒体会议室一间、多媒体学习平台一个，中心村村民不仅可以在中心村文化活动中心观看电影、唱卡拉 OK，还可以通过网络与学校的专家沟通农业问题，学习农业知识。

学校充分利用现代远程教育这一载体，最大限度地实现教育资源共享和重复使用，有助于大规模开展教育和培训，大幅度提高贫困人口的综合素质，大力推进中心村全面建设小康社会的进程。

（3）多渠道捐赠图书。

一方面组织华南农业大学农工民主党总支与校图书馆开展中小学图书集中捐赠仪式，共捐赠总价值约 5 万元的科普、文艺、课外读物和中外文学名著等图书，近三千册适宜中小学阅读书籍。通过捐助，尽力为贫困地区的孩子们解决精神食粮贫乏的困难，为孩子们拓展课外知识，丰富课余生活创造了条件，用爱心使孩子们得到更多的智慧和快乐。看到这么多心爱的东西，孩子们开心极了。

另一方面为了提高村民的农业技术水平，组织学校教务处根据村民的实际需要，向中心村农家书屋捐赠了价值 3000 多元的种植、养殖等方面的书籍，并协助制定农家书屋的图书借阅制度，让广大村民都可以到农家书屋借阅到所需的科技书籍。

（4）改善教学环境和设备。

中心村幼儿园的三楼没有隔热层，一到夏天，三楼上课的小朋友每个人都是大汗淋漓，为了改善幼儿园的教学环境，让中心村的小孩子有一个舒适的学习生活环境，投资

中心村村民在网络上学习知识

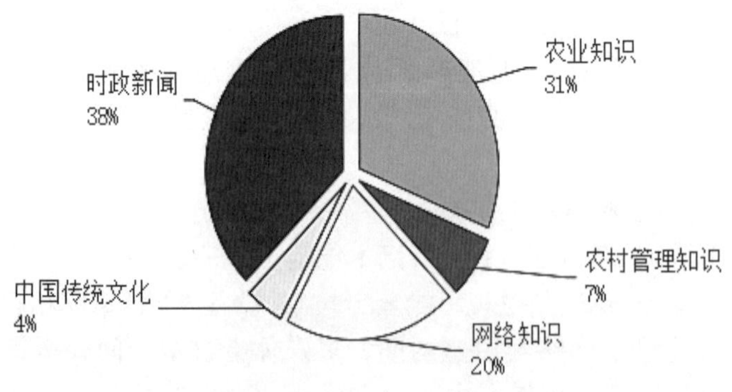

村干部从网络教育系统中学习到的知识结构图

学校农工民主党总支与图书馆开展中小学图书集中捐赠仪式

学校教务处赠送农业技术书籍到中心村文化书屋

3 万元搭建中心幼儿园隔热棚。此外，学校还捐赠一套监控设备、玩具、书籍和户外用品给中心村幼儿园。

此外，还调动社会资源，联系广州澄谊俱乐部来到龙川县义都镇中心村，看望慰问留守儿童，送来了 400 套玩具、200 件文具，并与孩子们共庆“六一”儿童节。在关注幼儿园建设的同时，也非常重视中小学的建设，为改善中小学教学条件和设备，学校组织捐赠了 14 台电视机给义都中学和中心村小学。

2. 设立基金护航，树立尚学好学良好风气

为广泛动员社会各界奉献爱心，募集教育基金，奖励资助考上重点大学、重点中学的中心村籍优秀学子，好让他们能在高等学府安心地接受更好的教育，将来成为国家建设的栋梁之材，更好地回报社会与家乡，华南农业大学提供 1 万元作为奖学基金会的启动资金，倡导成立“中心村奖学基金会”，并要求村委会把华南农业大学援建的中心村文化活动中心一楼四间店铺，在老街原有的一间店铺，五间店铺的每年租金作为奖学金的固定来源。

捐建幼儿园隔热棚

广泛发动乡贤捐资助学，制定详尽的奖励制度。奖学基金会由中心村村委会，华南农业大学扶贫工作组共同管理，奖学基金会接受所有村民的监督。

澄谊俱乐部捐送的玩具

澄谊俱乐部与中心村留守儿童欢度儿童节

2015年奖学金的获得情况表

所在自然村	姓名	录取院校	奖金（元）
北星自然村	骆敏慧	华南师范大学	1000
营前自然村	殷慧晓	华南师范大学	1000
大群自然村	徐小彦	南方医科大学	1000
大群自然村	徐如翼	深圳大学	800
北星自然村	骆霄霄	广东财经大学	800
桐輋自然村	崔树强	广东海洋大学	800
北星自然村	骆嘉锐	惠州学院	800
水南自然村	钟福权	惠州学院	800
大群自然村	徐永红	韶关学院	800
大群自然村	徐海煌	龙川一中	500
北星自然村	骆天德	龙川一中	500
北星自然村	骆雪琼	龙川一中	500
大群自然村	徐　捷	龙川一中	500

3. 整合优质资源，提高基础教育办学水平

一是针对义都镇中心幼儿园教学条件较为艰苦，教育观念相对滞后，为缩小城乡间的教育差距，学校幼儿园组织两位中心幼儿园的老师到学校幼儿

学校领导向获得奖学金的学生家长颁发奖金和奖状

园参观学习，并且安排支教三天，三位教师先进的教学理念、精湛的课堂教学艺术、巧妙的教学设计、精炼的教学语言、亲和的教学风格令中心幼儿园教师叹服，更充分调动幼儿园宝宝们的积极性，寓教于乐，共同度过快乐充实的三天时光。二是委派学校农工党副主委余秀江教授给义都中学200多名初中生讲授“中学生人生规划”，为中学生指明人生的方向。

三是结合大学生“三下乡”活动，由华南农业大学学生工作通讯社、星火自强社、学生科技联合会先后组织200人次的大学生在中心村开展“三下乡”和“助学贷款政策下乡行”活动。学生们立足自身专业特色，调研中心村的农田种植情况及遇到的问题，了解贫困户的发展规划，关心教育农村留守儿童，宣传国家助学贷款政策。从不同方面出发，走近广大农民群众，寻找制约中心村脱贫致富的瓶颈，解决实际农业困难。

4. 加强职业培训，培育产业技术人才

如何使村里的农民能掌握一技之长，培养技术能手，带动一片，让他们用技术和能力脱贫是华南农业大学扶贫工作的目标。一是扎实开展科技培训，现场解答生产疑难。按照项目实施的需要，组织安种养专家以现场指导方式及时解决村民在种植及养殖上的技术难题。水稻专家陈志强教授、王慧教授、张建国高级农艺师、刘永柱副教授和植保专家曾鑫年教授等多次前往指导水稻产业；茶学专家王登良教授、黄亚辉教授和刘少群高级农艺师多次深入茶园指导；油茶专家奚如春教授多次现场指导标准高产油茶园建设技术；蔬菜专家刘厚诚教授、植物病理专家徐大高副教授到龙川县菜篮子种植基地解决菜农种植中出现的问题。二是培养种养能手，形成辐射带动。重点选择种养能手，给予一定的扶持。扶持茶叶种植大户崔恩强7000元的茶叶加工设备，茶叶种植大户崔木荣2700元的农用机车；扶持百香果种植大户徐新科2000

元肥料和相关技术支持；扶持养牛户崔启进 5000 元的养牛款。成效非常好，以贫困户带动贫困户致富，以种养能手带动贫困户致富，这是一项省钱、有效、长久的扶贫办法。

5. 奖助双管齐下，助力贫寒学子圆大学梦

资助义都镇三位考上华农大的贫困学子，每人每年给予 3000 元以上的助学金，鼓励他们学成之后，为家乡做贡献。对于贫困学子，每年给予额外的助学补贴。

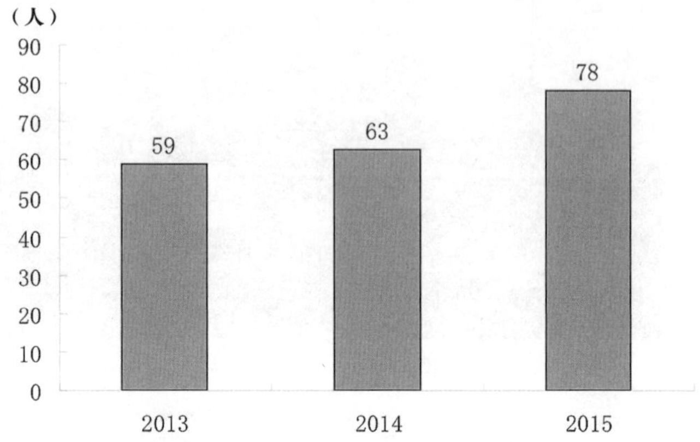

华南农业大学到中心村三下乡学生人数

2014 年，中心村村民殷树发考入华南农业大学经管学院，由于父母年事已高，体弱多病，殷树发同学想外出打工来贴补家用，不想来就读大学。驻村干部郑大睿老师得知情况之后，与其促膝长谈，解开他的心结，让他深刻地体会到只有知识才能改变命运，并且帮他申请了每年 5000 元的助学贷款和每年 3000 元的助学金，让他安心就学，免除了后顾之忧。

（二）帮扶成效

2013 年至 2015 年，全村户贫困户 109 户，贫困人口 505 人，其中 7 至 12 岁儿童共 51 名，全部就读小学，13 至 15 岁儿童共 23 名，全部就读初中，“普九”入学率为 100%。26 名贫困户子女就读高中（中专），11 名贫困户子女就读大学（大专），没有贫困户子女因贫困问题而辍学。

华南农业大学在中心村开展全方位、多视角的教育扶贫，以基层设施投

学校幼儿园方瑜在中心村幼儿园支教

华农学子与中心村留守儿童结下深厚友谊

张建国高级农艺师正在培训农户如何科学种植“华航31号”

入为主体，动员社会资源积极参与，激发中心村村民的学习热情，形成上下联动、重点突出、覆盖面广、长期有效的教育投入机制，把扶贫和扶智结合起来，把中心村农民培养成有知识、懂技能、促和谐、增效益的新型农民，真正实现贫困山区人口素质的全面提高和经济的可持续增长。

（蒋莹整理）

实践“双元立体”扶贫新模式
助力医疗事业发展

——广州中医药大学
（定点扶贫：广东省阳山县大崀镇）

2013 至 2015 年，广州中医药大学按照广东省委省政府的统一部署，在清远市阳山县大崀镇村干部及群众的支持和配合下，积极推进扶贫开发“规划到户、责任到人”工作。广州中医药大学结合自身行业特色和优势，通过指导中草药种植和整合附属医院优质医疗资源，进行突显中医药特色的医疗帮扶，取得较为显著的成效，被广东省扶贫开发领导小组评定为省扶贫开发“双到”工作优秀单位。现将该医疗扶贫模式介绍如下。

一、突显中医药特色的双元立体医疗扶贫模式

双元：广州中医药大学认为，造成清远市阳山县大崀镇医疗资源短缺的主要问题是由两种原因所到导致，一种是当地能够帮助解决群众医疗需求的资源性短缺，群众在本地无法看好病，享受不到和城市一样的医疗条件；一种是当地群众普遍比较贫困，无法支付高昂的医疗费用。所以，广州中医药大学提出的双元，一是指解决当地看病难的“医疗资源相对贫乏”问题；二是指解决当地看病难的“没钱看病”问题。

立体：是指整合村医疗服务站、镇卫生院、县市中医院、省级医院医疗资源提升医疗服务水平，同时宣传普及中医“治未病”理念。

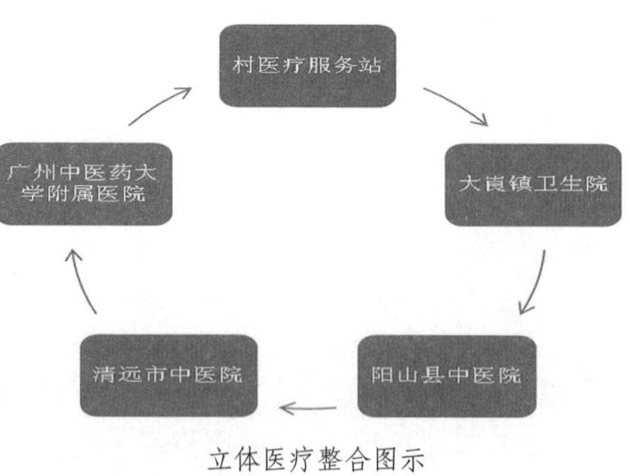

立体医疗整合图示

双元立体医疗扶贫模式：广州中医药大学利用其自身行业特色和优势，通过指导中草药种植，推动推动相关产业的形成，帮助贫困地区群众增加经济收入，摆脱经济上的贫困。同时，发

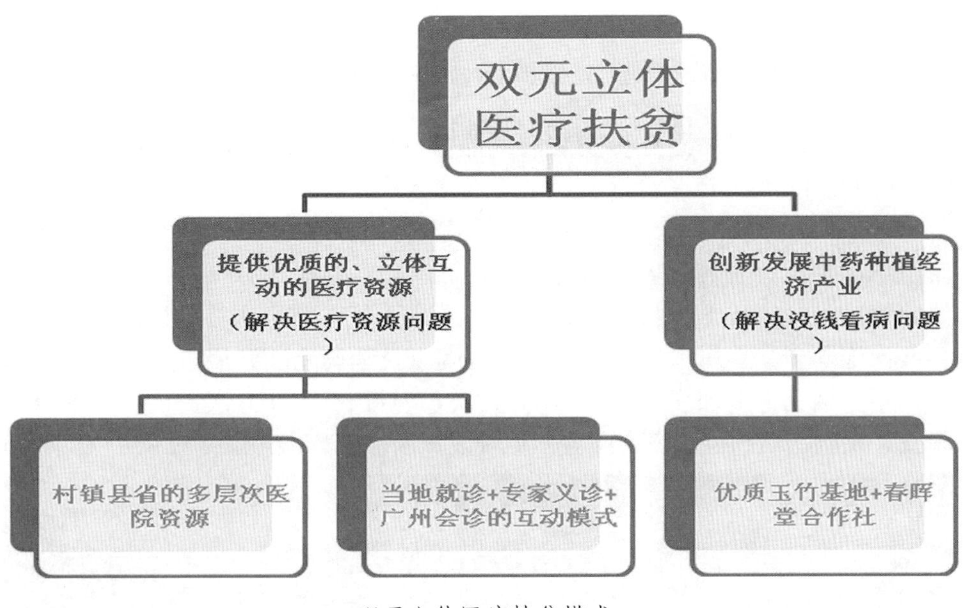

双元立体医疗扶贫模式

挥附属医院优质医疗资源优势，通过多种形式帮扶当地医疗机构以及培养技术人员，解决当地医疗资源相对贫乏问题。在进行扶贫工作中，推广中医“治未病”理念，减少因病返贫因病致贫情况发生，进行突显中医药特色的立体多层次医疗扶贫模式。

有效形成医疗资源互动机制：为了更有效地使有限的医疗资源，使之更大限度地得以优化和使用，广州中医药大学在探索“双元立体”扶贫模式的同时，也逐渐摸索出适合当地的医疗资源互动机制。小病小治，大病大治，病人即可直接到广州大医院进行治疗，同时广州中医药大学也会定期组织专家进入扶贫地区进行义诊会诊，使医疗资源在城乡之间合理流动，对贫困人口的医疗问题予以倾斜，医疗资源得到合理化的使用。

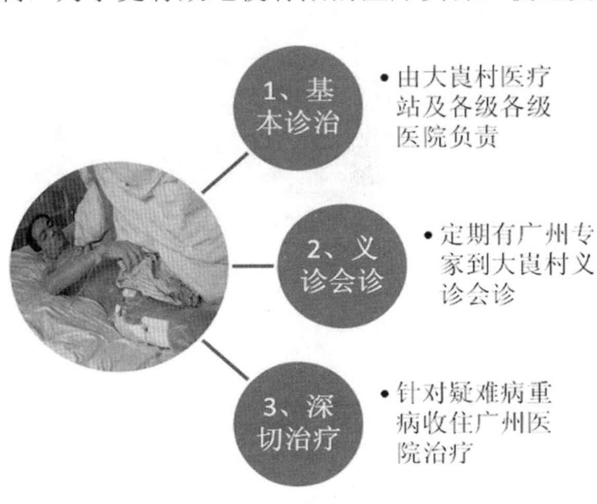

医疗资源互动模式

二、双元立体医疗扶贫模式阶段性成果

（一）输送优质医疗资源和救助服务，医疗保障政策落实到位

1．定期组织开展义诊及送医送药下乡活动

三年来，广州中医药大学坚持每季度组织医疗专家和医药企业、每年暑期组织学生志愿者等到大崀村开展义诊活动，为村民进行常规疾病检查，赠送治疗药品，宣传卫生科普知识，减少因病致贫、因病返贫的情况发生。先后 5 次连同多家直属附属医院、教学医院以及医药企业开展大型义诊及送医送药下乡活动，参加义诊的专家 76 人次，为村民 3150 人次提供免费的身体检查、疾病诊治和健康咨询服务，免费发放药品 3.12 万元。

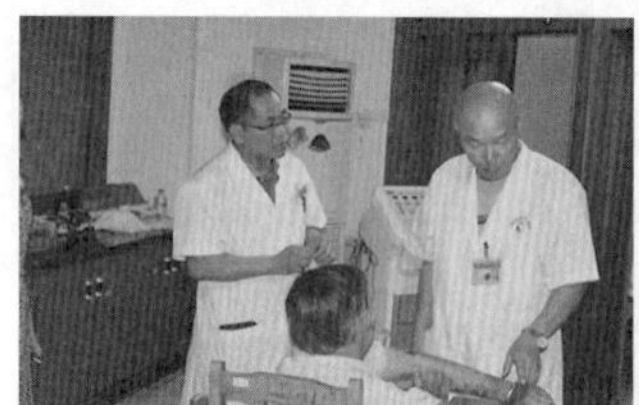

定期举行义诊及医学知识宣传

2．为贫困户家庭提供医疗服务和救助

广州中医药大学特别重视贫困地区贫困家庭的医疗条件改善问题，并长期坚持对这类家庭的医疗救助工作。近期主要工作一是三年累计投入 1.69 万元资助贫困户家庭成员购买新型农村合作医疗保险，确保贫困户家庭成员医疗保险参保率达到 100%，让贫困户家庭成员能够享受医疗保障；二是定期为

34 户贫困户进行常规疾病检查，建立健康跟踪档案；三是依托大学附属医院的医疗资源优势，累计投入 31.5355 万元为对口帮扶贫困户中患病的家庭成员 16 人提供疾病检查和诊断治疗，并先后接送患病较重的贫困户 6 人到广州进行免费治疗，最大限度地使其恢复生产和就业能力。

（二）以中草药产业发展为依托，带动村集体和贫困户增收脱贫

1. 发挥行业帮扶优势，投资建成优质玉竹种植示范基地，村集体收入大幅提高

广州中医药大学多次组织中药学专家前往阳山县大崀镇实地调查研究，通过对地理环境、气候条件、土壤等因素的综合研判，投入 33 万元建设 30 亩可产 12000 斤种苗的“广州中医药大学大崀玉竹种植示范基地”。广州中医药大学派出中药学院教授前往当地指导玉竹种植及管理，并与省内两大医药集团建立营销合作。目前，示范基地的玉竹生长情况良好，按玉竹从生长到产出的两年周期计算，预计到 2016 年底将首次产生直接经济效益，每年

优质玉竹种苗

三十亩玉竹示范基地

能为种植玉竹的村集体带来 30 万元经济纯收入。村集体经济从 2013 年帮扶前的每年 2.4 万元，提高至 2015 年的 10.2 万元，相比 2013 年帮扶前同比增长 325%；预计 2016 年底将达到 40 万元，相比 2013 年帮扶前将同比增长 1500%。

2. 推动当地中草药种植产业形成，成立专业合作社，带领贫困户就业增收

广州中医药大学对口帮扶的大崀村以玉竹种植产业为依托，成立阳山县春晖堂中药专业合作社，制定《阳山县春晖堂中药专业合作社章程》和《大崀村培育发展主导产业实施方案》，带领有劳动能力的贫困户参与到玉竹种植产业，在发展大崀村集体产业的同时也增加贫困户的家庭经济收入。

有数据显示，大崀村贫困户人均纯收入从 2013 年帮扶前的 2739 元，提高至 2015 年的 8265 元，相比 2013 年帮扶前同比增长 201%。广州中医药大学

对口帮扶大崀村的产业发展模式和玉竹种植示范基地良好的经济效益产生了良好的示范作用和社会效应，带动了大崀村群众及周边黄坌、黎埠、振民、茶坑等镇村前来学习、引种玉竹，使得当地的玉竹种植产业初具规模。

（三）帮扶医疗资源与转变健康观念并举，提高医疗水平与预防疾病发生并重

1．签订县校合作框架协议，整合医疗资源，提升医疗服务能力和水平

为加强阳山县基层医疗服务能力和医疗人才队伍建设，完善基层医疗服务网络，强化中医药服务进农村、进社区、进家庭，阳山县人民政府与广州中医药大学签订了县校合作框架协议，借助广州中医药大学及其附属医院在人才培养、医疗资源、科学研究等方面的优势，在中药种植（规模、品种、技术等）、医疗服务能力（临床诊治、专科建设、科研立项、基层中医适宜技术推广、医药人才培养培训、医疗仪器设备、管理干部等）、药材加工企业引进及当地中医药发展战略等方面进行合作。广州中医药大学已先后组织第一附属医院、第二附属医院（广东省中医院）、第三附属医院的专家教授在阳山中医院、大崀医院、大崀学校和村卫生室举办《糖尿病诊断与治疗》、《风湿病诊断与治疗》、《亚健康中医调理》等培训班和专题讲座，提供人才培训和智力支持，加快与当地中医资源的有机结合，提高当地医疗卫生服务水平，服务阳山经济社会发展，为其创建全国基层中医药工作先进单位提供有力支撑和智力保障。

2．宣传普及中医治未病理念，早预防早治疗，减少因病致贫、因病返贫情况发生

广州中医药大学在大崀村文化宣传栏、村道新修建的路灯灯柱上悬挂中医药“治未病”宣传牌，通过潜移默化的影响，改变村民卫生习惯和疾病预防观念。先后为村民开展《中医刮痧疗法》和《常见食材药材的寒热属性讲解》培训，传授祖国医学简便易学的治疗方法，提高村民对常见食材药材的寒热属性认识，加深对药食同源的理解，提高饮食搭配水平及日常保健水平。同时，驻村干部定期走访慰问贫困户，指导他们合理调节饮食习惯，养成良好的卫生习惯，充分凸显中医治未病理念在“医疗扶贫”领域的作用，减少因病致贫、因病返贫的情况发生。

（张翠霞整理）

民生工程解现贫　产业扶贫保致富

——嘉应学院

（定点扶贫：广东省兴宁市永和镇三枫村）

2013年嘉应学院根据央和省委、省政府关于2013—2015年扶贫开发“双到”工作部署，严格按照广东省新一轮扶贫开发“规划到户，责任到人”帮扶工作要求，因地制宜，科学规划贫困村、贫困户的可持续发展方案对口帮扶兴宁市永和镇三枫村。

一、背景介绍

三枫村地处永和镇东部3公里处，与兴宁城区约6公里。东接林场村直通梅县，西接仁里村，南接新寨村，北连长新锦洞。三枫村是典型革命老区贫困村，全村河流、路道成Y字形，周围群山环绕，生态环境优美。

三枫村土地面积为7.8平方公里，下辖7个自然村，有22个村民小组，共有487户2194人，其中，贫困户有103户，共396人。村委会成员6人，党员56人，全村耕地面积1020亩，人均耕地0.46亩。村民收入主要依靠家庭种养和非农外出务工。2012年全村人均纯收入约为4679元，村集体经济年收入1200元。农业基础设施不完善；农民人均经济纯收入低；林地面积多而耕地面积少；科技支撑能力差，产业单一；农产品经济价值低；区位和资源优势没有充分发挥。总体看，该村比较贫困，自然条件较差，地处偏远山区、无企业、厂矿，种养规模属家庭式，住村劳动力贫乏，没有可利用开发的资源，致使农民和村集体经济

三枫村民委员会

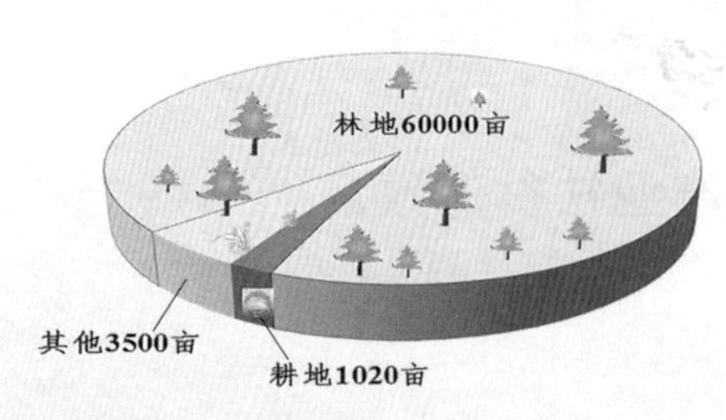

三枫村土地构成图

收入微薄。

三枫村交通便利，村委位于G205国道旁，离梅河高速入口只有5公里，到永和圩镇只有3公里的路程。

学校在2013年成立专门扶贫开发“双到”工作领导小组。由学校主要领导任组长、副组长。下设扶贫办公室负责日常工作。从教职工中选派1名年轻干部负责扶贫开发“双到”的驻村工作。自2013—2015年学校对口帮扶三枫村期间，学校主要领导10多次到三枫村检查指导工作、看望驻村干部；单位领导班子成员到村检查指导工作共23人次，每个季度有2人次到村指导谋划帮扶工作。根据“规划到户，责任到人”的工作要求，三枫村现有103户贫困户分别由广东嘉应学院二级学院责任单位或责任人挂钩帮扶，学校二级学院、部门负责人每年深入到帮扶村、贫困户不少于3次。

三枫村村民收入来源单一

二、扶贫措施与实效

学校通过发挥高校的智力帮扶，提倡科技兴农、科技富农、科技强农的帮扶思路，加大主导产业建设，针对三枫村的生态实际情况和交通区位，成立兴宁市茶叶种植专业合作社，把科技种植知识传播到村，提高农产品的产量，智力帮扶贫困户脱贫致富。

（一）全面帮助建设村基础设施

学校针对兴宁市永和镇三枫村基础设施薄弱，学校提出完善三枫村基础设施方案。通过三年全力帮扶，基础设施得到改善，贫困户人均纯收入得到提高，三年总投入帮扶资金524.9404万元。目前建设有三枫村文体广场2个，成为村民健身娱乐的好去处。完成三枫村主干道6公里的光亮工程，为三枫

低收入住房困难户改造对比图

基础设施施工前、中、后对比图

村村民晚上出行提供便利。全力推进三枫村道水泥硬底化工程，建设总长度为 2841 米，实现三枫村道水泥硬底化全覆盖。改善三枫村委会的办公条件，提高村干部为群众办事的效率。结合美丽乡村建设，为三枫村各个片区购置垃圾桶，村里的卫生环境得到改善。完善水利设施建设，建设三枫村水圳三面光总长度 5330 米，提高灌溉面积。建设三枫村机耕道路 1200 米，改善耕作条件，使原来荒废的120亩田地得以复耕。通过完善三枫村的基础设施条件，村容村貌发生了巨大变化。

（二）帮助民生工程建设

民生帮扶项目关系到人民群众最切身的利益。学校通过村工作组进村入户调查，了解三枫村实际情况后，全面帮扶三枫村2309人购买新农村合作医疗保险，共投入27.708万元。帮扶三枫村60周以上的村民购买新农村养老保险，每人按400元的标准，共投入12.92万元。三年帮扶14户低收入住房困难户进行住房改造或者搬迁，对12户贫困户的旧泥砖房屋进行加固或者装修改造，使贫困户最迫切的问题得到解决。2015年嘉应学院对6户贫困户，7户非贫困户，按照每户2000元的标准给予补助，共投入2.6万元。三年的帮扶时间，民生帮扶类项目100%完成。

新建的篮球场

（三）改进村民生活质量，加快公共设施项目建设

学校根据帮扶三枫村项目的整体规划，在原三枫小学建设文体广场，该广场总投资23.8765万元，广场已顺利完成建设任务并通过了兴宁市政府的考核验收。该文体广场建筑面积为1002.5平方米，其中舞台面积为30平方米。2015年8月投资8.5104万元建设三枫村新丰片区文体活动中心，活动中心设施完善，有一套齐全的文体设施。

结合美丽乡村建设，目前投入8000元为三枫村各个片区购置垃圾桶，村里的卫生环境得到改善

（四）开展扶贫助学工作

学校针对三枫村贫困户子女在读的大中专院校的学生有20人，其中1人为硕士研究生，4人为本科生，为进一步鼓励贫困户子女认真读书，

颁发助学金

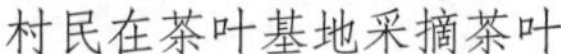

村民在茶叶基地采摘茶叶

茶叶种植基地

广东嘉应学院三年共投入 9.0995 万元帮扶三枫村开展扶贫助学工作，杜绝贫困户子女因经济原因辍学的现象发生。

（五）找准发展促力点，实施产业扶贫

根据国家新扶贫标准，在对农村扶贫对象基础信息数据进行统计分析，完善扶贫对象动态识别机制下，改进资金使用途径，产业发展到户、帮扶责任到人。

学校注重扶贫开发“双到”工作的造血功能，运用电商平台，创新帮扶模式。学校自 2013 年扶贫开发三枫村以来，学校驻村工作组根据三枫村的实际情况，科学制定扶贫规划，充分发挥高校的人文优势，加大智力帮扶，注重扶贫开发工作的造血功能。学校根据三枫村实际情况，为彻底解决三枫村的贫困问题，防止因灾返贫，因病致贫。驻村工作组经认真研究和集思广益，一致认为需加强主导产业建设，实施农户—合作社／农村淘宝—市场可持续发展的产业帮扶模式。

创立新型合作社，让茶叶、销售有保障。三枫村全村茶叶种植面积约为 263 亩，2014 年初学校帮扶三枫村成立兴宁市老社茶叶种植专业合作社，带动贫困户户数 75 户。现在与兴宁市老社茶叶种植专业合作社签订茶叶购销协议的贫困户 75 户，三枫村主导产业和产业化经营贫困户参与率达 100%。学校对有种植茶叶水稻的种植户发放有机复合肥。

创新帮扶销售模式，贫困户或者农户种植的茶叶，通过三枫村的电商平台——三枫村农村淘宝进行交易或者由三枫村茶叶种植专业合作社统一收购销售。通过这种模式，彻底解决贫困户茶叶销售难的后顾之忧。村民可以快捷方便地从三枫村的农村淘宝店购买物品，农村淘宝的同类产品比市场上的价格有优势，村民可以节省生活成本。

2015年“双11”当日淘宝提供的数据中，梅州兴宁市永和镇三枫村交易额位列广东省农村第一名。三枫村农村淘宝自2015年成立，今年第一次参加双11购物节就拿到广东省农村淘宝交易额冠军。该村利用农村淘宝电商平台不仅把自家的优质农副产品便捷地销售出去，村民更是足不出村就能在农村淘宝店购买到自己心仪的东西。

为提高茶产品的质量和产量，学校举办农业技能和非农业技能培训。一是电脑技术培训，提高务工技能；二是种茶技能培训。三枫村是茶叶种植大村，村里的贫困户和农户种植的茶叶有单从茶、绿茶、黄金桂等茶产品，帮助贫困户掌握种植技能，有助于村民增加茶产品的销售收入。

截至目前，广东嘉应学院扶贫开发三枫村累计投入524.9万元，着力改善三枫村的基础设施条件及民生问题，通过大力帮扶，贫困户的人均纯收入由2013年的3148元增加到2015年的8025.3元，全村农户的人均纯收入由2013年的5106元增加到2015年的12224.1元，村民的购买力得到前所未有的提高，扶贫工作成效也得到了当地村民及镇政府的高度肯定。

学校对定点扶贫村累计投入524.9404万元，其中，单位自筹资金157.9404万元，各级财政专项资金145万元，行业扶贫资金222万元。2013年累计投入79.279万元，其中到村资金为60.284万元，到户资金为18.995万元；2014年累计投入345.7705万元，其中，到村资金为315.154万元，到户资金为30.6165万元；2015年累计投入99.8909万元，其中到村资金为76.5813万元，到户资金为23.3096万元。

三、扶贫效果及展望

学校通过以上扶贫措施的实施，三枫村集体经济收入从2013年的1200

开办种茶技能培训班

种茶技能实地培训

元提高到现在的 51000 元，贫困户的人均纯收入从 2013 年的 3148 元，提高到现在的 8025.3 元，贫困户的人均纯收入得到大幅提高，103 户贫困户顺利脱贫。

在三年帮扶工作中，驻村工作组工作扎实，按时按质完成扶贫开发“双到”的考核指标，切实解决群众最迫切的问题。2013 年和 2014 年度扶贫开发“双到”工作年度成绩考核均为“优秀”。2016 年 3 月，广东省委、省政府召开全省扶贫开发“双到”工作会议。在会上，广东省扶贫开发领导小组对 2013—2015 年广东省扶贫开发“双到”工作考核结果为优秀的帮扶单位和个人进行表彰。广东嘉应学院 2013—2015 年对口帮扶兴宁市永和镇三枫村的扶贫开发“双到”工作考核为“优秀”；广东嘉应学院选派驻村干部获评广东省“优秀驻村干部”荣誉称号。

学校将在产业扶贫上继承加大力度，让三枫村发展有扎实的产业支持，实现脱贫为目标，发展为目的扶贫大业。

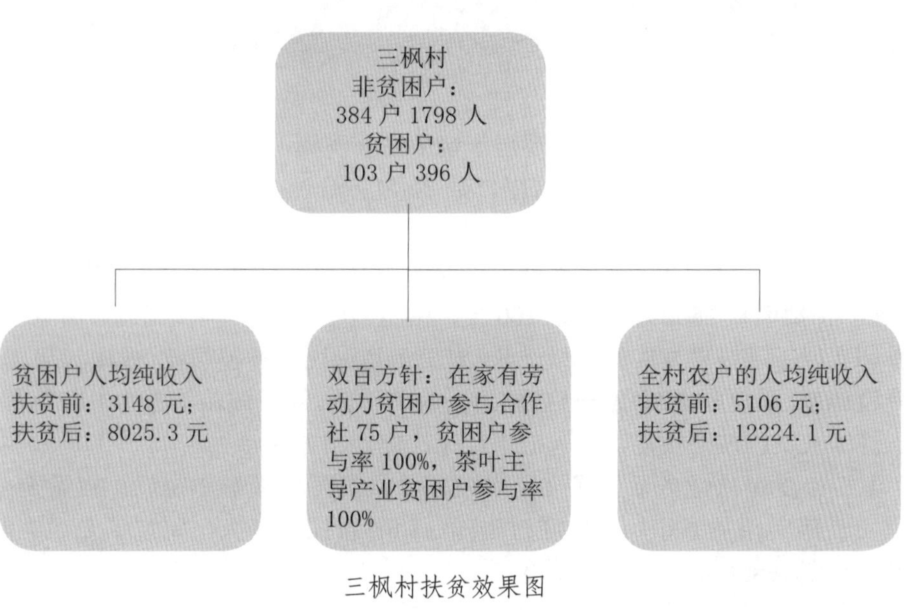

三枫村扶贫效果图

（胡兴东整理）

产业发展　教育先行　建设幸福乡村

——广东交通职业技术学院

（定点扶贫：广东省饶平县浮滨镇德业村）

2009—2015 年，广东交通职业技术学院根据广东省委的安排，定点扶贫潮州市饶平县浮滨镇德业村。学校领受任务后，学校根据《中共广东省委、广东省人民政府关于印发〈广东省农村扶贫开发实施意见〉的通知》精神和《广东省新一轮扶贫开发“规划到户、责任到人”及重点县（市）帮扶工作实施方案》安排，针对德业村的实际情况开展扶贫攻坚的工作。

一、背景介绍

学校定点扶贫的德业村位于潮州市饶平县浮滨镇，共 96 户，人口 380 人（农民 362 人，居民 18 人）；相对贫困户数 24 户，合计 85 人，其中有劳动能力贫困户数 19 户。2012 年人均纯收入 5400 元，贫困户年人均纯收入 2611 元；村集体经济年收入 7000 元。该村地处饶平县中部丘陵地带，全村耕地面积 256 亩，山地面积 1600 亩，旱地 160 亩，鱼池山塘 15 亩，但无工业、加工业，没有切实能带动村户发展的主导产业；农田山地大面积种植荔枝、龙眼等果树，基础设施差，采摘成本高，运输麻烦、市场收购价低、经济效益差成为生产负累；外出打工人员因缺乏技能，收入低下，无法满足日常生活。

学校接受帮扶任务后，成立了学校的“扶贫开发领导小组”，由党委办公室负责落实相关工作，选拔驻村干部，明确帮扶责任人，制定了专项经费预算、定期检查和信息通报等制度。

广东交通职业技术学院通过在德业村的定点帮扶工作实践，依据“精准扶贫”目标和方法，结合学院的教育资源优势，形成了“产业发展、教育先行”策略，针对村集体和贫困户所处困境和发展的瓶颈问题，制定“一村一策”、“一户一法”的发展规划。开拓了村集体、贫困户乃至非贫困户一起参与进来的“产业发展”的开拓创业格局。

二、扶贫措施与实效

（一）找到问题，做好发展规范

德业村集体和贫困户的经济发展的困境和瓶颈在哪里？该如何进行发展投资？学校积极发挥经管类教师资源的优势，认真为德业村发展把脉。2013年6月上旬，学校驻村工作组与帮扶协助单位饶平县交通运输局一起，发挥学校会计专业优势，通过扎实的进村入户调研，找到了影响村集体经济发展的因素，明确了“一村一策”的村集体层面的发展规划；通过挨家挨户的多次走访，与贫困户一同分析家庭经济结构，找到了影响各户发展的具体原因，明确了帮扶每一户发展的不同需求，制定了“一户一法”的发展规划。规划确定定点扶贫德业村以经济发展和生态保护为主推动力，民生工程和家园建设为保障基础，文化发展和典型引领为精神动力，实施立体式帮扶，着力建设“生产发展、生活宽裕、乡风文明、村容整洁、管理民主”新德业的扶贫目标。

学院领导和驻村工作组通过深入村户的扎实调研，在潮州市扶贫办、饶平县委县政府、浮滨镇委镇政府等部门的大力支持下，形成了《德业村三年帮扶总规划》和24户贫困户各户的三年帮扶总规划，同时将村户的帮扶总规划分解落实到年度扶贫计划中。

（二）筹集注入资金，促进德业村发展

针对德业村集体和贫困户经济发展的困境和瓶颈，学校帮扶工作组结合德业村所处地区的资源，因地制宜，结合学院相关学科专业的优势，开展创业长技教育。在三年中，帮扶德业村的资金投入累计391.4408万元，其中学院投入资金187.0872万元，各级财政扶助资金195.25万元，社会扶贫资金2.0636万元，其他帮扶资金6.5万元。上述资金全部按照村户帮扶规划有针对性地高效使用。

（三）以茶叶为村内发展产业，获得发展的动力

学校针对德业村及周边山村均有种茶，周边又无茶叶加工厂，因交通不便造成销售费用高且茶叶入厂品质降低的问题。将当地茶叶种植加工产业与茶文化有效结合，以“茶叶文化基地”理念将资源优势长效推广，改善村集体经济现状，让村民获益，把德业村打造为以茶叶经济为支柱的农业生态村。

兴建德业茶厂，使茶叶加工与茶苗培育、茶树种植、牲畜养殖、富裕劳动力等形成了良性循环，为集体带来了收入的同时增加了就业岗位，紧密了村户之间、村民之间的经营结构联系，激活了各种资源，夯实了德业村村集体长效持续发展的基础，壮大了发展力量。同时，严格把好质量关，严格按照饶平县茶叶质量公约关于种植、生产、加工、储藏和包装等要求进行，确保为消费者提供品质优良价格合理茶叶。

建成饶平县德源农林生态专业合作社，培育以茶叶种植和加工为基础的产业导向，吸引了有劳动能力的贫困户和在家务农村民的参与，建立了互助社，设计和规划了村民在专业合作社中的家庭经营互动。建成德业路2.13公里，解决了村民“行路难”和农产品“运输难”的问题，拉近了农产品生产地与市场的距离。参股饶平县土地整理储备中心，拓宽了集体的经济收入渠道。

组织劳动者参加职业技能培训，提高农业技能和非农业技能培训，掌握技能，挖掘自主发展潜力。聘请种茶育茶专家到村开展讲座，提升村民育茶、种茶、制茶的技术技能；发挥学校贸易和信息类专业的优势，开展电商网络操作平台培训，增强“德业茶”的品牌建设和推广意识，不断拓宽销售增收渠道；发挥学校汽车维修、电工、电子电气等专业优势，组织学校职业技能专家到村授课，帮助他们获取相关职业技能证书，积极推荐符合企业用工条件的劳动力尽快步入工作岗位。累计培训劳动力200多人次，其中贫困户劳动力69人次，并帮助有意愿的劳动力转移就业，转移劳动力48人，其中贫困户劳动力20人，拓宽就业渠道，提升增收质量，实现农户家庭经济收入有稳定长效的增长。

在三年的帮扶，到2015年12月，村集体累计创收17.75万元，年均收入5.92万元，2015年收入达6.5万元，茶苗培育、茶树种植、茶叶制作、茶叶销售的主导产业链已经形成一定规模，并保持稳定增长的态势发展；茶叶村人均纯收入达11070.12元，贫困户人均纯收入达9356.51元，有劳动能力贫困户人均纯收入达9437.88元。

（四）建设民生工程，解当前贫困户之需

学校通过住房改造、饮水安全工程、医保、社保、支持贫困户子女入学等方面的保障解决贫困户发展阻力和忧虑，助力生产发展。学校通过资金投入帮助16户危房户进行住房改造，贫困户医疗保险和社会养老保险参保率均达到100%，贫困户适龄儿童“普九”毛入学率达100%，考上大学、中专（高中）的贫困户子女不因贫辍学。

（五）整合资源，完善村基础建设

学校针对村干部无办公场所，村内没有文化室、计生室，没有文体活动场所，基础设施差。村道、机耕路狭窄，大多是土路，饮水、排污不符要求，无公厕及蓄水设施，不能满足村民日常需求的现状，学校通过整合资源，解决德业村公共基础建设不足问题。

学校发挥社会各界力量，整合各种资源，形成“村集体／贫困户—村干部—驻村工作组（帮扶单位、当地政府相关部门）—社会资源”的联动机制，及时有效地开展经济、民生、文化等项目群的建设。

通过学校对各种资源的整合，建成了村民综合活动中心办公楼，设置了

电子信息阅览室、图书阅览室、计划生育服务室、三资平台服务室、专业合作社服务室、财务会计室、直接联系群众座谈室、党员干部活动室、村两委办公室、村监督管理委员会办公室、综合会议室，并配备了电教设备、图书资料、计生服务设施、办公用品、村务党务公开宣传栏、计生服务宣传栏等资源与设备，丰富基层组织开展各项工作的平台。

建设村民文化广场并配备相应的文体设施，亮化工程照亮了村居也保障了村民夜间出行安全，及时开展各类修复工作，维护和保养基础设施，使其有效发挥服务便民的功能，通过完善基础设施建设，满足了德业村民日益增长的公共服务设施需求。

实施安全饮水工程建设，解决长期困扰德业村民的饮水安全问题。学校积极投资建设德业村安全饮水工程，通过对输水系统、制水系统及配水管网系统的严格施工，定期做好水质监测，确保生产安全用水。建成并经过一段时间以来的良好运行、管理和维护后，得到了村民的一致认可和好评。

进行排污沟建设，解决村民居住房屋下雨内涝问题，开展环境整治行动，建立德业村卫生管理制度，号召全体人员其参与环境卫生保护工作，定期清运垃圾。保护村居水塘的整洁干净，适时开展灭蚊行动。预防登革热，美化德业家园建设，创建广东省卫生村品牌。倡导文明丧葬方式，建设生态墓园。

（六）指导、参与幸福乡村建设

学校发挥优势，通过系统规划，开展家园建设工程。吸纳乡贤和社会各界力量，多方联动，合力开展帮扶工作。通过社会设置，发挥传统文化的作用，深挖德业村内的精神资源，建设新“德业”精神。褒扬村里典型人物，梳理在平凡的生活中凝练值得宣传的典型，树立起包括贫困户在内的所有村民在生产生活上的榜样。

（1）加强基层党组织的建设和村干部的教育培养。建立健全了德业村村民自治管理、德业村财务管理、德业村环境卫生保护、帮扶工作后续管理等制度。邀请村两委干部到学校以及广州发展较好的村开展培训和考察活动，加强了基层组织的凝聚力和战斗力。

（2）在群众路线教育精神、“三严三实”教育活动和帮扶政策的指导下，发挥传统文化的教育作用，建设“德业”精神。通过对传统民俗活动中符合且能推动社会建设的元素如“团结奉献”、“勤俭节约”的强调和阐述来增强村民对集体的凝聚力，倡导正确对待发展和消费等问题；对村里具有坚强生命力象征意义的古树进行保护，挖掘其表征老一辈德业人的开创精神，增强新一辈德业人的拓展意识，挖去“等、靠、要”和“安于现状、缺乏发展意识”等致贫的思想根源。

（3）深挖村里的典型人物，凝练宣传值得宣传的典型做法，树立生产生活中的榜样。在贫困户方面，树立了勤奋好学、肯干乐干能干的张伟中、张见水等榜样人物，他们自觉积极乐观地融入帮扶工作，通过自身能力的提高，踏实肯干的态度，不断朝着实现稳定脱贫的目标前进；在非贫困户方面，树立了精于岗位工作，乐于闲暇农活的张俊杰、张黎明等榜样人物，他们在平时的工作岗位上兢兢业业，取得发展的同时，充分利用下班后或节假日的闲暇时间，带领家庭成员，进行农业劳作，在增加家庭经济收入的同时，更重要的是在村户之间弘扬和阐释了"发展靠实干"的观念，激发村民的创业意识发展意识。

广东交通职业技术学院通过德业村的定点帮扶实践，形成 "产业发展、教育先行"的扶贫战略选择。经过三年的扶贫工作，德业村村集体累计创收17.75万元，是帮扶前的25倍，贫困户人均纯收入达9356.51元，是帮扶前的4倍多。学校在全面建成小康社会的幸福乡村战略中，成为具有一定理论基础又经过实践检验的有效模式。学校将进一步强化以茶业发展为主导的产业，让德业村脱贫有支持，对发展有保障。

（胡兴东整理）

科研扶贫接地气　果农致富喜增收

——海南大学

（定点扶贫：海南省昌江县）

海南省气候炎热，岛上农作物以芒果、香蕉、荔枝、龙眼等为主。海南芒果种植面积全国最大，已经成为海南第一大热带水果产业。目前，海南种植芒果农户数量约为3.27万户，种植面积近70万亩，占全国芒果栽培面积和产量的1/3以上，种植面积及产量全国第一，芒果年产量41万吨，年产值近25亿元，占海南水果总产值的近25%，占全省农业总产值约5.5%，成为海南省热带果树生产中发展最快的产业，也是海南经济的重要组成部分和农民收入的主要来源之一。

一、芒果之乡的剧痛——传统产业发展缺乏科技支撑而萎缩

昌江黎族自治县位于海南省西部，全县阳光充足，干旱少雨，土地肥沃，拥有种植芒果的得天独厚自然条件。昌江芒果品种繁多、品质优良，被誉为“芒果之乡”。昌江县开始人工栽培芒果可追溯到一千多年以前，如今昌江县有百年历史的芒果树近3000棵，其中最古老的芒果树有600多年树龄。

1996年以前，昌江县芒果种植面积曾有近10万亩，对十月田镇、七叉镇和石碌镇村民来说，种植芒果是他们的传统产业。随着芒果种植面积不断扩大，昌江芒果园逐渐出现了品种老化，生产管理水平落后、采后贮藏水平低，果实经济性状差、市场价值不高等问题，严重阻碍了芒果产业的发展。生产中过多使用农药和控梢的激素，导致芒果树体免疫力下降，果实新病害如“露水斑病”等频频发生，至2010年，全县种植芒果面积下降到5万余亩，传统产业受到巨大威胁。

针对昌江县芒果产业出现的新问题，昌江县委县政府2010年向海南省教育厅提出了利用海南当地高校的教育资源优势，共同解决低产芒果园改造和采后果实防腐保鲜的技术难题的建议。海南大学是海南省综合性重点大学，教育部“211工程”重点建设高校。为了重振昌江芒果产业，海南省教育厅委托海南大学定点扶贫昌江县芒果生产，以实现高校服务地方产业经济发展的重要职能。2011年5月，海南大学与昌江县签订了县校合作工作协议，以科

技推广项目建设方式为纽带，昌江县财政设专项资金配合海南大学专家开展科技扶贫工作，海南大学史学群博士主持的“昌江芒果优质高产示范基地建设”项目便是第一批启动的合作项目之一。

二、临危受命——勇担科技服务社会的职责

海南大学拥有农学院、园艺园林学院、环境与植物保护学院和食品学院，在热带作物的栽培、育种、加工领域有雄厚的师资和先进的实验室条件。从2006年起，史学群老师对国内外芒果采摘后病害的防治和贮藏保鲜技术研究进展进行了密切关注，经常到芒果园与技术员探讨生产中面临的实际问题和解决办法。为了解决昌江县芒果品种老化和经济效益不高的难题，他和来自海南大学不同学院、不同专业的项目组成员频繁到田间地头了解生产情况，采集植物标本在实验室鉴定病害的种类和商讨解决办法。根据昌江独特气候条件和市场产品需求，项目组提出了推广果园高接换冠（即嫁接，进行品种更新）、花期调控、促花保果、节水灌溉和病虫害综合防治等工作重点。把市场价值不高，果肉纤维多的当地土芒品种、台农品种和不耐贮藏，易产生病害的鸡蛋芒品种更换成颇受市场欢迎和果实性状好的红玉品种，澳芒品种和台湾水仙芒品种。

由于长期的低产和微薄利润，许多果农生活一度陷入贫困，生产积极性遭受沉重打击，有的果园失于管理，有的靠天吃饭，亩产值仅1000-2000元，更有果农干脆砍掉了成年芒果树，种上了甘蔗等低产值农作物，生活依然陷于贫困，部分果农离开家园，到深圳、广州等地打工谋生，又带来了留守老人和孩子无人照顾的社会问题。

为了尽快激发果农的勤劳致富热情，海南大学项目组决定先在十月田镇保平村以“昌江陆东农业专业合作社”芒果园和周围果农芒果园约200亩为第一期建设示范点，2011年7月，进行第一批高接换种（嫁接），更新芒果品种。园艺学院的钟利文副教授拥有丰富的芒果栽培和修剪经验，多次给果农培训芒果整形修剪和嫁接技术，并在果园现场手把手指导果农掌握操作要领。针对芒果嫁接后病虫害防治工作，史学群博士编写了《芒果病虫害防治彩色图册》，指导果农识别常见病虫害种类，普及了病虫害“预防为主，综合防治”的植保方针。以前有的果农不断增加农药用量和浓度，以为舍得投入就可以获得相应效益，却不知过度用药造成了病虫害抗药性的产生，以及果树药害的发生，效果适得其反。当看到有的果农8种农药一起喷施时，他从专业角度极度担心果实农药残留的超标及对食用后对人体健康的损害。为了让消费者都吃上安全美味的芒果，生产上农药的科学使用、安全使用是非常重要的环节。海南省教育厅领导、海南大学校领导、昌江县委县政府领导

对海南大学的定点扶贫工作高度重视，多次到果园现场办公，现场检查项目组开展芒果优质高产示范基地的阶段性成果。针对果农提出的生产资金不足，缺乏必要的肥料和农药等实际困难，昌江县领导商议后提出免费发放芒果种苗，提供果园换冠补贴和建议银行给予低息贷款等解决办法。昌江果农生产积极性大增，这些纯朴的果农见领导百忙中抽空亲自到田间地头关心自己的生产，还现场办公帮助解决生产中的困难非常感动，纷纷表示要勤劳生产，努力学习芒果栽培和管理科学技术，不能辜负领导的热情关怀和殷切希望。

三、抗震救灾——科技使果农的损失降至最低水平

海南的炎热潮湿气候特别适合果树的嫁接生长，2011 年 9 月底，昌江陆东农业专业合作社果园里芒果树嫁接后枝梢生长整齐，长势旺盛，果农们对未来的生产充满了信心和希望。可是 2011 年国庆节期间一场罕见的强台风“纳沙”袭击了刚抽满新梢的芒果园，9 月 28 晚台风开始侵入海南，29 日风力达 12 级，10 月 4 日，强热带风暴伴随强降雨，受害轻微的果园有 20%—30% 嫩梢被吹断，摧毁嫩梢达 40% 的果园面积约 40 亩，吹断枝条 60%—80% 的占约 80 亩，受害最严重的果树有些枝条被破坏的光秃了。台风过后，项目组立即赶到受害果园，指导抗风救灾工作，提出了雨停后叶面喷药防治病虫害暴发，及时保护嫩梢，疏通排水沟，修剪断枝、及时补接和捆绑松动的接穗，叶面喷施钾肥等措施。不期而至的强台风吹散了果农的积极性，有的果农可是借款来进行果园换冠的。海南省教育厅厅长、海南大学校领导、昌江县领导也都在台风后到果园视察救灾工作，在项目组教授专家的指导和果农积极生产自救下，吹断的接穗又抽出了新枝，两个月后，果园又恢复了台风前的生机，果农重新燃起了丰收希望。2012 年 4 月，嫁接后果园枝条生长粗壮，有的新抽枝条上还结上了少量芒果，说明管理规范的果园换冠后第二年就可以开花结果，这样可以减少果园嫁接后一年不能挂果带来的损失，尽管有人不主张第一年新梢就挂果，但在海南得天独厚的气候条件下，当年嫁接次年可以挂果这种自然条件是我国北部省份所不敢奢望的。

四、成效斐然——科技扶贫找准致贫基因

2013 年 5 月，海南大学项目组建设的 200 余亩“昌江芒果优质高产示范基地”取得换冠后的第一次丰收。经中国热带农业科学院和海南省农业科学院专家现场验收，亩产提高 1500—2000 斤，高产果园亩收入 1.2 万元以上，平均亩产纯利润可达 0.6 万—0.8 万元。实施项目前，昌江农户低产园单株仅有不到 40 斤，品质差，亩收入不足 2000 元。海南大学的科技扶贫让昌江果

农看到了希望，对重振昌江芒果产业，丰产增收充满了信心。

来自福建的江世鸿在海南承包芒果园种植芒果已有 10 多年，近两年来在海南大学芒果项目组指导下，2014 年芒果园防治病虫害用药量减少四分之一，因农药残留少，果实品质优良，每斤达 6—8 元，收购商争先恐后与他签订购买合同。

芒果花期最害怕遭遇寒流和阴雨天气，轻者果树减产、果实发育不良，败育小果比率大增，重者整片果园绝收。针对芒果花期害怕寒流的关键问题，项目组提出了多种应对方案，一是加强管理，分批控梢，错开低温阴雨季节开花，这一条在昌江一些芒果园得到了证实是可行和有效的。二是低温前进行生物肥和补充硼元素提高抗低温和保花保果能力，在昌江县部份果农芒果园也证明是有效措施之一，处理果树与对照相比，可减少 10—20% 的损失。芒果采收后贮藏和销售期间易发生炭疽病和蒂腐病，这两种芒果常见病都是由真菌病原物侵入而导致的，在世界芒果种植地区均有发生，且都不能根治和杜绝发生。在多年的田间生产和试验中，史学群博士发现如果田间管理的好，果园卫生工作做得好，果实表面携带的病菌少，此类病害均发生较轻。如果田间管理不善，采收后尽管采取各种防腐保鲜措施，效果将依然不尽人意。因此，采后防腐保鲜工作放到采前来做，只要科学施肥，增强树势，适度灌溉，合理修剪，保持果园通风透光，病虫害发生初期及时预防和控制，采收时注意不要造成果实表皮伤口，采后炭疽病、蒂腐病就好防治了。采后冷库预冷和低温运输是发达国家常用保鲜做法，在有条件和资金的地区可以采用。针对我国水果运输成本高，低温冷链运输尚不太可能的情况下，海南大学与中国科学院植物研究所、国家农产品保鲜工程中心（天津）合作开发了 1-MCP（呼吸跃变型果实乙烯产生抑制剂），结合自发气调包装保鲜芒果采后品质的技术延缓了芒果成熟与衰老，芒果保鲜期可达 25—35 天，延长了芒果的供货期，并且经过贮运保鲜的芒果品质保持较好，该成果已申请发明专利。

示范果园起到了非常好的示范带动作用，来自昌江县各地的芒果种植果农纷纷到示范果园参观学习。截至 2015 年 12 月，带动十月田镇和附近乡镇的芒果农户已近 200 家，面积达近 3000 亩。

五、硕果累累——科技助果农实现脱贫致富

在定点扶贫工作过程中，涌现了不少感人的事例。白石村 80 岁的符茂理老人有 20 多亩芒果园，以前是鸡蛋芒和台农品种，效益一直在亩收入 2000 元左右。2013 年 5 月老人见海南大学科技帮扶的芒果园换冠后 2 年可亩收入近万元，毅然和儿子一起请人帮助高接换冠了 10 亩芒果为红玉品种，两年后，2015 年 5 月，10 亩芒果园大丰收，预计收获也近 10 万元。老人今年 82 岁，

是村里老中医，上午给人看病，下午管理芒果园，老人的勤劳致富让许人年轻人羞愧难当，这是真正的“学到老，学到老”，也进一步印证了“科技是第一生产力”。

昌江陆东农业专业合作社的社长王前陆，不但自己配合海南大学科技扶贫种植芒果，还毫无保留地带动其他果农科学种植芒果，每当接到果农芒果栽培方面的求助电话，他都尽快赶过去帮助指导，在病虫害统一防治期间，他督促其他果农按时用药，避免害虫四处迁飞到没及时喷药的果园，影响整体病虫害防治效果。更为可贵的是，由于多年的农业低收入，不少果农家里贫困，实在拿不出钱来购买生产资料，农资店也因果农旧债尚未偿还不敢再次借农资给果农，王前陆就以自己家的果园作担保，以自己名义借 20 万元农资给合作社的其他果农急用，等果农收获后再给他货款。因此，昌江陆东农业合作社在海南大学定点扶贫工作中起到了非常重要的配合和以点带面，以一带十的示范带动作用。

经过 4 年努力，昌江芒果种植户已经重拾科学种植芒果，勤劳致富的信心。昌江县约有 5 万亩的芒果园，海南大学定点扶贫项目组计划在今后 3 年内在昌江全县推广低产芒果园改造和病虫害防治及果实防腐保鲜工作，进而在海南全省，全国芒果种植区推广优良品种和现代芒果栽培和管理技术，并考虑协助食品企业建立芒果深加工工厂，学习国外芒果深加工技术，进一步提高芒果的果实附加值。

六、科技扶贫落实的“接地气”

为进一步推动海南大学定点扶贫地方产业的工作，提升社会服务的工作质量和层次，海南省教育厅建议海南大学在以下几个方面加强工作力度，以实现更好地服务地方经济发展的目标：

（1）高校教师在教学和科研活动中，不但要注重基础研究，还要兼顾应用科学的研究，要了解当地或当前自己研究领域有哪些急待解决的实际问题，要重视能产生直接经济效益的产品开发和技术开发，并积极配合推广机构测试和转化，推广。

（2）要创造条件鼓励教师进行应用研究和建立相关的评价体制。海南省提出了师资力量、资源配置、经费安排和工作评价都要体现服务地方发展的导向，定期开展考核，对成绩突出的高校予以重点支持，对有贡献的个人给予表彰奖励。

（3）要有进一步完善社会服务的体制机制建设。如在组织体系建设上，考虑成立了地方合作委员会及其相应的职能机构。在队伍体系建设方面，实施教师岗位分类管理、推动干部人才的交流合作、建设现代农业技术推广队伍和现代工业技术推广队伍等措施。

（4）加大服务地方经济社会发展的经费投入。设专款保障社会服务的工作实施，以公益性形式免费向农民或企业家授课，各级政府要有预算专款用于科技扶贫和给予农民适当补助以激发工作热情和生产积极性。

（5）建立高校与地方政府长效对话机制。开展高校与地方政府及企事业单位的定期会面或形式各异的高峰论坛、科技项目推介会、校企联席会等活动，定期就区域经济发展、社会问题、科技创新等问题进行交流、研讨，发现二者结合点，寻找合适的共建模式。

（张翠霞整理）

科教帮扶的“石柱模式”

——西南大学

（定点扶贫：重庆市石柱县）

西南大学在对口帮扶重庆市石柱土家族自治县的工作中，经过长期深入有效地科教帮扶，取得了显著的扶贫成效，被《光明日报》誉为科技扶贫“石柱模式”。

一、高校服务社会的职责要求，贫困地区对科技的急切需求，是“石柱模式”产生的时代背景

以往很多高校社会扶贫，定位为给者与受者的关系。而单纯的给予，日子久了，会让给者厌倦，受者麻木，这种扶贫缺乏可持续性。西南大学与石柱县进行的合作，不是单纯的给予。一个是希望转化科技成果提高社会服务能力的全国重点大学，一个是期盼为发展插上科技翅膀的国家级少数民族贫困县。共同的需求和愿望，促成双方联姻携手，开启了探索校地合作科教扶贫的共赢之路。

西南大学作为一所在农业教育和农业科技方面有着突出优势和鲜明特色的全国重点大学，长期致力于四川、贵州、云南、重庆、西藏等西部省区市的科教扶贫和科教兴农，成绩斐然，获得过“全国十大扶贫状元”、“全国扶贫先进集体”等众多荣誉。1997 年，西南大学作为重庆市对口扶贫成员单位，开始参与石柱县的帮扶工作，每年都会送去资金、物资，或是零星组织专家到石柱开办培训班，这种短期、分散，以单一项目为支撑的“输血式”扶贫，表面看起来很有影响，实际上地方受益不大，带动辐射效应不足，持续发展能力不够。调整原来的科技扶贫思路势在必行。西南大学决策层认识到，学校的发展必须要同重庆的发展、西部的发展、国家的发展结合起来，统筹人才培养、科学研究、社会服务等职能，在引领和服务社会发展中促进自身发展。经过深入调研，学校决定调动全校科教资源，长期稳定在一个区域集中转化科研成果，促进产业发展，帮助地方脱贫致富，真正实现大学的社会服务职能。

石柱县位于渝东南欠发达地区，是少数民族县，也是国家扶贫开发重点县，集大农村、大山区、大库区、少数民族地区为一体。同时享有重庆直辖、

西部大开发、三峡库区、少数民族地区、国家扶贫开发等优惠政策，在重庆三峡库区和武陵山区中极具典型性和代表性。石柱县农业特色资源丰富，但长期以来受自然条件制约，交通不便，信息闭塞，更兼科技力量薄弱，人才资源匮乏，经济发展水平较低，农业综合生产能力不强，农民收入水平不高，是名副其实的农业弱县、工业小县、财政穷县。石柱县的领导意识到：要实现经济社会的跨越发展，必须充分发挥资源优势，在依靠科技进步带动产业发展上狠下功夫。

在这样的时代背景下，县校双方都面临着共同的任务，思考着共同的课题。2003 年 10 月 13 日，西南大学与石柱县在对口扶贫基础上正式签署合作协议，共同建设“石柱农业科技综合示范基地”。由此开启了校地合作科教扶贫共赢之路的探索和实践。

二、着力解决当前科技难题，更加关注长远持续发展，是“石柱模式”的重要举措

西南大学与石柱县科教扶贫深度合作是一种全新的合作。目的在于改变以往一般意义上的、局限于项目的简单合作，充分发挥高校科技、教育、人才、成果资源集聚优势，既立足当前，解决科技难题，更着眼长远，增强“造血功能”，推动区域经济社会发展步入良性发展的轨道，帮助地方实现脱贫致富奔小康。

（一）以制定科学规划为切入点，把解决当前问题与谋划长远发展结合起来，为石柱科学决策提供理论支撑

石柱县是农业大县，同时也是农业弱县。农业主导产业不突出、产业布局不合理等问题一直是困扰当地发展的难题。对此，县校双方一致认为，没有科学合理的规划，单靠科技的植入是不行的。在科教扶贫开始，西南大学首先组织了 14 名专家教授和有关人员，经过 10 个月的辛勤劳动，科学编制了《石柱土家族自治县绿色生态重点产业发展规划》，确立了“绿色为体、特色为魂”的县域经济发展框架，突出发展“草、药、菜、游”四大农村经济重点特色产业。这个《规划》经过几年的实施，取得了显著效果。最终形成了以辣椒为主的蔬菜产业，以黄连为主的中药材产业，以长毛兔、肉兔为主的畜禽产业等特色产业。目前，石柱的特色农业产业已经形成了 30 万亩辣椒、30 万亩中药材、30 万亩马铃薯、10 万亩莼菜和高山蔬菜为主的百万亩特色产业基地，先后成功创建了 98 个产地与产品品牌。

在双方合作不断深化的同时，石柱县的交通和区位条件也在不断改善，县域经济实力也在不断增强，初步具备了“三化”同步的基础条件。针对这些变化，西南大学先后组织选派多学科、多领域专家教授研究编制了“石柱

县黄连产业链策划”、“石柱县万亩辣椒科技示范园总体规划”等20多个现代农业园区规划和农业产业发展报告，“石柱县黄水国家森林公园规划”、“冷水莼菜生态观光园区规划”等一系列旅游发展规划以及“石柱县文化产业发展规划”、“中国（石柱）‘苦文化’创意项目策划”等文化产业发展报告。同时，还鼓励专家围绕石柱经济社会发展战略和现实需要，开展了20多项课题研究。这些规划和研究，为石柱长远科学发展提供了很好的指导和参考。

在“十二五”收官和“十三五”即将开局之年，学校又组织专家团队编制了《石柱“十三五”特色效益农业发展规划》、《石柱文化事业发展“十三五”规划》等规划报告，为石柱未来产业发展和脱贫开发绘制了蓝图。

（二）以转化科技成果为突破点，把科技研发与基地建设结合起来，为石柱特色产业发展提科技支撑

1. 开展关键技术研发，破解产业发展难题

石柱县是全国闻名的黄连之乡、长毛兔之乡、莼菜之乡。一直以来，由于缺乏科技支撑，产品附加值低，制约了产业发展与农民增收。面对于此，李学刚、冯昌荣、刘朝贵等专家教授有针对性地开展研究，解决一系列技术难题。在黄连研发方面，首次实现了“黄连总生物碱”与“黄连性寒成分”的分离，成功开发黄连花茶并上市销售。在长毛兔养殖方面，采用中医“平衡疗法”成功解决了夏季仔兔的死亡率高、秋季母兔的受孕率低、冬季存栏兔体弱等三大难题，使夏季仔兔死亡率由45%下降到5%左右；秋季母兔受孕率由10%－30%提高到90%。在莼菜种植方面，成功筛选出了S-1、S-4、S-5等三个适合当地生长的优质莼菜品种，亩产量提高427.5kg，增幅达31.8%。张盛林、李洪军、阚建全等专家教授，成功筛选出了适宜石柱县栽培的白魔芋新品种，科学提出了辣椒辣度分级方法和辣椒制品产品外包装辣度标识方法，开发了辣椒系列加工产品。据不完全统计，5年来，通过帮扶与合作，开展了关键技术和共性技术研发项目近60项，一批制约产业发展的关键技术和共性技术取得突破。

2. 推广先进实用成果，提升产业科技水平

西南大学组建在职科技人员和退休专家相结合的农业技术推广团队，重点推广应用了“农作物高产优质高效生态安全生产配套技术”、“园艺作物标准园创建技术”、“马铃薯脱毒微型种薯生产技术”、“魔芋防病丰产高效栽培技术”、“稻田养殖鱼虾技术”等20多项先进实用技术。特别是林元吉、邓先明、林德清、冯昌荣等“晚霞”专家长期蹲点石柱，常年进村入户，开展技术咨询、培训和服务，为破解农技推广“最后一公里”难题做出了突出贡献。

3. 共建试验示范基地，增强产业发展后劲

西南大学在实施科技项目的同时，先后建立了“石柱何首乌科研基地”、“石柱有机香菇生产基地”、“石柱辣椒良种繁育基地”等10多个技术示范基地。2011年，西南大学抓住建设教育部农林试点基地的契机，先后建设了“黄连综合开发及示范”、“魔芋丰产栽培及示范”、“高效生态蚕业综合示范”、“莼菜良种选育及示范”等四个农科教、产学研结合的试验示范实践基地。到2012年，“石柱黄连”、“石柱魔芋”、“石柱莼菜”3个基地先后通过重庆市科委审批，纳入重庆市科技专家大院建设。基地集人才培养、科学研究、成果转化、农民培训等多种功能于一体，极大地提升了石柱县的科技创新和转化推广能力，对石柱农业可持续发展发挥了重要作用。

（三）以人才培养为着力点，把技术服务与人才培养结合起来，为石柱经济社会可持续发展提供人才支撑

扶贫先扶人，兴农先兴智。“十二五”以来，县校双方始终把培养人才、提高农民素质、增强地方发展后劲作为重要内容。一是依托西南大学教育资源对石柱县学生开展本科以上学历教育315人次。二是石柱县送基层干部到

黄连专家李学刚深入基地开展黄连研究
魔芋专家张盛林指导农户科学种芋

西南大学进行短期脱产免费学习培训 180 人次，送部门业务骨干和乡镇文化站干部到学校进修 60 人次。三是邀请专家教授到县和乡镇开展专题理论知识和专业技术培训 15 期，培训学员 5000 人次。四是依托“晚霞”专家和在职科技人员广泛开展各种农业实用技术和经营管理知识培训，举办各类农业技术培训班 200 多期，培训乡镇、村组干部、技术骨干 30000 多人次，直接或间接培训农民 12 万人次以上。五是通过“顶岗实习支教”和“顶岗实习支农”模式，共派出 150 多名本科生和研究生，在石柱县开展助教支农活动。通过多渠道的培训，增强了石柱广大干部群众的科技意识和市场经济意识，提高了农民实用技术水平和整体文化素质，为石柱经济社会又好又快发展提供了强有力的人才支撑。

三、帮扶机制不断创新，帮扶内容与时俱进，是“石柱模式”的鲜明特色

校地帮扶合作，从一开始就把机制创新摆在重要位置，并随着形势的发展，不断调整合作方式，推进了科教扶贫向纵深发展。

（一）帮扶机制注重创新，是科教扶贫取得成效的必要前提

1. 从组织上给予保证，从政策上给予激励

县校联合成立由双方党政负责人为组长的科教扶贫（县校合作）领导小组；学校成立以校长为组长的科教扶贫专家咨询组，并在石柱设立基地办事处，长期派员驻扎；县校双方抽调人员合署办公，设立县校合作办公室，作为常设的县局级机构，负责帮扶合作工作的协调和运行。双方专门制定了《县校合作管理办法》并以此作为基础，形成科学有效的工作制度，每年落实 200 万元资金作为建设石柱农业科技综合示范基地专项经费，以联合行文方式确定每年的工作重点，每年召开一次有县校领导参加的联席会议，两年一次定期召开总结表彰会，将科教扶贫工作纳入年度目标考核内容。

2. 在对接上做文章，在针对性上下功夫

与以往单纯依靠少数几个科技人员、少数几个项目“单打独斗”的科技扶贫不同， 西南大学动员全校的力量参与到石柱农业科技综合示范基地的建设中来，推进了“一院一镇一部门”产学研对接。学校 15 个学院针对所对接乡镇的资源特点和产业优势， 通过构建“转化一批成果，引进一批企业，兴办一批产业”的产业发展新模式，很好地推进了辣椒、莼菜、食用菌、中药材、蚕桑、畜牧业和优质粮油等一批重点农业产业发展。

3. 让退休专家加盟，让在校学生参与

西南大学成立了石柱基地“晚霞”专家组，帮助解决农业生产技术问题、

普及农业科技知识。此外，学校还组织学生赴石柱开展农业生产实践、科技文化下乡、顶岗实习支教和顶岗实习支农活动，让广大学生参与示范基地建设。

（二）帮扶内容与时俱进，是科教扶贫深入推进的必然选择

1. 从做示范到建基地，帮扶层次不断提升

帮扶初期，石柱的农业科技水平还很低，西南大学的专家们边做研发边做示范，为农民提供看得见、摸得着、跟着学的典型样板。近几年，随着农业规模化、集约化水平的提高，农民更需要的是系统的产业技术。因应此种情况，2011年，学校抓住教育部农林试点实践基地建设的机遇，投入资金近500万元，在主导产业中心地带建立了黄连、莼菜、魔芋、生态蚕业等一批农业研究试验示范基地，促进了农科成果的转化应用。2014年，由教育部、科技部批准的西南大学新农村发展研究院又将石柱作为综合示范基地，通过科技支撑更好地服务石柱经济社会发展。

2. 从科技服务到引进企业，帮扶方式不断完善

帮扶初期，主要集中在科技服务提高农业生产能力方面。随着农业产业布局的不断优化，农业产业化经营的“短板效应”越来越突出。针对石柱农业产业化龙头企业缺乏的问题，校县密切合作，成功引进和培育了澳大利亚BGW集团、重庆小天鹅等龙头企业、专业大户40 多个。同时，为增强石柱产业发展后劲，西南大学五年启动科技创新基金项目62项，取得专利20余项、直接转化应用的科技成果近10余项。

3. 从农业到教育文化，三驾马车齐头并进

帮扶初期，基本局限在农业领域。随着交通区位条件的改善，帮扶的领域不断拓展，在巩固农业帮扶的同时，西南大学大力推进教育和文化帮扶，形成“三驾马车”齐头并进的对口帮扶体系，有力推动了石柱产业经济和各项事业的发展。在教育帮扶方面，通过联合课题研究、师资培训、校长研修、卓越课堂建设等方面的精准帮扶，推动石柱基础教育和职业教育发展；积极开展捐资捐物，努力筹措物资和经费共计500多万元支持石柱发展，帮助县长沙小学、悦崃小学等改善办学条件。在文化扶贫方面，致力于文化资源的发掘与打造，在石柱实施了《巴盐古道线性景观长廊开发研究》、《龙河流域文化发掘研究》等项目，通过文化旅游带动农民致富增收。

四、以促进发展为主线，以实现共赢为目标，是“石柱模式”取得显著成绩的不竭动力

校地共赢始终是推动合作持续深入的不竭动力。西南大学将对口帮扶与县校合作良好结合，既有效促进了当地的发展，同时也提升了学校科技创新

和服务社会的能力，真正实现了大学与地方发展的共赢。

（一）科教扶贫，探索了一条地方依靠科技助推经济发展的富民强县之路

石柱县凭借西南大学科教扶贫和县校合作，成功走出一条依靠科技助推县域经济腾飞的富民强县之路。“十二五”以来，石柱长毛兔、辣椒、黄连、莼菜等一批特色效益农业产业发展势头强劲，农村经济发展呈现快速增长态势。农民人均纯收入不断提高，由2011年的5998元增加到2015年的9931元，年均递增10.61%。五年累计实现5.23万人稳定脱贫，年均减贫率达19.57%；科技创新和转化应用能力大幅提升，农作物良种普及率达到100%，科技对农业的贡献率达到57%以上。石柱县多次获得“重庆市科技工作先进县”和“全国科技进步先进县”称号。

（二）帮扶合作，探索了一条高校服务社会与自身同步发展的兴校育人之路

西南大学在科教帮扶石柱的工作中，走出了一条服务社会与自身同步发展的兴校育人之路。一是通过石柱科教扶贫平台，争取了国家和重庆市科技项目50余项，科研经费3000余万元，发表学术论文300余篇，申请技术专利30多项。二是让一批中青年老师参与扶贫，在石柱这间“大实验室”锻炼了自己，得到了成长。同时，通过科教扶贫也促进了学校学科发展和大学生实践能力的提高，推动了学校教育事业发展。

（胡仕林整理）

加强农业科技产学研协同　助推民族医药产业发展

——重庆三峡医药高等专科学校

（定点扶贫：重庆市奉节县）

重庆三峡医药高等专科学校（以下简称：重庆三峡医专）为做好三峡库区贫困区县的中药农业科技扶贫工作，在重庆市教委的领导和支持下下，强化“重庆三峡中药种植与加工应用技术推广中心”科技服务平台科技服务能力建设，为奉节县土家族聚居的贫困山区（包括云雾、太和、龙桥、长安和兴隆 4 乡 1 镇）提供中药农业科技服务，形成了校地合作，产学研协同助推奉节县土家族聚居区中药材产业科技扶贫的良好局面。

一、主要帮扶内容

重庆三峡医专自 2008 年开始与奉节县云雾土家族乡开展中药材产学研合作，2011 ～ 2015 年连续 5 年承担重庆市科委科技特派员和国家科技部三区科技特派员项目，定点帮扶奉节县中药材产业，重点帮助奉节县土家族聚居区发展中药材生产，通过近 5 年的培育和发展，在中药材产业经营主体建设与运行、产业发展规划及基地建设、科技支撑平台建设和科技服务团队建设等方面开展了卓有成效的工作。

（一）经营主体建设

（1）奉节县金云中药材种植专业合作社建设：针对合作社从组织机构不健全，制度不完善，经营实力弱等问题，指导合作社的组织机构建设、帮助完善经营管理制度体系、联系新的销售渠道。

（2）奉节县云长中药材生产技术专业协会：通过改组成为以技术为主的技术协会，扩大协会的覆盖面，辐射带动周边的太和、兴隆、长安以及湖北利川毗邻乡镇发展药材生产培育中药材为区域支柱产业。

（3）奉节县成远中药材种植场：2013 年引进新的业主，建立中药材种植场，加大投入，推进专家大院及药材规范化种植示范基地建设。

（二）产业发展规划及基地建设

（1）完成了《奉节县 7.5 万亩中药材种植与产地加工基地建设》项目建议书，为区域中药材产业发展和中药农业产业扶贫提供了指南，为后期品种选择和药材种植与加工基地建设提供了依据。

(2)完成了《奉节县兴隆镇休闲农业园区建设规划(2012—2015年)》规划，部分项目已经得到了实施，拓展了世界级风景名胜——“奉节县小寨天坑·地缝”的旅游范围和健康休闲功能，提高了景区对中药材产业的带动能力。

(3)对奉节县云雾山药用植物园建设进行了规划论证，并指导完成了植物园的扩建，成为中药材种源储备基地和具有三峡特色的中药材产学研基地。

(4)指导和参与完成建成固定房屋、现代设施育苗基地、中药材种植基地、药用植物园（种质资源圃）建设。

（三）科技支撑平台及团队建设

(1)挂牌建设“重庆三峡中药种植与加工应用技术推广中心奉节县金云推广基地”：2012年校企合作建立了奉节县金云推广基地，常年提供中药材种植、加工及营销服务，为区域中药农业发展提供技术支撑。

(2)建成“重庆市七曜山中药材科技专家大院”：通过2012—2015年的发展和积累，2012年在云雾土家族乡创建重庆市七曜山中药材科技专家大院，2013年被奉节县科委授牌成为奉节县级中药材科技专家大院，2015年重庆市科委授牌成为重庆市级中药材科技专家大院。

(3)本土化科技队伍的培育：5年来，深入奉节县主要药材产地乡村进行了集中培训和现场技术指导，其中乡村干部和技术人员280余人次，技术交流350余人次，培育和建立了本土的科技队伍。

二、主要帮扶成效

（一）产业发展基础设施得到加强

通过重庆三峡医专的支持和争取，“十二五”期间帮助奉节县申报各级扶贫和产业资助项目、获得产业扶持资金、建设初加工厂房等，建成中药材种植基地10个、药用植物种资基地1个、取得了很好的社会经济与生态效益。

（二）生产经营主体健全，结构合理，市场适应能力得到加强

1. 生产经营主体健全

(1)完善奉节县金云中药材种植专业合作社经营管理体系，合作社组织机构健全、制度完善、生产经营实力增强，已经成为全国示范合作社；(2)建成奉节县云长中药材生产技术专业协会：通过改组协会，辐射带动周边毗邻乡镇发展药材生产，目前在整个奉节县南部贫困山区大部分农户已经脱贫，在土家族聚居区土家族片区种植药材已成为当地农户发家致富的支柱产业；(3)完成奉节县成远中药材种植场组建：以此为依托完成了重庆市级中药材科技专家大院——重庆市七曜山中药材科技专家大院建设。

2. 建立或完善中药材营销渠道

（1）帮助企业建立和完善了合作社、协会组织、农场等生产经营实体，逐步走向制度化规范化运作。（2）学校借助学生实习就业单位多的优势，将学校遍布全国的26家中药生产经营企业介绍给合作社，同时帮助申请建立了中国党参网（http://www.cn-dsw.net/）。建立或完善了合作社中药材经营的线上线下平台，拓展整个奉节县中药材的市场空间。

3．调整农业产业结构

帮助引进新品种、改革原来的种植制度，优化农业产业结构，加强土地的轮作间作指导，大幅度减少农药化肥施用量，中药农业的社会经济效益得到大幅提升。

（三）科技帮扶力量得到加强

1．组建科技扶贫专家团队

在重庆市教委和科委等职能部门的扶持下，通过学校多年的培育和引进，组建了由校内专家和奉节县本土人才组成的科技扶贫专家团队。在云雾土家族乡创建县级重庆市七曜山中药材科技专家大院，区域科技支撑平台得以建立，科技扶贫力量得到了加强。通过带动和培训，奉节县中药药材生产经营本土技术人才的生产技术水平和经营意识得到明显提高。

2．基本建成奉节县云雾山药用植物园

从规划规划论证到完成了植物园的扩建，药用植物园面积从不足10亩扩大到近100亩，新增品种80余种，成为颇具特色的产学研基地。

（四）促进奉节县中药材产业发展

重庆三峡医专开展中药种植与加工技术服务，减少玉米土豆种植规模，推进中药材种植，有效地调整了农业产业结构，实现烟叶、药材协同发展，基本解决了烟叶生产基地轮作及烟草地基地配套农业产业发展问题。5年来共完成6个贫困村实现整体脱贫（2012年码头村，2013年红椿村、高桥村、石盘村，2014年尖山村、石罐村），脱贫村的年人均收入达到1.2万—1.5万元（尖山村人均收入从2011年收入2700元，到2012年收入12000元，石罐村人均收入从2012年收入3000元，到2014年收入15000元）。通过扶贫带动了土家族聚居区及周边中药材产业的进步，社会经济及生态效益大幅提升。

（五）引导和促进了学校中药产学研体系的构建

通过科技服务，产学研合作，学校的社会服务能力，重庆三峡医专对三峡库区中药材产业的支撑能力得到明显增强。为学校发展及区域天然药物资源开发利用和保护，进一步将三峡地区资源优势转化为产业优势提供了平台，为贫困山区农户脱贫不返贫提供技术支持。全面提升了学校服务区域中药材产业的是影响力。

1．学校建成了三个重庆市级科技平台

（1）重庆市高职院校应用技术推广中心——重庆三峡中药种植与加工应用技术推广中心（2012 年）；（2）重庆市科普基地——重庆三峡中药科技馆（2013 年）；（3）重庆市工程技术中心——重庆三峡抗肿瘤天然药物工程技术研究中心（2015 年）。

2. 学校组建了中药农业科技服务团队

“十二五”期间引进硕士以上人才 4 名，培育技特派员 10 名，其中国家科技部“三区”科技特派员 4 名。

3. 学校开设了中药专业种植与加工方向

通过科技帮扶中药材产业的人才和技术积累，三峡医专在中药专业中开设了中药种植与加工方向，实现了学校人才培养对中药产业（中药农业、中药工业、中药经营管理、中药质量检测、中药机械设备维护）的全覆盖，根据国家 2015 年出台的职业教育新的专业目录，三峡医专已经启动了开设中草药栽培技术专业的前期工作。

4. 学校获得了中药材科技项目

以此为依托，学校获得中药材科技相关项目 27 项，其中重庆市级以上项目 8 项，促进了学校科技水平的提高，促进了学校科学研究与区域中药材产业发展的有机结合。

重庆三峡医专通过校地合作共同推进奉节县土家族贫困山区扶贫工作，在中药农业科技服务扶贫方面取得了突出的成绩，得到了各级政府部门的认可和奖励。重庆三峡药将继续做好中药材产业的进村帮扶工作，争取各级项目支持，加强中药材仓储与加工设施建设；增强中药农业的抗市场风险能力，提高中药材生产可持续发展能力；加强中药材生态种植技术的研究与推广，减少农药化肥使用量，保护好三峡库区的青山绿水，力争全面完成奉节县土家族聚居区的脱贫销号任务。

附件 1：奉节土家族聚居区中药材企业及平台简表

组建的企业（植物园、网站）	原来状况（2010 年）	目前状况（2015 年）
奉节县金云中药材种植专业合作社	2004 年成立，但组织机构不健全，制度不完善，经营实力弱	组织机构健全，制度完善，生产经营实力增强
奉节县云长中药材生产技术专业协会	2012 年将原中药材生产协会更名为中药材生产技术专业协会。	基地拓展到 5 个土家族乡镇，带动整个七曜山区中药材产业发展
奉节县成远中药材种植场	2013 年新成立	投资建立专家大院，2015 年挂牌
奉节县云雾山药用植物园	10 亩	100 亩
中国党参网 http://www.cn-dsw.net/	没有	已经完成注册备案

附件 2：奉节土家族聚居区中药材基地简表（单位：亩）

中药材基地	原来状况（2010 年）	目前状况（2015 年）
厚朴基地	5000	30000
黄柏基地	4000	20000
杜仲	1000	1300
木香基地	12000	13000
川牛膝基地	8000	12000
川党参基地	5000	8000
大黄基地	3000	9000
湖北贝母（奉节贝母）	500	800
白花前胡	0	3000
百合	0	500
川乌（附子）基地	0	500
黄精基地	0	300
其他基地	1800	2000
合计	40300	100400

（张翠霞整理）

生态扶贫转方式 科技帮扶助脱贫

——西南民族大学

（定点扶贫：四川省红原县）

西南民族大学是一所秉承“为民族地区和少数民族服务、为国家发展战略服务”办学宗旨，以畜牧兽医学、民族学为特色优势专业的民族高等院校。红原县作为以高原生态畜牧业为支柱产业的民族县，正好给西南民族大学提供了良好的科学研究和应用推广平台，将西南民族大学优势专业与受援地产业资源相结合，不但可以更好地完成教育扶贫和科技扶贫，还可以助推学校学科和科研的发展。学校在定点扶贫工作中，围绕以帮扶促合作、实现精准扶贫和校地发展“双赢”为思路，致力于建立健全学校对口帮扶长效机制，激发学校扶贫开发的内生动力。依托在红原县建设“青藏高原生态保护与畜牧业高科技研究示范基地”（以下简称“基地”），提高学校科研水平，提升学校对红原县的科技扶贫能力，服务于红原县经济社会全面发展。

一、将科研基地建在扶贫点上

西南民族大学在红原县投资建设“青藏高原生态保护与畜牧业高科技研究与示范基地”，科技平台前移至扶贫点。“基地”建成于2011年，占地1000余亩，另租草地5200亩，协议实验草场数十万亩，累计投资达1亿多元。

（一）“基地”总部及实验中心

“基地”由总部、5个科技园区组成。总部包括实验中心、培训中心、会议中心和后勤中心，在红原县城已成为地标性建筑群。

实验中心拥有先进大中型仪器设备300余台，价值6000余万元，能容纳200余人同时进行科学研究、实验实习。实验中心包括功能和设施完善的动物生态实验室、植物生态实验室、土壤生态实验室、环保工程实验室、遗传资源实验室、繁殖与胚胎工程实验室、动物营养实验室、高原鱼类实验室、疫病监测与防控实验室、牧草实验室、药用植物资源实验室、青藏高原民族药物标本馆、能源与信息工程实验室、样品储藏室等实验室。会议中心及后勤中心能为200余人的学术会议、技术培训和实验研究工作提供后勤保障。

青藏高原生态保护与畜牧业高科技研究与示范基地

（二）“基地”科技园区

“基地”建有功能和设施齐全的“高原畜牧业科技园区、牧草资源研究与开发园区、特有生物资源保护与利用园区、生态环境保护与恢复试验园区、民族文化旅游和牧民新村及新生活示范园区”等五个科技园区，针对红原县生态、资源和产业特色开展科学研究和科技应用与示范。目前已成为开展相关研究和推广、示范的科研平台。

1．高原畜牧业科技园区

高原畜牧业科技园区在西南民族大学对口扶贫联系点红原县龙日乡规划36万亩草场作为种畜科研示范基地，建有四川省牦牛原种场，现已组建核心群4组430头，扩繁群26个4000头。场内现有全国著名地方优良品种麦洼牦牛26000多头，已成为我国牦牛科研生产的一个亮点。

主要开展牦牛、藏绵羊、藏山羊等青藏高原主要畜种遗传资源开发利用、品种选育与改良，动物疫病防治以及草地畜牧业可持续发展的研究与试点示范；进行人工授精、胚胎移植、转基因、体细胞克隆等高新技术研究。为提高家畜的生产性能和良种选育进行试验示范和提供技术服务。

园区包括功能完善的牦牛良种繁育基地、藏羊良种繁育基地、其他高原家畜（藏猪、藏鸡、藏黄牛、河曲马、藏獒等）研究与繁育基地、牦牛和藏羊高效繁殖技术的集成与示范区、家畜高效饲养示范区、家畜养殖方式转变示范区、优化放牧技术体系的试验示范区、家畜重大疾病防治技术的研究与示范区等。

2．牧草资源研究与开发园区

园区在基地红原总部有100亩的青藏高原国家牧草资源研究基地，红原县二农场有400余亩的研究试验地，红原县瓦切镇有5万多亩的国家草种基地。包括功能完善的牧草新品种引种和筛选及研究培育基地、严重退化草场的修

牦牛原种场

复与保护试验示范区、牧草良种繁育基地、牧草加工和调制技术集成与示范区等。

主要开展牧草新品种的引种、筛选、推广研究和服务，进行天然草场改良和人工草地建设的试验示范，以及研究开发高原家畜的草料调制与加工等。

3．特有生物资源保护与利用园区

园区在红原基地总部建设有青藏高原药用植物仿野生活体保存与繁育园区 75 亩，包括仿野生活体保存区、仿野生繁育区、调控繁育区、种植示范区和种质资源保存圃，采用野生苗和人工育苗移栽、野生收集种子和人工育苗收集种子播种等方式成功培育了 323 种高原特有民族药用植物，目前大多数植物已经能够正常完成生命周期，2014 年秋季已经采收种子 40 种；2015 年继续进行相关试验研究。

落实科技部“援青计划”精神，受四川省科技厅委托，在四川红原县规划 500 亩地建立高寒典型沙化地区的中藏药材种植示范基地，与草、灌木结合，形成草—药—灌的经济型沙化治理模式，探索治沙中藏药品种的育苗扩繁技术，并形成规范化的种植技术。选择高寒典型沙化地区适生中藏药材植物材料（菊芋、牛蒡、珠芽蓼、鹅绒委陵菜等）。

园区包括功能完善的生态定位观测站、草地鼠虫害防控试验和示范区、草地沙化治理试验和示范区、退化草场恢复保护试验和示范区、湿地保护与恢复试验和示范区、高原湿地植物物种和基因保存区、高原湿地鸟类栖息地示范点等。

牧草资源研究与开发园区

生态环境保护与恢复试验园区

4．民族文化旅游暨牧民新村、新生活示范园区

园区在四川省红原县安曲乡、瓦切镇建设有示范村，结合地区经济、社会发展情况，开展民族文化旅游、牧民新村建设以及新生活方式研究和示范。推广现代生产、生活新技术和新方式，改善牧民的生活条件，提高生活质量。

“基地”的建成，极大地提升了红原县生态畜牧业的科技水平，带动红原县从传统农牧业向现代农牧业转型。同时，也极大地丰富了西南民族大学“特色发展、创新发展”内涵，提升了天津职业大学传统优势学科的学科水平和研究能力。“基地”已被授予四川省“2011”协同创新中心；近以来，“基地”的研究成果，获省级科技进步一等奖2项、二、三等奖多项，获专利10余项。

二、依托“基地”开展科学研究，推动扶贫点畜牧业转型与升级

“基地”为推动西南民族大学相关学科专业发展和教师科研提供了良好的条件，更为学校科研工作与服务红原县经济社会发展搭建了有力的平台。为鼓励更多教师赴“基地”搞科研，学校专门出台文件，提供政策支持，如对在“基地”开展科研的所有人员全部免费提供吃住服务，同时每天还有一定金额补贴。

“基地”科研的主要研究方向是：青藏高原畜牧业可持续发展、青藏高

原牛羊主要疫病综合防控及健康养殖、青藏高原草地生态系统的治理与保护、青藏高原牧草培育及草产品加工、青藏高原道地药材的开发利用、青藏高原特色有机畜产品生产技术与产业模式等，均与红原县畜牧业发展及生态保护密切相关。

“基地”拥有牦牛藏羊遗传资源保护与利用、高原牧草种质资源与牧草新品种选育、青藏高原草地生态环境建设与区域牧业发展、民族药物研究、高原家畜重大疫病防控等创新团队。

西南民族大学在红原县开展的科研项目就达46项，科研经费合计6697.5万元;科研项目覆盖红原县邛溪镇、瓦切镇、安曲乡、龙日乡等6个乡镇，切实有效地提升了红原县生态畜牧业发展能力与水平。

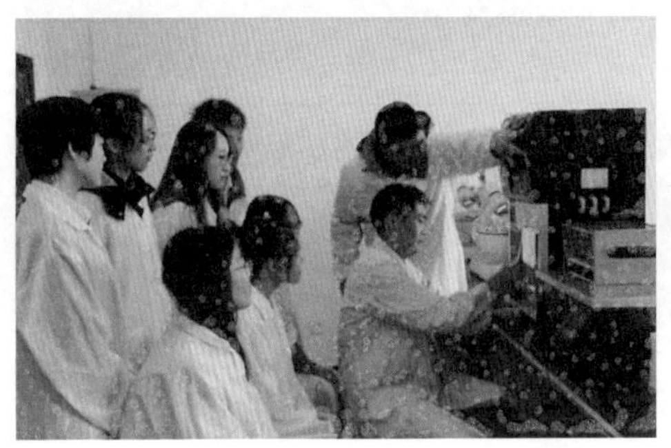

创新团队在基地工作

科研团队在红原县开展相关科研课题统计表

序号	项目名称	主持人	经费（万元）
1	青藏高原特色有机畜产品生产技术与产业模式	李键	2182
2	川西北牧区“生产生态生活”优化保障关键技术集成与示范	王永	861
3	牦牛优异基因资源挖掘、集成和利用	钟金城	110
4	牛羊健康养殖关键技术集成与创新	钟金城	318
5	传统乳肉制品加工关键技术集成与示范	李键	146
6	放牧生态系统退化防治技术创新与集成	文勇立	138
7	川西北草地退化放牧生态系统修复关键技术集成与示范	文勇立	25
8	牦牛高效可持续生产模式的研究与示范	王永	20

续表

序号	项目名称	主持人	经费（万元）
9	青藏高原动物遗传资源保护与利用	王永	10
10	传统发酵乳制品工业化生产共性关键技术研究与开发	李键	75
11	牦牛高繁殖力性状的生态遗传机制研究	文勇立	20
12	青藏高原藏羌道地药材保护与繁育研究基地建设	刘圆	60
13	高原牧草种质资源的逆境适应性形成机制及开发利用	周青平	60
14	青藏高原植物种质资源挖掘保护与利用	周青平	30
15	牛肉安全生产技术的集成与示范	文勇立	878
16	“科技援青计划”川西北沙化草地适生品种推广应用与鼠害防治	周青平	950
17	川西北藏区高寒沙地适生治沙灌木材料培育及示范	周青平	150
18	川西北藏区沙化土地中药材培育及资源化利用技术与示范	刘圆	100
19	川西北高寒草地沙化防治新模式的研究与示范	刘圆	10
20	青藏高原特有草种质资源创新及草地生态恢复	周青平	60
21	川西北高原生态环境保护与资源利用培训项目	张大伟	20
22	川西北藏区沙化土地生态修复技术研究及示范	刘圆	85
23	川西北藏区高寒沙地适生治沙灌木材料培育及示范	周青平	150
24	川西北藏区沙化土地中藏药材保育及资源化利用技术与示范	刘圆	85

三、在扶贫点开展科技应用推广与示范，带动农牧民脱贫致富

西南民族大学利用“基地”，积极开展科研项目成果的转化和科技应用推广和示范，带动扶贫点农牧民脱贫致富。

1. 青藏高原牧区放牧生态系统退化防治技术创新与集成

（1）通过建立草地动态载畜量模型，优化放牧制度，测算环境容量、放牧率、放牧强度等多种生态经济阈值，研制出草地减载、合理放牧等提高草地生产能力的综合技术措施，并提出了配套政策。

（2）创新集成封育、补播、灭杂、灭鼠等综合技术措施，研究高寒草地

退化植被恢复的新途径，提出了退化草地综合治理的配套技术。

（3）针对青藏高原冷季气候寒冷、环境条件恶劣状况，创新集成家畜环境控制技术，合理设计了牦牛、藏绵羊冷季圈舍或暖棚。

科研团队优化筛选优质高产牧草

上述项目及已取得的部分成果，应用后使草地退化、沙化得到显著修复，提高产草量 30% 以上；牦牛、藏绵羊的冬季掉膘减少 10% 以上。

2. 青藏高原牧区高产草地培育及产品加工关键技术研究与推广

（1）通过近红外反射光谱技术、分子标记辅助选择等现代牧草育种技术，优化筛选优质高产牧草品种。扩大牧草良种利用率，示范区内牧草产量平均提高了 15% 以上。

（2）在川西牧区开展了优质老芒麦、虉草、垂穗披碱草人工草地持续高产稳产栽培、主栽草种间、套、轮作增效、优质高效牧草生产水、肥调控等关键技术集成与优化研究。同时在不破坏原有植被的基础上，通过草场围栏封育辅助实施以免耕补播为主要内容的人工种草，使单位面积草产量和草地生产能力显著提高。

3. 牛羊健康养殖关键技术研究与推广应用

（1）开展了牦牛和藏绵羊的品种选育、优良基因组合利用、良种快速扩繁等技术研究和推广，并结合调整畜群结构，优化畜种，使牦牛的生长速度平均提高了 20% 以上，向社会提供良种公牛和种羊。

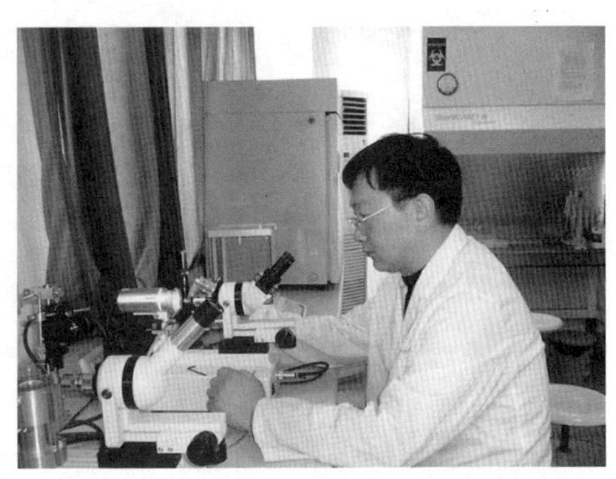

科研人员开展品种选育工作

（2）研制育肥配方，提出牛羊育肥、适时出栏的技术措施，减少草地的载畜量；使牦牛和藏绵羊的出栏率提高 30% 以上。

（3）研究牛羊的冬季补饲、半舍饲综合配套技术，制定补饲配方和方案。

（4）开展西藏牦牛遗传资源的开发利用研究。

4. 青藏高原特色有机畜产品生产技术与产业模式研究与推广应用

通过研发创新社区牦牛乳肉、藏羊肉安全加工技术，研制牛羊肉屠宰分割、干制、酱卤、熏制以及牦牛酸奶、酥油和干酪等系列产品，制定畜产品生产技术与质量标准，建立产品营销模式，为青藏高原社区提供优质、高效牛羊肉屠宰精加工以及乳制品加工升级换代的实用技术和产品，规划和设计有机肉乳产品种类、包装、营销和品牌。大幅度提高畜产品的加工附加值，在四川的部分地区推广应用后产生了显著的经济和社会效益，使示范户增收 30%—50%。

上述研究技术，为青藏高原地区牦牛、藏绵羊、藏山羊等家畜疫病的综合防控提供了科学依据，为该地区畜牧业的健康发展提供了技术保障。

5. 全面贯彻落实科学发展观，探索区域经济增长新模式

（1）采用“减畜、增草、提质、转人、改善生产条件，转变生产方式”，“发展生态畜牧业、确保禁牧不禁养，减畜不减收”等综合配套措施，积极探索区域经济增长新模式。目前已在红原县的多个乡、社区进行试点示范。

（2）在全定居条件下，“以草定畜”与“以人定畜”相结合，在红原县安曲乡哈拉玛村试点人、草、畜平衡的新模式。在牧民自愿、合理的条件下，以联户为单位，通过协商自愿的方式置换草场，使联户内的一部分牧民在冬

在牧场现场研讨

春草场定居，另一部分牧民在夏秋草场定居，摆脱了传统游牧方式，便于放牧管理，降低放牧成本，减轻草地压力。

（3）试验、示范牧业人员转移的新模式。在大力发展生态畜牧业的同时，加快牧民群众转产转业，促进第一、二、三产业联动，推进新型城镇化、新型工业化和产业特色化发展。

四、利用学校科技及人才优势，广泛开展扶贫点基层干部培训、技术人员培训和农牧民生产技能指导，增强扶贫点可持续发展能力

（一）基层干部培训

学校利用“四川省干部培训基地”，每年定期为红原县开办基层干部培训班，培训基层干部超过 300 人，培训对象已实现村级及以上干部的全覆盖。

（二）专业技术人员及农牧民培训指导

学校积极利用“基地”资源并鼓励科研团队对红原县基层专业技术人员及农牧民开展养殖技术、畜牧制品生产加工的培训指导，对转产转业人员进行职业技能培训。每年 200 人次以上参训，总人数超过 3000 人次。同时，学校定期接收红原县基层干部和专业技术人员到校挂职锻炼和学习进修。

（三）开展藏汉双语科普宣传活动

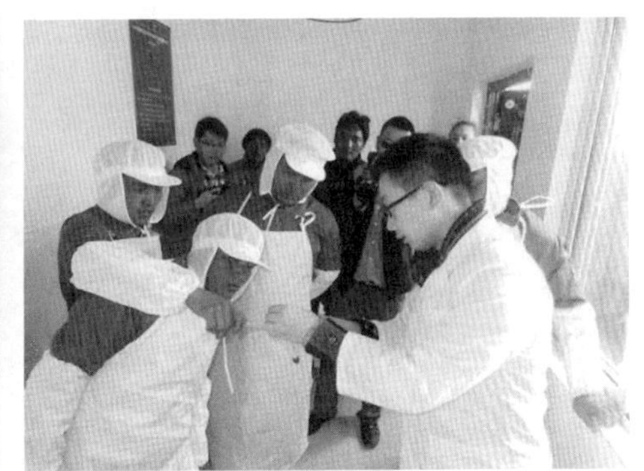

培训基地

学校针对红原县农牧民的实际需求，举行多期“藏汉双语”科普宣传。由学校相关部门带队，学院老师和学生志愿者组成科普宣传队，深入红原县的村镇社区开展藏汉双语科普宣传活动。宣传内容包括藏绵羊健康养殖技术、藏绵羊屠宰分割工艺技术、高寒牧区人畜共患包虫病综合防治等现代畜牧业知识，发放藏汉双语科普读物，并开展学艺演出活动与农牧民互动，提高少

开展藏汉双语科普宣传活动

数民族群众的科技与文化素质，促进农牧民增产增收，受到了民族地区干部群众的一致好评。

经过多年的教育扶贫、科技扶贫和人才扶贫的实践，学校涌现出了陈炼红教授、刘园教授、张大伟老师（驻村干部）等一大批站在科技扶贫第一线的优秀人员。虽然红原县海拔均在3000米以上，但老师们克服氧气稀薄、环境恶劣、交通不便、高原反应等困难，常年坚持奋斗在科研第一线，以科技带动农牧民增产增收，体现了一名科研人员的价值，践行了一名高校教师的担当。

即便学校定点扶贫红原县工作面临着很大的困难，西南民族大学坚信，在中央的统一部署和四川省委、省政府和四川省教育厅的坚强领导下，我们与扶贫点干部群众一道扎实奋进、积极作为，定点帮扶精准扶贫的目标一定会圆满完成！

（陈忠言整理）

扶贫必扶智　教育扶贫结硕果

——云南师范大学

（定点扶贫：云南省丘北县）

习总书记多次强调，“扶贫先扶志”，“扶贫必扶智”。文山州丘北县作为云南师范大学的对口扶贫地，“云南师范大学附属丘北中学”的成立，正是云南师范大学对丘北进行教育扶贫、智力扶贫的一个具体实施项目。云南师范大学附属丘北中学自成立以来，文山州教育局、丘北县委、县政府与云南师范大学积极配合，团结协作，充分利用云南师范大学资深优厚的教育资源，在人力、物力、财力等方面给予扶持，使学校得到了顺利的发展。

云南师范大学附属丘北中学体系化的构建了办学的指导思想、管理模式、队伍专业化发展的思路及抓手、思想道德教育规划、课堂改革的密码体系等。

一、学校办学指导思想

思想决定行动的思路、行为方式和解决问题的方法。2012 年 6 月 14 日云南师范大学附属丘北中学挂牌后，学校提出了“办‘四有三高’学校，育科学发展人才，植质量生命于课堂”的办学思想。“四有”即有思想、有理论、有质量、有特色；“三高”即高立意、高标准、高要求。

高立意是指，国家命运系于教育、社会文明系于教育、家庭兴衰系于教育，学校必须要办大格局的教育。学校以“明德明志，和睿安康”为校训引领师生，教育学生具有“孝悌精忠，家国天下”的人生情怀，以“把孩子们教好，把好孩子教活”为学校的教育理想，以“事务其本，本立而道生”为做事哲学，以“蒙以养正是圣功”为教师们的从业信仰。高标准是指在学校的重要领域里要制定出做人做事做学问的标准。

育科学发展人才。科学发展观是一个哲学观点，哲学是科学之科学，教育是科学，因此，我们认为科学发展观对教育有统领作用。科学发展指的是全面协调可持续发展，科学发展人才就应是全面协调可持续发展的人才。

植质量生命与课堂。课堂是学校育人的主阵地，学校的其他活动都只能是学校育人的辅助阵地。鉴于此，学校提出了质量的生命在课堂活力在课外的质量生成观。由于质量的生命在课堂，因此，云南师范大学始终扭住课堂改革这个核心环节不放松，积极推进课堂改革，不断提高课堂教学的综合效益。

二、学校管理模式

在体系化思想的视野下，学校的管理模式应有管理理念、管理目标、组织结构、运行机制、评价激励五个要素构成。

（一）管理理念

学校秉持六个管理理念：（1）目标管理与过程管理相结合，过程管理主要是质量监控、行为及过程调控。（2）干部要习惯于用好二力，即权利影响力与人格影响力。这二力来自于习近平同志提的“忠诚、干净、担当”和“三严三实”。（3）管理追求高效低耗最优化与满意的统一，满意主要是指和合共赢、情感融洽、师生校共同成长。（4）实行文化管理，即物质管理、制度管理、行为管理、精神管理四结合。（5）小机关大实体，整体推进，模块化运作，协调推进。（6）一事一人做，事事有人做。

（二）管理目标

通过学校管理思想的渗透，管理理念的落实，使每位干部与教职工都能自觉主动地学习、工作、研究和改革，都能把自己的工作当作自己的事业来做，把自己的成功当作自己的理想去追求。

（三）组织机构

学校在小机关大实体的机构设置理念支持下，精简机关干部队伍，充实一线干部，实施扁平化管理。学校的基本情况是有小学、初中、高中三个学部，在岗教职工 231 人，学生 2967 人。学校层面设校长、书记、副校长各一人，设校办、教导处、团学安保出、总务处、工会五个部门。其次，设置小学部、初中部、高中部三个学部，每个学部设教导主任、学生处主任、总务主任三个小主任，学部之下再设年级组。学校整体实行校长负责制，学校的各个条块实行部长级主任负责制。年级组、学部是日常教育教学管理运行的主体，学校层面的部门起一种协调、指导、督察作用。校领导主要是出思想、出思路、出政策、用干部、把方向、抓典型、抓协调。总体落实驾驭式自主管理，即领导起管理的主导作用，基层干部起管理的主体作用，领导驾驭着基层干部自主管理。

（四）运行机制

学校实行模块化运作，协调推进的运行机制。校办作为枢纽部门协调各部门、各学部的运作步调、具体负责财务和采买；教导处负责学籍、数据统计、法定考务、日常教学秩序督察、教育科研的规划与实施；团学安保处负责学生活动、校园安全、指导学部的班级管理与学生教育；总务处负责学校的吃、住、水电、校园卫生和绿化；学部负责本学部教职工的教育和管理、日常的教育教学管理和教育教学质量监控、本学段的教育科研规划和实施、本学部教职工的评价和分配。学校通过“六步抓纠法”使管理机制流程化。“六步”即计划、布置、落实、检查、反馈、整改；“抓纠”即抓住不落实的事，追究不落实的人。

（五）评价激励

学校坚持在“勤学善思、锐意改革、崇尚卓越、和合共赢”核心价值观的引领下，推行“多劳多得、优劳优酬、责任匹配、团队协作”的分配原则。学校给出评优评先、职称晋升、晋级的量化评估体系，学部给出绩效工资的分配体系，学校所有的荣誉分配和物质分配均以量化结果为准绳进行客观分配，不掺杂个人情感因素。依此，促使全体干部职工形成“谋事要实、创业要实、做人要实”的意识与作风。

三、课堂教学改革

云南师范大学丘北附中自己研发了“驾驭式自主高效课堂”：

一是溯源。有“讲、提、读、问、讲、练、议，归”八字滚动式教学法。

二是理论依据。理论依据是布鲁姆的目标教学理论、行为主义理论、建构主义理论、维果茨基的最近发展区理论等。“驾驭式自主高效课堂”使课堂教学变得轻松而有实效，教学成绩得到飞速发展。同时，这也是云南师范大学的特色之一。课堂理念的四代中心说是指教师为中心、学生为中心、学为中心和学习为中心，而云南师范大学实行的“驾驭式自主高效课堂”，是在教师的组织引领帮促下，学生自主高效学习发展的课堂，从而实现了课堂价值的最大化。

三是解读。管住学生的驾驭、理清教材、吃透教材、理解教材的驾驭、带着学生走进教材的引领性驾驭、把“学、教、练、展、评”五个教学环节恰如其分的运用在整个教学过程中的组织性驾驭，还有驾驭思路，整个课堂推进思维路线清晰，即知识形成的过程清晰、知识的结构清晰、方法的操作路径清晰。

四是教学流程和结构模型。好的体制能造就好的人。“驾驭式自主高效课堂”的结构模型教会老师怎么备课、上课、总结、提升，训练学生学会自主学习、合作学习。

“学、教、练、展、评”中“学”的六个形式是——自学，互学，助学，促学，群学，跨组学。要让学生带着问题（任务）去学。问题可以是直接的预设性问题，也可以是一个周期内学习进程推进过程中提炼出的问题。一般由组长完成，必要时由老师直接完成，即促学由学友完成或老师完成。

“教”的形式有两种，一是学生教学生，即“兵”教“兵”，用于解决

学生在“学”

教师在“教”

学生在“练”

简单的问题。二是老师教学生，用于解决相对较难的问题。在教的过程中，体现“先小组后班级、先学生后教师”及“三讲三不讲”的原则。

“练”的作用是能使学生及时形成能力，因为能力是练出来的。一节课中的练有过程性练和终结性练。任务或问题中的练是过程性练，巩固诊断中的练是本节的终结性练。除了巩固、熟练、深化功能外，更有检测功能，即将学生学习过程中产生的问题和误区及时发现并解决。

“展”主要有促进、分享、暴露和激励的作用，展示要从个体学习研究结果展示，过渡到小组学习研究结果展示。批量展示可以使教师在有限的时间和空间里快速了解学生学习的总体情况，从而恰当运用好“三讲三不讲”策略，也可以使学生思想的精华并列式呈现，便于同学更直观的交流、学习和识记。展示禁忌花瓶化、假展示和展示假。

“评”的环节实则贯穿在整个教学过程之中，在学生每一次的“学、练”之后都该有“评”。评价方式可以有自评、学生互评或教师点评。“评”要体现教育功能的多元化，从多个角度来评价，如学习的态度、方法、效果、书写、思维方式、价值观点等。点评时除及时指出不足之处还要重视赏识性评价，以促进学生自身以及整体的发展，达到高效课堂高效的目的。

五是策略。教师在驾驭课堂的过程中，“三讲三不讲”策略很重要。因此要求以老师为主导、学生为主体，老师起到的是帮辅引领作用，要真正实现高效，教师就要抓住知识的关节点，一针见血地指出并帮助学生解决遇到的问题。“三讲三不讲”中教师“三讲”的内容可以概括为“一扣二帮三揭示”。“一扣”：扣学生学习过程中易混、漏、错点，讲学生想不深、想不透、重视不够、想不到的点，这些经常为预设性问题，属精度；“二帮”：帮学生自己解决不了、小组也解决不了、共同体不能解决的问题，正是学生的“最要”，常为生成性问题，属精读；“三揭示”：揭示知识的本质、规律、原理、思路、方法、联系和思想，常为预设性问题，属深度、精度问题。在三讲中，老师既要辨析和讲解预设的问题，又要善于捕捉学生在学、练、展、评环节中即时生成的有价值的问题进行辨析和讲解，即老师要做教育教学的有心人。教师的“三不讲”可以概括为一不讲学生已会的；二不讲学生能学会的；三不讲讲了学生也不会的东西。

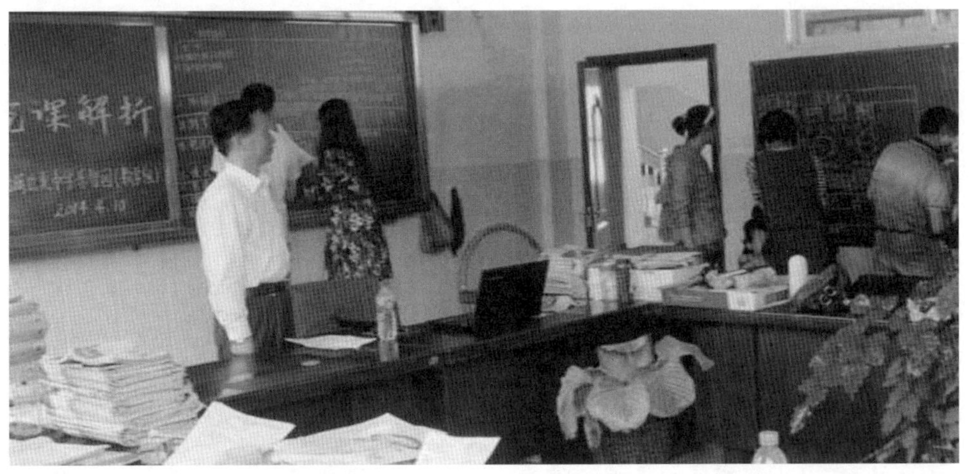

胡克州老师组织教师进行“驾驭式自主高效课堂”小组自主、合作、探究学习和批量展示的体验式培训，让教师们亲自体验学习、交流的过程

六是复习课、练习课和新授课。统一课堂下的课型具有差异化，对于复习课、练习课和新授课，讲法如下：

以练代讲——自主学习以学代讲——自主学习

以生代讲——合作学习以生代讲——合作学习

教师精讲——教师驾驭教师精讲——教师驾驭

其中，教师精讲的是预设性问题和生成性问题。

七是学习和交流。形式要为内容服务，不玩花架子。为使云南师范大学“驾驭式自主高效课堂”科学、可行、可操作，实现课堂的有效、实效、高效，提高教育执行力，云南师范大学教师积极进行“驾驭式自主高效课堂”的学习和交流

初中部语文组、数学组教师观摩“驾驭式自主高效课堂”公开示范课

初中部英语组开展同课异构活动

初中部政史地组开展教研活动

四、取得的成绩

云南师范大学附属丘北中学自2012年挂牌以来，全校上下在丘北县委县政府以及云南师范大学的关心支持下，恪守“质量是学校的生命线，特色是成就名校的必由之路”的信念，坚持“勤学善思、锐意改革、崇尚卓越、和合共赢”的学校核心价值观，整合调动教育过程中各教育要素的积极性，取得了较好的办学效果。现将具体教学质量情况分析报告如下。

（一）2012年云南师范大学附属丘北中学（简称“丘北附中”）成绩对比分析

表1-1　2012年春季学期云南师范大学附属丘北中学小学部一至六年级各科平均分与丘北县其他所有学校第一名分析比较表

年级	项目	语文	数学	英语
一年级	丘北附中	92.39	84.12	
	全县各校第一名	93.35	91.53	
	差值	-0.96	-7.41	
二年级	丘北附中	80.71	84.34	
	全县各校第一名	93.11	87.94	
	差值	-12.40	-3.60	

续表

年级	项目	语文	数学	英语
三年级	丘北附中	68.63	72.57	
	全县各校第一名	80.53	82.95	
	差值	-11.90	-10.38	
四年级	丘北附中	79.29	63.40	65.56
	全县各校第一名	83.50	85.54	81.55
	差值	-4.21	-22.14	-15.99
五年级	丘北附中	79.97	61.54	62.18
	全县各校第一名	87.65	77.63	81.88
	差值	-7.68	-16.09	-19.70
六年级	丘北附中	78.40	55.64	61.97
	全县各校第一名	86.64	68.69	76.93
	差值	-8.24	-13.05	-14.96

说明：丘北县共计有 17 个中心小学参加期末学业水平抽测，云南师范大学附属丘北中学与其他学校的第一名平均分对比，除一年级语文外，其余学科不同程度乃至大幅度低于除云南师范大学附属丘北中学外其余学校所有学校的第一名的成绩。

（注：小学成绩为丘北县学年统考成绩）

表 1-2　2012 年春季学期云南师范大学附属丘北中学七年级各科平均分与丘北县其他所有学校第一名分析比较表

科目	语文	数学	英语	历史	地理	政治	生物
丘北附中	61.12	57.94	49.04	56.25	54.05	74.37	59.66
全县各校第一名	63.54	64.58	53.43	59.61	70.56	79.59	66.64
差值	-2.42	-6.64	-4.39	-3.44	-16.51	-5.22	-6.98

表 1–3　2012 年春季学期云南师范大学附属丘北中学八年级各科平均分与丘北县其他所有学校第一名分析比较表

科目	语文	数学	英语	历史	政治	物理	化学
丘北附中	62.32	50.93	46.47	48.99	78.63	50.03	
全县各校第一名	65.60	66.64	57.41	70.45	87.46	49.75	
差值	-3.32	-15.71	-10.94	-21.46	-8.83	+0.28	

表 1–4　2012 年春季学期云南师范大学附属丘北中学九年级各科平均分与丘北县其他所有学校第一名分析比较表

科目	语文	数学	英语	历史	地理	政治	生物	物理	化学
丘北附中	53.59	34.68	6.78	42.90	52.65	49.92	46.21	40.56	41.46
全县各校第一名	73.83	64.83	70.10	71.15	74.73	76.11	64.55	66.69	68.50
差值	-20.24	-30.15	-33.32	-28.25	-22.08	-26.19	-18.34	-26.13	-27.04

说明：以上三个统计表显示，除八年级物理以微弱优势居全县第一名外，其余学科不同程度乃至大幅度低于除云南师范大学附属丘北中学外其余学校所有学校的第一名的成绩。

（注：初中七、八年级成绩为县统考，九年级成绩为文山州学考成绩）

（二）2015 年云南师范大学附属丘北中学成绩对比分析

表 2–1　2015 年云南师范大学附属丘北中学小学部一至六年级各科平均分与全县其他所有学校第一名分析比较表

年级	一年级		二年级		三年级		
科目	语文	数学	语文	数学	语文	数学	英语
丘北附中	93.46	97.36	94.34	93.25	90.36	89.71	92.84
全县各校第一名	82	92.55	84.94	88.75	85.14	81.77	86.17
差值	+11.46	+4.81	+9.4	+4.5	+5.22	+7.94	+6.67

续表

年级	四年级			五年级			六年级		
科目	语文	数学	英语	语文	数学	英语	语文	数学	英语
丘北附中	89.38	82.78	91.52	91.06	87.04	86.01	85.21	84.59	78.34
全县各校第一名	86.06	76.01	85.53	90.71	72.68	76.51	86.07	75.59	67.68
差值	+3.32	+6.77	+5.99	+0.35	+14.36	+9.5	-0.86	+9	+10.66

说明：丘北县共计 17 个中心小学参加期末学业水平抽测，云南师范大学附属丘北中学名列第一名，六年级语文以 0.86 略低于对比校外，其余学科不同程度乃至大幅度高于除云南师范大学附属丘北中学外其余学校所有学校的第一名的成绩。

表 2-2　2015 年云南师范大学附属丘北中学七年级各科平均分与丘北县其他所有学校第一名分析比较表

科目	语文	数学	英语	思品	历史	地理	生物	总评
丘北附中	100.9	82.96	80.55	87.67	82.40	70.26	77.09	83.12
全县各校第一名	91.16	65.20	62.54	80.98	65.41	57.58	62.17	69.29
差值	+9.77	+17.76	+18.01	+6.69	+16.99	+12.68	+14.92	+13.83

表 2-3　2015 年云南师范大学附属丘北中学八年级各科平均分与丘北县其他所有学校第一名分析比较表

科目	语文	数学	英语	思品	历史	物理	总评
丘北附中	99.40	87.58	69.96	90.15	79.31	88.60	85.83
全县各校第一名	87.88	68.87	53.86	84.61	66.50	63.69	68.95
差值	+11.51	+18.71	+16.10	+5.54	+12.81	+24.91	+16.88

说明：从表一、表二、表三可以看出，在 2015 年学业水平测试中，该校所有学科不同程度乃至大幅度高于除云南师范大学附属丘北中学外其余学校所有学校的第一名的成绩。

表 2-4　2015 年云南师范大学附属丘北中学九年级与丘北全县其他所有学校第一名分析比较表

学科	全县第一名	丘北附中	差值
语文	68.51	77.58	+9.07
数学	68.64	78.31	+9.67
英语	59.36	73.24	+13.87
政治	84.03	86.78	+2.75
历史	80.55	83.61	+3.07
地理	67.46	79.97	+12.51
物理	68.34	70.89	+2.55
化学	74.85	79.47	+4.61
生物	73.63	83.26	+9.63
信息	90.26	93.94	+3.69
体育	96.51	96.59	+0.08
总平均分	776.5	867.7	+91.29

说明：1000 分以上 11 人，占参考人数的 5.04%；900 分以上 96 人，占参考人数的 44.03%。

2015 年高考成绩：

丘北县文科、理科状元出自云南师范大学附属丘北中学，文科付友聪考 612 分，被南开大学录取。理科一本上线率 17.58%，居全州第二；二本上线率 72.58%，居全州第一。文科二本上线率 100%，居全州第一；本科上线率 91.21%，居全州第一。

云南师范大学立足于教育扶贫，已形成一批立得起、站得住、叫得响、推得开的扶贫先进典型和示范点。云南师范大学党委将在云南省委、云南省政府的坚强领导下，打赢扶贫攻坚战，为云南省与全国同步全面建成小康社会做出新的更大的贡献。

（陈忠言整理）

惠农平台“农掌门”　教育帮扶培育人

——西安电子科技大学

（定点扶贫：陕西省蒲城县）

高校定点扶贫，特别是以理工电子信息优势学科为主非涉农专业的院校来说是一个全新的课题。西安电子科技大学按照国务院、教育部定点扶贫的要求，在发挥学校自身优势科技扶贫、服务于地方经济发展方面，做了有益的尝试。“农业互联网＋农掌门”的开发推广和应用，在定点扶贫县和域外农业生产中发挥着重要作用和实效。自2015年10月由农业部科技发展中心、陕西省知识产权局、杨凌示范区管委会主办的第22届杨凌农高会推广发布以来，平台下载次数已达到13000多次，已为农户解决农业生产问题100000多人次。其中县域农户下载超过5千人，在线咨询超过3万条，建立扶贫产业基地5个，辅导各类种植产业超过12万亩，有效带动国务院建档立卡精准脱贫贫困户1100户。

发挥高校自身优势，开展科技扶贫和教育扶贫是西安电子科技大学校领导十分关注的命题，校领导多次要求积极探索高校定点扶贫的有效模式。在学校扶贫部门的努力下，促成了计算机学院刘志镜教授团队与定点扶贫县蒲城县陕西康田慧农农业科技有限公司的牵手，牵手双方均愿意共同致力于农业互联网＋的发展与应用，使得西安电子科技大学计算机学科专业优势与定点扶贫县资源（西甜瓜）产业发展对接，提升当地优势资源开发的效益。同时，学校也充分发挥学校优势，向扶贫工作重点县输送充沛的优质教育资源，努力实现教育帮扶的功效，构建了以学校统筹，基础教育集团、网络学院为主力，研究生支教、学生组织为助力的多方位立体帮扶框架。

一、科技扶贫实现互联网＋农业

“农掌门”正是在上述背景下，于2015年8月积极响应教育部科技扶贫的号召，以及响应李克强总理提出的“互联网＋”行动计划和“大众创业，万众创新”的号召，为定点扶贫县蒲城陕西康田慧农农业科技有限公司量身定制的一个面向现代农业的新型服务平台。它是集农业专家与农民远程“零距离、面对面”咨询服务、以云计算和大数据处理技术为基础的病虫害分析与灾情测报，以及线下配合服务 O2O 为一体的农业“互联网 +”综合服务平台。“农掌门”为农民朋友与农业专家之间搭起了一座互动桥梁，有效地解决了农业科技信息服务与推广“最后一公里”的问题。

“农掌门”科技服务平台开创“院园结合”扶贫模式，对贫困户进行全产业链“保姆式”服务，以信息技术引领农业发展，对贫困帮扶对象帮助其确定产业发展项目，专家亲临现场“手把手”技术指导，通过农产品供应平台，实行“订单”销售，部分产品供应并反哺学校，成为西安电子科技大学及陕西高校后勤服务集团可靠优质的农副产品供应基地。

通过“农掌门”，一个普通农民可以随时、随地找到省级知名的农业专家教授，专家教授可以远距离服务于农民，打破了传统的专家归属体制，实现了专家跨体制服务。

该平台还创新性地建立了一套完整的农业专家服务量化评估体系，通过对专家的咨询服务内容、服务时长、农民打分的分析与处理，可对农业专家服务的质量进行评估与服务内容进行溯源，使服务质量得到了有效的管控。

“农掌门”不仅可以为农民提供丰富地种养殖技术服务、病虫害远程互动诊断和农业大棚种植可视化监控等。还可以通过系统后台大数据挖掘分析，及时、准确地判断出病虫害地理位置分布与灾情漂移趋势，实现了农业病虫灾害预警，为农业防灾减灾提供了科学依据。

气象是农业生产最重要的要素之一，“农掌门”通过与中央气象网合作，为农民提供了全国每一个县未来 15 天的气象预报信息，极大地帮助了农民朋友。同时，“农掌门”还具备了参与资源的广域性和多维性、农业服务的深入性、服务交易的可靠性、资源使用的便捷性和平台运维的市场性等特点。

在“农掌门”产品发布会上，公司代董事长郑重宣布：“农掌门”使用永远是免费的，它的盈利会从农村电商市场、农业深层次技术服务、优良种子选种 / 代购和农产品市场运作销售和物流转储等其他渠道获取。所以，“农掌门”形成了一个具有自身造血功能的“公益服务 + 微利商业服务”的服务模式。

2015 年 11 月在第 22 届杨凌农高会上正式发布，农业部领导及时任蒲城县的领导均到会参加了“农掌门”平台新闻发布会，到会的 30 多家新闻媒体见证了该平台的发布，农林卫视还作了现场专题报道，使其成为第 22 届杨凌农高会上一道靓丽的风景线，农民们称它是目前见到“最接地气”的一款涉农服务软件平台。

随后，截至 2015 年 12 月，西安日报、农业科技报、新浪微博（政府版）、陕西省蒲城县电视台、科技网、渭南科技信息网都给予了报道。11 月末，科技日报、中国教育报、农林卫视（第二次）对“农掌门”的开发专家、农业专家、农民进行了专访，近日将给予报道。

农掌门互联网平台操作界面

农掌门手机安卓平台操作界面

农掌门苹果手机平台操作界面

“农掌门”平台服务形态

“农掌门”引发的轰动就在于该产品是一款高校在定点扶贫过程中，真正帮助解决农民种养殖问题的平台。值得高兴的是“农掌门”在测试阶段就已经应用到我国的陕西渭南地区、延安地区、云南省、山东省和东北等地区，以及东南亚地区的缅甸、老挝等从事西甜瓜生产的农民朋友中，并深受他们的喜爱。可以说，“农掌门”已经走出了陕西，走出了国门。

这些应用充分体现了习主席在乌镇互联网大会所讲的：“网络空间是人类共同的活动空间，网络空间前途命运应由世界各国共同掌握。各国应该加强沟通、扩大共识、深化合作，共同构建网络空间命运共同体”。

通过“农掌门”的建设，主要体现出如下创新与特色：

打造了一个立足定点扶贫县、立足陕西、面向农户、完全网络化的农业创新服务平台，充分体现了“互联网 +”理念创新的定点扶贫模式；

千万级在线用户集成云平台关键技术、大数据挖掘分析和移动互联网用户体验保障等关键技术融入，体现了技术的创新；

创建了一个具有科技扶贫自身造血功能的“公益服务 + 微利商业服务”的服务模式，体现了商业模式的创新；

“农掌门”新闻发布会现场

农民应用“农掌门”现场

工科学校扶贫汇聚了农业咨询服务专家团队，打破了现有人员管理体制，实现了跨体制管控，构建了开展远程服务的行业专家服务团队，体现了组织模式的创新；

建立健全了一个远程“零距离、面对面”专家服务质量评估体系，体现了专家服务管理机制的创新。

据悉“农掌门”已列入陕西省“秦云工程”中的“农业云”建设内容之一。

总之，“农掌门”是符合习主席扶贫讲话中提到的扶贫办法中，“生产脱贫，即发展生产脱贫一批，引导和支持所有有劳动能力的人依靠自己的双手开创美好明天，立足当地资源，实现就地脱贫”的要求。随着“农掌门”系统的不断完善、服务范围的进一步扩大，以及农村电子商务服务子系统和农产品溯源子系统的上线，将会进一步推动“农掌门”的发展，也为农民未来科技种养殖和电商服务提供有力的服务支撑，充分体现理工科高校发挥自身优势在科技扶贫中的重要作用。

二、教育帮扶教育人的情怀

习总书记指出，抓好教育是扶贫开发的根本的大计。他深刻地揭示了贫困的根本原因，教育对扶贫工作的重要。定点扶贫伊始学校就以教育帮扶为启动点而展开定点扶贫工作，以援建多媒体网络教室初始为开端，与蒲城展开了系统工作和调研，以教育人相近相通为情怀，在双方频繁来往互通互访中确立了帮扶目标体系，建立了帮扶工作机制，两年来先后建设互联多媒体网络教室 9 个，赠送电脑 200 余套、多媒体电子触摸屏四块，寄宿用架子订 2000 余张，每年设立奖助学金 10 万元。授支援、支教及二级学院对口帮扶小学已达 15 所。

高校有充沛的教育资源，从基础教育、职业教育到不同层次的学历教育，把城市高校中的优质教育资源向贫困地区传递输送，使贫困地区的教育在资源共享中受益，努力做到以下三个方面：

（一）面向农村的基础教育

除对基础教育硬件支援帮建援建以外，更多的是软件建设软实力基础教育本身的帮扶。采取请进来走出去共同研讨城市和农村基础教育的差异性，传递现代教育培养管理理念和培养方式，使教育者得到启发和变革。请省市教学名师向定点帮扶县进行教学专业培训，同课异构、同卷测评、考前辅导，向农村基础教育展示名师的风范和对基础教育事业的引领。

（二）面向农村职业教育

以和蒲城职业技术学校联合办学的方式设立西安电子科技大学网络与继续教育蒲城学习中心，向蒲城职校输送西电远程教育网络资源。设立职校专业三年实习两年的 3+2 模式，实习期间可进修网络教育专业课程，达到职业教育和专科教育的目的，这一帮扶效果可使上千职校学子受益。

（三）面向学历教育

在定点扶贫过程中，提高管理干部队伍的素质是教育扶贫的重要组成部分，针对蒲城党政企事业管理干部的现状，在学校组成的多个部门调研中，举办 MBA 蒲城班与经济与管理学院达成共识，第一期 30 名专业工商管理专业班开办工作正在积极筹备中。

三、立足培训，以提升干部素质为己任，努力做到三个瞄准

（一）瞄准基层教育干部综合素质提升

学校基础教育集团不定期派出省市教学名师赴蒲城进行专业培训与交流，使西电优质基础教育资源与蒲城教育系统共享。建立了幼儿园园长、小学校长、中学校长来西电基础教育集团挂职跟岗培训制度。

2014 年 11 月首批来自蒲城的 6 名中小学校长跟岗挂职到岗。基础教育集团为他们设置了办公室、工作进度表，每周安排一名正副校长举行接待周，答疑解惑跟班听课，安排了为期一个月的 2014“同课异构”公开课活动，同步参加学校的行政会议和升旗仪式，观看学校的课间操活动和应急疏散演练。6 名跟岗挂职校长还深入到各处室、年级组，备课组观摩交流，翻阅查看档案

资料，同时还介入经历了雁塔区创教育强区和西安市争创全国文明城市的评估工作。蒲城第三高级中学党支部书记张化林在总结座谈会说。经 6 位校长总结讨论，从校长思想超前、用人机制灵活、学校管理制度健全、校园文化雅致独特、年级管理富有活力、教师工作富有激情等16个方面谈了体会和感想，认为收获颇丰感悟较深，这 16 个亮点也正是县级基础教育向城市名校基础教育取长学习之处。

在 2015 年跟岗挂职幼儿园园长、小学校长座谈会上，蒲城县祥塬学校校长李月和蒲城县第二幼儿园副园长付娈体会深刻。小学校长组从教师精神面貌、精细化的制度管理和前瞻性的教学科研活动等方面感悟强烈，特别是西电人用心用情用智做好教师的培训和交流有了更深刻的认识。幼儿园园长组则从儿童成长环境、幼儿教育管理理念、管理制度、卫生保健和安全等方面谈了他们的体会和感受，表示要增进交流，把学到的理念带回去，让好习惯在孩子身上生根。

（二）瞄准基层干部综合素质提升

学校计划每年组织一到两期蒲城管理干部素质提升班，首期来自蒲城乡、镇、局、室的 42 名主管干部素质提升班完成了全部培训课程，于“10·17 扶贫日”顺利结业。

（三）瞄准干部专业素质提升

学校不定期向蒲城干部科技大讲堂派出专家学者做专题报告、讲授形势或专业课程。学校党委书记陈治亚“践行三严三实之要求，修炼党性人性之灵魂”的报告将在近期进行。

（董云云整理）

发挥科教资源优势　帮助发展葡萄产业

——西北农林科技大学

（定点扶贫：陕西省合阳县）

合阳县地处渭北旱塬东部，是国家扶贫开发工作重点县、全国25个“无公害水果生产基地县”之一，全国红提产业基地大县。2012年11月西北农林科技大学纳入中央、国家机关和有关单位定点扶贫结对单位，定点帮扶陕西省合阳县。四年来，西北农林科技大学充分发挥在合阳县建立的葡萄试验示范站，围绕合阳县葡萄产业，积极开展科技创新、试验示范和人员培训等，帮助合阳县发展葡萄产业，增加农民收入，帮助贫困群众脱贫致富。

一、校地共建试验示范站

西北农林科技大学合阳葡萄试验示范站由学校与渭南市人民政府、合阳县人民政府共建，学校专家与地方科技人员组成技术团队共同开展工作。2008年启动建设，2013年3月正式揭牌。合阳县政府投资500多万元流转农民100亩土地，无偿提供学校用于葡萄试验示范站建设，并修建了围墙、水电等配套设施，学校投资1000多万元修建了包括专家公寓、培训教室、实验室等设施2200平方米，并建了90余亩试验示范葡萄园，分为世界著名酿酒葡萄种植示范区、冰酒葡萄种植示范区、鲜食葡萄日光温室示范区等3个试验示范功能区。试验示范站围绕渭南及合阳葡萄产业发展需求，开展葡萄品种引进和良种选育、丰产栽培、葡萄酒产业化等研究与示范推广，并与当地政府和企业合作进行葡萄与葡萄酒产品、葡萄酒文化展示、葡萄休闲观光等相关产业开发。目标是将合阳建设成为渭北旱原优质有机鲜食葡萄生产基地和葡萄酒产业科技示范中心，为陕西葡萄产业又好又快发展发挥有效的示范引领作用。

二、调研分析，制定规范

为了摸清合阳县葡萄产业发展现状及存在问题，试验示范站组织专家对合阳县葡萄生产现状、面积及种植分布情况进行了调查，对葡萄品种、栽培模式、用药施肥、葡萄品质等资料进行了统计和分析，为合阳县优质葡萄品种栽植区域科学布局、推进县域经济发展提供了重要的依据。根据合阳所处的地理位置和气象条件，完成了合阳县酿酒葡萄栽培管理标准的制定，制订了爬地龙（无主蔓）整形与修剪、爬地龙（有主蔓）整形与修剪、“V”型架整形、“Y”型架整形、独龙干型（ILSP）整形、多主蔓扇型整形等 6 个规范，为合阳县高标准发展葡萄产业奠定了基础。

三、开展研究示范和人员培训，提高葡萄产业发展水平

为了帮助合阳发展葡萄产业，发挥西北农林科技大学与合阳县共建的葡萄试验示范站的研究示范带动作用，2012 年以来西北农林科技大学投入基本建设资金 120 万元对试验示范站的基础设施进行了完善，投入运行经费 140 万元用于在合阳县开展葡萄种植示范和技术人员培训，并争取到渭南市和合阳县的配套经费 150 万元。为葡萄产业设立和争取项目 11 项、资助经费 117 万元，开展了葡萄品种示范、种植管理、示范园建设、人员培训等工作。

（一）围绕葡萄产业发展需求，研究示范推广了一批关键技术

以试验站为平台，按照葡萄产业化发展的要求，进行技术集成、创新与示范推广，对农民进行全程技术服务，促进了葡萄产业的发展。

1. 葡萄延迟采摘研究与推广

为了促进合阳县红地球葡萄提质增效，改变露地种植的单一生产模式，通过示范推广设施栽培，调节红地球的上市时间，延长货架期，提高产品价值。2014 年起，对大棚栽植的红提鲜食葡萄进行了延迟栽培的研究和实践，研究表明，红提鲜食葡萄成熟采摘时间可推迟 20 天以上，有效实现红地球葡萄采收期延长到每年国庆节期间，使红地球的平均价格提高了 4-8 元 / 公斤，按每亩地冷棚 5000 斤产量计算，可增收 1 万元左右。

2. 适宜种植品种研究与推广

充分利用试验示范站的资源和条件，研究适合合阳县域种植的高产、优质、抗病和抗逆品种。通过对 13 个不同的优质酿酒葡萄品种种植的试验研究，确定嘉年华、爱格丽、北冰红和媚丽等四个品种适合在合阳地区种植推广，对于实现适地适种和品种多样化将会起到积极的推动作用。同时，为了丰富合阳鲜食葡萄品种的种类，先后引进了美引一号、美引二号、红巴拉多、黑巴拉多、阳光玫瑰等 10 个国内外优良鲜食葡萄品种，目前正在进行引种试验和研究，为促进合阳鲜食葡萄品种结构的合理化和更新换代将会起到积极的促进作用。

3. 无病毒优质苗木繁育技术体系研究与集成

针对葡萄病毒病发生十分严重的现状，建立起葡萄茎尖超低温脱毒技术体系及无病毒良种苗木繁育体系，并在合阳县进行了育苗示范。2014-2015 年，

在合阳葡萄试验站繁殖、推广红地球、爱格丽、媚丽、嘉年华、北冰红等葡萄苗木13万株。

4. 葡萄爬地龙生产模式的研究与示范

合阳县地处渭北高原，冬季比较寒冷，必须对葡萄树进行埋土来防冻，埋土就需要投入大量的人力，不但加大了生产成本，而且还降低了农民收入，制约了葡萄产业发展。针对这一问题，学校对合阳葡萄种植区不同立地条件下葡萄园的轻简化管理技术进行了研究，以合阳产区当地传统的独龙干形为对照，研究示范推广了葡萄架形的爬地龙模式和葡萄冬季防寒防冻剂喷涂技术，对葡萄增产和提高结果率、减少冬季埋土前大量压枝劳力，提高用工效益和农民受益，推动葡萄产业发展将会起到重要的作用。

5. 葡萄酿酒工艺技术的集成与示范

针对合阳县不同生态气候下的小产区葡萄原料，分别进行了酒精发酵的优良酵母菌种和苹果酸－乳酸发酵的优良乳酸菌菌种的选育研究，确定了具有自主知识产权的葡萄酒酿造用微生物和酶制剂，形成了原产地的特色和风格。2015年，研究了10个品种的酿酒原料，外观表现出了良好的生长态势，其中爱格丽、赤霞珠和玛瑟兰表现更为突出，其果实的品种特征均表现显著。

（二）通过开展科技入户工程，加速了科技成果的示范推广速度

为了加速新品种、新技术的示范和推广步伐，带动合阳葡萄产业健康快速发展，示范站与合阳县农科局、果业局配合，在合阳县葡萄种植密集的城关镇、王村镇、新池镇、路井镇、坊镇及百良等6个镇，确立了20个示范点，开展科技入户工程。示范点在专家的指导下进行规范化栽培、病虫害防治等管理，示范引领带动周边种植户，以达到提高生产效益的目的。2015年培训指导新池镇南沟村110户农户建立红提葡萄种植示范园1000亩。

（三）通过开展不同层次的培训，提高了农技人员和农民的科技素质

学校以试验站为平台，围绕葡萄产业发展，积极开展人员培训工作，形成了“学校—试验示范站—示范点”三个层次的科技培训体系，先后开展各类培训10余次，培训人员2000多人，培训内容涉及葡萄品种布局及栽培技术、葡萄病虫害防治、葡萄土肥水管理等方面，通过培训与交流，学员们不但丰富了知识、掌握了技术，而且还获得了大量的新信息，对提高果农的葡萄管理水平、增加收入起了积极的推动作用。

四、建立网络视频培训平台

为使广大葡萄种植户了解更多的农业综合信息，通过网络“培训引导＋科学技术指导”形式，学习掌握鲜食及酿酒葡萄科学栽培管理技术，提高管理技能，示范站建立了农业综合信息计算机网络培训平台，内容涉及鲜食葡萄科学栽培与管理技术、酿酒葡萄科学栽培与管理技术及葡萄酒文化与鉴赏等方面，下一步将在示范站针对合阳所有葡萄种植户，不定期进行培训。

五、合阳葡萄产业发展迅速

通过学校的技术帮助，合阳的葡萄种植面积每年以2万亩的速度增加，2015年种植面积已达到15万亩，同时合阳葡萄的种植标准化程度也得到了很大的提高，水肥一体化和病虫害防治方面也取得了很大的进步，果农种植葡萄的积极性很高。

2014年6月18日，“走出杨凌看示范”新闻采访组一行到合阳县了解当地葡萄产业发展情况，当地领导介绍说：“目前合阳县百亩以上葡萄种植园有200多个，几乎都在西北农林科技大学接受过技术指导和培训，西农在葡萄种植这块为合阳10000多农民做过技术讲座和培训。目前合阳果农在葡萄种植以及产业发展中遇到的技术难题和困惑我们都可以向西农大的教师咨询，西农的专家还经常来到田间地头为农民解决葡萄种植过程中存在的技术难题。目前，合阳葡萄发展势头很好，葡萄产业已经成了农民致富增收的主要产业。每年每亩葡萄至少能为种植户带来每亩2万元的收入。”

合阳是红提葡萄生产大县，优越的自然条件，科学的管理技术赋予合阳葡萄独特的优良品质，已成为合阳县农业增收、农民致富的主导产业之一。2014年“合阳红提葡萄”区域公用品牌成功注册并投入使用，添缘现代农业园区千亩红提葡萄获得有机产品转换认证资格，2015年“合阳红提葡萄”获中国公用果业品牌50强，获“中国红提之乡”称号。

（琚婷婷整理）

科技造血　教育强基

——陕西师范大学

（定点扶贫：陕西省岚皋县）

参与扶贫工作，改善贫困地区民生，实现共同富裕，是我们义不容辞的社会责任。陕西师范大学扶贫工作是按照省委省政府和省扶贫办的要求和部署，自2012年开始，承担了安康市岚皋县官元镇团兴村与二郎村2个自然村的扶贫开发任务，从此陕西师范大学深入参与到官元镇全面脱贫的工作中。

一、高度重视，全校参与，各方协同助力山区脱贫

陕西师范大学高度重视扶贫开发工作，全处动员，结合工作实际，群策群力，共同做好扶贫工作；学校先后数十次远赴帮扶村调研和开展扶贫工作，与扶贫对口单位安康市岚皋县官元镇保持长期的沟通和联系，为当地民生和经济发展献策献力，先后多次组织相关人员前往岚皋县实地调研，还邀请官元镇及帮扶村干部到陕西师范大学交流并举行签约、捐赠座谈会。

2014年国家启动了扶贫工作队驻村扶贫工作，学校高度重视，由学校组织部以公开招聘的方式先后遴选了2支驻村工作队到官元镇二郎村开展驻村扶贫工作，为扶贫工作的顺利开展打下了坚实的基础。

二、驻村调研，专家指导，摸清家底定策略

陕西师范大学先后10余次组织食品、生物、旅游等相关专家到岚皋县调研，并根据官元镇的意愿及经济情况制定了详细的扶贫方案和措施，学校和当地随时保持沟通和解决扶贫工作方面的问题，扶贫工作人员不辞辛苦，长期坚持入村调研、驻村工作，通过逐户入户调研，建立了扶贫档案，先后定点的2个村基本情况如下：

1. 团兴村基本情况

团兴村位于官元镇西北部，距集镇约11公里，大官公路纵贯全村，平均海拔840米，辖九个村民小组，共250户922人，有农村劳动力629人，耕地面积4547亩，其中基本农田915亩。2011年人均纯收入4453元，主要收

入来源以种植、养殖、林果园和劳务输出为主。该村存在的主要困难有：一是经济基础薄弱，农业生产条件较为落后，农村贫困户较多；二是生产条件和居住环境十分恶劣，现有的移民新村缺乏配套设施，且仍有 60 多户 230 余人仍居住在高寒阴湿地带；三是缺乏基本体育文化活动场所。

2. 二郎村基本情况

二郎村位于岚皋县西南部，由原来的黄金村、二郎村、山河村合并而成，农业人口 502 户 1325 人，耕地面积 1570 亩，林地面积 3365 亩。该村地形以山地为主，土地利用类型以林地为主，适宜耕作土地（坡度＜ 15°）所占比重小，人均可耕作面积小且分散，山大人稀，基础设施落后。该村是岚皋县全县低收入标准下尚未实施扶贫重点建设的 48 个乡村之一，建档立卡贫困人口 265 户 754 人，占全村总人口 57%，其中五保及一类低保 77 户 118 人，精准扶贫对象户 188 户 643 人。

根据入村调研，当地经济基础差，基本没有工业，农村种养殖业落后，劳动力外流严重，病患、思想意识、教育基础差等是主要的致贫原因。陕西师范大学专家和领导进一步确立了扶贫开发工作思路，找出问题症节，找准致贫原因和制约农村经济发展的主要矛盾，共同制定和完善了团兴村发展 3 年规划，并积极协调解决资金困难，尽可能在技术、帮扶资金等方面提供帮助，改善村民生活及生产条件，同时学校依托科技、教育和人才优势，积极开展科技扶贫、教育扶贫，创新扶贫方法，拓展扶贫领域，努力促进团兴村、二郎村乃至官元镇的经济发展，造血强基，改善民生。

三、发挥优势，创新驱动，集思广益助力山区脱贫

（一）教育强基，多方支持，加强基础教育水平提升

陕西师范大学作为“西北教师的摇篮”，在教师教育方面具有得天独厚的条件和资源，学校在扶贫工作中，将教育扶贫放在首要位置，充分发挥自身优势，多方联系，立足当地基础教育“基础差、底子薄”的实际状况，想方设法把学校教学理念观念带给扶贫点，用教育来改变当地落后的观念，改变山区闭塞、落后的局面，不遗余力从教师教育、教学资源、助学帮扶等方面为官元镇乃至岚皋县的基础教育提供帮助，通过对教育的帮扶，提高课堂教育水平，促进当地文化和科技水平提升。

为解决当地师资水平参差不平的困境，学校基础教育研究中心已经与岚皋县教育局达成意向，在未来2年组织国培计划专家团队免费为当地培训师资，提升中小学教师课堂教学水平；同时学校也将岚皋县列为研究生支教团的和免费师范生教育实习基地，以弥补中小学教师的不足。

为提高当地信息化水平，改善基础教育设施建设，学扶贫工作领导小组

到团兴村开展扶贫调研工作时，走访了官元镇东山小学，了解了当地教育状况和条件，并为团兴村的所有小学生捐赠了书包和文具，并与官元镇政府就教育扶贫进行了座谈。帮扶工作期间，学校先后向官元镇九年制学校和东山小学捐赠电脑 160 余套计算机，建设 3 个微机教室，保障每个教师由一台电脑用于辅助教学，有效地改善了办学条件。

2015 年 7 月，学校在美国科技教育协会（ESS）的支持下，组织 40 名大学生到官元镇九年制学校开展暑期科学夏令营活动，通过系列科普课程，极大地拓展了当地留守学生的科学视野。该项活动获得学校师生及家长的一致好评，同时，作为旅游与环境学院 2015 年暑期“三下乡”社会实践活动的主要组成部分，受到了中共陕西省委宣传部、陕西省文明办、中共陕西省委高教工委、共青团陕西省委及陕西省学生联合会的表彰，被评为 2015 年陕西省大中专学生志愿者暑期“三下乡”社会实践活动优秀团队。此外，与此配套的乡村教师培训班资助了东山小学和官元九年制学校的 5 名女教师赴兰州西北师范大学参加教育培训。

学校驻村扶贫工作队依托学校和社会资源，在广泛调研的基础上，积极联系社会热心人士，发起“大山·雏鹰”基金，用于帮助当地家庭经济困难的学生顺利完成学业，每年每人资助人民币 1000 元，直至高中毕业。目前，已有 16 名学生受到资助。签约仪式在学校组织部和官元镇政府的见证下于 2015 年 11 月 10 日在官元镇签订。这些活动被“安康日报”、“安康教育电视台”、“三秦网”等主流媒体报道，引起了积极的反响。

（二）精准帮扶，科技造血，助推当地产业发展

根据当地山大地少的现状，陕西师范大学以“精准扶贫，分类指导”为指导思想，创新工作措施和方式，依托学校的科技优势，组织生物、食品、旅游等专业专家教授赴岚皋实地调研、访谈，了解扶贫村发展的现状和困难，并结合当地经济和自然条件，精心确定产业扶贫项目，帮助山区人民发展种养殖产业。提出了富硒贡米认证、山野菜开发、山羊养殖、腊肉加工、核桃种植和加工、烟草和莲藕种植产业、桑蚕产业、土蜂养殖和蜂蜜加工、淫羊藿等中药材种植等一系列产业化项目的建议并提供免费技术指导，根据当地实际，目前开展的项目有“2014 年团兴村莲藕产业和山羊养殖产业扶持项目”和“2015 年二郎村山羊养殖和养蜂产业项目”，学校还投入了 20 万元专项帮扶资金补贴和支持村民发展产业。

学校多方面筹措资金，确保扶贫款专款专用，目前已向官元镇投入产业帮扶资金 60 余万元。组织专家赴开展科技培训、产业指导和项目帮扶工作，同时协调相关企业，通过工艺升级、开展电子商务，进超市等办法，逐步解决贫困户农土特产品销售难的问题。这些项目的开展，有效地促进了当地产

业发展，提高了村民的收入水平，改善了其生活条件。

（三）扎实推进，项目落地，经济支持改山区人居环境

针对定点扶贫村镇的实际条件，陕西师范大学将关系当地村民基本生活保障的基础建设纳入帮扶内容，划拨了专门的帮扶资金，2012—2014年帮扶团兴村期间，学校对“2013年团兴村七组安居小区基础设施改造项目”和团兴村陕南避灾移民搬迁安置点“三通一平”工程项目进行了经费资助，总投入帮扶资金20万元，大大改善了当地村民的生活条件，为全面脱贫提供了基础保障。同时，捐赠办公电脑和打印机等，改善了村委会办公条件。

团兴村七组，小地名十三铺，是2007年启动建设移民新村一处，安置41户150人，由于当时建设标准低、没有进行统筹规划，排污、绿化、亮化等没有配套建设，生产生活污水自行排放导致该新村环境恶劣；没有安装路灯，晚上住户外出极不方便，经村两委会研究，报镇党委、政府批准，拟统一安装排污管道360米、安装路灯8盏、修建小型休闲广场一处，预算总投资20.13万元。陕西师范大学通过多方协调支持该村帮扶资金10万元用于该项目建设，使得该村住户的生活环境将得到极大改善。该处工程建设计划2012年9月动工，2012年12月已投入使用。

通过多年的移民搬迁，团兴村的人居环境有了一定的改善，但2013年仍有60多户230余人仍居住在高寒阴湿地带，生产条件和居住环境十分恶劣，经济基础相当薄弱，发展滞后，为争取目前的陕南大移民政策，切实改善高山及交通不便群众的生产生活条件，促进村容村貌和人居环境改善，在七组对窝坝和一组尤家铺子规划避灾移民安置小区两处，可安置搬迁对象60余户，力争在2014年建成，把全村居住环境恶劣的群众进行搬迁集中安置。新规划的两处安置小区已完成规划设计，但搞好水、电、路、讯等配套基础设施建设在资金上还有很大缺口，困难突出。陕西师范大学支持5万元专项资金，该项目的建成为村民顺利搬迁提供了保障。

党中央提出：确保到2020年农村贫困人口实现脱贫，是全面建成小康社会最艰巨的任务。为了贯彻《中共中央国务院关于打赢脱贫攻坚战的决定》精神，落实陕西省委省政府对扶贫工作的要求和部署，陕西师范大学作为教育部直属、国家“211 工程”重点建设大学，国家教师教育“985”优势学科创新平台建设高校，学校发挥教育、科技及智力资源资源优势，将定点帮扶官元镇作为重大政治责任和社会责任来完成。相信在国家扶贫开发政策和方针的指导下，学校必将持续利用自身条件和资源积极投身到官元镇经济发展中，为早日实现当地脱贫致富及教育发展做出应有的贡献。

（琚婷婷整理）

技术技能教育为发展创本领
教师管理培训提高职教水平

——北京交通职教集团

（专项扶贫：云南省丽江市职业教育）

2012年12月3日，国务院扶贫开发领导小组召开滇西边境片区区域发展和扶贫攻坚启动会，按照教育部整体部署，北京交通职业教育集团（以下简称“交通职教集团”）与云南省丽江市政府签署结对帮扶战略合作协议，三年来各项帮扶工作稳步推进并取得一定成效。

一、背景介绍

在教育部的关注和支持下，北京交通职教集团有成为与滇西边境山区10个州市进行战略合作的东部10个职业教育集团之一。

北京交通职教集团是北京市首个由市委、市政府批准的职业教育集团。交通职教集团实行“管委会领导下的理事长（校长）负责制”。管委会由北京市教委、北京市交通委、北京市人社局和北京市交通行业国有大型交通企业组成，搭建职教集团发展的政策支持平台。理事会由职业院校、中外优秀企业、行业协会、科研机构、职业技能鉴定机构组成。在教育部、交通运输部指导下，交通职教集团创新职业教育办学体制、机制和职业人才培养模式，较好地支持了北京市交通行业的发展，在全国形成了一定的引领作用。交通职教集团明确了以技术技能人才培养为本，通过人才扶贫，提高滇西地区职业教育发展总体水平，促进滇西地区社会和谐，带动地区经济社会发展。

为落实好对口帮扶丽江的工作任务，交通职教集团主动与丽江市政府沟通，力促丽江市政府来京就深化帮扶工作进行深入商讨。2013年1月11日丽江市政府派出代表团12人来京调研，双方就落实合作进行了深入细致的沟通，签订《深化战略合作备忘录》，就共同完善职业教育发展规划、技术技能人才培养、师资培养、合作办学、校企深度合作、共同促进丽江市经济发展等六个主要方向达成合作意向。

2013年“两会”期间，丽江市人民政府主要领导率云南省部分全国人大代表及相关领导来到北京市交通委，与北京市交通委员会有关领导及交通职教集团各成员单位领导就深化合作及对口帮扶事宜进行了商谈，双方就下一步帮扶工作的具体实施形成了统一意见。

2013 年 5 月 8 日—12 日交通职教集团管委会组成集团代表 11 人赴丽江市考察，实地走访，与丽江市政府、相关院校及企业代表座谈，了解需求，明确帮扶工作思路。

通过沟通，交通职教集团明确了以技术技能人才培养为重点、全面落实六项帮扶工作的思路。重点开展两项帮扶工作：一是面向丽江市贫困山区的少数民族学生提供来京接受免费职业教育的机会，帮助他们成为高素质的技术技能人才，获得职业发展机会，从而带动他们的家庭脱贫致富；二是面向丽江市职业学校管理人员、专业教师提供来京挂职锻炼的机会，帮助他们接受先进的职业教育理念、教育教学方法的培训，并进入一流企业顶岗实习，提升他们的管理水平和开展职业教育的能力，从而为丽江市培养一支高水平的职业教育管理和教师团队，带动丽江职业教育的整体水平提升。

在具体帮扶工作中达成三点共识：一是依托交通职教集团交通专业特色和优势，结合丽江的需求和特色开展合作；二是充分发挥政府主导作用，争取政府支持，保证合作的品质和执行力；三是建立联系人沟通机制。

二、扶贫措施及实效

根据 2013 年 5 月，交通职教集团与丽江市人民政府共同签署《北京交通职业教育集团与丽江市人民政府深化战略合作 -- 联合办学协议书》、《北京交通职业教育集团与丽江市人民政府深化战略合作 -- 职业教育师资培养协议书》，展开两项扶贫措施。

（一）定向招收丽江贫困学生来京学习

从 2013 年起，北京交通运输职业学院开始面向丽江市贫困山区开展三年制大专层次招生，招生专业为汽车检测与维修、汽车技术服务与营销、汽车整形与涂装、物流管理、道路桥梁工程技术等丽江市政府重点发展专业。2013 年 100 名、2014 年 150 名、2015 年 150 名，交通职业教育集团全额减免丽江市定向生的学费、住宿费、杂费。为了保证这些贫困学生能够顺利来京就读，丽江市政府为每名学生提供每年 2000 元的交通补助，交通职教集团为每名学生提供每年 2000 元的生活补贴。

在教育部支持下，2013 年，北京交通运输职业学院获得丽江定向招生计划 100 生，并圆满完成招生计划。由于丽江学生来自分散的山区、通讯不畅等特点，学院积极争取与每一名报考的丽江考生取得联系，做好帮扶政策的宣传工作。在丽江市政府的协助下，首批 64 名丽江贫困学生成功走出山区，进入北京交通运输职业学院学习，他们分别来自彝、傣、白、纳西、布依、回、拉祜、哈尼 8 个民族的贫困家庭。2014 年，交通职教集团积极争取将定向招生计划扩大为 150 生，在云南省教育厅的要求下，将招生范围由仅面向丽江，扩大为以丽江为主、覆盖 10 个滇西贫困市州。在云南省教育厅和学院的共同努力下，圆满完成招生计划，并在当地教育主管部门的协助下，使 148 名贫困山区学生来到学院学习。这些学生中，一半以上均为少数民族学生，来自白、布朗、傣等 13 个民族的贫困家庭。2015 年招收滇西贫困市州学生 122 人。今年学院遴选精兵强将组成三个工作组，深入滇西贫困县宣传教育部定向帮扶政策，在丽江等 10 个滇西州市招收学生 150 名。

2013—2015 年滇西招生情况表

年度	招生人数
2013 年	64
2014 年	148
2015 年	122

学院高度重视这些学生的发展，抽调了汽车、轨道交通、物流等专业的骨干学科带头人，为丽江学生授课和进行实训，发现学习困难情况及时给予组织辅导，协助他们开办了“彩云社”等社团，通过丰富多彩的社团文化活动使他们快速融入到校园生活中。毕业时，这些学生将顺利拿到大专毕业证书，同时职教集团将为这些学生安排顶岗实习和就业岗位，为他们获得多样化的发展机会，职教集团还将针对他们的持续发展提供继续教育和在职培训的机会。

（二）接受丽江市职业学校管理人员教师来京挂职锻炼

根据合作协议，在合作期间，由交通职业教育集团以三个月集中培训的方式，无偿对 30 名丽江中等职业学校专业教师和 6 名校长或管理人员进行针对性的专业、管理知识培训，并为丽江教师提供住宿和每人每月 500 元的生活补贴。培训以脱产研修的方式展开，每年一期，每期三个月，其中在高校集中研修不超过两个月，在行业、企业参加实践锻炼研修不少于一个月。

2013 年 9 月，首批 11 名丽江市中等职业学校教师来到北京接受为期三个月的职业教育培训。交通职教集团着重对他们的专业知识、专业技能、教科研能力提升进行系统培训，并安排丽江教师进入集团内企业进行顶岗实习，开展理实一体化的培训。针对丽江教师来自不同专业的特点，职教集团组织集团内职业院校合作，共同制定培训教学计划，对于职教集团内未开设的专业，积极协调其他职业院校开展培训。经过为期三个月的挂职培训，11 名丽江教师经考核合格全部获颁培训证书

2014 年 9 月，第二批 11 名丽江职业教师已经进入交通职教集团进行挂职锻炼。2015 年 10 月 12 名丽江教师 2 名普洱教师来学院培训和挂职锻炼。

2013—2015 年师资培训情况表

年度	人数
2013 年	11
2014 年	11
2015 年	14

2015 年首届丽江市学生将完成学业走向社会，为此交通职教集团提出“扶上马送一程”的要求，成员单位优先为愿意留京工作的毕业生提供实习岗位和就业机会。针对实习单位分散、部分单位无法解决住宿、北京租房费用高等问题，交职学院从减轻学生的经济压力，解决他们的后顾之忧出发，将城区沙子口校区一栋培训教学楼改造成宿舍。同时，学院还配备了专职教师和管理人员，帮助学生克服工作和生活中的困难，使他们平安度过实习期。截至目前，三个专业首届实习学生全部走上工作岗位，平均实习工资 2050 余元，较高学生能达到 4000 多元。由学生带领家庭脱贫。

集团、学院为丽江及滇西贫困学生提供“三免一补”政策，三免：免学费、住宿费、杂费，“一补”补伙食费，代交书费、军训费、工装费、卧具费、一老一小医疗、学生平安险、实习险、校方责任险等费用；截至目前，扶贫资金达到 845 余万元，其中：减免代交 589 余万元、丽江教师在京师资培训 13 万元、丽江在京实习学生宿舍改造费用 243 万元。惠及 2013 级、2014 级、2015 级 350 多名来自云南的少数民族学生及贫困生，以及 24 名丽江职业教育管理、教学骨干人员。

（三）谋划、支持丽江职业教育发展

对交通职教集团而言，在积极参与、全力以赴开展对口帮扶滇西职业教育的工作中，也对职业教育服务行业和社会所需承担的重要职能有了全新的认识。交通职教集团通过对前一阶段的工作进行系统总结，将继续深入开展调研摸底，使培训和招生更加贴近当地需求，以进一步做好下一步的帮扶工作，让更多滇西地区师生受益于国家的好政策。

1. 完善职业教育规划

交通职教集团将继续加大对丽江市乃至云南省职业教育的帮扶力度，参与《丽江市现代职业教育发展实施意见》的修改完善。组织职业教育专家、企业专业技术人员参与，提出建设性的意见和建议，从当地经济社会发展实际，帮助丽江市制定切实有效的职业教育发展规划，带动丽江职业教育发展。

2. 开展现代职业教育体系建设

做好与丽江职业学校中高职衔接工作。围绕丽江市重点发展的专业，统筹开展专业设置、人才培养方案制定、教材编写等，并开展教学指导。接受丽江中职学生进入交通职教集团内高职继续学习。

做好为丽江市职业学校开展师资方面的培训工作，帮助丽江职业学校提升管理水平，提高教师职业教育理念、教学水平。

着手开展交通技术技能人才培养工作。立足当地交通发展，为交通企业在职人员开展职业培训、继续教育，提升在职人员整体素质。

3. 互补优势，联合办法学

在北京市交通委的支持下，组织集团内企业到丽江开展调研活动，充分发挥集团内部资源优势，鼓励和推进集团内企业与丽江市职业学校开展校企合作办学。

北京交通职业教育集团与丽江市人民政府就推进双方战略合作进行了深入的沟通和协商，取得共识，签署《北京交通职业教育集团与丽江市人民政府深化战略合作协议》《北京交通职业教育集团与丽江市人民政府深化战略合作联合办学协议书》《北京交通职业教育集团与丽江市人民政府深化战略合作 职业教育师资培养协议书》。

按照《联合办学协议书》，2016 年起北京交通职业教育集团核心校——北京交通运输职业学院在原有面向云南省开展三年制大专层次招生基础上，招生专业扩展为汽车运用技术、物流管理、汽车技术服务与营销、古建筑维修 4 个专业，招生名额 100—200 名，均为丽江市政府重点发展专业。北京交通职业教育集团继续全额减免定向生的学费、住宿费、卧具费、书费、军训费、工装费；代交学生平安险、一老一小医疗险、实习保险、校方责任险；并提供每生按月伙食补助 200 元，共计 31452 元。丽江市人民政府为学生提供每生每年 2000 元交通补助。

按照《职业教育师资培养协议书》，结合以往教师培训的实际情况，北京交通职业教育集团以挂职锻炼和交流方式分三年为丽江中等职业学校 30 名专业教师和管理人员开展三期为期一个月的师资方面的培训。培训主要包括专业技能和管理知识两方面内容。

集团通过发挥优势，定点招生少数民族贫困家庭学生学术实用职业技术，为滇西地区少数民族发展提供了动力。集团将继续加大此方面的支持力度，让更多的滇西少数民族学生获得发展致富的真本领。此外，集团将发挥在职业教育方面的优势，加大对丽江等滇西州市职业教育中的教师培训力度，提高滇西地区职业教育的水平，为滇西广大农村贫困家庭孩子提供发展的技能。

（胡兴东整理）

合作办学　提供职教支持
助推扶贫“双创”活动

——北京现代服务业职教集团

（专项扶贫：云南省保山市职业教育）

2012年，北京现代服务业职教集团作为东部优秀职教集团的代表，参加国家扶贫攻坚计划，承接了教育部滇西教育扶贫任务，与云南保山市签署了战略合作协议。

一、背景介绍

北京现代服务业职教集团是经北京市教育委员会批准成立的北京市级职教集团（其前身是北京商业教育集团、北京祥龙职教集团），它实行双主体管理，即北京祥龙资产经营有限责任公司、北京市商业学校两个主体，是北京市8个职教集团中唯一一个由企业牵头主办的职教集团。

北京市商业学校创建于1964年，行政上隶属北京市国资委国有大型企业集团——北京祥龙资产经营有限责任公司，业务上受北京市教委指导。学校占地560亩，有6个校区，建筑面积12万平方米，开设21个专业，现有中职学生近4000人、成人教育3500余人，年培训鉴定30000人次以上。有教职工300余人，市校两级骨干教师80余人，双师型教师比例达80%以上，兼职企业专家100余人。学校与150余家知名企业开展深度合作，先后与奥、德、瑞、英、韩、新加坡和香港、台湾等国家和地区开展合作办学和国际交流。形成了以中职教育为主体、中高本衔接，党员干部培训、成人教育、培训鉴定、社会服务等多元发展的办学实体。

在3年扶贫中，集团发挥职教集团办学优势和祥龙公司资源优势，主动对接对口支援单位，创新思路方法，不断加大扶持力度，注重精准发力，拓宽合作领域、提升合作层次，坚持把帮扶工作落到实处，做出实效，切实推进了保山地区经济社会发展，探索了“教育+产业”的首都职教帮扶模式，取得了良好的效益。

二、扶贫措施与实效

（一）注重总体规划，完善合作机制

为保证对口帮扶工作的有效推进，北京祥龙公司和北京现代服务业职教集团高度重视此项工作，成立了专项领导小组和专项工作小组，由职教集团的主体单位——北京市商业学校主要领导任工作组长，全面负责对口扶贫工作。选派人员多次赴实地调研和座谈研讨，先后召开帮扶工作专题会13次，组织帮扶工作调研5次，参与调研人数30余人，组织人员赴云南保山考察60余人次，召开对口帮扶工作洽谈会、交流会6次，云南保山来京专访4次，共26人次。在充分考虑职教集团和学校优势和可行性的基础上，制定了帮扶工作方案，与保山市人民政府、保山教育局所属职业学校签署了合作协议。2015年6月，北京现代服务业职教集团第一届理事会上，云南保山的5所职业学校正式成为集团的理事单位。双方在组建分校、联合招生、联办专业、师资培训、挂职锻炼、校企合作等方面开展深入合作，细化合作内容、权利义务和条件保障，确保扶贫工作有序推进，为对口帮扶工作的顺利进行打下了良好基础。

保山职教中心校干部在我校参与培训

（二）发挥双方优势，积极开展合作办学

根据保山地区未来技术技能人才需求和京津冀一体化发展所面临的形势，着重从培养保山经济社会发展需要的高素质技术技能人才入手，依托北京市商业学校的优势资源，在保山5个市区县设立了5所分校，合作开办了旅游服务与管理、物流服务与管理、珠宝玉石加工与营销、电子商务等专业。合作办学采取以学生在本地学习和来京学习相结合、毕业后原籍就业的模式，制定统一的招生计划和专业人才培养方案。3年共招收当地贫困学生712人，

隆阳分校

昌宁分校

腾冲二职中分校

龙陵分校

施甸分校

按照 2+1 或 1+2 模式开展教学。学生来京学习期间，在免除所有学生学费的基础上，减免在京期间学杂费、书本费、校服费、住宿费等费用，为每人发放 1000 元交通补助，免费提供生活用品、学习用品。考虑到学生的实际困难，2014 年 11 月，祥龙公司组织所属人员为保山学生捐款 16 万余元，购买羽绒服等物品，发放到每名学生，让学生感受到组织的温暖，受到了当地学校、师生、家长的普遍欢迎。目前，第一批学生已经在校学习一年多，技术技能和综合素质有了显著提高，有 50% 的学生参加学生会和学生社团组织，先后有 6 名学生代表学校参加北京市技能大赛，2 人获得二等奖，2 人获得三等奖。

（三）建立互动机制，着力提升各分校办学实力

教育帮扶，提升学校的综合办学实力是重点。集团以提升保山地区职业教育干部和师资队伍能力素质为切入点，每年组织保山教师和干部来京进行

农业专家赴保山指导类叶等种植

为期 2 周—3 个月的培训和挂职锻炼。专门针对保山教师（干部）的实际情况，制订科学合理的培训方案，有针对性地进行培训。3 年来共培训（挂职）108 名教师和干部，效果良好。同时，集团还每学期选派干部、教师到保山，共 8 批次近 115 人次，对 5 所职业学校学校管理、专业建设、教学改革、德育工作、示范校建设、实训基地建设、师资队伍、信息化建设、教学质量监控等进行指导，有效提升了当地学校的办学质量和科学管理水平。

（四）充分发挥优势，积极促进当地“双创”活动

充分发挥集团在行业企业方面的优势，先后组织集团企业领导、茶叶和汽修方面的行业专家赴保山，指导当地茶叶、石斛药材、汽修、珠宝等产业发展，在推动当地特色产品进京销售工作取得实质性进展。此外，积极落实“大众创业、万众创新”要求，主动发挥我们在电子商务方面的优势，对接保山市有关部门，帮助当地推动“大众创业 万众创新”活动开展。2015 年 11 月，先后安排 6 名电子商务专家到保山设计活动方案、组织相关培训等，帮助保山市政府策划举办了的“电子商务应用周”活动，专门安排集团内部电子商务方面的专家，有力地推动了当地电子商务的发展。目前，保山市所有中职学校的电子商务专业已经开设。

电子商务专家到保山设计活动方案、组织培训

三、成绩和展望

在3年中，集团带着真挚的情感、浓厚的家国情怀和职教人的担当与智慧投入到滇西扶贫工作中，初步形成了具有行业特点、首都特色的“教育+产业”的职业教育帮扶模式，受到了保山市上下的一致好评和欢迎。光明日报、中国教育电视台、中国网、北京晚报、中国现代职教网、职业与教育、保山市电视台等媒体对我们开展的帮扶工作多次报道，其他媒体纷纷转载，引起了较大社会反响。2015年6月10日，《人民政协报》与集团组织了“职业教育在教育扶贫中的问题与对策” 教育之春系列沙龙活动，专题就滇西职教帮扶工作进行了研讨，全国人大和政协委员、保山市领导等共20多人参加了活动。

回顾三年来滇西职教教育帮扶工作，集团获得成绩的经验有三点：一是政府高度重视，政策经费有力支持。教育部、北京市政府对滇西扶贫工作的高度重视，专门在招生指标、经费支持上给予了集团大力保障，北京市教委和祥龙公司领导亲自到实地考察，了解情况，提供支持。二是注重对接产业，做到精准发力。集团始终坚持把提升保山当地职业学校办学实力，特别是软实力，作为帮扶重点，发挥我们的优势，加大职业学校教师素质提高计划的倾斜支持力度，解决学校关注的重点。三是做到真情投入，真心帮扶指导。坚持不把扶贫工作当作为完成任务而做工作，始终在真心实意、带着真情投入，确保整个扶贫工作取得较好效果。

集团将进一步发挥首都职教优势，精准发力，推进更加深入职业教育的帮扶与合作，为保山地区的技术技能人才培训提供保障，为地区发展提供合格的人才。

（胡兴东整理）

提升职业教育水平　创建新型职业教育模式

——天津职业大学职教集团

（专项扶贫：云南省石屏县职业教育）

按照《关于开展东部地区职业教育集团对口帮扶滇西边境山区中等职业学校工作的通知》要求，天津职业大学职教集团从2012年至2020年，与云南省红河州职业院校结对，进行对口帮扶建设工作。集团整合资源，发挥优势，集中相关专业师资和设备优势，定点帮扶石屏县职业高级中学（以下简称“石屏职高”），成效显著，实现了两地职业院校资源共享、信息互通、基地共建，提升了集团办学基础能力和社会服务能力。

一、定点扶贫项目建设情况

定点扶贫项目于2012年4月由教育部职成司组织“东部地区职教集团对口支援滇西中等职业学校”签约，天津职业大学职教集团与红河州石屏职高在联合招生、师资培训、专业建设、校企合作等方面开展教育扶贫对口支援，经过多次互访调研、沟通协商，结合当地经济结构和产业特点，选取了以开发和建设石屏职高“组培实验室”、“多媒体教室”为刚需项目，以人才培养、实训项目开发、师资培训、技术服务、文化交流等为软需项目，形成了“多元渐进、分布推动”的教育扶贫举措，促进了教育教学改革和人才培养质量提升，服务了区域经济建设和发展。

（一）“组培实验室”、“多媒体教室”建设项目

天津职业大学职教集团于2013年在项目建设中投入设备总值20万元，创建并运行了能容纳120人的“组培实验室”和40人的“多媒体教室”，发挥职教集团内生物制药技术专业资源优势定向帮扶石屏职高利用“组培实验室”、“多媒体教室”等实训室开发实训项目，发挥实训设备使用效能，提升了石屏职高师资队伍水平和教学设备运行能力，同时提升了石屏职高服务区域经济发展和农业种植产业的能力，推进了铁皮石斛、金线莲等种植物、果树、药材的组培研发工作，形成了组织培养与无土栽培的对照试验，其中脱毒草莓实现了工厂化生产。

表 1　职教集团定点帮扶石屏职高项目设备投入清单

编号	设备名称	规格型号	数量	单价（元）	总价（元）
1	台式计算机	联想启天商用电脑	1 台	4100	4100
2	投影仪	雅图 LX226ST	1 台	7300	7300
3	电子白板	鸿合 HV-I382（含组合黑板）	1 块	6900	6900
4	钢制讲台	海力展钢制讲台	1 个	1700	1700
5	中控	恒胜 360S	1 个	1550	1550
6	配套音响和无线话筒	1. 功放：湖山 XY100 2. 音箱：湖山 HY30A 3. 有线话筒：湖山 DS301 4. 无线话筒：湖山 U310	1 套	2850	2850
7	机柜	可移动式航空机柜	1 个	2300	2300
8	辅材	强电部分采用 2.5 平方优质铜芯多芯线	1 批	300	300
9	药品柜		2 个	2500	5000
10	凳子		17 个	200	3400
11	光照培养箱	上海上登 GHP-300 光照 0-30000LX，300L	2 台	8300	16600
12	纯水设备	深圳金利源 JZ-R-1000	1 台	4300	4300
13	中型立式高压灭菌锅	上海博讯，YXQ-LS-50SII	2 台	9500	19000
14	双目解剖镜（正像）	江光 XPX-2A 20X-40X（20 倍 -40 倍）	2 台	560	1120
15	显微镜	上光五厂 XSP-2CA 双目 1000 倍	1 台	2300	2300
16	分析天平	常熟双杰 中美合资 JJ100B 100g/0.001g	1 台	1650	1650
17	电子天平	进口，美国奥豪斯，精度 210 克—1 毫克，CP213	1 台	5572	5572
18	电子天平	常熟双杰中美合资 JJ200 2000g/0.1g	1 台	780	780
19	PH 值测定仪	深圳科立龙 KL-009II 笔式数显	1 台	200	200

续表

编号	设备名称	规格型号	数量	单价（元）	总价（元）
20	超净工作台	苏州安泰 SW-CJ-1FD 单人单面 垂直送风	1 台	5543	5543
21		苏州安泰 SW-CJ-2F 双人双面 垂直送风	4 台	8800	35200
22	接种器材、灭菌设备	格艾特 JZ-2	17 套	650	11050
23	接种工具		17 套	20	340
24	医用小推车		17 辆	700	11900
25	接种凳	升降圆凳	17 个	160	2720
26	空调机	海尔 立式柜	1 台	9500	9500
27	除湿机	杭州森井 MDH-728B	1 台	2200	2200
28	冰箱		2 台	3000	6000
29	电磁炉		2 台	600	1200
30	培养瓶	组织专用，配透气盖（10.5cm×6.5cm）	3000 只	2.5	7500

组培实验室

组培实验室配套温室分组育苗

草莓脱毒苗田间实验

组培实验室配套大棚

（二）“人才培养、师资培训”项目

天津职业大学职教集团于2014、2015两年向教育部职成司、云南省教育厅职成处都申报了“定点扶贫云南滇西单招计划”，但受多方面原因没能批复计划，只能以统招计划向云南地区倾斜，2013-2015年累计在云南省共计招生45人。集团作为教育部师资培训基地，已为红河州石屏职高培训师资41人，提升了该校专业师资素质和技能水平；目前已经和红河州教育局达成合作意向，帮助红河州职教集团及相关职业学校开展师资培训和建设。

表2　红河州职业学校师资培训需求调研统计表

编号	学校类型	数量（所）	师资培训需求数量（人次）
1	高级职业中学	13	400
2	成人中等专业学校	4	100
3	成人基础教育学校	30	400
4	技术培训学校	5	150
合计		52	1050

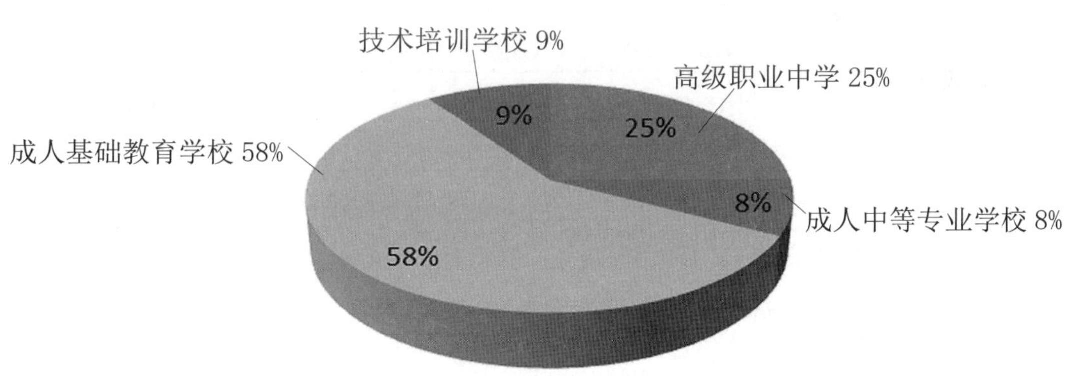

红河州开展职业教育学校类型分布图

（三）“技术服务、文化交流”项目

“组培实验室”、“多媒体教室”等实训项目建设和新实验项目开发成为后期实训室建设重点，集团生物制药技术专业教师多次赴石屏职高进行项目建设服务，调试设备，开发项目，使实训室建设很快提高使用效率；在此基础上，为当地开展农业生物科技研究，进行了铁皮石斛、金线莲、彩色马蹄莲、蓝莓、草莓、猕猴桃、多肉植物的组培科研工作。目前，脱毒草莓已经到大田做田间小区对照实验，涉及 3 个村委会，实验苗已经结果，长势特别优秀；多肉观赏植物和蓝莓的组培正在做配方实验；草莓组培脱毒技术经过反复试验，可以实现工厂化生产，其他花卉，果树，药材已经组培成功，为以后教学，科研奠定基础。集团与石屏职高已经达成合作意向，每年开展文化交流，提升学生和教师综合素质。

表 3　定点帮扶滇西红河州职业教育项目派出师资统计表

编号	姓名	职务	专业	职称	派出时间
1	孙诚	原副校长	包装印刷	教授	两次：2012. 4；2013. 1
2	许国强	原副校长	教育管理	研究员	2012. 12
3	王昆	合作办主任	公共管理	副教授	2013. 11
4	于建忠	原国资处处长	化工技术	教授	2013. 1
5	高文艳	工会副主席	教育管理	高级政工师	2013. 1
6	吕平	生环学院教研室主任	生物技术	副教授	两次：2013. 1；2013. 8

二、定点扶贫项目建设成效

（一）定点扶贫帮扶机制得到完善

建立定点扶贫滇西领导小组和项目小组，明确工作目标和任务。建立健全对口支援项目运行、监督、奖励等相关制度以及东西部职业院校交流走访、学术会议沟通等交流机制。做好教育扶贫工作规划，结合集团条件，“多元渐进、分布推动”。以问题为导向，找准对口支援切入点，制定实施方案，在专业（群）建设、课程改革、教材开发、资源库建设、职业培训包建设等方面，提供智力支持，在实训室建设等方面提供设备或资金支持。探索基于增强发展能力的托管或集团化办学形式，推动滇西红河职业院校全面发展。

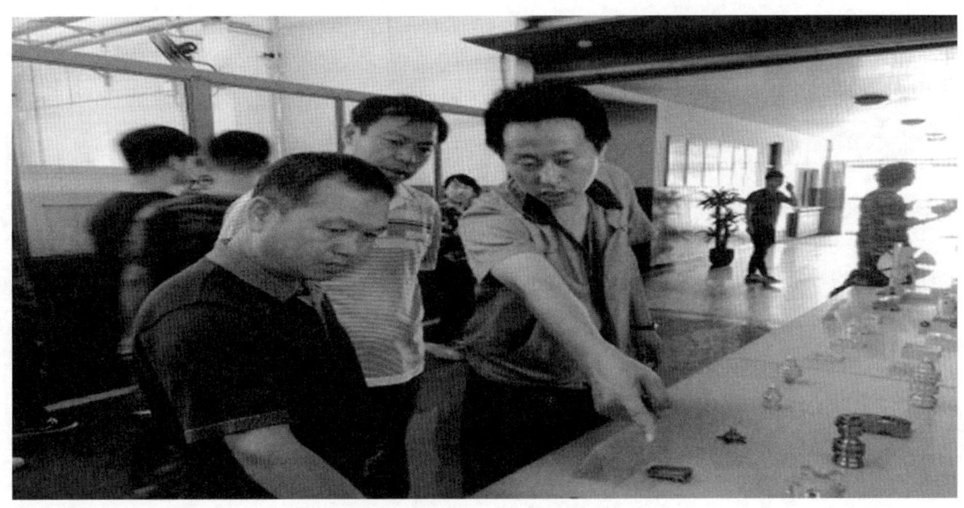

石屏职中教师参观我校实训室

（二）技能人才培养质量得到提升

集团在教育教学改革和人才培养模式创新中所形成“校企合作、工学结合”的“以产品为载体，基于教学工厂”、“现代学徒制”等多种人才培养模式，以及实施“基于工作任务的教学做一体”教学模式改革等内容逐步渗透到石屏职高的教育教学改革中，通过投资综合性实训基地建设和项目开发、使用，大大提升了教学效果和学生动手能力，教育教学质量和人才培养质量同步得到提升。截至目前，完成 5 个实验室新建和扩建任务，改善和优化实训条件，提升石屏职高办学实力，紧贴当地产业对技能人才需求，培养经济林果、现代园艺、庭院经济、烟草栽培、畜牧兽医、特种养殖等 9 专业 700 余人，很多毕业生已经成为当地种植、服务等产业技术能手或管理骨干，促进了教育教学改革和人才培养质量提升，也带动了集团招生规模和办学声誉的提升。

（三）教师“双教”能力得到增强

通过两地职业院校开展的师资交流和培训，使得定点扶贫滇西红河石屏职高教师的理论教学和实践教学能力得到提升，教师能够指导和带领学生完成相应实验项目，同时结合当地产业需求和特点，开发和试验实验室组培项目，并逐步推广应用到大田和工厂化生产，提升了“产学研一体化”水平。截至目前，完成师资培训 41 人次，提升了教师“双教”能力和参与农业生物产业的研发和服务能力。

表 4 石屏职高师资培训开展情况统计表

<table>
<tr><td rowspan="3">教职工共计 80 人</td><td rowspan="2">专任教师 61 人</td><td>高级教师</td><td>38 人</td><td>接受培训 25 人</td></tr>
<tr><td>中级教师</td><td>28 人</td><td>接受培训 16 人</td></tr>
<tr><td>职工 19 人</td><td>--</td><td>--</td><td>--</td></tr>
</table>

（四）集团生物制药技术专业建设和社会服务能力不断完善

“定点扶贫滇西红河石屏职高”工作也带动了天津职业大学职教集团内专业建设和社会服务工作，集团生物制药技术专业群与区域特色产业对接，适合时机拓宽人才培养方向，以联合培养、教学资源库建设、师资建设、校内外实训基地建设、资源共享、科研合作等多种模式进行教育教学改革，提升专业群人才培养、社会培训和技术服务能力。

表 5　生物制药技术专业建设情况统计表

<table>
<tr><td>内容</td><td colspan="2">专业建设情况</td></tr>
<tr><td rowspan="3">实训基地建设</td><td>校内新建实训基地</td><td>7 个</td></tr>
<tr><td>校内扩建实训基地</td><td>8 个</td></tr>
<tr><td>校外新增实训基地</td><td>5 家</td></tr>
<tr><td rowspan="2">课程建设</td><td>国家级教学资源库建设</td><td>2 个</td></tr>
<tr><td>出版教材</td><td>正式出版教材 4 部，高水平校本教材 6 本，其中“十二五”国家规划教材 1 部</td></tr>
<tr><td rowspan="4">师资队伍建设</td><td>培养专业带头人</td><td>1 人</td></tr>
<tr><td>培养后备专业带头人</td><td>1 人</td></tr>
<tr><td>培养专业中青年骨干教师</td><td>6 人</td></tr>
<tr><td>聘请专业兼职教师</td><td>8 人</td></tr>
</table>

表 6　生物制药技术专业技术服务情况统计表

内容	技术服务情况
开发横向课题	9 项
引进合同资金	429.7 万元
申请专利	26 项（授权发明专利 8 项，实用新型 17 项）

表 7　生物制药技术专业社会服务开展情况统计表

时间	骨干教师培训（人次）	企业员工培训（人次）	合计（人次）
2013 年	111	2636	2747
2014 年	469	3241	3710
2015 年	681	2956	3637

表 8　生物制药技术专业开展社会培训技能鉴定情况统计表

社会服务项目	技能鉴定取证（人次）	素质提升培训（人次）
全国骨干教师培训	581	680
企业员工培训	28	8805
合计	609	9485

三、定点扶贫项目下一步工作

（一）建设扶贫石屏职业教育信息平台，优化项目建设机制

利用现代化信息手段，建设定点扶贫石屏信息平台，定期发布项目需求信息和建设进展情况，及时做到项目跟进、反馈和互动交流，做到信息交流打破时间和空间限制；为扶贫石屏职业教育教育项目共享集团教育教学信息平台（BB），共享教育教学资源，均衡东西职业教育资源差距；完善和实施扶贫项目线上线下资源优势组合、项目建设循序渐进、项目开发分布推动的纵横交错、多措并举的运行机制。

（二）建设骨干教师和管理干部培训体系，提升师资队伍建设水平

发挥集团作为教育部师资培训基地的作用，与红河州教育局协调相关工作和运行机制，依托校企合作实训基地和教育教学改革成果，建立职业学校

教师和管理干部“业务培训—技能提升—鉴定取证”三位一体培训体系，以指导参加相关专业技能大赛为契机，合理安排相应专业骨干教师和管理干部集中培训或挂职锻炼，提升职业学校师资队伍水平。

（三）建设现代职业教育人才培养体系，加强技术技能积累

深化产教融合、校企合作，结合天津高端制造产业需求特点，联合红河州职业学校定向相关专业实施“中职—高职”联合培养，争取相关支持政策，形成“共建专业”、“委托管理”或“产教联盟”等合作模式，提升技术技能人才培养水平；积极推进更多的高职优秀毕业生走到滇西红河州支援职业教育和产业发展，形成技术技能人才科学健康流动机制。

（四）建设职业教育文化交流机制，增强文化育人功能

共同探索和实施“工匠精神”培养机制，帮助石屏职业学校从精神文化、制度文化、行为文化和物质文化四个层面进行建设，推动产业文化进学校、行业企业文化进专业、职业文化进课堂，形成融人文素质、职业精神、职业技能为一体的，具有专业群或产业群特色的专业文化与行业企业文化、课堂文化与职业文化对接机制，增强文化育人功能。

对于滇西边境山区教育扶贫工作是一项长期的战略举措，在进行的过程中我们需要进行不断的探索和创新，集团内的天津职业大学在《天津市高等职业教育创新发展行动计划（2015—2018 年）行动计划》项目中专题申报了“面向西部对口支援能力提升建设项目”，从对口支援机制、受援职业院校专业（群）建设能力、办学能力、专业内涵建设等多方面循序渐进、分步推动，促进定点扶贫滇西工作持续开展，取得更大成效。

下篇　高校定点扶贫典型案例摘要

一年志愿行　终身长顺人

——北京邮电大学

（定点扶贫：贵州省长顺县）

2012 年下半年，北京邮电大学开始对贵州省长顺县进行定点扶贫，并确定长顺县为第三个研究生支教团支教点。几年来，学校积极挖掘资源，连续派遣优秀学生干部前往长顺支教。支教团成员在努力完成日常教学工作的同时，积极协助当地项目办开展志愿服务工作，成效显著，受到支教服务地的一致肯定。

一、倾心教学、努力探索、积极作为，充分发挥支教团突击队作用

2014 年以来，两届支教团共 8 名志愿者到长顺县开展支教服务，承担起繁重的地理、英语、历史、生物等教学任务，缓解了师资紧缺的压力。支教期间，志愿者们认真备课、努力钻研，认真完成基本教学工作。同时，创新形式，如通过建立英语兴趣小组、运用游戏教学法、任务教学法、交际法等方式，进行差异化教学，提高学生英语学校的兴趣和成绩。挑选一些结对帮扶对象，利用周末休息时间为他们辅导课程；积极开展课外阅读活动，为许多班级捐赠课外书籍，开拓农村学生视野。

二、认真调研、结合专业、精心策划，积极服务文化建设

志愿者在做好教学工作的同时，积极参与校园文化建设，重视促进学生德、智、艺、体全面发展。如 2014 年秋季学期伊始，为响应黔南州中学生校园艺术类节目评选的号召，志愿者积极配合学校音乐老师，挑选组成女子合唱团进行排练，最终取得全县第二名的好成绩。此外，志愿者们还积极筹办、参与运动会、演讲比赛等活动，对学生进行培训指导，促进学生全面发展。

为解决留守学生心理健康问题，志愿者们做了很多努力。如利用学校“留守儿童之家”定期组织学校民宿班学生与在外务工的父母通过网络进行交流沟通、主动承担心理咨询工作、走访留守儿童家庭等，较好地促进了学生心

理健康发展。

三、积极参与服务地团组织工作及社会实践活动，硕果累累

一是积极协助开展助学工作。2014 年，在团县委的指导下，志愿者们通过实地走访和积极申请，为 50 名大学贫困新生每人申请到了 2000-10000 元不等的资助款，解决了他们的燃眉之急。

二是积极参加服务地活动。如 2014 年 10 月，代表长顺县参加黔南州全民科学素质竞赛，荣获“二等奖”。又如，2016 年 3 月，与团县委发起并开放诚信文化驿站，驿站面积 70 平方米，藏书量约为 15000 册，日常管理志愿者负责。

三是积极开展志愿服务。志愿者通过前期走访，与团县委发起了名为“邻里守望·呵护成长”关爱留守儿童项目。该项目自开展以来先后接收腾讯公益为当地小学提供的五座益行运动场相关器材；联合麦田计划贵州建设彩虹教室；发放由搜狐公益为 107 名学生提供的冬季运动鞋；联合“伊阳辰光”扶贫助学基金会送上 107 套过冬服装并为 30 户贫困留守家庭提供大米、油等。

用一年不长的时间，做一件终生难忘的事，让青春之花绽放在祖国最需要的地方——这是北邮研究生支教团许下的诺言。历届支教团在长顺接力支教，不断以实际行动践行他们的诺言，为服务地基础教育事业贡献自己的一分力量。

（胡仕林整理）

依托学科优势　践行教育扶贫使命

——北京语言大学

（定点扶贫：云南省耿马县）

作为北京语言大学选派的教育部第二、三批滇西挂职干部，张金明同志在耿马县工作两年间，依托派出单位但不局限于学校援助、不局限于个人能力、不局限于教育领域开展工作，走出了一条教育扶贫的新路。

一、针对师资力量薄弱的现状，助力耿马师资培训

一是积极协调北京语言大学研究生院、英语教育中心等单位为耿马制定了一系列英语教师培训计划，包括网络学历教育、少数民族地区骨干人才培养计划、硕博研究生定向培养等。二是通过联系北京名校，让耿马中小学教师在北京101中学、海淀区双榆树中心小学跟班学习，已派出三批二十余人。三是利用寒暑假，引进专家在耿马开展集中培训，如2014年暑期，邀请5位专家为105名英语教师做培训。四是积极通过各种渠道广泛宣传，积极争取优秀大学生到耿马长期支教。

二、吸引社会资助和暑期社会实践团队支持耿马教育

一是针对耿马实际需求，有针对性的安排实践团队支持耿马教育。如2014年组织外国语学院师生8人到耿开展暑期支教活动，开设小学、初中、高中英语兴趣班。二是联系社会赞助学生夏令营活动。如2014年暑期，协调光华基金会赞助“求是思源”团队开展“微笑成长”夏令营活动，240余名中小学生参加，反响较好。三是立项研究耿马自治县中小学英语教育现状及对策。

三、帮助耿马学子解决实际困难并创造发展条件

一是2014年协调学校招生部门给耿马四个“贫困专项计划”，并每年持续支持。二是积极联系资助两名耿马特困民族学生大学四年的所有生活费用和三名小学生直至大学毕业的所有费用。三是组织选派耿马7名青年学子免费赴北京语言大学参加“京港澳交流营”活动。

四、固定北京语言大学对耿马的支持政策和模式，形成长效机制

一是积极协调校内职能部门，在经费、人员、招生计划等方面形成惯例，长期支持耿马建设。二是争取北京市民族教育学会、海淀区教委持续支持边疆地区民族教育。三是协调学校有关部门捐助 100 台电脑，推动耿马茶叶企业尤其农村茶叶合作社发展电商。

五、积极争取北京地区优秀中小学资源，支持耿马教育

促成北京 101 中学与耿马一中、海淀区双榆树中心小学与耿马城关完小共建友谊校，以教师互派、跟班等方式开展交流学习活动。协调争取 100 万资金，专项用于北京与耿马两地建立网络视频课堂，使耿马学生能享受北京的优质教学资源。

（胡仕林整理）

探索对口支援新模式　积极支持姚安发展

——中国政法大学

（定点扶贫：云南省姚安县）

对口支援西部地区工作，是国家实施西部大开发战略，加快西部地区发展的重要组成部分。2012年起，中国政法大学在稳步开展对口支援西部工作的同时，重点支持云南省楚雄州姚安彝族自治县发展，探索出一条以教育支援为主、网络和媒体支援为辅的适合姚安县发展现状和规划的援助模式。

一、建立合作机制

2013年12月，学校与姚安县签署了校县合作协议。2015年3月，又签订了《法治政府协同创新框架协议》，内容涉及课题研究、干部教育培训、挂职锻炼、实习实践基地建设、法律服务等多方面事项。

二、加强互访交流

2013年以来，校领导、学院及有关部门多次赴姚安开展调研、走访等活动，姚安县领导及相关部门也多次到校访问。互访期间，双方就进一步帮助姚安发展的具体问题交换意见、深入洽谈，有效推进了对口帮扶事项的落实。

三、探索支援模式

学校新闻与传播学院与姚安县文体广电旅游局开展合作。姚安县为学院提供实习、调研、考查和师生社会实践基地；学院利用自身优势，为姚安县培训文体广电旅游方面的人才，制作宣传姚安文化旅游的电视专题片和制作反映姚安旅游资源、风土人情、历史文化、本土故事的微电影等，并借助其拥有的传媒和网络资源，开展姚安文化旅游宣传营销，促进姚安文化旅游产业发展，针对性地解决了姚安县的发展需求。

四、选派干部挂职

2013年以来，学校先后选派杨怀军、刘晓兵、李卫海等同志到姚安县挂职副县长。三位同志在挂职期间兢兢业业、热情投入，为姚安县的发展出谋划策。特别是作为合作的桥梁，三位同志积极调动学校资源，较好地支持了姚安的发展。

五、支持当地学校建设

以《中国政法大学、中国政法大学附属学校、姚安县教育局结对帮扶协议书》为基础，通过互派挂职、搭建优质教学资源信息共享平台、打造精品示范课程、派出研究生保研支教、举办教育教学专题讲座和“结对子”等形式，较好地推动了姚安县中小学学校管理、教育教学和队伍建设水平的提升。此外，2014 年以来法学院还为姚安举办多期干部培训，并捐资支持姚安县光禄法治小学的建设。

（胡仕林整理）

用情扶贫　结对惠瑶

——中国矿业大学（北京）

（定点扶贫：广西都安县）

自2012年教育部确定中国矿业大学（北京）定点扶贫广西河池市都安瑶族自治县以来，学校凝聚多方力量，搭建帮扶平台，开展了大量帮扶工作，派出挂职干部2名、支教研究生12名、科技专家和教授学者30人次，“一对一”帮扶都安高中贫困学生27人，支持赴京宣传莫振高先进事迹宣讲团20余人次，直接投入项目资金近40余万元，受益人群覆盖10余个项目、2个贫困村和上千名群众、学生，为都安县脱贫攻坚做出了积极贡献。

一、教育扶贫帮学子，感动中国促典型

建立“一对一”帮扶都安高中贫困学生机制，先后有27名教师结对进行资助。2014年，学校新增面向贫困地区农村户籍学生专项自主选拔招生计划，把大部分指标投向都安，先后招收了10名贫困学生并为他们继续提供国家助学金和社会资助金的支持。为帮助都安宣传“感动中国十大人物”莫振高先进事迹，学校主动请报告团进京巡讲并邀《光明日报》等主流媒体跟进报道，将莫振高精神推向全国。

二、通村道路促发展，社会帮扶得实惠

为解决拉温屯的交通问题，学校发起教师捐款11.6万，硬化山路2.2公里，促进了当地经济发展。此外，学校还邀请企业为永吉小学捐赠10万元少儿图书和书架、建立图书馆，并捐赠电脑、打印机等设备；通过众筹方式发起定向帮扶捐款，累计有10人获得帮扶；通过联系爱心基金会，为贫困小学捐赠衣服等。

三、贴近群众入基层，挂村帮扶获保障

在琴棋村，学校计划完成场地平整硬化、厕所修建、村民活动中心通水、通电和通村600米砂石路等项目；在永吉村，学校计划完成小学4座水塔、

文化长廊等项目建设。2015年12月，学校通过筹款一期投入20万元帮扶项目启动，项目的完成将为两个贫困村顺利脱贫提供有力支持。

四、凝聚力量建平台，帮扶育人出成效

学校每年选派6名学生参加“大学生志愿服务西部计划研究生支教团”，并已有12名支教学生为都安的职业教育发展作出努力。学校还将“10·17”扶贫日活动、“三下乡”活动、“一对一”帮扶活动和团日活动等融入整体扶贫工作中，着力培养学生对贫困地区人民的朴素情感、奉献精神和社会责任感，使帮扶工作成为学校育人工作的重要手段。

（胡仕林整理）

发挥“西藏”精神　全身心投入援藏工作

——天津职业技术师范大学

（定点扶贫：西藏职业技术学院）

依照“对口支援西藏职业技术学院2012年行动计划”中确定的图书馆援助任务，截至2015年12月，天津职业技术师范大学完成文献资源援助、设备设施援助、派馆员赴藏工作、西藏职业技术学院图书馆馆员来津培训等多项工作，为西藏职业技术学院图书馆文献资源建设、信息化建设，文献信息服务能力的改善提供了切实的帮助。目前，双方已建立常态的馆际协作关系，希望援助期后仍可通过长期的交流、互助进一步提升西藏职业技术学院图书馆办馆水平。

一、精选文献资源、确保高质高效

2012年8月，依照西藏职业技术学院的专业需求、结合该校馆藏情况，天津职业技术师范大学精心挑选1100余种、2000册新版图书，并将书目反复与西藏职业技术学院图书馆沟通查重，确保所赠图书是西藏职业技术学院无馆藏而且是读者最为需要的。此外，图书馆组织校内教师参与捐赠，共收集机械、汽车等工科类自编教材500余册。2012年11月全部捐赠图书2500余册已运抵西藏职业技术学院图书馆并顺利交接。

2015年11月，精选由天津职业技术师范大学自行收集建立的赠送460G共计6231部素质教育视频，作为西藏职业技术学院图书馆VOD视频点播资源回溯建库以来最大规模的视频资源。

二、开放自建资源、强化网络互助

自2012年11月起，天津职业技术师范大学为西藏职业技术学院读者开通了纸本文献检索通道和电子资源使用通道，使西藏职业技术学院读者能够检索天津职业技术师范大学图书馆馆藏图书、检索数字资源、检索并下载自建的特色数据库资源，建立了纸质资源的电子化远程互助、数字文献的原文传递支援通道，2013年文献传递量117篇、2014年文献传递290篇、2015年文献传递达510篇。

三、远赴西藏进行专业援助

按照对口援藏支教的工作计划，2015 年 11 月 9 日天津职业技术师范大学专业教师团队抵达西藏职业技术学院开展对口支援工作。一是协助领队完成对西藏职业技术学院的汽车专业资源援助工作；二是完成好天津职业技术师范大学援助该院的汽车实训中心的建设工作；三是完成西藏职业技术学院汽车专业实训教学设备的开发工作；四是协助教学主任进行项目化课程改革工作；五是为机电学院全体教师完成一体化教学理念的讲座。

四、新的合作

按西藏职业技术学院图书馆馆领导的要求，双方对拟建中的西藏职业教育史料特色数据库进行了研讨，提出了系统平台、资源收集等多项意见建议，初步达成合作意向。西藏职业技术学院图书馆作为西藏自治区职业教育教材管理中心和高教出版社西藏教材发行站，所承担的教材管理任务繁重复杂，亟须实现信息化管理，双方就此问题进行了多次研讨，已制定了信息化管理系统的运行模式、功能需求、模块结构，商定由双方合作开发“教材管理系统”。

（琚婷婷整理）

扎实开展对口支援　温暖西部职教发展

——天津现代职业技术学院

（专项扶贫：甘肃省职业教育）

天津市与甘肃省职业教育有着多年的合作帮扶基础，两省市职业教育同仁感情深厚。为响应国家支援西部建设的号召，加强西部地区人才队伍建设，发展西部教育，天津现代职业技术学院联合承办了2013年甘肃省中职、高中教育干部、骨干教师培训班，对甘肃省的中职学校、高中学校的教育干部、骨干教师进行培训，吃住行、培训及各种活动全部免费。第一期首选夏河、环县、武威等地区的学校参加，以后逐步在整个甘肃省展开。

12月21日下午，天津现代职业技术学院韩宜中教授为大家作了学生心理分析的讲座。与大家共同探讨在与学生的沟通当中，我们应该需要更多地去了解学生的知识水平、接受能力，了解其思维方式、困惑疑点，了解其心理特点、个性差异，了解其思想情况，精神状态，从而能更高效的对其进行以陶冶情操、启迪觉悟的教育。

12月22日，天津现代职业技术学院请来北京中华职教社的刘志芳部长为免费培训班作《发展现代职业教育的历史回顾及未来展望》的精彩报告。讲座深刻剖析了当前职业教育的现状，从三个方面阐述了职业教育的发展趋势和应对策略。

12月23日，天津现代职业技术学院组织培训班全员前往北京去参观首钢技师学院。首钢技师学院对培训班给予了大力的支持和热情的接待。期间全体成员考察学习，参观了实习场地，并且进行了跟班听课和交流座谈。下午中华职教社领导接见甘肃帮扶培训班全体培训学员并合影，中华职业教育社陈广庆总干事做了重要讲话，邢晖教授作了《职业教育的形势与改革举措》的报告。

12月28日，培训任务已经接近尾声，甘肃职教骨干教师们深入交流，通过组织学习各位专家的报告和讲座，使大家更加了解了全国、天津、北京的中等职业教育基本情况，以及国家对发展职业教育最新的政策，令所有培训成员深深地感到了新的职业教育观念的冲击，这个冲击来自于讲座、来自于授课、同时也来自于与专家教授的互动讨论。

通过本次培训活动的开展，天津现代职业技术学院与对口帮扶的甘肃职教同仁建立了更深厚的友情，从之前的策划、筹备，期间的接待、组织学习，到结束前的总结交流，天津与甘肃两地职教同仁同学习、共发展。今后，天津现代职业技术学院将进一步深化与西部受援职教学校的交流合作，无私支援无私奉献，为服务和推进西部跨越式发展和长治久安做出应有的贡献。相信在国家扶贫开发政策和方针的指导下，学校必将持续利用自身条件和资源积极投身到地方发展和社会扶贫工作当中，大力弘扬支持西部经济社会发展和帮扶贫困地区的传统和文化，学习服务西部教育、无私奉献祖国的先进典型，用汗水、心血铸造“讲奉献、求实效”的对口支援精神，为现代学院对口支援工作和西部教育改革和发展目标做出更大贡献。

（琚婷婷整理）

不辱使命奉真情　因地制宜精帮扶

——天津轻工职业技术学院

（定点扶贫：新疆职业大学）

一、人才扶贫

根据天津市委市政府的总体部署，在市交流办、市教委的指导下，2011年11月至2014年1月，天津轻工职业技术学院陆续承接了第二、三、四批“新疆和田未就业高校毕业生赴天津培养”项目，负责275名学员的日常生活服务管理工作。

在新疆学员到来之前，天津轻工职业技术学院投入了大量的人力、物力、财力，进行了精心准备和认真安排，处处体现出对少数民族学员的关心、爱护和尊重。

二、教育扶贫

天津轻工职业技术学院在国家示范性骨干高职院校建设期间，将定点帮扶西部高职院校作为重点任务。学院与新疆职业大学签订了对口支援协议，从师资培训、专业建设、课程改革、实训基地建设等方面进行具体帮扶。

首先，开展深入的调研与交流，了解所需并就精准帮扶提出了建设性意见。

其次，有针对性地进行地区考察，因地制宜，解决了困扰新疆职业大学在新能源类专业申报中的关键问题，并且明确了天津轻工职业技术学院在新能源类专业申报和建设中的帮扶重点。

天津轻工职业技术学院利用教育部批准的国培项目，请新疆职业大学的不同专业教师参加培训，天津轻工职业技术学院作为教育部批准的国家级“新能源类专业教学资源库”项目的第一主持单位，深知教学资源库建设不仅可以实现优质教育资源整合、共享，而且建设的过程，也是资源开发的过程，是师资队伍从理念到实践的提升过程。因此，请新疆职业大学加入该项目建设，在教学、科研、信息化等方面，新疆职业大学都有了突破性进展。

三、专业扶贫

骨干教师倾心奉献

1. 骨干教师李红月倾心专业援疆

天津轻工职业技术学院派艺术工程学院骨干教师李红月参加了天津市第八批援疆干部队伍，李红月老师不懈的努力和付出，使当地学校专业技术水平普遍提高，学生学业有明显的进步，她带领服装设计和地毯设计两个专业的学生参加2015年职业技能大赛，获得了两个二等奖和一个三等奖，学生技术技能的提高，得到了社会、用人单位及学生家长的赞许。由于李红月的无私奉献和倾心援疆，天津市总工会授予“2014年五一劳动奖章”。

2. 教研室主任刘蓓宁夏挂职支教

天津轻工职业技术学院派经济管理学院电子商务教研室主任、专业带头人刘蓓到宁夏民族职业技术学院经管系担任副主任。宁夏民族职业技术学院推荐刘蓓为该学院市场营销（电子商务）专业建设委员会成员。刘蓓老师在挂职锻炼期间的工作促进了天津职业教育创新示范成果和学院教育教学改革创新经验的推广应用，实现了两校在教学、科研和管理等领域的相互学习和共同提高。

（琚婷婷整理）

着眼于信息和技术孵化　实现扶贫对象的现代化

——太原理工大学

（定点扶贫：山西省偏关县万家寨镇教官咀村）

按照山西省委的统一安排，太原理工大学扶贫工作队于2014年3月进驻偏关县万家寨镇教官咀村进行定点帮扶。

太原理工大学聘请教授专家把科学的种植方法等推广传授给全体村民，为群众提供技术咨询。向省委扶贫办申请了60万的养殖扶持项目，前期覆盖了有条件的农户110家。同时向省水利厅申请了教官咀村水土保持项目30万元，300亩机耕地项目已立项，具体实施方案也已敲定。另外，教官咀村人畜吃水项目也已进入勘测设计阶段，2016年底完成家家户户通上自来水，各养殖场用上自来水。

没有知识技能，没有现代社会意识，不懂得穷则思变，不懂得勤劳有道，光靠物质资金扶贫是解决不了根本问题的。基于此，发挥太原理工大学教育资源优势，采取走出去学和请进来教相结合的办法，首先组织有外出务工愿望的村民学技能，学科技知识。首批20多人入驻太原理工大学，参加为期半年的职业技能培训，吃住行全部由学校负责解决。根据村民文化水平不高、知识欠缺、理论基础薄弱的实际状况，中心就电焊、锻压、钳工等各种技能实践特点，指定了专业师傅一对一培训每位学员，手把手进行教练，力求取得短平快的实效，让农民朋友尽快走上致富之路。首批已有3人顺利拿到职业技能上岗证，第二批学员也很快入住训练中心。

鉴于偏关县教育资源不足和师资水平不高的情况，学校工作队专门聘请了省城优秀教师，带上了学校的网络专家，协助县教育局，举办了为期20天的教师培训，培训初、高中教师500余人，为当地节约教育经费20余万元。集中培训使教师掌握了现代化教育的基本技能，熟练操作电脑、白板使用和PPT制作，让教师教学增添了新的活力。利用学校两个假期，工作队积极协调组织校领导、相关部门、专家教授，开展了“医疗、卫生、文化”三下乡活动。向全村五保户、低保户及贫困学生赠送了慰问品和慰问金；向村民分发慰问品、慰问金、家用医疗器械累计九万余元，发放药品价值六万余元，享受义诊70余人。

今后的扶贫工作主要是以技术和政策扶持为主，以有劳动能力的农户为主，对贫困人口不应发放现金进行扶持，避免让群众等、靠、要思想蔓延，造成懒人、穷人在家不劳动都有钱领的思想，对勤劳致富的农户是一个不良影响。目前两项制度衔接工作发生群众上访原因之一就是农村中勤劳致富生活相对比较过得去的农户对因懒惰等原因造成贫困的农户列入贫困人口进行扶持有较大意见。

教官咀村和泉子湾村目前劳动力实际情况是以妇女和老人为主，家庭比较困难，土地比较缺少，发展种植业没有土地和劳动力为后盾比较难发展，因此在保证了粮食的收成稳定的基本情况下，对农村的扶持项目应该以养殖为主，在养殖物种方面应该以占地较少、技术含量低、成活率高、中后期投入不大、可以形成规模、销售稳定、利润较高、前期资金投入以农民自己的意愿为主。

（琚婷婷整理）

发挥人才技术优势　实现产业零突破

——山西农业大学

（定点扶贫：山西省和顺县牛川乡）

“十二五”期间，山西农业大学发挥自身在农业科技领域的人才技术优势，与和顺县资源开发对接，帮助和顺县实现了食用菌产业零的突破，使当地产业从无到有、由小到大、由点到面，大力提升了当地资源开发的效益，为和顺县产业转型发展走出了一条资源开发、农民致富、县域经济发展的生态开发的成功之路。

工作队结合当地实际情况，和当地政府商量制定了几套解决当地实际生产困难的方案。其中一条是食用菌生产项目——化南沟村实施菌菇产业项目，并承诺在技术上给予支持。

工作队高度重视扶贫点的食用菌项目，组织农大专家评估规划设计，派出农大全国优秀大学毕业生黄超到化南沟村常年蹲点负责全程技术指导。

为了确保项目的可行性，增加群众对种菇的信心，首先从试验示范平菇开始，将原来废弃的牛舍改建为200平方米的菌菇大棚进行种植，结果一炮打响，坚定了干部群众规模开发菌菇产业的信心。在充分利用整村推进项目资金的基础上，将“三联五帮”和大学生村官创业资金捆掷使用，在帮扶单位的帮助下，2010年底新建高标准日光温室菌菇大棚6座，改造建设2座，配套建设了制菌间、消毒间等生产设施，使菌菇在化南沟扎下了根。

2011年6月，首批菌菇一上市便以优良的品质深受广大消费者青睐。按现在的产量，每个大棚年产菇两期，年产24吨，目前市场最低价每公斤4元计算，首批8座大棚年产值可达76.8万元，可实现利润38.4万元，仅菌菇创业园就使全村人均增收4200元。同时，每年可转化玉米棒、谷糠等农作物300多吨，又为当地农民增收18万元。

2015年企业推行“二分三统”制度，有效地激发了农民发展产业的积极性。这样农民没有生产性投入，在家里从事香菇生产，产出产品公司回收后统一进行销售，在收入中回扣菌棒成本，可以说农民既没有投资风险，又实现产业增收。全村有21户、管理6.5万多个香菇菌棒，户均约3000棒。按每棒纯收入5元计算，户均增收1.5万元以上，效益非常显著。同时企业香菇菌棒上床数量达到70万棒，比去年增加27万棒，总产达到100万公斤以上，销售收入 1000 万元以上，实现利润 400 万元。

多年来，以农大扶贫队做技术支撑的牛川乡化南沟食用菌产业发展模式不断创新，逐步走出了一条成功的食用菌产业发展之路。其产业扶持的成功也逐步带动了当地食用菌产业大发展。截至目前，和顺县食用菌种植基本形成了“一条走廊、二大片区、五大基地”的格局，总菇床面积达到 90.6 万平方米，包括双孢菇 70.5 万平方米、香菇 13.8 万平方米、木耳 2.6 万平方米、猪苓 2.1 万平方米，其他 1.6 万平方米。种植面积涉及 9 个乡镇、57 个行政村、1000 多户农民投资建设从业劳动力达到 3000 多个，实现人均增收 1000 元以上。食用菌种植已成为和顺县调整农业产业结构、提高农业综合效益、推动现代农业发展、促进农民持续增收的当家产业和致富产业。

（琚婷婷整理）

助力产业发展　促进农民增收致富

——运城学院

（定点扶贫：山西省闻喜县王茅镇）

一、积极开展文化帮扶、智力帮扶和技术帮扶

运城学院扶贫支队紧紧抓住智力扶贫这个根本，每年都选派教学名师，优秀大学生为王茅镇小学和幼儿园开展半年的顶岗支教活动，提高教师教育教学水平。安排法律教师进行普法教育，提高师生法律意识。选派心理辅导专家对师生进行心理知识培训和辅导，帮助学校培训心理教师，开展留守儿童心理辅导工作。

学院积极开展寒暑假大学生“三下乡”社会实践活动。利用寒暑假，选派具有一定专业知识、能吃苦耐劳的大学生，组成大学生社会实践扶贫工作队，对定点扶贫村开展科技、文化、卫生“三下乡”社会实践活动，进行政策宣传、文化辅导、技术培训、基础设施建设等帮扶工作。

组织园林专业教师先后对闻喜县王茅镇全镇街道绿化进行规划和美化，使全镇街容街貌焕然一新。对平陆县部官乡西祁村移民新村进行实地考察，并制定绿化设施设计方案。

二、加强帮扶点基础设施建设，大力推进产业开发

运城农村工作队，紧紧围绕帮扶点发展规划，大力推进产业开发。先后协助对口扶贫点闻喜县王茅镇镇政府开展“建设百个节能温室”，“种植万亩核桃林”，“开发万亩莲藕区”等产业开发项目；协助对口扶贫点平陆县部官乡西祁村移民小区围墙、公厕、车棚的建设以及绿化美化的规划建设工作；协助对口扶贫点平陆县部官乡东祁村村民打水井资金。

为了发展闻喜县王茅镇北河村核桃林种植，解决核桃树和经济作物灌溉问题。学院扶贫队多次赴省水利厅，争取北河村电灌引水工程项目。该项目预算资金22万余元，用于北河村电灌饮水配套设施的建设，资金现已落实到位，前期建设准备工作正在有序推进。项目建成后可解决北河村450余亩核桃林、800余亩蔬菜等经济作物灌溉，为保障百姓核桃林种植、经济作物稳产增收具有重要意义。协助镇政府，2014年投资48万余元在北河村建设标准垃圾填埋

场一座，目前已投入使用。此举可以解决全镇农民的生活垃圾集中填埋处理，对于解决当地环境脏乱差老大难问题，防止地下水的污染，建设美丽乡村具有重要意义。

2013 年运城学院争取专项扶贫建设资金 5 万元支持王茅镇 800 余亩经济林建设。2014 年学院调研时了解到镇政府在发展莲藕种植产业、北河村在党员活动室建设等方面遇到资金困难，及时向院党委做了汇报。经院党委研究决定，在扶贫预算资金基础上追加 5 万元，用于支持王茅镇发展浅水莲藕种植，以及北河村党员活动室建设。

2015 年，学院争取专项扶贫建设资金 10 万元，分别用于平陆县部官乡西祁村 80 户移民新村周围围墙、公厕、车棚的建设以及绿化美化的规划建设工作和东祁村村民打水井资金。

“十二五”期间，学院投入扶贫资金 50 余万元，争取专项扶贫资金 40 余万元，大部分投入当地产业发展，为帮扶点产业发展、农民增收提供了有力的支持。

（琚婷婷整理）

送剧下乡　文化扶贫出新招

——山西财经大学

（定点扶贫：山西省武乡县）

“送剧下乡，文化下乡”，以高雅健康的文化产品，丰富多彩的文化活动，不断满足农民群众的精神文化需要。

经过前期积极沟通协调，现场调研勘察，财大工作队认真准备，精心策划，制定了切实可行的“送剧下乡”活动方案和详细周密的实施方案。大学生话剧艺术团的全体演职人员，怀着对老区人民的深情厚谊，利用暑假的空余时间，精心组织，认真排练，对话剧《立秋》的每一句台词、每一个动作、每一个表情都反复进行了仔细的刻画。2013 年 8 月 24 日，大型学生版话剧《立秋》在武乡县人民广场精彩上演。全体演职人员保持饱满的工作热情，保持良好的精神状态，保证健康的身体状态，为武乡县人民奉献了一场精彩的慰问演出。省委下乡办主任张晓红等一行四人，山西财经大学党委副书记薛文治，武乡县农村工作队大队长、山西财经大学副校长张兔元，武乡县县委常委、宣传部长、副县长魏书文，武乡县副县长李军印，以及山西财经大学驻武乡县故城镇农村工作队全体队员，山西省委组织部驻武乡县监漳镇农村工作队、交通银行山西省分行驻石北乡农村工作队、山西省供销社驻丰州镇农村工作队部分队员，武乡县 3000 余名干部群众一起观看了演出。

学校自主投入 20 万元的这次“送剧下乡”演出活动，是山西财经大学开展素质教育、发挥文化传承创新职能的一项重要文化成果，是山西财经大学对党的群众路线教育实践活动的积极响应，是山西财经大学全体师生向老区人民的一次汇报演出，用优秀的文艺作品激发老区人民积极投身到改革创新的伟大实践中来，凝心聚力，共铸山西转型跨越发展的辉煌业绩。

（琚婷婷整理）

爱心帮扶　山区圆梦

——太原工业学院

（定点扶贫：山西省神池县太平庄乡）

2011年7月14日，太原工业学院在神池县太平庄乡中心校的定点扶贫工作正式启动，这里也成为太原工业学院大学生的社会实践基地。

一、真诚爱心洒向山区

通过对2011年暑期三下乡社会实践期间所做的调查问卷，深入了解当地学生心理健康情况及学习生活状况，随后在太原工业学院青年志愿者中选拔了70余名品学兼优的大学生组织成立了青年志愿者“爱心帮扶圆梦队”，对这些学生开展爱心帮扶山区圆梦行动。

自2011年开展以来，志愿者与学生们书信往来50次，共3800多封信件，先后30余次走进中心校，以及邀请部分孩子参加了太原工业学院的2012年“季忆留夏”毕业生晚会和2014年太原工业学院60周年校庆系列活动。此外还专门邀请了太原工业学院心理咨询中心专家和省内知名心理学家为孩子们进行了10次心理素质拓展培训，从而加强了志愿者与孩子们的沟通，打开了孩子们封闭的内心世界。

在圆梦行动开展至今，学校为当地捐赠了价值20多万元的学习和生活用品，在此基础上还对中心校的教学、管理工作提供了许多帮助和支持，使他们的教育教学管理工作水平有所提高，教学环境得到了改善。2013年五月联系到晋中市久冠服饰为孩子们捐赠了价值两万余元的运动服。同年十一月和次年十二月，通过与山西天龙救援队合作，协调中国壹基金公益组织为神池受帮扶的孩子们梦争取到了111个冬季温暖包，并成功地进行了发放。2015年12月联合山西省妇联为孩子们送去了50件爱心毛衣。

二、扎实推进初见成效

志愿者们用心温暖这些孩子缺失爱的心灵，与孩子们的关系日益密切，亲情般的纽带已经形成。70余名孩子学习成绩均有不同程度的提高，特殊家庭的孩子物质生活得到了保障，部分学生从即将辍学的边缘顺利进入高年级学习。

针对 90 后青年学生，脱离了传统的课堂式思政教育，让学生们走进社会、深入基层，在实践中锻炼自我，获得心灵上的震撼和升华，获得思想上的触动和成长。使得大学生们能够更加珍惜现在的学习生活机会，能够更好地锻炼自身，增长服务社会的本领以及牢固树立为社会更多的人服务的志向。

创新了帮扶模式，摆脱了以往单纯的捐助模式，更多的是全方位的关注这些孩子们的家庭生活情况，以及关注这些孩子情感的缺失，关注他们的学业思想状态，通过心灵和情感上的交流使得这些受帮扶的孩子们能够健康快乐地成长。

（琚婷婷整理）

发挥高校优势　助力农村发展

——内蒙古大学

（定点扶贫：内蒙古察右中旗乌素图村）

内蒙古大学对口扶贫乌素图村。内蒙古大学以改善定点贫困地区生产生活条件为重点，以科学技术手段推进农村产业发展为重要抓手，认真落实基础建设，学校建设，农业生产建设，基层组织建设等扶贫开发措施，进一步优化保障措施，较好完成了本校扶贫工作的目标任务，在定点贫困地区经济社会发展，贫困群众的脱贫致富方面较好地发挥了模范带头的作用。

通过连续深入的走访调研工作，结合察右中旗乌素图村的实际情况，结合内蒙古大学以往的扶贫工作经验，学校明确了从以下四个方面作为扶贫工作的重点内容。（1）注重教育建设；（2）提高农业生产；（3）改善村容村貌；（4）加强医疗建设。

乌素图村的经济收入以农业为主，农作物病虫害问题对于村民来说是最棘手的难题。2014 年 9 月，该村向日葵种植地“列当”病传播严重，造成农作物收入大量减少，损失十分严重，内蒙古大学针对这一实际情况，结合自身学科优势，协调察右中旗扶贫办组织了相关专业专家学者来为村民进行专项培训，帮助村民解决了病虫害难题，更向村民强调了科学种植的重要性，为实现农业现代化发展做出了努力。同时，学校和旗扶贫办与安华农业保险公司沟通协调，对参与报保农户争取到了农业损失赔偿，争取让农民的损失降到最低。

内蒙古大学针对其中乌素图中心小学在计算机教育硬件方面十分落后的情况，由计算机学院向察右中旗教育局共捐赠 120 台计算机和 120 套电脑桌，合计折价 15 万元，这些计算机帮助乌素图中心小学解决了教学硬件匮乏的燃眉之急。

乌素图村以种植红萝卜为主要经济收入，为了推广该村的红萝卜产品，提升农民收入，2015 年 6 月，内蒙古大学借助自身平台优势，认真做好安排部署，拓宽销售渠道，创新销售方式，累计帮助村民销售红萝卜 50 吨，共计收入 8 万元。

2015 年 7 月，内蒙古大学联合“九三”学社共投入 30 万元为察右中旗 30 名患白内障的贫困村民免费做了白内障手术，并向该旗医院捐赠了一台价值 60 万元的联想天扬 T4900 型远程诊疗终端设备，在医疗建设方面总计投入 90 万元。

解决贫困问题不仅在于物质资本的投入，更重要的是人力资源的培养与开发。扶贫工作进程中，内蒙古大学为贫困地区积极筹划引进了各类促进农村经济发展的扶贫项目。根据当地的农作物种植规模，调整农业结构，建立农村合作组织。通过建立这样的合作组织可以达到农作物统购统销的目的，获取农产品收益的最大值。

中国目前正处在全面建成小康社会的关键阶段，消除贫困迫在眉睫。高校参与农村扶贫工作任重而道远，如何把高校的资源和优势最大限度的投向农村，为农村的进步和繁荣奉献一分力量的同时，达到高校教书育人、服务社会的理念是一个长期探讨的话题。中国农村的城镇化进程在艰难中前行，需要更多的组织和机构参与到农村扶贫和建设当中来，也需要更多的人民群众为此投入汗水和辛苦。

（琚婷婷整理）

治贫先治愚 扶贫先扶教

——内蒙古师范大学青年政治学院

（定点扶贫：内蒙古商都县宋家村）

2014 年，按照关于扶贫攻坚“三到村三到户”的工作要求，内蒙古师范大学青年政治学院与商都县宋家村结成了帮扶对子，为了完成好此项工作，我院积极选派一名驻村干部，深入村户进行了详细摸底调查，经过充分征求村民意见，结合当地的资源优势、产业发展状况，在多方分析、论证的前提下，并结合我院的教育资源，制定了翔实，可行的扶贫方案，尤其在幼儿教育与团干部培训方面，学院更是下大力气，精心组织，取得了一定的成效，现就教育扶贫情况汇报如下：

一、商都县幼儿教育现状

城镇公办园数量较少，无证民办园应运而生。优质学前资源紧缺，办园质量有待进一步提高。幼教师资力量薄弱，教师专业成长水平总体较低。

二、具体措施

鉴于商都县幼儿教育存在的诸多问题，内蒙古师范大学青年政治学院决定充分利用学前教育专业这个优势资源，通过幼儿教师培训、学生顶岗实习、组织教师学生到商都县幼儿园实地观摩授课等多种手段为商都县的幼儿教育贡献一分力量。2014 年 10 月份，经内蒙古师范大学青年政治学院领导与商都县领导协商，学院基础教育系承办了由商都县 50 名各级幼儿教师组成的培训班，并且通过对两所幼儿园实地观摩，让大家学到了先进的教学、管理理念和方法，大大促进了商都县学前教育事业的发展。学院决定将此项扶贫工作作为一项常态化工作来进行，争取到 2017 年底，实现商都县所有幼儿教师轮训一次。

中共十八届五中全会提出了中国现行标准下农村贫困人口实现脱贫、贫困县全部摘帽、解决区域性整体贫困的宏伟目标。日前召开的中共中央政治局会议强调，把精准扶贫、精准脱贫作为基本方略，坚持扶贫开发和经济社会发展相互促进，坚持精准帮扶和集中连片特殊困难地区开发紧密结合，坚持扶贫开发和生态保护并重，坚持扶贫开发和社会保障有效衔接，咬定青山不放松，采取超常规举措，拿出过硬办法，举全党全社会之力，坚决打赢脱贫攻坚战。在中央高度重视扶贫工作前提下，我院会上下一心，齐心协力，利用学院教育资源，积极筹措资金，制定精细扶贫计划，有组织、有步骤地踏踏实实把扶贫工作做好做。

（琚婷婷整理）

精准帮扶　任重道远

——沈阳建筑大学

（定点扶贫：辽宁省西丰县金星乡永安村）

一、人才扶贫

（1）．按时选派驻村工作队人员，保障驻村工作顺利开展。
（2）．驻村工作队迅速进入角色，引领定点帮扶工作。
（3）．扎实开展“三严三实”教育活动，提升村干部管理能力和工作水平。
（4）．重视永安村基础设施建设，积极开展贫困户重点帮扶工作。

二、科技扶贫

从解决临时困难到构划长远发展，用科技扶贫为农村脱困助力。学校科学制定三年帮扶规划和年度工作计划，具体指导阶段性工作任务。学校结合自身专业优势，积极为西丰的发展建设做贡献。参与设计了西丰县的县乡规划设计、满族风情街设计等项目，共投入人力物力资金达500多万元，改善了西丰县的乡镇风貌，深受西丰县政府和百姓的欢迎和好评。

2015年5月，陈伯超教授科研团队与西丰县签订了规划设计合同，免费提供80万合同额的城子山规划设计，此项规划设计已收到成效，得到西丰县政府的高度评价。

三、文化扶贫

（1）注重多方宣传，营造帮扶助困良好氛围。
（2）组织雷锋团支部，开展帮扶共建活动。
（3）积极投入，村民业余文化活动蓬勃开展。
（4）捐建永安村图书室，为读书活动注入活力。

四、精准扶贫

（1）深入调研永安村的基本设施情况，为村民解难题办实事发挥社会力量修建乡级公路。

（2）自筹资金修建田间作业道。

（3）支持村部维修改建工程。

（4）协调村容村貌改善工程。

五、增加受教育机会

（1）开启“大手牵小手成长心连心助学圆梦工程”。

（2）开展“永安情、建大梦”主题党日活动，对困难学子进行帮扶。

（3）大学教师走进小学课堂，开展科普教育。

（4）多部门多措施并举，形成帮扶助困的合力。

沈阳建筑大学重视定点帮扶工作，认真落实辽宁省委的工作要求，驻村工作队工作标准高，要求严，各项工作开展得有声有色，短短的一年时间，帮扶工作就取得了可喜的阶段性成效。但帮扶工作，任重道远。沈阳建筑大学将继续发挥人才、科技上的优势，做好规划、选好项目、选准切入点，做好县、乡、村三级干部和技术人才培训，解决脱贫工作的干部技术队伍欠缺的问题，调动学校机关各部门和基层学院的力量与贫困户一一结对，实现精准帮扶。我们相信，有永安村村民的信任和村“两委”的大力配合，有金星乡政府的大力支持，有西丰县委县政府的高度重视，在省委的统一部署和领导下，在学校党委的正确指导下，在全校师生的努力支持下，定点帮扶助困工作将会更贴近百姓、服务百姓，共同把永安村的明天建设得更加美好！

（琚婷婷整理）

凝心聚力送真情　精准扶贫促发展

——长春理工大学

（定点扶贫：吉林省抚松县万良镇）

2014年以来，长春理工大学每年安排人、财、物用于定点帮扶村扶贫工作，通过人才扶贫、文化扶贫和信息扶贫，助推帮扶村经济社会发展。

一、精准扶贫人才先行

针对应岩村的实际困难，学校捐赠了3台电脑，2台打印机，用于改善村委会的办公条件；筹措了3万元资金帮助应岩村进行村部建设工作，帮扶小组协助村干部对村部改造工程进行了过程管理。2015年春节，学校从党费中划拨出1万元，发放给20名困难党员与普通村民，真正解决群众实际困难。2015年学校选派校医院优秀的内外科医生，携带精密的诊疗仪器，驱车来到应岩村，为留守老人进行免费体检；对25名留守儿童发放了书包等整套的学习用具，鼓励他们好好学习，用知识改变家乡面貌。

二、优化扶贫教育优先

2014年学校为苇芦村建设篮球和乒乓球场地并购买配套体育器材，丰富了村民的文化体育生活。2015年学校资助苇芦村村委会10套办公桌椅、2台电脑、1台打印机及1台移动音响设备。两年来，学校利用有限的资源，多方面对苇芦村给予了支持与帮助，为社会主义新农村建设尽了微薄之力。

长春理工大学注重“授人以鱼不如授人以渔”，让贫困地区群众从内心升起挖穷根、脱穷帽的强烈愿望，不断提升贫困地区农民的自我发展能力。学校捐赠了10台电脑，帮助建立电子阅览室，并对村干部进行计算机、互联网使用基本知识的培训，建议村部的电子阅览室经常向村民开放，希望通过互联网促进农村经济发展，提高农民生活水平。

三、信息扶贫技术领先

2015长春理工大学组织计算机学院相关负责人，研究制定帮扶对策，最终建成“抚松三农服务平台”，为吉林省抚松县农业和畜牧业局提供三农信息化建设及应用示范推广开发与技术服务，主要包括技术咨询、研发和服务等方面的重要支持，同时以移动客户端和门户网站的方式向抚松所有农户、农业产品经营者、农业管理决策机构，发布服务类、政策类等信息，提供三农服务。抚松三农服务平台于2015年11月实施部署，覆盖全县14个乡镇的104个自然村，普及户数2.4万户。

长春理工大学是吉林省重点大学，学校的发展始终和吉林省的振兴发展息息相关，相信在国家和吉林省扶贫开发政策和方针指导下，学校必将持续利用自身条件和资源优势积极投身到地方经济社会发展和扶贫工作当中，为打好扶贫攻坚战做出新的贡献。

（琚婷婷整理）

坚持问题导向　开展脱贫攻坚

——吉林师范大学

（定点扶贫：吉林省双辽市新立乡双龙村、公平村）

吉林师范大学对口帮扶双辽市新立乡双龙村、公平村两个贫困村脱贫攻坚。

一、深入抓好驻村帮扶工作

学校坚持规划到村、帮扶到户、责任到人的帮扶思路，成立了 98 人的扶贫工作队，开展与贫困户一对一结对包保帮扶。通过结对帮扶，包保干部深入到贫困户家中调查摸底，全面了解了贫困户困难现状和致贫原因，为因户施策、因人施策、精准扶贫、精准脱贫做了大量细致的工作。

二、扶贫项目扎实推进

积极发挥高校科技优势，选育优良稻种，建设水稻示范基地，增加农民收入；为贫困户建设分布式光伏电站，让贫困户每年有稳定的可持续收入来源；全面实施柴改电项目，降低农户粮食生产成本；成立“双辽市新立乡龙平养殖专业合作社”，让贫困户广泛参与，以“绿色食源”商标为产品标示，通过生产、销售农村笨鸡蛋、笨猪肉，有机大米、稻田蟹等农产品，在扶贫单位的帮扶下，全力打造商品品牌，增加产品附加值，为贫困户增加收入；积极开展“互联网 +”扶贫力度，推进远程教育，助力电子商务进村活动，支持贫困村建立农产品网络销售平台，建设双龙村、公平村科技服务网络平台，做到同步更新和数据共享，可使科技服务延伸至贫困户。

三、努力加强基础设施建设

目前双龙村尚属彩钢房，冬冷夏热。经第一书记积极沟通，村部建设资金已经全部筹资到位，现正处于施工阶段，砖混结构 220 平方米标准新村部即将交付使用。公平村尚没有文化广场，经学校与双辽市文广新局协商共同援建，20 万元资金现已筹措到位，近期也即将开工建设，同时，积极协调地方党委、政府推进农村安全住房建设，帮助符合改造条件的贫困户申请危房改造，对已经完毕政府补助资金不足部分，学校再给予贫困户5000元补助，彻底解决贫困户住房问题。

四、大力开展教育扶贫、科技扶贫

学校在教育扶贫、科技扶贫方面做出了积极有益的探索。

吉林师范大学开展两个贫困村教师全员参加学校“国培”“省培”项目培训学习，全面提高贫困村小学教师教学水平和班级管理水平；选派小教、音乐、美术、体育专业优秀应届毕业生到贫困村顶岗实习、实践；发挥学校环境科学专业优势，开展大学生到贫困村“三下乡”活动；为贫困户子女考入吉林师范大学免收全部学费，帮助贫困户家庭减少生活开支；定期由校工会、校团委、校医院、校妇联等有关部门组织开展全校师生助困、助医、助学、助残、助老、助孤等主题活动，帮助贫困户解决实际困难；强化致富技能培训。充分利用学校强大科技教育的优势，加强对贫困村和贫困户有志青年、创业能人、专业合作社、种养殖大户进行科技培训和村干部的政策理论培训，提高素质，增强技能，激发内生动力，增强自我发展能力，开发产业，转移农村劳动力，拓宽增收渠道，实现脱贫致富。

（琚婷婷整理）

发挥学校优势 加大电商扶贫

——吉林财经大学

（定点扶贫：吉林省汪清县鸡冠村）

一、项目背景

自扶贫工作队驻村工作后，通过入户走访和实地调研，发现鸡冠村无农产品加工企业，村民对电商了解甚微，绝大多数村民无网购经历。村民出产的特色农产品广泛依托批发商流入市场，收益率较低，以 2015 年行情为例，松子收购价每斤不足 20 元、木耳每斤不足 30 元，价格只有市场售价的一半。

在吉林财经大学的大力支持下，大学生创业协会成立了鸡冠村电商项目小组，共同制定电商扶贫方案。

二、发展目标

近几年，鸡冠村的产业发展将以实体产业为基础，通过线下发展，线上推广的模式，逐步推动特色农产品发展，提升产品知名度，增加村民收入。在产业开发方面，依托特色产业，积极争取扶贫项目和资金，引导贫困户土地向专业种养大户、家庭农场、农民合作社流转，增加贫困户财产性收入。推行“合作社 + 基地 + 贫困户”的造血扶贫模式，贫困户以林地、土地和房产入股，利益分成，进一步增加收入以达到脱贫目标。线上推广与交易，初级阶段将集合当地政府、学校和电商的三方努力，依托学校的人才、信息和专业优势，学校为平台的建设和运行提供广泛的技术与智力支持，进而推动特色农产品发展，提升产品知名度，增加农民收入。

三、整体规划

结合鸡冠村木耳、松子的产出情况，拟成立两个实体加工企业：

（1）松子加工企业。

（2）木耳加工企业。

同时，鸡冠村电商项目以吉林财经大学科研和教学优势为依托，充分发挥高校的人才和信息优势，成立电商项目小组。项目小组为平台建设提供维护、宣传策划、服务咨询等服务。

四、项目实施

2015 年 12 月，根据省委、省政府的统一部署，吉林财经大学脱贫攻坚包保单位调整为白城市通榆县八面乡八面村。在完成对鸡冠村电商项目的调研、策划和设计后，驻村工作队员转赴通榆。

据调查，目前通榆县淘宝村级服务站在交易上主要以买进为主，卖出额占比较低，没能真正实现“网货下乡”和“农产品进城”双向流通的平衡。为解决这一瓶颈，驻村工作队员经过调研，整合现有资源，建立特色农产品旗舰店，依托高校的人才和信息优势，继续开展电商扶贫项目，目前，八面村电商项目已经完成方案设计，建立了集营销、仓储、服务为一体的八面村电商服务中心。

（琚婷婷整理）

依托教育资源　立足智力扶贫

——长春工程学院

（定点扶贫：吉林省通榆县瞻榆镇东关村）

长春工程学院依托学校教育资源、立足智力扶贫的工作方针，着力开展以提高贫困群众文化素质、掌握农业先进技术等为主要内容的帮扶活动。截至目前，长春工程学院共派出挂职干部 1 名，支教 46 人次，交流互访 75 人次，培训村干部 35 人次，捐赠书籍 400 余册，捐赠其他物品 500 余件，投入扶贫资金 13 万余元。

通过核实村民贫困情况、商讨脱贫致富对策，结合学校实际情况，协调联系上级相关部门及企业，咨询政策、调研市场，制定了《2015 年长春工程学院驻村帮扶工作队工作计划》。

一、引进公益项目因地制宜开展农产品电商业务

通过前期的调研了解到，东关村出产特色优质农产品。但是受区域位置不佳、销售方式落后等制约，农产品一直“种强销弱、质优价不优”。 2013 年，通榆县提出了农产品电子商务发展战略，实施农产品“原产地直销”计划。2 年来，通榆县电商模式发展迅猛、体制政策逐步科学完善、农村资源布局良好、电商发展氛围浓厚，同时阿里巴巴集团“千县万村计划”村淘项目在通榆县推进实施，通榆县成为全国第三家与阿里巴巴达成“千县万村”合作的试点县份，也是吉林省的唯一一个试点县。

二、演出支教深入东关村进行社会实践

长春工程学院师生组成的大学生暑期“三下乡”社会实践团队来到东关村，开展了以“明德笃志中国梦弘扬践行价值观”为主题的社会实践活动，受到当地政府与村民群众的热烈欢迎。活动中，双方代表为“长春工程学院社会实践基地”签约、揭牌；学校师生向东关村中小学生捐赠了书籍、学习用品和体育用品，并慰问了村里的“五保户”；为了丰富东关村群众的精神文化生活，大学生们还带来了一场精彩的文艺演出。

三、抓基础建设，推动产业致富，强化村政服务

经过申报与审批，太平街二社至靠山屯一社至庞家窝堡四社全程6.15公里屯屯通道路硬化路面工程已经实施，其中3公里路基基本完成，竣工后能解决大部分村民秋收和走路难的问题；国家扶持东关村的418万元蔬菜大棚项目，在镇党委的帮助下已经竣工，一旦运行起来将为东关村的经济发展带来非常可观的经济效益。长春工程学院作为东关村帮扶单位，一次性拨款10万元硬化村文化大院2700多平方米，现已投入使用；借着白城市开展村级组织规范化服务“六星一网”建设工程的东风，对现有村部进行改造，建设便民服务大厅，完善服务功能，强化村政服务，统一印发并发放了《便民服务手册》，每户一本。实行了村干部值班制度，记录值班日志。

下一阶段，学校将继续依托教育资源，在产学研合作、村屯建设规划、农产品加工与包装、办公自动化软件建设等项目上开展帮扶工作。

（琚婷婷整理）

“培养一人，脱贫一户” 谱写职教扶贫新篇章

——长春汽车工业高等专科学校

（定点扶贫：河北省阜平县职业技术教育中心）

自2013年以来，长春汽车工业高等专科学校发挥学校国家示范校的示范引领作用，协同一汽集团对河北省阜平县职业技术教育中心进行了定点帮扶，力求以职业教育阻断贫穷“代际传递”。学校充分发挥职业教育与培训的复合功能，借助学校的资源优势和专业特点，通过人才培养方案制定、实训基地建设设计、师资委培及现场示范教学等职教扶持形式，有效提高了阜平职教中心的教育教学水平，定点扶贫工作取得较好成绩。

一、长春汽车工业高等专科学校定点扶贫工作的做法

（1）成立了扶贫工作领导小组，落实扶贫工作的开展。

（2）深入实地调研，结合贫困地区现状，量身定制解决方案。

（3）发挥示范校专业优势，做实职教扶贫工作。

根据长春汽车工业高等专科学校与阜平职教中心达成的支教方案，长春汽车工业高等专科学校协同一汽集团帮助阜平职教中心建设了“汽车制造与检修专业”一汽订单班。

二、长春汽车工业高等专科学校定点扶贫工作所取得的成效

（一）助推贫困地区专业师资队伍建设

通过一系列的“传—帮—带”活动，进一步提高了阜平职教中心汽车专业教师的教学水平，培养了阜平职教中心袁菲、李强、张书科、马立金等一批青年汽车专业课教师，提升了阜平职教中心汽车专业技术教学能力。

（二）助力职业人才培养

一是提高了阜平学生基本操作能力。

二是培养了阜平学生的职业理想。

目前，阜平一汽订单班已在一汽自主品牌主机厂、合资品牌（丰田）主机厂及、一汽品牌经销店就业，学生们有了收入，月均工资3000多元，年均

收入4万元,减轻了家庭经济负担,未来还可能增加家庭经济收入,有望实现"培养一人,脱贫一户"的扶贫目标。

(三)示范辐射效果明显

2014年10月,长春汽车工业高等专科学校又将吉林和龙纳入定点扶贫对象,根据和龙中层领导干部能力现状及培训需求,策划培训实施方案,组织开展了和龙科局级领导干部领导力培训工作,全面提升和龙市科局级领导干部的执行力和领导力,满足了和龙政府对人才能力提升的援助诉求。

总之,开展定点帮扶工作以来,长春汽车工业高等专科学校扶贫工作中取得了一定的成效。长春汽车工业高等专科学校将继续充分发挥职业教育特色资源优势,积极地为帮扶地区大力发展职业教育,培养职业技能人才,激发贫困地区内生动力,为贫困地区早日脱贫致富,实现"共同富裕"的伟大复兴的"中国梦",做出应有的贡献。

(琚婷婷整理)

扶智为先 提升寻甸自我发展能力

——华东理工大学

（定点扶贫：云南省寻甸县）

自 2012 年 11 月底以来，华东理工大学坚持以人为本，扶智为先，将增强和提高定点扶贫对象——云南省寻甸县的自我发展能力作为扶贫工作重心，整合学校教育资源、人才和学科优势，积极推动各项定点扶贫工作有效开展。

一、领导重视，实地考察制定精准对接方案

2013 年，在实地调研和与有关各方沟通交流的基础上，学校制定了《定点扶贫实施方案》。《方案》明确：以智力扶贫为主旨，通过干部挂职锻炼、干部培训交流、学生赴寻甸县就业实践、开展志愿服务等方式推动人才扶贫；通过支教帮教活动、发展远程继续教育、社区教育等推动教育扶贫；通过联合申请项目、促进成果转化等方式推动科技扶贫；通过文化交流、捐赠文化用品、文化宣传等推动文化扶贫。该《方案》被国务院扶贫办主办的《扶贫工作动态》作为定点扶贫与东西扶贫协作专刊进行刊发，并在定点扶贫工作会议上予以交流。

二、资源支持，提高寻甸自我发展意识与能力

按中组部要求，选派优秀青年干部满永博同志前往云南寻甸县金所村党总支任第一书记。2013 年 7 月和 12 月，学校先后向寻甸捐赠 411 台电脑，帮助寻甸学生早日拥有良好的学习实验条件。2014 年 5 月，全校募集资金 60 万元，帮助寻甸一中建立理、化、生实验室。学校还响应国务院扶贫办的号召，于 2014 年 10 月 17 日首个扶贫日开展为期 10 天的扶贫基金专项捐助活动，首日捐款总额达 7.5 万余元。

三、干部培训，增强寻甸自我发展的续航能力

2013 年 7 月，学校为寻甸县 50 名党政干部培训团提供工业经济、管理培训以及调研活动；2014 年 5 月，为寻甸县 52 名党政干部提供县域经济专题培

训；2015 年 5 月，为寻甸县 50 名党政干部开设“云南寻甸产业转型升级专题干部培训班”。通过这些培训，进一步丰富和提升甸县领导干部的相关理论知识和业务能力。此外，学校还于 2014 年 5 月专门召开“华理－寻甸科技扶贫对接工作研讨会”，探讨科研成果在当地的转化、对接问题，促进建立可持续发展的科技扶贫模式。

四、支教帮扶，师生实地调研助力寻甸。

2013 年 7 月，学校师生组团赴寻甸开展为期 12 天的走访支教助力乡村教育活动，受到当地政府和群众的热烈欢迎。2015 年 8 月，学校派出励志团校第三期英才班实地走访金所村，并开展各种关爱和资助活动。

五、励志计划，为寻甸自我发展提供智力支持

2014 年，学校开始在寻甸启动和开展自主选拔“励志计划”，安排了 8 个自主招生名额投放到寻甸县，最后录取 7 名。寻甸新生入学后，学校为他们优先安排勤工俭学、奖助机会及其他“绿色通道”，最大程度减轻其在校学习期间的经济负担。

（胡仕林整理）

充分整合资源　多维度促脱贫

——华东师范大学

（定点扶贫：云南省贡山县）

2013 年以来，华东师范大学充分发挥自身优势，整合多方资源，积极推动滇西扶贫工作有效开展。

一、发挥社会力量，签订对口帮扶合作协议

2015 年 7 月，学校与上海城隍庙、云南贡山县签署《华东师范大学与上海城隍庙联合帮扶云南贡山县框架协议》，深化在教师教育、人才培养、文化交流等领域的帮扶合作。上海城隍庙出资 50 万元，专设“爱·未来”教育发展慈善基金，为学校实施帮扶贡山县的教育事业提供支持。

二、加强合作研究，推动教育领域的改革

2012 年，学校与云南师大合作开展近十年来美英日三国幼儿教育改革的比较研究；承担云南省教育厅关于少数民族地区基础教育均衡发展研究项目；学校国际汉语教师研修基地、云南师大国际语言文化学院联合举办首届区域化汉语国际教育论坛，邀请国内外知名专家学者就区域化汉语国际教育等开展交流探讨。

三、派遣挂职干部，做好帮扶工作桥梁

2013—2015 年，学校分别派遣李新城、张华瑞、方金奇作为滇西地区挂职干部前往贡山县挂职副县长。三位干部进驻后，认真开展调研，发挥力量实施帮扶，为当地发展做出了积极贡献。

四、落实各类培训，采取“请进来”和“送出去”等形式，提升教育、管理人员的水平

在公益项目“爱飞翔·乡村教师培训”中，邀请云南乡村教师开启其飞

翔之旅：2012 年接受来沪干部培训 31 人，投入 55.8 万元。接受来沪教师培训 6 名，投入 2 万元。2013 年，接受 71 名教师来沪培训。2013 年，刘敏教授、严三九教授为贡山科级以上干部举行“生态文明建设”和“新媒体认识和利用”专题报告。2014 年，学校紫竹附属幼儿园对贡山县近 30 名幼儿园教师开展“幼儿园一日活动安排”专题培训；教务处落实贡山县 10 名教师来沪参加“卓越教师培训项目”，10 名学生参加“全国青少年科学营”；对外联络处落实 2 名贡山县教师参加“农村语文教师精英培训项目”，投入 14 万元。2015 年，开放教育学院向贡山县一中免费开放 66 门课程。

五、联系社会各界爱心人士捐款捐物，解决当前存在的一些困难

发动上海宗教界和浙江籍爱心人士，落实资金 17.65 万元，成立“爱·未来”教育慈善基金，捐助困难学生和援建阶梯教室。华东师范大学出版社 2013 年为贡山县捐赠图书 700 多册价值 1.9 万元，2015 年捐赠图书 879 册价值 2 万余元。2014 年，校工会、妇委会面向全校师生开展“共圆读书梦想，助力边疆教育”图书捐赠活动，为贡山县募集书籍 3000 余册、玩具若干。附属紫竹幼儿园开展义卖活动，为贡山县筹集资金和物品总价值约 3000 余元。设备处向贡山捐赠电脑 60 台，用于信息化教学。2015 年，为贡山县和兰坪县募集运动服 2700 套。资助云南籍学生 1100 余人，资助金额近 60 万元；2013 年资助贫困学生 297 人，投入 57.8 万元；2014 年，资助贫困学生 154 人，投入 21.38 万元。

（胡仕林整理）

圆梦连心　让世界更美好

——上海财经大学

（定点扶贫：云南省孟连县）

2012 年，上海财经大学开始向云南省孟连一中选派支教同学……

2014 年，“圆梦连心”对口暑期学校开始在孟连一中举行……

2016 年，第 5 年，12 位长期支教老师，23 位暑期课程老师，数十名支教志愿者……

“圆梦连心”支教项目为云南山区的孩子带去了一扇通往未来的希望之窗……

序言：“我看到了更广阔的世界”——认识在交换中丰富

“通过他们，我看到了更广阔的世界”，参加了 2015 年暑期课程的邱蓉同学如是说。感动于这里师生的热情，感动于这里老师默默地奉献，感动于这里学生学习的执着，还感动于整个支教集体的精诚团结，温暖和谐……说出这番话的刘柳同学是 2015 年支教团中的数学老师。是什么样的力量把他们集合到一起？是什么样的精神让支教同学一年年薪火相承？又是什么样的活动使同学们渴望交换时空，一起看到更美好的世界？

源起：“天宇德利姆”——梦想在奉献中绽放

姜天宇，“圆梦连心”支教团发起人。2012 年从上海财经大学数学与应用数学专业毕业后，他主动参加大学生志愿服务西部计划，成为云南省孟连一中的一名初二年级物理老师。

说起“天宇德利姆”（天宇 DREAM），时间将倒回到 2012 年的那个夏天。“天宇德利姆”是大四毕业时同学们给姜天宇起得新绰号，同班同学赖辉说“在那个毕业的季节，大家仰望天空，看到的尽是自己的梦想。‘天宇德利姆’怀揣他那人民教师的梦想，开始走向下一站。”

2013 年 7 月，一年服务期满，姜天宇主动申请延期服务一年。2014 年 7 月当地中考成绩揭榜，他所教的学生包揽了全县中考成绩总分前三名，32 名同学考入前一百名，还有一位同学考出了物理单科的最高分 99 分。

助力：“和天宇一起并肩作战”——力量在合作中迸发

2013 年夏天，上海财经大学 2009 级数学与应用数学专业本科生周丽报名参加了研究生支教团，成为孟连一中高一年级的数学老师，“圆梦连心”支教团有了新鲜血液的加入。

2014 年 6 月，孟连一中的孩子们即将迎来暑假，姜天宇和周丽的支教期也临近尾声。“我们一起再为孩子们做点什么吧！”临别之际，几名志愿者萌生了一个将爱心延续的想法—办“暑假补习班”。

2015 年夏，第二次暑期支教计划开始筹备，“圆梦连心”从众多报名参与者中选拔了 10 名志愿者组成了 2015 年支教团。“人多力量大！”2015 年暑期支教除上一年已开设过的数学、物理、历史、模拟联合国等课程，还新开出了英语口语、日语、美术、文艺赏析等新增课程。

传承：“我们回来了”——梦想在传承中不息

梦想的延续需要公益志愿之心持续接力、不停前行。自 2012 年开始孟连志愿者支教团已派出五年，暑期支教团已连续派出两年，12 名长期志愿者，数十名暑期志愿服务团员参与着这项爱心接力，十万余元的物资及资金捐助通过志愿者们的爱心传递送到了祖国的西南边陲，也将奋斗自强的教育理念进行了亲身实践，大手拉起小手为大山中的孩子们送去希望之光。

“圆梦连心”暑期支教项目，2014、2015 连续两年获评上海市大学生暑期社会实践优秀项目。姜天宇 2013 年获得“上海市青年五四奖章”；2014 年上海市优秀青年志愿者，被评为 2014 年上海市大学生年度人物，获得 2014 年中国大学生自强之星提名奖。他的事迹被上海热线、上海教育新闻网、新民晚报、凤凰网等多家媒体报道，他的精神和他带的“圆梦连心”正在带动越来越多的人，关心西部教育，关注西部发展。

（胡仕林整理）

奋斗青春　筑梦双柏

——南京大学

（定点扶贫：云南省双柏县）

2013年，教育部确定云南省楚雄州双柏县为南京大学的定点扶贫对象。作为推进定点扶贫的重要举措，南京大学每年向双柏县派出研究生支教团，服务双柏县第一中学。三年来先后有16名支教团成员前往开展志愿扶贫支教服务，在教育教学、校地联动、校园文化、第二课堂建设、捐资助学等方面取得了一系列丰硕成果，切实推动了双柏县教育事业的发展和进步。

一、聚焦主业：不懈探索，教学成绩一直稳居前列

三年来，支教团16名成员承担了语文、数学、物理、化学、政治、生物等课程的教学工作，团队成员人均一周累计课时达20节，三年总课时达10000余节。支教团成员积极适应教学环境、通过新老结对等形式，迅速成长，多名成员作为优秀青年教师代表为全校教师开设示范课。支教团成员还积极对中学教学模式改革进行探索，如首创学生走班制度，由学生根据自己对学科知识的掌握程度以及对各位任课老师的适应程度，自主选择班级走班上课，取得了良好效果。结对帮学也是支教团的一项创新举措，支教团成员与后进学生结成对子，利用自己的休息时间对他们进行长期定点帮扶，提高了他们的学习积极性。

二、校地联动：依托名校，构建高水平多资源平台

2014年7月，由支教团承办的南京大学—香港中文大学“双柏情”支教夏令营活动在双柏一中举行。该活动通过帮助香港中文大学的大学生与当地中学生结对，开展教学模拟、实地家访、民情调研等多种形式，帮助两地学生增进理解与交流。

“共架彩虹桥·青春中国梦”西部学生访学夏令营是南京大学研究生支教团的品牌活动之一。2014年暑假，来自双柏一中的4名学生和2名教师应邀前往南京参加夏令营。2015年，南京大学研究生支教团与学生会合作开展

了“蓝鲸梦想计划”定点帮扶活动，南京大学100名学生通过书信漂流、远程视频等形式与双柏一中学生进行沟通交流，为他们答疑解惑，促进校地间一对一帮扶。

此外，南京大学研究生支教团计划自2016年起，在双柏县设置长期定点社会实践基地，通过开展社会实践调查，为当地发展建言献策。

三、第二课堂：知行和融，引导西部学生全面发展

在第二课堂建设中，支教团充分发挥团学工作特长，紧密围绕学校中心工作，启动“西望·彩虹桥”第二课堂成长计划，在思想引领、文化建设和学生组织发展等方面，做好西部学子的第二课堂导师。

在理想信念培育方面，支教团成立流动团支部，通过开展主题团日活动、专题讲座、文艺演出等形式，引导青年学子树立远大的理想信念。在校园文化建设方面，创设并丰富了“励行讲堂”、“蓝鲸梦想计划”、“周末影院”、“经典悦读计划”、在线课堂等多个校园文化品牌项目，获得广泛好评。在学生组织培育方面，通过担任团委副书记、团委委员、指导老师等方式，为学生组织的蓬勃发展注入活力；通过开展“志愿践青春·行动促四信”等活动，提升学生组织的引领作用。

四、捐资助学：拓宽渠道，用心搭建长效真情桥梁

三年来，支教团志愿者采取多种方式手段，积极引入社会资源，借助各种宣传渠道和平台，在南京大学师生和校友企业家中间广泛动员，为双柏一中的学生筹集资金、物资折合人民币25.5万元，其中奖助学金5万元、图书400余册、过冬衣物200余斤、计算机100余台。此外，支教团还通过校内评优公开答辩、获奖同学光荣榜展示等方式途径，把奖助学金颁奖同感恩教育和励志教育结合起来，让奖助学金和捐赠物资发挥更大作用。

（胡仕林整理）

持续帮扶担道义　精准扶贫显成效

——中国矿业大学

（定点扶贫：江苏省丰县）

从 1995 年开始，中国矿业大学与江苏省省级扶贫重点县——徐州市丰县建立帮扶关系。在持续帮扶丰县 20 年的实践中，帮扶工作取得了帮扶镇村得发展、帮扶农民得实惠、帮扶干部受锻炼的“三赢”效果，同时学校也多次被授予“全省帮扶工作先进单位”称号。“十二五”期间，学校重点帮扶王沟镇张蒋河村、欢口镇常庄村和宋寨村，累计直接投入帮扶资金 50 万元，各类捐款捐物 100 余万元，顺利帮扶这 3 个江苏省定贫困村、621 户贫困户、1478 人顺利脱贫，得到了当地群众的赞扬。

一、发挥“特长”，扶贫先扶智

“十二五”期间，学校每年都以“博爱青春”为主题组织青年大学生博士、硕士服务团赴丰县开展暑假支教实践活动。同时，还积极牵线中国矿业大学建筑设计研究院有限公司无偿为常庄村村级综合服务中心进行建筑设计规划；邀请艺术学院专家为宋楼镇李大楼村“百年梨园”进行乡村旅游规划设计和品牌形象设计；组织采矿专家赴李堂煤矿开展科技对接，对煤矿的疑难杂症进行把脉问诊。通过一系列文化帮扶和科技手段帮助农民群众解决生产生活中的实际问题，让他们感受到文化和知识对于改变贫困、改变命运的重要作用。

二、推进“项目”，改输血为造血

学校在项目规划时优先选择具有造血功能的产业项目，强调项目选择的可行性、项目实施的可靠性、项目收益的稳定性“三性”要求，力求通过项目带动脱贫、产生最好的帮扶效果。“十二五”期间，学校产业类帮扶项目总投资 1010 万元，在帮扶工作队协调整合各类资金的支持下，采取“入股分红”的运营模式，投入帮扶资金 180 万元。学校协助规划的欢口镇农业产业园，已建成 18 座高标准日光温室大棚和 10 亩连体钢架大棚。同时，帮扶资金投入之前与镇村、大户签订帮扶协议，明确帮扶资金每年要有 10%-15% 的收益，可为对口帮扶村每年增加近 20 万元的收入，其中收入的 50% 用于低收入农户分红，同时贫困户还可以获得土地出租补偿和入园打工劳务收入，带动了100多户的贫困户脱贫。

三、了解“需求”，加强民生类基础设施建设。

为加快对口帮扶村基础设施建设，改善贫困群众的生活生产条件，学校积极争取多方部门予以政策上和资金上的支持。经过不懈努力，“十二五”期间先后落实帮扶资金共计70万元，争取省市奖补资金、“一事一议”、“村内环境综合整治”等补助资金100余万元。建成村级服务中心2个，修建了水泥路、砂石路5500米，安装路灯70盏，极大改善了村民出行。另外，还通过省委驻丰县帮扶工作队争取到国家扶持资金800万元，用于欢口镇新建道路4条，总长8440米，配套排水管网，新建广场6700平方米，公厕9座，新建污水处理厂1座。

四、拓展“渠道”，发动师生扶贫济困

一直以来，坚持以“帮扶学校、受益学生、惠济农民”的思路进行特色扶贫济困，发动全校师生员工积极奉献爱心，整合闲置教学物资，进行全方位多形式的帮扶。“十二五”期间，向欢口镇中心小学捐赠价值10万元的图书3000余册;向欢口镇常庄小学、陈大庄小学和育英初级中学捐赠笔记本5台、台式电脑46台、彩色电视16台、投影仪22台、课桌椅300余套等教学设施，折合人民币70余万元。多次赴常庄村小学开展“情暖金秋、爱心帮扶”捐资助学活动，先后为72位成绩优异的贫困学生颁发“励志奖学金”和荣誉证书;每年“六一”儿童节开展“大手牵小手”联谊活动，向每位学生发放书籍和文体用品；矿业工程学院为王沟镇铭训希望小学捐赠20套新办公桌椅，为欢口镇宋寨村新打5眼机井。

（胡仕林整理）

科教并举强特色　精准发力出实招

——河海大学

（定点扶贫：陕西省石泉县）

2012 年底，河海大学开始定点扶贫陕西省石泉县。四年来，学校高度重视，加强领导，科学谋划，着力在“教育扶贫”、“科技扶贫”上下功夫、见成效。

一、加强组织领导，确保定点帮扶工作顺利开展

学校将定点扶贫作为一项重要工作，成立定点扶贫工作领导小组，领导小组下设学校定点扶贫工作办公室，与石泉县组成联合扶贫办公室，推动扶贫工作的具体对接和开展。根据石泉县实际需求和学校实际，学校制定了《河海大学定点扶贫实施方案（2013-2020 年）》，明确了定点扶贫的总体思路、组织领导、工作内容和保障机制。在学校十三五规划中，明确提出“强化挂职扶贫工作力度”，结合学校水利优势，围绕“教育扶贫”、“科技扶贫”，着力在提升扶贫工作精准度上下功夫、见成效。

二、密切交流互访，提升扶贫工作精准度

2012 年以来，学校与石泉县密切联系，加强互动，互访人数达 115 人次。如 2013 年、2016 年，校党委书记、校长先后带队赴石泉开展调研，就扶贫工作开展的重点问题进行对接；2015 年、2016 年，常州校区、物联网工程学院就池河翻板坝设计、扶贫帮困志愿服务及支教支农等赴石泉池河镇作专题调研交流。学校还连续 2 年选派大学生暑期社会实践团队赴石泉开展实践调研工作，为学校教育扶贫、科技扶贫工作找准施力点、提高精准度提供基础数据信息支撑。

三、以“教育扶贫”为主线，定点扶贫出实招

学校与石泉县签订《资助协议书》，设立“河海大学助学金”，用以奖励、资助石泉县优秀学生完成学业。2014-2015 年相继投入资金 28 万元用于资助贫困学生，2016-2020 年，学校每年还将继续投入 10 万元教育扶贫资助，教

育扶贫助学金总额将达 78 万元。为鼓励学校干部积极投身扶贫工作，学校专门设立了生活、交通、通讯补贴以及配偶、未成年子女的探亲路费等，最大限度地为扶贫干部缓解经济压力、解除后顾之忧。

2014 年，学校实施面向农村学生的“单独招生”，在石泉县专门设面试点，学生就近参加考试、现场选拔认定，最终 2 名学生被录取。2015 年，学校招收石泉籍学生 5 名，其中农村计划 2 名。

四、以“科技扶贫”为抓手，定点扶贫强特色

2015 年，学校免费为石泉县涉农涉水岗位技术人员开展 2 期培训，分别为江苏省基层水利工程管理所长岗位技术培训班、水生态文明和水利现代化高级研修班，邀请学校、江苏省水利厅等 18 名专家学者授课，15 位石泉水利骨干参加了培训。

结合学校水利特色优势，在石泉县开展“美丽乡村”建设，组织专家现场勘测，免费为池河镇开展池河翻板水坝设计，以达到汛期控制水量减轻洪水对下游的冲击，干旱时期蓄水补水，保证民生用水和正常生产生活的目的。

（胡仕林整理）

整合学校资源　助力精准脱贫

——浙江工业大学

（定点扶贫：浙江省天台县平桥镇）

浙江工业大学对口帮扶天台县平桥镇13个低收入农户集中村，多年来发挥高校的智力、人才、教育等优势，从实际出发，突出重点，做好结对帮扶工作，通过教育扶贫，为天台县平桥镇经济社会发展服务。

一、定点关怀，完善健全校内资助体系

学校建立和完善了“奖、助、贷、勤、补、拓”六位一体的家庭经济困难学生资助政策体系，并形成了以保障型资助和发展型资助并举的资助工作格局。

学校后勤容大集团关爱学校的困难学生，推出2元爱心套餐；学校学生处资助工作始终坚持以学生为本，实施三项“五个一工程”，即：入学阶段为家庭经济困难学生实施以“一套资助政策”、“一次政策宣讲”、“一条绿色通道”、“一份临时补助”、“一袋爱心礼包”为主的“五个一”工程；在校期间实施以“一份爱心餐”、“一次温馨谈话”、“一份助学贷款”、“一个勤工岗位”、“一位成长导师”为主的“五个一”工程；毕业阶段实施以“一次就业帮扶”、“一次专场招聘”、“一份还贷提醒”、“一份就业补助”、“一次感恩教育”为主的“五个一”工程。接下来学校招生办计划将平桥中学纳入学校“三位一体”招生中学校长推荐资格学校名单。

二、暑期支教实践，定期定点实践育人

浙江工业大学各结对学院利用暑期组建大学生暑期社会实践团，深入各结对村调研，利用各学院自身专业知识为当地村民排忧解难。如浙江工业大学计算机学院开展计算机和上网知识培训，帮助村里撰写《村志》，完善村貌；人文学院进行了为期4天的“探美丽乡村之路，助中国富强之梦”暑期社会实践活动，对石柱洋村的地理环境、历史背景、当地的教学状况和教育水平，人民生活水平和幸福指数等当地实际情况进行了多方面考察和研究。

三、智力帮扶，积极创新教育扶贫模式

当平桥镇沓溪里村应届大学毕业生陈媛因缺乏经验引种铁皮石斛出现技术危机时，浙江工业大学药学院负责人邀请了铁皮石斛种植专家再次现场指导；同时校领导也带领沓溪里中草药种植户来到磐安药交会交流，参观中药学展馆及当地铁皮石斛种植基地。

四、爱心结对支持，关爱留守子女

浙江工业大学容大后勤集团自2007年开展了留守儿童关爱行动，集团全体党团员和管理人员与这些儿童一一结对登记，并推出了五项举措：亲子礼包让孩子们体会到来自远方父母单位的关怀；亲子电话每月给留守子女家长一次免费与子女沟通交流的机会；爱心夜校让这些文化水平不高但同样关爱自己子女的父母学习如何更好地教育培养孩子；照片速递定期将父母工作、生活场景照片发送到孩子手中，缓解他们的思念之情；而在重大节日，结对人还会送去各种祝福和礼物，让孩子们度过一个愉快的节日。

（董云云整理）

因地制宜精准施策　科技支撑构建扶贫产业链

——浙江理工大学

（定点扶贫：浙江省天台县坦头镇）

从 2008 年起，浙江理工大学结对帮扶天台县坦头镇下属贫困村。学校充分发挥高校在科技、教育、知识等方面的优势，围绕扶贫要求开展了一系列工作。

一、项目背景

坦头镇位于天台县城东部欢岙片区四周山体环绕，中间低平，90% 的耕地是五六十年代人工开垦的山坡地，是该镇的主要农业发展区域。主要农村经济成分以农业和劳务输出为主，境内无任何工业和企业。由于缺乏科学的技术指导和政府对农业基础设施建设力度不大，加之劳动力和资源成本的上升，欢岙从事农业生产的利润空间缩小，农民从事农业生产的积极性不高，导致大量农村青壮年劳力外出务工，大量开垦出来的土地遭到废弃和荒芜。目前欢岙片区除了少量地处山坳低谷的一些水田和一部分经济作物用地，60% 左右的开垦山坡地杂草丛生，无人耕种。

二、项目形成和实施

学校通过前期的实地查看和调研，在基本掌握了欢岙山区自然经济基本情况的基础上，咨询了专家和科研团队，认为可以依靠生命科学学院科研团队的科研技术在欢岙山区种植中草药。

2015 年 4 月 12 日，浙江理工大学专家建议在欢岙山区种植目前中药市场上有价无货的重要中药材——三叶青。坦头镇欢岙山区属于亚热带季风气候区，具有四季分明、降水丰富、热量充足的气候特征，四周山体环绕，中间低平，小区域气候特征显著，有一定的盆地气候。经论证，当地的自然环境非常适合三叶青的种植和生长。杭州三叶青农业科技有限公司以参股形式参与项目的开发，双方签订了《合作经营协议书》，由杭州三叶青农业科技有限公司负责与胡庆余堂签署三叶青的购销合同，以市场保护价负责三叶青的销售。浙江理工大学生命科学学院为项目技术支撑单位，专家科研团队多次深入欢岙三叶青种植基地指导三叶青的种植和管理，提供科技技术支持。项目总计出资 230 万元，其中引资 100 万元，计划两年内逐步建立 150 亩的三叶青药材种植基地，5 年内种植规模达 500-600 亩。

三、项目的推广和借鉴价值

有特色，可以给种植户带来可观的经济效益；充分利用了各方的资源优势，提高农民收入，发挥了学校的科学技术优势，有利于高校提高自身科研能力和水平；技术可行性、操作性较强，适应气候性，具有一定的可靠性；组织形式有所创新，农民的参与热情度大大提高，提升了扶贫的精准度；

发展符合当地特色的农业产业项目，能够带动其他相关产业的发展，是真扶贫、扶真贫的重要手段和方法。浙江理工大学和坦头镇一直都很重视当地产业的发展，积极发掘，重点扶持。三叶青中药材种植基地的建立，是学校科技技术与优势与当地资源有机结合的典型案例，这种形式对如何利用科技技术参与扶贫提供了很好的参考价值。开发当地特色产业项目，必将提升当地农民的收入和当地经济的发展，为贫困村脱去“贫困”帽子走出了一条更宽广的路。

（琚婷婷整理）

深入基层知实情　全面帮扶解民忧

——浙江海洋学院

（定点扶贫：浙江省三门县花桥镇）

1. 2011 年 8 月 21—23 日，由学校地方合作处、管理学院共同组团，管理学院院领导率领的旅游学科师生考察团一行 10 人，来到花桥镇实地考察，认真仔细地丈量拍照，与镇政府面对面地交流，摸清了当地旅游开发的相关节点，为高质量完成规划编制奠定了基础。去年 10 月，由浙江海洋学院编制的《三门县花桥镇生态休闲旅游概念性规划》圆满完成，交付给镇政府使用。

2. 2012 年 9—12 月，由地方合作处领导带队一行 5 人，来到花桥镇，先后走访了下岙方村和岔坑村，考察了沿海滩涂蛏子养殖，并与县委宣传部等部门交流了相关节庆事宜；编写了《三门县花桥镇首届缢蛏文化节活动总体方案》，并作为承办单位之一参加了首届三门花桥缢蛏文化节活动。

3. 2012 年 3 月 18 日，主题为“科技进塘入场到户、助推健康安全增收”的全国渔业科技促进年活动在三门县花桥镇举行启动仪式。由地方合作处牵头、水产学院安排了 4 名专业教师积极参加，通过展板形式宣传学校水产科研成果、解答农户养殖疑问、赠送海洋科技图书，为当地群众提供了很好的科技咨询服务。仪式结束后，还组织专业教师走访养殖示范户，直接面向广大渔民开展技术指导和科技服务。

4. 地方合作处积极组织学校有关院所教师、专家 30 人次先后下结对帮扶镇村，在充分调研基础上结合结对村发展的实际情况，以科技合作方式有选择性的建立科技兴农的项目。结合结对村的现有资源，项目力求充分发挥高校现有的智力优势资源。

5. 连续 5 年时间里，每年 7 月暑假期间组织 12 名大学生，赴花桥镇开展大学生志愿者暑期“三下乡”社会实践活动，历时 12 天时间。

（1）医疗服务团。重点发挥医学专业大学生志愿者的作用，组织大学生为农民进行健康普查和常见病治疗，开展卫生知识宣传咨询，普及医疗卫生知识，并开展“食品药品安全对话乡镇长”访谈活动。

（2）支教服务团。开展“让乡村孩子茁壮成长”主题教育活动，发挥师范类专业大学生志愿者的作用，组织他们进入定点联系村和学校，对中小学生特别是留守少年儿童进行学业辅导，开展健康有益的文化活动，帮助他们过了一个愉快、充实的暑假。

（董云云整理）

多措并举　助力大田乡脱贫

——浙江师范大学

（定点扶贫：浙江省武义县大田乡）

一直以来，浙江师范大学紧密结合学校和结对帮扶对象——武义县大田乡的实际，深入实施“低收入农户奔小康工程”、“低收入农户收入倍增计划”，各项帮扶工作取得了一定的成效。

一、建立长效机制，巩固扩大扶贫成果

近五年来，浙江师范大学累计共派出挂职干部 6 名，支教研究生 25 名，科技专家 35 人次，资助贫困学生 172 人，培训大田乡各级干部、教师等 500 余人次，累计投入资金 240 余万元。2014 年 11 月，与武义县政府签署战略合作框架协议，签订了共建“武义发展研究中心”合作协议、共建“基础教育协同创新中心”合作协议、共建“武义技术转移中心”合作协议和关于推进文化强镇建设合作框架协议。

二、强化协同机制，增强内生发展动力

浙江师范大学立足自身实际，积极协同校院两级人才、科技、文化等资源优势，不断开拓大田乡内生发展动力。

一是帮扶制定乡村旅游规划。二是帮扶基建项目立项。三是着力干部教育培训。四是助推农村特产经销。五是促进乡村经济发展。六是做实基础教育帮扶。

三、贯彻党建主线，促进精准扶贫脱贫

浙江师范大学先后召开美术学院与大田乡基层党建工作示范点建设座谈会、学校工团党支部与武义县大田乡岭下汤下村党支部“基层党建”结对座谈会，为更多帮扶对乡村的“结对共建”树立了榜样，起到了良好的示范作用。

2011 年 10 月，浙江师范大学美术学院艺术设计系党支部与武义县大田乡瓦窑头村党支部签署了结对共建协议，双方就发挥各自党组织和党员队伍的

优势，为对方提供系列服务进行了明确规定。此次协议的签署，为帮扶工作打开了新的局面。

浙江师范大学工团支部与下村党支部一起在智力帮扶、文化帮扶、科技帮扶上开展共建工作：一是利用自身优势资源，为帮扶乡村文化品牌建设出谋划策；二是邀请学校有关科技人员为帮扶乡村经济作物、农作物的培植把把脉；三是邀请有关学院专家团队为帮扶乡村的旅游发展提供建议。

近年来，浙江师范大学积极贯彻省委、省政府扶贫工作的有关部署，在省民政厅的悉心指导和帮助下，在学校党委、行政的关心和领导下，通过各有关职能部门的共同努力，学校帮扶工作取得了预期的成果，为今后的帮扶工作打下了坚实的基础。下一步，浙江师范大学将进一步理清思路、突出重点、创新举措，不断强化帮扶力度，增强帮扶实效，为全面建设小康社会贡献力量。

（琚婷婷整理）

科技帮扶有动力　土地轮种解难题

——嘉兴学院

（定点扶贫：浙江省三门县亭旁镇）

嘉兴学院校领导班子高度重视扶贫工作，多次赴三门县亭旁镇开展扶贫工作，走访学校结对帮扶的楼下郑村、罗四坑村、外洋马村、沙湾村四个村，了解当地经济社会状况和帮扶村的实际帮扶需求。走访中四个村都提出了红薯种植烂根问题很普遍也很严重，对帮扶村经济发展已经造成严重影响。校领导亲自和省农科院联系专家帮助，派出了我省著名番薯专家季志仙研究员帮助解决问题。季研究员经过现场勘验提出了红薯种植烂根问题的原因是病菌问题，红薯种植大面积病菌目前还很难消除，但可以在原来种植红薯的土地上种植其他农作物，一两年后再种植红薯，这样通过土地轮种方式来解决病菌问题。为此季研究员提出建蔬菜大棚育苗，培育蔬菜种苗供当地村民种植，为解决当地原来种植红薯酿酒的需要，还可以种植高粱来替代红薯进行酿酒。嘉兴学院负责同志、季研究员当即和镇、村领导一起现场商议，由嘉兴学院提供楼下郑村 3 万元用于建蔬菜大棚，2 万元用于购买省农科院蔬菜和其他经济作物种子，具体购买种子和技术指导由季研究员负责。今年我们从省农科院已经购买了高粱、玉米、小米、蔬菜等多个品种的农作物种子共计 4072 元送到了楼下郑村开始种植，目前已经取得了较好的收益。

亭旁镇也将我们在楼下郑村用土地轮种方式解决红薯种植烂根问题作为试点，如果取得较好效果明年将在其他村推广。

（董云云整理）

立足专业优势　丰富农村文化

——中国美术学院

（定点扶贫：浙江省仙居县皤滩乡）

中国美院作为全国重点高等艺术院校，近几年来，学校结合浙江省政府为民做实事的农村文化礼堂建设方面，充分发挥学校专业特色，为结对帮扶单位仙居县皤滩乡村文化礼堂建设提供设计方案、建设资金以及文化内涵建设方面的提升。

文化礼堂建设是近几年省政府确定的十项为民工程之一，根据之前在慈孝文化推进乡风文明建设取得的成绩，皤滩乡皤滩村、万竹口村、山下村被确定为全县文化礼堂建设示范点之一。2013 年，中国美院下派农村工作指导员以万竹口村慈孝创建为亮点结合村里实际，帮助村里制定了以“两堂一广场、两馆五面墙”的万竹口村文化礼堂建设方案。根据村的特点，中国美院师生团队设计了文化礼堂外墙、村史陈列馆、文艺陈列馆以及文化墙、村标志等内容，完成了万竹口村办公楼内长约 10 米高 4 米的《孝——常回家看看》主题墙绘，以及办公楼外墙长约 30 米的慈孝文化主题墙绘。

2014 年推进了仙居皤滩乡（村）文化礼堂建设工作，由中国美院王其全教授团队设计，以“慈孝皤滩美丽乡情”为主题的建设方案。该文化礼堂 2015 年初顺利完工，该项目也被列入省委宣传部全省十二个“乡村文化礼堂建设试点”项目之一。

2015 年，皤滩乡山下村的文化礼堂由中国美院建筑艺术学院梁宇老师设计建设改造方案，目前正在施工中，预计 2016 年下半年完工。

中国美院还在皤滩乡成立了教学实践基地，共派出了中国美术学院专家教授 40 人次，博士硕士研究生 60 余人，本科生 100 余人次对皤滩乡的各村进行实地专业调研考察、测绘，并作为教学内容，制作完成了山下村古民居的宣传资料。共组织 8 支中国美术学院暑期社会实践队伍对皤滩乡进行“廉政进农村”、“艺术乡村”、“翰墨飘香”等为主题的文化艺术教学实践活动，在皤滩乡幼儿园、皤滩农村文化礼堂等地多次开展丰富多彩的文化艺术培训教学。

（董云云整理）

“五水共治”　建设美丽乡村

——中国计量大学

（定点扶贫：浙江省金华市箬阳乡）

箬阳乡位于金华市婺城区南部山区，近年来产业优势逐渐显现，特色茶叶产业逐步发展，农业结构渐趋合理，政府支农投入增大。因此箬阳乡需因地制宜，科学规划发展诸如林下种植养殖、生态休闲旅游等新型特色产业，适时引导全乡开发当地自然资源，树立箬阳乡特色品牌。发展的主要项目有：长寿园运营管理、农副产品的开发和生态农家旅游开发等三大块。

关于长寿园的开发，提供给客户的有“旅游”养老、“周期性”养老、长期性养老三种养老模式。关于长寿园农副产品的开发，主要包含具有特色文化的红豆杉、长寿包、玉米饼和老人手工艺品等几方面发展。关于生态农家旅游的开发，发展初期将利用箬阳溪沿线的文化遗址、自然景色以及销售乡里的特色农副产品等等吸引游客。发展后期将利用老年人的业余时间开展各种活动，以此来吸引更多的游客。近年来周边旅游还远远不能满足广大市民对“宜居”、“宜游”的需求，特别是有着自然原始生态的项目相对缺乏。

为此主营开发：岩溪沿“长寿园”、琴坛至茶园沿线生态旅游和特色农产品开发等三大业务。旅游养老项目主要面对的客户群是65—80岁的老年人，老年人可以随自己的喜好，随时住进长寿园，生活区也采用了全程无障碍化管理，非常方便。长寿园同时可以和学校和教育培训机构达成协议，建立各类型的实践基地、拓展训练基地，为在校学生提供实习的岗位、为中小学生提供体验生活的场所。

长寿园初期的盈利点主要有：养老收入、招租的收入、商家（酒店、旅游赞助商等）的赞助。

（1）“旅游养老”、“周期性养老”等模式不断完善，同时服务体系也不断提升、完善，周边有更多的老人选择长寿园，因此在养老上的收入将不断增加。

（2）在园区我们将建立一个小集市，主要有几个店面组成：便利店（出售一些主要的生活必需品、常见的商品）、特产店（出售金华地区的特产等）、农副产品店（出售当地种植的瓜果蔬菜、家禽等类似于迷你型菜市场）。

（3）初期可以与酒店、旅游开发商、学校等合作洽谈，争取到商家的赞助，共同创建长寿园的农家乐、实践基地，开发长寿园的四季性活动。

（董云云整理）

理论武装村支书　科技助力新农村

——浙江万里学院

（定点扶贫：浙江省三门县沙柳镇）

一、背景与概况

浙江万里学院共结对帮扶的七个村，共计 633 户农户、2026 人；土地面积共计 1550 亩；林地面积共计 11290 亩；滩涂面积共计 200 亩；养殖面积共计 82 亩；村集体经济共计 12000 元；现人均年收入约 900 元。

二、基本模式和创新做法

（一）把扶助当任务，自立机制确保帮扶工作落到实处

浙江万里学院作为农业系统院校改制高校，拥有种植、养殖等农业生产技术，为了强化扶贫工作的重视和工作的有效开展，学校专门成立了结对帮扶工作领导小组，每年扶贫经费为 25 万元，工作经费为 5 万元，

（二）“两引入”机制，扎实推进智力帮扶工作

“两引入”，一是引入科技扶贫团队促发展，协助沙柳镇实际需求和浙江万里学院专业人才的情况，组建了 12 人的省级科技特派员团队（已经获得省科技厅立项，团队主要结对三门县），进驻沙柳镇相关村，加快科技创新要素向农村流动，增强农村科技供给能力。二是引入人才搞服务，派出相关专家，参与到科技扶贫工作，针对当地的资源开展服务。主要在农村规划，新农村建设上给予智力支持。

三、创新成效与作用

（一）扶贫济困，做好送温暖下乡

近两年，浙江万里学院深入三门县沙柳镇七个村开展结对帮扶工作，不但深入了解了各村村情户情，还采购生活物资 4 万余元，分别送到七个村的 58 户困难户手中，这些村户多是生病、残疾、孤老等情况；并给沙柳镇七村 15 个贫困学生发放助学金和珠岙村 25 户贫困家庭发放慰问金 4 万元。

（二）理论武装村干部，授人以鱼不如授人以渔

浙江万里学院和三门县农办联合主办的三门县沙柳镇农村实用人才培训班。三门县沙柳镇各村支书、村主任、大学生村官、农技干部 50 余人齐聚浙江万里学院学习农村工作相关法律知识和农业政策知识。这已经是浙江万里学院与三门县沙柳镇开展“结对帮扶”以来开展的第 5 次“智力帮扶”活动了。其次，浙江万里学院派驻三门县的海洋贝类产业团队科技特派员组织举办了海水池塘贝类综合养殖培训班。培训班给养殖农民开展海水池塘虾蟹综合养殖技术、贝类综合养殖技术、池塘水质调控技术等讲座。

五、重要推广价值。

组织科技人员深入企业、农村，紧紧围绕为地方经济服务，确实解决经济危机带来的技术问题，包括科技项目研究、开发和转化等方面的问题，狠抓深化落实，推进科技帮扶项目，促进科技创新服务农村的新模式，真正做到科研项目为农村农业经济建设服务，产出社会和经济效益。

（琚婷婷整理）

为爱援疆　一站到底

——杭州医学院

（定点扶贫：新疆阿克苏职业技术学院）

2012 年 3 月的一天，学校找到了周彩华，“学校想派你去新疆阿克苏支教半年，怎么样？”父母已经 80 多岁了，体弱多病，学医的周彩华是他们的支柱。即便这样，她还是想不出拒绝的理由。

2007 年 5 月，周彩华调入浙医高专，负责实践教学。同事们说，周彩华就是肯干，而且一丝不苟、不辞辛劳。当阿克苏职业技术学院火急火燎地找到浙江省教育厅，省教育厅又把其中的一项任务分解给浙医高专时，校领导立刻想起了既有理论、又懂实践的她。“一定要在年底前，帮阿职院顺利通过自治区示范院校验收。”周彩华说，任务非常艰巨，20 多天后他们一行就动身出发了。

一、零的突破

医学系是阿职院最大的系部，在校生超过 3000 人，因而也是阿职院能否通过示范验收的最大变数。在 4 月 17 日的工作笔记上，周彩华匆匆地写了几句：“总体上感觉教师比较敬业，基础也不错，但示范校建设缺少亮点和特色，课程体系也不健全，缺乏精品课。”

2012 年全国职业院校技能大赛 “剔除”了新疆队。周彩华主动请缨，经过学院和自治区教育厅的不断努力，教育部终于破例准许增加一支新疆代表队。在周彩华的指导下，维吾尔族学生萨比热木·艾力竟然勇夺三等奖。这是阿克苏乃至新疆职业院校在全国高职护理技能赛事上奖项零的突破。

二、民汉合班

“把维吾尔族与汉族的学生分开上，固然方便教学，却不利于缩小他们之间的专业差距，也不利于民汉融合。”在征得学院领导同意后，周彩华从 2011 级护理专业的学生中随机抽取了一个民族班、一个汉族班，以 36 人为一班，开始破天荒的重新组合；每班又分成 6 个学习小组，每小组民、汉学生各 3 人。

一学期下来，学生坐在教室里听课的时间少了，待在实训室里的时间多了；汉族学生学会了团队协作，而维吾尔族学生不仅专业技能涨了，汉语也溜了许多。更重要的是，改变了学校教师“民汉合班上课根本不可能”的惯性思维。通过“传、帮、带”，周彩华目前已经培养出 4 名能胜任民汉合班教学的老师。

三、一站到底

周彩华发动全系教职工一道来完成示范院校的建设任务，她指导完成了 3 个专业课程体系与医学系 20 门核心课程的建设，编撰了 15 本校本教材。2013 年 12 月，自治区专家组对阿职院的示范建设项目进行预验收。医学系获得专家的一致好评，周彩华可以回家了。此时，这个“计划外”的援疆团队由最初的 8 人减少到 6 人。而在这 6 人中，周彩华是唯一的女性。所以有人说，她比男人更男人。

“毕竟正式的示范验收还没有过，我也希望能多帮到他们一点。”离开阿克苏前，自治区党委、政府授予周彩华“第七批省市优秀援疆干部人才”称号。这是一名援疆教师所能获得的最高荣誉。

（琚婷婷整理）

授人以渔　打造智力扶贫的新篇章

——浙江外国语学院

（定点扶贫：浙江省黄岩区富山乡）

台州市黄岩区富山乡虽位于南正顶景区内，但农户从旅游中收益颇微，仍较为贫困。如何利用丰富的旅游资源来带动当地的经济社会发展，使“输血”功能变为“造血”功能，校领导结合浙江外国语学院的资源优势，派出旅游规划专家和村庄规划专家联合组成南正顶旅游规划项目组，制订富山南正顶旅游规划，促进坑头村经济社会的协调发展。

2015 年 1 月，富山南正顶旅游规划项目组负责人带领项目组成员一行九人到富山南正顶景区进行前期调研。项目组先后调研了富山大裂谷景区、南正顶景区的佛教文化和南正顶风光。南正顶的佛教文化极为昌盛，每年大量信徒都由台州各地赶到南正顶来求神拜佛。

浙江外国语学院旅游规划的重点是把宗教旅游和乡村休闲旅游有机地统一起来，怎样利用好南正顶景区的现有基础设施，并在此基础上进行扩建、改建，完善景区规模，促使当地农户更好的脱贫致富。

浙江外国语学院的富山南正顶旅游规划大体如下：

（一）在景区的总体布局上，强调“一线四区”

一线是富山南正顶景区旅游主线；四区是佛事活动区、休闲度假区、综合服务区、生态保护区。将宗教旅游和乡村休闲旅游有机结合起来。而在佛事活动区中，要重点强调富山南正顶的“孙悟空文化”特色，以区别于其他的佛教活动，把握南正顶景区自身优势，扬长避短，以便打造南正顶景区独特的佛教文化和生态特色；在寺庙经营方面，建议几个寺庙联合经营，成立寺庙联盟，仿股份制公司经营模式，这样可以避免恶性竞争，也可以共同打造南正顶佛教文化品牌。

（二）旅游产品的开发与打造

观光产品：南正顶的山，富山水库的水；朝拜祈福：富山南正顶，祈福可通天；美食体验：富山有机农家菜、有机红心猕猴桃；休闲体验：富山特色小木屋；旅游产品：孙悟空特色旅游产品。所有的旅游产品要完全具有富山南正顶特色，以用来区别其他景区的旅游产品。

（三）旅游形象策划与宣传

重点打造“孙悟空道场”文化，孙悟空文化内涵为自然天性、崇尚自由；敢于反抗、向往平等；有勇有谋有理想。在旅游宣传方面，要整体统筹与市场化宣传相结合，更多借助专业的文化传播公司来运作，尤其要注重自媒体宣传效果。

（四）景区建设与帮扶脱困、带领当地农户脱贫致富相结合

在景区规划中，把坑头村与南正顶景区有机结合起来，达到村庄中有景区，景区中有村庄的效果。在休闲度假区和综合服务区的规划中，基本都要依托村庄中现有的基础设施来进行扩建和改造，这样就把农家乐和景区有机的连为一体。同时，要把有经营农家乐意愿的农户组织起来进行统一培训，制订农家乐经营规范，协调农户经营模式，整个村庄农家乐进行公司化运营，给游客和香客更好的服务体验。

（董云云整理）

开展骨干示范　援助兄弟院校

——浙江经济职业技术学院

（定点扶贫：泉州工艺美术职业学院、西藏职业技术学院）

浙江经济职业技术学院在专业建设、师资培训、人才培养、信息交流等方面与西藏职业技术学院院长签订了《校际支援框架协议书》，支持西藏职院优化专业教学计划、指导课程建设、开发教学资源共享平台等；师资合作方面，有计划地接收西藏职院专业教师来院进修、深造，不定期安排骨干教师为西藏职院提供师资培训；联合培养人才方面，加强课程教学资源、校本教材等方面共建共享，利用我院优质实训条件和师资，为西藏职院提供学生技能培训等；资源与信息交流方面，鼓励双方教师合作申报科研项目，共同开展应用技术研发，进行协同创新。双方在网络、院报、学报、动态信息等方面实现资源共享，开展交流互动。

2014 年，西藏职院全国高职会计技能竞赛参赛代表队前来浙江经济职业技术学院进行为期1个多月的赛前培训。学校从沟通联络、接机、后勤生活保障、参赛辅导等方面进行了全面布置。专门挪腾了 2 间宿舍，并且提供了生活必需品。针对藏族学生的生活习惯，食堂开设了专窗服务，免费提供三餐服务。配备了 8 名专门的指导老师，提供了专门的实训教室和 12 台专用的训练电脑，向学生全面开放实训和图书等资源。让西藏职业技术学院代表队参加在浙江经济职业技术学院承办的浙江省省赛，并设立特别奖。同时，赞助西藏职业技术学院代表队往返机票费以及参赛费用等。

针对西藏职业技术学院专业设置情况，浙江经济职业技术学院汽车技术学院专门成立了专项援助小组，就西藏职业技术学院汽车实训基地的建设及现有汽车维修实训教学等问题进行了交流和指导，针对性研发汽车教学设备，捐赠设备包括汽车启动系统实训台架、汽车 ABS 实训台架、3000 发动机实训台等硬件 43 套，及浙江经济职业技术学院教师自主研发的汽车专业群共享资源库（含课程中心、仿真中心、素材中心等网络教学资源），共计价值百万元。

为充分发挥我院国家骨干高职院校的辐射示范作用，自 2013 年起，浙江经济职业技术学院与泉州工艺美术职业学院经友好协商，双方在人才培养、教学管理、学生教育、交流活动、科研开发等方面的合作达成了框架协议。双方决定每年派出相关专业学生进行一个学期学习实践，定期组织对口交流活动，互派中青年骨干教师进修和中层干部挂职锻炼，在教学改革、人才培养模式创新、科研和科技开发等方面开展深层次的合作。此后，就发挥浙江经济职业技术学院专业优势，援助泉州工艺美术职业院校物流管理、工商企业管理、市场营销、电子商务、文秘等专业的人才培养进行了深度对接。泉州职业技术学院派出 3 名专业教师到浙江经济职业技术学院挂职。

（董云云整理）

“实”处发力　深入推进定点扶贫

——厦门大学

（定点扶贫：宁夏隆德县）

自与宁夏隆德县建立定点扶贫结对关系以来，厦门大学本着“隆德所需，厦大所能”，既雪中送炭又帮助“造血”的原则，用“实”的精神和态度，以实际行动助力扶贫开发事业。

一、扎实开展教育扶贫

厦门大学充分发挥智力资源密集和培训经验丰富等优势，紧紧围绕隆德县实际需求，免费对其副处级以上领导干部、县党政部门和乡镇主要领导进行轮训，以开阔视野，提升能力。目前，已在厦门大学成功举办隆德县党政干部能力提升培训班 4 期，每期 7 天，已轮训县直部门和乡镇主要领导等近 200 名。

二、深入推进智力扶贫

学校积极发挥“思想库”和“智囊团”的作用，为隆德县委县政府提供关于产业和教育发展、规划编制等决策咨询服务。一是协助编制相关规划。学校组织相关领域的专家，连续 3 年每年资助 20 万元，与隆德县共同做好《文化旅游发展总体规划》、《文化旅游产业规划》的编制工作。二是选派师生智力支持。选派优秀青年干部担任张树村党支部第一书记；组织硕士、博士服务团以及“自强思源”第一期学员赴隆德县开展调研和支教活动。三是相互交流启发思想。校县领导互动交流频繁，共同研判扶贫工作。校县扶贫办之间建立了经常性的固定联络机制，互相通报情况、沟通配合。

三、不断探索产业扶贫

学校积极推动科技成果转化，进一步推动隆德县产业发展。一是建立扶贫产业园。学校依托隆德县产业园区中小企业（创业）孵化园，在此基础上建设“隆德县厦门大学康业扶贫产业园”。二是推动中草药产业发展。学校充分利用科研优势，帮助隆德县化验检测党参、黄芪、甘草、柴胡、秦艽等五种中药材有效成分，并努力研究隆德道地药材的新成分。同时，对其新兴药材玛卡高度重视，选派知名教授前往指导育种选种；依托“海峡中医药合作发展中心厦门大学工作协调领导小组”积极向台湾推介隆德中草药。

四、扎实开展支医活动

学校附属医院根据隆德县病谱和请求，派出 10 位权威专家和骨干力量组成“厦门大学医疗专家服务团”，深入隆德开展为期一周的义诊和帮扶活动。同时，学校着力推动建立长期医疗帮扶关系，主动对接并已与多家附属医院达成意向，除每年组织若干次义诊外，还将通过多种方式对隆德县进行实实在在的医疗帮扶。

五、广泛凝聚扶贫合力

学校广泛动员全校各单位及社会力量，共同推动扶贫工作有效开展。一是推动中心下移。紧紧依靠学校所属学院、教师和校办企业，开展针对隆德县的重点帮扶、成果转化、决策咨询、信息共享、图书捐赠等工作。二是借助校友力量。发动校友与学校一道帮扶隆德，如厦门嘉晟集团和经济学科同学会捐赠善款 20 万元，支持 1000 名贫寒学子一年的学费。同时，积极促成在宁夏的校友企业和有投资意向的校友企业在隆德投资置业。

六、主动融入闽宁对口协作大局

学校积极主动融入闽宁对口协作大局，以隆德县为基础，拓展到其所在的固原市和宁夏回族自治区，为宁夏脱贫致富做出贡献。一是学校与固原市人民政府签署战略合作框架协议，建立长期稳定的战略合作关系。二是积极支援宁夏高校，与宁夏大学在学科发展、中阿商学院建设、煤化工和煤炭深加工产业发展、共同联合申报重大科研项目、提升师资国际化水平等方面开展合作。

（胡仕林整理）

伸出援助之手　实现脱贫奔小康

——江西理工大学

（定点扶贫：江西省于都县新陂乡觉村村、兴国县崇贤乡崇义村）

江西理工大学扶贫工作队，从2011至2014年驻点在江西省赣州市于都县新陂乡觉村村，2015年7月至今在兴国县崇贤乡崇义村开展工作。

一、关爱孤寡老人和留守儿童

暑期期间工作队组织“连心”小分队（小分队成员由大学生优秀党员组成）到乡敬老院看望孤寡老人、到村小学看望留守儿童并开设为期两周的暑期特长培训班，传递关爱，为留守儿童提供更好更多的文化服务。

江西理工大学特别是在兴国县崇义村坳下组，工作队为贫困儿童邹美娟同学进行了系统的关爱和帮扶工作。首先工作队对她家庭及个人情况进行了了解调查，感觉到邹美娟同学确实生活在家庭比较困难、家境比较特殊的家庭里。今年10月份，她被江西理工大学例为帮扶贫困儿童帮扶对象。

江西理工大学党委组织部下文《江西理工大学关于在“精准扶贫”驻点村开展贫困儿童助学活动的工作方案》，要求以二级党委（总支）为单位开展二对一帮扶活动。为此，按照学校党委组织的要求，工作队对邹美娟家进行慰问，江西理工大学帮扶部门派专人对美娟同学定期和不定期进行补习和关心她的生活和学习情况。驻村工作队员经常到她家走访，了解最新信息。

二、校工作队帮助受灾村民汤地长同志渡过难关

2013年12月份，于都县新陂乡觉村村农户汤地长同志家的住宅楼房（土木结构）不幸遭受火灾，由于工作队的参与和组织杜绝了人身安全的事故发生，并把受灾情况减少到最小程度。

在这最困难时候工作队员第一时间向学校争取到了专项帮扶资金10000元和部分物资，并在微博、赣州民情网里举行了“灾害无情、人间有爱”大行动！

三、为村果农送柑橘黄龙病防控技术

工作队组织县乡有关部门进行“柑橘黄龙病防控技术培训”讲座，为了不误果农采果，讲座完后工作队就接送专家到果园基地实地讲解有关黄龙病防控知识，把防控知识送到了家门口、手把手地传教防控知识受到了当地果农的欢迎。

工作队经常给果农宣传“黄龙病”对果园的危害、政府对防控“黄龙病”的有关惠民政策等等。

当工作队了解到果农种植业的工作环境和性质后，在学校的支持下为觉村果农免费配发铁架高低床 60 套，用于在果园基地值班或堆放物品等用途。

（董云云整理）

抓核心　强根基　重民生　建产业

——江西农业大学

（定点扶贫：江西省兴国县龙口镇中岭村）

在三年的定点包扶工作中，我们“抓核心，强根基，重民生，建产业，创和谐”，扶贫工作主要从以下几个方面抓起：

1. 紧紧抓住“建好村党支部”这个核心，提升村党组的凝聚力和战斗力

三年来，驻村包扶工作组与村党支部按照中央和省委的有关指示精神，积极开展了创建“五个好”为目标的活动。村党组织团结带领群众坚决执行党的路线、方针、政策，带头完成了上级布置的各项任务。

2. 全力夯实“村小与幼儿园教育”这个根基，改善办学条件，提升教学教育效果

三年来，驻村包扶工作组投资改造了中岭小学的大门和围墙，修建了宣传栏；新建兴国县农村小学第一个多媒体教室；完成了中岭小学操场的改造，建设了全新的篮球场、乒乓球台，并对操场进行绿化美化改造；为新搬迁的中岭村利群幼儿园增加新的娱乐设施。

3. 着力办实“改善民生”这个重点，改善生产生活条件，提升生产生活质量

三年来，驻村包扶工作组与中岭村两委投资建设了中岭村潋江提灌站与防洪闸门，并牵线竖杆 1 公里多；对塘背水陂等水利灌溉设施进行修建；对村前危桥进行改造，对洪水毁坏的村道、灌溉沟渠、涵洞等进行了及时抢修；投资硬化了村组道路；建成的饮水工程使 200 余户群众受益；建成的龙口镇农业科技服务中心电教室将为整个龙口镇农业科技培训、普及与推广起到积极的作用。

4. 倾力打造“建设特色产业”这个根本，打牢中岭村经济长期发展的基础

“建设特色产业”这个根本围绕“水稻、生猪、脐橙、园林苗木”四大特色产业，在县农业局、畜牧局、果业局、林业局等部门单位的支持下，建起了一批示范区、示范场、示范基地，成立了专业合作社，兴建了龙口镇农业技术培训电化教室，邀请省内外专家到村、镇、县举办了系列科技讲座与现场科技指导，四大类优势特色产业已初见雏形，发展态势良好，有效促进了当地生猪、双季稻、脐橙、园林苗木等特色产业的发展。

5. 紧紧围绕“创建和谐乡村”这个目标，推进生态文明建设，创建秀美和谐中岭

三年来，完善丰富“农民书屋”的建设内涵与规范管理，提升了“农民书屋”的实际价值；加强完善全村 3 个诊所的日常规范管理与农村卫生保健；建立留守儿童、老人与外出务工亲人的视频交流平台——“连心室”；对“老干部、老党员、老劳模、孤寡老人等”定期慰问与走访；开展大学生集中支教志愿活动，通过系列“和谐乡村”创建活动，给老人、小孩送去了党的温暖与关怀并增加中科技、文化知识。

（董云云整理）

扎根基层　真情奉献

——江西中医药大学

（定点扶贫：江西省宜黄县管坊村）

曹岚同志是江西中医药大学一名普通的教师，自2009年接受学校党委的委派在宜黄县管坊村扶贫，2010顺利完成了扶贫工作；但2011年又主动请缨参与学校的十二五扶贫工作。

一、脚踏实地，认真调研，当好村民致富的参谋

曹岚同志深刻认识到，要做好基层工作，必须掌握第一资料。因此，当他赶赴扶贫点后，积极与农户交流，收集各种数据与资料。到上饶调研铁皮石斛的种植、到彭泽县调研彭泽鲫养殖、到九江县调研射干种植等省内特色种养情况。在大量调研的基础上，制定《2011-2014年包扶萍乡市湘东区白竺乡崇源村五年规划》及崇源村经济发展远景规划。

2012年5月将中药材规范化种植的技术指导，广东紫珠、太子参的高产种植技术推广到湘东区、芦溪县。曹岚还利用自己的项目，筹资30000元进行试种，并取得成功。2013年在广寒寨推广太子参种植近百亩。还是在他们的推动下，村民筹资成立了多个种养合作社。

二、抓热点，解难点，做一名群众满意的人

1. 实施人才工程。必须培养一批年青、有知识的村干部。曹岚他们抓住2011年、2014年年底“村党支部和村委会换届”机会，配合白竺乡人民政府，帮助选优配强配齐村党组织领导班子特别是村党支部书记，搞好村支部、村委的班子建设。

2. 实施畅达工程。充分利用扶贫政策，采用村民以工代赈、四处化缘的方式筹集资金。4年里，先后投入资金100余万元，修建了多条公路。

3. 实施洁水工程。因部分农田缺水无法正常耕种，村民饮水，无法保障，他和他的同事积极与萍乡市水务部门沟通，拨款30万元开展“千人百吨”饮水工程建设，彻底解决了张园背村小组及周边1033人的饮水问题。

4. 实施爱心帮扶工程。一是向学校申请经费开展慰问，为困难户解决生产物资的购买、家庭小孩子女入学等困难；二是对符合低保条件的人帮助他们积极参保；三是关心留守儿童，开展大学生“三下乡”、“结对帮扶”、“爱心四射”等活动。

5. 实施社会主义新农村建设。筹集资金 20 多万元利用原崇源村小学旧址进行改造，增添了阅览室、党员活动室、会议室和计生服务室。

三、排民难，解民忧，当好村民矛盾的调解人

1. 积极配合民政部门，做好农村危房改造工作。4 年来，共帮助 6 户农户改造危房，避免安全事故。

2. 积极配合供电部门，解决三十年未能解决的会双用电问题。

深入每家每户，进行用电安全教育，讲解国家有关用电政策，并与供电部门进行协调，调整用电价格，充分保障村民用电。

3. 帮助调解天子山铁矿与村民的矛盾。

4. 解决村民纠纷问题。

四、生活朴素，接地气，做群众认可的好干部

4 年来，曹岚和他的同事，努力学习，扎实工作，做到“到位不越位、帮忙不添乱”。为了使包扶工作与生活更方便、更贴近群众，他们向学校申请资金 5000 余元，购买床上用品、厨房用具等生活物品，开始长期“吃饭自己做，住宿在村部”的 4 年扶贫工作。

（董云云整理）

搭平台　建机制　求实效

——江西财经大学

（定点扶贫：江西省铅山县虹桥乡虹桥村）

江西财经大学帮扶工作体现在：对扶贫对象动感情、心连心；对扶贫工作动脑子、求出路；对帮扶项目动真格、求实效。

一、响应号召，组织健全，工作领导重视

成立了以校领导为组长的领导小组，相关部门参与的工作小组；制定了工作制度及流程；学校自筹经费近 300 万元，争取政策扶持经费近 300 万元；学校校领导主持工作推进会或亲自到包扶村考察调研30余次并确立帮扶项目。

二、发挥优势，扎实推进，工作亮点纷呈

1. 亮点一：“输血型扶贫”改变农村面貌

（1）“一规”——“村级建设规划”工作。对村经济发展整体规划和新农村建设详细规划；

（2）“二基”——“农村农田基本建设”工作。农村建设：修建了 1 座通河大桥。农田建设：争取和自筹资金修复了 1 条长近 2 公里、宽 1.5 米的大水坝主干渠；争取和自筹资金改造了 1 个危险山塘——“大排山山塘”除险加固；争取和自筹资金修复了 1 个排灌工程。

（3）“三改”——“环境三改”工作。进行了新农村建设环境、村民饮水环境、村委会办公环境改良工作。

2. 亮点二：“智力型扶贫”培养发展能力

（1）“一建”——“村级管理建设”工作。对村级管理及经济治理、村级财务管理制度及流程进行了梳理和完善；

（2）“二送”——“送知识进村进脑”工作。以乡村两级财务人员为对象，财务专家送财务知识进村，以乡村两级党员为对象，党课专家送党课进乡；

（3）“三助”——“扶上马送一程”工作。一助就读江西财经大学的乡村贫困本专科学子免除学费、提供贫困助学金及勤工助学岗位。二助就读江

西财经大学继续教育的乡村两级干群提供优质服务。三助村中小学培养师资、捐赠教学用品。

3．亮点三：“造血型扶贫”锻造持续发展

（1）“一引”——“专业合作社”建设引导工作。引导村“铅山县和华蔬菜种植专业合作社”的组织、专业建设和营销活动，重在打造村级经济体及其发展后劲。

（2）“二培”——“产业及能手”培育工作。“支柱产业”培育：在制定规划的基础上，以项目为抓手，在“薯品”、“瓜品”、“猪品”等“三品”的“种、养”及“深加工”方面富有成效工作。“致富能手”培养：在“种植能手”和“养殖能手”挖掘及培养上下功夫，使得个人能致富，学习有榜样，整体奔小康。

（3）“三扶”——“脱贫致富”扶持工作。一扶“村级经济体”发展，重在组织建设、经济发展。二扶“致富能手”培养，重在挖掘“致富能手”及其致富能力培养。三扶村民脱贫致富。扶助村民自身农业发展和本地就业；扶助村民参与江西财经大学校友企业发展，异地就业。

三、因地制宜，积极探索，工作富于创新

（1）创建了“四强扶贫机制”。即“学校强劲领导＋部门强力实施＋校内外资源强化组合＋定点包扶县乡村强调配合”。

（2）创立了“扶贫工作模式”。即“调查研究情况＋因地制宜计划＋确立项目抓手＋争取政策支持＋工作实施跟踪＋任务完成评估＋探求工作规律”。

（3）设立了“江财－虹桥”联谊组织。设立“江财－虹桥”联谊会，明确联谊机构、人员、内涵、机制等，延续感情，延续支持，延续研究，延续发展，延续成果。

（4）运用了高校智力优势。努力做到工作不盲从，不虚浮，接地气。确保扶贫工作显性成绩“硬件”看得见摸得着，隐性成效“素质”、“机制”等“软件”对村级经济发展带来可持续贡献。

（董云云整理）

探索三位一体“精准扶智”模式
全面提升脱贫内生力

——山东大学

（定点扶贫：河南省确山县）

2012年，中央有关部门确定山东大学定点扶贫河南省确山县。在不断的工作探索中，学校扶贫工作模式逐渐明晰，按照“扶贫先扶智”、“智力扶贫”的工作思路，围绕“科技精准扶智”、“卫生精准扶智”、“教育精准扶智”开展工作，形成了科技、卫生、教育三位一体的“精准扶智”工作模式，不断增强确山县内生动力，加快贫困人口脱贫致富。2015年确山县完成了13个贫困村和9800个贫困人口脱贫，全县生产总值达到137.07亿元，较2014年增长7.9%；全县农民人均纯收入达到8958元，较2014年增长11.3%。

一、科技精准扶智

2013年，山大组织3批专家为确山经济社会发展进行规划指导，进一步明确发展方向；2014年4月和7月分别组织两批确山县领导干部到山东大学、淄博市高新区、济南市商河县进行考察招商，开阔视野，进一步解放思想。组织专家学者帮助确山制定“产学研合作项目实施意见书”，并共同申请相关课题。设立专项科技扶贫基金50万，用于推进科技项目转化和当地资源开发与研究，帮助确山企业、事业单位解决技术难题，提高发展造血能力。目前，首批确定了5个科技扶贫项目，每个项目获得10万元技术帮扶资金，其中确山县旅游局所报的《县域旅游创新发展战略研究》课题已经完成，山大宋振春教授团队多次赴确山开展基础材料采集工作，为确山今后的旅游发展提出了规划路径；确山县重点企业全宇制药有限公司申报的《新型抗痛风药物Lesinurad的研发》课题初见成效，已进入临床阶段；惠洁管业公司所报《关于密封问题的研究》课题对接多次，山大已选派四名研究生进驻该公司开展研究工作，双方正在加快合作研究步伐。

二、卫生精准扶智

确山县卫生条件落后，因病致贫、因病返贫的问题尤为突出。学校发挥医学学科优势，通过学位教育、成人教育及远程教育等多种方式，开设医学研修班，提高确山县医护人员的学历层次。学校从附属医院中抽调中青年业务骨干，赴确山开展医疗技术指导、医疗专业培训、医疗下乡等活动，推动确山县医疗卫生整体水平的提高。确山县 2014、2015 年共选派 28 名医疗骨干人员，到山大齐鲁医院和第二附属医院进行为期半年到一年的进修学习；同时，山大将确山县偏远的杨店、顺山店卫生院确定为定点帮扶卫生院，为其捐助医疗设备、培训医疗人才；继续教育学院指导确山卫校开展成人教育，自 2016 年，确山卫校每年以山东大学名义招收专科生 50 名、本科生 100 名、研究生 30 名，主要培养临床医学、护理学、药学、影像学等专业人员，切实改善确山县卫生人才缺乏的现状。

三、教育精准扶智

山大附属中学不定期选派专家和骨干教师赴确山县开设专题讲座和教学示范课，帮助提高教育教学水平。学校将确山确立为学生暑期社会实践基地，将确山县第一高级中学作为优秀生源培育基地。利用国家贫困地区招生计划为确山籍考生争取更多的入学名额，同等条件下优先录取，目前有 8 名确山籍学生在校学习。邀请确山县中学校长和优秀中学生参加山东大学“全国重点中学校长论坛”和“中学生体验月”活动。每年邀请确山县高级中学 10 名学生参加中国科协主办、学校承办的高校科学营活动。协调济南军区等出资 600 万元在确山建设“八一”小学。2015 年全国第二个扶贫日期间，山大组织全校教职工为确山县贫困学生开展捐资助学活动，捐款 80 万元。学校准备筹资 400 万援建的老臧庄小学相关项目已经进入启动阶段。制定《山东大学附属中学与确山县三里河乡老臧庄小学结对帮扶方案》，山大附中将在学校管理、师资队伍建设、资源共享、学生交流等方面全面帮扶老臧庄小学。另外，2014 年 5 月，学校对确山县检察院 70 名干警分两批次进行了人文素养专题培训，效果良好。

（胡仕林整理）

发展高效农业　全面推进定点扶贫

——河南理工大学

（定点扶贫：河南省滑县穆营村）

河南理工大学对口帮扶国家扶贫开发工作重点县滑县的穆营村。一直坚持“以发展高效农业为中心，全面推进定点扶贫”的工作思路，探索了一条切合实际的富民强村之路。

一、高度重视定点扶贫，切实提供组织保障

成立定点扶贫领导小组；高效运作，积极选派优秀干部定点扶贫；领会精神，正确指引定点扶贫工作方向；考察调研，促进定点扶贫工作深入开展。

二、深入调查研究，确定定点扶贫中心工作

（一）全面掌握村情，深入了解民意

学校驻村干部入村后，采取与村两委班子讨论、召开村民代表会议、入户调查、田间聊天等多种形式，全面掌握村情，深入了解民意。

（二）制定扶贫工作方案，明确工作思路和中心工作

一是积极引导村民更新观念，树立脱贫致富的信心。

二是充分发挥党员干部的示范作用，奠定脱贫致富的组织基础。

三是以积极发展高效农业为中心，增强村民脱贫致富的能力。

四是加强基础设施建设，全面推进定点扶贫。

三、围绕中心工作，全面实施定点扶贫

（一）以发展高效农业为中心，健全技术、资金、市场等服务体系，促进穆营村经济结构调整

驻村干部积极引导村民，调整种植结构，扩大绿色和无公害蔬菜大棚种植规模。同时，结合土地流转，蔬菜大棚逐渐向村东、村南平整肥沃、灌溉便利的土地上集聚。另外，驻村干部积极引进“公司＋农户”的经营模式，促进穆营村发展肉鸡养殖业。积极聘请农业科技人员，为农户提供大棚搭建、

蔬菜种植、田间管理、肉鸡饲养培训等多方面的技术支持。

（二）加强基础设施建设，全面推进定点扶贫

多方筹措资金整修道路，新建文化广场，安装健身器材，解决饮水问题，改建一座幸福院，节假日为贫困户、五保户以及老党员等送温暖，向他们宣传解释穆营村的发展思路、发展规划、村庄建设等事项。驻村干部协同村委成员，努力做到国家新农合、新农保等惠民政策全覆盖，确保村民自愿发起的“一元捐”资金用到实处。

四、着眼长效，调动内因，走持续增收致富之路

（一）激发村民脱贫致富的内在动力

集中民智，集聚民力，让村民广泛参与选择高效农业项目。

（二）充分发挥村民骨干作用

驻村干部从自身做起，发挥模范带头作用。同时，组织村民骨干参加村民理事会、种田小组、合作社，充分发挥他们在参与决策、科学种田和村务管理等方面的积极作用。

（三）加强穆营村基层组织建设

指导村委加强对党员的教育管理，发挥农村党员干部现代远程教育平台的作用，多次组织党员开展不同形式的学习教育活动。

（董云云整理）

智力扶贫开启农民“智”富门

——信阳师范学院

（定点扶贫：河南省潢川县谈店乡万营村）

案例介绍：信阳市潢川县谈店乡万营村地处潢川县东北部，属省级贫困村，2015 年 8 月底，信阳师范学院选派了优秀年轻干部李向阳同志作为省派第一书记进驻该村，开展为期 3 年的驻村帮扶工作。

驻村以来，李向阳同志深入 103 个贫困户，全面掌握了第一手资料，经过近一个月的走访，李向阳发现导致该村群众贫困的原因很多，归纳起来主要有三个：一是农民缺乏技术，万营村种植模式单一；二是基础教育太落后，小学师资薄弱、基础设施落后、教育质量太差；三是群众文化活动太少智穷则穷，智富则富。为此，决定对症下药，充分发挥高校优势，大力开展智力扶贫活动。

一、主要领导带头，深入定点扶贫村走访调研

学校校领导多次前往万营村，就开展智力帮扶进行专题调研。学校书记走访慰问了 40 个贫困户，同困难群众倾心交谈，与陪同的县委、县政府负责同志交换意见。

另外，还请 20 余名专家、教授前往万营村，做土地流转方面的实地考察，同该村种粮大户座谈，讲解国家政策，回答他们提出的问题，帮助他们解决思想困惑。民盟信阳师范学院主委、城市与环境科学学院余国忠教授主动为万营村美丽乡村建设做整体规划。

二、开办农民讲堂，邀请专家为农民讲授农业技术

邀请知名专家、教授为农民朋友授课，让农民群众接受国家惠农政策、法规、农业科技知识、就业创业培训等；为农民讲堂修缮了门窗、粉刷了墙壁、购买了桌椅。随后，食用菌种植专家、瓜蒌栽培专家、农村电商专家等等接踵而至，为农民群众送来农业科技知识和致富本领。部分村民着手开办现代家庭农场，还有数十户贫困户正在紧锣密鼓成立香菇种植合作社。

三、发起爱心接力，让贫困村的孩子接受优质教育

学校在万营村北京希望小学建立教育实习基地，选拔高年级优秀学生分批次去支教实习，把不能开的课程开起来，让农村的孩子也能接受到城里孩子一样的优质教育。另外，还向教育局申请到 10 万元的专项资金，用于改善万营村北京希望小学办学和教师住宿条件。

在希望小学开展了一系列爱心助学活动，先后组织多批党员干部为万营村小学和学生捐赠书包、文具等。社会各界也积极响应，纷纷捐资捐物。

四、开展广场文化，丰富农民群众业余文化生活

学校拨付专款购买了音响设备，音乐学院从舞蹈专业高年级学生中挑选了广场舞教练。教广大村民跳广场舞、打陈式太极拳。

此外，万营村驻村第一书记李向阳还先后组织村民代表考察瓜蒌种植和食用菌栽培情况，邀请技术专家现场讲解，让农民代表亲身体验，直观感受经济作物给种植户带来的可观效益。

（董云云整理）

发挥高校科教优势　扎实做好扶贫工作

——南阳师范学院

（定点扶贫：河南省淅川县毛堂乡老沟村）

2012年9月，根据省扶贫办统一安排，南阳师范学院定点扶贫淅川县毛堂乡老沟村，几年来，学校依托科教优势，以教育扶贫为重点，以人才、科技、文化资源为载体，充分发挥科技知识和优秀人才对地方脱贫致富的核心带动作用，我们的主要做法是：

一、推进教育扶贫，提高基础教育水平

（1）改善村小学基础设施建设。为学生捐赠物品，对校围墙及教学楼外墙进行粉刷，设计、绘制与小学教育有关的图案。

（2）大力开展村小学师资培训。先后选派各学科方面的专家老师对老沟村小学教师进行理论和教学方法培训；同时，积极组织老沟村骨干教师免费到学校参加“国培计划”培训班进行旁听。

（3）开展暖心留守儿童活动。学校先后组织青年志愿者及学校爱心社团到学校开展暖心留守儿童活动，捐赠物品。学校校医院每年组织优秀医生来到村小学进行健康体检，提出下一步要注意的事项。

（4）积极开展支教活动。组织支教团成员定期到村小学进行教育帮扶，开展音乐、美术、心理辅导等特色培训。

二、深化智力扶贫，提升持续发展能力

（1）选派优秀干部驻村扶贫。学校先后选派两名扶贫工作队员、一位到村支部第一书记开展扶贫工作。一是着力改善交通条件，出行难问题得到较好解决。二是打井取水，解决用水问题针。三是建立通讯基站，确保百姓信息畅通。四是改善电力设施，解决生产生活用电。

（2）发挥人才和学科优势扶贫。一是充分利用南阳师范学院智库优势，邀请经济学专家到村里进行考察，为村里编制发展规划，二是积极协调利用校环旅学院无人机技术，对全村山区和防火重点部位进行监控。三是开展技

术下乡活动。邀请相关专家为村民讲授种植与养殖技术。四是开展“博士走进渠首”活动。开展南水北调源头的环境保护研讨活动，与淅川县领导及农、林、水、环保局等单位共同研讨南水北调源头的环境保护、水土流失、工农业发展等项目的考察论证工作。

（3）积极开展文化扶贫。建立“文化书屋”，让村民有书看、有资料查，学习种植和养殖技术。

三、实施精准扶贫，增强扶贫工作实效

（1）建立“一对一”结对子帮扶机制。按照“一户一策、精准扶贫”原则，注重差异化帮扶，“一对一”定向包保，明确帮扶责任。

（2）建立常态化送温暖机制。节日时期，校领导深入老沟村贫困户走访慰问，为该村 20 户贫困家庭和军烈属家庭送去米、面、油、棉被等生活物资和慰问金。

（3）建立“因户施策”帮扶机制。一是对个别因丧失劳动能力的家庭，将通过社保、医保、低保、五保等保持其基本生活，向政府申请临时救助金额。二是让村中不少剩余劳动力到学校后勤服务中心膳食科、校园物业科等用工单位工作。三是针对因大病致困的家庭，向民政、卫生等部门以及社会团体求助。对重点贫困对象落实农村贫困家庭大学生助学项目资助，和“雨露计划”。

（4）建立农业产业帮扶机制。经过走访调研，村里还有很多山坡薄岗不适宜种植农作物，但很适合种植茶叶等经济作物。于是我们整合资源，与公司合作。

（董云云整理）

发展艾叶产业　助推一方致富

——南阳理工学院

（定点扶贫：河南省南召县石门乡竹园村）

根据河南省扶贫办工作安排，南阳理工学院持续定点扶贫南召县石门乡竹园村。定点扶贫工作开展以来，主要工作如下：

一、深入调研，吃透村情，因地制宜，提出扶贫新思路

学校要求组织最强专家团队，深入扶贫村广泛调研。基于竹园村浅山丘陵多、外出打工青壮年多、留守老人儿童多、贫困户多，实用技术少、致富信息少、资金来源少的“四多三少”现状，学校专家团队编制了《南阳理工学院竹园村定点扶贫持续发展规划》，针对性提出了“基于扶贫村村情，切实发挥学校专业、科研平台、创新团队优势，打造具有造血功能、利于持续长远发展”的扶贫工作新思路。

二、发挥优势，多方论证，量体裁衣，创新扶贫新模式

针对竹园村村情，学校多次召集相关专业的专家、教授、博士，经过座谈、研讨、论证，并广泛调研、考察行业、市场需求，坚持“创新、协调、绿色、开放、共享”发展理念，结合南阳市是国家南水北调中线渠首、水源地以及南阳仲景故里的名片和品牌，确定了“整合集聚学校各方优势，实施科技扶贫、智力扶贫、绿色扶贫、精准扶贫，大力兴办企业，全程跟进、零距离帮扶，引领当地经济社会发展”的扶贫工作新机制。

为推进扶贫工作有效开展，学校通过组建的科研平台，为扶贫村遴选了艾灸产品生产加工项目，并深入进行了可行性论证。

在帮助完成征地、公司注册、营业执照办理、员工培训、基金筹措、设备购置、厂房规划建设、产品包装设计等各项工作后，“南召县华艾堂艾业有限公司”正式成立，并投入生产。

三、持续跟进，贴身服务，做大做强，务求扶贫真实效

在“南召县华艾堂艾业有限公司”的生产、经营、销售过程中，学校的专家、

教授、科研团队，也对公司的艾叶产品研发、配方改良、设备升级、厂房扩建、生产工艺、产品包装设计以及产品推介、销售等提供专业化的一条龙贴身服务，深度介入企业生产各环节，并规划了企业做大做强和持续发展的顶层设计。目前公司生产的艾叶产品对区域经济社会发展发挥了示范、引领作用，具体表现为：

一是实现了绿色、生态发展，有效保护了南阳作为南水北调中线水源地的水质。

二是丰富了南阳仲景故里名片和品牌。

三是惠及并辐射南召及周边县域发展。“南召县华艾堂艾业有限公司”的成功运营，极大激发、鼓舞了南召及周边县域有识之士的创新创业之路。

四是增加了群众收入。当地群众改成种植艾草一年收获两季，每亩达 3500 元左右，收入提高了 5 倍多。

五是增加了就业岗位，解决了农村剩余劳动力。

六是拓宽了村委会收入渠道，提升了竹园村影响力。

（董云云整理）

人系四川大凉山　情系彝族青少年

——长江大学

（定点扶贫：四川省金阳县）

根据共青团中央、教育部党组的要求，2012 年 3 月，长江大学农学院辅导员谭亮魁被共青团湖北省委选派到四川省凉山彝族自治州金阳县团委挂职团委副书记，为沉入基层，兼任金阳县丙底乡党委副书记。由于大凉山医疗条件十分落后，有病难治，凉山孤儿近 7000 人，单亲孩子达到 2.5 万人，谭亮魁决定吸引各种资源，重点帮扶孤儿、单亲孩子及高山彝族同胞。

（1）吸引各种资源，服务青年。一是寻求爱心结对帮扶青少年，募集爱心款 46.8 万元；二是助力知识传播改变青少年，为天台小学孤儿班筹建“福音爱心图书室”1 个，捐赠新书 1943 册，印刷 1000 册《畜牧养殖技术手册》和 1000 册《魔芋抗病种植新技术》；三是为青年提供创业培训，学习先进的养殖技术和经营模式；四是借助媒体力量温暖青年，利用了微博、QQ 等新媒体，吸引了更多的外地资源和知名人士帮扶特殊青少年，实施大病救助；五是积极协助助学网站传递爱心，受益学生达 6000 余人。

（2）重视青山年的心理健康。谭亮魁通过调研发现，心理问题在金阳青少年中比较普遍。在金阳县丙底中心校的 500 多名学生、天台小学孤儿班的 53 名学生中开展了一系列心理辅导和心理咨询，随后，在田上小学、务科小学、金阳中学等 11 所学校呼吁开展心理危机干预，严防青少年因为心理疾病而出现大问题。

（3）扶贫工作中的成果。利用全国乡镇实体化“大团委”建设的机会，推动分类引导青年、推广乡镇团组织格局创新、深化志愿服务行动、解决青少年实际困难、加强青少年成人成才教育等方面做了大量务实的工作：走访基层单位 46 个、访谈团员青年数 758 人、召开座谈会 10 次、撰写调研报告 2 篇、挖掘基层典型 3 个、推动乡镇实体化“大团委”建团数 288 个、推动非公企业建团数 7 个、推动驻外团组织建团数 1 个、促进青年就业创业培训人数 8 人、协调物资 3010 包、募集资金及全新物资达到 64.8 万元、协调帮助引进项目 4 个、开展校地合作 3 次、爱心结对 230 余人、参与爱心捐款的爱心人士 235 人次，为扶贫攻坚战尽了一份力。

（蒋莹整理）

驻村帮扶促发展 扶贫攻坚惠民生

——武汉轻工大学

（定点扶贫：湖北省云梦县倒店乡六李村）

湖北省孝感市云梦县倒店乡六李村是当地最大的贫困村。因地处丘陵地带，土地相对贫瘠，水源不足，种地仅能解决温饱。该村大部分青、壮年劳力靠在外打工维持生计，村中几乎无集体经济，是典型的“空心化”村落。自全国脱贫攻坚战打响以来，武汉轻工大学精准扶贫驻村工作队深入该村开展了扎实有效的工作，取得了实实在在的成效，坚定了乡亲们脱贫致富的信心。

一、深入调查摸底，摸清村情民意

武汉轻工大学驻村工作队深入调查，分析了六李村的致贫原因，主要是自然资源稀缺和贫困户思想落后、主动性差。针对该村实际情况，在参考六李村自然条件并结合前期在生态农业企业考察的情况，工作队与倒店乡政府、六李村“两委”最终确定了“双措并举”的扶贫工作思路，即一方面通过大力改善农村生产生活条件，增强村民的“获得感”来提振士气，凝聚人心；另一方面通过大力发展产业经济，增强村集体的造血功能来为贫困户彻底脱贫创造条件。

二、立足村情民意，制定扶贫规划

工作队按照“一村一规划、一户一计划”和产业扶贫的要求研究制定了第六轮“三万”活动工作方案，进一步把“1+X”模式以及脱贫目标细化，抓好驻点村基层组织建设，改善村容村貌，增加农民收入，通过发展产业扶贫，改善设施扶贫，文化技能扶贫，政策兜底扶贫等脱贫措施，做到“产业发展有岗位，外出务工有培训，病残群体有保障”。

三、改善基础设施，加快致富步伐

截至目前，在改善生产生活环境方面，已经完成新建党员群众服务中心、医疗服务中心、居家养老中心和村活动场所的建设，村容村貌有了全新的变化，农村的文化生活更加丰富。在发展产业经济方面，按照由“输血式”扶贫向“造血式”扶贫转变的整体思路，利用六李村特色资源、优势资源、闲置资源的实际情况，因地制宜地提出发展水产养殖和香稻种植两个产业，后期将逐步向农家乐等乡村旅游产业发展。村里还兴办六里香生态农业合作社，发展租金+公司+贫困户的产业发展模式，探索香糯+土豆及香稻+红菜薹的种植模式，直接吸纳六李村 32 户 109 人的贫困群体入职，保障其增加收入。

武汉轻工大学驻村工作队迅速进入工作角色，积极主动为基层解决了许多实际问题和困难，不仅村容村貌发生了可喜的变化，还带动了村里的贫困群体就业，增加其收入，用实际帮扶行动赢得了六李村广大群众的一致好评。

（蒋莹整理）

齐心协力驱贫穷　经济发展见成效

——湖北工业大学

（定点扶贫：湖北省红安县高桥镇楼子石村）

2015年9月，湖北工业大学整合学校原“三万”活动、新农村建设工作资源，组建了扶贫工作队，承担精准扶贫、新农村建设和“三万”活动三项任务。

一、帮扶措施

工作队驻村以后，一是调查研究，熟悉村情。通过走访村民、实地考察村貌了解道，目前楼子石村道路交通落后，全村未通网络，无文化活动广场，无标准村卫生室，无幼儿园，部分村落生产用电和安全生活饮用水困难，水利设施较为落后。二是精准识别，分析原因。制订贫困户建档立卡资料，建立扶贫对象信息平台，及时进行数据更新，实现有进有出，动态监测。根据致贫原因和发展需求，科学划分贫困户类型，为制定针对性措施、精准扶贫奠定基础。三是挖掘资源，制定方案。多方寻找资源，联系农业、土建等方面的专家问诊把脉，按照“强化社会救助、突出产业扶贫、建设美好家园”的要求，针对救助扶贫、产业扶贫、基础设施改善、美丽乡村建设等制定精准扶贫工作方案。

目前，湖北工业大学年度预算37万作为扶贫工作专项经费，通过党支部结对帮扶募集资金10多万元，捐赠米、油、棉被、衣物等生活物品一批，组织大型慰问活动2次，组织送医下乡和志愿者活动各一次，组织政策宣讲对接活动3次，组织专家实地考察和规划活动5次，在基础设施建设、困难救助、产业发展等方面进行扶助。

二、帮扶措施实施的效果

通过驻村工作队、楼子石村村两委及村民的共同努力，楼子石村已经发生了可喜变化。一是夯实了公共设施的基础。学校通村网络、村级公路、自来水、电力等方面大力扶持，明显改善了楼子石村的公共设施。二是产业扶贫开发思路日益清晰。计划在本村周家楼征用流转土地50亩，开发光伏发电项目，总投资1050万元；在孟常山水库边对成功畜牧养殖合作社进行扩建，扩大产业规模；在畜牧场东北一带新建构树基地 20 亩，总投资 50 万元。通过这些产业项目，增加贫困人口收入，以输血促造血。三是获得强有力的政策支持。通过集思广益、广泛论证，制定科学、合理、可行的规划，获得上级主管部门的认可，楼子石村进入湖北省扶贫示范村、整村推进脱贫村、生态旅游名村、光伏发电集中选址行政村名单，为下一步的发展赢得更为广阔的空间。四是扶贫脱贫的信心逐步增强。有了坚强后盾，楼子石村决心通过两年的努力，实现经济稳步增长，人民群众生活水平不断提高，村容村貌得到彻底改善，贫困人口除特殊情况需保底外全部脱贫，人均纯收入年均递增 400-600 元，村级形成 2 个以上有稳定增收的特色致富产业，集体经济力争达到 10 万元，用科学的模式提升产业效益，早日摘掉“贫困”帽子。

（蒋莹整理）

献教红土地　关爱留守儿童

——湖北大学

（定点扶贫：湖北省英山县石头咀镇）

作为省属重点高校，湖北大学坚持把精准扶贫作为服务地方经济社会发展的新平台、锻炼培养青年教师的新途径、人才队伍建设的新渠道。学校精准扶贫活动工作组按照 1+X 的模式，在扎实推进各项预定工作任务基础上，结合学校和受援地实际，充分发挥高校教育资源优势，深入开展教育扶贫，以“留守儿童”教育问题为切入点，将特别的关爱送给英山县石头咀镇留守儿童这个特殊的群体。

近几年，石头咀镇青壮年纷纷外出打工，留守儿童群体逐步凸显，成为困扰全镇的一个突出问题。学校工作组驻地以来，通过深入走访、结对帮扶、心理疏导，开展“关爱留守儿童”系列活动，为驻地贫困留守儿童送上 36000 元助学金、 10000 元的梦想礼物和 15000 元慰问金。

针对留守儿童生活地区教育水平落后的现状，工作组充分发挥学校教育资源优势，积极组织开展“关爱学习、走进课堂”系列活动，通过开展“优质课示范”课、 “励志校园行”活动、 “语爱相伴，共享成长”活动和“支教助教”活动。同时，学校通过为当地学生捐赠爱心书包、邀请当地学生参观大学校园和省博物馆，拓宽他们的视野，激发他们的求知欲。学校教育扶贫主要面向留守儿童，针对性强，充分调动了留守儿童的学习和生活积极性，使学生在生活态度、学习状态上得到很大的改观，真正让留守儿童成为教育扶贫主体，得到了留守儿童和家庭的称赞和拥护。

湖北大学与英山县石头咀镇结对共建的数年来，共提供扶贫资金 255 万元，仅 2016 年已落地光伏发电、银杏种植、党员群众服务中心建设等扶贫项目 3 项。学校扶贫工作组充分发挥高校教育资源优势，教育扶贫成效显著，社会反响良好。

（蒋莹整理）

讲情怀　有担当　共建美丽乡村

——汉江师范学院

（定点扶贫：湖北省竹山县）

汉江师范学院积极响应中央和省委、市委号召，结合学校办学特色和专业优势，扎实开展了各项定点扶贫工作，为当地农民脱贫致富贡献自己应有的力量，形成了以“教育扶贫”为主，以科技、专业、设备扶贫为辅的定点扶贫工作局面，体现了一所贫困地区高校的奉献精神和扶贫担当。

一、突出师范特色，开展教育扶贫

汉江师范学院在“十二五”期间开展的定点扶贫工作中，学校将教育扶贫作为定点扶贫工作的首要选择，聚焦于受援地区的教育发展需求，注重提升受援地区教育教学水平，将改善教育教学条件作为扶贫工作优先解决的问题。主要是为贫困山区和乡村的学校提供师资培训，教育教学设施援建，并开展教育教学研究，是学校该项工作的重要特色，也是成效最为显著的方面。以汉江师范学院与竹山县二中手牵手活动为例，主要开展教育教学研讨、讲座、心理咨询培训等活动10余次，先后援建多媒体实训室、心理咨询室、食堂的配套餐桌椅等，设备捐赠及资金投入达到20万元，明显改善了该中学的办学条件。

二、发挥综合优势，共建美丽乡村

与教育扶贫这条主线相呼应的是，汉江师范学院充分发挥高校的综合优势，全校上下形成合力，在竹山县宝丰镇桂坪村和竹山县柳林乡公祖村的卓有成效地开展了三万帮扶活动和精准扶贫工作。学校主动将扶贫与启智结合起来，把扶贫工作一线变成宣讲政策和普及科学的阵地、舞台，帮助村民们更加深入地了解国家政策和当地发展现状，掌握了科学技术知识，开阔了眼界，更新了思想观念，在村民中引起了巨大反响。与此同时，汉江师范学院还千方百计筹措专项资金，在桂坪村实施了三大民生工程，即援建一条通组路，架设一座连心桥、修建若干垃圾池，与桂坪村共建美丽乡村，显著改善了村民们的生产条件和生活环境。仅 2014 年，全校领导、教师捐赠的对户帮扶项目启动金就达到 5.4 万元，为贫困村民送来了党和政府的关怀。

在扶贫工作中，汉江师范学院共承担定点扶贫工作任务 7 项，涉及 4 个县市、5 个乡镇、6 个村，受益人口 30 余万人，投入经费达 150 余万元，直接参与教师 50 余人，完成实体项目建设 6 个，编制地区发展规划和项目发展规划 8 个，签订合作协议 5 项。这些工作既锻炼了教师队伍，提升了专业发展水平，又为当地经济社会发展做出了贡献，真正实现了合作双赢。

（蒋莹整理）

“一主二辅”　助推产业发展

——湖北文理学院

（定点扶贫：湖北省保康县歇马镇后园村）

根据襄阳市委、市政府扶贫工作统一部署，“十二五”期间，湖北文理学院定点对口扶贫对象为保康县歇马镇后园村。学校扶贫队坚持开发式扶贫方针，认真制定定点扶贫“十二五”发展规划和年度工作实施计划，分年度不断推进，大力实施。以增强农村自身“造血”能力为根本，以增加贫困群众收入为核心，以发展特色产业为突破口，以加强农村基础设施、公共服务体系建设为重点，以强化基层组织建设为保障，因地制宜，量力而出，发挥优势，注重特色，力求走出一条高校重在利用专业、人才帮扶的新路子。

一、创新思路，注重特色

通过对后园村深入调研，结合其地理位置和资源优势，确定了“一主二辅”三大产业扶持项目。重点把核桃种植业扶持发展成为特色支柱产业，积极扶持发展石材加工业和旅游配套服务业（农家乐）。“十二五”期间，学校对后园村先后投入扶贫资金 32.5 万元，帮助发展支柱产业和加强基础设施建设。

二、工作扎实，成效显著

在学校的帮扶下，后园村产业发展已形成特色，核桃种植面积从五年前的 350 亩增加到 2200 亩，成为保康县最大的核桃种植产业基地，核桃种植业已被保康县确定为“核桃种植产业示范基地”，为村民带来巨大的经济效益；石材加工业取得初步成效，石材加工企业已达到 3 家，可为当地提供就业岗位 100 多个，增加地方财政收入 200 多万元；旅游配套服务业已规划到位，基本建成农家乐 5 家，随着九路寨风景区的开发开放，必将带来巨大的经济效益。基础设施建设已有了基本保障，修建生活蓄水池 2 座，蓄水量达 1300 多立方米，铺设饮水管道 2 万多米，彻底解决了村 900 多人和牲畜的用水问题；电力增容 120 千瓦，新增道路硬化 4.5 公里，修建垃圾池 42 个。解决了村民出行难、饮水难、用电难等问题，有力地推动了地方经济社会发展。村民的思想观念明显改变，发展思路清晰，干事创业热情高涨，对美好生活的追求不断增强。后园村村民人均纯收入从五年前的不足 2300 元增加到 7685 元，村集体经济年收入从五年前的不足 5000 元增加到 12 万元，村党组织在 2015 年基层组织建设活动评选中晋升为一类村集体，经保康县委、县政府确认，后园村已成功脱贫。

湖北文理学院按照开发式扶贫方针，利用扶贫村资源优势，充分发挥学校专业优势，重点扶持发展扶贫村特色支柱产业，发展壮大村集体经济，大幅提高村民收入，增强村集体经济和村民自身“造血”能力。

（蒋莹整理）

润物无声　大爱无形

——中南财经政法大学

（定点扶贫：云南省梁河县）

“让希望的种子在祖国的西南边陲生根发芽，让青春在奉献的火热实践中闪光。”中南财经政法大学第十七届研究生支教团云南团8名成员，于2015年8月赴云南省德宏州梁河县开展支教工作。一年来，支教团立足奉献，以乐观积极的心态、踏实肯干的态度、饱满无私的热爱投入工作，形成了具有特色的支教模式。

一、教师本色，三尺讲台有风采

立足本职，基本课程教学扎实有序。一年来，支教团先后承担数学、科学、计算机、思想品德等6门课程的教学，教学层次覆盖4个年级、40余个班次、1100余名学生，所负责的班级在全县统考中成绩名列前茅，受到了学校领导、老师、学生家长的高度肯定。

针对问题，思想品德教育差位补缺。创新运用多媒体教学、现身说法、情景喜剧等形式，形成“课堂+实践+网络”的“三合一”教学模式，做到了思想品德课形式和内容的创新，取得了较好的成效。

发挥特长，特色兴趣活动丰富多彩。支教团坚持把开展“延伸性素质教育”作为工作导向，开展国学社团兴趣课、午间图书角、“含英”读书社、“青爱小屋”拓展等11项特色兴趣小组课程，为学生的特长培育提供了平台，丰富了支教学校的校园文化。

二、精准扶贫，助推发展有作为

“天使成长助学计划”：支教团利用节假日时间，走遍梁河县“六乡三镇”，足迹覆盖全县40余所学校，走访209名贫困生家庭，建立了梁河县贫困生资料库。为帮助贫困生成长，支教团开展“天使成长助学计划”，以资金和智力扶助为两翼搭建帮扶平台，截至2016年6月份已资助全县各类贫困学生共计33人，资助金额达7万余元。

“文澜书香爱心图书室计划”：针对高寒山区中小学课外阅读图书存在着“数量低、种类少、内容旧”的现状，支教团积极联系高校、企事业单位等第三方资源，开展“文澜书香爱心图书室计划”，为高寒山区小学捐建爱心图书室，截至 2016 年 6 月份，累计筹集 7 万余元图书，独立建设或共建“文澜书香爱心图书室”10 个。

“勐巴娜西德宏馆创业扶贫计划”：勐巴娜西·德宏茶文化馆是由中南财经政法大学德宏籍傣族学子和支教团共同在中南财经政法大学校内创办的公益创业项目。截至 2016 年 6 月份，经过支教团帮扶和创业团队的努力，已销售茶制品 3 万余元，成功带动 3 名大学生创业就业。

三、坚定信仰，奋斗青春献梁河

夯实基础，建强配齐党团组织。把党团支部作为工作的领导核心，组织开展“支教工作做什么、支教工作怎么做”的大讨论，使支教团成员凝聚了共识、坚定了信念、明确了方向。

思想建设，坚持组织理论学习。把思想建设作为支教团工作的重要引领，先后通过开展集体学习、重大问题大讨论等方式开展了 20 余次理论学习活动，使支教团成员提高了思想理论素质、坚定了奉献服务信念。

积极实践，主动融入梁河建设。支教团成员坚持以“我是梁河人，做好梁河事，梁河明天更美丽”为奋斗目标，积极主动融入梁河县各项工作实践。五名同学受邀担任党建宣传员，为边疆基层群众传播党的创新理论；积极参与文体工作，积极参加和协助组织多场文艺晚会、体育竞赛，极大丰富了支教地群众的文化体育生活。

（胡仕林整理）

探索多渠道发展　壮大村级集体经济

——湖北工程学院

（定点扶贫：湖北省大悟县黄战镇团冲村）

湖北工程学院以“精准扶贫、精准脱贫”为主题，以市场为导向，以保护环境和增加农民经济收入为目的，把调整农村产业结构作为主线，把教育、科技作为动力，把招商引资作为突破口，把发展壮大村级集体经济为工作目标，探索促进农村经济发展的多种渠道，促进贫困村集体经济全面发展。

一、创新扶贫模式，发展壮大村级集体经济

引导村委成立“团冲农副产品购销农民专业合作社”，为对口学校定期销售大米、鸡蛋、粉丝等农副产品。因地制宜，抓好以青油茶、花生和红薯为主的特色种植业，巩固改善现有茶叶、油茶、杉木基地，鼓励具有种养殖经验的能人带头，扩大养殖规模，大力发展农业产业化项目，进一步发展壮大村级集体经济，增强造血功能夯实基础。

二、扶贫扶智，教育先行

学校积极配合黄站镇政府及村委整合各种教育资源，经报上级同意，迁建同乐小学，校舍建设建筑面积 2620 平方米，计划招收周边五个村的学生，办学规模为 6 个教学班 270 人。改善了贫困村义务教育办学条件，提高义务教育水平，扩大学前教育覆盖面，推进农村教育扶贫开发工作。

三、基础设施明显改善

学校按照“村村通客车”的道路运行标准要求，为驻点村加宽硬化通村公路 3.5 公里，配套植树 2 千株，实现环村公路畅通；安装体育健身器材一套；恢复农村饮水安全工程 12 处，保证了农民群众正常的生产生活运行。在住房保障方面，在村部选址作为黄站镇福利院（团冲村易地扶贫搬迁安置点），计划集中安置本村贫困户 18 户、18 人，此工程施工图和造价预算等均由湖北工程学院帮扶投入设计，后期工作正在紧张有序进行中。

四、发挥专业优势，助推美丽乡村建设

湖北工程学院在推进新农村规划建设的实施上，将基本农田、城乡建设用地、农民新居建设点、农村产业聚集区等科学实施，以规划来引领美丽乡村建设，先后完成了黄站镇福利院、团冲村村委会办公楼的设计、造价预算及团冲村、红联村、李园村美丽乡村建设村庄布点规划等 5 个精品美丽乡村新村规划，学校在项目实施上投入资金近 20 万元。通过项目的实施，以规划来确保美丽乡村建设这张蓝图一绘到底，以规划来不断推进“精准扶贫”工作的深入开展。

（蒋莹整理）

发挥医疗特色优势　实施医疗扶贫

——湖北医药学院

（定点扶贫：湖北省丹江口市龙山镇）

湖北医药学院长期以来一直致力于发挥高校服务地方社会的功能，积极参与地方建设与发展。

一、发挥医疗特色优势实施专业扶贫

丹江口市龙山镇乡村医生学历层次较低，服务水平有限，为此湖北医药学院发挥特色优势，对丹江口市 190 余村的乡村医生进行了全科医学知识培训。前期走访村卫生室和乡村医生，了解情况，征求意见，确定培训方案。培训采用理论讲授和实践技能教学相结合的教学方法。培训过程中，学员管理严格，教学组织严密，后勤保障到位。

二、大手拉小手结对帮扶

学校挑选品学兼优的大学生志愿者与丹江口市龙山镇九年一贯制学校的学生 24 人结成对子，开展“一帮一”“结对帮扶”。定期开展社会实践和志愿服务活动，从思想上疏导、学习上辅导、生活上引导、情感上沟通、品德上塑造，帮助结对学生解决学习、生活、成长过程中遇到的困难和问题。学校先后邀请了这 24 位中学生到湖北医药学院开展了“未来我的大学生活”一日体验活动，体验大学浓厚的学习氛围。志愿者通过多种通讯方式了解帮扶学生的学习、生活情况，及时给予生活中的帮助、心理上的鼓励、学习上的指导。

三、发挥教育优势为民服务

湖北医药学院志愿服务队常年在校园、社区开展急救知识普及培训工作，加强留守儿童突发状况应急急救知识和技能的培训；

改善学校办学条件，提高教育信息化水平，向中小学捐赠教学设备、图书，以改善学校办学、学生生活条件；推进“在线课堂”工程，加强教育数字化教学资源平台建设；定期选派教育、文化、医疗卫生等方面专家，开展学校骨干教师的培训。

四、发挥医疗优势，建立村民健康档案

（一）组织专家义诊、门口就医

学校组织附属医院的妇产科、消化内科、传染病、骨科等多个专科的 18 名专家为居民健康“把脉”。

（二）走村入户、健康宣讲

研究生在义诊活动结束后，分组到村民家中进行健康情况摸查和健康知识宣讲。根据村民健康情况，发放常见病药品，并告知药物的适用症、禁忌及使用方法。对高血压、高血脂、糖尿病等常见慢性病、多发病的病因进行了宣讲。

（三）免费体检、科学建档

为土台村 45 岁以上村民免费体检，检测结果纳入村民健康档案。

五、实施校企合作科技扶贫

为了更好地发展武当地区特色生物医药产业，湖北医药学院和企业合作，以校企联合共建产学研基地方式，开展了科技扶贫工作。

1. 组建校企研发中心

以武当特色中药规范化种植为主要方向，湖北医药学院和湖北济世药业有限责任公司组建了校企合作研发中心，有针对性地收集了珍稀濒危药用植物品种，对各个品种进行了资源鉴定，建立了种质资源保存圃雏形。利用先进的技术、设备优势，历时三年对保存的地方珍稀濒危药用植物有效活性成分含量每月进行一次检测。

2. 建设中药材规范化种植基地

在校企共建研发中心的指导下，企业在丹江口市龙山镇建立了七叶树与连翘规范化种植基地。另外在茅箭区马家河村龙王寨建立了武当地区珍稀濒危药用植物种质资源保存、野转家驯化、优良品种选育与林下规范化种植基地。

3. 开展技术指导

学校组织以杨光义博士为首的技术专家团队，定期持续对企业和中药材种植户进行技术培训与田间指导。

（董云云整理）

专业视角建公路 经济建设畅通行

——三峡大学

（定点扶贫：湖北省五峰县采花乡）

采花乡是典型的革命老区和土家族聚居区。境内近3万亩茶园、40万亩林地、5万千瓦水电储量和独具田园风光的白溢寨旅游资源，具有良好的开发前景。为加快经济建设和方便人民的交通出行，三峡大学道路组前往采花乡常茂司村、前坪村、宋家和村和栗子坪村4个联系村开展了实地考察和座谈等调研活动，调研内容主要包括采花乡四个联系行政村的道路交通现状、常茂司村乡村道路硬化建设方案和前坪村候车厅建设方案，旨在为下一阶段的工作打下基础。

通过调研了解到，采花乡的道路交通存在以下问题：一是村组级公路建设硬化率低，建设资金缺口较大；二是村组级公路建设难度大；三是村组级公路边坡多垮塌、碎落等病害，养护工作量大，养护资金紧张；四是村组级公路技术等级低，交通安全隐患大。针对以上问题，三峡大学道路组提出应充分利用国家下拨的农村公路硬化资金，加大县、乡两级财政投入，争取帮扶单位资金资助等多渠道筹措建设资金，加大农村公路硬化建设的步伐，为方便村民出行提供有利条件。同时，三峡大学将提供技术指导，确保村级公路建设方案技术上可行、经济上合理、实施上可能。

以采花乡常茂司村为例，三峡大学道路组在对其地形、地质、气候、土地资源、筑路材料供应、运输情况等方面的建设条件进行详细分析后，提出了具有针对性、可操作性的公路硬化方案。方案中详细介绍了建设原则、路基、路面、排水等方面的内容，同时在工期安排、资金估算与筹措中给出了建议。三峡大学在此工程中拨付了10万元的“三万”活动帮扶资金，缓解了村组级公里建设的资金紧张的局面。

此外，刘家河桥始建于2003年，该桥主要用于两岸村民和小型机动车辆的通行。但由于刘家河上游采矿原因，导致刘家河中开始逐渐堆积大量的矿渣碎石，挤压河道，在一次山洪后整桥左侧段除桥台外全部塌毁。道路组在对桥梁灾害进行分析之后，综合考虑工程造价和水文地质情况的影响，以及两跨拱圈在恒载作用下的水平推力平衡，以专业的角度给出了桥梁维修方案。道路组提出，刘家河桥的维修恢复对当地村民的经济和教育是非常重要的，维修方案是可行的，在工程造价上较为合理，而且对原桥在过水断面积和基础埋深上的不合理设计有一定改善。

三峡大学充分发挥自身的专业资源优势，针对采花乡的实际面临的问题，对村组级公路和受损桥梁提出专业的建设方案，不仅在技术上进行指导，还在资金上给予帮扶。对于加快当地经济建设、保障村民出行的方便和安全具有明显的促进作用。

（蒋莹整理）

凝心聚力传爱心　智力帮扶暖鹤峰

——湖北第二师范学院

（定点扶贫：湖北省鹤峰县）

近年来，湖北第二师范学院与鹤峰真情携手，依托“新农村建设”、“三万”活动、“驻农村工作队”、“大学生暑期‘三下乡’社会实践活动”等工作载体，突出智力帮扶主线，完成多个帮扶项目，共同描绘出了新农村建设的宏伟画卷，在智力帮扶的大道上，正由过去“输血”向“造血”迈进。

一、燃希望之火

牟春波毕业于湖北第二师范学院机电一体化专业，毕业后他成为前往鹤峰支教的首批志愿者，从此扎根山区。为了改善当地的教育条件，他向母校求助。2009 年，在全省高校率先选派了 3 名青年教师和学生干部，在太平乡政府挂职，负责脱贫奔小康“建卡入户”与村容村貌政治工程等工作。2010 年 6 月 23 日，学校与鹤峰县签订了智力帮扶鹤峰西部计划项目协议，标志着结对帮扶鹤峰项目正式拉开大幕。

二、注关切之情

2011 年 3 月到 6 月，学校派遣 4 位同志深入太平乡龙潭、四坪、官屋、水田堡等四个村开展“万民干部进万村入万户”活动，了解民情民风，宣传党的政策，解决农民急需。随后，学校成立驻村工作组，结合城市需求，突出产业优势，为当地撰写的鹤峰县“村村通”工程调研报告、水田包村发展旅游产业建议书等多份产业、行业报告受到当地扶贫办高度重视，为当地产业、行业发展提供了良策。

近年来，校领导深入结对村调研 16 次，为结对村党员上党课 6 次；学校邀请结对村“两委”班子成员、党员到湖北第二师范学院或先进地区参观考察 4 次；指导结对村建立农民专业合作社等经济组织 2 个；帮助结对村谋划培育主导产业 3 项；帮助结对村兴办集体经济项目 3 个；帮助建设党员群众服务中心 2 个；为结对村投入帮扶资金（含物资折合）总额 100 万多元。同时，学校依托大学生志愿者暑期“三下乡”社会实践活动，选派优质团队，分批开赴鹤峰县开展各种形式的帮教、夏令营活动，为当地的教育事业倾注了新鲜血液，同时提升了大学生的思想政治素质，强化了大学生能力建设。

三、固帮扶之基

学校与鹤峰县纪委书记董奎在太平乡政府共同启动二师关爱太平乡农民子女心理援助项目。此后，湖北第二师范学院又丰富心理援助项目，建立农民工子女电子心理档案，并为太平乡三年级以上每个班开设了心理课。课程所用的教材《农村中小学心理辅导活动教学设计》共22万字，由湖北第二师范学院教师与该乡一线教师共同编写。心理课程的开设标志着湖北第二师范学院关爱山区留守儿童心理健康教育项目进入实质性推广阶段。

如今，携手鹤峰在“结对共建”工作中开展了多个智力扶贫项目，为当地新农村建设提供了不竭的智力支持，与当地的干部群众结下了深厚的友谊，也推动了当地经济的建设和发展。

（蒋莹整理）

发挥水利专业优势　汇聚合力扶贫攻坚

——湖北水利水电职业技术学院

（定点扶贫：英山理工中等专业学校、京山县中等职业技术学校、黄冈水利电力学校三所中职学校）

湖北水利水电职业技术学院按照“全面支持，重点帮扶，困难资助”的原则，以全日制在校生为精准扶贫主要对象，以贫困家庭为延伸，以贫困地区学校为依托，构建了以国家助学贷款为主体的奖、助、补、贷、勤、慰、免、优先推荐就业七位一体的全方位、多渠道学生精准扶贫、精准脱贫工作体系，并建立了院校对口帮扶工作机制，成果突出。

一、以国家资助政策为指导，不断完善学校家庭经济困难学生精准扶贫体系

一是办好“绿色通道”，确保困难新生顺利入学。二是认真做好国家助学贷款工作，缓解在校生学习与生活压力。三是认真做好各类奖、助学金评选及管理工作。四是每年面向特殊困难学生发放生活补助，缓解特殊困难学生在校的学习和生活压力。五是学院在阳光商亭、图书馆、食堂、机房、实验室、收发室、文印室、保卫处等设立校内勤工助学岗位。六是为特困学生减免学费。七是建立贫困家庭毕业生实名制信息库，有针对性地帮扶贫困家庭毕业生就业创业。学校坚持经济扶贫与育人扶贫相结合，保证精准扶贫整体工作稳步有序开展。

二、发挥学院资源优势，汇聚扶贫攻坚合力

湖北水利水电职业技术学院确定了英山理工中等专业学校、京山县中等职业技术学校、黄冈水利电力学校3所中职学校作为首批精准帮扶对象。明确在实训室建设、师资培训、专业建设、人才培养等方面对中职学校进行精准帮扶。一是通过资金扶持建成建筑CAD制图实训室、建筑制图实训室、微机室、应用电子实训室等4个实训室，有效地改善了中职学校的实践教学条件，提高中职学校的办学实力。二是扶持英山理工中专开办建筑工程专业。三是

与京山中职学校联合开展“3+2”人才培养。为京山县学生提供了接受高职优质教育的机会，也为湖北水利水电职业技术学院建立稳定的生源基地奠定了坚实基础。

自2012年以来，根据省水利厅的安排，湖北水利水电职业技术学院先后选派3批共13名同志，到基层水利部门担任水利专业技术顾问。这些顾问针对基层实际工作需要，发挥自身专业特长，积极为当地水利规划、防汛抗旱、农田水利、水利工程建设管理、水资源管理等提供技术指导和技术咨询技术咨询，同时利用自身专业素质能力开展人才培训，努力服务基层，加强校地合作，取得了一定的成效。

湖北水利水电职业技术学院充分发挥水利行业的办学优势与办学特色，从解决贫困家庭学生的实际问题出发，对家庭经济困难学生进行全过程资助、全方位资助，切实做到资助与育人相结合，扶贫与励志相结合，经济资助与精神资助相结合，资助与就业结合，资助与创新创业创效结合，资助与学生成长成才相结合，担负起扶贫攻坚的社会责任。

（董云云整理）

“造血”援疆　推进职业教育改革

——武汉交通职业学院

（定点扶贫：新疆博州中等职业技术学校）

武汉交通职业学院作为湖北省对口援疆高职院校之一，充分发挥职业教育的优势，认真履行“湖北责任”，全方位地对博州中等职业技术学校进行对口支持，先后选送了以何伟教授为代表的十几名专家与教师全面参与博州中等职业技术学校教育教学管理、专业建设、课程建设、实训基地建设、“双师型”教师队伍建设等工作，初步实现从“输血”援疆向“造血”援疆转变，为博州中等职业技术学校“自治区示范性县级职教中心项目”和“国家中等职业教育改革发展示范校建设项目”的建设工作和博州职业教育的发展注入了强大动力。

由于历史、自然、社会等多方面因素影响，博州乃至新疆还存在着分裂势力分裂祖国的活动，这就决定了做好新形势下新疆博州工作必须紧紧围绕“社会稳定和长治久安”这个重大而紧迫的任务来进行。新疆博州社会稳定和长治久安迫切需要加强职业教育，推进就业、稳固边疆。因此，武汉交通职业学院此次的扶贫任务只要是对口援疆指导博州中等职业技术学校开展自治区及国家示范校建设，为新疆博州社会经济发展培养技术技能人才和高素质劳动者。

2013 年 4 月，博州中等职业技术学校被教育部正式批准启动国家中等职业教育改革发展示范校建设项目。武汉交通职业学院派遣专家赴疆指导工作，不仅手把手地指导本地教师开展专业建设、课程改革、示范校建设，而且将踏实的工作作风、智慧有序工作方法、先进实用的职教理念带到了博州，极大地提高了博州中职示范办人员和专业建设团队的执教能力，并且圆满完成了博州中等职业技术学校示范校建设工作。

除此之外，武汉交通职业学院还在人才培养模式与创新、教学与教材资源建设、教学方式方法改革、信息技术应用、教学评价改革、实践教学环境创新、教学管理制度创新等方面给予博州中等职业技术学校大理的支持，为推动博州地方经济发展、促进就业、改善民生、缓解劳动力供求矛盾发挥了积极作用，为博州中等职业技术学校的建设和可持续发展提供了有力保障。

（蒋莹整理）

开展学前教育师资培训　助力精准扶贫

——湖北幼儿师范高等专科学校

（专项扶贫：湖北省幼儿教师培训）

2011年以来，湖北幼儿师范高等专科学校按照省教育厅的统一要求，根据学校实际情况，结合专业特点，开展了以学前教育师资培训项目为主要内容的送教下乡教育扶贫工作。

一、依托湖北省幼儿教师培训中心这一平台，借助国培项目，面向省内贫困地区，遴选巡回讲学点开展送教下乡帮扶活动

邀请省内外幼教专家及知名园长、一线教师，针对基层幼儿教师的需求召开专题会议，研讨课程内容和送教下乡帮扶实施方案，形成“专家讲座——示范观摩——现场指导——同课异构”四位一体的培训模式。据不完全统计，截至目前，我们已免费向贫困地区幼儿教师赠送教育资源包1500余个，经费达75000余元。

二、调研先行，课程创新，突出送教的针对性

为了使参训学员获得较大收益，通过问卷调查、座谈等方式，组织开展调研工作，并逐渐形成“以《3-6岁儿童学习与发展指南》为主体，以幼儿园一日活动为主线，以幼儿园教育活动为内容”三层次集中培训，和“专家案例式讲座——优秀幼儿教师活动展示——主题跟进式送教到园”三模块的培训模式，以帮助农村幼儿教师解决亟须提高的主要问题。专家讲座突出案例分析，力求深入浅出，理论联系实际。优秀活动展示，突出示范性与实用性。我们常结合专家讲课内容和农村幼儿教师的培训需求，选择相应的示范观摩教学活动，以满足当地幼儿教师的诉求。主题跟进式送教到园，以“跟进”为核心，确保教育的长效机制与落地生根的效果。

三、训研结合，以训带研，形成自体的“造血功能”

一是专家理论引领与后续活动展示相结合，形成理论联系实际的授课体系，帮助农村幼儿园教师在理论的指导下观摩教育活动，从而提升对活动的分析与评价能力。二是名师精彩示范与现场点评相结合，使农村幼儿园教师在感受和分享示范活动成果的同时，参与点评，和聆听专家的点评，领悟改进其教育，加快农村教师的专业成长。三是专家与农村幼儿教师的现场互动，在培训教育理论的同时，培训教研能力。

湖北幼儿师范高等专科学校立足送教下乡活动，结合湖北特点，将该项目延伸为提高农村幼儿教师专业能力和综合素质为主体的教育扶贫工作，不仅拓宽了农村幼儿教师的专业视野，提升了农村教师的专业理论与专业能力，还能使参训学员和培训教师双双收益，促进了师生的共同成长。

（蒋莹整理）

集中资源力量 推进教育精准扶贫

——中南大学

（定点扶贫：湖南省江华县）

自2013年以来，中南大学定点扶贫江华瑶族自治县。在工作中，学校把教育扶贫作为一个重点并集中资源对江华县大圩镇中小学进行精准帮扶，逐步改善了当地办学条件和水平。

一、扶贫先扶智，努力营造良好的教育氛围

为有序开展教育扶贫工作，学校成立了教育扶贫办公室，挂靠在工会，保障教育扶贫措施落到实处。学校先后选派7位青年教师到江华县有关部门挂职。选择江华一中共建 “中南大学优秀生源基地”，建立中南大学社会实践基地，2014年学校派两名留校辅导员，2015年又派4名保研支教学生到江华一中支教锻炼。校团委2次带领社会实践团队到涛圩中学开展暑期社会实践活动，艺术团到江华进行专场文艺演出，马克思学院唐海波教授到江华职中、二中、一中讲授教育心理学。

二、深入调研，采取务实措施改善办学条件

学校各级领导多次到大圩镇中小学调研，全面了解办学情况。针对办学设施设备较差问题，动员各二级部门力量，多次开展教学仪器、教学设备的捐赠，先后捐赠电脑400余台、建立3间电脑机房，捐赠30套多媒体教学设备，捐赠12台打印机、油印机；捐赠200套办公桌椅、70套教师宿舍硬件设备（包含空调、热水器，电视机及床具），改善当地中小学教师住宿条件。通过一系列捐赠，逐步解决了帮扶学校硬件落后的局面。

三、资助贫困生，奖励优秀乡村教师，关爱孤儿

自2014年开始，中南大学通过教师捐赠和中南和谐基金设立江华教育资助金，对江华县贫困儿童、孤儿给予每人1000元的教育资助，奖励敬岗爱业、业绩突出的贫困教师每人2000元，累计共资助学生300名、教师80名，累

计金额46万。2015年，中南大学重点资助大圩镇的中小学师生，一次性资助110名贫困学生，全镇在校读书的孤儿23名、定点扶贫村社贝村所有贫困户家庭子女25名均获得资助，25名大圩镇教师获得奖励。通过以上资助和奖励极大地调动了当地教师的工作热情，激发了广大学生的学习积极性。此外，学校还特别关心孤儿的成长，主动帮助解决住房、就学、生活等方面遇到的困难，并力图通过多种渠道引起社会的关注和救助。

四、多方筹措图书，丰富当地中小学生的阅读读物

学校工会和图书馆联系北京蔚蓝公益基金会，在大圩镇中学捐赠图书资料建立图书室，总计捐赠价值约100万元图书资料。学校通过大学生寒假社会实践活动，广泛征集中小学阅读资料，呼吁人均捐赠10本书，通过公益众筹，为大圩镇100间教室添置了100个图书柜，捐赠图书6万册。

五、实施“青蓝工程”，建立教师培训基地，加强师资培养

中南大学附属学校与江华县大圩镇中小学校进行结对帮扶。师资培训采取“走出去”和“请进来”相结合的方式开展，每学期选送5堂优质示范课和2次教育报告会。每学期选派4名优秀教师到对口支援学校支教，与帮扶学校农村青年教师结“青蓝对”做到活动有计划、有指导、有小结；每学期开展一次教师师资提高班培训。每学期吸纳江华12名中小学教师来中南大学附属学校进行跟班学习和从事教学活动。2015年，中南大学第二附小、第一附中先后两次组成支教团队送课下乡，15位优秀教师作了精彩的授课。

六、搭建网络教育资源共享平台，实现教育资源对接

通过网络信息技术等多种途径开展学生间的交流与合作，及时发布教育教学和教学研究成果，开放中南大学附属中学校园网，共享优秀的教育教学资源，实现城乡学校教育资源共享。在对口援建中小学建立远程教育基地，开展城乡教师集体备课，示范课观摩，加强师资间的交流互动。

（胡仕林整理）

多重造血　稳固发展

——湖南中医药大学

（定点扶贫：湖南省宁远县九疑山乡牛头江村）

2015 年 4 月 8 日起，湖南中医药大学扶贫队进驻牛头江村，开启为期三年的为乡村“造血”征程，利用学校医学优势，为乡村“造血”。

一、医药下乡，为生命造血

进村后扶贫队开展摸底调查，了解到卫生室条件非常有限，马向学校汇报情况，为乡亲们争取在医药方面的帮扶。2015 年 7 月 13 日，湖南中医药大学三下乡团队来到牛头江村，他们带来了数百箱的药品、医疗器械，也带来了专家为村民们会诊。此外，湖南中医药大学与学校第一附属医院联系沟通，安排牛头江村一个被毒蛇咬伤的村民到长沙住院，进行全力救助，为其进行系列诊治以及后续治疗，并最终康复出院。

二、带动创业，为经济造血

在扶贫队的悉心指导下，康复出院的村民联合几个返乡创业的村民成立了牛头江土特产品合作社，主要经营瑶家腊肉、谷雨茶、节骨茶、山银花、野竹笋、土蜂蜜、竹鼠、山鸡等等。这些产品是备受现代城市市民欢迎的原生态产品。合作社成立之初，定下“合作共赢、共同致富”的宗旨，按照“合作社 + 基地 + 农户”模式，与农户结成利益共同体，通过标准化的制作工艺和合作社经营，带动乡亲们共同致富。对于大多数农户，合作社负责技术指导和回购，统一工艺标准，统一收购消化。

湖南中医药大学扶贫队认为，“‘授人以鱼不如授人以渔’，造血扶贫就是要把技术教给村民们，为村民搭建产品走出大山的平台，给他们‘渔’。”“造血”扶贫不是给村民们一笔钱就走了，而是住进村、走进村民屋里、迈进他们心坎里，用技术与思想解决贫穷。

（蒋莹整理）

依托特色　多方联动打造产业基地

——湖南工程学院

（定点扶贫：湖南省新晃县太阳山村）

湖南工程学院与太阳山村建立对口帮扶后，通过派驻扶贫工作队、领导干部“进村入户、访困问需、访贫问计”的一进二访活动、制订并通过了太阳山村三年帮扶规划等一系列措施，发挥高校“智力”帮扶特色，为太阳山村的产业发展提供人才、专业、信息、科技等方面的支持，坚持“扶贫”与“扶智”、“输血”与“造血”并重，为当地的产业发展带来了新的思路，并在产业发展方面取得了很好的效果和示范作用。

一、学校利用“技术＋资金”，因地制宜，找准以食用菌为主导的特色产业发展路径

扶贫工作队邀请湖南省食用菌研究所的技术人员来对食用菌种植户进行技术培训，悉心指导菌棒的制作，大棚的搭建，菌类的栽培技术，菌类出菇管理技术，病虫害管理技术等方面的内容，同时在国际开发银行为种植户申请了10万元贴息贷款，解决了种植户的资金短缺问题。截至2015年，太阳山村新增食用菌10多万棒，有大棚近20个，年产食用菌10多万斤，力争建成香菇种植示范基地，可以为更多的村民提供就业机会，增加当地人口的收入，减少贫困人数和贫困程度。

二、形成“合作社＋种植户”的发展模式，立足发展，畅通以周边为主、长沙为辅的食用菌生产销路

2015年，扶贫工作队促成新晃县夜郎食用菌有限公司与太阳山村香菇种植户进行合作，企业免费为种植户提供技术支持，指导种植户进行大棚搭建，并与种植户签订供给合同，保证每根菌棒的产量，同时保证生产食用菌的价格。扶贫工作队还组织种植户到周边地区和长沙马王堆进行市场调查，建立起供货关系和供货渠道，彻底打通食用菌的销路。

三、以“信息+思路”为主线，打造品牌，探索产业绿色、可持续发展的品牌效应

为了进一步增强村民的“造血”功能，扶贫工作队联系多方资源，大力开展技能培训，造就专业技能新型农民，针对在村务农人员开展种植、养殖技能培训，针对外出务工人员，开展建筑、水电工、厨艺的实用技术培训等。与新晃黄牛肉的营销思路进行对照之后，扶贫工作队进一步集中高校优势，联合校友资源，为太阳山村的各类农产品进行品牌策划和包装，建立产品的品牌。

2015年，太阳山村被评为新晃县产业发展10强村。接下来，湖南工程学院将围绕精准扶贫的主线，认真抓好规划的落实，加快帮扶项目的实施，完善脱贫计划，组织结对帮扶，为太阳山村的早日脱贫不断努力。

（蒋莹整理）

凝心聚力湖工情 扶贫结惠楼背村

——湖南工学院

（定点扶贫：湖南省隆回县三阁司镇楼背村）

自2014年3月份按省委要求接领扶贫任务后，湖南工学院召开党委会专题研究制定了《湖南工学院驻隆回县三阁司镇楼背村2015-2017年帮扶工作规划》，确定三年重点帮扶24个项目，预算帮扶资金700多万元。学校每年安排50万元用于楼背村扶贫工作，通过教育扶贫、产业扶贫、科技扶贫、信息扶贫和专业扶贫，为隆回县三阁司镇楼背村经济发展服务。

一、教育帮扶之“三下乡”

此次活动内容主要包括对隆回县三阁司镇楼背村的经济发展情况进行调研考察、对当地的留守儿童进行爱心支教活动及对当地村民进行“三农政策”的宣讲等三个方面。其中，为了关注楼背村的留守儿童与贫困学生，“三下乡”实践团专门组建了一支爱心支教队伍，精心筹备了为期两周的支教课程，其中国学、英语、绘画及音乐等课程深深地吸引着这些山区农村的孩子们，受到了他们的青睐。

二、产业帮扶任重而道远

产业帮扶方面，2015年度，湖南工学院组织村民种植油茶树60余亩、辣椒53亩，为每户争取隆回县重点产业帮扶补助800元/亩；发动村民在各家各户房前屋后种植经济果树，据统计，全村申请种植桃树1156株，柚树1419株，李树402株，枣树2049株，橘树1072株。为了加大农业产业发展资金投入，扶持产业大户规模发展，学校计划成立专业农业合作社，辐射带动扶贫对象发展产业。重点建设好荒土虾产业发展地，使之成为我村产业发展的示范点。

三、结对帮扶深入民心

根据省委组织部、省扶贫办的统一安排部署，湖南工学院制定了“一进二访”活动实施方案，学校领导实行分组包干制，制定了《湖南工学院领导干部“一对一”结对帮扶贫困户台账》，将责任落实到单位、到人，下一步将因户施策、精准扶贫，为实现 2017 年贫困户脱贫摘帽目标而奋斗。同时，学校筹建贫困户帮扶基金，倡议发动师生积极募捐，共为楼背村捐赠扶贫基金 70000 余元。此款将用于 34 户特困户救济救助，以及 87 户贫困户的扶贫帮困。

（蒋莹整理）

用爱点燃贫困孩子的求学梦

——广东海洋大学

（定点扶贫：广东省坡头区坡头镇前进村）

作为湛江市坡头区坡头镇前进村的结对帮扶单位，广东海洋大学因地制宜，致力于增加农民收入、发展集体经济、完善基础设施、改善生活条件的目标实现，探索前进村脱贫奔康的发展之路，将“用爱点燃贫困孩子的大学梦”理念定位为帮扶焦点，充分发挥海大教育资源优势，推进扶贫工作的扎实开展。

为了实现前进村前进小学的教育教学水平的提高，广东海洋大学以专家论证、实地调研为基础，规划引领，结对帮扶。首先，海洋大学党委组织部、团委和关工委通过组织青年马克思主义者培养工程学生干部培训班、爱心社等 200 多名师生开展了下乡送温暖活动，以举办“百名学子结对帮扶，齐下乡送温暖”的形式，将爱心支教与爱心义演相结合，从学习、生活、思想状况出发因材施教，科学编排年级与课程，采用课内外相融与劳逸转换的方式激发孩子的学习兴趣和生活热情，其中在安全教育活动中，志愿者便以教学和图纸相结合的方式引导其对生活知识的学习与应用，而为了爱心传递的持续性，志愿者更是通过明信片的交换以实现一对一的互动。同时，广东海洋大学的社会实践团队在暑期亦开展义教活动，一方面以交流的形式了解前进小学学生的学习情况和家庭情况，量身制定其学习方案，讲解学习办法，另一方面领导干部在讲授知识的同时，采取鼓励的方式培养学生的阅读习惯，传递爱的正能量。其次，为了拓宽小学生的知识面，培养其阅读兴趣和习惯，广东海洋大学捐赠价值 1.3 万元的图书及书架，并利用信息优势帮助前进小学建立借阅系统，推进教育阅读体系的资源化、信息化管理。另外，广东海洋大学以联动帮扶为切入点，通过“小学生大学行”的体验活动，借参观大学水生生物馆、图书馆和综合体育馆等的机会，让其感受大学校园的学习氛围以激发前进小学学生的学习热情，点燃其大学梦。除此以外，海大将筹集的 11 万元的助学金用以帮扶前进小学的大学在读生和辍学生，特别是博士学者用自身经历激励学生读书的同时，相继形成“一对一”的结对资助以帮助贫困户子女大学梦的实现。

在为期三年的教育帮扶下，坡头镇前进村前进小学的基础设置、教学水平得到显著提升，贫困子女的大学梦也相继实现，而广东海洋大学也在此次帮扶中探索出一条以“点燃大学梦”为核心的高校特色帮扶道路，为下阶段的教育扶贫提供了宝贵的经验。

（陈忠言整理）

教育帮扶“三部曲”　医疗帮扶“三上门”

——广东医科大学

（定点扶贫：广东省吴川市塘缀镇社山村）

自2013年6月起，广东医科大学对吴川市塘缀镇社山村进行三年扶贫开发“规划到户责任到人”“双到”工作。

一、教育扶贫三部曲

广东医科大学发挥高等教育优势改善社山村的教育现状，通过资金和硬件输血，改善了他们的办学环境和教学条件；通过支教帮扶活血，激活了村民子弟的学习兴趣；通过师资培训、劳动技能培训造血，建立了改善教学和创业致富的长效机制。

二、医疗帮扶三上门

广东医科大学发挥医学院校的专业优势，经常性组织附属医院的专家教授，深入农村为贫困户和农户开展送医送药健康义诊活动，帮扶资金达到6万元。义诊专家针对群众的实际情况，从日常生活保健、疾病预防和治疗等方方面面给予了详细的解答，通过送健康理念上门、送健康义诊上门、送医送药上门，让村民们身体状况和精神面貌都有了很大的改善。

学校扶贫工作领导小组及驻村干部结合自身的特点及优势，通过开展教育扶贫和医疗扶贫，较好地完成省、市及学校制定的扶贫开发“双到”工作任务，使社山村的教育面貌和卫生医疗现状有了较大改观。2015年底本轮扶贫工作结束后，广东医科大学被评为“广东省扶贫优秀单位”。

（蒋莹整理）

群策群力　携手建设幸福村

——韶关学院

（定点扶贫：广东省南雄市湖口镇三水村）

自 2013 年开展新一轮扶贫开发“双到”工作以来，韶关学院根据统一部署，负责对口帮扶南雄市湖口镇三水村。三年来，韶关学院充分发挥高校人才、资源优势，通过入股分红、扶持特色产业、推动劳动力就业转移等帮扶措施，积极开展对口帮扶工作，三水村的脱贫致富工作取得了明显成效，新农村建设成为南雄市的亮点工程。

首先，根据三水村存在的人多田少，发展资源不足的问题，韶关学院针对扶贫对象的现实情况和能力特点，通过入股分红、扶持特色产业、推动劳动力就业转移等帮扶措施，使三水村的人均纯收入、贫困户人均纯收入和村集体经济收入大幅度提高，脱贫致富工作取得明显成效；其次，韶关学院努力筹集扶贫资金 1541.327 万元，完成了高标准农田水利设施建设 10 公里等公共基础设施建设，极大改善了三水村民的生产、生活和学习条件；最后，韶关学院发挥高校的学科、人才智力资源优势，组织了由旅游与地理学院专家、学者和学生共 15 人组成的规划团队入驻村庄，通过走村入户、查阅资料、测量数据，绘制地图等方式，顺利完成《南雄市湖口镇三水村新农村建设规划设计》，对三水村的新农村建设蓝图进行了科学规划，并获得了村民和韶关市、南雄市领导的充分肯定与好评。在实施过程中，为取得村民的积极配合，消除他们对新农村建设项目的担忧和疑惑，韶关学院驻村工作组会同当地政府组成联合工作组大力开展宣传活动，让新农村建设工作思路深入人心，得到了广大村民的支持与参与。此外，该项目由市领导和韶关学院校领导等组成专门机构进行指导，成立了新农村建设领导小组和理事会，通过外出参观，学习经验、统筹安排，安全拆迁、公平公开进行建设招标措施对项目进行科学管理和积极推进。最终，韶关学院帮扶指导三水村的上下坡村和下坡山村完成新农村建设工程，两个村规划兴建新房 183 户。该项目也成为了南雄市最大规模的“拆旧建新”模式示范点，被列为南雄市 2015 年十大亮点工程之一。

通过韶关学院的帮扶，三水村民的生产生活条件已经发生了巨大的改变，面对制约村民发展的相关问题，韶关学院将进一步发挥高校的人才、资源优势，加强村民的农业技能培训和劳动力转移就业培训，培育黄烟、紫玉淮山等主导产业，拓宽村民增收渠道，提高村民的家庭经济收入。

（陈忠言整理）

“美术、设计、教育” 开创文艺扶贫新路子

——广州美术学院

（定点扶贫：广东省紫金县苏区镇永光村）

广州美术学院在2013年至2015年对口帮扶河源市紫金县苏区镇永光村期间，不但圆满完成省委省政府要求的各项扶贫工作“必选题”；还根据当地文化发展需求，充分发挥了艺术高校的专业特色，以“美术、设计、教育”为主题，创新开展文化扶贫活动，出色完成了多项“自选题”。学校驻村工作组经过前期调研了解到，苏区镇作为国内著名的革命老区拥有深厚的历史底蕴和丰富的人文资源，而且当地在文化发展上有着强烈的需求。因此结合学校在文化扶贫、教育扶贫方面具有得天独厚的专业优势，通过“美术+文化”、“设计+文化”、“教育+扶贫”三个途径，开展文化扶贫，挖掘当地红色资源和红色文化，发挥美术和设计的艺术功能来发展当地特色产业。

“美术+文化”活动，一是通过在县中心公园打造主题墙画以达到浓缩史实、体现经典、讴歌奋斗人生、宣扬勇敢进取的紫金革命精神的创作目的，发挥了艺术创作“弘扬主旋律，传播正能量”的功能，得到当地党委党政府领导负责人、人民群众的高度好评。二是，通过《星火闪耀紫金苏区》等画作，以刻画周恩来、徐向前、澎湃和刘尔嵩这四位革命家的形象老一辈革命家在当年苏区艰苦的岁月下的豪迈不屈革命精神。画作不但激发了当地人民的民族自豪感，也激发了当地群众脱贫致富的决心与斗志。

“设计+文化”活动以当地的红色文化、红色遗产为基础，拓展了文化创意产业，开拓了当地新的经济增长点。广州美术学院发掘当地的红色文化资源，使革命老区的优秀文化资源焕发新的生命力，从而转化为文化产品以服务当地的经济建设

“教育+扶贫”，通过一对一的重点指导，帮助了多名学生考上了相应的美术学校，多次组织学校教师对中小学的书画作品进行现场指导。积极发动学校师生、社会募捐，拍卖作品等形式，以直接或间接的资助当地的贫困学生。

广州美术学院通过发挥自身的专业优势特长打出的“美术、设计、教育”三张牌，取得了良好的社会影响。通过这次文化扶贫工作实践，广州美术学院趟出了一条艺术高校文化扶贫的新路子：坚持艺术创作为人民抒写、为人

民抒情、为人民抒怀的正确理念，善于发现当地的风情美、产品美，善于发现农村美、人文美，通过艺术提炼和艺术创作的方式来发掘呈现这些美，这种艺术创作的成果既能振奋鼓舞当地群众脱贫致富的精神，又能服务于当地的经济文化建设。

（陈忠言整理）

科学规划　多措并举　东河村三年大变样

——星海音乐学院

（定点扶贫：广东省连平县东河村）

自广东省于 2013 年新一轮的扶贫开发工作启动后，星海音乐学院秉承着“接地气，察实情，精准扶贫规划先行”的理念，与河源市连平县东河村村委紧密配合，坚持密切联系群众，充分利用高效技术、人才资源等优势，一改帮扶策略一钥启百锁的手段，从实证考察出发，科学规划，多措并举，将帮扶资金用在了“刀刃”上。

作为帮扶工作的重点，星海音乐学院将贫困群众的工作放在首位。通过在东河村村委会和三个村小组中心区设立扶贫开发工作宣传栏，印制联系名片，设置驻村信箱等方式，星海音乐学院拉近了与群众的距离，进一步获取了其对扶贫工作的理解和支持。为了实现精准扶贫的高质化目标，音乐学院的扶贫工作从实际调研开始，其在驻村的两个月内走访了 500 户家庭，实行以贫困原因为主线，年龄为副线的调研方式对其经济发展、基础设施、医疗卫生、文化教育、居住条件、人口结构等进行了深入翔实的摸底核查，为扶贫工作的针对性和实效性奠定了基础。不仅如此，星海音乐学院借指导班子自身建设的加强，党支部建设的强化，村党支书战斗堡垒作用的发挥，将扶贫开发工作与河东村基层党组织建设紧密结合。同时，根据帮扶对象的实际情况，音乐学院将筹集的资金用以改善河东村的居住条件与村容村貌，完善水利农田建设，改善村委会办公条件，推进农房改造，致力于村内道路硬底化，壮大主导产业等一系列形式以切实解决贫困人口的问题。特别是其充分发挥音乐学院的资源优势，通过组织音乐教育系、艺术管理系等系部而开展了 5 次音乐培训和互助游戏教学活动，并为河东村 307 名 60 岁以上的老人足额购买新型农村合作医疗和“银龄安康”保险，强化了其社会保险的力度。另外，星海音乐学院问计于民，问需于民，凭借公示制的实施，管理项目实施过程的规范，“三方同步”的推行以强化管理，加强监督，实现扶贫工作的多角度推进。

在多项措施齐头并进的三年里，星海音乐学院于 2015 年底共筹集资金 828 万，完成了 69 村户帮扶项目，东河村的生产生活基础设施也因此得以完善，农艺综合生产能力，公共服务设施和公共服务水平得到进一步提高，而且此也为星海音乐学院下阶段的扶贫开发工作提供了宝贵的经验，为广东省的脱贫致小康局面做出了贡献。

（陈忠言整理）

心系贫困山区　乐于真情奉献

——广州航海学院

（定点扶贫：广东省普宁市潮尾村）

自于2009年第一次开展对贫阳山县珠光村的“双到”扶贫工作后，广东航海学院取得的卓越成效让其担负起2013年对揭阳市普宁市潮尾村的脱贫攻坚工作。恪守着从实际情况出发，认认真真为贫困村和贫困户做实事的宗旨，广东航海学院以文明建设为重点，从调查考证出发，理清扶贫思路，因地制宜，充分发挥航海学院的教育教学优势，带领潮尾村走向稳定脱贫致富之路。

为了推进潮尾村脱贫工作的针对性和成效性，广东航海学师生视扶贫工作为己任，深入村屯，通过长期驻村、调查村情村户、走访临县等形式，明晰贫困缘由，规划引领，先后确定了“一年打基础，两年大发展，三年见成效”，“加强领导，强化对接；深入调研，精心指导；突出基础设施和发展经济两个重点，强力推进扶贫‘双到’工作”和“大力调查研究，明确主导产业；党员大户示范，分层分类推进，使农民多得实惠”的三个工作思路，探寻出以集体经济的发展壮大为契机的脱贫方法。再者，航海学院的师生以一手抓扶贫一手抓党建的方式，借助驻村干部考勤制度和请假制度的建立，“五不准”工作纪律的严明，为集体经济发展的发展带来制度上和理念上的动力，并依据村情民情，确定主导产业，实施了“一村一策，一户一法”的年度计划。不仅如此，航海学院更是善于调查，根据潮尾村盛产蕉柑的实际情况，成立了潮美蕉柑生产专业合作社，并以贫困户为重点，鼓励、支持、引导其通过发展蕉柑种植，实现稳定脱贫，同时其更将集体经济和基础设施建设放在同等重要的地位，凭借重新发包集体土地和鱼塘、劳务输出、扶贫基金下拨、道路硬化、小学扩建、实用技术与劳动技能的培训、养老保险与医疗保险的落实等方式改善了潮尾村基础设施的同时美化了村容村貌。除此之外，为了解决潮尾村学校专升本、建设新校区、基建任务重、资金压力大、农田受灾情况严重的问题，航海学院的领导干部积极筹措，通过捐款捐物等示范效应为脱贫工作的顺利进行奠定了基础。

经过三年的对口帮扶，潮尾村的村容村貌得以改善，经济水平得到显著提高，而广东航海学院亦在此次活动中受益匪浅，不仅为下一轮的扶贫工作积累了宝贵的经验，而且全体师生在实践活动中增进了知识的实用化，达到了互惠双赢的效果。

（陈忠言整理）

支教支农双驱动　学员农户双受益

——广东警官学院

（定点扶贫：广东省新丰县遥田镇金山村）

自从成为金山村的对口扶贫单位后，广东警官学院通过探寻该区薄弱环节，根据当地文化发展需求，因地制宜，以教育扶贫为突破口，致力于整合学校优势资源，充分发挥警官学院“忠诚、责任、服务”的校训校风精神作用，以假期学生“三下乡”的帮扶形式，借支农与支教的双管齐下，开展科普惠农、医疗宣传、爱国教育等一系列多元化活动，将知识和力量了带到金山村的每个角落。

为了确保高质量的帮扶效果，广东警官学院首先在其实践团队中汇集了团委及各团总支层层筛选上来的优秀学生干部，在形成的优质队伍基础上，将各赋其材的队员予以科学编排完成了以开展多元化课程为主要内容的扶贫工作第一步。在“三下乡”活动中，警官学院的学生秉承“授人以渔而不授人以鱼”的理念，一方面科普惠农，与农民干活的同时探讨科学种植技术，进行法律帮助和医疗、卫生、文化、环保的宣传，另一方面又开拓创新，改变传统师传生的教育模式，赋予孩子以老师的角色，开展了以音乐、趣味英语、礼仪等为内容的丰富多彩的课程。在此基础上，志愿者们通过家访活动，了解学生生活环境，调整教学策略，开展相应的心理课程，实现因材施教。而学院领导亦亲身下乡，关爱慰问农民工及其子女，从而实现全方位的扶持支援。作为警官学院的支教队，其更是在教学上另辟蹊径，结合警院特色与学生实际情况，新设了警体拳与军事历史等强健身心、弘扬爱国主义精神的课程，在激发学生保家卫国的热情的同时，训练了孩子的胆识和随机应变的能力以增强了其自信。而为了让志愿活动的火炬能一直传递下去，警官学院的帮扶队以“长期帮扶”为目标，通过收集孩子们的联系方式以实现弱化金山村教育资源匮乏，地区偏僻思想不开放弊端的目的。

作为广东警官学院教育扶贫的重点主题之一，其通过对金山村的帮扶，加强了与韶关、珠海两地贫困区的联系交流，为今后的扶贫支教等工作积累了经验，而警院师生在帮扶活动中所展现的无私为民，甘于奉献的品质，亦让两地的教育联系得到进一步加强。活动中以教育为突破口，结合警院特色的帮扶行形式更是进一步促进了扶贫工作的多领域、深层次、特色化发展，实现了教育的互动双赢。

（陈忠言整理）

用心用情谋发展　扶贫春风暖村庄

——广东工业大学

（定点扶贫：广东省南雄市南亩镇官田村）

根据广东省委省政府粤办发［2013］14号文工作部署，2013-2015年广东省新一轮扶贫开发“规划到户　责任到人”帮扶工作中，广东工业大学负责定点帮扶南雄市南亩镇官田村。

一、授之以渔 自主“造血”

广东工业大学认为自我发展能力是脱贫的关键，学校先后筹集120万元资金扶持官田村委会入股浈江电业公司和南雄市城投公司，每年可稳定地为官田村创造9.6万元的村集体经济收入，具备了自主造血能力。同时，制定了产业化扶贫项目后续管理方案和扶贫资金后续管理制度，确保贫困村在三年帮扶的扶贫项目得到有效管理。

二、智力帮扶　“以人为本”

扶贫先扶智，为进一步提升贫困户劳动力素质和技能，夯实发展根基，广东工业大学积极推进智力帮扶。广东工业大学捐资30万元建成村委会新办公大楼，设有文化室和党员活动室等，捐赠了1795册的农业科技实用图书资料、办公电脑、打印机等，为农户提供了技术支持和精神食粮。同时，广东工业大学先后邀请了6位技术人员为该村农户举办专业实用技能培训班，涉及仙草栽培技术和农药合理使用、水稻高产栽培技术和茶树栽培技术、家禽家畜防疫知识以及劳动保障知识等，提升农户的自我发展能力。此外，学校先后组织4批31人次党员教师到村开展“三下乡”活动，帮扶关爱留守儿童，为孤寡老人带来温暖。

三、医疗帮扶　关注健康

2014年12月11日，学校医院6位医务人员到官田村开展送医送药下乡义诊特色活动，为村民测量血压，检查心电图，看病义诊，送医送药，累计检查 65 人次，以实际行动关心农户特别是贫困户的身体健康，解决农户看病就医的实际问题。

四、一户一法 增收脱贫

在坚持扶持传统产业优质稻、油茶的同时，大力发展种植仙草、茶叶等特色农业产业，成立了仙草种植专业合作社和农产品种植专业合作社，引进键生百草发展有限公司，采取“公司＋基地＋农户”模式和“订单保价收购”形式，促进贫困户和带动农户增产增收，增加村集体经济收入。据统计，学校三年来扶持贫困户生产发展帮扶金 27.3 万元，促进贫困户扩大种植养殖规模，通过帮扶，贫困户家庭年人均纯收入从帮扶前的 3212 元，提高到 2015 年 10759 元，增长 235%。

五、民生保障 住有所居

为了让贫困户实现“住有所居”，学校发动教职员工捐款筹集资金 21 万元，完成了省下达的 13 户住房改造任务，并对 14 户贫困户的旧泥砖房实施了维修加固，改善了居住条件，确保了贫困户住有所居。

六、改造村貌 改善生活

为使村民生活更加便利，学校扶贫工作结合惠民实事，加快道路、安全饮水、农田水利等社会事业建设。利用省级补助资金和学校配套资金实施了太阳能路灯工程 35 盏、建设文体活动场所 2 个、净水池 1 个、垃圾屋 4 个，实现了周边环境硬底化等。实施了灌区节水改造工程和高标准基本农田建设，基本覆盖了全村有效耕地，提高了耕地综合生产能力，改善了农业生产条件。

经过三年来的定点帮扶，官田村的村容村貌、环境卫生有了明显改善。学校必将持续利用自身条件和资源积极投身到地方发展和社会扶贫工作当中，大力弘扬支持地方经济社会发展和帮扶贫困地区的传统和文化，为早日实现国家扶贫开发总体任务做出贡献。

（蒋莹整理）

校县合作　开创扶贫新局面

——广东外语外贸大学

（定点扶贫：广东省阳山县黄坌镇黄坌村）

根据省委省政府统一部署，广东外语外贸大学负责定点扶贫清远市阳山县黄坌镇黄坌村。帮扶中，广东外语外贸大学累计投入资金905.96万元，不仅改善了村容村貌，完善了村中的基础设施建设，实现了全村安全用水全覆盖，而且使黄坌村集体经济收入、有劳动能力的贫困户年人均纯收入有了大幅度提升。同时，对其实施教育帮扶，提高了当地的教育水平，扶贫开发工作取得较好成效。驻村工作组也因此获评2013年度清远市优秀驻村工作组称号，并获得2013—2015年省扶贫开发“双到”先进单位称号。

广东外语外贸大学建立了“校负总责、基层落实、全员参与”的立体式帮扶体系，对黄坌村采取从党建、经济、民生、文化、教育等多个方面进行扶持的帮扶措施。开展干部培训，加强村基层党组织的战斗堡垒作用，提升村“两委”班子战斗力；组织阳山县教育局相关领导及县两所主要中学校长，到东莞东华中学和广东外语外贸大学附设外外语学校交流学习，提升整体教育理念；定期组织阳山县学校中层干部到广外的附属中小学跟岗学习锻炼一个月培养学校管理骨干队伍举办专门培训班、举办的大型讲座论坛等，邀请阳山县中小学骨干老师参加提高基层教师学术视野和教学水平；组织学校师生到农村开展助教、实习和三下乡活动，为留守儿童送去知识；将所有89户贫困户分组分配到对应的基层党组织，形成结对共建，实行“一户一法”，有针对性地帮助贫困户开展养殖、入股水电站、光伏太阳能多个经济项目的建设，稳步提高村集体经济收入，促进贫困户家庭收入增长，实现了精准扶贫；完成东冲村小组和新冲村小组村道硬底化建设、300人以上自然村全部公路硬底化，协助完成贫困户的危房改造工作，实现了大自然村通电、通邮、通讯、通电视广播，实现村民安全饮用水全覆盖，改善了村容村貌、基础设施建设，给贫困户提供医保、社保等全面民生保障。

星星之火可以燎原，知识之泉助飞梦想。广东外语外贸大学将一如既往，发挥高校的人才和智力优势，帮助贫困地区人民用知识改变命运，用智慧开创新生活，为贫苦地区的经济社会发展做出更大贡献。

（陈忠言整理）

体现医疗特色　培育主导产业

——南方医科大学

（定点扶贫：广东省揭西县凤江镇阳南村）

根据广东省《新一轮扶贫开发“规划到户　责任到人”及重点县（市）帮扶工作实施方案》的统一部署，南方医科大学结对帮扶对象是揭阳市揭西县凤江镇阳南村。自2013年学校扶贫工作组驻村开展结对帮扶以来，在广东省扶贫办的正确领导下，在学校党委和揭西县扶贫办的科学指导下，在凤江镇政府和阳南村委的具体帮助下，结合阳南村实际，充分发挥大学专业优势，以推进医疗帮扶为特色，以培育主导产业为抓手，通过“精准”帮扶，推动阳南村实现了持续发展。

一、精选扶贫造血项目 打造中药材产业链

为了解决村集体及贫困户收入问题，同时为中药材加工项目提供原料保证。南方医科大学决定在阳南村采取村集体与企业合作，通过招商引资的方式，由学校出资65万元，开发商出资2000万元，成立广东源森泰药业公司，在阳南村建设中药材种植基地并开展中药材加工项目。学校驻村工作组帮助阳南村申请成立了阳南种植专业合作社，使全部有劳动能力的贫困户被纳入其中。通过农业技能培训，使广大贫困户掌握了中药材种植技术。通过阳南村委与源森泰药业公司签订协议，中药材基地及阳南村民种植的中药材由源森泰药业公司在采用保底价的基础上全部按市场价进行收购，公司投入生产后，工厂所需工人全部招收阳南村民，优先照顾贫困户人员，全方位帮助阳南村贫困户稳定脱贫致富。

2015年阳南村中药材种植基地收益为35.825万元，公司给予阳南村定额分红15万元和土地承包费用10万元也已打入阳南村账户。通过主导产业的建设，阳南村形成了公司、农户、市场的产业链模式，为实现长效脱贫奠定了坚实的基础。

二、发挥医学院校特色　建设医养服务中心

为避免村民因病致贫、因病返贫，为阳南村民提供便捷高效的基本医疗

服务、公共卫生服务，居家养老服务，实现社会资源利用的最大化。学校出资 90 万元，在阳南村建设医养服务中心，为村民提供基础卫生检查，实现疾病预防、治疗及康复等功能。同时，发挥南方医科大学医学特色，组织成立了“情暖阳南”义诊医疗队，驻村开展送医送药义诊活动，为500 余名村民提供免费诊疗服务，免费发放了 400 多个爱心家庭药箱。另外，积极促成揭西县中医院与阳南村签订了医疗帮扶协议，结成了医疗帮扶对子，从而从现实中解决了村民看病难的问题。

通过建设阳南村“医养服务中心”，促成揭西县中医院与阳南村结成医疗帮扶对子及组织“情暖阳南”义诊医疗队赴村送医送药活动，有效地解决了阳南村民看病远、看病难、看病贵等问题，受到阳南村群众的充分肯定和热烈赞扬。

（蒋莹整理）

整合专业优势　真心对口帮扶

——广州工商学院

（定点扶贫：甘肃省甘南州中等职业学校）

作为甘南藏族自治州中等职业学校的帮扶单位，广州工商学院通过考察，从受援学校的实际要求和工商学院的教育特色出发，确立了以受援学校委派教师培训为重点，以支援高校开展观摩讲座、适宜技术推广和提高学校管理能力为补充的帮扶策略，聚焦于教育扶贫和人才扶贫，以求从根源上实现甘南的脱贫致富。

在教育扶贫方面，广州工商学院首先依据甘南州民族特色要求，成立了以系主任为组长，教研室主任、骨干教师、办公室主任为成员的交流工作小组等专门机构以开展定点扶贫。为了提高甘南的教育水平，工商学院为专业教师制定具有针对性的听课计划，借“走进三水和花都校区”课程和观摩工商学院教师授课过程的培训形式，带给了学习教师们先进的教学理念和教学方法的同时，也让其对各系的教学目标和教学模式有了新的认识，亦掌握了人才培养的新思路、新办法和新手段，特别是 “以教师为主导，以学生为主体”的教学方法的倡导，理论与实践一体教学化模式的应用，多媒体等电子化教学设施的利用更是推进了甘南“双师型”教师队伍的培养。另外工商管理系、外语系等各系部通过对教学方法、教学技巧等管理工作方面的教研室探讨和大学生英语竞赛、花都风采大赛等教学竞赛活动，全面提高了甘南藏族的教育教学水平。而在人才扶贫方面，为了提高教师、领导干部的管理水平，广州工商学院采取接收挂职干部的形式，通过让其参加爱卫劳动、学工会议、团队素质拓展、就业指导培训工作会等一系列活动增进了双方学校的人才交流。不仅如此，广州工商学院通过选派校级领导和专业骨干教师到受援单位举办《教学活动的主题间性》、《新课标背景下教师面临的挑战》等示范观摩讲座，规范了甘南州中等职业学校的执教行为，提高了职业教育的办学水平。

通过三年教育与人才的扶贫，甘南藏族自治州中等职业学校学习到了广州工商学院的“以质立校、以生为本、突出特色、崇尚创新”办学理念的灵魂，其在用人机制和管理理念亦得到了新的突破，而广州工商学院也探索出一条适合职业教育发展的特色帮扶道路。

（陈忠言整理）

科技扶贫显成效　脱贫致富成果丰

——顺德职业学院

（定点扶贫：广东省英德市英红镇虎迳村）

2013 年开始新一轮扶贫开发“双到”工作以来，广东省顺德职业学院负责对口帮扶英德市英红镇虎迳村。为此，学院挑选了一名实战经验丰富、综合素质优秀的老师代表学校派驻虎迳村负责扶贫双到工作。三年来，该老师努力为虎迳村引入 900 余万元扶贫资金，开展帮扶项目 50 个，并解决了村民们长期以来的饮水安全和出行安全问题等，为改善村民生活、脱贫致富打下坚实的基础，获得当地镇政府和村民的一致好评。

首先，为提升村集体经济，德顺职业学院引入扶贫资金 40 万元入股当地上茗轩茶叶有限公司的茶叶种植项目，借助公司资源对种植茶叶贫困户和村民进行培训和指导，同时优先聘用贫困户在茶场工作。经过三年的共同努力，上茗轩茶叶公司业绩蒸蒸日上，获得了无公害茶叶生产技术获农牧渔业部三等奖等诸多荣誉，这也增加了村集体收入和贫困户家庭经济收入，带动贫困户脱贫致富；针对当地多人养鸡的情况，引入扶贫资金 20 万元入股刘伟宗养鸡场项目，组建养鸡合作社，给贫困户派发鸡苗和对贫困户进行养鸡技术培训，加强贫困户脱贫致富的能力；整合各帮扶单位资源，积极发动社会力量，以助学为支点，大力推进贫困户“造血”功能，取得不错的成绩。

其次，德顺职业学院以关注民生、改善环境为着眼点，多方筹集资金，打造了美丽乡村示范点；因地制宜，以新建虎迳小学为契机，同时在周边新建一个市场、卫生站和文化广场，打造新的经济和生活中心，提升了村民生活水平；引入资金改善了村民安全饮水问题；修建水泥硬底化道路、对村里 2 公里主道安装路灯，彻底解决了村民出行难问题；大力推行安居工程，为 79 户村民新建或翻新房子，改善居民居住环境，受到危房改造户和社会各界的好评；配合“三个重心下移”和“三个整合”，引入 4 资金协助虎迳村 4 个村民小组新建 4 个文化室，为村民提供开会和娱乐的场所；组织学校的党员代表多次慰问村里进步党员及老党员，抗战老兵，进一步完善基层党组织建设和村民自治。

顺德职业技术学院对虎迳村的帮扶工作，实现了农民福祉，促进了农村的和谐与稳定。

（陈忠言整理）

接地气　重特色　精准扶贫结硕果

——广东水利电力职业技术学院

（定点扶贫：广东省五华县龙村镇梧溪村）

自2013年广东省开展“规划到户、责任到人”的扶贫工作以来，广东省水利电力职业技术学院秉承创新、协调、绿色、开放、共享发展的理念，恪守“授人鱼，更要授人以渔”、“输血”与“造血”并举的扶贫思路，充分发挥学院行业办学的高校资源和水利行业优势，通过梧溪村各项公共基础设施的完善，助学、助医的推进等一系列帮扶举措开展了“靶向疗法”，进一步落实了“双到”扶贫三年规划方案，实现了精准识别、精准扶贫、精准脱贫。

为了使梧溪村实现美丽转身，广东水利电力职业技术学院坚持“扶真贫，真扶贫”，以数据信息为立足点，通过调查研究、数据采集、严密分析而对真正的“困难户”建档立册，并且充分发挥学院知识优势对相关数据进行电脑管理、实施管理和动态管理，按照“科学客观、符合民意、切实可行”和“轻重缓急、重点突破、扎实推进”的原则，制定个人脱贫和年度脱贫计划，直接、精准配置资源。同时水利电力学院凭借自身的思想文化和教学技术优势，以教育教学为切入点，一方面完善了梧溪小学操场等教学基础设施，另一方面利用“三下乡”机会开展了计算机多媒体培训、夏令营、义教、文艺晚会等活动，从而提高其教学水平。再者，水利电力学院重视人才培养，以农业专家科学种养的农户培训，相关学费的助免、干部参与业务培训的鼓励、议事制度完善的帮助支持等形式强化了村民技能，提升了其知识学历，完善了梧溪村党建制度。另外，为了帮助贫困户稳定增收脱贫致富，水利电力学院以产业培育为生长点，根据梧溪村及梅州市的地理情况成立了梧溪村奔富专业合作社，借专业培训推进“一村一品”，培育致富的造血细胞。除此之外，水利电力学院更以水利行业为关键点，不仅通过农田水渠的修复、卫生站的建设、文化广场的修建等公共事业的完善，而且借自身专业优势，在筹集资金的基础上，为梧溪村量体定制技术改造方案，确保了梧溪村的长效脱贫。

广东水利电力职业技术学院三年精准帮扶的扎实推进让梧溪村的村容村貌得到显著变化，其脱贫致富之路亦存在可观之势，而“双到”的扶贫工作也让水利学院明晰了下阶段公共设施管理维护、村级组织建设、支柱产业建设与发展的精准扶贫之路。

（陈忠言整理）

发挥专业特色　产业帮扶促发展

——揭阳职业技术学院

（定点扶贫：广东省普宁市广太镇潮来港村）

按照新一轮扶贫开发“双到”工作安排，以揭阳市国土资源局为牵头单位，揭阳职业技术学院负责配合协助共同挂钩帮扶普宁市广太镇潮来港村。揭阳职业技术学院在扶贫中突出高校特色、以智力扶贫为主，注重产业帮扶，促进长效发展。坚持因村制宜，因人而异的原则，大力实施产业帮扶，全力加快脱贫步伐。

经过调查，揭阳技术学院发现潮来港村经济基础薄弱，基础设施建设落后，农业种植效益不高，群众生产生活条件较为困难。村民收入主要来源为绿化苗木、农作物种植和劳务输出以及畜禽养殖。村无集体企业，经济发展缓慢；农业基础设施陈旧落后，防御自然灾害能力较低；缺乏农业龙头企业，产业化经营程度低。由于生病或缺乏劳动力、生产性资金，造成贫困户难以实现稳定脱贫。为此，揭阳技术学院根据潮来港村的地理环境、农户生产习惯以及种养经验，有针对性地在潮来港村扶持种养业。筹资 12 万元对有种植绿化苗木的 120 户贫困户通过提供种苗、化肥、农药、技术等服务，把绿化苗木这一特色产业做强做大，增加收入来源，实现稳定脱贫目标；根据不同的技术需求，组织从事农业生产的 120 户贫困户劳动力参加农业技术培训活动，引导贫困户通过提高技能实现脱贫致富。三年帮扶以来，揭阳职业技术学院由学院高级农艺师杨培新教授等专业教师为潮来港村举办绿化苗木栽培、病虫害防治、农药安全使用等培训班。

与此同时，揭阳技术学院认识到在城市规模不断扩大、房产住宅建设稳中有升、生态修复魅力初现的时代大背景下，应当重新审视中国苗木市场现状。通过对国内绿化观赏苗木行业宏观环境、现阶段苗木产业主要特点、产品结构与实体经营模式进行分析后，揭阳职业技术学院对中国花卉苗木未来发展的新趋势做了全方位预测，为将来的中国花卉苗的发展规划提供现实了依据。

在揭阳职业技术学院的帮扶下，潮来港村的贫困户们通过参加农业技术培训，更好的掌握了科学种植技术，通过学习绿化观赏苗木产业发展现状及新趋势，更好的为绿化苗木产业未来做好规划打算。

（陈忠言整理）

巧用高校资源优势　教育帮扶促发展

——广东工贸职业技术学院

（定点扶贫：广东省乳源县东坪镇南水村、大桥镇红光村）

广东工贸职业技术学院（以下简称广工职院）作为省直单位前后分别对口帮扶韶关市乳源县东坪镇南水村和大桥镇红光村。6年来，充分认识扶贫开发工作的重要意义，采取行之有效的措施，充分发挥高校优势，努力做好教育扶贫，取得较好的成效。

一、发挥高校资源优势，智力帮扶促发展

广工职院在扶贫过程中充分发挥高校特色和优势，通过捐赠电脑、图书加强村农家书屋和村小学图书室建设；通过种养培训、职业技能培训和推荐就业帮扶贫困村发展特色经济、加速产业转型升级、完善民生保障；学院下拨6万元资金作为被帮扶村基层党组织建设经费，用于组织全体党员过组织生活，加强党员教育，外出参观学习考察，帮扶完善基层组织建设。

二、巧用学院资源，大学生社会实践与教育发展相结合

自2010年起，广工职院连续6年都组织学生开展了大学生“三下乡”社会实践活动。一是发挥专业知识，利用新信息技术手段服务农村，利用微博微信等新兴媒体销售当地农副产品，实行线上线下的销售途径。二是在东坪镇南水村中心小学和大桥镇红光村希望小学进行支教服务，分小组为学生展开别具生面的兴趣课堂和课外活动。三是立足基层，以调查问卷的形式了解收入情况、收入来源、医保及社保普及度和日常生活、就医等问题，形成了一系列的调研报告。

（蒋莹整理）

心系民生发展　情牵基础教育

——广东省外语艺术职业学院

（定点扶贫：广东省惠来县东港镇长青村）

2013年开始新一轮扶贫开发“双到”工作以来，广东省外语艺术职业学院对口帮扶揭阳市惠来县东港镇长青村。治贫先治愚、扶贫先扶教，外语艺术职业学院把教育扶贫作为精准化扶贫的重点项目，坚持扶贫攻坚，教育先行的思路，大力推进教育强民、技能富民、就业安民的措施，取得了明显成效。

首先，外语艺术职业学院改善了长青小学的基础教育设施配套。其出资30万元，实施了长青小学围墙及校门工程，使小学的教学环境和师生人身安全有了保障；对校门前崎岖不平的狭窄泥路实施了硬底化工程，解决了晴天一身灰、雨天满身泥的“行路难”问题；实施教育创强工程及教育改薄工程，对3000平方米的操场实施了硬底化；配备小学生跑道、篮球场、足球场等体育基础设施；建设了计算机课室、画室、实验室；所有的教室均配备了多媒体教学设备以及美术、音乐、自然等一批教育教学器材；更换了教师办公桌椅和学生课桌椅168套。

其次，为提高长青小学的师资力量，外语艺术职业学院名师项目办从广州、佛山、汕头、潮州、揭阳地区选聘了6名长期处于小学教学一线的当地教学骨干教师，赴揭阳市惠来县东港镇展开名师培训活动，通过专家讲座、名师引领等系列活动，使培训对象在思想觉悟、师德修养、教育理论、专业知识、科研能力、教育教学能力以及实施素质教育和基础教育新课程的能力等各方面都有显著的提高。

最后，外语艺术职业学院先后组织6批次200人次参加农业实用技术和非农转移就业技能培训，让有劳动能力人员通过培训掌握一至二门种、养技术和转移就业基本技能，驻村干部利用自己的网络计算机专业优势，为农户培训了信息化农业生产方面的知识。

外语艺术职业学院本着“以人为本，尊重群众”的原则，以提升贫困村基础教育水平、资助家庭贫困学生就学、帮扶贫困群众实现稳步脱贫为首要工作任务，围绕“人人受教育，个个有技能，家家能致富”要求实施的一系列措施，着力解决群众最关心最直接最现实的问题，让广大人民群众真正得到看得见的实惠。

（陈忠言整理）

浚通南疆职教水脉　彰显东职示范效应

——东莞职业技术学院

（定点扶贫：新疆第三师图木舒克职业技术学校）

在东莞市委市政府和新疆第三师党委的牵头下，2014 年4 月 11 日，东莞职业技术学院（简称东职院）与新疆第三师图木舒克职业技术学校（简称三师职校）签订了定点帮扶合作协议。经过两年的帮扶合作，东职院推进和完成了设立新疆教学基地、设立帮扶资金、开放电子图书资源、设立科研专项课题、开展“丰羽强翅”系列讲座、信息化建设等系列具体工作。

一、遇险阻，高层帮扶显真情

东职院与三师职校签署了对口帮扶合作协议，确定了教学基地、专业建设、人才培养、师资培训、科技合作、经费支持六大领域的合作内容。据三师职校校长阳建军介绍，2010 年东莞市援建图木舒克市以来，东莞在三师职校援建项目上累计投入 3000 万元， 建成 8600 平方米的实训场所及学生公寓，从根本上改善了三师职校的校园环境。近年来，东莞从市教育局及中职学校抽调管理人员、骨干教师到三师职校援建，提升了三师职校的职教理念，规范了学校各项管理。

二、排万难，驻地帮扶谱新章

为了进一步加大三师职校师资建设，尽快更新师资团队的职教理念，使教师在教学理念、教学方法、专业建设、课程改革等方面尽快融入职业教育中来。东职院派遣了机电工程系和计算机工程系的两位教授到三师职校进行支教，围绕专业建设、教学改革、数字化校园建设等主题，为三师职校教师开展了项目化教学、职教教师的职业发展研究等系列专题培训，帮助三师职校完善了数字化校园建设。

三、勇创新，科研帮扶辟新径

近两年，东职院相继派出支教教师 20 名，为三师职校开展各类学术讲座近 10 场，培训教师 100 余人次，受益人群覆盖三师职校行政、教学、教辅等人员，促进了三师职校的内涵发展。

通过科研讲座、科研支撑计划和电子文献资源共享等方式方法，三师职校的科研氛围正日益浓厚，两校围绕科研项目合作的互动交流越来越多。科研帮扶的合作模式，取到了良好的成效。据统计，近两年，三师职校晋升中级职称 3 人， 获得初级职称 5 人，获得教师资格证 26 人。与刚刚从中学转型为中职学校时相比，三师职校的师资结构有了较大改善，师资团队也逐渐稳定下来。

（蒋莹整理）

爱心义教　奉献真情

——广州华夏职业学院

（定点扶贫：广州市从化区鳌头镇岭南小学）

2015年，岭南小学—广州华夏职业学院财政经济学院大学生社会服务基地成立，华夏职业学院对岭南小学的定点扶贫工作正式启动。扶贫中，华夏职业学院对岭南小学进行多次义教和对李福星兄弟进行多次爱心帮扶活动，为贫困地区的孩子提供了更好的受教育机会，引起家长对孩子教育问题的关注，特别是李福星兄弟从最初的自卑自困逐渐开朗活泼、学习也进步很多，并且学会了感恩他人、感恩社会。此次扶贫取得了良好的成效。

华夏职业学院长期到农村地区学校进行“爱心义教”，将先进的学习理念和教育资源优势充分地与周边教育平台共享。2015年，当“爱心义教”活动在从化市岭南小学再次开展时，面黄肌瘦、性格自卑的李福星引起了学生干部的注意，在了解了他父亲年过半百、母亲存在精神问题、有一个7岁的弟弟、经常温饱不保的贫寒家庭情况后，华夏职业学院多次为李福星兄弟进行募捐活动，并专门安排青年志愿者服务队每到一段时间去探望两兄弟，并用善款买学习和生活必需品给予他们，善款专项专用，同时做好登记。此外，青年志愿者们还辅导两兄弟的功课，教他们做人的道理，让他们学会了感恩，让兄弟俩重拾对未来人生的自信心理而努力。

华夏职业学院怀着教书育人的社会责任感，在对岭南小学李福星兄弟定点帮扶的同时，把帮扶对象范围继续扩大至整个从化区岭南小学。2015年6月底，由广州华夏职业学院财政经济学院组成的大型义教帮扶队伍，手把手在岭南小学内开展帮扶带教活动，得到了岭南小学领导老师们的高度评价和赞誉。

目前，广州华夏职业学院已申请了今年的“大学生攀登计划”科研调查报告，将以从化区岭南小学为新起点，长期为定点教育扶贫工作作出努力，持续推进教育、扶贫等各领域的帮扶项目，形成长效机制，不断强化帮扶力度，增强帮扶实效。

（陈忠言整理）

“服务、协调、办事” 专业扶贫砂岭村

——惠州城市职业学院

（定点扶贫：广东省博罗县观音阁镇砂岭村）

按照扶贫开发“双到”工作部署，惠州城市学院与惠州市博罗县观影阁镇砂岭村结为定点帮扶单位。为此，惠州城市学院委派骨干教师担任驻村干部，驻点砂岭村开展扶贫开发工作。扶贫中，驻村干部始终坚持“服务、协调、办事”的原则，发挥自身优势，使扶贫开发工作取得了一定的成效。

砂岭村地处广东省东南部东江沿岸，本地村民多数以耕地为主。为扎实有效地做好帮扶工作，惠州城市学院把负责帮扶的 24 个贫困家庭以村为帮扶片区组建了四个工作组，由班子成员带队深入农户家中，一对一上门了解情况。随后，扶贫工作组制定了“因地制宜、因户制宜”的开发式扶贫工作方法，依据各自家庭条件，采用“输血”与“造血”统分相结合的方式引导贫困户脱贫致富，对于没有劳动力的贫困户，重点给以资金补助和实物捐赠；对于有劳动力的贫困户，重点开展种植或养殖项目帮扶；开展智力脱贫、助学帮扶、疏通劳务输出渠道、提供信息、进行技术培训、农产品销售等方面为贫困户做好服务，有所作为；帮助村委搞好农田水利项目、村道建设，为贫困户住房条件改造做好帮扶工作。其中，较为典型的案例如下。

林建清，原先家庭经济基础薄弱，生活十分困难。驻村干部黄成葵积极联动，在了解该户种植蔬菜销路不佳的情况下，牵头带动林建清家庭创办“贫困户送菜入校园”项目，由林建清联动四家农户，每周给学校定制蔬菜套餐的教职工送菜三次，林建清每月可增加收入 8000 元，大大改善了林建清家庭受益情况。

2014 年，砂岭村村民种植的玉米得到大丰收，却销路不佳。驻村干部姚伟锋通过实地考察，了解具体情况，积极联系惠州经济学院等多家学校饭堂以及与学校有合作的企业饭堂，最终，让玉米以 1.8 元每斤的好价格被大量收购，得到了村民满意的夸奖和认可。

为实现砂岭村的长久脱贫，惠州城市学院研讨出“砂岭村智力脱贫”计划方案，在砂岭村推广职业教育宣传，让砂岭村适龄学生到惠州城市学院就读自己喜欢的专业，掌握一门本领，为社会创造财富，为家庭创造收入，为自身建立人生价值。

惠州城市学院的帮扶，改善了砂岭村的经济情况，切实提升了村民的经济收入状况，实现了砂岭村的脱贫目标，也让驻村干部通过深入基层、服务群众，更加了解群众疾苦，增强了群众观点和服务意识。

（陈忠言整理）

授人以渔 终身受用

——广东碧桂园职业学院

（专项扶贫：贫困学生精准帮扶）

广东碧桂园职业学院是一所慈善性质的民办高校，立足于“授人以渔，终身受用”，加大贫困学生受教育的机会，发挥教育扶贫的“造血”功能，大力发展职业教育，通过教授家庭经济困难学生专业技能，来实现“精准扶贫”。

（1）学院对入学的学生施行全免费，解除学生在校读书的经济之忧。广东碧桂园职业学院是由广东省国强公益基金会投资举办的，对贫困学生免学费、住宿费、教材费、伙食费、生活用品费和寒暑假往返路费等，同时设置国家奖学金、国家励志奖学金、助学金等，真正让经济贫困学生来校读书无任何经济之忧。

（2）立足本位，办出学院自身特色，让更多的贫困学生通过就读广东碧桂园职业学院实现“一人成才，全家脱贫”。学校依据清远、广东和碧桂园集团所属企业转型升级及其职业岗位工作对知识、技能的需求变化，结合职业资格构建专业课程体系，全面推进校企合作办学，培养学生职业素养，提高学生的知识运用、技能操作、技术创新和可持续发展能力。

（3）为了让真正贫困的学生受到良好的教育，进一步落实精准扶贫工作，学院在招生政策和入学条件上进行严格把关。

（4）扩大招生范围，让更多的贫困学生能得到受教育的机会。

（5）学院对品学兼优的学生推荐就业。就业问题是当今大学生面临的主要问题之一，学院对于品学兼优的学生进行推荐就业，推荐到集团总部的各个工作岗位，表现优秀的可以达到月薪过万的水平，实现“入学即入职，毕业即就业”“一人就业，全家脱贫”。

（6）整合教育教学资源，为社会培训应用型人才。为了彻底阻断贫困代际传递，2015 年学院在碧桂园集团指导和帮助下，在清远对以往帮扶过的 14 座新村彻底排查，利用学院教育教学资源，对青年进行技术技能的培训，为社会输送应用新技术技能人才，对彻底阻断贫困代际传递，截止 2015 年末，锁定 138 名扶贫对象并展开帮扶。

广东碧桂园职业学院刚刚成立不久，在教育扶贫道路上永远不会停歇，始终高度重视社会服务职责，以强烈的责任感、紧迫感做好“精准扶贫”工作。

学院将进一步研讨，整合资源，建设优质生源基地，开发可持续推进帮扶项目，形成长效机制，不断强化帮扶力度，增强帮扶实效，为彻底阻断贫困实现小康的远景目标而不懈奋斗。

（蒋莹整理）

“第一书记”真给力　聚贤村有了新气象

——桂林师范高等专科学校

（定点扶贫：广西全州县安和镇聚贤村）

2014年4月21日，桂林师范高等专科学校派遣人员赴任全州县安和镇聚贤村进行帮扶活动。帮扶人员深入聚贤村进行广泛调研，摸清村里的基本情况，制定出符合实际村情的和可操作性的村发展规划，并带领村“两委”班子为村里做实事促使村子面貌焕然一新。

一是村小学的办学条件有了新改善。积极组织开展了“庆六一，手拉手”、“慰问传递温暖，欢乐洋溢童心”等慰问活动，为村小学筹集到价值2万余元的慰问金、慰问品和课桌椅等。二是村基础设施建设有了新面貌。完成村委楼漏水改造工程，改善村委的办公条件；筹资完成了唐家自然村、凤凰坪自然村“创建文明卫生村”的村内道路硬化工作和自来水管道改造工程；实现了所有自然村之间都通硬化水泥路的目标，还帮助修建完成了路中间的桥梁，安装了村道路灯，极大地方便村民的生产生活。三是利民惠民工作有了新成效。争取到县扶贫办补助拨付52.4万尾禾花鱼，价值约3.6万元；“母猪养殖”项目，价值8万元；危房改造项目，1.8万元；2014年第一批产业开发项目油茶苗木发放补助480亩，折合现金10.56万元；组织慰问“五保户”、“老党员”、“抗战老兵”等1.2万元；向全州县文化局筹集村级文化活动服务中心项目资金25万元；争取全州县民政局支持6万元修缮和改造村幸福院，并购置了冰箱、消毒柜、餐桌椅等生活设备，让村里老百姓真正得到了实惠。四是“清洁乡村”工作有了新气象。努力筹集“美丽乡村”保洁员补助2.16万元，并建立相关的奖励机制。尤其是小江尾自然村，环境优美、村容整洁，现已被定为安和镇“生态文明村”示范点，由全州县林业局投入12万元进行规划和建设。五是围绕农民增收，产业发展新起色。组织召开了村水库承包招投标会议，让闲置多年未利用的占地面积约300亩的水库真正利用起来，增加了村集体经济收入，带动了村休闲旅游产业的发展。2015年上半年在凤凰坪自然村和绿源里自然村连片种植了150亩沙塘柑和茂谷柑，在石桥头自然村连片种植了100亩金槐，在凤凰坪自然村建成了一个300亩的禾花鱼养殖基地，为村经济的发展打下良好的基础。

自从桂林师范高等专科学校对全州县安和镇聚贤村进行帮扶以来，一直在老百姓心目中保持着良好的形象。帮扶人员都遵纪守法，作风优良，虚心好学，主动求智于民、求计于民，真正把农村当作自己的家园，到处都能经常看到他们熟悉的身影，留下他们踏实的足迹！

（陈忠言整理）

量身定制帮扶措施　同心协力共促发展

——重庆文理学院

（定点扶贫：重庆市巫溪县）

重庆文理学院加入重庆市教育扶贫集团，积极整合全校资源，全面推进同巫溪县的校地合作，定向、定点扶持巫溪经济建设和社会发展等各项事业。

第一，精准对接扶贫需求是基础。学校先让巫溪县各基层单位提出扶贫需求，由扶贫办汇总，形成一份帮扶项目清单。重庆文理学院对接“帮扶清单”逐一立项，为其“量身定制”了一揽子扶贫计划。

第二，助推经济结构调整是重点。结合当地海拔较低、气候适宜、雨量充沛的气候特点，提出对土壤进行改良后，一方面发展猕猴桃种植业，另一方面种植学校新研发的脱毒生姜——渝姜1号。还建议当地成立专业合作社，建立2个科技示范基地，打造旅游、该项目规划发展猕猴桃、生姜各450亩，预计每亩增收7000元以上，可直接带领300余户农户脱贫致富。

第三，拓展农副产品销路是难点。在重庆文理学院的推动下，巫溪县采取了“公司+农户”的经营模式，成立高山蔬菜专业合作社，建立蔬菜基地1.2万亩。根据高校的需求，通过帮扶集团指导，市场化运作的模式，实施订单农业生产。

第四，打造生态旅游产业是突破。巫溪县的文化底蕴深厚，“巫”文化源远流长。深度发掘地方文化、生态旅游资源，大力发展旅游业，构建奉节—巫山—巫溪—城口特色旅游经济带已经纳入重庆市旅游产业发展规划。巫溪巫咸孝文习俗、老鹰茶制作技艺、大宁河巫舞三个项目已经进入重庆市级非物质文化遗产代表性项目公示名单。就清刻本《大宁县志》的点校和出版组成课题组，联合开展课题攻关，该项目已经列入重庆文理学院市级人文社科重点研究基地年度开放项目。

第五，开发教育人力资源是关键一方面，学校与巫溪县文峰职业中学校行程结对帮扶关系，向文峰职中捐赠了300双运动鞋，并向20名优秀贫困生每人捐赠了1000元的助学金。2016年秋季开始学校选派优秀师范生赴文峰职中顶岗实习、学校接收并指导文峰职中的师生来校开展既能训练、通过“大手拉小手”活动点对点帮扶100名贫困生等多种形式开展结对帮扶工作。另一方面，学校以巫溪县教育扶贫为个案，以培训为抓手，通过“国培计划”

和“市培计划”向巫溪中小学校倾斜，有效助推了巫溪中小学教师素质的提升。

推进扶贫事业，高校责无旁贷！重庆文理学院将进一步发挥学校在教育、人力、科技和信息等领域的优势，通过资金帮扶、项目帮扶、结对帮扶、产业帮扶、教育帮扶等帮扶措施，全面推进定点扶贫巫溪县各项工作。

（陈忠言整理）

校企合作促双赢　电商扶贫促发展

——重庆商务职业学校

（专项扶贫：千名农村电商培训）

2015年7月13日至8月14日，重庆商务职业学院承办了由重庆市商委、团市委、市妇联联合主办的“重庆市千名农村电商带头人培训”项目，对于支持农民利用电子商务开展网上创业就业，实现脱贫致富，统筹城乡发展起到了重要的作用，现总结部分培训案例如下：

第一，重庆市圣垦农业开发有限公司培训后在打造村级服务站的同时，与重庆商务职业学院电子商务专业师生建立紧密合作，合理整合资源与技术优势，共同开展了微店经营，成功实现农村电商的网络营销推广，并借助供销系统供销e家、米客供销电商系统，充分践行电商O2O模式，实现城市工业化产品、日用品等正规品牌合法产品进入农民消费领域，同时实现农民农产品进入城市居民消费领域，一上一下，实现城乡消费流通循环化，提高农民生活品质和城市居民食材安全可靠。2016年圣垦农业将以村社为单元进行全面推进农村电商村级服务站建设工作，力争2016年全年建成80家。

第二，巫溪县车管家汽车服务有限公司培训后于2015年10月搭建了车管家原生态农产品电子商务运营平台，开展农村电商业务，特色农产品进行网络订单销售。目前，巫溪车管家通过建立自营配送网点，已经基本建成一个比较完善的县域内部配送网络，解决乡村物流服务问题，真正打通农村电商最后一公里。预计在2016年中旬将在重庆市区域内的33个乡镇建立村级服务站，完成300个村级服务网点的建设，每个网点带动10名贫困户脱贫，有效帮助推动地方经济的发展。并通过与德邦物流的合作，实现全国物流配送全覆盖。

第三，2015年9月，雪瑞盛泉旗下成立电商平台——农家优品，农家优品是一个以农产品网络营销为主，辅以线下销售的专注于源产地的农产品电商直销平台。公司与国内最大微信开发服务商——微盟合作，打造农家优品微信公众平台，平台于12月正式上线，有在线商城、分销功能、企业官网等板块，公司通过微盟旗下的SDP分销功能，做到了双线购物、双线吸粉、双线同步、客户沉淀、人人电商。除了微信公众平台外，公司在淘宝也开了店铺并着手入驻淘宝旗下的“特色中国重庆馆”，已入驻农委牵头的“天天农交会”平台，中国邮政旗下的邮乐网，海尔集团旗下的日日顺万家等平台。

各个公司的电商之路才开始几个月，仍然在摸索中前进，虽然竞争激烈，但是凭借自身的优势以及明确的定位与目标，不管是传统销售渠道还是电商渠道，坚持把优质产品提供给广大消费者，坚信不忘初心，方得始终！

（陈忠言整理）

智力扶贫　支教凉山

——四川大学

（定点扶贫：四川省甘洛县）

四川大学自 2012 年起承担对四川省凉山州甘洛县的定点扶贫工作。针对甘洛县教育资源匮乏、师资水平薄弱的情况下，学校成立甘洛研究生支教团，进行教育帮扶工作。三年多来，先后选派 18 名优秀研究生赴甘洛支教，累计授课达 5100 余课时，覆盖学生超过 3100 人。在上课之余，支教团与甘洛党委、政府、团委积极沟通合作，致力于推动当地的经济、卫生、文化事业发展。2013-2014 学年，支教团筹集、捐赠爱心衣物 386 件，覆盖 200 多人；2014-2015 学年，累计筹集资金逾 229500 元、引进物资价值共计 45 万余元，覆盖 22 所学校共 4000 余学生；2015-2016 学年累计筹集资金逾 20 余万元，引入物资价值共计 30 余万元，覆盖 8 所学校共 5000 学生，完成援建项目 2 个。川大支教团的同学们用他们的不懈努力，在偏远的大凉山土地上谱写了一曲青春的赞歌。

一、踏踏实实做好教育教学工作

2013 年 8 月，支教团 4 位成员正式在甘洛县开展支教，担任高一年级 8 个班的数学、物理、化学教师，覆盖学生超过 480 人。一年以后，支教团 7 名新成员接过了他们手中的接力棒，担任 21 个班级老师，覆盖学生超过 1190 人，其中彝族学生比例 90% 左右。2015 年 8 月，支教团在甘洛中学试点设立首个由支教团成员担任班主任并全权负责教育教学管理工作的“川大支教班”，经过一学期的教学探索和行为习惯培养等，该班学习平均成绩上升 50%。

立足教学工作的同时，支教团与团县委共同策划，在甘洛县 12 所中学、数千学生中开展了“奋斗的青春最美丽—青春励志讲座”系列活动，助推中小学生思想道德建设；策划成立甘洛中学第一个学生社团——甘洛中学青年志愿者协会、田坝中学校园广播站，推动校园文化建设；带领十二名来自甘洛县的中学生走出大山，到成都高校参观学习，开拓他们的视野。

二、发挥桥梁纽带作用，争取社会关注与多方支持

2015 年 10 月，支教团向四川大学“爱立方”志愿扶贫工程申请并促成在甘洛县民族中学设立“多功能数字图书馆”，“爱立方”出资购置 30 台电脑及其他相关科技类书籍，为学生的第二课堂活动和课余生活增添了乐趣。

支教团充分利用各类宣传平台，向社会各界进行广泛宣传，为甘洛县贫困儿童募集文具、教学设施和过冬衣物等。2015 年 2 月，为期三天的“四川大学 2015 暖冬行动”爱心义捐活动募集各类御寒衣物 5500 余件、书本 531 本以及文具若干。同时，支教团组织搭建“爱心中转站”捐赠平台，进行爱心物资捐款及“一对一”帮扶活动。

2016 年 5 月，支教团联系爱心人士捐赠设立“四川大学支教团奖助学金”，发放奖学金 10000 元，奖励 20 名品学兼优的甘洛学子。

三、爱心传承，辐射社会——帮扶吉加小学

吉加小学 500 余名学生全为彝族，其中 100 多名属于孤儿或单亲家庭，一半以上的学生为留守儿童。针对这样的情况，支教团通过开展破冰游戏、励志讲座、音乐课堂等“爱心课堂”活动，鼓励孩子们勇敢追梦，积极乐观面对生活。

2015 年 4 月，支教团联系企业捐建爱心多功能教室，教室配有图书、多媒体设备、文体用品等。2015 年 12 月，支教团又为吉加小学筹集 1 万余元捐款购置生活物资。

（胡仕林整理）

解民难　助发展

——西南石油大学

（定点扶贫：四川省平武县旧堡乡）

2013年7月，四川省委下发《关于组织党员干部深入重灾村开展“解民难、听意见、受教育”群众路线实践活动的通知》，要求第一批参加教育实践活动的单位，集中开展联村帮户活动，帮助灾区群众解决生产生活困难，做好灾后恢复重建工作。西南石油大学党委迅速响应，启动了“解民难、听意见、受教育”群众路线实践活动。经过1年多不间断帮扶，平武县旧堡乡庆林村实现了重建，学校的扶贫工作和帮扶措施得到了当地干部群众的一致认可。

一、及时把握受灾情况，科学制定帮扶计划

2013年8月12日，西南石油大学党委办公室、校长办公室等相关人员组成调研组，前往庆林村开展现场调研。西南石油大学党委听取调研组汇报后，制定了“为受灾农户和特困户提供帮扶”、“为村8名在校大学生提供资助”、“为村文化站赠送实用图书资料和文体用品”、“帮助制定村重建维修规划”等9项帮扶计划。每个项目都安排了一个校级领导负责协调。

二、认真落实帮扶计划，为受灾群众排忧解难

2013年9月，西南石油大学由校长带领来到庆林村。在庆林村，西南石头大学落实了5项帮扶计划，投入20余万元的资金，帮助该村进行重建。其中，为村8名在校大学生每人提供3000元助学金，帮助他们成长成才，向8户受灾特困户每户提供1000元现金和价值300元的粮油，帮助群众解决燃眉之急。

在灾区重建上，西南石油大学充分利用专业优势，帮助灾区群众进行房屋抗震设计、灾区重建规划等工作、并负责乡村干部防灾知识的培训，帮助灾区做好灾后恢复重建工作。并邀请乡村干部到西南石油大学接受社会管理能力培训。

三、加强跟踪落实，强化帮扶成效

西南石油大学在跟踪落实2013年制定的系列帮扶计划的同时，不断拓宽帮扶渠道，积极扩大帮扶范围，进一步提高了帮扶成效和受益群众人数。制定奖贷助勤制度，解决来自灾区大学生的经济困难。选拔志愿者开展暑期社会实践，利用专业特长帮助灾区尽快渡过难关。

四、及时总结活动经验，做好对口帮扶工作

高校作为帮扶主体，存在资金有限、财力不足等问题，但可以结合高校在人才和技术上的智力优势，授人以渔，突出帮扶重点。给村民送去知识，送去技术，帮助村民制定脱贫致富的办法、门路和措施，将是高校服务地方的新途径。

联村帮户活动所取得的成绩为西南石油大学今后的对口定点扶贫工作提供了宝贵的经验和参考。学校也将用好这些经验，精心部署，发挥优势，切实帮助贫困地区提高经济社会发展水平，提升脱贫致富能力，加快脱贫奔小康步伐。

（张翠霞整理）

扶智治愚　脱贫致富

——成都理工大学

（定点扶贫：四川省高县）

成都理工大学（以下简称：成都理工）根据省委省政府的文件精神，在扶贫工作中，利用学校自身的专业学科优势，在对宜宾高县的扶贫工作中，以专业扶贫为突破口，以教育扶贫、人才扶贫为基本内容，使宜宾高县的扶贫工作出现可喜的发展和进步。

一、教育扶贫，在于扶智治愚

成都理工十分重视对于贫困地区的教育扶贫工作，并为此举办了“成都理工大学2015年国家‘扶贫日’教育扶贫全覆盖行动启动仪式暨‘情系高县，扶贫支农’图书捐赠活动”。共募集涵盖科技支农、医疗卫生、种植养殖、农村经济等方面的图书800余本，价值3万余元，所募集图书将用于高县庆符镇丛木村图书资料室建设。

除了捐赠图书，成都理工的教育扶贫还有对口支教，提高贫困地区的一线教育教学水平，并建立长效帮扶机制。成都理工现已与宜宾市高县庆符镇丛木村小学校进行了对口支教活动，成都理工学生支教团队定期对其进行支教，并通过“结对子”的方式建立长效帮扶机制。

二、人才扶贫，在于养育提升

为提升贫困地区的人才层次和水平，成都理工重视加强对于现有工作人员的培训工作，提高基层工作水平。成都理工帮助高县职业技术学校建设扶贫培训基地，大力开展劳务扶贫工程，促进贫困人口就业，加快脱贫致富步伐。

充分利用高校师资和资源的优势，已举办17期培训班，对2766名基层教师、乡镇干部和农村劳动力进行培训，大力提高了基层教师、干部和劳动群众的知识能力水平和文化素养。

三、专业扶贫、在于学科优势

成都理工充分发挥学校专业优势，对于贫困地区的产业发展在调研的基础上进行专业分析和规划，并提供相关专业人员的培训，使贫困地区的产业结构得以优化，为贫困地区的脱贫打下了坚实的基础。目前，已经编制了《对宜宾市高县柠檬种植建设书》、《四川省双河乡地热勘查论证工作方案》、《大窝镇大屋村乡村旅游规划》、《高县大屋村“茶山花海”旅游项目建设方案》等发展规划，涉及宜宾市高县旅游产业、农产品、资源开发和综合利用、地质灾害防治、道路规划、规划环评、规划编制、环境保护、土地整理、风貌打造等科技服务与科技成果转化等诸多方面，推动高县特别是高县贫困村的产业结构优化调整。

（张翠霞整理）

科技支撑　引领农业现代化

——西南科技大学

（定点扶贫：四川省松潘县）

西南科技大学依托学校科技优势，把支撑和引领发展现代农业作为“智力帮扶”的工作重点，大力实施现代农业“四大人才工程”。

第一，农民上大学，开阔眼界学到真本领。西南科技大学选择科技意识和接受能力较强、文化素质较高的农民专业合作组织负责人及种养殖示范大户20余人到西南科技大学“上大学”，按照“农民点菜、专家下厨”的方式开展培训，农民想学什么，就安排什么内容。既有种植、养殖、农产品加工、农产品营销等方面实用技术的课堂教学，又有新农村建设示范片现场考察、优秀农村致富带头人传授发展经验，效果明显。

第二，博士下田间，把脉开方支招新产业。西南科技大学针对松潘县农牧业大县的实际情况，把政治素质好、作风实、熟悉热爱农村工作、具有农学专业知识背景的博士下派到松潘挂职，并定期或不定期选派其他专业的博士，把培训课堂开到村寨和田间地头，给农民做示范，解难题，面对面、手把手地传授农业技术规程和增产措施，实现了农学博士与农民零距离接触和经常性培训指导，有力助推了松潘打造的“两张名片”（蔬菜产业和畜牧产业），积极探索并培育了高原夏秋草莓、藏香猪等新产业。

第三，干部转观念，打破束缚创出新思路。学校采取“请出来”和“主动上门”的方式，开展农技干部知识与观念更新培训，使县乡农技干部专业知识得到更新，业务素质得到提高，80%以上能够熟练进行科技培训和生产指导，为松潘培养了20余名“靠得住、留得下、永远不走”的“土专家”和“田秀才”。

第四，专家进村寨，传经送宝铺就致富路。学校多名农业专家深入松潘县的田间地头，加快推广农业科技、大力加强科技培训，积极普及农村科学知识，面对面、零距离为农民服务，推广了一批农业新技术、新产品，辐射带动了一批农民增收致富，探索出了科技服务“三农”的新模式、新途径，构建起了产学研相结合的农业专家服务体系，为促进松潘农业和农村经济社会发展做出了积极贡献。

扶贫以来培训农民、农业技术干部2000余人次，专家、博士进村寨进行技术指导与田间示范100余人次，培养了20余名本土的“田秀才”、“土专家”，成功创建了1家省级优秀农民专业合作社，引进新技术（品种）20项，并新增推广种植面积1000余亩，申报成功省级科研项目1项。开辟了以草莓、藏香猪为代表的新的种养殖业项目，巩固了以有机蔬菜、肉牛、牦牛为代表的传统优势产业，突破了一批关键性技术并得到示范应用，取得了良好的效果。

（陈忠言整理）

传递爱心　书香永存

——成都信息工程大学

（定点扶贫：四川省通川区）

成都信息工程大学（以下简称：成都信工大）积极承担扶贫任务，充分发挥学校自身优势，认真履行社会职责，于 2011—2015 年对口扶贫支援达州市通川区，通过专业扶贫、科技扶贫、信息扶贫解决实际困难，为达州市通川区经济社会发展服务。

通川区位于四川东北部，属秦巴山区集中连片特困地区、省级重点贫困县，属革命老区和集中连片特殊困难地区。为确保帮扶工作的顺利开展，学校与通川区人民政府签订了《定点扶贫协议》，学校结合自身的学科优势，开展以智力帮扶为主，资金帮扶为辅的扶贫工作。

一、信息扶贫

根据治贫先治愚，扶贫先扶智的指导思想，学校确定了突出高校特色、以智力扶贫为主的工作方针。信息技术是成都信工大的支撑学科之一，为增强扶贫攻坚内生动力，进一步加快推进通川区教育信息化，适应通川区正在实施教育城域网建设的需要，学校充分发挥信息技术的学科优势，免费为通川区中小学教师组织过 3 期信息化培训班。通过培训骨干教师，骨干教师再带动其他教师能够起到事半功倍的效果，有效地开拓该区教师的思路与眼界，增强他们的信息化业务指导和教学研究能力，促进了贫困地区教育发展。

2014 年，成都信工大向全校教职员工发出倡“传递爱心，书香永存”的倡议，共收到爱心图书 1600 余册，全部捐给碑庙镇初级中学。此外，学校还适时营造帮扶氛围，积极筹措帮扶资金和物资。分别于 2014 年 5 月和 2015 年 6 月向碑庙镇初级中学和通川区磐石乡渡口村、青宁乡中心学校共捐赠了 123 台电脑，于 2014 年出资 3 万元用于购买通川区檬双乡檬双街道社区居民委员会阵地建设所需的办公设备。此外，

二、专业扶贫

成都信工大充分发挥自身学科优势，为通川区扶贫攻坚领导小组提供决

策建议、政策参考、信息咨询等智力服务。2013 年 3 月，应达州市通川区扶贫移民办公室希望对罗江镇相关村落开展以旅游观光为特色新农村建设提供智力帮扶的要求，学校结合自身在学科方面的优势，迅速与管理学院相关老师沟通，确保该任务能顺利完成。同年 3-6 月，管理学院专家一行多次奔赴四川省达州市通川区罗江镇开展旅游扶贫调研，并就罗江镇金凤村乡村旅游发展规划完成文本及图件的制作，形成定稿《达州市通川区罗江镇金凤村观光农业旅游区总体规划》，交付通川区旅游局。此外，成都信工大还与其他通川区政府相关部门积极对接，论证扶贫项目的可行性，通过充分发挥发挥学校智囊库的优势，为当地党委、政府提出中肯、具有可行性的发展建议。

（张翠霞整理）

办好“一村一幼”　助力脱贫攻坚

——西昌学院

（专项扶贫：四川省凉山州学前教育支教）

为加快发展学前教育，全面提升教育发展水平，四川省省委书记、省长在调研西昌学院时，做出关于发展学前教育办好“一村一幼”的重要指示，为凉山州学前教育迎来了难得的发展机遇。西昌学院结合扶贫工作，把建设“一村一幼”当作是凉山州打赢扶贫开发攻坚战、确保同步全面建成小康社会的重要举措。

一、凉山州学前教育发展落后，和小康社会发展需求不符

凉山州作为少数民族自治州，其教育发展水平同中东部地区存在明显的差距，而学前教育是影响到整体教育发展的短板。为解决此问题，凉山州决定到 2018 年，基本普及三年学前教育，毛入园率达 75% 以上。

为实现上述目标，首先面对的是彝汉双语的师资队伍建设以及凉山州各地彝语方言差异较大等问题。西昌学院充分发挥西昌学院彝汉双语、学科专业、师资队伍、志愿者资源等优势服务地方，迅速制定方案，主动投入到“一村一幼”建设工作，招募懂彝语的志愿者到彝区幼儿园支教，为凉山州精准扶贫工作发挥积极作用。

二、重视双语师资培养，做好幼师志愿者招募工作

2015 年 9 月，西昌学院在师范类专业中招募志愿者到凉山彝区从事“一村一幼”支教服务工作，招募了 40 名热爱教育事业，能够熟练使用彝汉双语开展教学活动的志愿者。10 月下旬，西昌学院组织校内外专家对志愿者进行了为期 10 天的幼教理论与幼师技能、幼儿教师师德与幼教法规、彝族文化与彝区风俗习惯等方面的理论培训及幼儿园实训，进一步强化了志愿者的服务意识和专业技能。

为保障该活动的顺利实施，学校专门为志愿者购买了支教期间的医疗及意外伤害险，在支教期间为志愿者发放 800 元 / 月的生活补助，解决了志愿者支教期间的后顾之忧。

三、以点带面，凉山州“一村一幼”工作正式启动

西昌学院选拔出的志愿者下派到 “一村一幼”建设工作示范县的20所服务学校，开始为期两月的支教工作。志愿者们通过两个月的支教服务，在幼儿园中运用掌握的幼教专业知识与技能进行一线教学的同时为幼儿园的保育员进行示范教学，建立彝区幼儿园规范教学的长效机制，为彝区学前教育的发展做出自己的贡献。

四、收集教育数据，为凉山州学前教育发展提供数据基础

西昌学院支教活动对开展“千人千村”学前教育现状进行了跟踪调查，为政府提供了动态报告和决策依据。同时，志愿活动让学生在实践中增长才干，在实践中增强社会责任感，在实践中提高专业技能，也为学校应用型人才培养整体转型的大局做出了探索。

（张翠霞整理）

积极推进整村扶贫开发　带领村民脱贫致富

——西南医科大学

（定点扶贫：四川省叙永县大石乡旺龙村）

西南医科大学附属医院（以下简称“西南医大附院”）定点帮扶叙永县大石乡旺龙村以来，积极发展多元产业，加强基础建设，积极推进整村扶贫开发，带领全村人民脱贫致富。

一、医疗扶贫保障边远地区的就医权益

2014年以来，西南医大附院派出多学科专家团队到旺龙村进行指导，开展医疗技术进村社、健康服务进农户的活动，为老百姓免费诊治，发送免费药品，建立健康档案，切实解决贫困地区老百姓看病难看病贵的问题。大力实施医疗扶贫工程，组织职工捐赠修建村卫计站和活动室，购买基本医疗设施，安排乡村级卫生人员免费上挂学习，通过健康知识扫盲夜校等多种形式提高群众保健知识，不断提高居民的健康素质，提升全民健康水平。

二、教育扶贫提升贫困人口的文化水平

西南医大附院一直关心旺龙村学生的成长，为旺龙村小筹集资金改善旺龙村小基本办学条件，并以支教、帮扶等形式扶持乡村教育事业。同时，还积极加大教育扶贫工程力度。旺龙村小学在西南医大附院的帮助指导下，开设电脑学习课程，并积极搭建教育共享平台，有效地缩小城乡教育的差距。此外，穿医大附院还开展特色助学活动，通过“支部帮”、“几帮一”或“一帮一”等方式结对帮扶贫困户。同时，实行“一对一助学”帮扶贫困学生梦圆大学计划，时刻关注贫困学生心理、生活、学习等情况，给予贫困地区学生正确地指导，促进贫困地区学生健康快乐成长。西南医大附一院还不断扩大教育层面，指导旺龙村建立村级培训站，常态化对在家常住劳动力人口进行分类培训，实施文化知识扶贫、职业教育扶贫、劳务输出扶贫、实用技能扶贫等扶贫项目，着力提升贫困人口受教育程度和就业创业能力。

三、科技扶贫促进贫困地区的产业发展

西南医大附院指导旺龙村发展各类产业，成立了村级农民油茶种植专业合作社，生姜、虫茶等项目，也逐步形成产业规模，后又确定了“优质水稻种植”、“黑山羊养殖”、“生态土鸡养殖”、“中草药种植”、“稻田养鱼”等产业发展项目，不定期邀请专家到村指导产业发展及开展种养殖培训，激发贫困户积极性与参与性。此外，还通过“以奖代补”，考核贫困户的产业发展及生产成效，给予适当的补贴。积极鼓励种养殖大户成立村级农民专业合作社，鼓励贫困党员打造党员示范项目，带头致富，并根据贫困户制定个性化发展项目，以服务百姓、创产创销为突破口，带动人民群众发展致富，不断增强村级集体经济活力。

（张翠霞整理）

多措并举找出路　发挥优势助脱贫

——绵阳师范学院

（定点扶贫：四川省平武县）

绵阳师范学院（以下简称：绵阳师院）充分发挥高校智力、文化、教育、科技优势，整合各类资源平台，通过参与平武县精准扶贫，积极履行高等学校为地方经济社会发展服务的重要职能。

一、整合各类科研专业平台，编制平武发展规划

绵阳师院利用学校商学院、四川县域经济发展研究中心平台，承担《秦巴山片区（绵阳平武）区域发展与扶贫攻坚“十三五”实施规划》和《平武县阔达藏族乡扶贫攻坚及幸福美丽新村建设规划》编制任务。利用学校省级重点实验室“生态安全与保护四川省重点实验室”平台，为平武县在生态建设规划、开发及保护提供专业咨询和帮助。

此外，绵阳师院还利用学校商学院、城乡规划与建设学院、美术与艺术设计学院等资源平台，为平武县幸福美丽新村建设村容村貌打造规划设计提供咨询和帮助。

二、在文化建设方面为平武社会发展做贡献

绵阳师院发挥学校省级社科基地四川民间文化研究中心、四川李白文化研究中心等文科科研机构以及音乐学院、美术学院等艺术类院系的人才智力优势，结合平武县社会建设需求，在民俗文化建设规划及开发保护、非物质文化遗产保护与传承方面提供帮助。

绵阳师院还利用学校党委宣传部、马克思主义学院的条件及优势，在对口贫困村——仙坪村村民的思想政治教育、党的民族政策宣传、村规民约宣传以及村风民风建设方面给予支持。在扶贫工作中，绵阳师院整合学校体育与健康教育学院资源，帮助仙坪村建设健身广场，组织体育师资分期分批赴仙坪村实地对村民开展进行健身舞、健身操培训，深受当地村民的欢迎。

三、在教育培训方面充分发挥自身优势

绵阳师院利用学校师范教育的特点和优势，在基础教育师资培训、顶岗实习、对口支教等方面提供支持。近年来，学校与平武县在顶岗实习、对口支教等方面一直保持合作，与平武县在教育培训等方面也有合作意向或框架协议。今后的工作重点是将上述合作事项落地并进一步加大力度。

绵阳师院除对平武县进行师资培训外，还利用继续教育学院、职业教育学院的继续教育培训方面资源和平台，为平武县企事业单位管理人员继续教育培训上提供支持帮助。利用学校历史文化与旅游管理学院、商学院的科研及师资条件，配合四川省旅游局工作安排，积极参与平武县旅游从业人员培训等工作。

（张翠霞整理）

多措并举　全面推进扶贫攻坚

——内江师范学院

（定点扶贫：四川省越西县）

内江师范学院（以下简称：内江师院）与越西县扶贫开发战略合作是四川省高校与贫困县联合扶贫攻坚的第一例。在充分调研的基础上，内江师院与越西县统一了“基础设施是保障、产业支撑是关键、教育发展是根本”的扶贫开发思路，形成了教育扶贫、信息扶贫、科技扶贫、人才扶贫、专业扶贫五大板块相互补充、相得益彰的扶贫攻坚体系。

一、教育扶贫

教育先行全力阻断贫困代际传递。内江师院通过指导越西完善教育发展规划、开展各类重点课题研究、多形式的支教、教师、专业技术人才、干部能力提升培训等活动帮助越西抓好教育事业发展，实施基础教育巩固提升，从根本上阻断贫困代际传递。

二、信息扶贫

信息覆盖努力消除“数字鸿沟”。内江师院充分发挥高校信息技术和基础设施优势，率先启动对越西县乡镇中学中所中学的定点帮扶。内江师院为中所中学捐建“网络教学中心”，总价值 336505 元，现已成为中所中学的信息发布中心、多媒体教学管理中心和计算机教学中心。

三、科技扶贫

技术攻关促进智力转化为扶贫生产力。内江师院根据越西县产业发展实际，双方共建发展平台，共同申报省级及以上各类科研项目，并帮助越西开展种养殖业等新品种引进、重大关键技术攻关，促进越西科技成果转化和运用，推进越西产业转型升级发展。为搞好内蒙古小土豆脱毒及原种繁育研究，内江师院生命科学学院从当地收集优势地方品种——内蒙古小土豆的原种，现正在开展该品种的营养成分测定、同时对种薯进行变温处理和催芽工作，为下一步茎尖脱毒做准备。内江师院高度重视此项目，给予经费支持，力求攻克技术难题，促进越西传统特色种植业的发展。

四、人才扶贫

以人为本提升脱贫致富的内生动力。内江师院充分发挥资源优势，根据越西县的客观需要，着重就越西管理干部和专业技术人才培养共享力量。

五、专业扶贫

产业对接促进区域经济转型升级。在校县合作扶贫开发项目对接过程中，内江师范学院将分年度对越西县电子商务规划进行技术指导；依托文昌文化、土雕工艺等地方民族特色，力争帮助越西进一步扩大“文昌故里·水韵越西”文化名片美誉度和知名度。同时，还充分发挥学校经济与管理学院的专业优势，为越西电子商务、工业经济、物流、文化旅游以及“十三五”规划编制提供指导。

（张翠霞整理）

挖掘自身优势　全力帮扶脱困

——宜宾学院

（定点扶贫：四川省筠连县龙镇乡）

根据《中共四川省委办公厅、四川省人民政府办公厅关于省级领导同志及省直部门联系指导片区贫困县精准扶贫工作的通知》的部署，宜宾学院对筠连县筠连镇五凤村开展精准扶贫工作。宜宾学院注重发挥高校在精准扶贫工作中的智力优势、技术优势、文化优势，整合资源，推行精准脱贫，巩固脱贫成果，为全面建成小康社会做出积极贡献。

一、积极开展人才扶贫

宜宾学院由党委组织部牵头，选派两名政治过硬、作风正派、工作能力强的科级干部为驻村干部，常驻五凤村、龙塘村，接受筠连县有关单位的统一安排和管理，同时也是学校与帮扶对象之间的联络员。驻村干部一年以上可适时调整选派，换人不换任务，确保驻村干部长效常态开展工作。

二、积极开展科技扶贫

宜宾学院利用专业人才优势，对口支援筠连县，落实科技项目帮扶。先后承担《筠连县饮用水源保护与发展规划》、《筠连县物流发展规划》等研究项目，学校配套经费18万元，促进研究工作开展，加快筠连县科学发展。根据对口扶贫乡镇的需求，充分发挥学校的人才资源优势，组织专家团队对筠连县龙镇乡进行考察和测量，提出切实可行的建议，最终形成龙镇乡城镇规划。

三、积极开展教育扶贫

宜宾学院先后3次组织教育专家到筠连县龙镇乡为龙镇乡中心校老师们开专题讲座，对老师们进行有针对性的培训，学校组织相关部门为筠连县开展中学校长培训，培训校长10名；开展骨干教师培训，培训骨干教师21名；利用学校的国家培训项目培训幼儿教师16名（其中幼儿置换6名，幼儿骨干

5名，幼儿转岗5名）；四川省中小学教师继续教育宜宾学院培训中心对筠连县二中全体教师开展为期三天的培训。利用宜宾市干部社会化选学、基层农技人员培训等项目培训筠连县各类管理人才及农业口科技人员 128人。宜宾学院充分利用勤工俭学、助学金、学费减免等项目加大对筠连县籍在校学生的发放力度，共资助136名筠连籍在校大学生，投入助学资金共计288600元，促进筠连籍在校困难大学生完成学历。

宜宾学院加大成人教育投入，为五凤村和龙塘村建设乡村文化室和现代技术活动中心。图书馆通过捐赠、流转等方式为帮扶对象提供纸质和电子图书。学校筹集资金40000元，支援定点扶贫村筠连县龙镇乡龙塘村、翠屏区宋家乡菜园村各20000元的基础设施建设扶贫解困资金。

四、积极开展文化扶贫

由宜宾学院校团委牵头，以音乐、美术、体育专业专家为支撑，开展“文化进村”活动，指导村文化广场建设，并对乡村文化建设培训人才。

（张翠霞整理）

整合专业优势　助力地方扶贫

——四川文理学院

（定点扶贫：四川省万源市）

四川文理学院积极响应中央和四川省委、省政府的号召，承担万源市 2 个贫困村的对口帮扶工作，同时协助四川省民政厅联系指导万源市的精准扶贫工作，学校立足自身专业优势，采取多种措施，积极投入到精准扶贫工作中来，为地方打赢扶贫攻坚战发挥积极作用，为推动当地精准扶贫取得了一定的成效。学校在全面分析万源市提出的帮扶需求后召开校内各二级部门会议，认真研究，结合自身实际制定出帮扶方案：

第一，加强师资培训。安排应届大学毕业生到万源市边远山区学校顶岗实习。2015—2020 年期间每年安排 50 人，共计安排 300 人。派出教师到万源市开展中小学校长岗位培训，2015—2020 年期间每年可以安排 80 人次，共计 480 人次。开展专任教师学科培训，每年安排教师到万源市实施专任教师学科培训 200 人次，共计安排 1200 人次。四川文理学院教师的差旅费、劳务费由学校承担。

第二，开展技能培训。在技能培训经费保障的前提下，四川文理学院负责承办实施以下培训：遴选专家或培训机构来万源为相关企事业、城乡居民免费开展职业技能培训，开展电子商务培训 3000 人、职业技能培训 5000 人、创业培训 3000 人。承担万源市党员干部、致富能人实施能力提升培训。相关培训项目先行先试，由小到大，逐步增加，最终满足万源市需求。

第三，文化惠民扶贫帮扶。派出专业教师承担对万源市广播电视台新闻工作者进行培训。包括对电视台新闻记者进行培训，提高新闻记者对新闻写作、拍摄和编辑能力，提高电视台的办台质量；对万源市文化馆文艺工作者进行培训，以提高开展群众文化活动的能力；从专业技术、人才方面帮助建立万源市音乐人才培训基地，对音乐人才基地建设进行指导并对文化馆音乐教师进行培训，提高师资力量的业务素质。帮扶期间，每 2 年在万源市组织一次文艺下乡演出。

第四，万源万宝山旅游规划。学校成立以政法与公共管理学院旅游管理专业的专家牵头由美术学院、环境与建筑工程学院、四川革命老区发展研究中心等校内部门的相关专业教师组成的规划团队对万宝山景区做出整体旅游规划，责成宣传部牵头，由文学院新闻学院、文化与传媒学院组成万宝山景区宣传片制作工作组，对万宝山景区的开发进行宣传。

通过以上措施，四川文理学院精准帮扶工作已经在贫困村深入人心，在万源市产生了较大的影响，取得了较好的帮扶效果。学校将巩固扶贫成果，总结扶贫经验，为推动万源市的精准扶贫工作再上新台阶发挥更大的作用。

（陈忠言整理）

雪中送炭　情暖克枯乡

——阿坝师范学院

（定点扶贫：四川省汶川县克枯乡大寺村）

根据四川省委相关文件精神，阿坝师范学院（以下简称：阿坝师院）成为2015年四川省内参与指导片区贫困县精准扶贫工作的30所高校之一。为深入贯彻落实党中央国务院扶贫开发的指示精神和四川省委十届六次全会精神，落实精准扶贫、精准脱贫要求，阿坝师院制定了切实可行的脱贫规划方案，采取了全方位精准扶贫举措，并以实际行动帮助贫困户树立致富信心，寻找致富途径，促进其收入水平和生活水平整体提高。

一、雪中送炭，学院领导带去暖暖问候

为进一步推动和落实精准扶贫工作，阿坝师院党委主要负责人带领行政负责人、后勤服务总公司负责人等多次到定点扶贫的汶川县克枯乡大寺村开展帮扶工作，着力解决帮扶户的实际困难。

阿坝师院定点扶贫点是汶川县大寺村。每次到大寺村，院党委和村委都要对扶贫工作进行充分的商讨和沟通，通过座谈会制度，有效地把握了近期的扶贫工作开展情况，以及大寺村对近期扶贫项目的安排和具体需求。

在座谈会中，阿坝师院党委领导明确表示，将在今后的工作中一以贯之地加大扶贫攻坚力度，确保在规定时间内保质保量完成扶贫工作任务。阿坝师院每年冬季来临前，都会对大寺村的扶贫农户进行回访和调研，解决扶贫农户的御寒问题，牲畜过冬问题等。

二、众志成城，学院募捐帮助受灾民众

阿坝师院为缓解扶贫点的受灾问题，对扶贫点进行募捐，虽然钱不多，但让受灾的群众从心里感受到党的温暖。

2015年9月11日上午11:30，阿坝师院开展了以“奉献一份爱心，托起一片希望”为主题的扶贫募捐活动，捐款5.33万元全部交到了大寺村党支部书记手中，要求其在项目资金使用上一定要用到最需要的地方，并将使用情

况反馈给阿坝师院。同时，阿坝师院还向 2 户扶贫户捐赠了整套床上用品，帮助其解决过冬御寒问题。

三、任重道远，学院勇担责任与使命

从阿坝师范高等专科学校到阿坝师范学院，学院发展都离不开阿坝老百姓的支持。阿坝师院表示，必须要将把扶贫工作持续开展下去。阿坝师院认为，高校作为培养人才的主阵地，就应该面向民族地区、贫困地区进行特定方向的人才培养，人才是解决贫困问题的关键。阿坝师院作为民族地区的高校，培养能够留得住、用得上的知识分子和技术人员是不可推卸的责任和使命。

今后在扶贫工作中，人才扶贫、智力扶贫以及专业扶贫将成为阿坝师院扶贫工作的主要内容。目前，学校扶贫工作已取得阶段性成果，今后力度越来越大，将充分发挥着民族地区高校在地方精准扶贫工作中的重要作用。

（张翠霞整理）

谋定而后动　扶贫有章程

——成都师范学院

（定点扶贫：四川省道孚县）

根据中央和四川省委精准扶贫有关指示精神，成都师范学院（以下简称：成都师院）制定精准扶贫的工作部署，教育项目组从2015年7月开始，开展了一系列形成了卓有成效的扶贫工作。

一、完善制度、强化教育扶贫

为加强教育扶贫领导，教育扶贫团队建立了与道孚县教育局及有关部门教育扶贫联系制度。成都师院探索建立以各受援地教育局为主导、以城帮农（牧）、强校帮弱校为主要形式、以加强学校特色建设，改善办学条件和提高学校管理水平及提升教育质量为重点内容的教育结对帮扶机制，整合各项资源，精准发力教育扶贫，推进道孚社会经济发展。

二、注重调研，建立教育数据

成都师院工作组深入学校进行座谈和调研。通过问卷调查初步建立了道孚县教育数据库。全面收集了学校管理、教师队伍教师、校园文化建设、教育教学现状、教师专业发展等多方面的信息，并对相关数据进行了统计和分析，为后续工作的推进和调研报告的形成提供了参考材料和数据支撑。

三、谋定而动，制定扶贫规划

成都师院与道孚县委、县政府签署《教育战略合作协议》，建立民族地区成人教育实践创新基地。利用乡中心校挂牌“农牧民文化技术学校”开展农牧民文化技术教育。利用学院专业优势和研究优势，对当地农牧民开展雕刻培训、舞蹈培训、导游培训等，提高当地的农牧民的科学文化知识和相关产业技术，让等地农牧具备“自我造血功能”，实现可持续发展；协调农牧、林业、科技等相关部门对农牧民文化技术学校提供项目、资金、技术支持。

在义务教育阶段，从教师入职、在职培训等环节入手，积极提高教师专业化发展水平，帮助道孚县打造一支师德高尚、爱岗敬业、业务精湛的教师队伍；推进道孚教育信息化水平，建立民族教育资源中心、信息化平台；根据道孚县实际情况，建设“双语教学资源中心”，培养双语教师教学技能。

四、建立精准扶贫学生档案

成都师院将定点贫困家庭中目前正在接受教育（含学前教育、义务教育、高中教育、职业教育、高等教育）的学生建立详细档案，为教育精准扶贫提供可靠依据。对扶贫对象享受资助情况进行全程跟踪，确保其获得有效资助，完成学业。此外，还帮助道孚县制定贫困村学校规划，优先支持建设贫困村义务教育学校，同步实现标准化和现代化远程教育，让贫困村群众子女能就近享受公平优质教育资源。

（张翠霞整理）

发挥专业优势　以纺织带动扶贫

——成都纺织高等专科学校

（专项扶贫：纺织专业扶贫）

成都纺织高等专科学校（以下简称：成都纺织高专）长期以来，聚焦产业，发挥学校在学科专业优势和行业的影响力，以西部地区承接东部地区产业转移为契机，根据贫困地区发展纺织服装产业需要，积极与当地政府、产业园区和企业开展合作，提供智力、人才、科技、教育、信息的帮助，为促进当地经济社会发展，实现全面彻底脱贫，主动承担高校应有的责任。

一、促进四川贫困地区发展纺织服装产业卓有实效

成都纺织高专全面参与广安西部牛仔城建设。自 2012 年以来，学校以组建专家顾问团、选派优秀专家挂职园区等途径，为该产业城发展做出了重要贡献，该产业园区现已成功申报列为全国纺织产业转移试点园区、全国纺织服装十大产业园区；成都纺织高专还为乐山土主纺织产业园开展在岗人员职业教育。学校针对不同的岗位为一线操作工人、中层管理岗位和高层管理人员开设了不同的培训方案。经过培训，乐山土主纺织园区整体管理水平和从业人员技能明显提升，有力促进了该园区提档升级；成都纺织高专开启与屏山县移民就业纺织服装科技产业示范园的合作，完成了《屏山县移民就业纺织服装科技产业示范园产业发展规划》的编制工作。

二、帮助贫困地区发展传统刺绣产业，实现居家灵活就业致富增收

成都纺织高专蜀锦蜀绣研究中心与四川省妇联、成都市妇联实施了“居家灵活就业”培训项目，与安靖镇政府、郫县工商联蜀绣产业商会开展了成都市妇联蜀绣产业项目工作培训班。成都纺织高专蜀锦蜀绣研究中心被列为成都市蜀绣居家灵活就业示范基地，先后与阿坝藏族羌族自治州汶川县、凉山彝族自治州甘洛县签订了战略合作协议，对分别对两县的羌绣、彝族产业

进行扶持和培训刺绣人员，实现了人才培养、技艺攻关、成果转化等方面的实现突破，实现了当地贫困群众居家灵活就业，有效推动了刺绣产业的发展，增加了从业人员家庭的收入。

三、产学研无缝对接“一带一路”走出四川勇于担当

成都纺织高专为云南保山承接纺织服装产业提供全方位智力支撑。与保山市人民政府开展技术研发创新活动，建立“纺织服装技术研发创新中心”、“成都纺织高等专科学校保山产学研合作基地”、“纺织服装人力资源培训与服务中心”及“保山市纺织行业职业技能鉴定站”，合作开展纺织行业从业人员培训与技能鉴定工作。此外，学校还派出专家到石嘴山联合学院进行专业建设指导，帮助提升宁夏石嘴山市发展轻纺产业人才培养的自我造血功能。

（张翠霞整理）

种植养殖齐发展　助力农民奔小康

——内江职业技术学院

（定点扶贫：四川省东兴区三烈乡对坡村）

一、助力果桑，收之桑榆

对坡村栽桑养蚕是家庭的主要收入来源之一。近年来，村里把果桑种植作为对坡村的特色产业大力发展。但栽培、管理等一系列技术难题难倒了村里一班人。内江职技学院选派种植专家定期入村到户，对种植果桑进行现场技术指导。村里新建了集中共育室和养蚕钢架大棚，养蚕由四季变为集中共育、多批次养蚕，一年养蚕6季，养蚕量增长三分之二，单产增加10公斤以上，每张蚕的产值提高300元以上。就果桑种植这一项全村毛收入增加了几十万元。

“蚕桑要发展好，还是要靠产业带动。集约化标准化地生产，才能找到出路。”内江职技学院扶贫小组通过实地调研，与村两委商议决定，成立了下坡村农民专业合作社（以下简称“专合社”），重点发展蚕桑。学院通过提供蚕桑的养殖、加工、运输、销售与经营有关的技术、信息等服务，进一步拓宽下坡村脱贫致富的道路。此外，学院还对坡村积极综合开发利用蚕桑资源，先后试验示范桑枝食用菌，并积极探索桑园套种蔬菜，林下养殖等发展模式，延长蚕桑发展链条，拉开了下坡村蚕桑产业发展新篇章。

二、解决难关，授人以渔

人均耕地不足一亩，养殖业成了对坡村脱贫致富的另一条路。为增加对坡村致富帮扶新措施，学院指派生物技术系对口帮扶对坡村养殖业的发展，为养鸡养鱼出谋划策，提供技术支持。为解决本钱难关，生物技术系主动联系合作企业，共筹集鸡苗500只、鸭苗1000只，分发至每一户困难户手中，派专人进行户户跟踪，了解、收集鸡鸭苗的存活信息，及时反馈给供货商，针对情况进行补救。同时，积极关注相关政策，帮助村民争取市上的优惠扶持。为突破技术难关，自对口扶贫以来，生物技术系与村两委立足村情搞调整，把“池塘养鱼”与“设施化稻田综合养鱼”结合起来，调整养鱼产业的结构：一方面，生物技术系提供技术支持，尝试新的技术改造低产鱼塘；另一方面，结合内江市市情，大力发展“设施化稻田综合养鱼”。为破解销售难关，生物技术系联合内江职技学院电子商务学院，共同探索出一条“休闲+消费”、“农村+淘宝”、“电商+物流”的销售模式。同时，还积极打造以“休闲娱乐养生”为主的农家乐为农民增收。内江职技学院电子商务学院还多次组织教师到村里讲解农村电商知识，搭建电商平台，实践电商活动，鼓励村民把家乡的土特产通过电商销售出去。

（张翠霞整理）

共建优质杏示范基地　让群众感受满满的幸福

——成都农业科技职业学院

（定点扶贫：四川省青白江区福洪乡）

成都农业科技职业学院多年来在青白江区福洪乡开展校地合作，以“一个优质杏项目带动一方经济”为中心，取得了良好成效。福洪乡也从一个经济欠发达乡，发展到今天的“国家AAA级旅游景区”，当地农户已基本达到小康水平。

校地合作，共建优质杏基地是成都农业科技职业学院与福洪乡政府的共识。成都农业科技职业学院依托自身的人才优势和技术优势，负责优质杏基地的品种引种、试种工作。项目建设初期将学院先期引种试种、示范成功的美国凯特杏、金太阳杏等优质杏品种在福洪乡进行推广，并由学校提供优质种苗，为基地的建设提供了优良品种。

经过多年的合作共建，杏果生产在福洪乡大量发展，初步形成杏果生产、杏花观光的现代农业区，目前正在依托杏果生产形成的产业基础，拓宽、延伸优质杏产业“接二连三”的产业结构和形式，进一步推进当地现代农业发展、农民增收、新农村建设。

在学院和当地政府的共同努力下，2006年福洪乡优质杏全面上市，当年销售70.5万公斤，收入564.3万元，平均每公斤售价8元，项目建设初见成效，截止到2008年，福洪乡优质杏种植面积达到6000余亩，经过果农和学院专家的共同努力，果农收入逐年递增，2007年和2008年，分别销售杏果150万公斤、350万公斤，价格每公斤均在8元左右，到2007年，亩平均收入约1.5万元，其中收入最高的农户达到10多万元，2008年亩产值达2万余元，为农民增加纯收入10000多元，基地建设显现出强大的生命力。

与此同时杏花杏果观赏旅游项目也蓬勃发展，春天，杏花明媚艳丽、漫山遍野，成为“春风杏花飞，人来不思归”、“花开人共享、花落人共惜”的浪漫世界；夏天，杏果鲜艳亮丽、果香四溢，引来游客云集，“车如流水马如龙”，2006年“解放村”正式更名为“杏花村”。截止到2008年开办农家乐的农户达到10多家，年收入达到500万元以上。2008年12月，在四川省人民政府新闻办主办的“四川省农村改革开放30周年巡礼”大型评选活动中，福洪乡入选全省“最具潜力的十大乡镇”、“省级十大赏花旅游推荐目的地”。

学院与当地政府进一步扩大示范推广面积，杏树种植面积逐年增加，至2010年，杏树种植面积达到1.5万亩，建成“一千公顷优质杏基地”，结果树近8000亩，形成四川省最大的优质杏生产基地，当年杏销售量达800万公斤，总收入7200万元，杏果销售产值占福洪乡农业产值的60%以上。截止到2012年，种植面积略有增加，收入稳步提升。2010年，福洪杏主产区被评为“国家AAA级旅游景区”。

（张翠霞整理）

以专业、人才、信息为抓手推进扶贫攻坚

——宜宾职业技术学院

（定点扶贫：四川省雷波县）

宜宾职业技术学院（以下简称：宜宾职院）在扶贫工作中，积极发挥本身的专业、人才优势，以专业扶贫、人才扶贫、信息扶贫三方面扶贫为抓手，切实做好扶贫工作。

一 、以人为本，人才扶贫是扶贫工作的核心要素

宜宾职院成立组建了“对口帮扶培训中心”，依托学院高技能基地优势，组织开展雷波县高水平劳动力转移培训工作。目前已开展焊工（初级）、电工（中级）技术两个培训班，其中焊工20人，电工14人。宜宾职院不仅免除参加培训学员的培训学费、颁证费，同时免费安排住宿并提供床上用品。参加培训的学员每人每天30元就餐补助也由宜宾职院承担。培训合格颁发技能等级证书，并做好外出务工人员的就业推荐工作。近期，宜宾职院还规划在雷波县籍“9+3”毕业生中招收对口高职学生，并将派出专家协助雷波县搞好茶叶产业发展规划工作；选派专业人员分期分批到雷波县开展职业技能培训等工作，以此全面推进对口扶贫工作，促进雷波县特色产业发展，人才素质提高和农民增收致富。

二、发挥优势，专业扶贫是高校服务社会的功能体现

针对雷波县茶叶产业发展实际，宜宾职院成立由院长为组长，茶叶专业教授和茶叶企业技术能手组成的帮扶小组，为雷波县搞好茶叶产业发展规划提供咨询，为雷波县茶叶产业生产提供技术指导。

此外，宜宾职院还组织学员专家、教授对雷波县种植业、养殖业等相关产业进行专业知识和技术的培训，充分发挥了宜宾职院教师在产业技术优势专长，切实为精准扶贫、精准脱贫做一些实实在在的工作。 宜宾职院还积极探索开展精准扶贫的对策，对于帮扶地区农产品的价格实施保护措施。联合

学院后勤部门，采取农户+学校后勤模式后的惠民增收渠道，减少中间流通环节，向农户预定放心产品，并实行集中收购，切实提高了农民的收入水平。

三、展望未来，信息扶贫是保证未来民众素质的关键

根据雷波县职业教育中心建设需要，宜宾职院成立由院长为组长，教务处等有关部门人员参与的帮扶小组。帮扶小组整理完成了对雷波县职教中心实训设施建设中的意见和建议，并抽调学院专家2名，全方位为职教中心建设规划提供专家咨询服务，现已开展了对口帮扶。宜宾职院还准备根据雷波县职教中心建设需要，筹集一些设备支援建设。学院已做好职教中心执教教师的岗前培训、项目储备等相关准备。宜宾直销真正为雷波县职教中心建设做好几件事，提升职教培训中心的办学水平和成效。

（张翠霞整理）

走“学校+村委会+农户”之路 助脱贫致富

——乐山职业技术学院

（定点扶贫：四川省峨边县觉莫乡为觉村）

一、扶贫先扶智，发展教育是长久之计

乐山职业技术学院（以下简称：乐山职技学院）为帮扶村争取到了一村一幼的建设，并动员学院药学系和学工部分别为幼儿园购买文具、书包和服装等；乐山职技学院教务处牵头，为觉莫中心小学捐赠了书架，并选派了文体老师帮助他们；乐山职技学院科研处积极开展科技扶贫、智力扶贫和文化扶贫工作，把扶贫工作和挖掘少数民族文化紧密结合起来，并资助资助为觉村中心小学课题研究。

二、发挥资源优势，开展技培是重点

驻村工作组组织村民到乐山职业技术学院参加全程免费的中级焊工培训班第一期，顺利地通过了中级焊工的考试，拿到了中级焊工证书。又根据村民的意愿，又专门把焊工和厨师培训点搬到了对口帮扶村上，开始了中级焊工培训班第二期和厨师班第一期培训。

三、健康是脱贫的前提

疾病是致贫的重要原因之一。乐山职业技术学院临床医学儿科专业教师来到为觉村为近60位学龄前儿童进行健康体检、为村上的老人开展健康体检和健康教育。

四、捐赠物资解决当前问题

乐山职技学院利用多方资源进行衣物的捐赠。“暖冬计划”捐赠的新衣物等总值达到93154元，为老人、儿童献爱心，为“精准扶贫”乡村添柴加薪。

五、结对认亲，以“党支部＋”的模式精准帮扶

乐山职技学院 22 个支部，每个支部结对认亲 3-4 户精准户，每个支部分别和分配的精准户结对认亲，支部根据每户的具体情况，提出具体的帮扶措施。

六、对特困户的慰问

在彝族新年到来之际，乐山职技学院为村上 17 户贫困户送去了价值近 4000 元的大米和食用油，与村干部及部分村民代表进行了座谈，详细了解村民的经济情况、生活情况。

七、给村上安装太阳能路灯，为幼儿园建浴室

充分发挥学院的优势，利用学院新能源系的专业优势，给为觉村投入 4 万多元，设计、购买安装太阳能热水系统和太阳能路灯原材料，并为幼儿园新建浴室。

八、采取“学校＋村委会＋农户”的模式发展集体经济

乐山职技学院投入扶贫资金，村委会研究决定通过发展集体经济的发展来带动精准户的共同发展，通过生猪养殖，基本建立了集体经济发展模式。乐山职业技术学院投入的资金购买仔猪，发给合作户，猪出栏后合作户要将本金要退还村委会继续用于发展新的合作户。

九、激发大学生创业激情

乐山职技学院工作组帮助为觉村失业大学生发挥各自才能，鼓励他们利用大学生创业优惠政策贷款来发展养猪产业，目前两位大学生已取得营业执照，力图通过他们的发展来带动整个村子的发展。

（张翠霞整理）

“科技、教育、信息”三结合 脱贫致富有出路

——四川信息职业技术学院

（定点扶贫：四川省旺苍县檬子乡）

四川信息职业技术学院（以下简称：四川信息职院）党委高度重视高校智力优势，将“扶贫”与“扶智”结合，确立了“科技帮扶、教育帮扶、信息帮扶”的工作思路，突出“扶智”主题，扎实开展帮扶工作，不断提升帮扶村发展后劲。

一、教育帮扶添后劲

四川信息职院认识到，解决贫困家庭子女读书教育的问题，是脱贫奔康的重要任务。学院充分发挥高校教育资源优势，启动实施了“檬芽助学”工程，针对帮扶村贫困留守儿童，学院从帮扶资金中单独划拨助学、奖学金，按照每人每年1200元标准给予一定资助。

此外，四川信息职院为帮扶村贫困家庭子女接受中、高职教育创造机会，并接收20余名初中毕业生到学院免费学习相关专业技能。

二、科技帮扶增信心

四川信息职院组建了志愿者服务队，选派志愿者对帮扶村进行培训和服务。5年来，学院开展信息技术、农业种植养殖技术、电器维修技术培训5次，培训的干部群众近200人次，帮助300户家庭，免费维修家电800余件。

四川信息职院创新帮扶工作机制、将帮扶工作与创建省级示范高职院校工作统一起来。学院设计开发应用于檬子小学教学管理的科技项目4项。开发电脑和手机端的APP应用，家校互动管理，同步课堂教育软件每班20套，开发红外对射技术学校周界安防告警系统1台，按照红外对射6组，有效解决了檬子小学留守儿童问题，隔代教育问题，孩子监管安全问题，优质教育资源共享等问题，大大改善了檬子小学教育管理现代化水平，进一步增强了帮扶村发展信心。

三、信息帮扶拓渠道

四川信息职院帮助檬子乡立项规划旅游项目，引进业主开发旅游资源。制作完成了展现檬子乡丰富的旅游资源和魅力山水的宣传片——《走进檬子》，该宣传片播出后，赴檬子旅游人数每年增长约200%，旅游带动产业增收累计达300万元，为檬子贫困群众脱贫致富拓宽产业增收渠道，奠定了良好的发展基础。

四、结对认亲暖人心

为密切干群关系，提高帮扶工作指导性、针对性，四川信息职院不断创新帮扶工作方式。全院中层及以上领导干部46人先后与119户困难群众“结对认亲”开展了帮扶活动，制作了“连心卡”。

5年来，学院投入结对帮扶资金累计100余万元，协调引进项目资金200余万元，落地帮扶项目16个。帮扶村在文化教育、道路交通、农田水利、产业发展、基层组织建设、村容村貌、生活风尚等方面不断的得到改善，群众生活面貌发生较大改变，新农村、新风尚逐渐形成，白家河村、黎明村77户、287人率先脱贫奔康。

（张翠霞整理）

发挥专业优势　倾心培养农村幼师

——川北幼儿师范高等专科学校

（定点扶贫：四川省剑阁县庙垭村）

2014年，川北幼儿师范高等专科学校（以下简称：川北幼师高专）与剑阁县白龙镇庙垭村建立了结对帮扶关系。经调研，制定了《川北幼儿师范高等专科学校精准扶贫及干部驻村帮扶工作规划（2014-2017）》和《川北幼儿师范高等专科学校2015年度精准扶贫工作计划》,实行科学谋划精准扶贫工作。

川北幼师高专驻村干，抓党建，凝聚人心，谋求扶贫合力，并积极调整结构，培育产业，带领群众早日脱贫奔康。剑阁县白龙镇庙垭村位于白龙镇东南部，属偏远的高山村组，基础设施差，经济发展滞后，如何培育出支柱产业来，是扶贫工作的关键。川北幼师高专驻村干部根据实际，一是组织群众通过劳务输出脱贫致富为当地村干部及外出务工人员免费提供计算机应用能力及其他实用技术培训，帮助群众实现就业，促进群众创新创业；二是深挖村情，走出一条大力发展山场经济和绿色经济的道路。首先是围绕山场资源调整产业结构，鼓励村民发展林下养殖业，同时，针对广大群众提出的困难和问题进行逐项解决，充分发挥专业优势，积极为广大群众提供养鸡、养猪、养羊、养鱼等养殖产业，对发展种植经济作物专项技术培训；学校中层及以上干部分别与贫困户建立结对帮扶关系，从经济、子女助学及生活方面进行帮扶，尤其是对发展养殖产业和种植经济作物后的销售问题进行跟踪，帮助解决销售难的问题。此外，结合庙垭村实际情况，把核桃种植作为支柱产业，目前发展核桃产业450亩，蓖麻200亩，广大群众从养殖产业和种植经济作物中得到实惠，群众参与产业发展的创业热情日渐高涨。

川北幼师高专还资助2万元认购剑阁县白龙镇小学200份《留守儿童报》，为留守儿童提供一片精神家园。完成120户民居改造工作，以及2米宽的入户路1.5公里。川北幼师高专还为庙垭村家庭贫困的五年制大专生、三年制大专生，提供费用减免优惠政策，切实解决升学难、上学贵的问题，突显扶智功能。为使帮扶工作责任落实、取得实效，先后出资10余万元，帮助村委会进行活动阵地改造和文化建设，协调广元市以工代赈办，争取移民搬迁项目资金60余万元，协调广元市水务局，解决庙垭村村民饮水问题。学校45名中层及以上干部分别与该村99户贫困户建立结对帮扶关系。

（张翠霞整理）

精准扶贫　专业开路

——贵州财经大学

（定点扶贫：贵州省台江县）

2010年，根据贵州省委组织部、省委教育工委的部署安排，贵州财经大学（以下简称：贵州财大）与黔东南州台江县结成党建扶贫帮扶对子。5年来，贵州财大认真贯彻落实中央、省委扶贫开发工作会议精神，积极开拓精准扶贫新思路，结合台江县实际，深度调研、大胆探索，闯出了一条电商扶贫新路子。

一、因地制宜技术帮扶，精心培育经济增长点

2010年至今，贵州财大向台江县共派驻5批党建扶贫工作队参与党建扶贫工作。学校做好后盾，及时根据反馈的信息提供人才和技术支持，精心培育经济增长点。

近年来，贵州财大党政主要领导等多次赴台江县进行调研，科学研究台江县的自然资源状况及产业发展现状，深入论证台江县的经济发展优势和潜力。并以此为基础，提出了项目扶贫的基本思路，并与台江县通力合作，积极向省扶贫办和省农委争取项目经费支持。经过努力，目前乡村旅游和金钩藤种植项目已获省扶贫办审批，150万元资助经费全部拨付到位，稻田养鱼和青钱柳种植项目也已通过省农委审批。

二、依托资源做好培训，着力培养电商人才

贵州财大积极发挥人才培养基地的资源优势，面向台江县各乡镇开展大规模的电商培训，培养电商人才。电商培训课程主要开设技术平台搭建，电子商务营销等课程。目前，第一期电商培训已经启动，重点讲授电子商务的含义与类型、电子商务交易模式、农村电子商务的发展趋势、贵州电子商务的发展前景等内容。目前为止，电商培训人数已达1000人。贵州财大将根据台江县电子商务发展的实际情况，继续加大培训力度。在未来三年，计划对台江县开展4000人次的电商培训，帮助参训者理解和掌握电商应用技术和推

广技术，使他们成为电子商务的行家里手。

三、加快发展农村电商，大力推进“黔货出山”

贵州财大利用第三方运营平台的优势，引进淘宝、天猫、京东等平台，带动当地电子商务产业发展。当前，集中力量打造“南宫青钱柳”、“方召黑毛猪”、“苗疆金秋梨”等特色产品，围绕优势产品建立完整产业链，形成“一乡一品”格局，创建台江县农特产品知名品牌。建设乡镇服务点及村级服务点，打通电商渠道。贵州财大引导台江农民通过电商平台积极推进“黔货出山”，带动农民创业就业、增收致富，在科学治贫、精准扶贫、有效脱贫的道路上迈出了重要步伐。

（张翠霞整理）

送教到县　人才促发展

——贵州师范学院

（定点扶贫：贵州省印江县）

为响应国务院及省委、省政府的文件精神，贵州师范学院（以下简称：贵州师院）拿出实际行动，“有一分热，发一分光”，为同步小康驻村帮扶工作做出了自己的贡献。

治贫先治愚，贵州师院对印江县实行同步小康的智力帮扶。2012 年以来，贵州师范学院继续教育学院在同步小康的智力帮扶上，采取了“送培到县”和“到校参训”两种方式，一方面组织专家学者远赴独山、印江、望漠、六枝、习水、修文等地，义务对当地中小学教师、乡村干部、农技人员和高中学生进行了培训，前后共培训 160 余场，3000 人次；另一方面，采取“国培搭车”、“省培搭车”、“专项培训”等方式，从印江、扎佐等地抽调 200 余名教师到校参加短期培训和跟岗置换研修。同时，他们还向扎佐镇香巴湖村赠送电脑 3 台。在小康帮扶的工作中，该院所投入的人力物力资源，折合资金 200 多万元。

2014 年 8 月 15 日，贵州师院“同步小康·送教到县”帮扶培训项目培训中小学教师 120 名、校长 150 名。2014 年 12 月 26 日，贵州师范学院与贵州省教育厅联合打造的帮扶项目——六枝特区初中教师能力提升专题培训项目和望谟县打易镇、巴饶乡小学语文教师专题培训项目同时展开，为贫困地区培训合格师资。

此外，“农业产业化与美丽乡村建设”等培训班立足农村经济发展需要的原则，充分发挥集中培训的功能和优势，营造有利于农村干部学习实践和可持续发展的良好环境，帮助印江县政府培养一批有觉悟、有能力、有信心、业务素质过硬的适应新形势下农村农业工作的农村干部和农业科技工作者。

自 2012 年起，贵州师院选派驻村干部深入基层，帮扶当地经济社会发展。贵州师院在扶贫工作中主要采用干部培训、委派专家入驻、建立实习实训基地等方式进行重点帮扶。在驻村干部的培训中，贵州师院领导强调驻村干部要发挥自己所学的特长，通过民意做到“精准帮扶”，帮助真正需要帮助的人。贵州师院在工作中，强调利用人才资源的优势以干部培训等方式将知识、技术带给广大印江县基层干部，进行智力帮扶的期待。

（张翠霞整理）

修路移民　改变贫困

——贵州工业职业技术学院

（定点扶贫：贵州省紫云县罗剑锋村）

贵州工业职业技术学院定点扶贫紫云县罗剑锋村。学校主要通过以下措施参与扶贫：

一、积极参与扶贫地撮箕湾通组公路的建设

“要想富，先修路”，便利的交通是脱贫致富的基础。撮箕湾通组道路硬化项目是该村的“一事一议”项目，由政府负责提供施工材料，群众出工完成。由于撮箕湾组的大部分青壮年劳动力均外出打工，留在村寨里的基本是老人和孩子，无法提供修路所需劳动力。因此，学校协助罗剑锋村筹集资金总计30多万，利用这些资金作为外包修路以及修涵洞、路坎的人工费用。

此次“一事一议”项目是从别的村调过来实施的，提供的施工材料不够，目前道路仍剩下有800米未得到硬化。学校通过协调，申请对此道路进行完善，并加修者孟组、高坪组硬化道路。这一举措，使得者孟组、高坪组、湾通组在内的近200人受益。

二、积极主动撰写救灾应急预案

学校针对罗剑峰村的特点，根据全村现有居民居住情况，帮助完成了救灾应急预案。学校认真制定和完善防灾、救灾应急预案，围绕提高综合减灾能力、应急救援能力等，全力抓好防灾、减灾、救灾体系建设。

此方案作为灾害预防工作和救灾工作中的指导规划，有效地防治该村自然灾害的发生，避免和减轻了自然灾害造成的损失，保障了全村村民的生命和财产安全。

三、帮助扶贫地完成村民生态移民搬迁

罗剑锋村的高坪组、撮箕湾组地处山坳，有12组66户村民居住在此。他们的房屋多为老式木楼，抗灾害能力差；并且由于坡度较陡峭，加上沟壑

很多，泥土层较浅，特别是在雨季时容易形成滑坡，给群众生命、财产造成严重威胁，存在很大的安全隐患。现已划为地质灾害隐患点。面对村民可能会受到灾害威胁的这一实际问题，驻罗剑锋村的学校干部积极开始着手动员村民工作，劝导此处12组村民进行生态移民搬迁；经过不懈地努力，现在12组村民已全部搬迁。

总之，学校在上述三项措施的开展中，定点扶贫工作取得了一些成绩，但离上级和帮扶联系村人民群众的要求还有一定差距，我们将扎实工作，争取以后的扶贫工作再上一个新的台阶。

（胡兴东整理）

发挥职教优势　带领农民脱贫

——贵州轻工职业技术学院

（定点扶贫：贵州省黄平县重安镇）

2015 年，贵州轻工职业技术学院（以下简称：贵州轻工职院）党委积极落实上级有关同步小康工作的文件会议精神，选派了 4 名驻村干部到黄平县重安镇开展帮扶工作。4 名驻村干部上任以来，积极深入基层做调查研究工作，为后期有针对性地开展精准扶贫奠定了坚实基础。

一、深入农村基层， 打开扶贫工作局面

自 3 月驻村以来，各驻村队员深入春耕生产一线、走村串户、扎根山村，对各村的贫困户进行逐户走访，摸清底子。通过召开村“两委”班子会、村党员大会、群众大会等形式，广泛征求广大干部群众意见建议，收集“帮扶情况调查问卷”、“贵州省‘精准扶贫’到户调查登记卡”，找准制约当地社会经济发展的主要矛盾和症结，了解基层群众亟待解决的困难和问题，将驻村工作与农村危房调查、农村低保、计划生育、党建帮扶等重点工作统筹推进，稳步打开工作局面，为精准扶贫奠定坚实基础。

二、谋划发展路径，强化帮扶举措

制约当地经济发展的关键问题是：当地群众思想还不够解放、经济发展底子薄弱、人民群众缺少资金技术和致富经验、缺少引领经济发展的产业支撑。驻村工作队把发展作为解决贫困的金钥匙，从人才、技术以及资金等方面予以帮扶。

目前，已经形成以半山村米酒合作社、大球盖菇种植、稻田养鱼等主要经济产业，改变了当地的经济结构，增加周边人民群众的经济收入，提高了农产品的附加值，有效地解决了部分人口的贫困问题。

三、急老百姓所急，帮助解决实际困难

贵州轻工职院党委领导亲自带队进村入户慰问困难孤寡老人和留守儿童，

并发放慰问金。驻村干部联系社会各界及企业界人士，对半山村 20 个贫困学生进行“一对一”的资助，并解决了贫困学生和孤寡老人的冬季保暖棉衣问题。这些雪中送炭式的帮助既解决困难老百姓的燃眉之急，又使他们感受到人间真爱和温暖。

四、想老百姓所想，帮助提高生活水平

围绕扶贫点的硬件建设，积极争取资金，完成村级道路的硬化、村民集体娱乐健身活动场所建设、偏远山村输电线路建设等工作，并筹集资金两万余元用作半山村“一年一度芦笙节”活动经费，为下翁细村提供了 5000 元帮扶资金用于建设新村委会文化墙、改善村委会的办公条件以及综合环境治理，为上枫香村委捐赠了价值 4500 元的电脑、打印机等办公设备。

一年来，在贵州轻工职院党委、各有关单位部门和选派干部的共同努力下，帮扶工作稳重有序地推进，制约当地经济发展的观念、交通、技术等相关问题逐步破解，引领致富的优势产业成效不断显现。

（张翠霞整理）

科技创新　促生态效率双丰收

——西南林业大学

（定点扶贫：云南省大关县木杆镇）

自 20 世纪 90 年代以来，西南林业大学长期定点对云南省昭通市大关县实施科技扶贫工作。学校发挥科技人才优势，针对木杆镇的筇竹资源，通过典型示范、技术培训、推广应用等措施，走出一条立足当地的“造血式”扶贫道路。

木杆镇辖 8 村、1 社区、177 个村民小组、10 个居民小组、6258 户、27025 人，境内以汉、苗两种民族为主。该镇筇竹资源最为丰富，有 8.4 万亩，森林覆盖率高达 74%。2014 年，该镇有贫困行政村 8 个，特困自然村 19 个，特困村民小组 78 个，有贫困户 2260 户，贫困人口 8891 人，其中五保户 227 户，低保贫困户 411 户。

一、克难攻坚开展筇竹开发利用

自 1996 年以来，学校派出了由董文渊教授牵头的研究团队，克服了研究基地不通公路、不通信、无通讯条件等困难，吃住在农户家中，获得开花筇竹无性系种群生理活上的生态机制、筇竹居群形态与分子遗传多样性和濒危机制分析、天然筇竹笋营养成分及黄酮类化合物分析、筇竹实生苗与轻基质容器苗培育技术体系、退化筇竹林原地保护及生态高效恢复技术体系等一系列技术成果。

二、推广应用提高扶贫效益

自 2000 年以来，结合科研项目推进的实际，学校采用现场培训与会议培训相结合的方式，在该镇共举办培训班 24 期，培训了农民和基层干部 1200 多人（次）。此外，在昭通市林业局、水富县、绥江县、威信县、彝良县、镇雄县、永善县举办筇竹技术培训班 36 期，培训了基层干部、技术人员和农民共 3800 多人（次）。2000—2015 年间改造了低质林和退耕还林筇竹造林 13000 亩左右。

新建成的筇竹种群，6 年后成林，竹笋产量平均达到 210 公斤 / 亩，按目前已成林的 4800 亩竹林计算，其总产值达 665.28 万元。实施生态高效恢复技术竹林，2 年后其竹笋平均单体重提高 23%，发笋数量增加 20%，竹笋产量由原来的平均 56 公斤 / 亩提高到 162 公斤 / 亩，新增产量 106 公斤 / 亩，新增产值 699.6 元 / 亩，筇竹低质低效林改造后新增的总产值达 1444.67 万元。上述两项合计新增总产值达 2109.95 万元。

学校帮助该镇建成投产的鑫兴竹笋加工厂，年收购壳笋 2000 余吨、成品竹笋 400 余吨，年产值达 1000 余万元。其产品销往全国各地及日本、韩国及香港、台湾地区等。

该镇农民人均纯收入从 1996 年不足 300 元，发展到 2008 年的 1496 元，在到 2014 年入上升至 4913 元。其中，筇竹笋产量产值的提高，贡献率在 80% 以上。实施生态高效恢复技术的竹林，新竹平均高度、胸径分别提高了 21% 和 26%，竹林恢复良好；推广应用厚朴与筇竹混交林培育模式；保护与开发并重，区域生态安全屏障进一步得到巩固，生物多样性水平不断提高，木杆镇生态文明建设稳步推进。

（胡兴东整理）

全力扶贫创发展　师资培训强教育

——曲靖师范学院

（定点扶贫：云南省会泽县者海镇）

2007 年至 2015 年间，曲靖师范学院连续 8 年对会泽县者海镇三多多村开展定点扶贫；2015 年 9 月，根据云南省委的指定，学校对会泽县者海镇拖木村进行了定点扶贫。

一、派出队伍摸情况

学校先后选派了 8 名干部到者海镇挂职党委副书记、副镇长。从 2016 年 2 月起，学校派出 10 名教师驻村开展扶贫工作。通过实地调研，完成了对 446 户、共 1339 人的走访任务，摸清了扶贫户的生产生活情况，收集了 2000 多份建档立卡资料，填写了《者海镇建档立卡贫困户统计表》。

二、认真落实“挂包帮”，及时开展“转走访”

在摸清底的情况下，学校把 336 户贫困户按照“厅级干部重点帮扶 4 户、联系 3 户，处级干部帮扶 3 户、联系 4 户”的标准，对者海镇拖木村的 153 户贫困户进行了重点帮扶、183 户贫困户进行了定对定的扶贫。

三、制定帮扶措施，确保精准帮扶

学校多次修改、完善《曲靖师范学院扶贫攻坚“挂包帮”“转走访”工作实施方案》，编制学校脱贫攻坚“挂包帮”和“转走访”工作规划（2015 年至 2019 年），明确了基础设施、产业扶持、社会保障基本公共服务、安居建设、能力素质提升、干部结对帮扶的“六个到村到户”工作。

四、推进真扶贫、扶真贫，切实解决群众实际困难

在帮扶者海镇三多多村期间，学校每年将不少于 10 万元的定点扶贫资金纳入年度经费预算，共计投入专项扶贫资金 120 余万元。在三多多村实施了

人畜饮水建设工程，建盖了卫生室、党员活动室、图书室、文化活动室等办公用房，建设了取水池3个，铺设了管道5.5公里，建设了“农家书屋”，参与了新建三多多村盐厂小学教学楼，帮助购买了重楼、魔芋等种苗，建成了村民活动中心1个，完善了公路挡墙、小广场大喇叭等。

2015年，学校将50台台式电脑及桌椅配备送至者海镇拖木村，援建了网络教室1间。2016年5月，学校向者海镇拖木小学捐赠了44张餐桌、180把木椅。从2015年至2018年，每年下拨资金25万元，实施者海镇拖木村农村危房改造、抗震安居、扶贫安居、易地搬迁、移民搬迁工程。学校与镇村干部积极探索出了“学校+专业合作社+贫困户”的合作模式。

五、实施教师培训工程，阻断贫困代际传递

2016年至2019年间，学校免费承担对者海镇所有中小学（幼儿园）教师的培训任务，重点解决“农村教师职业能力突破途径”、“教育教学问题解决策略”等问题。首期培训以“农村教师职业能力提升途径”为主题，于2015年7月17日正式开班，在者海镇共设30个教学班，有1947人次的教师参训。

（胡兴东整理）

精心培养师资　着力提升教师队伍

——红河学院

（专项扶贫：云南省红河州免费师范生培养）

红河州红河南岸的红河、绿春、元阳、金平、河口、屏边 6 个县集边疆、民族、贫困、山区为一体，6 县初高中师资数量不足、结构不良、流动性大、质量不高等成为制约教育均衡发展、影响边疆人才培养、脱贫致富的重要因素。2013 年红河州委、州人民政府制定了“教育事业振兴金秋计划”，（红发［2013］51 号），提出加强南部 6 县教师队伍建设的措施。2014 年 4 月 25 日，红河学院与云南省红河自治州人民政府签署了定向培养免费师范生合作协议。从 2014 年起，连续 6 年，红河学院每年为红河南部 6 县专项招收、定向培养 30 名免费本科师范生。

一、红河学院免费师范生培养方式

红河学院免费师范生招生对象为参加当年国家普通高校统一招生考试的边疆 6 县户口考生，高考成绩达到当年国家普通高校招生二本线以上，按照“公平、公正、公开”和“择优录取”的原则提前批次录取。学生进入学校后，免除其在校期间的学费、住宿费和教材费，成绩优秀者给以奖学金奖励。

学校将学生分配到相应班级按照免费师范生培养计划进行培养，毕业前的半年前往定向培养的县中学顶岗实习，在取得毕业证书和相应教师资格证书后，由定向县安排到当地中学任教，并在任教学校工作 10 年以上。

二、红河学院免费师范生基本情况

自 2014 年起，红河学院共招收免费师范生 56 名，其中：2014 级 26 人，2015 级 30 人，学生分布在学校 10 个教学学院的 12 个专业。2014 年，学校招收边疆 6 县免费师范生 26 人，其中少数民族学生 18 人，占总数的 69. 23%；农村学生 20 人，主要来自于贫困乡和贫困村（寨），占总数的 76. 92%。

2015 年，为吸引优秀生源，提高生源质量，经学校和州委、州政府协商，将招生范围扩大至州内的13个县市。2015年，学校招收红河州籍免费师范生30名，其中边疆6县合计23人、占总人数的76.67%，少数民族学生24人、占总数的80%，来自于贫困乡和贫困村（寨）的农村学生24人、占总数的80%。

三、精心安排，为培养高质量师范生打基础

学校专门制定了《定向培养免费师范生人才培养方案》和《红河学院“红河州免费师范生”培养管理办法》。学校以教师教育学院作为免费师范生管理的主体学院，教师教育学院根据免费师范生的培养要求，制定了较为详细的规章制度，以规范学生的日常行为和专业学习。

按照教师专业技能全程训练方案，学生入学后，学校开始了第一学年的“一话三笔字”（普通话、毛笔字、钢笔字、粉笔字）和“教师形体”训练。2015年9月20日至25日，学校组织2014级的26名学生到弥勒一中进行为期一周的教育见习，弥勒一中优质的教学管理，使学生感受到了切身的体验，倍感肩上责任的重大。

（胡兴东整理）

坚持四个“着力” 建设新农村

——云南民族大学

（定点扶贫：云南省双江县勐库镇）

“十二五”期间，云南民族大学定点扶贫双江拉祜族佤族布朗族傣族自治县扶勐库镇。该镇辖16个村委会，境内居住着12个少数民族。学校针对致贫原因，开展了以下工作：

一、坚持“四个着力”，全面推进人力资源开发扶贫

（一）着力改善办学条件，补足基础教育短板

学校积极与当地政府协调，根据具体项目，给予部分或大部分资金支持，共向4所小学投入基础设施建设260万元。目前，在建的有1所，已经完成建设的有4所，分别是：2012年建的勐库镇马鞍山完小教学综合楼、2013年建的勐库镇护民小学教学楼、2014年建的忙那希望小学教学综合楼、2015年建的勐库镇忙波小学综合楼。学校还捐赠了价值355万元教学设备，分别是：2012年捐赠教学电子白板30套和教学计算机50台，2013年捐赠170台电脑、10套多媒体教室设备、7套松下模拟式语言实验室和相关图书。

（二）着力培养新型农民，促进特色产业发展

学校为提高村民文化素养和劳动素质，培养新型农民，采取了以下措施：第一，投入17万元用于改建3处文化室（站），分别是忙开村忙东文化室、忙乐四组文化活动室、勐库文化站。学校安排了33名驻村教师骨干向村民讲解党的政策方针和讲授科学知识。第二，投入10万元支持勐库镇农民技能培训和转移就业，还组织了对2000余人次的劳动力进行烤烟、火龙果等特色产业的种植培训。

（三）着力培养民族团结人才，保护传承民族文化

2014年，学校与双江县签订了《云南民族大学与双江自治县对口帮扶合作框架协议》，在双江增设函授办学点、建设“人文社会科学研究基地”等，每年定向招收20名本科生、10名预科生等；签署了《云南民族大学双江拉祜族佤族布朗族傣族自治县人民政府合作培养中国少数民族语言文学等专业人才协议》，学校每年从双江县录取20名拉祜族、佤族、傣族高中毕业生进

行相应语言文学等专业学习。

（四）着力培养基层管理干部，提高社会治理能力

学校对双江县基层干部采取了个别培养与干部集中培训相结合的方式。五年里投入53.62万元培训当地干部三期，其中，2013年培训100名干部，2014年培训73名干部，2015年培训184名干部。

二、厚积薄发，成效显著

学校向双江定向招生45名，互访交流500多人次，学校投入和协调各种项目23个，其中教育和素质提升项目有17个，占总项目的74%。帮助建成远程教育接收点17个，有图书30520册，生均达14册。实验教学仪器Ⅰ类配备2所，Ⅱ类配备11所。校舍建筑面积27110平方米，安全校舍18353平方米。

学校帮助实施南勐河流域生态治理，使甘蔗单产从原来的4.3吨增加至6吨，使1602户农户受益，每年可新增收入122.4万元，户均增收764元。学校帮助还建成了公弄大寨、大忙那民族团结示范村。

（胡兴东整理）

以新型教学模式　引领创业动力

——云南工商学院

（专项扶贫：滇西青年创新创业）

2013 年，云南工商学院参与滇西特困地区扶贫工作。学校采取的具体扶贫措施有：

学校综合分析认为滇西贫困属于“素质型贫困”、“知识型贫困”，而“互联网＋创业教育”模式正适应滇西教育扶贫中特定目标群体的需求。以“互联网”为载体，采用碎片化学习的模式，摆脱时间和空间的限制，提供了全国乃至全球最优质的教育资源。结合“互联网＋创业教育”的基本思路，为滇西青年创业学员制定了以教育改变观念，以创业带动就业的“千百万工程”，即“千人创业、万人就业，百万人改变观念”，面向滇西特困地区选拔最为适合的学员，实施创业教育，通过帮扶学员创业带动周边贫困人口集体脱贫。引入网络教学平台“365 大学”，实现“互联网＋创业教育”的创新模式。

同时，学校以教育部的滇西地区“农村青年创业人才培养计划”为行动依托，在云南省教育厅领导下，学校联合云南开放大学、云南农业大学、西南林业大学共同承接该项目。在 2013 年底，经教育部批准成立了“滇西青年创业学院”。滇西青年创业学院确定了贫困地区 20-40 岁、处于脱贫边缘且有强烈创业意愿的人群为主要培养对象，强调申请者“学习与创业”的“意愿和能力”，培养以创业脱贫、以创业带动就业、以创业改变观念的滇西青年人才。

2014 年 5 月开始选拔学员，截至 2016 年 10 月滇西青年创业学院共选拔学员两批：2014 级在册学员 200 人，2015 级在册学员 200 人。其中，35 岁以下的学员占 82%，少数民族学员约占 35%，女性学员约占 39%。2016 年 9 月，滇西青年创业学院共选拔学员两批共 400 人，其中 2014 级在册学员 200 人，2015 级在册学员 200 人。学员通过学习增强了创业意愿和能力。根据导师团辅导记录及日常教学反馈，70% 的学员已投身创业队伍，另外 30% 的学员也正在计划、筹备创业。据不完全统计，目前在“滇西青年创业学院”学员创办的企业（公司、农户）中就业人数超过 2600 人，很多家庭由此基本实现了脱贫。

滇西青年创业学院坚持走“互联网＋创业教育”的发展之路，依托 365

大学网络教学平台，发挥互联网优势，整合优秀教学资源，通过线上远程教学和线下集中授课相结合的 O2O 授课方式，让学员实现了 24 小时在线学习。结合网络平台，打通创业教育、创业辅导、项目推介、创业实践等多个环节，以创新的多通道立体教学模式精准施教。

（胡兴东整理）

培养技术技能人才　助力脱贫攻坚

——云南机电职业技术学院

（定点扶贫：云南省马关县、元阳县）

一、加强组织，选派骨干教师奔赴扶贫工作第一线

2011 年以来，云南机电职业技术学院分六批共遴选 12 名骨干教师赴马关县、元阳县开展扶贫工作，帮助当地政府制定脱贫发展规划。

（一）帮助当地政府制定扶贫规划

经过多次实地调研和反复座谈交流，结合实际情况，学院下派驻村工作队员帮助制定《元阳县逢春岭乡独家村扶贫规划（2016—2020 年）》，并顺利通过了红河州政府组织的评审认定。

（二）积极协助开展贫困户建档立卡工作

目前共实现独家村 183 户贫困户的建档立卡工作，有效支撑开展了首轮“转走访”工作，共组织 56 名学院领导干部完成 167 户贫困户的调查问卷工作，并及时交给元阳县委农工部。

（三）立足实际筛选确定扶贫项目

驻村工作队员经过与独家村三委的多次研究，最终确定了 5 项学院首批扶贫项目，共计投入 16 万元。

二、扎实推进“双百工程”，努力培养技术技能人才

云南机电职业技术学院在 2006 年与马关县人民政府签订了对口帮扶协议，主要内容有：（1）为马关县职业教育提供义务师资培训；（2）与马关县职业高中联合举办多种形式的中专班；（3）马关县输送的贫困学生，学院按就读学生数的 20% 减免学费；（4）马关县职业高中成为云南机电职业技术学院的成人教育函授点；（5）马关县普高毕业生第一志愿报考，录取时优先考虑，合格毕业生优先推荐就业。

2013 年，对 9 月份入学的马关县 1 名贫困生实行了 5000 元学费和 800 元住宿费全免政策，帮助解决该同学的生活困难。目前，该学生已被学院推荐到昆明铁路局工作。

2014 年，确立了“突出高职院校特色，以智力扶贫为主”的帮扶方针。

2015 年，实施“双百工程”，即每年面向扶贫点元阳县招收 100 名三年制大专生、100 名五年制大专生，并采取减免学费、奖勤助贷、优先推荐就业等政策支持贫困生学习就业，通过培养技术技能人才，从根本上帮助贫困户脱贫致富。截至目前，云南机电职业技术学院共面向扶贫点招收近 100 名贫困生，今后将继续加大力度。

三、立足实际需求，组织开展技术技能培训

应当地政府需求，云南机电职业技术学院采取“引进来”和主动“走出去”的方式面向扶贫点开展技术技能培训工作。2012 年 2 月，马关县职业高级中学 5 名骨干教师到学院进行为期一个学期的免费进修培训。2014 年学院与马关县经济商务和外事局、马关县职业高级中学联合举办了第四期中小微企业“专业技术领军人才”培训会。

四、加大资金扶持力度，联合共建新农村

截至目前，云南机电职业技术学院共投入 29.28 万元用于支持扶贫点开展新农村建设工作。目前，学院已预算投资 10 万元，用于支持独家村人畜饮水安全工程和公厕的建设。

五、加大扶贫工作宣传力度，营造良好的扶贫工作氛围

云南机电职业技术学院建设了专门的扶贫工作网——“挂包帮”“转走访”专题网，及时收集宣传国家、云南省及挂联县有关扶贫攻坚的相关政策，同时宣传学院扶贫工作进展情况、上传驻村工作队员的工作情况，确保扶贫工作信息对称，得到了相关部门的认可。

（琚婷婷整理）

定点扶贫关键词

——西安交通大学

（定点扶贫：云南省施甸县、陇川县）

一、干部挂职

2013 年开始，西安交通大学分三批选派了 9 名干部赴滇西挂职。在挂职期间，挂职干部用心用情用力开展工作，为当地脱贫发展做了很多实事，得到了干部群众的充分肯定。如吴新兵挂职时向教育部争取到 86 万元的“滇西边境山区县教学点特殊重点支持项目”资金，解决了不少现实问题；李成杰牵线搭桥，开展了三期“深圳爱心家庭助力施甸贫困家庭手牵手”活动，使施甸县 30 多户贫困家庭得到 20 多万元的资助。挂职云南施甸县甸阳镇乌邑村“第一书记”的赵大良，被当地称赞：“胸怀坦荡、忠诚担当、无私奉献、谦虚谨慎，视驻地为故乡，视百姓如亲人的品质感人至深”。

二、医疗帮扶

学校三所附属医院采取多种形式开展医疗帮扶工作。如交大一附院组织离退休专家赴施甸、陇川开展教学查房、手术指导和“三基三严”医师培训活动，进一步提高当地医护人员的临床诊治技能水平；二附院组织专家两赴滇西地区调研指导医疗帮扶，对施甸县医院等级评审进行模拟测评。同时，交大一附院、二附院、口腔医院免费接收帮扶地十余名医师进修培训，努力为帮扶地培培养医疗骨干。

三、人员培训

依托中组部全国干部教育培训西安交通大学基地，学校面向云南省保山市施甸县和陇川县在 2013 年先后举办 4 期干部培训班；2014 年，面向保山市陇川县先后举办 2 期干部培训班。此外，学校着重就帮扶地教师教学培训作出努力，做了大量卓有成效的工作。如组织从事基础教育的 20 余名骨干教师分两批赴施甸县、陇川县进行教师教学培训；组织 10 名教学专家赴保山学院，对 16 个小组、186 名青年教师进行了逐人指导。

四、教育扶贫

针对当地基础教育落后的局面，学校2013年投入60余万元援建施甸中小学校园网络项目，2014投入近50万元开发建设县域教育资源共享平台。校工会开展针对贫困生的共同圆大学梦活动，每年持续投入2万元资助10名施甸籍贫困大学生。校团委组织15名学生骨干赴施甸开展为期十天的公益支教活动，选派2名研究生支教团学生到当地进行支教。经多方努力，学校为云施甸县和陇川县申请到5个扶贫定向生招生名额。

五、文化扶贫

学校组织课题组针对施甸县抗战文化、契丹文化、布朗民族文化等非物质文化遗产和资源的保护及开发进行实地调研；组织学生艺术团寻访非物质文化遗产传承人并与他们演出交流。2014年，学校“跳舞吧交大—为中华之光云南拍摄组”到施甸县调研民族文化发展状况，积极宣传当地的民族风情文化。

六、智力扶贫

学校发挥智力资源优势，结合帮扶地实际，积极开展智力扶贫工作。如邀请张浩、张才喜等专家赴陇川县，就农业产业规划进行调研、指导和做科技专题讲座；西安交大人居学院专家教授经实地考察，向施甸县提交城乡规划及旅游开发帮扶项目的建议。学校还牵线搭桥，促成学生创业企业帮助施甸县建立特色农产品电商平台，帮助当地蔬菜产业实现电子商务化、走向全国市场。

（胡仕林整理）

青春构筑中国梦　支教汇聚西部情

——长安大学

（定点扶贫：陕西省商南县）

治贫先治愚，扶贫先扶智。参加陕西省商南县定点扶贫工作以来，长安大学高度重视教育扶贫工作，特别是结合中国青年志愿者扶贫接力计划研究生支教团项目的实施，积极选派青年学子参加陕西省商南县扶贫支教项目，关注贫困地区基础教育发展，实现了压茬轮换。项目实施三年来，已经选派三批18人，累计在7所农村中小学支教服务时间超过2.3万小时，学生超过2700人，帮扶困难留守儿童超过500人。研究生支教团成员用自己的爱心和满腔热情，深入基层教学点，教书育人，丰富了教育方式，更新了教育理念，传播了先进文化，开展公益活动，为当地学生送去了社会的关爱，受到了当地政府、群众和师生的肯定和好评。

一、弘扬志愿服务精神，选拔优秀青年投身扶贫支教工作

学校高度重视研究生支教团选拔、组建工作，专门成立了领导小组，把好招募质量关。学校精心安排长达7个月共计9个模块的培训，通过开展新老成员座谈会、机关岗位见习、政策法规学习、体育教学培训、课堂教学实习、计算机教学培训、志愿服务活动策划、医疗救护培训、岗前授课实习等，使支教团成员既储备了全面的系统知识和教学管理能力，又具备了开展扶贫和公益活动必备的素质，为完成扶贫支教工作奠定了良好基础。此外，为激励支教团成员全身心投入扶贫支教工作，除正常的生活补贴外，学校还为每位成员发放奖励金3000元，校领导坚持每年到支教学校调研并看望、慰问。

二、扶贫先扶智，助力当地基础教育事业发展

支教团到商南后，主动要求到交通不便、条件最艰苦的农村中小学支教，积极担任班主任和承担语文、数学、英语等主干课程教学任务。同时，支教团成员结合自身专业和特长，承担美术、音乐、体育和综合实践活动等课程教学任务；在业余时间教授孩子们学习计算机知识，创新性开展“小组学习”、

“少教多学”、“任务型练习”等多种教学模式。近年来，支教团成员教授的学生成绩均有明显提升，很多班级成绩在商南县排名或支教学校排名中遥遥领先。

此外，支教团着力提升学生综合素质，目前已经形成以“三课堂”（温暖课堂、兴趣课堂、家长课堂）为代表的品牌课堂活动；着力丰富校园文化，打造出“快乐足球”、“我是向善小队员”演讲比赛、汉字听写比赛等特色品牌校园活动。

三、以公益助扶贫，创新精准扶贫与社会爱心相结合

支教团成员利用课余休息时间，积极联系社会力量，在当地开展多方位的社会公益活动。2014 届支教团开展了“来自世界的善意”系列公益活动，共接收包裹 93 个，折合人民币约 12100 元，招募 6 位“温暖课堂”公益项目教师，“圆梦计划”项目完成学生心愿 203 例。2015 届支教团联系爱心人士为试马镇中心小学 90 名留守儿童每人捐赠了书包、课外书、彩笔、跳绳等共计 2 万元学习用具；发起“捐出一本书，传递一片爱，成就一个梦”的班级图书角筹建活动，截至 2015 年年底共收到全新的爱心图书 1200 余册，为试马镇中心小学每个班级建立了“班级图书角”；启动“情暖寒冬，点亮微心愿”活动，号召长安大学师生认领孩子们的微心愿，截至 12 月底共认领微心愿 528 份，募集图书、文具等物品价值 3 万余元。

几年来，支教团成员用真诚的爱心、辛勤的汗水赢得了当地政府和群众的认可和肯定，并取得了一定的荣誉和成绩。支教团成员高一博等 9 人次先后获得商南县“奋发向上崇德向善”中学生演讲优秀指导教师、优秀志愿者等县级荣誉表彰，张璇等 31 人次先后获得支教学校及所在乡镇表彰。支教团成员王立勋入选商洛市“奋斗的青春最美丽”分享团成员。学校研究生支教团工作多次得到中国青年网、凤凰网、中国大学生在线等媒体报道。

（胡仕林整理）

协调助力新发展　农业合作促增收

——青海民族大学

（定点扶贫：青海省民和县）

在2015年10月，青海民族大学派出了6名干部到民和县驻村扶贫，负责甘沟乡东山村、前进村、静宁村。学校扶贫措施有：

（1）根据民和县、乡政府的安排，协同村“两委”，从10月14日至11月20日，完成了对三个村的秋季覆膜和化肥发放工作。

（2）积极联系青海高原慈善救助会，与之协商为村民打一口机井，以解决村村民吃水难问题，2015年12月27日、29日驻村扶贫工作队到甘沟乡大阴洼山、东山、九眼泉等地查看了解水源和出水情况。同时，还和其协商为三个村设立村级医疗室相关事宜。

（3）从10月14日起，对全村村民进行了摸底调查，重新对2015年10月份以前评定的贫困户和低保户进行了调查核实。12月10日，重新评定公示了三个村的《2015年脱贫人员名单》、《贫困户人员名单》和《2016年预脱贫人员名单》，同时上报至乡政府以建档立卡。2015年12月24日，学校给三个村贫困户购买了苜蓿籽种；给三个村的村“两委”和贫困低保户送来了50台电视机和50台电视接收器。

（4）学校协调邀请平安金土豆有限责任公司到东这三个村商谈大田种植芦笋项目。2015年12月2日，学校药学院到三个村考察当地土壤和气候条件，商议在本地种植药材和苜蓿。同时，学校还主动到青海省绿色食品办公室咨询，申请注册甘沟乡马铃薯无公害农产品和玉米无公害农产品商标。2015年12月28日，学校会同村干部到民和县官亭镇工商所，为三个村村民申请成立：“青海省民和县卡地沟马铃薯专业合作社”、“青海省民和县卡地沟玉米专业合作社”、“青海省民和县卡地沟畜牧业专业合作社”。并且，帮助村民利用网络销售手工刺绣和奇石。

（5）学校协调三江源爱心救助会来静宁小学献爱心，于2015年12月6日向静宁小学学生捐赠225顶帽子、225个围脖、225双手套、225条红领巾、900本笔记本、450支铅笔、225支中性笔，以及2个足球、40条跳绳。学校还协调社会捐赠60个书包和165个文具袋给静宁小学学生。同时，救助会拟对三个村10名品学兼优的学生资助其到大学毕业。青海撒拉族回族救助会帮助前进村三名贫困大学生完成了学业。

（6）将来学校将着力强化以下扶贫工作：

①加快产业扶贫，积极申报扶贫项目，通过发展产业帮助当地村民脱贫致富。同时，积极推广种植经济型农作物，并尽快申请批准成立“青海省民和县卡地沟马铃薯专业合作社”、“青海省民和县卡地沟玉米专业合作社”、“青海省民和县卡地沟畜牧业专业合作社”。

②协助村党支部做好党建工作，协助乡党委讲授党课和精准扶贫政策宣传工作。

（胡兴东整理）

产业赋增收　帮扶创核心

——宁夏职业技术学院

（定点扶贫：宁夏西吉县马莲乡南川村）

2013年5月，按照自治区扶贫工作统一的安排，宁夏职业技术学院定点扶贫固原市西吉县马莲乡南川村。学校具体扶贫措施有：

一、围绕扶贫攻坚任务，完善实施脱贫和发展规划

学校派人协助村“两委”班子摸清贫困人员底数，分析致贫原因，制定帮扶计划，协调帮扶资源，统筹安排使用帮扶资金；监督驻村各类扶贫项目落实与后续管理情况。同时，协助基层组织落实强农惠农富农政策，积极参与建设“雨露计划”、扶贫小额贷款、异地扶贫搬迁等扶贫开发品牌，协调县、乡、村为每户扶贫对象落实帮扶责任人。

二、围绕新农村建设任务，加强贫困村基础建设

学校积极协调落实项目资金，帮助贫困村加强基础设施和基本公共服务建设，实施水改善、电、路、气、房、环境的“六到农家”工程。学校经村“两委”确定了57户贫困户与宁夏职业技术学院30个部门组成结对帮扶对象。学校协调获得农村集雨场项目改扩建补助项目，为南川村48户村民修建或改建集雨场，每户给予1400元资金补助，共计6.72万元。

学校协调南川村享受“2015年宁夏民生计划阳光沐浴工程”，为全村320户村民每户安装太阳能热水器一套，每户补贴1300元，共41.6万元。帮助村建起了“农村书屋”，书屋有农业技术类书籍200本，电子、汽修、电工类书籍200本。

三、围绕增加农民收入，培育壮大特色优势产业

宁南山区作是全区肉牛生产的核心区域，西吉今年来也成为肉牛的主产区。针对南川村养牛的传统，学校协调引进了宁夏四丰绿源千头肉牛厂，在南川村建设了宁夏四丰绿源千头肉牛生态养殖园区；该项目占地100亩，预

算3200万元。截至目前，已有6间牛棚完工并投入使用，目前饲养了130头肉牛。

2015年，为南川村187户农户争取到了每户1000元的优质马铃薯脱毒种薯，共计18.7万元。

四、围绕提高发展能力，强化技术技能培训

2015年3月，学校专门安排资金，从定点帮扶村选择30名养殖能手，从马莲乡其他村选择20名养殖能手，到学校接受家畜饲养工的培训。

五、围绕加强基层组织建设，培养村级致富带头人队伍

学校为南川村拨付扶贫款3万元，用于农村基层党组织的硬件建设和软件提升。学校投资4.9万元对村部院墙、党员活动室和村部会议室进行了维修和简装，并配备了一定数量的电子设备和桌椅板凳。

（胡兴东整理）

科研团队下基层　创新技术创新业

——塔里木大学

（定点扶贫：新疆生产建设兵团第一师四团）

一、以项目为依托，积极协调服务团队解决实际问题

每年，学校都有 10 多位种植、养殖方面的专家，为农牧民解决实际问题。石长青牵头的特派员团队联合当地技术人员，为四团“量身定做”项目，于 2015 年联合申报并立项了《兵团第一师四团多胎萨福克肉羊高效繁育及健康养殖技术集成与示范》，立项经费达到 20 万元。团队先后有 20 多人次、90 余天进行建设指导和服务。截至 2015 年底，已经完成了萨福克肉羊养殖场、配种站、冻精生产室的建设任务，培训了技术人员 20 余人次。2015 年对培训牛场兽医管理、技术人员进行了奶牛乳房炎、子宫内膜炎、犊牛腹泻防治培训 5 次，共计培训四团牛场技术人员及养殖工 34 人次，两个牛场犊牛累计发病率降至 8.2%，死亡率降至 4.5%。

二、提供科技服务，应对科技需求

学校选派了王振磊同志全过程针对性地对杏树开花少的问题进行深入研究。2014-2015 年期间，多次派出果树种植及病虫害防治团队，就吊干杏园中大部分果树开花稀少的问题展开针对性攻关。植科院张琦、冯宏祖两位教授对典型症状的果树逐株检查，针对不同类型的吊干杏园修整、防护林建设、病虫害生物防治等对连队技术员和种植户 100 余人次进行现场指导与培训。2015 年每株杏树的鲜杏产量比 2013 年提高了近 30%，四团吊干杏已经成为当地较有名气的优质绿色干果品牌。学校特派员团队还选育适宜当地条件的优质饲草品种 4 个，在一师 4 团建立了肉羊饲草种植与加工示范基地 1 个。

三、加强技术培训，打造本土化技术队伍

学校在萨福克肉羊冻精生产培训中，不但邀请了 3 名四团技术人员来学校实验室进行理论和实践培训，项目团队成员还在现场从公羊试情、试剂配置、精液采集、细管灌装等技术环节手把手地指导当地技术人员 20 余人次。几年

来，受培训的各类技术人员和种养殖户达到300多人次，为四团培养一批种养殖科技骨干和科技二传手，成为本地科技成果转化与解决实际问题的“不走”中坚力量。

四、完善基础条件建设，提高科技转化能力

学校家畜疫病防控与肉羊疫病防控特派员团队帮助该团建设了冻精生产室、配种室和萨福克肉羊养殖基地（包括种羊舍1栋、产羔舍1栋、羔羊舍2栋、育肥舍3栋及繁育、饲养、疫病防控等辅助设施）各1个，并赠送仪器设备10余台件，同时还向四团公共检测实验室捐赠了包括生物显微镜、体式显微镜等在内的20余套件设备，支持四团基础科技转化平台建设。

（胡兴东整理）

扎根基层不忘本　科技优势促发展

——石河子大学

（定点扶贫：新疆和田县、图木舒克市）

塔依尔·吐尔提副教授是石河子大学定点扶贫的领头人。

2010年3月，塔依尔·吐尔提作为自治区第十六批科技副县（市、区）长，选派到阿合奇县，担任阿合奇县人民政府副县长。针对阿合奇县科技人才总数少、学历普遍低等诸多问题，他邀请专家、高校进行合作，为该县培养畜牧兽医专业大专学历人员88名，使县畜牧系统工作人员大专以上学历人员比例达到 70%以上，培训农牧民6000多人次。他为阿合奇县争取各类项目20多项，资金总计4213.6万元，比前五年总和的两倍还多；并积极推广应用沙棘嫩枝扦插、胚胎移植等7项农业新技术，引进推广“新冬22号”冬小麦等8个新品种；还建成了野生沙棘、高原大麦、有机牦牛肉等科技型农产品深加工企业。

在和田县挂职的两年间，塔依尔·吐尔为该县争取各类项目资金总计3726万元、各类培训199次、培训人数为13201人次。有71个项目予以立项，经费为885万元，争取资金705万元，组织申报国家和自治区级各类科技项目19个，其中给予立项的国家级项目1项，自治区级项目三项，通过了科技进步县（市）验收。该县的2个农技协会和科普示范基地被国家和自治区评审为“科普惠农”先进单位。在巴格其镇地毯协会、塔瓦库勒乡红枣精品基地、布扎克乡核桃协会中建立了3个科普惠农服务站。按照工作要求，积极开展科技活动周、三下乡、全国科普日等大型科普活动，共发放宣传单15000余份，科普图书3000余册，开展活动15次，受益群众达2万多人次。2012年，重新整合了和田县科普培训经费的分配和使用，集中经费8万元，重点培训了农村工作急需的150名农业技术人员、200名科技致富带头人以及1000名多农村劳动力。

2014年，塔依尔根据兵团党委和石河子大学党委安排，赴第三师担任石河子大学挂钩扶贫的图木舒克市任前线总指挥。塔依尔联系和争取选派科技特派员2名及教育、医疗卫生、农业、畜牧业、文学艺术类专家教授80余名，实习支教生199名到三师开展支援工作；先后组织三师教育系统的38位音乐美术课程教师、8名幼儿教师、20名中小学校长赴石河子大学培训；与三师大唐职业技术学校联合培养护理和口腔修复专业人才 600 名，转移富余劳动力 19 名；为三师 268 名小学生捐赠了学习用具；举办各类讲座 62 场次，在 53 团以传带帮的形式培养和组成了“揭盖子、挖幕后”为主题的去极端化宣讲团一个，培训业务人员 2025 人次，农牧民 960 人次，开展手术 126 例，义诊活动 24 次，联合申报项目三项，争取金额为 439 万元，其中已启动项目一项，到位资金 30 万元。

（胡兴东整理）

专业服务有特色　房屋建设改条件

——新疆医科大学

（定点扶贫：新疆墨玉县扎瓦镇胡木旦村）

新疆医科大学定点帮扶墨玉县扎瓦镇胡木旦村。新疆医科大学主要从以下几方面进行胡木旦村的帮扶工作。

一、高度重视、注重提升受援单位造血能力建设

学校先后投入 70 万元专项资金，用于改善饮用水机井、庭院改造、贫困户标准棚圈建设、深水灌溉井、村委会惠民超市、村民文体娱乐场所、村委会及警务室建设。

学校对“五保户”、“四老人员”、单亲儿童及家有病患困难户，经常带着慰问品、慰问金探视慰问，上门诊疗治病，为贫困户捐款盖房、捐资助学。五年来，累计慰问、帮扶 300 余户，发放大米、面粉、食用油等慰问品共计 30 万余元，捐赠衣物超过 3000 件。为资助本村考上大学的 5 名学生，工作组积极筹措资金资助每名学生 1000 元。

二、实施惠民工程，千方百计增加村民收入

积极争取扶贫项目资金，引进帮扶项目。帮助建设庭经济项目、协调修建铺设 4 条硬化道路等帮扶项目 7 个，引入投资 270 万元，并建设了地毯厂。

改善基础设施和村民生活条件。学校出资整修了村卫生室、文化室、村民会议厅等基础设施，投入 40 余万元与当地政府共建胡木旦村综合服务楼，争取项目资金，修建厂房、锅炉房、篮球场，成立了老年幸福院、青少年素质拓展中心。建成自来水工程，已实现全村覆盖，保证全村 467 户村民户户都能喝上自来水。

捐助 15 万元配套资金建立“村民互助资金协会”，组建成立了地毯编织合作社、养殖合作社、核桃种植管理协会和红牡丹商贸有限责任公司。为村民捐赠 65 台电视机、44 台电脑，为 147 户无电村民解决了照明用电问题。

鼓励村上青壮年劳力外出务工，并资助困难学生。为此，学校每年提供物业、餐饮、保安等 10 余个岗位。通过资助及献爱心活动，对该村家庭贫困、

品学兼优的10名学生进行资助，累计资助2000元。为村小学，赠送电脑、发放学习用品、购置演出服装等共计约10000余元。

三、发挥专业优势，大力开展教育、医疗帮扶

帮助学校改善办学条件。2014年，学校发动社会捐助，动员企业捐赠7万元资金，解决了村小学饮用自来水、绿化用水、配电不足等实际困难。协调50余万元专项经费，帮助胡木旦小学修建了篮球场、运动场，帮助扎瓦镇二中修建了运动场和安防设施。为学生们购置文体用具、学习用品共计2万余元，捐赠衣物350多件，书包510套书包、复读学习机10台。

建立标准化村卫生室，组织大型义诊，已共为200多位村民进行了义务诊疗服务；另外，学校肿瘤医院妇科、乳腺科和儿科15名专家赴驻村，开展妇科和乳腺疾病义诊，宣传肿瘤科普知识。

（胡兴东整理）

精神帮扶创新风　物质资助解贫困

——新疆师范大学

（定点扶贫：新疆莎车县亚喀艾日克乡亚喀艾日克定村）

新疆师范大学定点扶贫莎车县亚喀艾日克乡亚喀艾日克定村。学校具体扶贫措施有：

一、立足实际，坚持“访惠聚”与扶贫开发紧密结合

自 2003 年起，学校党委立足学校和驻村实际，确立了转变村民思想观念的“文化扶贫”与改善村民生产生活条件的“物质扶贫”相结合的工作体系，紧紧围绕使扶贫村“精神面貌明显好转，文化生活显著改善，社会秩序安全稳定，百姓收入持续提高”的工作目标，扎实地推进“访惠聚”和扶贫工作深入开展。

二、坚持精准扶贫，加强物质帮扶，凝聚民心民力

（一）深入走访入户，确保精准扶贫

学校通过走入农舍院落，与之交流，座谈调研，全面地了解掌握了所驻四个村 1223 户、4000 余人的准确详细情况，绘制了“五张图谱”和各村地貌及农户分布平面图。

（二）加强物质帮扶，努力改善民生

2015 年，协调自治区村级道路建设惠民项目资金 200 万元；学校先后协调投入资金 378.2 万元，进行修路搭桥、自来水管网改造、开展“百户帮扶”活动等；协调争取到畜牧养殖项目、 扶贫帮困爱心资金等共计 100.6 万元，累计慰问帮扶困难群众 1000 余户，3000 余人次。

（三）培训引导就业，拓宽致富渠道

组织外出学习和开展技能培训，鼓励 80、90 年后青年外出务工，选拔 12 名青年村民到学校后勤服务中心餐厅就业，选拔种养殖大户、致富能手和村干部参加了由自治区组织的农村实用人才带头人和大学生村官示范培训班。

三、发挥高校优势，突出思想引领，做好文化教育扶贫

（一）开展“去极端化”大宣讲，抵制宗教极端思想渗透

学校共宣讲 40 多场次，听众达 16000 人次，在全县反响强烈，有效地推进了莎车县“去极端化”工作。宣讲培训一大批乡镇、村基层干部和“草根宣讲员”。

（二）开展宗教界“双五好”大宣讲，引导宗教人士正信正行

由学校专家学者组成的工作组宣讲团在全县爱国宗教人士中开展“争创五好宗教活动场所”、“争做五好宗教人士”宣讲活动，宣讲共进行 16 场次，覆盖全县 31 个乡镇（社区）1885 个宗教场所的近 3000 名宗教人士、教职人员和朝觐归来人员。

（三）加强文化引领，丰富村民文化生活。

积极推进“美丽乡村——万米壁画长廊”建设活动。工作组成员和学校研究生志愿者在亚乡 30 公里长的道路两侧绘制了以爱国主义、民族团结、科学文化、劳动生活等为题材的壁画 1615 幅，宣传字符 825 条，壁画总面积达 51060 平方米，壁画将“去极端化”的内容用最直观易懂的方式传递给群众。

（胡兴东整理）

基层建设创力量　文化精品改旧风

——新疆财经大学

（定点扶贫：新疆定麦盖提县巴扎结米乡）

新疆财经大学定麦盖提县巴扎结米乡的库台克勒克村、吾尔曼村、尤勒滚鲁克村和波斯喀木村，并将库台克勒克村定为重点扶贫村。学校在扶贫采用的措施有：

一、加强基层组织建设，凝心聚力

为此，在基层建设中坚持“三位一体”，形成合力工作机制。一个中心，即强化村党支部领导核心作用。两个基本点，即把维护社会稳定和去极端化作为主要任务。三项制度，即建立联席会议制度、建立和完善“三位一体”工作机制下的集中学习、入户走访、分析研判、联帮解困、宣传教育、联勤联防、互学互帮等日常工作制度和考核制度。四项举措，一是以联席会议统领思想行动，二是以联合走访夯实维稳基础，三是以联勤联防形成高压态势，四是以联帮解困惠聚民生民心。

二、文化对冲，正信挤压，大力推进“去极端化”

以青年为重点，牢牢守住“去极端化”主阵地。工作组协同村干部建立了与青年定期交流机制，时刻掌握其思想动态，定期组织青年群体开展“去极端化”集中宣讲，同时还采取“滴水细灌”方式，有针对性地开展一对一，面对面的宣讲。通过教育、引导，使“80、90、00后”在思想上筑起一条去极端化的钢铁长城。

成立国旗护卫队，培养一支抵御宗教极端思想的先锋队。工作组从村里60名民兵中精心挑选出15名政治立场坚定、集体观念和组织纪律性较强、表现活跃的民兵，为他们配发了统一的国旗护卫队服装、领带、手套，组成了自治区第一支村级国旗护卫队，并专门安排一名工作组组员对其进行训练。

用文化的钥匙开启心灵之锁，有力遏制宗教极端思想的渗透。积极引导村民弘扬维吾尔族优秀传统文化，回归世俗生活。每当村民举行婚礼，工作组就出资请来民间艺人进行现场表演，让参加婚礼的男女老少载歌载舞，婚礼上充满歌声和欢乐。

三、有针对性地开展教育培训，强化实践

学校根据当地的地理位置、气候情况、农业特点确定农业技术培训课的内容，并出资购买课程所用书籍，动员村民们积极参加培训，精心挑选博士、教授前往讲学。培训课程紧紧围绕“强农惠农富农政策”、“教育改变未来，知识决定命运”主题和一些农业技术方面的知识开展。工作组专门挑选学校驻村的3名青年教师担任计算机技能培训老师，要求他们从认识计算机、办公软件培训和计算机在当今生产工作中的应用三个方面分别对青年进行了培训，集中备课保证教学效果，使参加培训班的所有人全部受益。

（胡兴东整理）

专家建乐队 农村有新风

——新疆艺术学院

（定点扶贫：新疆喀什岳普湖县阿其克乡亚博依村）

新疆艺术学院定点扶贫喀什岳普湖县阿其克乡亚博依村。学校扶贫措施有：

学校扶贫工作组组建了一支具有 200 人、400 只汉族大鼓和维吾尔纳哈拉鼓组建的农民鼓乐队。该鼓乐队多次参加了地区及全县范围组织的大型活动，中央及自治区媒体争相报道 68 次，并出现在 60 周年献礼片当中，被誉为南疆“去极端化的第一鼓”。学校争取资金建成百姓大舞台、舞蹈排练室、电子阅览室、便民服务中心，邀请新疆歌舞团、新疆好声音导师团、全国百位舞蹈家相继在百姓大舞台演出，累计组织文化活动惠及群众 10 万人次以上。同时，还成功举办了献礼 60 周年 “访惠聚”摄影作品展，创作了上百幅乡村画，将村规民约编配成了村民之歌。还开展了捐赠慰问活动，其中，赠送衣物 3000 多件，联系广东狮子会捐赠价值 10 万元新西兰奶粉，送慰问金和物品 11 万多元。

学校与村班子 “一对一”，结对子，教思路、教方法、做决策、搞服务，一举摘掉“软弱涣散帽子”，星级化管理拟从 3 颗星跃升到 8 颗星，进入先进支部行列，实现跨越式发展进步。亚博依村多次举办了现场推进会，介绍经验。学校为村里捐赠了音响设备和计算机设备，乡里计划了 60 套安居房建设项目让村里农民受益。逢年过节访贫问苦，先后投入资金 8 万多元，发放慰问品 3 万多元。

学校筹集资金修建 7 公里的路、连心桥。学校扶贫工作组专门成立了乡村公路建设协调组，全力配合县交通局的同志开展勘查、施工等工作，这条乡村于 2015 年 8 月下旬开始动工，前后施工 3 个多月，于当年 11 月中旬竣工。竣工那天，老乡们敲着纳格热鼓，为工作组送来了锦旗，感谢我们所付出的努力，我们也在村委会支起了大锅，做上手抓饭，和老乡一起为公路的建成庆祝，大家在新修的公路上跳啊唱啊，别提多高兴了。

同时，学校扶贫工作组帮助该村村民建起了便民服务大厅，购置了锅碗瓢盆、各种生活用品，就连新娘的化妆间进行了布置，还安装上了高级的音响设备和现代的鼓乐器，积极村民实现现代化、世俗化的生活方式。

（胡兴东整理）

技能培训点对点　教学合作有新途

——昌吉职业技术学院

（定点扶贫：新疆于田县中等职业技术学校）

昌吉职业技术学院定点扶贫南疆职业院校。

自开展对口帮扶南疆2所职业院校以来，昌吉职业技术学院扎实帮助南疆职业院校推进其专业建设，指导其课程教学。总体上，以“汽车维修”专业建设为主线，帮助受援院校制定专业建设规划和建设方案，指导受援学校教师实施一体化教学模式改革，提升专业实践能力；并在两校之间开展“一对一”师资培养模式。昌吉职业技术学院选派专业教师赴南疆2所职业院校实地指导，并通过QQ、电话交流等方式进行信息交流，提出了于田县中等职业技术学校“汽车运用与维修”专业建设思路，指导、帮助南疆2所职业院校完成了“汽车运用与维修”支持中等职业学校提升专业服务能力项目申报书、建设方案及佐证材料的梳理。该项目于2014年6月顺利通过自治区教育厅专家组的评审，入围2014年自治区支持中等职业学校提升专业服务能力项目，使得南疆2所职业院校在专业建设方面取得了突破性成绩。

学校在指导专业建设取得成效的同时，积极拓展专业领域，并试点学生短期培训模式。2015年6月，于田中等职业技术学校选派了40名“会计电算化”专业的学生到我院进行培训学习。我院的经济管理分院安排优秀的专业教师对该班级学生进行专业课程的学习，聘请学院的校领导、专业教师进行专题讲座，安排优秀的班主任管理，并组织培训班学生参加我院的德育活动课、二课堂活动观摩等活动。期间，还组织了学生参观我院的实训室、昌吉州历史博物馆等，丰富学生的业余生活并让学生了解昌吉的历史文化。

（胡兴东整理）

关注贫困学生　解决求学之困

——新疆警察学院

（定点扶贫：新疆麦盖提县希依提墩乡）

新疆警察学院定点扶贫住英买亥来村工作组。

艾麦提·亚森考上了重庆医科大学的研究生，这是震惊全村的大事，在英买亥来村——这个塔克拉玛干大沙漠旁的一个小村庄里，一直以来，全部大学生也不超过 7 个，研究生不仅是村子里的唯一，也是全乡绝无仅有的。因为家庭经济问题，艾买提·亚森的母亲做出了放弃上学的痛苦的决定。艾麦提·亚森思虑再三的艾麦提·亚森提笔给工作组写了一封信，表达了自己家中经济困难无力支持自己继续上学以及自己渴望上学的愿望。

“不能让一个孩子因贫困辍学”，这是学校扶贫工作组组长金箴坚决的声音。金箴同志是新疆警察学院组织人事处的处长，也是第二批“访惠聚”工作组驻英买亥来村的组长，是驻村工作中为数不多的女同志。在工作中，随着各项工作的开展和入户走访的逐步深入，工作组发现，包括艾麦提·亚森在内的村里仅有的 7 个大学生家里的经济状况都很差。首次在工作组和村两委干部的见面会上，大学生米热班·买海木因家庭经济负担不起准备退学的消息就传到了工作组组员们的耳中。根据大家调研的情况，学校扶贫工作组迅速确定了“构建和谐社会，确保不让一个贫困孩子失学”的具体目标，把扶贫助学工作列入了为民办实事工程的重要内容。以突出解决贫困家庭学生就学问题为重点，多渠道筹措助学资金，建立了“大学生家庭纳入低保”、“社会爱心捐资助学”、“工作组成员爱心帮扶助学”、“一对一、一帮一助学”、“手拉手帮扶助学”等常规助学机制。

工作组联系学院领导，该学院院长闻讯后，对工作组教育扶贫工作极为支持，从工资中拿出 13000 元现金，通过工作组委托村党支部交给了艾麦提·亚森，并寄语其好好学习，学成后报效国家和乡亲。

2015 年 3 月，村两委的干部和工作组的同志在现场为米热班·买海木捐助了 2100 元现金；同时，工作组和村党支部又给新疆农业职业技术学院出具了米热班·买海木家是低保户、父亲车祸、家里没有经济来源的证明，米热班·买海木的母亲求助到工作组，孩子的学校催交 2015 年学费，她们实在无力承担 3900 这笔费用。金箴组长了解后，拿出 5000 元现金帮助其解决学费和部分生活费用，并承诺在其上学期间，每月资助其500元生活费。

驻村以来，金箴同志又先后拿出23000元现金资助上大学的孩子们，鼓励他们认真完成学业。孩子们说，他们生活在一个贫困家庭，是爱心改变了他们的命运，是真情圆了他的大学梦，他们一定会牢记叔叔阿姨们的殷殷嘱托，做一个有益于社会的人。

（胡兴东整理）

教育帮扶为主　定点精准帮扶

——吉林省教育学院

（定点帮扶：吉林省靖宇县花园口镇榆树川村）

一、精细调研，发挥优势

吉林省白山市靖宇县花园口镇榆树川村为吉林省教育学院定点扶贫地区，每年人均收入处于该镇中下等水平。除此之外，外出务工人员逐年增加，导致该村劳动力匮乏，加之农业机械化水平不高，致使粮食及作物亩产低。

为更好落实省委省政府扶贫工作要求，优化定点扶贫效果，结合吉林省教育学院实际情况确定了“符合实际、量力而行；适应需求、积极回应；以我为主、联络各方；输血带动、促进造血；循序渐进、稳步实施。”的帮扶原则，循序渐进开展对口帮扶，并以教育帮扶为主线，探索出一条教育文化帮扶之路。

二、精准帮扶，有的放矢

为高标准完成省委下达的帮扶任务，学院将对口扶贫工作具体化、精准化开展了以下帮扶措施。

1. 在学院范围内择优选拔驻村“第一书记”

2. 建立农民书屋

3. 建立农民文化活动室

4. 开展教育帮扶

（1）支持榆树川学校硬件建设。

学院通过组织全院师生捐款等形式筹集资金，并用这些资金购置新桌椅 260 套，字词典 270 册，总价值 6.5 万元。学院还为靖宇县花园口镇榆树川学校捐赠价值 12000 元的速印机一台。

（2）让榆树川学校教师免费参加学院各类教师培训班。

（3）开展教研援助活动。

（4）丰富榆树川学校图书资源。

在挖掘自身资源的同时，2013 年，联合北京创世卓越图书有限公司向吉林部分中小学免费捐赠图书教具共 13500 份。

5. 支援村委会档案室建设

6. 开展农业技术和相关技能培训

7. 开展重点帮困活动

三、周密实施，巩固成果

为更好实现扶贫效果，吉林省教育学院扶贫工作在思考“输血”与“造血”的关系上下大力度研究，探索出一条“物质支持”与“精神帮扶”相结合的“双线扶贫”模式。一是继续进行相应的教育帮助，逐步改善学校的办学软环境；二是积极开展智力帮扶，发挥学院的资源优势，组织教研员和一线名师，开展送教送培活动，帮助学校提高教师队伍素质和教育教学水平；三是以榆树川学校为辐射，对榆树川村的贫困群众进行技术支持，帮助贫困人口脱贫致富。

扶贫工作任重道远，吉林省教育学院将继续在定点扶贫工作方面下足功夫，结合帮扶对象实际情况，落实好开发式扶贫和造血式扶贫，因地因户制宜、因贫困原因施策、因贫困类型施策，按需供给、对症下药，不做表面工作，从深层次挖掘脱贫路径。

（琚婷婷整理）

发挥电大教育优势　深化结对帮扶工作

——浙江省广播电视大学

（定点扶贫：浙江省天台县街头镇）

一、结对帮扶工作的基本情况

浙江广播电视大学于2008年开始与天台县街头镇开展结对帮扶工作，目前结对的六个行政村主要分布在天台县街头镇中部和南部，登记在册的低保户共70户，132人，低收入农户共540户，1514人，各村均以农业为主要产业，基础设施落后，生产条件较差，基本“靠天吃饭”，扶贫工作任务重、难度大。

十二五期间，学校共投入扶贫资金200多万元，建设了20项贴近当地民生需求援建项目，对帮扶村的社会经济发展和民生改善起到了积极的作用。

二、教育帮扶的主要做法

浙江广播电视大学实行系统办学，省、市、县三级电大密切协同，共同实施农民大学生培养项目，学校积极争取到省财政对农民大学生的优惠扶持政策，对种植和养殖等纯农专业学生实行学费全额资助，涉农专业由当地财政提供相应的配套资金，实行学费部分减免的优惠。2015年，学校加大了扶持力度，为街头镇定向安排全额资助的招生指标，配合街头镇人民政府开展村干部和各线业务骨干学历提升工程，以“校地合作，协同培养”的方式，成批量地为街头镇培养农民大学生，计划两年内培养的农民大学生能够覆盖街头镇全部45个行政村。

抓住贫困村存在的致贫、返贫的主要矛盾，致力于变“输血”治穷为“造血”治穷，引导农民勤劳致富、科学致富。学校在电大天台学院建立技能培训基地，面向村民开展各类技能培训；利用电大完备的网上学习平台，向结对帮扶村开放网上图书馆和网上教学资源，方便村民自主学习。

截止目前电大天台学院培养的农民大学生已有1335人，分布在整个天台县所有乡镇，其中街头镇共有114名农民大学生，为了更好地为农民大学生提供创业助力，2014年12月天台学院倡导组建了“天台农民大学生创业联盟”，目前创业联盟成员单位已有30家，其中有6家是街头镇农民大学生的企业，辐射了街头镇周围的村民，为扶贫村创业致富搭建了很好的平台。

经过几年的教育帮扶，电大为天台县街头镇培养了一大批创业致富带头人，涌现出一批创业典型，通过对这些典型的培育和宣传，起到了很好的引领和示范效果，通过他们的传、帮、带，互帮互学，共同创业，在街头镇形成了“求知、创业、致富”的良好氛围。

人们常讲，“授之以鱼不如授之以渔”，结对帮扶，脱贫致富，任重而道远，浙江电大将一如既往，以高度的责任心和爱心，继续做好街头镇的结对帮扶工作，不断深化教育帮扶手段和途径，切实转变村民观念，提升村民素质，培养更多的致富带头人，为天台县街头镇的社会经济发展做出我们应有的贡献。

（琚婷婷整理）

精准扶贫打硬仗　情系群众暖人心

——重庆市广播电视大学

（专项扶贫：助力“一村一名大学生计划”）

重庆广播电视大学及系统基层单位以“对象精准、区域精准、用途精准、方式精准、政策精准”为主线，充分发挥自身远程教育和职业教育的优势，为重庆市限时打赢扶贫攻坚战贡献自己的一分力量。以下是扶贫典型案例：

第一参与九龙坡区对口扶贫集团，助力系统基层单位信息化建设。除直接的财政支持外，学校对云阳工作站的干部、教师开展业务指导和现代远程教育技术培训。积极对接云阳县委组织部，提供政策扶持，定向资助云阳工作站开展“一村一名大学生”工程及职教师资培训工作，免收云阳“一村一名大学生”全部管理费用，在招生专业设置、招生计划下达等方面予以扶持；与云阳师范学校、云阳职业教育中心进行横向的合作办学，打通中职（师）、高职教育衔接的“立交桥”；建立互联互访联动机制，定期与云阳工作站联系、互访，及时提供帮助指导。2015年加大了对电大系统办学基础条件较薄弱的基层单位的扶持力度，在云阳工作站等5家基层单位中开展教育信息化升级改造特别扶持项目建设。

第二积极推进“教育部‘一村一名大学生计划’”，黔江电大试点先行。黔江电大构建“123”教学网络布局，即在黔江主城设教学与管理总部，另设置濯水镇、黔江职教中心两个校外学习中心，建立沙坝“畜牧兽医”、濯水“现代生态农业”、册山“花卉园艺”三个教学实践基地，服务农业现代化建设，开展各类农村实用人才和农村致富带头人培训，探索民族农村山区终身教育体系构建的体制机制。2014年黔江电大被评为“教育部‘一村一名大学生计划’”试点工作先进单位。

第三精准扶贫打硬仗，情系马岩暖人心。万州电大对马岩村逐家逐户翔实的进行了摸底调查，为村民“建档立卡”，有针对性的实施精准扶贫，目前已颇具成效：方便老百姓出行的人行便道已改造8条7公里；8.7公里村级公路的硬化已完成垫层，即将全面硬化；全村25户D级危房的改造已完成选址、地基勘察，并全面开工建设；以村级集体经济为模式筹资100万组建的“土鸡”、“柠檬”、“黄花”、“晚熟脆红李”四个农村专业合作社已组建落实，即将实施，全村建卡贫困户根据家中的实际情况，均不同程度地加入了 1—2 个专业合作社中，为日后的持续脱贫和发展找到了一条务实稳妥的路子。

未来的扶贫攻坚之路仍然任务重、压力大，将继续努力、筑梦前行，推动贫困群众真正实现脱贫致富，助力贫困地区经济社会加快发展。

（陈忠言整理）

打好“三张牌” 助推新发展

——贵州广播电视大学

（定点扶贫：贵州省从江县往洞乡）

贵州广播电视大学（以下简称：贵州电大）把定点帮扶作为学校义不容辞的责任。五年来，贵州电大专项预算拨出帮扶资金，协助落实扶贫资金4171.73万元，协调项目78个。专业扶贫与教育扶贫双管齐下，促进从江县往洞乡经济综合实力的稳步提升。

一、找准病因：贵州电大的三张牌

从江县往洞乡是新阶段扶贫开发三类重点乡，贫困人口发生率21.17%，居住分散，思想观念落后，交通不便、信息不灵、产业单一，资源匮乏，贫困程度深，开发难度大。

根据往洞实际，贵州广播电视大学始终把握“三农（农民、农村、农业）”主体，打好农民观念更新‘先行牌’，干部带动典型示范‘带动牌’，专业对口扶贫发展四大工程‘进取牌’，构建贵州电大定点扶贫新格局。

贵州电大派出优秀干部担任驻点扶贫工作小组成员，充分发挥干部引导贫困群众改变思想观念，创新脱贫致富发展思路。积极支持引导村组干部参与扶贫项目开发，以此带动群众的参与热情。确立扶贫工作目标，重点在农业产业化、基础设施建设、小城镇建设、乡村旅游、党建信用工程和村支两委及致富能手的培训和素质提升六个方面取得突破。

二、千帆竞渡：洞乡的大改变

贵州电大经过充分调研，并结合往洞乡的实际，通过开展专业扶贫和教育扶贫，大力推进了猕猴桃、蔬菜种植和畜禽养殖三大产业的迅速发展。同时，积极扶持家禽养殖业生产，在托苗村发展规模化香猪养殖场，调整养殖项目，将奶牛项目调整为灰鹅、小香鸡和生猪项目，积极争取省农委、省扶贫办养殖项目资金，帮助落实灰平坝灰鹅、小香鸡养殖项目资金30万元、生猪养殖项目100多万元，共计130多万元，迅速启动了往洞乡的家禽养殖业，为农村群众脱贫找到了一条致富路。

三、扶贫创新：拓展扶贫空间

贵州电大发挥高校人才聚集的优势，积极组织专家到扶贫点开展调研，并提出结合旅游资源进行开发，通过旅游扶贫，将资源优势转化为产品和经济优势，让旅游项目成为群众脱贫致富的新途径。形成以增冲为中心，打造旅游循环圈，以旅游产业带动农业产业大发展，加快推进往洞乡脱贫致富步伐。

教育的落后，严重制约了经济的发展。为了改变往洞教育现状，贵州电大先后选派 14 名优秀青年教师到从江县、乡中学支教，受到师生好评和欢迎。利用贵州电大系统资源优势，建设从江县电大工作站，并为往洞中学专门新建了标准计算机室 1 个，并配备了 60 台先进的、一流的电脑设备。

五年来，贵州电大认真做好定点扶贫工作。往洞乡（现为往洞镇）人民政府对学校给予的关心和帮助表示感谢，特别还对学校选派优秀青年教师赴从江支教表示衷心感谢，“百年大计，教育为本，贵州电大（贵州职院）对往洞乡的教育扶贫是扶根本、扶长远，扶到了关键，将会对往洞乡的发展发挥长远的作用。”

（张翠霞整理）

合作办学 提高教师技能

——上海电子信息职业教育集团

（专项扶贫：云南省楚雄州职业教育）

2012 年 12 月 3 日，上海电子信息职业教育集团（以下简称“职教集团”）与楚雄彝族自治州（以下简称“楚雄州”）人民政府签订了结对帮扶战略合作协议。职教集团对楚雄州职业教育采取以下帮扶工作：

一、建立健全长效工作机制，加强合作交流

2013 年 1 月 14 日，职教集团与楚雄州人民政府共同签署了《职业教育合作备忘录》，职教集团成员单位学校分别与楚雄民族中等专业学校、楚雄农业学校、楚雄州工业学校、楚雄技师学院、楚雄州体育运动学校签订了合作协议。集团围绕专业发展规划、专业建设、师资培训、实训基地建设等方面开展合作。

二、落实“精准帮扶”，促进职教师资队伍建设

自 2013 年至今，楚雄州职教管理干部和骨干教师共计 217 人来沪参加了各类形式的培训，其中，2013 年 84 人、2014 年 37 人、2015 年 96 人。职教集团于 2013 年 11 月 10 日至 11 月 23 日举办“职业教育‘双师型’教师培训班”，楚雄州共有 31 名电工电子类专业教师参加了培训。

2013 年至 2015 年间，职教集团共派出 27 位职教经验丰富的管理干部和骨干教师作为培训人员，赴楚雄州为当地 340 多名管理干部和专业教师进行培训。

2014 年 12 月 7 日至 11 日，集团专家讲师团一行 31 人赴楚雄州开展专业建设交流活动。2015 年 8 月 21 日至 25 日，职教集团组织 16 名专家赴楚雄州开展专业建设指导，主要围绕专业建设、实训基地建设与管理、行为导向教学法及一体化教学模式的实施等开展培训。

三、组织出国培训，汲取国际职教先进经验

2013 年 10 月 4 日至 11 月 3 日，楚雄州选派了 5 名骨干教师参加职教集团组织的“职业院校骨干教师赴德研修班”，了解德国职业教育体系，学习先进的职教理念与教学方法，提高业务能力和教学水平。

2013 年 11 月上旬，楚雄州 10 名职教管理干部在职教集团内八家中、高职成员院校的教育教学管理岗位上挂职学习 2 个月。

2013 年 11 月 4 日至 11 月 18 日，楚雄州的 5 名管理干部参加了集团组织的 “职教系统管理干部赴德研修班”，本次培训的主题为“现代职业院校管理与办学模式探究”。

2015 年 12 月 9 日至 12 月 23 日，集团组织“赴加拿大温哥华岛大学学生海外学习、实习”项目，共选拔 25 名优秀学生参加该项目，其中成员院校学生 16 名，楚雄州学生 9 名。通过参加这次活动，大大地拓宽了楚雄州学生的国际视野。

（胡兴东整理）

战略合作定基础　教学支持创队伍

——江苏·发那科数控职业教育集团

（专项扶贫：云南省大理州职业教育）

2012 年 4 月，江苏·发那科数控职业教育集团作为 10 所东部地区职业教育集团之一，定点扶贫云南省大理州职业教育。为此，采用以下措施：

一、高屋建瓴、健全机制，确保帮扶有序展开

2012 年，由集团牵头，促成单位无锡机电高等职业技术学校和大理州祥云县职业高级中学结成对口学校。2012 年 6 月 15 日，集团在无锡机电高等职业技术学校召开了集团成员学校理事长会议，洽商集团与云南大理州祥云职业中学合作的有关事宜。参加此次会议的有集团成员单位的无锡机电高等职业技术学校、盐城机电高等职业技术学校、镇江高等职业技术学校、张家港职业教育中心校等。

二、实地调研、找准症结，确保帮扶有力进行

2012 年 4 月 25 日至 4 月 28 日，教育集团到云南大理州祥云县高级职业中学进行帮扶调研工作，与祥云县职业高级中学就帮扶的措施达成了初步意向。

2013 年 11 月 3 日至 6 日，无锡机电高等职业技术学校与大理技师学院、大理中等专业学校、云南建设学校、大理财校、弥渡职教中心、祥云职中等学校就扶贫工作达成合意。

2014 年 5 月 6 日至 9 日，教育集团到云南大理州进行帮扶调研工作，双方商定下一步就联合招生、师资培训、实训基地建设、校企合作、学生就业等相关方面开展合作。

三、依托项目、双管齐下，确保帮扶有效深入

（一）“师资培训”助推“滴灌”帮扶

学校针对大理州职业教育专业教师实际情况，组织大理州“机械加工技

术”、“模具制造技术”、“机电技术应用”三个专业的骨干教师赴无锡机电高等职业技术学校开展为期三个月的培训。培训内容主要是围绕教育教学理论、专业技能、教学能力提升来展开。三年来，无锡机电高等职业技术学校承担了大理州共 16 名专业教师的（培训费、住宿费、伙食等）培训费用。

（二）“挂职锻炼”助跑“深度”帮扶

2014 年，集团启动大理州骨干教师挂职锻炼项目。2014 年 9 月 15 日，大理州职教系统 21 位教师来无锡开展一个学期的挂职学习。2015 年 10 月 9 日，大理州职教系统 10 位教师来无锡开展挂职学习。进修教师由无锡负责安排学习计划，住宿并承担相关学习费用，同时每月发给每位教师 900 元补贴。

无锡机电高职校结合祥云县职业高级中学情况，在双方共同研讨基础上制定了祥云县职业高级中学《数控技术应用专业》、《供电技术专业》的人才培养方案，并交换彼此对拟帮扶的数控实训室、供电技术实训室建设方案。

（胡兴东整理）